世界矿产资源年评

SHIJIE KUANGCHAN ZIYUAN NIANPING

2008 ~ 2009

国土资源部信息中心 编著

地质出版社

·北 京·

内 容 提 要

本书全面论述了近年来，特别是2008～2009年度世界矿业总体发展趋势，包括世界矿产资源现状、矿产品供需形势和前景、矿产资源勘查开发进展等。分别对世界40多种矿产的资源和储量、生产和开发、用途和消费、贸易和市场状况及其年度变化进行了评述；对俄罗斯、几内亚、刚果（金）、纳米比亚、赞比亚和津巴布韦6个国家的矿产资源、矿业概况和矿产品供需形势等进行了概述。书中还列出了世界主要矿产的储量、产量、消费量、贸易量和价格等各种最新数据。

书中使用的主要数据和资料来自世界著名矿业信息服务商数据库、国际权威性年报、专报、期刊，信息量大、实用性强，可供国内外从事矿产资源管理、矿产勘查开发、研究、经营和进出口贸易的人士参考和使用。

图书在版编目（CIP）数据

世界矿产资源年评．2008～2009/国土资源部信息中心编著．—北京：地质出版社，2010.11

ISBN 978-7-116-07181-0

Ⅰ．①世… Ⅱ．①国… Ⅲ．①矿产资源-概况-世界-2008～2009 Ⅳ．①F416.1

中国版本图书馆CIP数据核字（2011）第054227号

责任编辑：蔡卫东　王小菊
责任校对：卓文娟
出版发行：地质出版社
社址邮编：北京海淀区学院路31号，100083
电　　话：（010）82324508（邮购部）；（010）82324571（编辑部）
网　　址：http://www.gph.com.cn
电子邮箱：zbs@gph.com.cn
传　　真：（010）82310759
印　　刷：北京天成印务有限责任公司
开　　本：787 mm×1092 mm 1/16
印　　张：27.75
字　　数：700千字
印　　数：1—1500册
版　　次：2010年11月北京第1版
印　　次：2010年11月北京第1次印刷
定　　价：120.00元
书　　号：ISBN 978-7-116-07181-0

世界矿产资源年评

编　委　会

前　言

《世界矿产资源年评》（简称《年评》）是国土资源部信息中心年度报告之一，是全面论述世界矿产资源和矿产品供需形势以及全球矿业发展实况与问题的累积性、系统性和综合性的年度分析报告。

《年评》（原名《国外矿产年评》）创刊于1989年。主要目的是为地质矿产主管部门履行矿产资源管理的需要，向从事矿产勘查和开发、研究与贸易的部门提供国外矿产资源供需形势信息及最新动态。《年评》创刊以来，世界政治经济形势发生了巨大的变化，我国主管矿产资源的政府机构也经历了重大变革，《年评》的主编部门由原中国地质矿产信息研究院转变为国土资源部信息中心，具体工作由资源分析室承担。十多年来，参与《年评》编写的人员先后共计有50多人。在矿业全球化和我国加入WTO的形势下，为使社会上更多人士了解世界矿产资源和矿业发展状况，从2001年起，《年评》正式公开出版，并将沿用多年的《国外矿产年评》改名为《世界矿产资源年评》。

为保证内容的及时、准确和全面，我们购置和订阅了美国IHS公司、澳大利亚矿山信息网（http：//www. miningnews. net）、瑞典原材料集团（Raw Materials Group）和加拿大矿山咨询公司（Infomine Inc.）等众多国际权威矿业资讯机构的数据和信息，力求更深入和全面地把握全球矿业脉动。

本书包括三部分内容：第一部分总论，全面论述近年国际矿业形势和矿业界发生的重要事件、世界矿产资源勘查、开发状况和找矿进展，以及矿产品供需形势等；第二部分单矿种分论，对世界40多种矿产的资源和储量、生产和开发、用途和消费、贸易和市场状况及其年度变化进行论述，并概要分析国际矿产品的供需前景；第三部分国家分论，对俄罗斯、几内亚、刚果（金）、纳米比亚、赞比亚和津巴布韦6个国家的矿产资源、矿业概况和矿产品供需形势等进行论述。

《年评》自创办以来，得到国土资源管理部门，以及从事矿产勘查开发、研究、经营和进出口贸易等有关单位和人士的关心、爱护和支持，在此向他们表示衷心的感谢。由于我们研究水平有限，时间仓促，书中一定存在不少缺点和错误，欢迎广大读者批评指正，同时，就关心的问题同编著人员进行咨询交流，以使我们不断改进工作，把《年评》办得更好。来函请寄：北京市西城区阜内大街64号，国土资源部信息中心资源分析室，邮编100812。

编　者

2010年10月

目　录

第一篇　总　论

第二篇　能源矿产

第三篇　金属矿产

第四篇　非金属矿产

第五篇　国家系列

第一篇 总 论

2008～2009年世界矿产资源勘查开发和矿产品供需形势

刘树臣 闫卫东 奚 甡

一、世界矿业发展状况

2009年初，世界经济延续了2008年第四季度极度低迷的态势，股市、期货和汇市发生剧烈震荡。全球经济增长速度进一步下滑，整个世界经济出现了自第二次世界大战结束以来的首次大规模衰退。世界各主要地区中，欧美等西方发达国家经济普遍陷入衰退，道琼斯工业指数创下1995年以来的新低，距14000最高点跌幅超过60%，而亚洲和非洲继续维持了经济增长。为遏止经济危机、稳定金融体系，世界各主要国家采取了大规模举债和宽松的货币政策。这些"强心针"式的经济刺激政策短时间内起到了一定的作用。从2009年3月起，纽约股市展开一波强劲反弹，涨幅超过30%。同时，石油、铜、镍、钼、铅锌等矿产品价格在一季度后期相继出现较大幅度上升。全球钢铁生产在经过大幅度下降后，5月开始回升，并且逐月回暖。债务较重的矿业公司试图通过变卖核心资产获得维持企业正常运转的资金，而拥有较多现金的矿业公司则希望在最低谷时通过并购扩大公司规模，因此，矿山资产交易比较频繁。

受金融危机影响，矿业公司融资困难，纷纷削减支出，导致2009年全球矿产勘查投入出现大幅下降。据巴克莱投资银行对投资范围遍及五大洲的全球430个大型和独立石油公司的统计（World Oil，Feb.，2010），2009年全球油气勘查和开发计划实际投资约为3950亿美元，较2008年的4536亿美元减少13%。2009年11月，加拿大金属经济集团（Metals Economics Group，MEG）公布了该公司第20个年度世界矿业公司勘查预算调查结果。经过对1846家矿业公司（勘查预算高于10万美元）的调查统计，总计预算为77亿美元。考虑到被调查公司勘查预算占全球勘查预算的95%，因此，MEG估计2009年世界商业性勘查费用为84亿美元，较2008年的140亿美元下降了40%，连续6年持续增长的势头戛然而止。

全球矿产品生产和消费受经济危机影响普遍下降，只有煤、铀、铁矿石、铜、钴、钨、铅、锑、金、银、铂、硫、硼等矿种产量增长，而这些矿种中，除金、银、铂等与金融避险需求增长有关的贵金属外，其他矿种如煤、铁矿石、铀、铜等，是由发展中经济体的旺盛需求拉动的。尽管从2009年3月起，矿产品价格出现反弹，但与2008年相比，除金等少数矿产品年平均价格上涨外，其他总体下跌，例如原油价格下跌36%，铁矿石下跌33%，铜下跌26%，铝下跌35%，镍下跌31%，锡下跌27%，铅下跌18%，锌下跌12%。

2008年第四季度，矿业资本市场严重受挫，2009年3月后逐步有所恢复。2009年底，全球前10位公司市值合计11971亿美元，较2008年底的5733亿美元上升了109%，基本恢复到2007年底13999亿美元的水平。其中必和必拓从2310亿美元上升到4168亿美元，上升80%；力拓公司从800亿美元上升到2642亿美元，升幅230%，淡水河谷从697亿美元上升到1530亿美元，升幅120%。

煤炭、铁矿石、铜等矿产的刚性需求使得主要矿产品出口国收益丰厚。2008/09财年澳大利亚矿产品出口额达到1597亿澳元，增长37%，其中铁矿石342亿澳元，增长67%，炼焦煤367亿澳元，增长129%，黄金161亿澳元，增长48%。虽然与2008年相比有所下降，但2009年智利矿产品出口额仍然达到了306亿美元。2009年巴西仅铁矿石出口额就达到132亿美元。

虽然部分矿产品产量有所增长，受矿产品价格总体下跌的影响，2009年国际矿业巨头经营惨淡。必和必拓公司2009年原油产量为1.37亿桶，较上年的1.30亿桶增长6%；煤产量1.046亿t，较上年的1.161亿t下降10%；铁矿石产量为1.14亿t，较上年的1.12亿t增长2%；铜产量120.7万t，较上年的137.6万t下降12%；2009年经营收入为502亿美元，较上年的595亿美元下降16%；经营利润从241亿美元下降到122亿美元，降幅50%。力拓公司2009年氧化铝产量为88.15万t，较上年的90.08万t下降2%；铜产量为121.7万t，增长19%；销售收入从581亿美元下降到543亿美元，降幅7%，营业利润（EBITDA，息税折旧摊销前利润）从239亿美元下降到145亿美元，降幅39%。巴西矿业巨头淡水河谷2009年铁矿石产量为2.29亿t，较上年的2.64亿t下降13%；锰矿石产量为98.6万t，较上年的75.9万t上升30%；经营收入为239亿美元，较上年的385亿美元下降38%，净利润为53亿美元，较上年的132亿美元下降60%。近几年来，矿业公司由于经营过度扩张，大量借贷投资导致负债严重，而金融危机后再从银行和股市融资困难，因此，一些企业经营极端困难，为此不得不出卖资产还债，以期走出困境。

全球矿业正在面临周期性调整，能源和原材料价格大幅震荡对矿业经济造成了一定的影响，企业经营困难，投资意愿降低。但从长期看，随着全球经济企稳和复苏，新一轮的矿产品供需矛盾将更加突出，可能促使矿业投资进一步增长。虽然追求低碳经济可能降低对化石燃料的需求，但随着印度等发展中国家工业化时代的到来，将使得世界能源原材料需求量再上一个台阶，各国对资源的争夺更加激烈。国际局势动荡、地缘政治危机、自然灾害、原材料和人力成本上升、矿工罢工、公司虚报储量丑闻、恐怖袭击、环境污染导致的诉讼案件等种种因素，对矿业本身的发展造成了一定的影响。矿业是经济发展的基础产业，而不是夕阳产业，经济全球化和技术进步继续对全球矿业产生着重大影响。

（一）矿业公司过度扩张造成负债沉重，金融危机使得企业融资和经营更加困难，大规模并购趋减

依托跨国公司，发达国家以资本和技术为手段，在全球范围内进行结构调整和资源优化，通过市场控制和政治联盟，以获取最佳的资源和最高的回报。主要表现：矿业资金跨国流动，矿产资源跨国勘查、开发、生产和销售，矿业公司跨国并购和跨国上市，大型矿产勘查和开发项目多国、多家公司联合投资，以及矿业信息、知识、技术和管理的国际共享等。其结果是：矿产资源在全球范围内再分配，跨国公司进一步在全球范围内寻找勘查和开发目标；发达国家和跨国矿业公司对世界矿业和矿产资源控制程度仍占绝对优势；矿业公司间竞争更加激烈。

网络通信和现代化交通工具也为矿业全球化提供了极大的便利。在现代信息技术的催化作用下，矿业全球化继续向纵深发展。矿业资本、技术、劳动力等生产要素和矿产品的流动和配置，以越来越大的规模在全球范围内展开，各个国家的矿业如同经济一样被越来越深地融入统一的世界市场体系，国家与国家之间矿业和矿产品的依存关系达到了前所未有的广度和深度。

1. 以实现规模经营、提高效益为目的的全球矿业公司并购大幅减少，但亚太地区仍然呈现增长趋势

20世纪80年代以来，以全球化、私有化、自由化和市场化为标志，以获取有竞争力矿权地（矿床和矿山）、企业兼并、引入低成本先进生产技术和加强效益成本控制管理为手段，以增强国际竞争能力为核心，以提高经济效益为目的的国际矿业（包括矿产勘查开发）自身调整不断向纵深发展，矿业格局在悄然发生一些积极的变化。不但在矿业巨头与中小公司之间发生兼并，越来越多的大型矿业公司之间的兼并事件也时有发生。但是，由于近年矿产品价格暴涨，使得矿业公司并购成本大幅增加，特别是金融危机的影响，企业从资本市场和银行融资非常困难，使得前些年出现的并购热有所降温。

2000～2009年，交易额在2500万美元以上的全球贱金属并购案合计达216起，交易额共计1941.97亿美元；金的并购案277起，交易额共计913.52亿美元，详见表1。在过去的10年中，平均每年并购额在285.55亿美元，其中贱金属占68.01%，金占31.99%。在216起贱金属并购事件中，129起为铜，占59%，48起为镍，占22%，39起为锌，占18%。同期金并购案277起，平均金额3.30亿美元。

2008年黄金和贱金属并购案件76起，并购金额411.39亿美元，较2007年的551.54亿美元下降25.4%。其中贱金属购并案39起，并购金额322.29亿美元，较2007年的431.78亿美元下降25.4%。黄金并购案37起，并购金额89.10亿美元，较2007年的119.76亿美元下降25.6%。

2009年黄金和贱金属并购案件74起，并购金额140.81亿美元，较2008年的411.39亿美元下降了65.8%。其中贱金属购并案31起，并购金额68.17亿美元，较2008年的322.29亿美元下降78.8%。黄金并购案43起，并购金额72.64亿美元，较2008年的89.10亿美元下降了18.5%。

从贱金属并购涉及的矿山资产看，主要分布在大洋洲（1126亿美元，占38%），其次是非洲（629亿美元，占22%）、拉丁美洲（552亿美元，占19%）、北美洲（457亿美

表1　2000～2009年贱金属和金矿业并购金额　　单位：亿美元

年份	贱金属并购		金并购		金和贱金属并购合计	
	案件/起	金额	案件/起	金额	案件/起	金额
2000	13	28.37	13	18.45	26	46.82
2001	11	55.32	15	87.13	26	142.45
2002	5	15.65	14	34.91	19	50.54
2003	6	23.51	30	49.62	36	73.12
2004	16	22.44	13	43.48	29	65.92
2005	27	263.35	29	164.68	56	428.03
2006	26	711.09	40	233.76	66	944.85
2007	42	431.78	43	119.76	85	551.54
2008	39	322.29	37	89.10	76	411.39
2009	31	68.17	43	72.64	74	140.81
合计	216	1941.97	277	913.52	493	2855.49

注：统计的个案交易值在2500万美元以上。

资料来源：Metal Economics Group Strategic Report，Vol.23，No.2，2010。

元，占16%）、欧洲（75亿美元，占3%），亚洲最少（64亿美元，占2%）。中国成为贱金属矿山资产最大的买家，购买矿山资产价值1173亿美元，占40%，其次是加拿大（940亿美元）和日本（194亿美元）。

而从黄金并购涉及的矿山资产看，主要分布在非洲（266亿美元，占28%），其次是拉丁美洲（170亿美元，占18%）、亚洲（168亿美元，占18%）、大洋洲（146亿美元，占15%）、欧洲（138亿美元，占14%），北美洲最少（62亿美元），占7%。加拿大是2009年黄金矿山资产最大的买家，购买矿山资产价值311亿美元，占33%，其次是南非（248亿美元）和中国（120亿美元）。

2009年最大的并购案是加拿大埃尔多拉多黄金公司（Eldorado Gold）以18亿美元收购澳大利亚澳华黄金公司（Sino Gold），后者在中国拥有青海滩间山、贵州贞丰、吉林白山等金矿。通过并购澳华黄金公司，埃尔多拉多黄金公司成为在中国最大的国际黄金公司。第二大并购案为中国五矿以13.86亿美元收购澳大利亚澳兹矿业公司（OZ Minerals）的所有贱金属和黄金资产，澳兹矿产公司由澳大利亚奥克希纳（Oxiana）公司与澳大利亚锌开发公司（Zinifex）在2008年合并而成，新公司成立不久便陷入债务危机，为此不得不把普罗米嫩特山（Prominent Hill）和马塔贝（Martabe）两个矿山外的所有资产出售给了中国五矿。

近年来，石油价格震荡走高，全球石油巨头纷纷调整旗下业务，加大对油气上游领域的投资力度，同时通过收购一些有增长潜力的公司，以扩大产能、替换储备。石油和天然气行业的并购交易价值2009年呈现恢复性上升，达到1463亿美元（表2），较2008年增长40%，为1998年以来的较高水平。

表2　2008～2009年全球石油上游工业并购交易　　单位：亿美元

国家或地区	2008年		2009年	
	并购案件/起	交易总金额	并购案件/起	交易总金额
美　国	118	381	73	612
加拿大	65	145	68	366
其　他	96	517	108	485
总　计	279	1043	249	1463

资料来源：J. S. Herold. Global Upstream M&A Review，2010。

2008年受到金融危机、经济衰退及大宗商品价格暴跌影响，全球油气行业并购交易急剧降温，2009年1月，竟然没有一个超过1000万美元的油气资产或企业并购案件发生。但是随着原油价格回升，从3月起，全球油气并购活动开始活跃，拥有油页岩、页岩气、页岩油等非传统油气资源的公司成为并购的主要对象。

2009年最大的两个并购案件是埃克森美孚以409.92亿美元的高价并购美国克洛斯提伯能源公司（XTO Energy Inc.），以及森科能源公司与加拿大国有石油公司206.83亿美元的合并，这也是自2006年以来首次出现金额超过100亿美元的并购案件。

表3　2008～2009年世界石油公司间的重要并购事件

时　间	并（收）购公司和新公司名称	交易额
2008年		
6月	美国天然气巨头克罗斯提伯能源公司（XTO Energy Inc.）收购美国亨特石油公司（Hunt Petroleum）	41.91亿美元
7月	荷兰皇家壳牌（Royal Dutch Shell）收购加拿大迪韦尔奈石油公司（Duvernay Oil）	58.38亿美元
9月	美国康菲石油公司（ConocoPhillips）收购澳大利亚奥里金能源公司（Origin Energy）资产	59.41亿美元
10月	英国天然气集团（BG Group）收购澳大利亚昆士兰天然气公司（Queensland Gas）	29.20亿美元
11月	挪威国家石油公司（StatoilHydro）收购美国切萨皮克能源公司（Chesapeake Energy）资产	33.75亿美元
2009年		
3月	加拿大森科能源公司（Suncor Energy）收购加拿大国营石油公司（Petro－Canada）	206.83亿美元
6月	中石化收购瑞士阿戴克斯石油公司（Addax Petroleum）	90.22亿美元
10月	韩国国有石油公司（KNOC）收购加拿大哈维斯特能源信托公司（Harvest Energy Trust）	41.48亿美元
11月	美国石油勘探和开采企业登布里资源公司（Denbury Resources）收购恩克雷（Encore）公司	44.65亿美元
12月	美国能源巨头埃克森美孚（ExxonMobil）收购美国克洛斯提伯石油公司（XTO Energy Inc.）	409.92亿美元

资料来源：J. S. Herold. Global Upstream M&A Review，2010。

总体上看，受次贷危机和金属价格暴跌影响，2009年全球资源行业并购额大幅下降。许多提议或酝酿的并购被推迟、取消或破坏掉，特别是矿业巨头之间的交易由于受到各方面的阻力，往往以失败收场。例如，必和必拓并购力拓失败，而后两家公司开始谋求合作，拟将西澳的铁矿石业务合并，成立合资公司，但这项计划最终仍以失败告终。

2. 跨国矿业公司控制全球资源市场，牢固掌握矿产品价格话语权，生产经营垄断局面难以打破

全球矿业企业的大规模联合和兼并，使得全球矿业的集中度进一步提高，跨国矿业公司对市场的控制力和影响力进一步扩大。经过多年并购扩张后，必和必拓、力拓和淡水河谷等三大矿业巨头基本上控制了全球铁矿市场，牢固掌握了铁矿价格话语权。俄罗斯、巴西、中国和印度等“金砖四国”的矿业公司，也试图通过并购方式，走向国际资本市场，参与全球资源配置，为国内不断发展的经济提供资源保障。例如，俄罗斯铝业公司通过收购俄第二大铝业公司——西伯利亚乌拉尔铝业公司和瑞士嘉能可国际公司的氧化铝业务，超过美铝公司而成为全球最大的铝业公司等。

据统计，目前参与世界矿业经营活动的公司8000家左右，但大部分矿山产量仅由少数几家公司控制。全球前50家矿业公司的产值几乎占全球矿业的一半，且基本上被英、美、加、澳和南非的矿业公司垄断，其产值占50家公司总产值的60%；另外几家公司是巴西淡水河谷公司，智利国有铜矿公司（Codelco）公司，俄罗斯诺里尔斯克，墨西哥Grupo Mexico等。据瑞典原材料集团（RMG）估计，随着矿山产量逐渐向南半球转移，发展中国家矿业公司所占的比例有望增长。

根据瑞典原材料集团统计，从矿业公司对金属控制的集中程度看，最大的矿业公司控制了世界14.13%的铁矿石产量，11.2%的铜矿产量，9.5%的金产量和16.6%的钾盐产量。前10家公司控制了世界45.2%的铁矿石，55.7%的铜矿产量，42.8%的金产量和86.7%的钾盐产量。前10大公司占世界矿产值的比重为27.7%。随着跨国矿业公司的联合和规模的扩大，目前全球铁矿石生产和出口市场主要由淡水河谷、必和必拓和力拓三大公司操纵着，三大铁矿石公司产量占全球铁矿石生产的比例由1984年的14.6%上升到2009年的32.0%，淡水河谷控制着欧洲市场，后两个主宰着亚洲市场，合计占全球铁矿石贸易的份额已达到80%。

在石油领域，尽管美国和欧洲的跨国石油公司在20世纪70年代以后已失去了对全球许多地区石油储量的控制权，但仍占除前苏联地区以外全世界石油产量的20%以上。2008年全球著名的埃克森美孚、BP公司、皇家荷兰/壳牌集团、雪佛龙公司、美国康菲公司、俄罗斯鲁克石油公司、道达尔公司、俄罗斯苏尔古特油气公司、意大利埃尼集团和TNK-BP公司等10大跨国石油公司原油产量占全球总产量的21.7%，较上年有所上升（表4）。

3. 跨国矿业公司主导全球矿业融投资

必和必拓、力拓、淡水河谷等前10位跨国矿业公司市值占全球前100位矿业公司市值的比例达到60%以上，矿业巨头已经成为全球资本市场的主要融资者，其一举一动都会给资本市场带来巨大的影响。

经济全球化的迅速发展使得矿业公司勘查开发活动的地域范围更加广阔，得以站在全球的视点上角逐世界矿业市场。在油气勘查开发方面，拥有雄厚资金的大型跨国石油公司一直立足于全球油气资源，如壳牌石油公司在全球90多个国家和地区从事石油勘探和生产活动，拥有最先进的技术，每天的油气产量超过320万桶，在35个国家和地区拥有55

表 4　全球 10 大跨国矿业公司和石油公司

10 大矿业公司①		10 大石油公司②	
公司名称	市值/亿美元	公司名称	石油产量/万 t
必和必拓（BHPB，澳大利亚/英国）	4168	埃克森美孚	12025（3.3%）
力拓（Rio Tinto，英国/澳大利亚）	2642	BP 公司	12005（3.3%）
淡水河谷（CVRD，巴西）	1530	皇家荷兰/壳牌集团	8855（2.4%）
神华能源（Shenhua Energy，中国）	1007	雪佛龙公司	8380（2.3%）
英美集团（Anglo American，英国）	599	美国康菲公司	7775（2.1%）
斯特拉塔（Xstrata，瑞士）	578	俄罗斯鲁克石油公司	7685（2.1%）
巴里克（Barrick Gold，加拿大）	408	道达尔公司	7280（2.0%）
自由港-迈克默伦（Freeport - Mc. C&G，美国）	370	俄罗斯苏尔古特油气公司	6180（1.7%）
加拿大钾盐公司（Potashcorp，加拿大）	363	意大利埃尼集团	5130（1.4%）
黄金集团（Goldcorp，加拿大）	306	TNK - BP 公司	3635（1.0%）
合　计	11971	合　计	78950（21.7%）

注：括号中的百分数为占世界总产量的比例。

资料来源：①Mining Journal，2010，No. 1，公司市值包括集团公司、有限公司和控股子公司；②国际石油经济，2010（1）。

个石油精炼厂的股权；埃克森美孚实行全球化经营策略，在 21 个国家和地区有 37 个精炼厂，其上游的勘探和开采业务遍及全世界 40 多个国家和地区，在陆地和海洋石油开采业务方面具有世界主导地位；雪佛龙德士古公司涉足 20 多个国家和地区的油气勘探开发。20 世纪 90 年代以来，美国、加拿大和欧洲的一些中小石油公司积极向海外拓展，其中美国已经有 1000 多家中小型油气公司专门从事油气的勘探、开发以及信息和技术服务。

非燃料固体矿产勘查方面，美国公司大部分的勘查活动是在国外，目前仅在内华达、爱达荷和阿拉斯加等州有少量勘查活动，根据加拿大 Infomine 数据库统计，美国处于勘查活动的矿权地不到北美地区的 20%。1991 年加拿大矿业公司在 59 个国家和地区活动，1996 年增加到 95 个国家和地区，1999 年则在 100 多个国家和地区的 3000 多个矿权地进行活动，目前则可能有 5000 个矿权地。澳大利亚、南非，以及欧洲的老牌矿业国英国、法国等国的矿业公司向国外矿产勘查投资的数量和比重迅速增长。新兴工业化国家如韩国、马来西亚等和发展中国家如印度、巴西等，在国外的矿产勘查和开发项目也在增多。在矿产开发方面，近年每年全球的大型矿业开发项目中，跨国矿业公司开发的项目占 2/3 左右。

4. 矿业大国政策多变，资源民族主义抬头，矿业公司经营活动受到严重影响

20 世纪 90 年代以来，矿业全球化、私有化以及矿业并购活跃，大多数发展中国家实行了矿业对外开放政策，促使全球固体矿产勘查开发的重心逐渐由发达国家向发展中国家转移，资源丰富的发展中国家占全球固体矿产勘查开发投资的比例逐年上升，由 90 年代初期的 36% 上升到 1997 年的最高峰 56.4%，成为全球矿业勘查开发的热点地区。此后，由于受 1997 ~ 1998 年的亚洲金融危机和全球性经济不景气影响，世界矿业萧条，发达国家矿业公司在上述地区的勘查投资预算有所收缩，且投资大多用在已有项目的开发上。2000年后，随着矿产品价格快速上涨，一些过去投资比较少的国家如巴西、俄罗斯和蒙古成为投资的新热点。

2009年，拉美、非洲和亚太地区（不包括澳大利亚）占全球非燃料固体矿产勘查投资比例下降到44%，其中亚太地区由高峰期1997年的11%下跌到7%，非洲由1998年17.5%下降到8%，拉美比例也有所下降，但仍继续保持其优势地位，居全球第一位，占28.0%。初级矿业公司在俄罗斯、巴西和中国大量增加，分别居第五、第九和第八位，主要原因在于其快速发展的经济和良好的找矿前景。在非燃料固体矿产开发投资方面，世界大型矿产开发（采选）项目总投资预算中，发展中国家占3/4，比1990年高出10个百分点。2009年4650亿美元（不包括延期项目）的矿山开发投资预算中，拉美、大洋洲和非洲所占比例约为60%。

在矿产生产，特别是原矿生产中，发展中国家占有较大的比重，在固体矿产生产中所占比例为：矿山产量占一半左右，精炼产量占1/3左右，分别比20世纪80年代初各增长约15个百分点。目前，70%以上的黄金产于中国、俄罗斯和印度尼西亚等发展中国家。在石油生产中，发展中国家所占比例超过60%，比20世纪80年代初增长了约10个百分点。

近年来，一些资源丰富的矿业大国，为了本国的民族利益，不断调整矿业政策，如提高资源税费，限制矿产投资领域，减少矿产品产量，控制矿产品出口，发展下游产业等一系列措施，限制资源的过快消耗，确保矿业的可持续发展。

在矿产品价格高涨的时候，俄罗斯通过修订联邦地下资源法，限制外资介入战略资源勘查开发，其中包括铀、金刚石、石英和稀土等俄短缺的矿产资源，以及储量超过1.5亿t的油田、储量超过1万亿m^3的天然气田和储量超过1000万t的铜矿。此外，为了维护国家利益，处于国防工业所辖区域内的矿藏也将被列入俄战略资源储藏区名单中。全球金融危机造成了能源原材料价格大幅下降，国家收入下降，俄罗斯不得不改变矿业政策，吸引外资，开发其丰富的油气、铜和金等矿产资源。

美国也采用类似手段阻击其他国家矿业公司并购国内石油企业。澳大利亚政府则通过外商投资委员会审查国外企业对澳矿业公司和矿山资产的并购行为，通常以国家安全等为由和拖延审批等手段，保护重要矿山资产不会被恶意收购。

南非通过调整矿业政策，一方面使黑人得到更多的权利和实惠；另一方面，通过限制原矿出口，提高矿物原料深加工的比例，使矿产资源为南非带来更多的财富。蒙古政府对现行的《矿产资源法》进行修改，不排除把矿产资源收回国有和减少给予外国投资者优惠条件的可能。煤矿和铁矿属于战略资源，对此蒙古政府高度重视。因为权利金问题，蒙古《矿产资源法》修改悬而未决，大大影响了奥尤陶勒盖铜矿、塔文陶勒盖等巨型矿床的开发。矿业受到金融危机打击后，蒙古不得不重新审视其矿业政策。

委内瑞拉、厄瓜多尔、哥伦比亚等国家相继对自己的矿业政策进行“适时调整”，收回了西方矿业公司的部分矿权为政府所有，并成立国有矿业公司从事战略矿产勘查开发，因此，一度引起一些国际矿业公司的恐慌，造成这些矿业公司股票价格几乎跌去了一半。同时，这些国家形象和投资环境评价受到严重影响。

矿业公司的经营活动受到了来自政府干涉、当地居民破坏、矿工罢工以及非政府组织的影响。非洲矿业、环境和社会组织（AIMES）以及来自喀麦隆、刚果共和国等非洲 12 个国家的代表联名致信加拿大政府，要求对其矿业公司的污染环境、破坏森林和侵犯人权行为进行干涉和立法制约。厄瓜多尔政府起诉雪佛龙公司，要求赔偿200 亿美元，以补偿因为石油污染而造成的环境破坏损失，这宗案件是迄今为止世界上赔偿额最大的因采矿活动造成环境污染索赔案件。

（二）科技推动全球勘查开发活动向更深、更高和更寒地区发展，但矿业人才缺乏仍然是全球矿业发展的制约因素

不断依靠技术进步，大幅度降低生产成本，追求低碳经济，尽量减少环境污染，是 21 世纪矿业可持续发展的动力。几十年来，随着找矿难度的增大和可供开发的高品位、易开采、易选冶矿的减少，利用常规方法进行矿产勘查开发效果不断降低。为此，矿业界在科学技术研究和开发领域作出了不懈的努力，特别是发达国家的大型跨国公司把加大科技投入，通过技术创新掌握矿产勘查、开发核心技术作为其保持竞争优势的主要措施，这也是国外一些大矿业公司长期立于不败之地的重要原因。如埃克森公司运用新技术使其每年新增探明油气储量都超过了油气产量。

先进的科学技术和仪器设备对推进全球矿产资源勘查开发和利用效率发挥着越来越大的作用。技术进步在矿产勘查、开采、选冶和加工利用等各个环节发挥着巨大的功效。近年来，三维地震成像技术、水平井、斜井技术，水下采油技术，计算机的广泛应用和人工智能等高新技术的应用为石油业提高效率创造效益作出了巨大贡献。

技术进步使矿产勘查开发的地域范围更广、更高、更深，成本更低。如在陆上，矿产勘查开发向寒冷的北极地区进发，特别是加拿大西北地区、格陵兰和北欧地区的金刚石、金、铜和石油勘查活动，并取得了重大进展，比如加拿大埃卡蒂（Ekati）金刚石矿，美国阿拉斯加州佩布尔（Pebble）铜钼金矿，俄罗斯楚科奇半岛库珀尔（Kupol）金矿以及格陵兰西科瓦内湾（Kvane Fjeld）稀土-铀矿和雪铁龙湾（Citronen Fjord）铅锌矿等。在智利和阿根廷交界的帕斯夸拉玛金银矿和中国的驱龙铜矿，海拔高度都超过了 5000m。在海上，近海区和深水区的石油勘查开发进展迅速，2007 年下半年以来，巴西国家石油公司（Petrobras）在东南沿海桑托斯盆地已经获得多个重要油气发现，包括 BM－S－8 区块的 Bem－Te－Vi 油田，BM－S－9 区块的卡里约卡（Carioca，300 亿桶?）和瓜拉（Guara，10 亿～20 亿桶），BM－S－10 区块的帕拉蒂（Parati），BM－S－11 区块的图皮（Tupi，50 亿～80 亿桶）和埃亚拉（Iara，40 亿桶），以及 BM－S－21 区块的卡拉姆巴（Caramba），其中图皮油田经过后期钻井验证，基本证实了其 50 亿～80 亿桶的原油储量。据巴西能源管理部门 ANP 预测，该国海上盐下石油储量可能高达 800 亿桶。巴西海上油田勘探取得的成果，一定程度上改变了南美甚至世界油气格局。矿产勘查开发的深度也在进一步加大，美国墨西哥湾海域 Tiber 钻井超过 10000m，是石油天然气行业的最深钻井。南非德兰士瓦省兰德金矿山开发深度达到 5000 多米。除了深水油气田、水下钻石外，水下煤炭和金属矿产开采最近几年也取得了比较大的进展，特别是在巴布亚新几内亚俾斯麦海域，加拿大初级勘探公司鹦鹉螺资源公司在深海 1500m 处，找到了品位丰富的硫化物矿床。德比尔斯和英美集团成立了一家专门从事海底矿产勘查开发的公司。

快速、实时、可视和准确是现代矿产勘探技术发展的方向。传统激发极化（IP）技术一般应用在矿山，探测深度浅，但是，加拿大公司新研制的宙斯系统能够在区域规模使用，最大探测深度可达3500m，将极大地提高大规模区域地质调查的效率和效益，减少土地使用成本，提高成功率。Gedex有限公司的深部石油、天然气和固体矿产探测技术能够精确绘制地下密度图像，性能较目前的系统有大的提高，使得以前的盲飞勘查变成能够“看见”矿床位置，无论是准确性还是速度都是前所未有的。澳大利亚Intellection公司的矿物处理技术——Qemscant便携式商业应用模型已经在世界上多个地学实验室采用。此种产品使用无液氦探测仪，将提高样品准备、分析的速度，与以往的同种设备相比，至少增快5倍，从而加速勘查进程，同时也能使选矿厂实验室分析人员在不同的地点随时进行测试。

许多大石油公司都在施行“数字油田”战略，比如壳牌的“智能油田”，其目的就是要从现有油藏中获得更多的产量。在非常规能源矿产领域，壳牌加拿大公司油砂中沥青回收的增强泡沫处理技术（enhanced froth treatment technology）通过提高石蜡泡沫处理工艺的温度，比其他传统工艺能够更有效地去除更多的沙粒、粘土细粒和其他杂质。同时设备规模更小、用水更少、耗能更低，有效降低温室效应，而总体回收效益能够提升10%。艾伯塔省的阿萨巴斯卡油砂项目将采用壳牌的此项技术。壳牌加拿大公司和其合作伙伴西部油砂公司以及雪佛龙德士古公司计划投资73亿加元扩建姆斯克格矿山（Muskeg）和沥青提取厂。

未来，随着矿产勘查开发的科技进步和社会发展，深部隐伏矿、低品位矿、难选冶矿等开发条件差的矿产开发机会增多，页岩油气等非传统矿产资源备受关注。技术进步使可利用矿产资源的品位显著降低。许多以前难以利用的低品位、难选冶矿变得具有经济意义，从而使许多矿产的储量得到增加，石油、金、铜尤为突出。美国天然气2009年实现自给，并且可以在以后的100年里不再需要进口天然气。这完全得益于东部地区页岩气的开发，而页岩气开发依靠的是先进的钻探技术，这种技术可以击碎地底的页岩并进行水平钻探，开采储藏在页岩层的天然气，是过去10年里最重大的能源技术革新。生物-氧化作用和生物浸出技术的进一步发展，已使金矿石开采品位降到0.7g/t，最低达0.257g/t。美国纽蒙特公司研制的适用于低品位的细粒金矿石生物浸出工艺，使金的回收率从20%提高到60%。溶剂萃取电积法（Sx - Ew）炼铜技术进一步完善，铜矿石开采品位可降至0.2% ~0.4%，最低达0.04%，用该法生产铜的产量迅速增大，在世界铜总产量中所占的比例由1991年的8.5%上升到2009年的21.8%。Xstrata公司在麦克阿瑟河（McArthur River）铅锌银矿山采用了MIM公司的Albion工艺，此种工艺将给锌矿等金属选冶带来一次新的革命。

新技术、新方法和替代产品的应用极大地提高了矿产资源的利用效率，延缓了矿产资源的耗竭速度。如在能源领域，日本、美国和欧盟等都把节能和提高能效纳入能源安全战略。近年来，节能技术、新能源和可再生能源技术取得突破性进展。过去几十年中，为缓解对石油、天然气和煤炭等不可再生能源的需求，改善环境，许多国家和政府都十分重视开发和利用新能源和可再生能源，如太阳能、风能、地热能、生物质能及潮汐能等。随着铁矿石和冶金辅助原料价格不断攀升，国际上正在谋求炼铁技术的革命性突破，比如力拓公司研制的Hismelt熔融还原炼铁技术，浦项研制的高铬不锈钢技术，以及不使用焦炭的Finex式炼铁技术等，都将降低钢铁工业成本。

采矿环境技术进步使矿业对环境的污染逐步得到控制。目前，矿业界正尽最大努力以实现矿山固体、液体和气体污染物的近零排放。酸性废水排放是许多国家一个重大的矿山环境难题，美国加利福尼亚州北部红山铜矿用特殊的微生物处理，显著降低了酸性废水的排放，可以使粉尘遏制和控制技术进步，也使采矿更安全、对人体危害更小。澳大利亚矿物科学研究院，正在研制一种综合利用尾矿废渣、废水的技术，可以大大降低废渣、废水的排放量，从而使得尾矿大大减少，避免尾矿占用大量土地和减少污染。加拿大预计2020年油砂工业排放的二氧化碳占当地从目前的5%增长到16%。加拿大联邦政府和艾伯塔省出资25亿美元开发二氧化碳收集和储藏技术。

国际矿产品价格不断上涨，矿产开发投资大幅增加，众多矿业项目的实施都需要大批专业技术人才来完成。但由于多年来矿业总体形势不景气，大量人才流失，高等院校矿业院校人才培养断档，所以矿业人才紧缺。面临突如其来的矿产资源热潮，澳大利亚显然在人才方面准备不足。不但缺少矿产资源勘查开发方面的工程师，同时也缺少矿产品贸易方面的人才。刚刚毕业的矿业方面的研究生，薪酬已经超过了8万澳元。澳大利亚政府已经提出一个8.3亿澳元的培训计划，在2008～2010年内，每年首先拿出5600万澳元资助500名大学生完成学业，同时培训大量的熟练工人和初级工。虽然澳大利亚矿业收入逐年增长，但未来10年人才缺乏将制约矿业部门的发展。同样在蒙古，虽然矿产资源丰富，但由于当地缺少矿业方面的技术人才和熟练的技术工人，限制了该国矿业的发展。在加拿大艾伯塔省，油砂工业成为该省乃至加拿大能源工业发展的重点，但油砂采矿需要充足的劳动力，而艾伯塔省熟练技工的缺口为7.5万～10万人，不得不从邻近的安大略省等省份，甚至全球吸引人才。

总之，矿业全球化和科技进步使21世纪的世界矿业进入一个新的时代，那就是土地和资本作为竞争优势的地位逐渐弱化，矿业企业今后的成功将更多地依赖于理念、管理、技术创新及其应用，即人才和技术。

二、世界矿产资源勘查和开发形势

（一）世界油气勘探开发投入趋于稳定

受世界经济持续增长等多种因素影响，2003年以来全球油气需求日益高涨，油价不断攀升，从而拉动世界油气勘探开发活动不断增强。2008年，全球油价剧烈震荡对油气勘探开发投资产生了一定的影响，但全年投资仍然维持在较高的水平，油气勘探开发投资对金融危机的影响反应滞后，2009年油气勘探开发投资出现缩减，而在2010年又有小幅增长。

据美国巴克莱投资银行（Barclays Capital）《年度勘探与开发投资调查》的统计表明，2003～2008年，全球油气勘探开发投资连续6年增长（图1）。2008年实际投资为4535.62亿美元，较上年增长39.8%，比上年预计数增长27.9%；2009年勘探开发投资3950亿美元，比上年减少12%；2010年勘探开发投资预算为4390亿美元，比上年增长11%。北美地区（包括美国和加拿大），2008年投资为1349.65亿美元，增长22.9%。其中在美国的245家公司勘探与开发投资为1062.96亿美元，增长30.8%；在加拿大的85

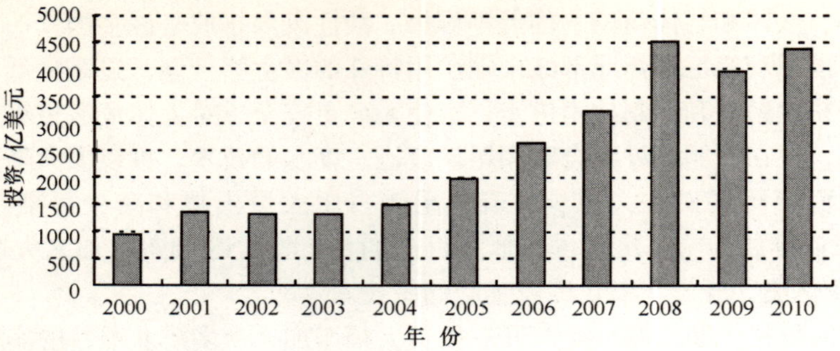

图1 2000～2010年世界油气勘探开发投资

家石油公司实际投资为286.69亿美元，增长0.4%；世界其他地区100家石油公司实际投资为3185.97亿美元，增长48.5%。

巴克莱投资银行认为，2009年投资缩减是对油价的大幅下跌、有限的现金流和紧缩的信贷市场的反应，并认为原油50美元/桶和天然气5美元/m^3会触动投资的大量减少。虽然，一些大型油气公司投资预算减少，但仍然维持在较高的水平（表5），一些大型公司会大幅降低投入，如切萨皮克能源公司（Cheaspeake）和德文能源公司（Devon）在美国分别削减51%和44%，赫斯基能源公司（Husky Energy Inc.）和德文能源公司在加拿大分别削减47%和71%。

表5 一些大型油气公司全球勘探开发预算 单位：亿美元

公司名称	2008年	2009年	2010年
巴西国家石油公司（Petrobras）	166	160	200
美国埃克森美孚（ExxonMobil）	145	162	180
荷兰皇家壳牌公司（Royal Dutch Shell）	164	170	160
美国雪佛龙公司（Chevron）	118	136	129
法国道达尔公司（Total）	118	124	124
意大利埃尼公司（Eni）	110	100	100
英国石油公司（BP）	95	85	85
美国康菲公司（ConocoPhillips）	55	49	56
合 计	970	986	1034

资料来源：Barclays Capital，World Oil，2009、2010（2009年数据已进行调整）。

另据《油气杂志》报道，莱曼兄弟公司（Lehman Brothers）对全球石油公司勘查开发投资预算进行的调查统计表明，2003年全球勘探开发投资为1324亿美元，较上年增长4.2%；2004年勘探开发投资约为1488亿美元，增长12.4%，2005年和2006年分别猛增了25%和30%，达到1860亿美元和2418亿美元。2007年全球油气勘查开发投资为3320亿美元，预计2008年全球油气勘探开发投资为3690亿美元，增长11%，其中北美之外投资从上年的2300亿美元增加到2670亿美元，增长16%。据《油气杂志》年度资本投入报告，美国油气项目投入在2010年将减少5%，为2200亿美元；加拿大项目投入将增长10%，为4400亿加元。其中，美国上游项目的投资将由2009年的1935亿美元增长到2010年的1956.67亿美元。

表6 世界油气勘探与开发投资 单位：亿美元

国家或地区	2005年	2006年	2007年	2008年	2009年
美　国	484.21	678.94	812.96	1062.96	786.16
加拿大	233.50	284.31	285.55	286.69	219.81
其他地区	1263.77	1675.82	2145.62	3185.97	2996.07
世界总计	1981.48	2639.07	3244.13	4535.62	4002.04

值得注意的是，近年来近海钻探非常活跃，并不断向深海方向发展。目前全球海洋油气勘探领域正在不断扩大，在100多个海上油气勘探的国家中，有50%的国家正在对深海进行勘探。世界新增油气储量已由陆地、浅水转向广阔的深水水域。近年全球获得的重大勘探发现中，有近50%来自深水水域，墨西哥湾、巴西海域、西非海域，以及被称为第二个波斯湾的中国南海是最有希望的深水油气区。据《2003～2007年世界深水报告》披露，全球成熟浅水区域油气新发现规模正大幅下降，近5年欧洲近海投产油气田的平均规模约为9000亿桶油当量，而今后其规模将减少50%以上。

据《世界石油》及其他报道，油气钻井（包括勘查与开发）基本上也反映了上述最近几年的变化情况，2003年起明显增长，到2006年达到顶峰，此后略有下降（表7）。

表7 2002～2008年美国、加拿大及世界油气钻进井数

国家或地区	2002年	2003年	2004年	2005年	2006年	2007年	2008年
加拿大	15026	21691	23151	23790	24700	20431	15767
美　国	27515	32012	38646	41189	48929	49195	52394
世　界	66700	80636	89478	93772	108081	104699	105206

（二）世界非燃料固体矿产勘查开发投资持续增加

1. 世界非燃料固体矿产勘查投资持续走高

尽管由美国次贷危机诱发的国际金融危机不断扩散和加深，出现了矿产品需求减缓、矿产品价格暴跌、矿业融资难度加大、矿山企业停产减员等现象，但是2008年固体矿产勘查投资全年仍然保持增长态势。实际上，这是矿业周期较长，对跌宕变化的世界经济反应滞后的表现，2009年世界非燃料固体矿产勘查投资下降。据加拿大金属经济集团（MEG）年度报告统计，2008年勘查投资为132亿美元，增长26%，自2002年跌入低谷以来已经增长6倍多（表8）。2009年，受国际金融危机影响，勘查投资77亿元，减少42%。需要强调的是，自2007年以来，统计中增加了铀矿，上述数据不包括铀矿投资。2007年，有363家公司投资9.36亿美元用于铀矿勘查，若包括铀勘查预算，合计调查的

表 8　近 10 年全球固体矿产勘查投资变化

年　份	估计的总预算/亿美元	与上年相比变化比例/%	与上年相比变化全额/亿美元
1999	28	-24	-9
2000	26	-7	-2
2001	22	-15	-4
2002	19	-14	-3
2003	24	+26	5
2004	38	+58	14
2005	51	+34	13
2006	75	+47	24
2007	105	+40	30
2008	132	+26	27
2009	77	-42	55

资料来源：Metals Economics Group，Corporate Exploration Strategy，2009。

勘查预算为 109.3 亿美元，估计全球投资超过 114 亿美元；2008 年包括铀矿投资为 144 亿美元；2009 年包括铀矿投资为 84 亿美元。

由于金融危机的影响，矿产勘查连续 6 年大幅度增长的势头戛然而止，但全球经济复苏比预料的更快、更好，矿产资源需求的基本面并未改变，特别是新兴国家的迅速崛起，发展中国家的加快发展，使得矿产品需求保持旺盛态势，矿产品价格在较高的价位震荡前行，使得矿业成为推动经济复苏的重要因素。

2. 拉美、加拿大、非洲等矿产勘查活跃

2008 年，矿产勘查投资在世界各个地区继续增长（图 2），拉美、加拿大、非洲仍然是最活跃的地区，分别占全球矿产勘查投资的 25%，19% 和 15%。拉美自 1994 年以来一直是最具吸引力的勘查投资地区，2008 年同比增长了近 1/3，其中 83% 的资金投向传统

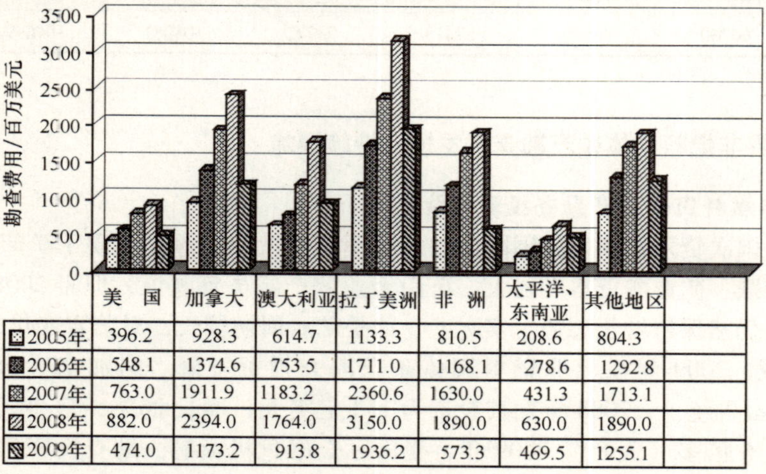

	美　国	加拿大	澳大利亚	拉丁美洲	非　洲	太平洋、东南亚	其他地区
2005年	396.2	928.3	614.7	1133.3	810.5	208.6	804.3
2006年	548.1	1374.6	753.5	1711.0	1168.1	278.6	1292.8
2007年	763.0	1911.9	1183.2	2360.6	1630.0	431.3	1713.1
2008年	882.0	2394.0	1764.0	3150.0	1890.0	630.0	1890.0
2009年	474.0	1173.2	913.8	1936.2	573.3	469.5	1255.1

图 2　2005～2009 年世界固体矿产勘查费用区域分布

的5国，即墨西哥、秘鲁、智利、巴西和阿根廷。加拿大自2002年超过澳大利亚以来一直保持在全球第二的地区。

2009年，矿产勘查投资在各个地区都有所减少，但拉美、加拿大、非洲仍为投资最活跃地区，分别占全球矿产勘查投资的26.5%，16.0%和15.0%。其中，拉美投资19.36亿美元，减少38%；加拿大投资11.73亿美元，下降51%；非洲投资5.73亿美元，下降42%，澳大利亚投资9.14亿美元，下降47%；美国投资4.74亿美元，下降48%；太平洋、东南亚地区投资4.7亿美元，下降25%；世界其他地区投资12.55亿美元，下降33%。

2008年，10大勘查投资目标国家的投资经费合计为86.9亿美元，占世界总经费的69%。加拿大、澳大利亚和美国保持前三位，墨西哥和秘鲁超越俄罗斯分别居第四和第五位，智利第七位，巴西超越南非和中国居第八位。南非和中国分别居第九和第十位（表9）。

表9　2008年与2009年世界10大勘查投资目标国勘查经费及位次变化

国家或地区	2008年			2009年		
	勘查投资/百万美元	位次	占总投资的比例/%	勘查投资/百万美元	位次	占总投资的比例/%
加拿大	2401.1	1	19	1173.2	1	16
澳大利亚	1708.6	2	14	913.8	2	12.5
美　国	907.8	3	7	474.0	4	6.5
墨西哥	794.3	4	6	388.7	6	5.3
秘　鲁	673.1	5	5	480	3	6.6
俄罗斯	586.7	6	5	400.9	5	5.5
智　利	519.1	7	4	357.5	7	4.9
巴　西	395.7	8	3	233.7	9	3.2
南　非	357.1	9	3	199.6	10	2.7
中　国	350.0	10	3	296.6	8	4

2009年，10大勘查投资目标国的投资经费合计为49.18亿美元，占世界总经费的67%。加拿大、澳大利亚前二位保持不变，第三至第十位发生了较大变化。秘鲁地位迅速上升，把传统的老三美国挤到第四位，第五至第十位依次为俄罗斯、墨西哥、智利、中国、巴西和南非。

另据加拿大自然资源部的统计，加拿大境内矿产勘查和评价的投资连续7年增长，由2007年的19亿加元增加到26亿加元，增长34%，总投资突破1987年创造的24亿加元的最高纪录。小型公司在加拿大勘查工作所占比例越来越大，从1999年的1.75亿加元增加到2007年的17亿加元，自2004年以来一直高于大型公司，现在占到总投资的65%。

对于大型矿业公司而言，勘查投资的主要地区是拉美、加拿大和非洲。一般占其勘查投资的50%以上，甚至达90%以上。主要国家矿业公司的勘查投资见表10。

表 10　西方矿业公司和世界非燃料矿产勘查投资预算　　单位：亿美元

国家或地区	2000 年	2001 年	2002 年	2003 年	2004 年	2005 年	2006 年	2007 年	2008 年	2009 年
美　国	2.35 (10.0)	1.58 (7.9)	1.25 (7.2)	1.53 (7.0)	2.83 (11.2)	3.96 (8.1)	5.48 (7.7)	7.63 (7.6)	9.078 (7.2)	4.74 (6.5)
加拿大	3.48 (14.9)	3.33 (16.6)	3.17 (18.3)	4.71 (21.5)	6.97 (27.5)	9.28 (19.0)	13.75 (19.3)	19.12 (19.1)	24.017 (19.1)	11.732 (16)
澳大利亚	4.05 (17.3)	3.49 (17.5)	3.04 (17.6)	3.39 (15.5)	5.24 (20.6)	6.15 (12.6)	7.54 (10.6)	11.83 (11.9)	17.086 (13.6)	9.138 (12.5)
拉丁美洲	6.52 (28.3)	5.76 (28.8)	4.48 (26.0)	5.18 (23.6)	7.74 (21.8)	11.33 (23.1)	17.11 (24.0)	23.61 (23.6)	31.288 (25)	19.362 (26.5)
非　洲	2.93 (12.6)	2.77 (13.8)	2.57 (14.8)	3.74 (17.1)	5.73 (16.1)	8.11 (16.5)	11.68 (16.4)	16.30 (16.3)	18.834 (15)	10.945 (15)
太平洋/东南亚	1.99 (8.5)	1.33 (6.7)	0.85 (4.9)	0.93 (4.2)	1.55 (4.4)	2.09 (4.3)	2.79 (3.9)	4.31 (4.3)	691.2 (5)	4.695 (6.4)
其他地区	1.97 (8.4)	1.75 (8.7)	1.97 (11.4)	2.44 (11.1)	5.48 (15.4)	8.04 (16.4)	12.95 (18.1)	17.13 (17.2)	18.797 (15)	12.551 (17.1)
公司合计	23.4	20.0	17.3	21.9	35.5	48.9	71.3	99.9	126	73.2
世界总计	26.0	22.0	19.0	24.0	39.0	51.0	75	105	132	77
统计公司数/家	656	679	724	917	1139	1431	1624	1821	1912	1846
公司年投资规模/万美元	>10	>10	>10	>10	>10	>10	>10	>10	>10	>10

注：西方矿业公司不包括小公司、地方性的私人公司和政府集团；括号内数字为占公司合计的百分数；西方矿业公司在世界各地的勘查投资总计数占全球商业性金属勘查费用的90%左右。

资料来源：Metals Economics Group Strategic Report，1997～2009。

3. 勘查矿种仍以金、铜为主

金一直是最具吸引力的勘查矿种，长期保持在勘查投资一半左右，2008 年首次让位于贱金属，占投资总额的39.1%，贱金属占投资总额的40.8%（表11），金刚石占8%，铂族金属占3%，其他占10%。2009 年，金矿勘查投资比重重新超过贱金属，占总投资的47.6%，贱金属占35.8%，金刚石占5.4%。

2009 年，实际金矿勘查投资34.82 亿美元，比上年减少29%，占总投资的47.6%。最近几年，特别是金融危机以来，全球地缘政治的不确定性、美元疲软等，黄金的增值保值作用明显，金价持续上扬，从而促进了与金相关勘查经费的增加。

2009 年，贱金属勘查投资26.22 亿美元，比上年减少了49%，在勘查总经费中所占比重为35.8%。当然，贱金属勘查投资仍比1997 年的高峰低了23%。其中，铜矿勘查投资自2002 年以来一直占贱金属的57%～62%，而镍与锌勘查投资所占比例呈现反向趋势。

2008 年和2009 年世界主要固体矿产勘查投资分布比例见图3。

表 11　1999～2009 年各类固体矿产勘查投资比例变化

年　份	金矿投资比例/%	贱金属矿产投资比例/%	其他矿产投资比例/%
1999	51.9	34.7（其中铜 19.5）	13.4（其中金刚石 10.0）
2000	46.6	37.9（其中铜 18.8）	15.5（其中金刚石 9.6）
2001	42.5	38.9（其中铜 20.6）	18.6（其中金刚石 9.9）
2002	45.2	29.6（其中铜 17.6）	25.2（其中金刚石 13.5）
2003	48.1	26.6（其中铜 15.5）	25.3（其中金刚石 14.6）
2004	49.8	26.4（其中铜 16.3）	23.9（其中金刚石 13.3）
2005	47.3	29.5（其中铜 16.2）	23.2（其中金刚石 12.8）
2006	44.7	32.4（其中铜 19.2）	22.9（其中金刚石 12.0）
2007	41.9	35.7（其中铜 19.6）	22.4（其中金刚石 9.9）
2008	39.1	40.8（其中铜 23.3）	20.1（其中金刚石 7.6）
2009	47.6	35.8（其中铜 26.2）	16.6（其中金刚石 5.4）

资料来源：Metals Economics Group Strategic Report，1999～2009。

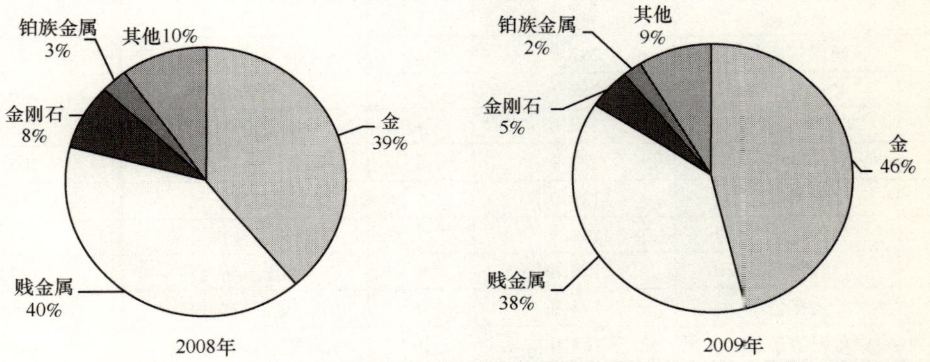

图 3　2008～2009 年世界主要矿种勘查费用所占比例

2009 年，草根勘查费用 23.502 亿美元，占总勘查费用的 32.1%；用于后期—可行性研究阶段的费用预算总额为 29.696 亿美元，占总勘查费用的 40.6%，继续高于草根勘查费用，成为勘查投资的重点阶段；用于矿场方面的勘查预算为 19.966 亿美元，占总勘查费用的 27.3%（表 12）。而 2008 年，后期—可行性研究阶段的费用占总勘查费用的 41.5%，矿场勘查费用占 22.4%，草根勘查费用所占比例持续降低，只占总勘查费用的 36.1%。

表 12　固体矿产勘查各阶段投资比例的变化　　单位:%

勘查阶段	2002 年	2003 年	2004 年	2005 年	2006 年	2007 年	2008 年	2009 年
草根勘查	46.9	48.7	42.3	40.2	38.8	38.8	36.1	32.1
后期—可行性研究	33.9	31.2	35.8	40.2	42.8	40.6	41.5	40.6
矿场勘查	19.2	20.1	21.9	19.6	18.4	20.6	22.4	27.3

资料来源：Metals Economics Group Strategic Report，2002～2009。

从不同勘查阶段投资比重的变化趋势看，用于矿区外围和深部的投资呈持续上升趋势，从2002年的19.2%上升到2009年的27.3%。而草根勘探所占比例则相应的从46.9%下降到32.1%。后期可行性研究勘探所占比例总体上也呈上升趋势，从33.9%上升到40.6%。也就是说，随着找矿难度增加，矿业公司更加注重在老矿区深部或外围找矿，而在新区进行勘探风险性不断增加，投资减少。

2007年和2009年，固体矿产勘查投资最多的10大公司见表13。2007年英美集团和德比尔斯公司和勘查投资居领先地位，分别为3.487亿美元和2.827亿美元，2009年必和必拓公司和淡水河谷公司占据前两位，分别为4.236亿美元和2.477亿美元。2007年，10大公司合计投资22.465亿美元，约占全球投资的1/4；2009年，10大公司合计投资20.213亿美元，占全球投资的26%以上。

表13　2007年和2009年固体矿产勘查投资最多的10大公司

2007年			2009年		
排名	公司名称	勘查投资/百万美元	排名	公司名称	勘查投资/百万美元
1	英美集团	348.7	1	必和必拓公司	423.6
2	德比尔斯公司	282.7	2	淡水河谷公司	247.7
3	必和必拓公司	257.1	3	英美集团	246.6
4	艾芬豪矿业公司	230.8	4	斯特拉塔公司	235.5
5	斯特拉塔公司	229.9	5	盎格鲁阿散蒂黄金公司	206.0
6	淡水河谷公司	189.0	6	纽蒙特公司	159.3
7	巴里克金矿公司	188.9	7	巴里克金矿公司	156.6
8	纽蒙特公司	178.6	8	德比尔斯公司	122.1
9	力拓公司	174.9	9	金矿田公司	115.3
10	盎格鲁阿散蒂黄金公司	165.0	10	嘉能可国际公司	108.6

资料来源：Metals Economics Group Strategic Report，2007～2009。

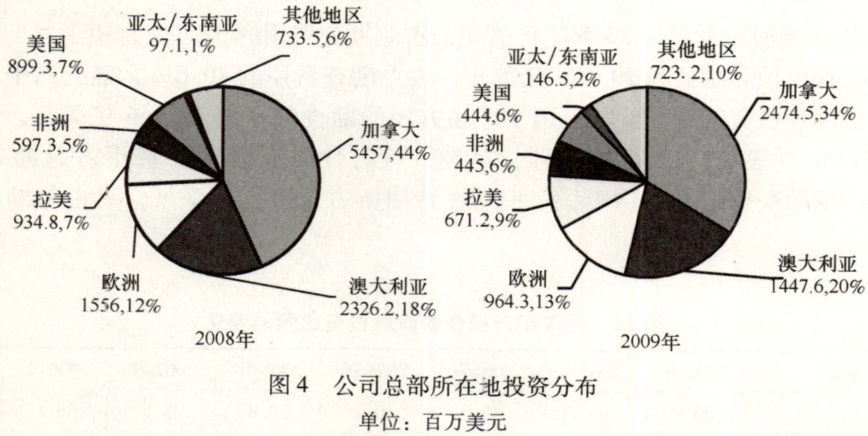

图4　公司总部所在地投资分布

单位：百万美元

据金属经济集团的统计，从投资公司总部所在地来看，2009年勘查投资（不包括铀）居前三位的依次为加拿大、澳大利亚和欧洲。总部在加拿大的公司投资24.745亿美元，占投资总额的 33.8%；澳大利亚 14.476 亿美元，占 19.8%；欧洲 9.643 亿美元，占 13.2%。

矿业开发投资持续走强。2007 年，矿产开发持续快速增长，总投资为 3080 亿美元，比上年增长 40.1%。2008 年，矿业开发的统计数据并未受到金融危机的严重影响，投资总额为 4090 亿美元，比上年增长 32.8%，2009 年投资 4650 亿元，比上年增长 13.7%，从开发的矿种来看，4 种主要金属矿产铜、铁矿石、金和镍所占的费用合计达 3910 亿美元，占调查费用的 84.1%，其中铁矿石占 27.3%，铜占 26.7%，反映这两个矿种是全球非燃料固体矿产开发的投资重点（表 14）。

表 14　2008 年和 2009 年全球主要矿种的新矿业项目开发投资

2008 年			2009 年		
矿　种	矿业投资/亿美元	所占比例/%	矿　种	矿业投资/亿美元	所占比例/%
铜	1180	29	铁矿石	1270	27
铁矿石	1060	26	铜	1240	27
金	570	14	金	750	16
镍	550	13	镍	650	14
铂族金属	150	3	铅/锌	140	3
铀	130	3	铂族金属	130	3
铅/锌	110	3	金刚石	80	2
金刚石	90	2	其　他	240	5
其　他	250	7			
总　计	4650	100	总　计	4090	100

资料来源：E & MJ，Jan/Feb. 2009 年和 2010 年整理。

矿业开发投资的 10 大目标国依次是加拿大、澳大利亚、巴西、俄罗斯、秘鲁、智利、美国、南非、菲律宾和墨西哥，10 国合计投资 3110 亿美元，占总投资的 66.9%。尽管在 2008 年和 2009 年，矿业受金融危机的影响还是很大，许多矿山出现了停产、减员现象，许多公司压缩成本和投资，但矿业开发投资并未减少。

（三）矿产勘查活动的开展，促进了矿产储量的增长

1. 世界油气储量不断增长

随着全球原油价格的不断攀升，油气勘探与开发日趋活跃，最近 10 年世界石油和天然气的储量持续增长，而且石油储量增长还有加快趋势。据《油气杂志》年度调查，从 1998 年 1 月到 2009 年 1 月，全球石油储量由 10195.5 亿桶增加到 13317.0 亿桶，天然气由 5086.5 万亿 $ft^3$❶ 增加到 6185.7 万亿 ft^3，10 年间石油和天然气的储量分别增长 30.6% 和 21.6%（表 15）。需要指出的是，油气生产的“峰值”尚未出现，储量还在继续增长。

❶ $1ft^3 = 2.831685 \times 10^{-2} m^3$。

表 15　10 年世界油气储量变化情况

年　份	世界石油储量/10^6bbl①	世界天然气储量/bcf②
2009	1333100	6621200
2008	1331698	6185693
2007	1317447	6182692
2006	1292550	6112144
2005	1277748	6040208
2004	1265812	6068302
2003	1212881	5501424
2002	1031101	5451332
2001	1028458	5278484
2000	1016041	5146207
1999	1034265	5144753
10 年变化率/%	28.9	28.7

注：①1bbl = 119.2410L；②1bcf = 1 亿 ft^3（$2.831685\times10^6 m^3$）。

2008 年以前的数据据《油气杂志》全球生产报告，2007；2009 年的数据据 BP，2010。

2. 固体矿产找矿勘查不断取得进展

由于技术进步和坚持不懈的超前地质勘探工作，使得近 10 年来全球重要矿产资源的储量或储量基础大都有不同程度的增加。按照目前世界矿产开采水平，总的来说，证实储量可保证开采 20～40 年，某些矿种的保证年限还要长得多，如石油为 40 多年，天然气 60 多年，煤 200 多年。如果加上预测资源量，保证年限还会大大增加。

除煤、锰、锡、汞、金、稀土、镉、钽和铌等矿种外，大部分矿种资源储量有不同程度的增长，尤其是石油、天然气、铁矿石、钛、铜和镍等重要金属矿产（表 16）。

3. 政府加大了对矿产资源勘查评价导向

为了促进矿产勘查，为国家的经济发展提供有力的矿产资源保障，世界主要矿业大国或资源丰富的国家，采取各种措施，促进矿产勘查工作，并针对全球金融危机提出了应对政策措施，引领矿业的繁荣发展；继续加强基础性公益性地质调查，降低勘查投资风险；开展了一些重大矿产勘查开拓性项目，加强对矿产勘查的引导，形成了政府与企业合力推动矿产勘查的良好局面。在澳大利亚、加拿大和美国等国，还呈现出中央政府与省（州）政府分工协作推动矿产勘查工作的局面。

澳大利亚政府在引导和促进矿产勘查方面，做了大量工作，实施和推进矿产勘查开拓型计划，以降低勘查投资风险，并形成了从联邦政府到州政府，联合高等院校和企业，共同推进矿产勘查工作的良好局面。澳大利亚联邦科学与工业研究组织（CSIRO）通过实施“旗舰项目——地下矿产”，解决矿业工业的实际问题，迎接矿产勘查方面的挑战，研究的重点一是发现澳大利亚的矿产资源，研发新的技术和理念，长期目标是补充澳大利亚的资源基础；二是实现未来矿山的转型，通过创新采矿技术，降低成本、提高效率和安全，把目前经济上不合算的资源转变成有利可图的储量；三是确保澳大利亚未来矿产储量的安全，寻求开启以往不经济矿体价值的途径；四是通过系统的创新推进可持续的加工，确保

表 16　世界主要矿产储量

矿产	单位	储量		储量基础	
		1999 年	2009 年	1999 年	2009 年
煤	亿 t	9842.11	8260	—	—
石油	亿 t	1385.88	1817.25	—	—
天然气	亿 m^3	1456377	1874917	—	—
铀*	万 t	234.00	264.33	—	—
铁矿石	亿 t	1400	1600	3000	3500
锰矿石	亿 t	6.8	5.4	50	52
铬铁矿	亿 t	36	>35	75	—
镍	万 t	4600	7100	14000	15000
钴	万 t	450	660	960	1300
钨	万 t	200	280	320	630
钼	万 t	550	870	1200	1900
钒	万 t	1000	1300	2700	3800
铜	万 t	34000	54000	65000	100000
铅	万 t	6400	7900	14300	17000
锌	万 t	19000	20000	43000	48000
铝土矿	亿 t	250	270	340	380
菱镁矿	亿 t（Mg）	25	23	34	36
金红石	万 t（TiO_2）	4300	4500	17000	8700
钛铁矿	万 t（TiO_2）	33000	68000	46000	140000
锡	万 t	770	560	1200	1100
锑	万 t	210	210	320	430
汞	万 t（Hg）	12	6.7	24	24
铋	万 t	11	32	26	68
金	t	49000	47000	77000	100000
银	万 t	28	40	42	57
铂族金属	t	71000	71000	78000	80000
稀土	万 t（REO）	10000	9900	11000	15000
镉	万 t	59	49	120	120
铯	万 t	10	7	11	11
钽	t	12000	110000	36000	180000
铼	t	2500	2500	11000	10000
铌	万 t	350	290	550	300
锂	万 t	340	990	940	1100
锶	万 t	680	680	1200	1200
铊	t	380	380	650	650

续表

矿产	单位	储量		储量基础	
		1999 年	2009 年	1999 年	2009 年
钍	万 t（ThO_2）	120	130	140	140
锆	万 t（ZrO_2）	3600	5600	6500	7700
钇	万 t（Y_2O_3）	51	54	56	61
石棉	万 t	大	大	大	大
石墨	万 t	1500	7100	36000	22000
萤石	万 t	22000	23000	37000	47000
重晶石	万 t	15000	17000	48000	88000
石膏	亿 t	大	大	大	大
滑石	万 t	大	大	大	大
硅藻土	亿 t	8	大	大	大
硅灰石	万 t	27315	—	44918	—
高岭土	亿 t（资源量）	—	巨大	209	巨大
珍珠岩	亿 t	7	7	20	77
天然碱	亿 t	240	240	400	400
金刚石	亿 ct①	5.8	5.8	12.0	13
硫	亿 t	14	大	35	大
磷酸盐岩	亿 t	120	160	360	470
钾盐	亿 t（K_2O）	84	85	170	180
硼矿	万 t（B_2O_3）	17000	17000	47000	41000
蛭石	万 t	5000	5000	20000	—
铟	t	2600	2600	5700	—
硒	万 t	7	8.8	13	17.2
碲	t	20000	22000	38000	48000

注：①1ct = 0.2g；* 表示每千克成本≤80 美元；“大”表示储量或储量基础丰富；“—”表示无统计数据。

资料来源：1. Mineral Commodity Summaries，2000、2010；2. Oil & Gas Journal，2009，No. 52；3. BP Statistical Review of World Energy，June 2010。

矿业持续发展，为澳大利亚经济不断创造财富。

澳大利亚各州政府也积极推动矿产勘查，例如昆士兰州州政府于 2005 年开始实施为期 4 年的“精明勘查”开创性计划，投资 2000 万澳元，2006 年又发起了“精明矿业——未来繁荣”计划，投资 2908 万澳元。南澳州政府自 2004 年实施了为期 5 年的促进勘查计划（PACE），投资 2250 万澳元，目的是加速南澳州的矿产勘查和矿产品生产，同时确保南澳州作为矿产勘查和投资的首选目的地。维多利亚州政府实施了为期 4 年的“维多利亚再发现开创性计划”（Rediscover Victoria），投资 500 万澳元，目标是与工业企业合作进行钻探，为帮助勘探者编制世界级的三维地质图。新南威尔士州投资 3000 万澳元，其设立了支持矿产和油气勘探的为期7年（2000～2007年）计划，并延长到2008年，并增加800万澳元，目的是提供世界一流的地学信息，以帮助勘探者在线获取数据。

加拿大从1989年发起全国勘查技术项目（EXTECH），迄今已实施了4个阶段，作为一个多学科、多部门、综合性的贱金属矿产地质调查项目，涉及的部门既有地调局的下属部门及省级地调机构，又有大学及企业。涉及的学科有地质学、矿床学、热水蚀变与热水沉积、第四纪地质、地球化学、冰川学、水地球化学及水文学、生物地球化学以及空中、地面、地下地球物理测量、GIS技术等。目的是促进加拿大矿产勘探新方法的发展。加拿大地调局矿产研究提供的地学创新和见识可以帮助矿产勘查业发现维持加拿大作为世界矿产和金属最大提供者的地位。这项开创性计划目的是改进在已建立矿区勘查中应用的概念和技术，这些概念和技术是通过研制区域性和矿床尺度的综合性模型及地球物理和地球化学方法和设备而确立的。加拿大政府把其15%不可归还的勘查投资税贷（ITCE）政策延续延长，有效促进了矿产勘查投资。许多省、地区的政府还有进一步促进矿产勘查的措施，如大不列颠哥伦比亚省、马尼托巴省、安大略省和萨斯喀彻温省等在联邦政府的ITCE框架内制定了其税贷政策，并为应对国际金融危机而继续延长。安大略省加大政府财政支持，计划3年内向矿业等重要部门增加经费1.3亿加元，以提高工作程度，吸引更多的矿业投资。加拿大正在制定促进金刚石工业发展和管理的国家战略。加拿大西部经济多样化国务部部长2009年宣布，资助96万加元在大不列颠哥伦比亚大学地球和海洋科学系建立一个精明矿产勘查和采矿研究中心，即环境变化与行星管理中心（Centre for Environmental Change and Planetary Stewardship），联邦政府的投资将强化研究部门与矿业部门的合作，帮助维持加拿大在矿产勘查和采矿环境友好方面的国际领先地位，中心涵盖三类设备，调查和减轻工业对环境影响的环境界面实验室，进行矿产勘查和采矿研究三维模拟的可视化设备，改进和提高野外矿产勘查研究和培训的野外支撑设备。

矿产资源勘查评价发生了几个值得重视的变化，一是各国政府加大了对矿产勘查的力度，积极引导企业、降低勘查风险，努力寻找新的资源，提高对矿产资源的供应能力。二是加强了新能源和替代能源的寻找和勘查。煤层气和非常规天然气勘查评价活动加强，天然气水合物的探索研究加强，美国、加拿大、日本和印度等国家都开展了天然气水合物专项调查研究，希望在21世纪新能源的竞争中占据主导地位。三是加强了矿产资源评价工作，并强调了对环境影响的研究，并注重勘查安全，如美国的国家矿产资源调查计划，澳大利亚昆士兰州政府发布《矿产勘查安全指南》，帮助勘查经营者和承包人制定安全计划。四是注重勘查技术的研制和综合。从加拿大的全国勘查技术项目，到澳大利亚的玻璃地球计划，研制新技术、发展新方法，成为人们在矿产勘查中取得成功所追求的目标。五是出台应对金融危机的政策，加强矿产勘查，维持矿业的繁荣。六是采取措施加大边缘地区的勘查，如极地和大洋矿产勘查，努力寻找替代矿产资源基地。

三、世界矿产品供需形势

2009年，世界经济复苏迹象逐渐显现，全球矿产品需求好转，国际矿产品贸易量回升，许多矿产品供过于求状况缓解，能源和金属矿产品的价格普遍止跌回升。

（一）受国际金融危机影响，世界能源消费量普遍下降

2009 年，随着全球经济增长的进一步放缓，全球能源消费明显下降，这也是自 1982 年以来的首次下降。受经济萎缩的影响，经合组织国家和前苏联国家的能源消费量普遍减少。石油、天然气和核能的消费量下降，煤消费量与 2008 年持平，只有水电发电量和其他可再生能源消费量增加。这也表示自 1998 年以来全球能源用途的 CO_2 排放量首次出现下降。从全年来看，由于北美和西欧天然气和煤的贸易量明显下降，所有形式能源的交易价格均出现下跌。石油价格出现了自 2001 年以来的首次下跌。国际市场石油和煤的交易价格在年初达到了全年低点，而北美和西欧天然气现货价全年持续下跌。

2009 年，世界一次能源消费量（包括石油、天然气、煤、核能和水电）下降了 1.1%，为 1982 年以来首次下降，也是自 1980 年以来下降幅度最大的一年。经合组织国家的一次能源消费量下降了 5%，下跌幅度创历史纪录，为 1998 年以来最低消费水平。除亚太和中东地区外，世界所有地区能源消费量均出现下降。亚太地区一次能源消费量增长量超过了当年世界增长量。煤已经连续第四年占世界一次能源消费量增长量的首位。中国一次能源消费量增长 8.7%，占全球一次能源消费量的 1/5。中东地区的一次能源消费量继续增长，增长率 4.0%，略低于亚太地区增长率。美国一次能源消费量下降 5.0%，为 1982 年以来下降幅度最大的一年。

从世界一次能源消费结构来看，石油、煤炭和天然气仍为主要消费能源。但从主要能源消费国来看，美国、日本、德国和英国的消费结构基本相似，均以石油为主，煤和天然气为辅，另外少部分核电补充；法国石油和核电同为主要消费支柱，天然气为辅助能源；俄罗斯则以天然气为主要消费能源，石油和煤炭为辅助能源。中国和印度的消费结构类似，煤炭为主要消费能源，其次为石油、水电（表 17）。

表 17　2009 年世界一次能源消费量居前 10 位的国家 单位：Mt（石油当量）

国家	一次能源消费量	占一次能源消费量的比重/%				
		石油	天然气	煤	核电	水电
世界总计	11164.33	34.8	23.8	29.4	5.5	6.6
美国	2182.03	38.6	27.0	22.8	8.7	2.9
中国	2177.02	18.6	3.7	70.6	0.7	6.4
俄罗斯	635.30	19.7	55.2	13.0	5.8	6.3
日本	463.91	42.6	17.0	23.4	13.4	3.6
印度	468.85	31.7	10.0	52.4	0.8	5.1
加拿大	319.19	30.4	26.7	8.3	6.4	28.3
德国	289.78	39.3	24.2	24.5	10.5	1.4
法国	241.91	36.2	15.9	4.2	38.4	5.4
韩国	237.48	43.9	12.8	28.9	14.1	0.3
巴西	225.72	46.2	8.1	5.2	1.3	39.2
英国	11164.33	34.8	23.8	29.4	5.5	6.6

资料来源：BP Statistical Review of World Energy，June 2010。

2009年，中国一次能源消费总量比2008年增长了8.7%，占世界总量的19.5%。中国是世界最大煤炭生产国和消费国，同时也是世界最大水电生产国（图5）。亚太地区一次能源消费总量比2008年增长了4.4%，一次能源消费总量占世界总量的37.1%。中国和亚太地区仍然在全球能源市场中占主导地位。

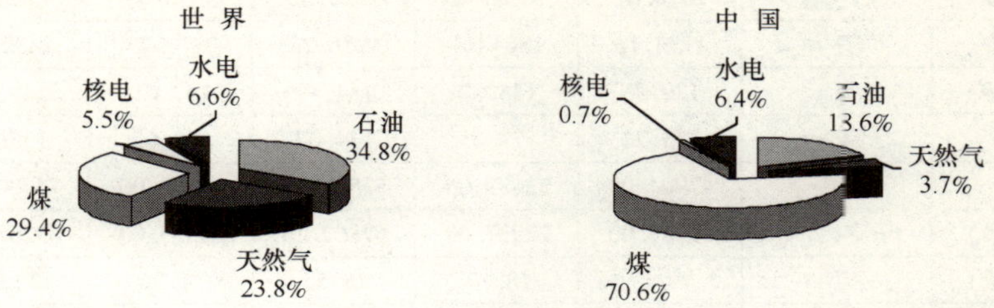

图5　2009年世界和中国能源消费结构

2009年世界石油产量为38.21亿t，比2008年下降了2.6%（表18）。石油输出国组织国家大幅削减石油产量，全年产量为15.75亿t，比2008年下降了7.3%，平均每日减产250万桶，其中中东石油输出国组织成员国几乎占了减产总量的75%。非石油输出国组织国家的石油产量增加了0.1%，即7万桶/d。在主要石油生产国中，沙特阿拉伯的石油产量为4.60亿t，占当年世界产量的12.0%，比2008年下降10.6%，净减产5580万t。伊拉克的产量增幅2.4%，净增产250万t。此外，美国、俄罗斯、巴西、哈萨克斯坦和阿塞拜疆等国的石油产量也有较大幅度增长。美国石油产量为3.25亿t，比2008年增长了7.0%，为2009年增产最多的国家，占当年世界产量的8.5%。经合组织国家石油产量下降了2.4万桶/d，降幅0.2%，主要下降国家是墨西哥、挪威和英国，为连续第七个产量下降年。2009年石油减产较多的国家有沙特阿拉伯、阿联酋、科威特和墨西哥等。

2009年世界石油精炼能力增加了200万桶/d，增幅2.2%，为1999年以来的最大增加。非石油输出国组织生产能力首次超过了石油输出国组织，其中大部分增量来自亚太地区，亚太地区生产能力的增长约占全球增长量的80%，主要源于印度和中国生产能力的增长，中国2009年精炼能力增长了10.5%（82万桶/d），印度精炼能力增长了19.5%（58万桶/d）。但是，由于世界石油消费量下降，2009年世界石油生产能力利用率下降到81.1%，为1994年以来的最低水平。生产能力减少最多的为英国和日本，分别减少了1.9%（11.4万桶/d）和5.1%（2.9万桶/d），而中国和印度生产能力的增长部分补偿了英国和日本生产能力下降造成的空缺。精炼能力的增加和运行率的下降表明全球精炼能力利用率已经连续4年下降，为自2003年以来的最低水平。造成利用率下降的主要原因是石油进口国（特别是经合组织国家）石油消费量下降，而石油出口国国内石油消费量增加。

2009年世界石油消费量为38.8亿t，比2008年下降1.7%（表19），低于近10年的年平均增长率；这是自1982年以来的最大降幅。经合组织国家石油消费量下降了4.8%，为连续第四年下降。非经合组织国家石油消费量增长速度放缓2.1%（86万桶/d），为2001年以来最低的年增长率。亚太地区消费量增长1.0%，占世界石油消费量的31.1%。

表 18　世界主要矿产品产量

矿　产	单　位	2004 年	2005 年	2006 年	2007 年	2008 年	2009 年
钢	亿 t	10.67	11.32	12.39	13.44	13.30	12.20
铁矿石	亿 t	13.40	15.40	18.00	20.00	22.00	23.00
锰矿石和精矿	万 t（锰）	2678.07	3135.72	3328.32	3336.00	3554.11	3093.71
铬矿石和精矿	万 t	1793.13	1864.14	1956.23	2373.23	2432.02	2090.48
镍（矿山产量）	万 t	129.95	134.87	144.49	157.01	149.03	134.84
镍（精炼）	万 t	125.23	129.55	134.07	144.65	135.24	132.68
钴	t	47904.00	53689.00	53529.00	65500.00	75900.00	62000.00
钨（矿山产量）	t	82187.00	72937.00	67862.20	64355.00	65261.05	76898.35
钼（矿山产量）	万 t	16.17	18.57	18.55	21.35	22.33	22.25
钒（矿山产量）	t	40400.00	58200.00	62400.00	58500.00	55500.00	54000.00
铜（矿山产量）	万 t	1467.35	1515.01	1517.52	1553.93	1567.79	1579.87
铜（精炼）	万 t	1582.70	1660.98	1734.13	1802.93	1849.73	1859.75
铅（矿山产量）	万 t	309.53	365.17	356.63	368.54	381.75	414.83
铅（精炼）	万 t	671.58	771.93	802.02	813.46	888.23	881.55
铅（再生）	万 t		403.77	410.79	431.63	461.27	466.23
锌（矿山产量）	万 t	968.88	1005.60	1042.28	1106.82	1175.91	1133.08
锌锭	万 t	1039.74	1018.48	1068.60	1141.95	1174.96	1150.21
铝土矿	万 t	16758.93	17581.12	19165.51	20901.44	21849.11	18914.25
氧化铝	万 t	5487.20	5615.70	5839.50	5448.40	5595.80	4994.60
原铝	万 t	2992.17	3202.08	3397.52	3813.74	3929.64	3639.03
再生铝	万 t	839.47	859.91	898.72	957.44	867.33	792.13
镁	万 t	582.00	637.40	678.20	784.47	735.75	596.80
钛（矿山产量）	万 t（TiO_2）	433.49	441.39	486.98	508.92	505.04	411.17
海绵钛	万 t	8.19	9.68	11.80	15.04	16.44	15.82
金红石精矿	万 t	35.30	36.90	41.50	56.40	639.00	572.00
钛铁矿精矿	万 t	564.00	584.00	540.00	572.00	580.00	519.00
锡（矿山产量）	万 t	29.10	34.27	33.50	34.81	31.60	31.21
锡（精炼）	万 t	34.31	34.96	35.14	34.97	34.31	33.30
锑（矿山产量）	t	141627.00	174926.00	174211.00	187095.00	125252.00	190810.00
镉	t	20765.40	19456.80	18782.40	18198.50	21987.10	21451.80
汞（矿山产量）	t	2640.10	1543.40	1091.80	1293.20	1796.10	1760.00
铋（矿山产量）	t	5126.20	5015.90	5088.00	4530.30	4726.47	3996.68
金（矿山产量）	t	2344.90	2344.10	2347.60	2324.40	2286.60	2385.30
银（矿山产量）	t	18844.50	19509.60	19723.40	20462.30	20777.50	20801.00
铂（矿山产量）	t	200.90	205.20	211.50	202.65	184.28	187.03
稀土氧化物	t	107950.00	123000.00	123000.00	124000.00	124000.00	124000.00
硒	t	2183.10	2142.10	2179.40	2150.07	2240.00	2170.12
碲	t	288.50	236.70	237.10	259.10	268.15	245.90
硫	万 t	6410.00	6600.00	6570.00	6840.00	6960.00	7030.00
磷酸盐岩	万 t	14100.00	14700.00	14200.00	15600.00	16100.00	15800.00

续表

矿　产	单　位	2004 年	2005 年	2006 年	2007 年	2008 年	2009 年
钾（K_2O）	万 t	3134.00	3100.00	2910.00	3460.00	3500.00	2500.00
硼	万 t（B_2O_3）	460.00	491.00	426.00	384.00	435.00	450.00
纯　碱	万 t	3900.00	4200.00	4200.00	4500.00	4600.00	4600.00
（天然 + 合成）							
萤　石	万 t	493.00	526.00	533.00	569.00	604.00	510.00
重晶石	万 t	690.00	787.00	796.00	763.00	805.00	550.00
石　墨	万 t	98.20	106.00	103.00	111.00	112.00	113.00
石　膏	万 t	10600.00	11800.00	12500.00	15400.00	15900.00	15200.00
石　棉	万 t	228.00	240.00	230.00	220.00	209.00	200.00
膨润土	万 t	1050.00	1170.00	1170.00	1190.00	1170.00	1000.00
滑石和叶蜡石	万 t	812.00	825.00	892.00	762.00	751.00	721.00
高岭土	万 t	4420.00	4470.00	3750.00	3900.00	3590.00	3060.00
硅藻土	万 t	195.00	202.00	216.00	210.00	220.00	220.00
金刚石（天然）	万 ct	18200.00	18300.00	19200.00			
石　油	亿 t	38.65	38.97	39.14	39.01	39.15	38.21
天然气	万亿 m^3	2.69	2.78	2.87	2.96	3.06	2.99
煤	亿 t	59.17	58.87	61.86	64.08	67.94	69.41
铀（矿山产量）	t	40330.00	41524.00	39383.00	40974.00	43609.00	48764.00

资料来源：1. Mineral Commodity Summaries，2007、2008、2009；2. World Metal Statistics，May 2010；3. World Metal Statistics Yearbook，2010；4. Minerals Yearbook，2008、2009；5. Industrial Mineral，2008、2009；6. BP Statistical Review of World Energy，June 2010。

表 19　世界部分矿产品消费量

矿　产	单　位	2005 年	2006 年	2007 年	2008 年	2009 年
镍（精炼）	万 t	125.57	136.56	135.55	129.3	130.98
原铝	万 t	2988.84	3395.36	3756.41	3701.96	3525.8
铜（精炼）	万 t	1674.45	1697.44	1810.76	1809.44	1825.98
铅（精炼）	万 t	705.13	805.68	829.59	891.97	887.72
锌锭	万 t	1010.69	1090.75	1129.01	1157.92	1127.18
锡（精炼）	万 t	33.63	36.29	35.67	35.44	32.19
镉	t	16955.4	14511.8	16058.2	16422.1	15591.4
金（需求）	t	3851	3906	3552	3806	3386
银（需求）	t	25785	28216	27642	27631	27652
铂	万 oz	761.5	733.5	758	749	
钯	万 oz	736.4	741	788.5	826.5	
石油	亿 t	37.99	38.9	39.7	39.6	38.8
天然气	万亿 m^3	2.69	2.83	2.94	3.01	2.94
煤	亿 t（油当量）	27.78	30.9	31.84	32.86	32.78

资料来源：1. World Metal Statistics Yearbook，2008；2. World Metal Statistics，May 2009；3. Minerals Yearbook，2007、2008；4. BP Statistical Review of World Energy，June 2009；5. 中国贵金属，2007 年、2008 年、2009 年。

美国为世界最大石油消费国，2009年石油消费量为8.43亿t，连续第五年下降，较2008年下降了4.9%，但在世界石油消费中所占比重仍达21.7%，只比整个欧洲的消费量略低。中国的石油消费量为4.05亿t，比2008年增长6.7%，占世界石油消费量总量的10.4%。从主要消费地区来看，亚太地区、北美地区和欧洲地区仍是石油的主要消费区，在世界消费总量中所占比例分别为31.1%，26.4%和3.5%。但从世界范围来看，2009年除北美地区外，其他地区石油消费量均出现不同程度增长。

由于世界石油生产和消费存在极为严重的区域不平衡性，因此世界石油贸易量很大。2009年，世界石油贸易量为26.07亿t，比2008年下降了3.4%，为连续第二年下降，也是自1987年以来的最低水平。其中原油贸易量18.93亿t（表20），成品油贸易量7.14亿t。原油贸易量占世界石油产量的49.5%。北美既是石油的主要生产区，又是石油的主要消费区，但由于石油消费增长迅速，本地供给远远满足不了不断增长的需求水平，因此北美地区也是世界最大的石油进口地区。2009年美国的石油进口总量为4.43亿t，较2008年下降了9.9%，占世界原油进口总量的23.4%。亚洲目前已超过欧洲成为第二大石油消费区，日本和中国分别是世界第二大和第三大石油消费国。日本国内石油资源极少，几乎完全依赖于进口，2009年石油进口总量为1.77亿t，占世界总量的9.3%。中国近年来石油年进口依赖程度不断上升，2009年中国进口原油2.04亿t，比2008年增长了14.0%，原油进口量占当年原油消费量的50.4%，居世界第二位。欧洲是发达国家集中的地区，石油消费量很高，但只有俄罗斯、挪威和英国3个重要石油生产国，石油产量无法满足本地区的石油需求，因此每年都要从其他地区进口大量石油，石油进口主要来自中东地区。中东地区石油出口总量占世界出口总量的43.4%；前苏联地区石油出口量占世界出口总量的18.1%。

表20　世界部分矿产品进出口量

矿　产	单　位	进　口			出　口		
		2007年	2008年	2009年	2007年	2008年	2009年
镍（东西方贸易）	万t	64.92	64.21	63.66	62.27	61.7	57.63
铝	万t	1917.12	1808.16	1722.65	1767.14	1948.11	1813.77
铜（精炼）	万t	712.93	676.77	797.81	758.60	783.81	862.41
铅（精炼）	万t	178.60	171.21	172.59	177.56	158.24	166.94
锌锭	万t	350.24	339.56	348.95	359.31	359.38	367.03
锡（精炼）	万t	23.93	22.80	20.45	27.04	28.74	22.89
石油（原油）	亿t	19.84	19.70	18.93	19.84	19.70	18.93
天然气	亿m^3	5496.7	8137.7	8765.4	5496.7	8137.7	8765.4

资料来源：1. Mineral Commodity Summaries，2008、2009、2010；2. World Metal Statistics Yearbook，2010；3. E/MJ，2007、2008、2009；4. Minerals Yearbook，2008；5. BP Statistical Review of World Energy，June 2010。

2009年，国际市场石油价格经历了先跌后涨的走势，英国北海布伦特原油年平均价格为61.67美元/桶，比2008年下跌了37%，为1986年以来最大的跌幅。年初英国北海布伦特原油平均价格为40美元/桶，之后一路稳步上涨，到11月中上涨到全年峰值——

78美元/桶。美国西得克萨斯轻质原油（WTI）的平均价格则为61.921美元/桶，比2008年下跌了38.1%（表21）。石油输出国组织国家持续削减石油产量、世界经济好转和石油消费量下降是导致石油价格下跌的主要原因。美国次贷危机造成的美元贬值和金融资本在石油期货市场上的大进大出的投机行为也为石油价格下跌起到了推波助澜的作用。

表21　2005～2009年世界主要市场原油价格　　单位：美元/桶

年　份	WTI	布伦特	迪　拜	米纳斯	塔皮斯	辛　塔	大　庆	欧佩克
2005	56.44	54.38	49.32	53.95	57.90	52.10	52.59	50.64
2006	66.00	65.14	61.49	65.17	69.99	62.40	63.34	61.08
2007	72.26	72.52	68.37	73.51	77.85	70.17	71.39	69.10
2008	100.06	97.26	94.18	101.00	104.90	93.74	96.73	92.73
2009	61.92	61.67	61.91	64.95	65.07	60.63	59.96	61.06

资料来源：国际石油经济，2010年，第3期。

2009年世界天然气产量为29870亿m^3，比2008年下降2.1%。美国是世界天然气产量增长的主要驱动力，也是连续第三年占有最大增量。美国天然气产量增加3.5%，产量达到历史纪录，同时也超过俄罗斯成为世界第一大天然气生产国。非传统资源的开发和足够钻探工作是美国产量增加的主要原因。受伊朗、卡塔尔、印度和中国天然气产量增长的拉动，中东和亚太地区天然气产量也大幅度增加，分别增长了6.5%和5.2%。卡塔尔占有了世界天然气第二大增量，源于其向阿联酋管道天然气供应量持续增加。

2009年世界天然气消费量29404亿m^3，比2008年下降了2.1%，为2009年消费量下降速度最快的燃料。除中东和亚太地区外，所有地区天然气消费量均出现不同程度下降。俄罗斯是2009年天然气消费量下降最大的国家，下降幅度达6.1%。经合组织国家消费量下降3.1%，美国天然气消费量也下降了1.5%，主要是因为天然气价格下跌减弱了天然气与其他燃料的竞争力。伊朗为2009年天然气消费量增长最多的国家，而印度则是2009年天然气消费量增长幅度最大的国家，增长幅度高达25.9%。

2009年世界天然气贸易量8765.4亿m^3，比2008年增长了7.7%，管道天然气和液化天然气贸易量均有增加。管道天然气贸易量增长了7.9%，液化天然气贸易量增长了7.2%。卡塔尔和俄罗斯液化天然气出口量大幅增加大大补偿了由于俄罗斯向欧洲和加拿大向美国管道天然气发货量下降所造成的损失。

2009年世界煤产量为69.41亿t，比2008年增长2.4%。中国是世界煤产量增长的主要动力，全年产量30.5亿t，比2008年增长9.2%，净增产2.47亿t，占当年世界产量的45.6%。美国煤产量下降9.3%，产量下降到9.73亿t，占当年世界产量的15.8%。

2009年世界煤消费量基本与2008年持平，为1999年以来增长率变化最小的一年。世界最大消费国——中国的煤消费量（占世界消费量份额46.9%）增长9.6%，高于近10年8.7%的年均增长率。2009年，除亚太地区和中东地区外，其他地区的煤消费量均呈现不同程度下降。

2009年世界核能产量下降了1.3%，为连续第三年下降。日本从2007年地震的影响中恢复，核能产量增加，从而使亚太地区核能产量增加。由于世界其他地区核能产量下降幅度较大，所以全年核能产量仍呈下降趋势。中国、巴西和美国水电发电量的增长拉动2009年世界水电发电量增长了1.5%。中国水电发电量增长了5.5%，占世界增量的77.6%。可再生能源的继续强烈增长，但在全球能源消费构成中所占比例很小。全球风能和太阳能发电能力分别增长了31%和47%，均高于10年平均增长率。受有利的环境政策影响，中国和美国风能发电能力大幅增加，两国风能发电增长量占世界增长量的62.4%。

（二）世界钢铁市场需求疲软，大多数冶金金属矿产品价格下跌

据国际钢铁协会（IISI）统计，2009年世界粗钢产量12.2亿t，比2008年减少9%。从1998年以来，世界粗钢产量连续第二年下降。

中国是世界第一大产钢国，并且是产量增幅最大的国家，2009年粗钢产量为5.68亿t，同比增长13.1%，继续稳坐世界头把交椅，而排名第二至六位的日本、俄罗斯、美国、印度和韩国5国的钢产量总和仅为中国钢产量的54.7%。中国钢产量占世界产量的比例为46.6%，比2008年提高8.8个百分点。日本为第二大产钢国，产量为1.4亿t，同比增长17.6%。俄罗斯钢产量为5990万t，超过美国排世界第三，美国钢产量为5810万t，世界产量排名降至第四。其他重要产钢国有印度、韩国、德国、乌克兰、巴西和意大利等。从2000年开始，“金砖四国”（中国、巴西、印度和俄罗斯）的钢产量占世界钢产量的比重迅速提高，从2001年的31%提高到2009年的58.3%。而从2000~2009年，世界粗钢产量增长了3.48亿t，我国粗钢产量增长了4.38亿t，在此期间中国粗钢产量的增量超过世界粗钢产量增量，世界新增粗钢产量基本上来自中国。

2009年世界铁矿石产量23.0亿t，同比2008年增长3.6%。2009年中国铁矿石产量为2.34亿t（按照世界平均63%~64%的品位折算）。中国曾经是世界上最大的铁矿石生产国，但目前仅列第四位，位居澳大利亚（3.94亿t）、巴西（3.00亿t）和印度（2.57亿t）之后。

尽管世界经济出现衰退，但2009年世界铁矿石贸易量仍达到创纪录的9.55亿t，与2008年相比增长了7.4%，这主要是由于中国需求增长和国内铁矿石产量下滑所导致的进口大幅增长所致。世界铁矿石主要出口国有澳大利亚、巴西、印度、南非、加拿大和俄罗斯等。2009年澳大利亚是世界最大的铁矿石出口国，共计出口3.63亿t，同比增长17%；巴西出口量则出现3%的同比下滑，降至2.66亿t；印度是第三大出口国，出口量为1.16亿t。2009年世界铁矿石海运贸易量估计同比增长11%，达到8.90亿t。中国、日本、韩国、美国、德国、加拿大和俄罗斯的钢铁贸易在世界钢铁贸易中占有较大的份额。中国是世界最大的铁矿石进口国，约占世界进口总量的2/3，尽管出现经济下滑，但进口量仍同比增长41%，至6.3亿t。

2009年，世界三大铁矿石生产商淡水河谷、力拓和必和必拓铁矿石产量占世界总计产量的35%，控制着世界61%的海运贸易份额。巴西淡水河谷仍然是世界最大的铁矿石生产商，但2009年所占份额已经从2008年的17.3%降至16.0%。由于2010年淡水河谷公司试图重新夺回失去的市场份额，该公司仍将维持自己的霸主地位。

多年以来，全球铁矿石的海上贸易一直由澳大利亚、巴西以及印度和南非等国控制。最近几年世界铁矿石贸易格局发生了巨大变化，铁矿石的主要进口国开始由日本、西欧逐步转为中国。虽然中国拥有很大的铁矿石工业，但是其铁矿石产量难以满足国内日益增长

的需求，目前很大比例需要通过进口铁矿石来解决，从而造成近年中国铁矿石进口量持续大幅度增长。2009年中国铁矿石进口量为6.3亿t，较2008年增长41.68%，约占世界铁矿石贸易量的50%。中国目前是世界上最大的钢铁生产国和铁矿石消费国，同时也是世界上最大的铁矿石进口国，铁矿石对外依存度超过了50%，中国是世界铁矿石需求增长的决定因素，对世界铁矿石贸易有着重要影响。

最近几年由于铁矿石需求旺盛，加上世界大型公司对国际铁矿石贸易的控制，致使铁矿石价格不断攀升。我国进口铁矿石的成本从2002年的24.8美元/t上涨到2007年88.1美元/t，国际市场铁矿石的年度合同价格已经连续6年大幅上涨。中国商务部第一次放权给中钢协，由其主导2009年铁矿石价格谈判。2008年11月，中钢协要求铁矿石价格回到2007年的水平上，即降价40%~45%，遭到三大矿商拒绝。2009年5月26日，2009年铁矿石“首发价”在力拓和日本新日铁之间以33%的降幅敲定，但中钢协仍然坚持40%的降幅。随后，力拓宣布与其他亚洲钢企达成协议，均接受当年的首发价。接着，国内中小钢企在首发价的基础上与淡水河谷达成5000万t的长协矿协议。8月17日，以宝钢为代表的中国钢企与澳大利亚FMG达成2009年下半年铁矿石价格协议，FMG公司承诺销售给中国钢铁企业的铁矿石实行统一价格，粉矿干基离岸价94美分/吨度，同比降幅为35.02%；块矿干基离岸价100美分/吨度，降幅为50.42%。

2009年世界钢产量下降，从而导致世界钢铁工业对铁矿石的需求下降，国际市场铁矿石的供求关系发生逆转，铁矿石供过于求，国际市场铁矿石的价格连续第二年出现下降。

2009年以来，随着全球经济增速进一步放缓和钢铁需求下降，世界钢铁工业，特别是中国钢铁工业的生产出现了下降趋势。受其影响，2009年世界铁合金金属的生产、消费和价格也普遍下降。

由于2009年世界不锈钢产量大幅削减，全球主要铬铁生产商，尤其是南非铬铁企业，自2008年10月起，陆续实行铬铁减产计划。这导致从2008年第四季度开始，铬铁产量大幅缩减，铬铁矿需求下降。2009年世界铬铁矿产量2090.5万t，比2008年下降了16.8%。南非铬铁矿产量为686.55万t，同比下降36.9%。中国拥有巨大的铬铁生产能力，但由于中国国内铬矿资源缺乏，矿石产量很少，加上矿石质量差，大部分资源地处边远地区，运输困难，运费高等原因，因此不得不进口大量的铬铁矿，从而使近年铬矿进口量保持持续增长态势。2009年中国共进口铬铁矿石和精矿675.57万t，比2008年下降了1.2%。中国目前为世界重要的不锈钢生产国，预计今后几年将成为世界重要的不锈钢出口国。

总的来看，2009年铁合金金属生产受到了世界钢铁生产下滑的严重影响，市场需求普遍疲软，大部分矿产出现了不同程度的过剩，由此导致大部分铁合金金属矿产品价格下跌。

（三）有色金属市场供求形势好转，大多数价格上涨

2009年世界6种主要有色金属（铜、铝、铅、锌、锡、镍）总产量为7696.25万t，比2008年下降3.6%，其中铝产量下降幅度最大，为7.7%，镍产量次之为3.1%，锌和锡分别下降了0.4%和0.3%，铅和铜则小幅增长，分别增长了1.5%和0.7%。上述6种有色金属消费量合计为7529.85万t，比2008年下降2.9%，其中铝消费量下降幅度最大，为6.7%，锡消费量次之，为4.6%，锌下降了1.0%，铅消费量增长了2.0%，而铜和镍

消费量小幅增长，分别增长1.2%和1.1%。铝供应情况最好，铜和锌供应也较充足，镍和锡基本供需平衡，只有铅存在一定程度的供应缺口（表22）。

表22　2009年世界主要有色金属供求状况　　单位：万t

项　目	铜	铝	铅	锌	锡	镍
世界产量	1859.75	3639.03	881.55	1150.21	33.3	132.68
世界消费量	1825.98	3525.8	887.72	1127.18	32.19	130.98
供求平衡	33.77	113.23	-6.17	23.03	1.11	1.7
库存量	108.28	648.55	37.08	100.73	4.55	16.44
年底库存消费比（周）	3.1	9.6	2.2	4.6	7.4	6.5
正常库存消费比（周）	5.5	5.5	4	5	5	5
产量与2007年相比增长比例/%	0.7	-7.7	1.5	-0.4	-0.3	-3.1
消费量与2007年相比增长比例/%	1.2	-6.7	2.0	-1.0	-4.6	1.1

资料来源：World Metal Statistics Yearbook，2010，经计算。

2009年，中国、俄罗斯、巴西和印度的经济持续增长，对有色金属的需求继续增加，6种主要有色金属产量所占世界产量的比例已达45.7%，6种主要有色金属消费量所占世界消费量的比例已达46.5%，而消费量的增量已经超过世界消费增量。

2009年，世界有色金属市场价格走势受到市场供求关系严重影响。大多数有色金属矿产供应量继续增长，但需求增长速度放慢或下降，年平均价格普遍低于2008年（表23）。全年有色金属年均价格的总体水平大大低于2008年。在6种主要有色金属中，铝和镍为2009年价格下跌幅度最大的矿产品，它们的年平均价分别为1665美元/t和14655美元/t，分别比2008年下跌了35.3%和30.6%；锡和铜的年平均价分别为13574美元/t和5150美元/t，分别比2008年下跌了26.7%和26.0%；铅和锌的年平均价格分别为1719美元/t和1655美元/t，与2008年相比，分别下跌了17.8%和11.7%。2009年其他有色金属也大都因需求疲软，市场供应普遍过剩，进而导致价格普遍下降。

表23　2006~2009年LME主要金属现货价格（年平均价）　　单位：美元/t

品　种	2006年	2007年	2008年	2009年	2009年较2008年增长比例/%
铜	6731	7126	6956	5150	-26.0
铝	2567	2639	2573	1665	-35.3
镍	24287	37181	21111	14655	-30.6
锡	8763	14536	18510	13574	-26.7
铅	1288	2595	2091	1719	-17.8
锌	3273	3250	1875	1655	-11.7
金（美元/oz）	604.34	696.43	872.54	972.97	11.5
银（美元/oz）	11.55	13.38	15.02	14.65	-2.5

资料来源：World Metal Statistics，May 2009。

2009 年世界精炼铜产量 1859. 75 万 t，比 2008 年增长 0. 7%，消费量 1825. 98 万 t，同比增长 1. 2%，市场供应略有过剩。在世界主要消费地区中，亚洲地区的铜消费量占世界铜消费量的 43. 5%。中国仍是拉动世界铜消费增长的主要动力，2009 年中国消费量增长了 38. 8%，净增消费量 199. 5 万 t，而同期世界消费量仅增加了 16. 54 万 t；欧洲和美国由于建筑业和汽车制造业市场消费继续萎缩，导致欧洲和美洲全年消费量分别下降了 21% 和 16. 2%。总之，2009 年随着全球经济复苏、需求好转和美元贬值等多种因素的共同作用下，国际市场铜价呈现逐步上涨的态势。1 月 LME 3 个月期铜平均价为 3259. 64 美元/t，现货平均价也仅为 3220. 69 美元/t，双双处于年内低点。此后随着经济形势的好转，铜价开始了持续上涨的历程。到 12 月，LME 3 个月期铜平均价涨至 7017. 90 美元/t，现货平均价涨至 6981. 71 美元/t，分别比年初上涨了 115. 3% 和 116. 8%，价格上涨幅度之迅猛为近年少见。

2009 年世界原铝产量为 3639. 03 万 t，比 2008 年下降了 7. 7%，为 2001 年以来的首次下降；世界原铝消费量为 3525. 80 万 t，比 2008 年下降了 6. 7%，净减消费量 253. 65 万 t，而中国和印度的原铝消费量分别净增了 186. 3 万 t 和 17. 4 万 t，由此可以看出，2009 年世界原铝的消费主要还是靠亚洲，特别是中国和印度的需求增长来拉动。由于西方主要工业国的实体经济在危机中大多受到较为严重的冲击，从而导致西方对原铝需求的大幅萎缩，全球原铝市场供应过剩较为严重。由于市场供应充足，但需求一直不振，由此导致 LME 铝库存开始暴增，9 月底库存 459 万 t，到了年底，更是超过了 460 万 t 大关，较 2008 年年底增加了近 1 倍，同时世界商业库存总量也达到了 648 万 t。2009 年国际市场铝价呈现波动性上涨的势头。国际市场铝期货价格在 2009 年 2 月 24 日创下本轮下跌新低 1253. 5 美元/t，之后，随着全球通胀预期的升温以及局部地区需求的回暖，铝价开始上涨，特别是进入 7 月之后，铝价涨速明显加快，并在 8 月初达到 2035 美元/t。之后随着全球原铝产能的逐渐恢复开始回调，截至 2009 年 12 月 31 日，LME 现货铝月均价和 3 个月期铝分别收于 2207 美元/t 和 2242 美元/t，较 2008 年年底的 1454 美元/吨和 1496 美元/t 分别上涨了 51. 8% 和 49. 9%。不过按照平均价来计算的话，2009 年 LME 铝现货平均价仅为 1665 美元/t，较上一年下跌了 35. 3%。

2009 年世界精铅产量为 881. 55 万 t，较 2008 年增长 7. 5%，消费量 887. 72 万 t，比 2008 年增长 4. 8%，供应缺口 6. 17 万 t。中国是世界精铅生产和消费大国，2009 年精铅产量 370. 79 万 t，比 2008 年增长 7. 4%。自 2003 年中国超过美国成为全球第一大精铅生产国后，产量逐年增长，而且占世界产量的比例也在不断增加，2009 年已经达到 42. 0%。2009 年中国精铅消费量 385. 99 万 t，占世界消费量的比例为 43. 5%。2009 年中国精铅消费量增加了 40. 36 万 t，而同年世界消费量却减少了 4. 1 万 t，中国精铅的生产和消费对世界精铅的生产消费形势有着重要的影响。2009 年中国精铅出口量 2. 37 万 t，仅占当年世界精铅出口量的 1. 4%，比 2008 年减少了 1. 1 万 t。尽管受国际铅市需求疲软的影响供应缺口进一步缩小，但中国铅出口量急剧减少和世界商业前库存量处于较低水平使铅市供应紧张局面未得到彻底缓解。受其影响，2009 年国际市场铅价总体表现良好，年初延续 2008 年铅价持续下跌的趋势，LME 现货平均价 2 月的全年最低价为 1101 美元/t，之后，随着全球经济复苏信心的加强、美元贬值投资基金炒作的影响，国际市场铅价一路走高。9 月已突破 2000 美元/t 关口，12 月则进一步涨至 2329 美元/t，年内最高价比最低价上涨幅度高达52.7%。2009年LME现货平均价为1719美元/t，比2008年下跌17.8%，2009年LME 3个月期货平均价为1733美元/t，比2008年下跌17.3%。

2009年，世界锌产量为1150.21万t，比2008年下降2.1%，其中西方国家产量为621.46万t，比2008年下降6.7%。世界锌消费量为1127.18万t，比2008年下降2.7%。其中西方国家锌消费量为595.46万t，比2008年下降了13.5%。世界锌消费增长仍主要来自中国。中国由于近几年镀锌板产量持续大幅增加导致锌消费持续增长。2009年锌消费量588.83万t，比2008年增长17.9%，净增74.3万t。2009年国际锌市场扭转了供不应求局面，供应过剩23万t左右，由此导致LME库存增加。2009年LME锌现货平均价为1655美元/t，比2008年下跌11.7%；3个月期货锌年平均价为1681美元/t，比2008年下跌11.4%。2009年LME期货平均价最高为12月的2570美元/t，最低为2月的1060美元/t，涨幅高达142.5%。2009年年底LME锌金属库存为66.10万t，比2008年增加了34.5万t。

2009年，世界锡产量为31.21万t，比2008年下降了1.2%；世界锡消费量为32.19万t，比2008年下降了9.2%。2009年国际锡市场供不应求状况进一步缓解，供应缺口仅为1.1万t。2009年，中国和印度尼西亚两个主要生产国产量继续下降，但由于市场需求不振，市场供应仍能保持略有过剩，库存相应增加。随着国际经济形势的逐渐好转，锡价持续下跌的势头得以扭转，全年价格呈现稳步上涨趋势。2009年LME现货平均价最高为12月的15546.90美元/t，最低为3月的10675.91美元/t，9个月的时间内价格上涨了45.6%。2009年现货平均价为13573.88美元/t，与2008年相比下跌了26.7%。尽管从年初开始国际市场锡供应就不断出现问题，主要生产国一直在减产，因此面对需求的疲软，市场上并没有出现明显过剩，加上人们对全球经济复苏信心的增强以及美元持续贬值等因素均促成了国际市场锡价的稳定上涨。此外，中国锡锭出口继续保持较低水平，也对国际市场锡价上涨起到了一定的作用。

2009年世界精炼镍产量132.68万t，比2008年下降1.9%，消费量为130.98万t，比2008年增长1.3%。尽管镍需求增长，但全年国际镍市场仍供应过剩1.7万t。2009年中国镍产量为24.7万t，消费量为54.1万t，供应缺口为25.4万t。根据中国海关统计数据显示，2009年中国进口镍矿总计1643万t，与2008年相比增长34%，达到了自2005年以来的历史纪录的最高点。同时中国也加大了精炼镍的进口量，全年进口精炼镍24.7万t，占当年世界精炼镍进口贸易量的38.8%。中国镍的产消增长促进了国际镍市场的好转，由此导致年内镍价先跌后涨，2009年LME 3个月期镍最高价为8月的21070美元/t，最低为3月的9405美元/t，全年高低价差高达11665美元/t。

2009年，世界钼矿山产量22.26万t，比2008年增长4.6%，而同期中国的钼矿山产量却出现8.6%的增长，即从2008年的8.61万t增至9.35万t。作为国际市场上重要的钼出口国家，中国钼产量的持续增长无疑将对国际钼市场造成较大的压力。但是由于中国国内钼需求的增加和钼出口配额政策的实行及时地抑制了钼出口量增加；其次，美国和秘鲁作为全球主要的钼生产国家产量大幅下降，这些因素极大缓解了由于世界钼矿山产量，特别是中国大幅增产给国际市场造成的巨大压力。2009年世界钼均价处于较低水平。1~4月份处于下滑阶段，5~8月份处于快速上涨阶段，9~12月份处于缓慢下降阶段。2009年的价格低点出现在4月份，主要因为当时国内外钢厂开工率很低，交易量极其清淡；高点出现在8月，上涨动力还是来自下游钢厂，当时各国钢厂的开工率提高，以及库存消耗殆尽，加之贸易商从中炒作，钼价迅速崛起。其中西方钼铁（65%～70%Mo）年均价仅27.05美元/kg，较2008年的69.13美元/kg下跌60.9%；欧洲桶装氧化钼年均价为11.35美元/lb钼，较2008年的28.98美元/lb钼下跌60.8%；美国罐装氧化钼年均价为11.52美元/lb钼，较2008年的28.95美元/lb钼下跌60.2%。

2009年，受中国钨矿产量大幅增长影响，世界钨矿山产量比2008年增长了17.8%，但主要增量仍然来自中国。尽管世界钨需求增长，但国际钨市供应充足，由此导致2009年钨市场出现轻微过剩，国际市场价格下跌。据统计，2009年欧洲市场钨铁平均价为26.13～27.53美元/kg，而2008年平均价为33.54～34.82美元/kg，同比下跌22.1%。2月份现了2009年以来的最高价，也就是钨铁29.5～31美元/kg，而3月最低价跌至23美元/kg。欧洲APT市场成交稀疏，价格波动不明显，但实际价格已经下跌。2009年欧洲市场APT平均价为190.5～215.2美元/吨度，最高价210～230美元/吨度，最低价170～180美元/吨度。

总之，2009年世界有色金属市场的主要特点可以归纳为①全球经济复苏迹象逐渐显现，原材料的需求下降势头得以扭转。主要有色金属的需求好转，大多数矿产品价格持续上涨。②美元贬值和投资炒作推动了价格的上涨。③虽然中国、印度和俄罗斯等国经济增长减速，但国内市场较强需求对有色金属矿产品价格的上涨起到了推动作用。

（四）贵金属投资需求增加，价格普遍上涨

2009年，世界经济复苏迹象逐渐显现，国际市场贵金属供需形势大大好于其他矿产品，贵金属价格全面上涨，部分矿产品价格创下历史新高。

据GFMS统计，2009年世界黄金总供应量为3890t，比2008年增长10.7%。造成供应量增加的主要原因是矿产金产量增加和官方净买入量增加238t。中国2009年矿产金产量324t，比2008年增长11%，仍为世界第一大黄金生产国。2009年世界黄金现金生产成本478美元/oz，比2008年增加了11美元/oz；黄金总生产成本为617美元/oz，比2008年增加了32美元/oz，黄金生产成本的增加刺激了矿产金的生产。2009年矿产金供应量2554t，比2008年增长6.0%。2009年官方净抛售黄金量大幅度减少，仅为44t，比2008年减少了81.4%，而截至2008年的5年平均售金量为444t。2009年世界循环利用金供应量为1549t，比2008年增长了27.3%，占当年世界总供应量的39.8%。从需求方面来看，2009年，由于投资增长无法抵消制造业和生产商投资减持的下降，世界黄金的总需求比2008年下降了11%，其中珠宝首饰消费黄金1747t，比2008年下降20.1%；珠宝首饰消费是黄金的主要需求领域，占2008年黄金总需求的51.6%。此外，随着美元的大幅贬值，黄金的货币功能和战略保值功能愈来愈显重要。另外，传统上美元是亚洲各国外汇储备的主要部分，由于美元长期贬值以及其他主要货币汇率的波动，使得各国增加黄金储备以抵御贬值风险，因此增加黄金储备需求逐渐增大。

2009年国际市场现货黄金价格完成了一个波动性大幅上涨的过程，而且年度内金价再创历史纪录。年初到8月下旬，国际市场金价延续2008年年底上涨趋势一路波动性上涨，9月8日突破1000美元/oz关口。之后金价持续上涨，12月2日金价创下了新的历史高位1212.50美元/oz。2009年黄金市场年均价为972.35美元/oz，比2008年上涨了

11.5%。年内最低价为801美元/oz，最高价为1226美元/oz，上涨幅度达53.1%。总的来看，美元持续贬值和投资需求增长是2009年国际市场黄金价格大幅波动上涨的主要因素。

据GFMS统计，2009年世界白银总供应量为27651t，基本与2008年持平。2009年世界白银现金生产成本5.23美元/oz，比2008年略有提高。2009年矿产银供应量22071t，比2008年增长3.6%，创造了新的历史纪录，这主要得益于拉丁美洲国家矿产银产量的大幅增长。2009年官方净抛售白银量为426t，比2008年下降了50.4%，为近10年来的最低水平。2009年世界再生银供应量为5154t，比2008年下降了5.9%，占当年世界总供应量的18.6%。从需求方面来看，2009年，尽管大部分消费领域需求疲软，但投资需求的大幅增长使世界白银的总需求比2008年略有提高，为27651t。制造业需求22670t，比2008年下降110.9%，其中工业用途需求10955t，比2008年下降20.6%；制造业需求占2009年白银总需求的82.1%。另外，2009年白银推断净投资达到4258t，比2008年增加了近2倍，达到近20年来创纪录的新高。造成这一情况的主要原因是下半年金融危机加重使公众规避风险需求猛增。

2009年，国际白银价格出现近8年来的首次下降，跌幅为2.1%。不过2009年当年国际年均价达到14.67美元/oz，这依旧是国际市场白银价格1980年达到20.9815美元/oz的历史第二新高。2008年年底国际银价大幅下跌，此后白银市场开始复苏，从1月初的10.51美元/oz一路上涨至2009年12月的19.18美元/oz，达到17个月来新高。尽管如此，仍比2009年同期黄金价格涨幅低了许多。2009年，LBMA（伦敦金银协会）白银均价为14.70美元/oz，比2008年下跌2%。

从近几年的国际银市场来看，白银价格的走势与市场供求状况不存在必然联系。当国际市场白银价格超过6.00美元/oz时，直接左右市场的就不是供需关系，而是投机、汇率等因素。近几年的国际白银市场多次证明了这一点，目前的白银供需现状对市场产生的直接影响力很小。短期内经济形势、美元汇率变化、黄金市场价格的波动、投资活动的剧烈变化、国际石油价格等仍然是决定银价的主要因素。同时，由于白银主要为铜、铅、锌和黄金等矿产的伴生矿产，因此白银相关金属行情的好坏，也影响着白银的市场。

据英国庄信万丰公司资料，2009年世界铂供应量为228.6t，比2008年增长1.4%；其中南非供应量约占世界供应量的75%。铂的主要应用领域为汽车、首饰、玻璃和投资。2009年全球铂的需求再次下滑到184.0t，其中汽车需求为77.2t，比2008年减少了37.9t。2009年首饰行业铂的需求为76.2t，比2008年增长了79.7%，占总需求的1.4%。铂的投资需求近几年增长迅速，2009年该领域需求为19.6t，占总需求的比例首次超过了10%。总的来看，2009年世界铂市场存在4.3t的小幅过剩。2009年铂价总体走势强劲。1月初为1000美元/oz，之后逐渐上涨，4月中旬突破了1200美元/oz，5~10月国际市场铂价一直在1300美元/oz上下波动，11月一举突破1400美元/oz大关，12月2日再次突破1500美元/oz大关，达到年内高点。铂金投资需求迅速上涨是铂价屡创新高的主要动力。

总之，2009年，受世界经济形势的好转和美元持续贬值等因素的影响，世界主要矿产品市场需求增加，大多数矿产品价格止跌反弹，有些金属矿产品的价格涨幅较大。尽管中国、印度、巴西和俄罗斯等国经济增长速度大大放缓，矿产品需求增长幅度下降，但仍对世界矿产品市场的稳定增长有着巨大的拉动作用。

附表　国外矿产品市场价格

一、伦敦市场金属、矿石和氧化物价格

矿产品名称、规格及交货条件	单　位	价　格		
		2006年2月9日	2007年12月7日	2008年12月19日
锑金属：自由市场，到岸价	美元/t	5300～5400	5450～5550	4000～4250
砷：鹿特丹，99%	美元/lb	0.45～0.55	0.55～0.65	0.50～0.60
铋金属：自由市场，到岸价	美元/lb	6.60～6.90	11.50～12.50	7.75～8.25
镉金属：99.99%，到岸价，条	美元/lb	1.60～1.75	3.20～3.40	0.65～0.80
镉金属：99.95%，到岸价，锭	美分/lb	1.55～1.70	3.00～3.30	0.55～0.75
钴金属：自由市场，99.8%，纯净	美元/lb	30.00	37.75	18.50
锗金属：	美元/kg	675（GeO_2）	875（GeO_2）	—
金：	美元/金衡盎司	630.50	788.75	872.50
铟金属：	美元/kg	650～690	450～500	380～425
铱金属：J. 马瑟基价	美元/金衡盎司	400	450	435
锰金属：99.7%	美元/t	1370	2900	2300
汞金属：自由市场，99.99%	美元/瓶	480～560	550～650	600～700
锇金属：自由市场	美元/金衡盎司	400	400	400
钯金属：J. 马瑟基价	美元/金衡盎司	328	348	178
铂金属：J. 马瑟基价	美元/金衡盎司	1123	1458	875
铑金属：J. 马瑟基价	美元/金衡盎司	5075	6825	1150
钌金属：J. 马瑟基价	美元/金衡盎司	410	450	120
硒：自由市场，到岸价	美分/lb	23～25	29～32	18～20
银：	美元/金衡盎司	13.56	14.50	11.11
碲：英国团块和粉末，99.95%，纯净	美元/lb	50～70	100～120	160～190
氧化铝：冶金级，现货离岸价	美元/t	210	376	—
钛铁矿：54% TiO_2，离岸价	美元/t	77	88	78～85
钼氧化物：55%～57%	美元/lb	25.0	31.5	11.0
金红石：澳大利亚产，95%～97% TiO_2，离岸价，散装	美元/t	453	490	500～550
钽铁矿：钽氧化物60%，北欧港口到岸价	美元/lb	32.5	45.0	45.5
钒氧化物：98% V_2O_5，到岸价	美元/lb	7.9	7.0	8.0
铁矿石　粉矿　年合同价	美分/吨度	73.45	80.42	—
块矿　年合同价	美分/吨度	93.74	102.64	—
黑钨矿/白钨矿：65%	美元/吨度	175.0	175.0	170.0
锆砂：澳大利亚产，66%～67% ZrO_2，标准级，离岸价，散装	美元/t	786	790	725～800

资料来源：Mining Journal，2006～2008。

二、部分矿产品价格

矿产品名称、规格及交货条件		单 位	价 格		
			2006 年 12 月	2007 年 12 月	2008 年 12 月
铝	氧化铝，煅烧，$Al_2O_3$98.5% ~99.5%，袋装，批量，英国交货	美元/t	550 ~ 575	550 ~ 575	850
	氧化铝，煅烧，钠质含量中等，批量	美元/t	600 ~ 630	600 ~ 630	850
铬	铬铁矿矿石：				
	（南非）德兰士瓦，化学级，46% Cr_2O_3，湿散装，离岸价	美元/t	175 ~ 183	207 ~ 350	560 ~ 570
	德兰士瓦，铸件级，45% Cr_2O_3，湿散装，离岸价	美元/t	195 ~ 220	300 ~ 350	510
	德兰士瓦，耐火级，46% Cr_2O_3，湿散装，离岸价	美元/t	215 ~ 235	455	880
	（菲律宾）耐火级，精矿，离岸价	美元/t	125 ~ 140	125 ~ 140	125 ~ 140
锂	透锂长石，4.2% Li_2O，大袋，德班离岸价	美元/t	165 ~ 260	165 ~ 260	16 + 5 ~ 260
	锂辉石精矿，>7.25% Li_2O，西弗吉尼亚离岸价，散装，离岸价	美元/st	460 ~ 490	600 ~ 640	620 ~ 680
	玻璃级锂辉石，5% Li_2O，西弗吉尼亚离岸价，散装，离岸价	美元/st	270 ~ 310	330 ~ 340	340 ~ 390
	碳酸锂，美国东海岸船边交货，大合同	美元/lb	2.70 ~ 3.00	2.70 ~ 3.00	2.70 ~ 3.00
钛	钛铁矿：澳大利亚产，散装，精矿，$TiO_2 \geq 54\%$，离岸价	美元/t	75 ~ 85	84 ~ 136.50	85 ~ 105
	现货价	美元/t	75 ~ 85	70 ~ 90	110 ~ 126
	金红石：澳大利亚精矿，$TiO_2 \geq 95\%$，离岸价				
	散装（大量，用于颜料）	美元/t	450 ~ 500	500 ~ 550	650 ~ 700
	袋装（小包装，用于焊条等）	美元/t	475 ~ 500	570 ~ 700	675 ~ 725
锆石	陶瓷用，散装，离岸价：澳大利亚	美元/t	725 ~ 825	775 ~ 800	830 ~ 860
	陶瓷用，散装，离岸价：美国	美元/t	700 ~ 775	725 ~ 800	725 ~ 820
	耐火材料用，散装，离岸价：澳大利亚	美元/t	725 ~ 825	725 ~ 800	775 ~ 800
	耐火材料用，散装，离岸价：美国	美元/t	700 ~ 775	725 ~ 800	775 ~ 800
稀土	氟碳铈矿精矿，70% 淋滤（价格单位为：美元/lb 稀土氧化物）	美元/lb	2.25	2.25	2.25
	氧化钇，99.99% Y_2O_3	美元/kg	5.0	5.0	5
膨润土	美国怀俄明，工厂交货，火车车厢批量：				
	原矿散装	美元/st	36 ~ 82	36 ~ 82	44 ~ 100
	铸件级，袋装（100lb）	美元/st	55 ~ 80	55 ~ 80	70 ~ 90
	“美国石油协会”规格，袋装（100lb）	美元/st	55 ~ 80	55 ~ 80	70 ~ 100
	欧洲主要港口到岸价，散装：				
	宠物垫圈级 1 ~ 5mm	欧元/t	32 ~ 55	32 ~ 55	50 ~ 70
	铸件级，原矿，万吨船	美元/t	55 ~ 60	55 ~ 60	55 ~ 60
	“美国石油协会”，Section6	美元/t	52 ~ 57	52 ~ 57	52 ~ 57
高岭土	美国佐治亚，工厂交货：填料，散装	美元/st	80 ~ 100	80 ~ 100	80 ~ 100
	造纸涂料级	美元/st	85 ~ 185	85 ~ 185	95 ~ 185
	煅烧，散装	美元/st	320 ~ 375	320 ~ 375	320 ~ 375
	卫生器具级，袋装	美元/st	65 ~ 75	65 ~ 75	65 ~ 75
	餐具级，袋装	美元/st	125	125	125
硅藻土	美国煅烧过滤助剂用，英国交货	英镑/t	370 ~ 410	370 ~ 410	370 ~ 410
	美国热碱处理硅藻土，过滤助剂用，英国交货	英镑/t	380 ~ 420	380 ~ 420	380 ~ 420

续表

	矿产品名称、规格及交货条件	单 位	价 格		
			2006 年 12 月	2007 年 12 月	2008 年 12 月
碳酸钙	研磨碳酸钙，白垩，未包装，英国工厂交货	英镑/t	30～52	30～52	30～52
	碳酸钙，白垩，包装，精制，英国工厂交货	英镑/t	80～103	80～103	80～103
	沉淀碳酸钙，英国工厂交货：未包装	英镑/t	320～420	320～420	320～420
	包装	英镑/t	320～450	320～450	320～450
云母	印度：325 目微粉，欧洲到岸价	美元/t	300～545	300～545	300～545
	湿磨	美元/t	500～1000	500～1000	600～900
	印度离岸价：干磨	美元/t	200～430	200～430	200～430
	美国工厂交货价：干磨	美元/t	210～400	300～400	300～400
	湿磨	美元/t	535～1300	700～1300	700～1300
	微粉级	美元/t	535～930	700～1000	700～1000
	片状	美元/t	250～480	350～500	350～500
滑石	挪威产，英国仓库交货：磨碎	英镑/t	142～190	142～190	142～190
	微粉	英镑/t	220～294	220～294	220～294
	中国产，英国仓库交货：标准级，200 目	英镑/t	208～233	215～235	215～235
	标准级，350 目	英镑/t	214～234	220～245	220～245
	美国，工厂交货：涂料级，200 目	美元/st	126	126	126
	400 目	美元/st	210	210	210
	陶瓷级，200 目	美元/st	92	92	92
	325 目	美元/st	115	115	115
叶蜡石	韩国，离岸价：玻璃纤维级，耐火级，Al_2O_3，18%～21%	美元/t	59～65	59～65	130
	陶瓷级，Al_2O_3，15%～19%	美元/t	27～44	27～44	27～44
	粘土填料级，Al_2O_3，21%～27%	美元/t	110～150	110～150	110～150
	澳大利亚，悉尼港口离岸价：填料级，300 目	美元/t	342	342	342
重晶石	磨碎，白色，涂料级，至少 99% <20μm，英国交货	英镑/t	140～150	140～150	140～150
	钻井级，磨碎，“石油公司材料协会”规格，散装，阿伯丁交货	美元/t	60～65	60～65	77～78
	块状，“美国石油协会”规格，美国海湾到岸价：中国	美元/t	71～74	105～125	95～110
	印度	美元/t	82～85	143	106～130
	摩洛哥	美元/t	67～69	52～53	64～68
萤石	制酸级，滤饼：中国产，干滤饼，美国到岸价	美元/t	230～240	305～310	530～550
	南非产，德班离岸价	美元/t	160～204	175～204	250
	墨西哥产，坦皮科离岸价	美元/t	180～200	180～200	250～320
	墨西哥离岸价，$As<5\times10^{-6}$	美元/t	210～220	210～220	400～420
硅灰石	美国工厂交货价：针状，-200 目	美元/st	205	205	205
	针状，-325 目	美元/st	248	264	264
	针状，-400 目	美元/st	275	290	290
	针状（长径比为 15:1～20:1）	美元/st	345	373	373
蛭石	南非产，散装，鹿特丹离岸价	美元/t	160～260	160～260	280～450
	原矿，散装，美国工厂交货	美元/st	170～250	170～250	170～250
石墨	欧洲港口到岸价：晶质，中片，90%C，+100～80 目	美元/t	440～495	440～495	680～780
	晶质，大片，90%C，+80 目	美元/t	570～655	570～655	700～800
	晶质，大片，94%～97%C，+80 目	美元/t	800～950	650～800	900～1000

资料来源：Industrial Minerals，2006、2007、2008。

主要参考文献

[1] Allan Cooper. Lead. Mining Annual Review, 2006

[2] British Petroleum Company. BP Statistical Review of World Energy, London, June 2009

[3] British Petroleum Company. BP Statistical Review of World Energy, London, June 2010.

[4] Overview Trend on Canadian Mineral Exploration. Canadian Intergovernmental Working Group on the Mineral Industry, 2006

[5] Exploration trends and the international presence of Canadian mining companies. E & MJ, September 2006

[6] Australian Mineral Exploration: A Review of Exploration for the Year 2006. Geoscience Australia, 2007

[7] James D. Crandell and James C. West. 2009. Global E & P expenditures to contract 12%. World Oil, Feb. 2009, p. 45 ~ 52

[8] Laura Bell & Marilyn Radler. Prices spur OGJ200 group's 2006 results as spending remains strong. Oil & Gas Journal, November 2006

[9] Magnus Ericsson and Viktoriya Larsson. 2009. E & MJ's annual survey of global mining investment. E & MJ, Jan/Feb. p. 24 ~ 28

[10] Marilyn Radler. 2009. Economic slump to chill capital spending in 2009. Oil & Gas Journal, 107 (16), p. 26 ~ 29

[11] Marilyn Radler. 2010. E & P in sharper focus for 2010 capital expenditures. Oil & Gas Journal, 108 (8), p. 24 ~ 27

[12] Metals Economic Group. 2007. Corporate exploration strategies Volume I: a worldwide analysis

[13] Metals Economic Group. 2009. Corporate exploration strategies Volume I: a worldwide analysis

[14] Sam Fletcher. 2009. Lower E & P spending ends 6 - year global rally. Oil & Gas Journal, Jan. 5, p. 24 ~ 25

[15] U. S. Geological Survey. Minerals Yearbook, 2007

[16] U. S. Geological Survey. Minerals Yearbook, 2008

[17] U. S. Geological Survey. Mineral Commodity Summaries, January 2008

[18] U. S. Geological Survey. Mineral Commodity Summaries, January 2009

[19] World Bureau of Metal Statistics. World Metal Statistics Yearbook, 2007

[20] World Bureau of Metal Statistics. World Metal Statistics Yearbook, 2008

[21] World Bureau of Metal Statistics. World Metal Statistics Yearbook, 2009

[22] World Bureau of Metal Statistics. World Metal Statistics Yearbook, 2010

[23] 中国有色金属工业协会金银分会，中国有色金属工业信息中心．贵金属，2010 年 [6]

[24] 中国有色金属工业信息中心．中国铅锌锡锑，2010 年

[25] 中国有色金属工业协会．中国金属通报，2010 年

第二篇 能源矿产

石 油

刘 增 洁

2008～2009年国际油价走势跌宕起伏。受多种因素影响，国际市场油价在2008年上半年节节攀升，并在2008年7月11日创下每桶147.27美元的历史最高纪录；在下半年又迅速跌落，并在12月5日跌破每桶41美元，创4年来最低水平，2008年世界石油市场均价达每桶97.58美元。

2009年世界剩余探明储量增长0.9%，欧佩克石油储量占世界总量的70.2%。世界石油产量下降，欧佩克国家的石油总产量14.75亿t，比上年下降8.4%。

2008年世界石油需求增长趋缓，消费量为39.28亿t，较上年下降0.3%。2008年世界石油进出口贸易量为26.98亿t，较上年下降0.3%。

一、储量和资源

2009年世界石油剩余探明储量为1855.23亿t（表1），比2008年增加16.41亿t，增长0.9%。其中欧佩克所占比例为70.2%，为1303.25亿t，比2008年增加9.95亿t，增长0.8%。

表1 世界石油剩余探明储量 单位：万t

国家或地区	2008年	2009年	国家或地区	2008年	2009年
世界总计	18388240.28	18552298.81	伊拉克	1575500.00	1575500.00
亚 太	465877.20	549871.90	科威特	1390550.00	1390550.00
澳大利亚	20550.00	45456.60	中立区	68500.00	68500.00
文 莱	15070.00	15070.00	阿 曼	75350.00	75350.00
中 国	219200.00	278795.00	卡塔尔	208377.00	348117.00
印 度	77057.57	77057.57	沙特阿拉伯	3619677.00	3560630.00
印度尼西亚	54663.00	54663.00	叙利亚	34250.00	34250.00
马来西亚	54800.00	54800.00	也 门	41100.00	41100.00
新西兰	822.00	822.00	其 他	40.28	40.28

续表

国家或地区	2008 年	2009 年	国家或地区	2008 年	2009 年
巴基斯坦	4644.30	4288.10	非　洲	1603779.27	1631864.27
巴布亚新几内亚	1205.60	1205.60	阿尔及利亚	167140.00	167140.00
菲律宾	1897.45	1897.45	安哥拉	123848.00	130150.00
泰　国	6041.70	5891.00	喀麦隆	2740.00	2740.00
越　南	8220.00	8220.00	刚果（金）	2466.00	2466.00
其　他	1705.58	1705.59	刚果共和国	21920.00	21920.00
西　欧	171877.46	167105.86	埃　及	50690.00	50690.00
奥地利	685.00	685.00	加　蓬	27400.00	27400.00
丹　麦	14522.00	14522.00	加　纳	205.50	205.50
法　国	1415.21	1385.76	科特迪瓦	1370.00	1370.00
德　国	3781.20	3781.20	利比亚	598142.00	606499.00
意大利	5569.05	5804.39	尼日利亚	496214.00	509640.00
荷　兰	1370.00	1370.00	南　非	205.50	205.50
挪　威	91516.00	91516.00	苏　丹	68500.00	68500.00
土耳其	4110.00	3592.14	突尼斯	5822.50	5822.50
英　国	46717.00	42257.38	乍　得	20550.00	20550.00
其　他	2192.00	2192.00	赤道几内亚	15070.00	15070.00
东欧和前苏联	1369965.68	1369971.65	毛里塔尼亚	1370.00	1370.00
阿尔巴尼亚	2728.22	2728.22	贝　宁	109.60	109.60
阿塞拜疆	95900.00	95900.00	其　他	16.17	16.17
白俄罗斯	2712.60	2712.60	西半球	4556574.93	4512487.38
格鲁吉亚	479.50	479.50	阿根廷	35839.20	34528.11
哈萨克斯坦	411000.00	411000.00	玻利维亚	6370.50	6370.50
吉尔吉斯斯坦	548.00	548.00	巴　西	172947.43	175380.55
土库曼斯坦	8220.00	8220.00	加拿大	2439860.40	2400431.80
乌克兰	5411.50	5411.50	智　利	2055.00	2055.00
乌兹别克斯坦	8137.80	8137.80	哥伦比亚	18563.50	18563.50
俄罗斯	822000.00	822000.00	古　巴	1698.80	1698.80
克罗地亚	1086.41	1004.90	厄瓜多尔	63842.00	89050.00
匈牙利	276.47	363.95	危地马拉	1138.06	1138.06
波　兰	1320.34	1320.34	墨西哥	143866.44	142534.80
罗马尼亚	8220.00	8220.00	秘　鲁	5696.04	6129.13
塞尔维亚	1061.75	1061.75	苏里南	1090.52	1090.52
其　他	863.10	863.09	特立尼达和多巴哥	9977.71	9977.71
中　东	10220165.75	10320997.75	美　国	292042.90	261957.70
阿联酋	1339860.00	1339860.00	委内瑞拉	1361464.90	1361464.90
巴　林	1706.47	1706.47	其　他	121.54	116.30
伊　朗	1865255.00	1885394.00	欧佩克	12933032.90	13032494.90

资料来源：Marilyn Radler，Oil，Gas Reserves Rise as Oil Output Declines. Oil & Gas Journal，Dec. 21，2009。

2009 年储量增长最多的地区为亚太地区，增加 8.40 亿 t，增长 18.0%，主要增长来自澳大利亚和中国，其中中国增加5.96 亿 t，增长27.2%；澳大利亚增加2.49 亿 t，增长121.2%。其次为非洲地区增加 2.81 亿 t，增长 1.8%，主要增长来自尼日利亚，增加1.34 亿 t，增长2.7%，其次是利比亚和安哥拉，分别增加0.84 亿 t 和0.63 亿 t，分别增长1.4%和5.1%。中东地区增加 10.08 亿 t，增长 1.0%，主要增长来自卡塔尔，增加13.97 亿 t，增长67.1%，其次为伊朗增加2.01 亿 t，增长 1.1%。东欧及前苏联地区未变。其他地区均有不同程度下降，其中西欧减少 0.45 亿 t，下降 2.8%；北美地区减少4.41 亿 t，下降 1.0%。

2009 年世界石油储量地区分布见图 1。

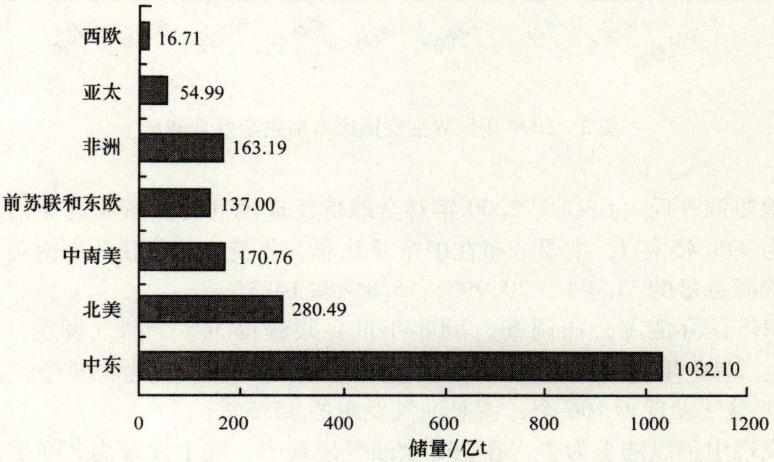

图 1　2009 年世界石油储量地区分布

2009 年储量增长最多的前 10 个国家合计增加 30.05 亿 t。分别为

（1）卡塔尔 139740.00 万 t；　（2）中国 59595.00 万 t；
（3）厄瓜多尔 25208.00 万 t；　（4）澳大利亚 24906.60 万 t；
（5）伊朗 20139.00 万 t；　（6）尼日利亚 13426.00 万 t；
（7）利比亚 8357.00 万 t；　（8）安哥拉 6302.00 万 t；
（9）巴西 2433.12 万 t；　（10）秘鲁 433.10 万 t。

2009 年世界石油剩余探明储量排名前 10 位的国家依次为沙特阿拉伯、加拿大、伊朗、伊拉克、科威特、委内瑞拉、阿联酋、俄罗斯、利比亚和尼日利亚，我国位居第十三位。

世界石油储量的国家分布见图 2。

据美国《石油情报周刊》2009.12 报道，2008 年石油储量居世界前 20 位的大公司分别为沙特阿拉伯国家石油公司、伊朗国家石油公司、埃克森美孚公司、委内瑞拉国家石油公司、中国石油天然气股份有限公司、BP 公司、皇家荷兰/壳牌公司、美国康菲公司、雪佛龙公司、道达尔公司、墨西哥国家石油公司、科威特国家石油公司、阿尔及利亚国家石油公司、俄罗斯天然气工业股份公司、巴西国家石油公司、俄罗斯石油公司（Rosneft）、俄罗斯鲁克石油公司、马来西亚国家石油公司、阿布扎比国家石油公司、意大利埃尼集团。

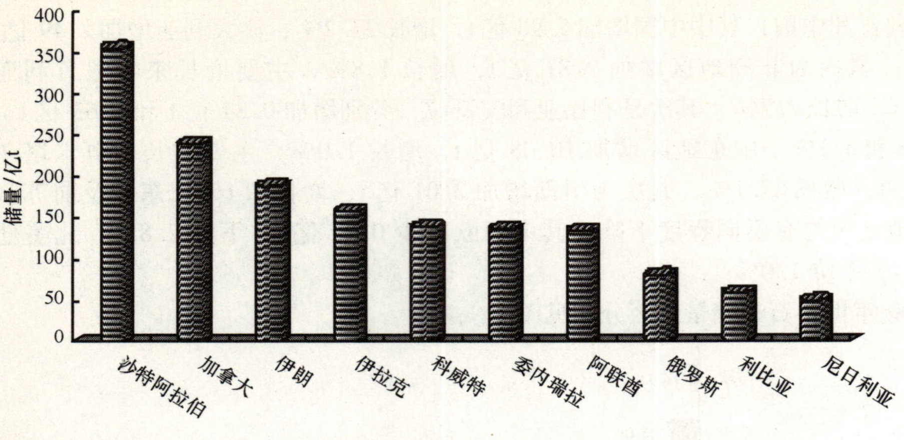

图2　2009年世界主要国家石油剩余可采储量

据美国地质调查局（USGS）2000年对全球待发现油气资源所作的评估，全球待发现的石油资源为998.45亿t，主要分布在中东及北非、北美、前苏联和中南美地区，分别占世界待发现资源总量的31.4%，20.9%，15.8%和14.3%。

据美国IHS国际能源公司调查，2008年世界共获得365个油气发现，比上年的421个减少56个。2008年油气发现中仍以石油为主，其中石油发现为199个，占总油气发现的54.5%；天然气发现为166个，占总油气发现的45.5%。

在油气发现中仍以陆上为主。在365个油气发现中，陆上发现为239个，占总油气发现的65.5%；海域发现为126个，占总油气发现的34.5%，深水发现主要分布在美国墨西哥湾，西非的安哥拉、尼日利亚、加蓬。

2008年油气发现最多的国家为中国（29个）、阿根廷（28个）、澳大利亚（23个）、埃及（22个）和印度尼西亚（21个）；其次为哥伦比亚（19个）、印度（17个）、英国（16个）、挪威（15个）、巴西（12个）、俄罗斯（10个）和美国（10个）。

二、生　　产

2009年世界石油产量为35.25亿t，较2008年减少11597.00万t，下降3.2%（表2）。欧佩克石油产量为14.75亿t，比2008年减少13462万t，下降8.4%，占世界石油总产量的41.8%。

从地区看，2009年只有东欧及独联体国家和西半球产量增长，前苏联地区大幅度增加1855.00万t，增长3.0%，增长最多的为俄罗斯、哈萨克斯坦和阿塞拜疆，分别增加825万t，600万t和525万t，分别增长1.7%，9.9%和11.7%。西半球产量增长，增加781.5万t，增长0.9%。其他地区均有不同程度下降，中东地区产量为105476.50万t，下降8.3%，其中沙特产量为39600.00万t，下降11.0%，阿联酋产量为11353.50万t，下降12.3%，科威特产量为10050.00万t，下降13.0%，伊朗产量为18625.00万t，下降4.7%。西欧减产1588.50万t，下降7.6%，非洲减少2770.50万t，下降6.0%；亚太

表2　世界石油产量　　单位：万 t

国家或地区	2007年		2008年		2009年	
	生产井至 2006.12.31	产量（实际）	生产井至 2007.12.31	产量（实际）	生产井至 2008.12.31	产量（估计）
世界总计	867750	360801.0	867853	364110.0	883691	352513.0
亚　太	88691	36931.0	88691	37263.0	88682	36950.5
澳大利亚	1317	2257.0	1317	2319.0	1305	2325.0
文　莱	779	895.0	779	803.5	779	740.0
中　国	71542	18697.0	71542	19050.0	71542	18865.0
印　度	3686	3436.5	3686	3385.0	3686	3320.0
印度尼西亚	8331	4200.0	8331	4286.5	8331	4250.0
马来西亚	788	3800.0	788	3783.5	788	3650.0
新西兰	72	203.5	72	270.5	72	260.0
巴基斯坦	204	342.0	204	332.0	204	315.0
巴布亚新几内亚	46	233.5	46	205.0	46	185.0
菲律宾	11	81.5	11	75.0	11	150.0
泰　国	1180	1061.0	1180	1140.5	1178	1180.0
越　南	28	1550.0	28	1386.5	34	1500.0
其　他	707	174.0	707	226.0	706	210.5
西　欧	8922	22025.5	6208	20794.5	6150	19206.0
奥地利	905	87.0	905	87.0	905	92.0
丹　麦	221	1558.5	232	1433.5	232	1325.0
法　国	462	98.0	462	98.0	421	91.5
德　国	996	341.5	1141	305.5	1141	277.5
意大利	207	539.5	205	500.0	205	400.0
荷　兰	203	200.5	203	170.0	203	127.5
挪　威	801	11355.0	801	10900.0	801	10125.0
土耳其	855	203.0	871	204.5	897	225.0
英　国	1360	7620.5	1360	7077.5	1317	6525.0
其　他	8922	22.0	28	18.5	28	17.5
东欧和独联体	117487	61847.0	120049	62252.0	124935	64107.0
阿尔巴尼亚	2042	48.0	1945	49.5	1945	49.0
克罗地亚	846	79.5	846	74.0	846	69.0
匈牙利	875	79.0	875	72.0	875	68.5
波　兰	512	88.0	512	82.0	512	60.0
保加利亚	100	5.0	100	5.0	281	5.0
罗马尼亚	6000	488.0	6000	465.0	6000	450.0
格鲁吉亚	283	5.0	283	5.0	283	5.0

续表

国家或地区	2007年		2008年		2009年	
	生产井至2006.12.31	产量（实际）	生产井至2007.12.31	产量（实际）	生产井至2008.12.31	产量（估计）
阿塞拜疆	138	4150.0	62	4475.0	58	5000.0
哈萨克斯坦	705	5500.0	1006	6050.0	1006	6650.0
俄罗斯	99337	49150.0	100637	48750.0	105339	49575.0
土库曼斯坦	2460	990.0	2460	1100.0	2460	1100.0
乌克兰	1353	400.0	2487	387.5	2494	375.0
乌兹别克斯坦	2190	570.0	2190	450.0	2190	425.0
其他	646	294.0	646	287.0	646	275.5
中东	12212	109550.5	12203	115038.5	12207	105476.5
阿联酋	1456	12653.5	1456	12949.0	1456	11353.5
巴林	496	849.5	496	164.5	496	147.5
伊朗	1128	19900.0	1128	19550.0	1128	18625.0
伊拉克	1685	10450.0	1685	12120.0	1685	12000.0
科威特	790	10800.0	790	11550.0	790	10050.0
中立区	578	2800.0	578	2850.0	578	2700.0
阿曼	2298	3550.0	2298	3750.0	2298	4000.0
卡塔尔	421	4000.0	421	4240.0	421	3825.0
沙特阿拉伯	1560	41000.0	1560	44500.0	1560	39600.0
叙利亚	132	1946.0	132	1950.0	136	1825.0
也门	1658	1601.5	1649	1415.0	1649	1350.0
其他	10	—	10	—	10	—
非洲	9314	46028.0	9984	46202.0	10062	43431.5
阿尔及利亚	1285	6800.0	1285	6860.0	1285	6200.0
安哥拉	1064	8491.0	1064	9470.0	1064	8950.0
喀麦隆	255	426.0	255	419.0	255	370.0
刚果（金）	150	125.0	150	125.0	150	125.0
刚果共和国	460	1200.0	460	1200.0	460	1200.0
埃及	1266	3225.0	1491	3250.0	1491	3175.0
赤道几内亚	38	1600.0	67	1600.0	73	1600.0
加蓬	395	1175.0	395	1050.0	395	1150.0
利比亚	1472	8550.0	1543	8625.0	1543	7725.0
尼日利亚	2378	10650.0	2524	9750.0	2524	9050.0
南非	28	72.0	28	70.0	28	70.0
苏丹	9	2360.0	9	2450.0	9	2500.0
突尼斯	237	473.0	237	426.5	237	410.0

续表

国家或地区	2007 年		2008 年		2009 年	
	生产井至 2006. 12. 31	产量（实际）	生产井至 2007. 12. 31	产量（实际）	生产井至 2008. 12. 31	产量（估计）
乍　得	250	725. 0	449	725. 0	521	725. 0
其　他	27	181. 0	27	181. 5	19	181. 5
西半球	631124	84419. 0	630718	82560. 0	641655	83341. 5
阿根廷	20872	3117. 5	18814	3046. 5	15799	3050. 0
玻利维亚	346	220. 0	361	200. 0	361	200. 0
巴　西	11995	8739. 0	11995	9062. 5	11995	9750. 0
加拿大	60944	13090. 5	62519	12985. 0	62519	12650. 0
智　利	315	13. 0	315	11. 5	315	12. 5
哥伦比亚	7600	2655. 0	7600	2900. 0	7600	3300. 0
古　巴	251	250. 0	251	250. 0	251	250. 0
厄瓜多尔	1044	2500. 0	1296	2490. 0	1296	2350. 0
危地马拉	20	80. 0	20	65. 0	20	70. 0
墨西哥	2912	15413. 0	3052	13994. 0	3052	13025. 0
秘　鲁	4660	390. 0	5035	407. 5	5035	530. 0
苏里南	975	74. 5	1177	80. 5	1188	80. 0
特立尼达和多巴哥	3823	600. 0	3903	563. 5	3903	535. 0
美　国	499621	25322. 5	498619	24750. 0	512560	26685. 0
委内瑞拉	15669	11950. 0	15669	11750. 0	15669	10850. 0
其　他	77	4. 0	92	4. 0	92	4. 0
欧佩克总计	36753	154744. 5	38034	160990. 5	29456	147528. 5

资料来源：Oil，Gas Reserves Rise as Oil Output Declines. Oil & Gas Journal，Dec. 21，2009。

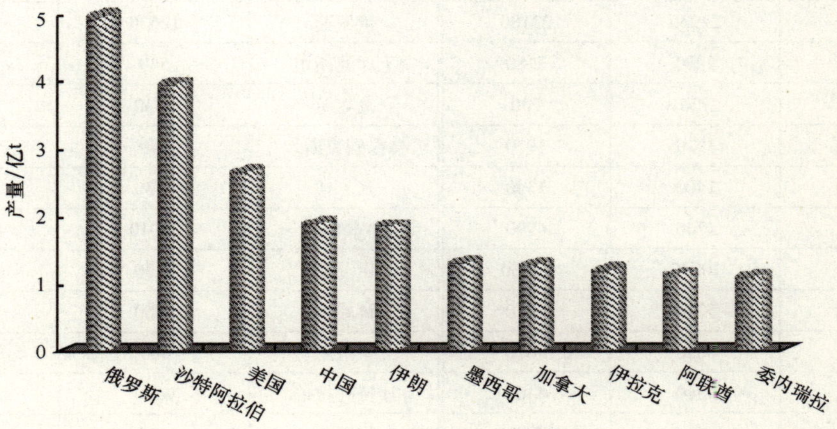

图 3　2009 年世界主要国家石油产量

地区减少312.5万t，下降0.8%。

2009年世界10大产油国分别为俄罗斯、沙特阿拉伯、美国、中国、伊朗、墨西哥、加拿大、伊拉克、阿联酋和委内瑞拉（图3）。

据美国《石油情报周刊》2009.12报道，2008年石油产量居世界前10位的大公司分别为沙特阿拉伯国家石油公司、伊朗国家石油公司、墨西哥国家石油公司、科威特国家石油公司、中国石油天然气集团公司、委内瑞拉国家石油公司、伊拉克国家石油公司、埃克森美孚公司、BP公司和俄罗斯石油公司。

2008年世界一次原油加工能力为8560.3万桶/d，比2007年的8530.9万桶/d增加29.4万桶/d，增长0.3%。共有655座炼厂，比2007年减少2座。

三、消　　费

受金融危机和高油价的影响，2008年世界经济增长放缓，世界石油需求首次出现下降，为39.28亿t，较2007年下降0.3%（表3）。下降的主要原因是北美地区下降5.1%，其他地区均有不同程度增长，其中中东地区增长5.8%，非洲地区增长4.1%，中南美地区增长4.0%，欧洲和前苏联地区下降0.8%，亚太地区增长0.5%。

表3　世界石油消费量　　单位：万t

国家或地区	2007年	2008年	国家或地区	2007年	2008年
世界总计	393940	392790	匈牙利	770	770
亚洲小计	117740	118340	波　兰	2420	2490
澳大利亚	4170	4250	罗马尼亚	1030	1060
孟加拉国	450	460	阿塞拜疆	450	330
中　国	36280	37570	白俄罗斯	760	770
印　度	12850	13500	哈萨克斯坦	1160	1090
印度尼西亚	5640	5740	拉脱维亚	280	310
日　本	22930	22180	俄罗斯	12620	13040
马来西亚	2200	2180	土库曼斯坦	540	550
新西兰	720	730	乌克兰	1530	1550
巴基斯坦	1920	1930	乌兹别克斯坦	540	550
菲律宾	1400	1340	其　他	4330	3450
新加坡	4740	4990	中东小计	29010	30690
韩　国	10830	10330	伊　朗	8130	8330
中国台湾	5250	5010	科威特	1360	1530
泰　国	3820	3670	卡塔尔	400	460
其　他	4540	4460	沙特阿拉伯	9610	10420
欧洲及前苏联	94760	95550	阿联酋	2070	2290
奥地利	340	1340	其　他	7440	7660

续表

国家或地区	2007 年	2008 年	国家或地区	2007 年	2008 年
比利时和卢森堡	4100	4130	非洲小计	12990	13520
丹　麦	930	890	阿尔及利亚	1290	1400
捷　克	970	990	埃　及	3060	3260
芬　兰	1060	1050	南　非	2580	2630
法　国	9130	9220	其　他	6060	6230
德　国	11250	11830	中南美小计	26000	27030
希　腊	2170	2140	阿根廷	2320	2420
爱尔兰	940	900	巴　西	9980	10530
荷　兰	4600	4650	智　利	1610	1680
意大利	8400	8090	哥伦比亚	1070	1070
挪　威	1020	980	厄瓜多尔	890	930
葡萄牙	1440	1370	秘　鲁	710	790
西班牙	7880	7710	委内瑞拉	3000	3250
瑞　典	1470	1450	其　他	6420	6360
瑞　士	1130	1210	北美小计	113450	107660
土耳其	3050	3230	美　国	94230	88450
英　国	7920	7870	加拿大	10230	10200
保加利亚	530	540	墨西哥	8940	9000

资料来源：BP Statistical Review of World Energy，June 2009。

2008 年世界 10 大石油消费国为美国、中国、日本、印度、俄罗斯、德国、巴西、沙特阿拉伯、韩国和加拿大。

美国为世界最大的石油消费国，石油消费量占世界总量的 22.5%，为 8.84 亿 t，比 2007 年下降 6.1%；中国石油消费量仍持续增长，居世界第二位，为 3.76 亿 t，较 2007 年增长 3.6%；日本为世界第三大石油消费国，消费量为 2.22 亿 t，比 2007 年下降 3.3%，印度石油消费持续增长，跃居世界第四位，为 1.35 亿 t，较 2007 年增长 5.0%。

2008 年世界一次能源构成仍以石油为主（图 4），占一次能源总量的 34.8%，其次为煤炭和天然气，分别占一次能源总量的 29.2% 和 24.1%，核电占 5.5%，水电占 6.4%（图 4）。

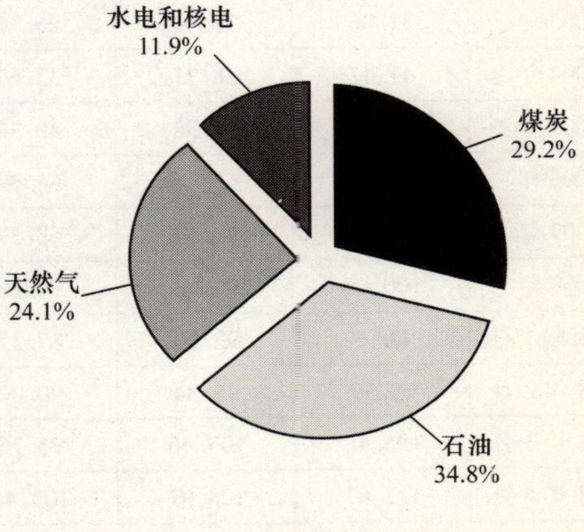

图 4　2008 年世界能源消费构成

四、贸易和市场

2008 年国际原油市场油价走势跌宕起伏一年。受多种因素影响，国际市场油价在上半年节节攀升，并在 2008 年 7 月 11 日创下每桶 147.27 美元的历史最高纪录；在下半年又迅速跌落，并在 12 月 5 日跌破每桶 41 美元，创 4 年来最低水平。在短短 5 个月内下跌了 100 美元以上，其走势“变幻莫测”。

2008 年美国西得克萨斯中油（WTI）、欧洲布伦特油和亚洲迪拜油的现货平均价格分别为 100.06 美元/桶、97.26 美元/桶和 94.18 美元/桶，分别比 2007 年上涨 27.80 美元/桶，24.74 美元/桶和 25.81 美元/桶。2008 年世界石油市场均价达每桶 97.58 美元（图 5；表 4），比 2007 年均价高出 25.68 美元。

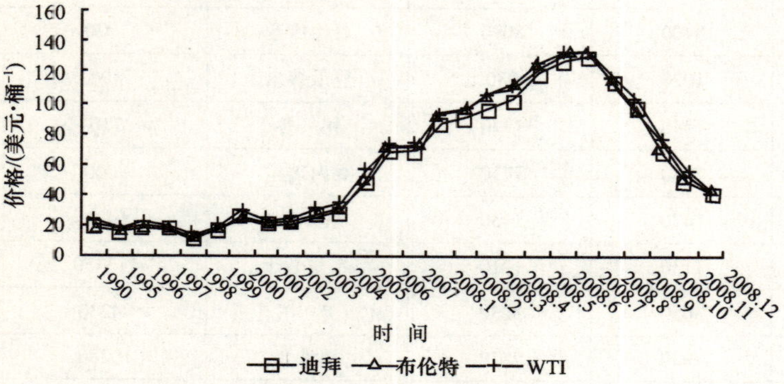

图 5　世界原油现货价格走势

表 4　2001～2008 年国际市场主要原油现货平均价格　　单位：美元/桶

	WTI	布伦特	迪　拜	米纳斯	塔皮斯	辛　塔	大　庆
2001 年	25.89	24.45	22.77	24.10	25.35	23.23	24.02
2002 年	26.10	25.01	23.73	25.68	25.72	24.67	25.50
2003 年	31.06	28.83	26.76	29.50	30.06	28.72	29.50
2004 年	41.41	38.21	33.63	36.85	41.11	35.89	36.73
2005 年	56.44	54.38	49.32	53.95	57.90	52.10	52.59
2006 年	66.00	65.14	61.49	65.17	69.99	62.40	63.34
2007 年	72.26	72.52	68.37	73.51	77.85	70.17	71.39
2008 年	100.06	97.26	94.18	101.00	104.90	93.74	96.73
2008 年 1 月	92.98	92.00	87.37	95.35	97.45	88.98	91.72
2008 年 2 月	95.39	95.04	90.02	96.16	100.93	92.66	93.96
2008 年 3 月	105.45	103.66	96.76	104.73	109.11	100.68	102.24
2008 年 4 月	112.63	108.97	103.41	109.02	116.55	106.16	107.14
2008 年 5 月	125.38	122.72	119.50	127.23	131.15	121.42	123.88

续表

	WTI	布伦特	迪　拜	米纳斯	塔皮斯	辛　塔	大　庆
2008 年 6 月	133.93	132.44	127.82	136.49	140.71	127.30	131.44
2008 年 7 月	133.20	133.18	131.27	139.76	144.66	129.01	133.94
2008 年 8 月	116.58	113.03	112.86	119.07	124.40	110.18	114.17
2008 年 9 月	103.61	98.13	95.90	101.63	106.54	92.83	96.78
2008 年 10 月	76.62	71.87	67.42	76.42	77.56	62.87	69.18
2008 年 11 月	57.41	52.51	49.84	56.48	56.70	44.29	49.02
2008 年 12 月	41.45	40.35	40.53	41.87	44.95	41.47	39.83

资料来源：路透社电讯普氏报价。

2008 年世界石油进出口贸易量为 26.98 亿 t（表 5），较 2007 年下降 0.3%。其中原油贸易量为 19.70 亿 t，油品为 7.28 亿 t。

表 5　2008 年世界石油贸易量　　单位：Mt

国家或地区	进口		出口	
	原油	油品	原油	油品
美　国	487.2	149.5	6.9	87.7
加拿大	34.6	13.8	96.4	27.2
墨西哥	2.0	24.0	72.8	7.2
中、南美洲	30.4	41.4	123.8	54.5
欧　洲	542.2	138.7	14.0	83.5
前苏联	—	7.1	311.3	93.5
中　东	11.0	9.7	895.0	105.7
北　非	16.4	8.2	130.7	30.8
西　非	0.9	13.5	223.0	5.8
东部和南部非洲	25.4	9.0	17.0	0.8
澳大利亚	24.4	19.2	13.7	1.8
中　国*	178.8	39.0	3.7	15.0
印　度	127.7	22.0	—	34.4
日　本	203.2	41.0	—	17.1
新加坡	54.5	76.4	2.0	74.0
亚洲其他国家	231.0	114.6	46.5	70.1
未经确认的①	—	0.8	12.8	18.9
世界总计	1969.8	727.9	1969.8	727.9

注：①包括运输过程中数量发生变化、调运而没有说明的，以及不明军事用途的等。*为 BP 估计的值。

资料来源：BP Statistical Review of World Energy, June 2009。

美国为世界最大的石油进口国，2008 年石油进口量为 6.37 亿 t，其中原油进口量为 4.87 亿 t；从周边国家的石油进口量为 2.8 亿 t，约占其进口总量的 43.7%，其中从加拿大、委内瑞拉和墨西哥的进口量合计为 2.46 亿 t，占其进口总量的 38.4%。2008 年美国从欧佩克国家的石油进口量为 2.97 亿 t，占美国总进口量的 46.3%，与 2007 年相比减少 109.5 万 t，下降 1.0%。中东地区为世界最大石油供应地，美国从中东地区的进口量为 1.18 亿 t，占美国总进口量的 18.4%，与 2007 年相比增加 1045.51 万 t，增长 9.7%。

日本为世界第二大石油进口国，2008 年石油进口量为 2.44 亿 t，其中原油进口量为 2.03 亿 t；主要进口来源为中东地区，进口量为 1.97 亿 t，占日本总进口量的 80.7%。

中国为第三大石油进口国，2008 年石油进口量为 2.18 亿 t，其中原油进口量为 1.79 亿 t；主要进口来源为中东地区，进口量为 0.92 亿 t，占中国总进口量的 42.2%。

欧洲主要进口国为德国、法国、意大利和西班牙，2008 年欧洲石油进口合计为 6.81 亿 t，其中原油进口量为 5.42 亿 t；主要进口来源为前苏联和中东地区，进口量分别为 3.19 亿 t 和 1.28 亿 t，其次为北非和西非地区，进口量分别为 1.01 亿 t 和 0.50 亿 t。

中东仍为世界最大的石油出口地，其出口总量占世界总量的 37.1%，2008 年石油出口总量为 10.01 亿 t，其中原油出口量为 8.95 亿 t；其次为前苏联、西非、中南美和北非地区，2008 年石油出口量分别为 4.05 亿 t、2.29 亿 t、1.78 亿 t 和 1.62 亿 t。

五、展　　望

受持续高涨的油价刺激，各国纷纷加强节能和开发新能源。美国计划大力发展替代能源，并提高战略石油储备，计划投资 1.68 亿美元将战略石油储备由目前的 7.2 亿桶增至 2027 年的 15 亿桶。南非将大力发展生物燃料，计划投资 8.45 亿美元，预计 2013 年生物燃料将占可再生能源的 75%。乌克兰通过鼓励节能法。日本将推行更高汽车燃油效率法规。

据美国能源信息署的《International Energy Outlook 2009》预测，石油仍是世界的主要能源。随着世界经济的增长，基本情景下预测未来世界石油需求年均增长 0.9%，2020 年将达 9590 万桶/d，比目前高出 1090 万桶/d。2030 年将达 10660 万桶/d，比目前增长 25.4%。

亚太、中南美和非洲等地区的非经合组织国家石油需求增长强劲。亚太发展中国家的石油需求年均增长 2.7%，预计 2020 年和 2030 年石油需求将分别达 2420 万桶/d 和 3020 万桶/d，分别比目前的 1600 万桶/d 增长 51.3% 和 88.8%，其中印度和中国的石油需求增长最快，年均增长速度将达 3.2% 和 2.4%。中南美国家石油需求年均增长 1.2%，预计 2020 年和 2030 年石油需求将分别达 680 万桶/d 和 760 万桶/d，分别比目前的 570 万桶/d 增长 19.3% 和 33.3%。非洲国家年均增长 1.2%，2020 年和 2030 年石油需求将分别达 370 万桶/d 和 390 万桶/d，分别比目前的 300 万桶/d 增长 23.3% 和 30.0%。中东地区年均增长 1.8%，2020 年和 2030 年石油需求将分别达 790 万桶/d 和 940 万桶/d，分别比目前的 610 万桶/d 增长 29.5% 和 54.1%。

经合组织国家石油需求减缓，年均增长 0.1%，预计 2020 年和 2030 年石油需求将分别达 4810 万桶/d 和 5000 万桶/d，分别比目前的 4920 万桶/d 下降 2.2% 和增长 1.6%。

美国为世界最大的石油消费国，其石油消费量约占世界总消费量的24.4%，预计年均增长0.2%，2020年和2030年石油需求将分别达2020万桶/d和2170万桶/d，分别比目前的2070万桶/d下降2.4%和增长4.8%。

中国为世界第二大石油消费国，其石油消费量约占世界总消费量的8.5%，预计年均增长3.2%，2020年和2030年石油需求将分别达1210万桶/d和1530万桶/d，分别比目前的720万桶/d增长68.1%和112.5%。

预计2020年非欧佩克国家的石油产量将达5600万桶/d，占世界总产量的61.8%，较2007年的5040万桶/d增长11.1%，2025年和2030年将分别达5960万桶/d和6280万桶/日，分别占世界总产量的62.1%和58.9%。

欧佩克国家的石油产量将稳定增长，预计2010年非欧佩克国家的石油产量将达3560万桶/d，较2007年的3440万桶/d增长3.5%；2020年和2025年将分别达3990万桶/d和4140万桶/d，较2007年分别增长16.0%和20.3%，2030年将达4380万桶/d。同时在世界石油供应中比例不断增长，由2007年的40.6%增至2020年和2025年的44.0%和43.2%，2030年为41.1%。欧佩克国家特别是中东国家拥有丰富的石油资源，关键是需要大量的投资。

主要参考文献

[1] British Petroleum Company. BP Statistical Review of World Energy，Londor，June 2009

[2] Marilyn Radler. Oil，Gas Reserves Rise as Oil Output Declines. Oil & Gas Journal，Dec. 21，2009

[3] International Energy Outlook，2009. http：//www. eia. doe. gov/oiaf/ieo/index. html

[4] 08 Review. http：//www. Aapg. org/2008/01jan/discoveries. cfm

天 然 气

刘 增 洁

在人类日益关注环境保护的今天，世界各国更加重视天然气等清洁能源的开发利用。据美国能源信息署预测，在一次能源消费中，天然气将是未来增长最快的，21 世纪将是天然气的世纪。

2009 年世界天然气储量、产量和消费量均有不同程度增长，其中天然气储量增长 5.7%，产量增长 4.1%，消费量增长 2.7%。世界天然气贸易量持续增长。

一、储量和资源

2009 年世界天然气剩余探明可采储量为 187.16 万亿 m^3，比 2008 年增长 5.7%。其中，欧佩克成员国的天然气剩余探明储量为 90.13 万亿 m^3，占世界总储量的 48.1%（表 1）。

表 1　世界天然气剩余探明可采储量　　单位：亿 m^3

国家或地区	2008 年	2009 年	国家或地区	2008 年	2009 年
世界总计	1771048.25	1871568.51	格鲁吉亚	84.95	84.95
亚 太	121879.77	152514.80	阿塞拜疆	8495.10	8495.10
孟加拉国	1415.85	1953.87	白俄罗斯	28.32	28.32
澳大利亚	8495.10	31148.70	哈萨克斯坦	24069.45	24069.45
文 莱	3907.75	3907.75	俄罗斯	475725.60	475725.60
中 国	22653.60	30299.19	土库曼斯坦	26617.98	75040.05
印 度	10749.13	10749.13	乌克兰	11043.63	11043.63
印度尼西亚	30016.02	30016.02	乌兹别克斯坦	18406.05	18406.05
马来西亚	23503.11	23503.11	塞尔维亚	481.39	481.39
缅 甸	2831.70	2831.70	其 他	294.50	294.50
新西兰	339.80	339.80	中 东	733878.38	752743.17
巴基斯坦	8853.59	8401.94	阿联酋	60711.65	60711.65
巴布亚新几内亚	2265.36	2265.36	巴 林	920.30	920.30
菲律宾	985.43	985.43	伊 朗	280791.37	296102.37
泰 国	3170.94	3420.41	伊拉克	31698.05	31698.05
越 南	1925.56	1925.56	科威特	17800.07	17839.71

续表

国家或地区	2008 年	2009 年	国家或地区	2008 年	2009 年
其　他	766.83	766.83	中立区	283.17	283.17
西　欧	44487.42	43702.48	阿　曼	8495.10	8495.10
奥地利	161.41	161.41	卡塔尔	252572.07	254661.86
丹　麦	613.06	613.06	沙特阿拉伯	73049.36	74473.71
法　国	69.38	70.79	叙利亚	2406.95	2406.95
德　国	1755.65	1755.65	也　门	4785.57	4785.57
意大利	941.54	698.30	以色列	304.41	304.41
荷　兰	14158.50	14158.50	约　旦	60.32	60.32
挪　威	23129.33	23129.33	非　洲	139903.07	140239.94
土耳其	84.95	60.88	阿尔及利亚	45024.03	45024.03
英　国	3429.19	2920.05	安哥拉	2698.61	2718.43
其　他	144.41	134.51	喀麦隆	1350.72	1350.72
东欧和前苏联	567977.01	616399.08	刚果（金）	9.91	9.91
阿尔巴尼亚	8.50	8.50	刚果共和国	906.14	906.14
克罗地亚	305.82	305.82	埃　及	16565.45	16565.45
匈牙利	80.99	80.99	加　蓬	283.17	283.17
波　兰	1648.05	1648.05	加　纳	226.54	226.54
保加利亚	56.63	56.63	科特迪瓦	283.17	283.17
罗马尼亚	630.05	630.05	利比亚	15398.78	15393.69
尼日利亚	52148.59	52465.74	阿根廷	4417.45	3984.20
莫桑比克	1274.27	1274.27	玻利维亚	7504.01	7504.01
苏　丹	849.51	849.51	巴　西	3650.06	3642.13
突尼斯	651.29	651.29	加拿大	16397.24	17542.38
贝　宁	11.33	11.33	智　利	979.77	979.77
赤道几内亚	368.12	368.12	哥伦比亚	1058.77	1119.94
埃塞俄比亚	249.19	249.19	古　巴	707.93	707.93
摩洛哥	15.01	15.01	墨西哥	3727.08	3596.83
纳米比亚	622.97	622.97	秘　鲁	3353.30	3341.41
卢旺达	566.34	566.34	特立尼达和多巴哥	5315.10	4360.82
索马里	56.63	56.63	美　国	67316.87	69279.24
坦桑尼亚	65.13	65.13	委内瑞拉	48399.42	49829.42
毛里塔尼亚	283.17	283.17	其　他	90.61	80.97
西半球	162917.61	165969.05	欧佩克	910680.38	901281.69

注：天然气储量单位换算系数为 $1ft^3=0.0283m^3$。

资料来源：Marilyn Radler，Oil，Gas Reserves Rise as Oil Output Declines. Oil & Gas Journal，Dec. 21，2009。

就地区而言，亚太地区增长较多，增加30635.03亿m^3，增长25.1%；东欧和前苏联地区增加48422.07亿m^3，增长8.5%；中东地区增加18864.79亿m^3，增长2.6%；非洲地区增加331.88亿m^3，增长0.2%。西半球增加3051.44亿m^3，增长1.9%。西欧下降1.8%。

2009年储量增长最多的前10个国家合计增加102621.94亿m^3。分别为

(1) 土库曼斯坦48422.07亿立方米；(2) 澳大利亚22653.60亿立方米；

(3) 伊朗15311.00亿立方米；(4) 中国7645.59亿立方米；

(5) 卡塔尔2089.79亿立方米；(6) 美国1962.37亿立方米；

(7) 委内瑞拉1430.01亿立方米；(8) 沙特阿拉伯1424.35亿立方米；

(9) 加拿大1145.14亿立方米；(10) 孟加拉国538.02亿立方米。

俄罗斯、伊朗和卡塔尔是世界三大资源国，证实储量分别占世界总量的25.4%，15.8%和13.6%。

世界天然气剩余探明储量排名前10位的国家见图1。

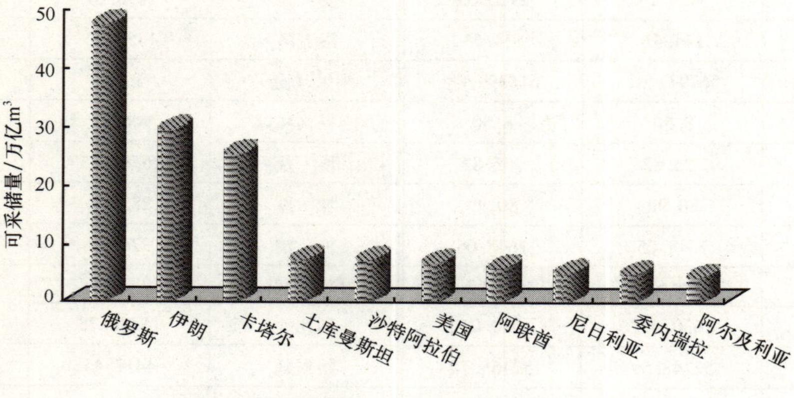

图1 2009年世界主要国家天然气剩余探明可采储量

按现有的开采水平，世界天然气证实储量可供开采63年，其中中东地区天然气的可采年限为187年，而西半球（包括北美和中南美）可采年限最低，最低仅为11年。

据美国《Oil & Gas Journal》数据，中国天然气证实储量为3.03万亿m^3，居世界第十三位，我国统计的实际天然气储量（包括溶解气）为3.71万亿m^3，主要分布在塔里木、四川、鄂尔多斯、柴达木及浅海海域盆地。

据美国《石油情报周刊》2009.12报道，2008年天然气储量居世界前10位的大公司分别为伊朗国家石油公司（29.61万亿m^3）、卡塔尔石油总公司（18.34万亿m^3）、俄罗斯天然气工业股份公司（18.19万亿m^3）、沙特阿拉伯国家石油公司（7.57万亿m^3）、委内瑞拉国家石油公司（4.98万亿m^3）、阿尔及利亚国家石油公司（4.19万亿m^3）、阿布扎比国家石油公司（3.46万亿m^3）、马来西亚国家石油公司（3.28万亿m^3）、伊拉克国家石油公司（3.17万亿m^3）和尼日利亚国家石油公司（3.13万亿m^3）。

据美国IHS国际能源公司调查，2008年世界共获得365个油气发现，比上年的421个减少56个。2008年油气发现中仍以石油为主，其中石油发现为199个，占总油气发现的54.5%；天然气发现为166个，占总油气发现的45.5%。

二、生　产

2008 年世界天然气产量持续增长，达 30656 亿 m^3（图 2），较 2007 年增长 4.1%。产量增长较快的地区为中东、非洲和北美，分别增长了 6.6%，5.1% 和 4.3%。其次为亚太地区和欧洲及前苏联，分别增长 3.7% 和 3.2%，中南美地区增长 2.5%。增长最快的国家为阿塞拜疆、巴西、卡塔尔、哥伦比亚、哈萨克斯坦、巴林、越南、荷兰、泰国和挪威（表 2）。

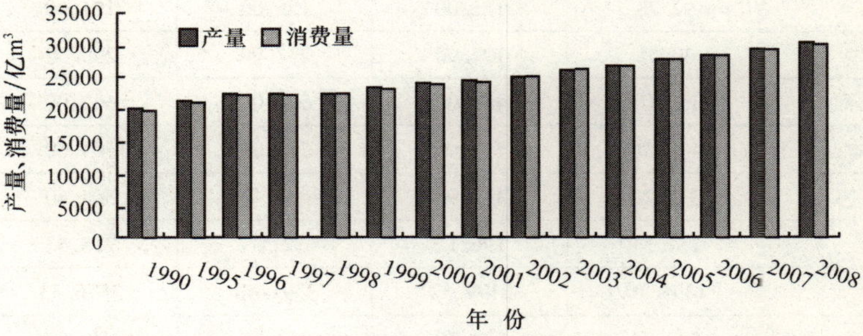

图 2　20 世纪 90 年代以来世界天然气产量、消费量变化趋势

表 2　世界天然气产量　　单位：亿 m^3

国家或地区	1995 年	2005 年	2006 年	2007 年	2008 年
美　国	5266.56	5111.47	5239.75	5405.40	5822.23
加拿大	1597.84	1874.21	1884.00	1841.25	1751.67
墨西哥	287.62	450.19	515.81	540.32	549.02
北美合计	7152.01	7435.88	7639.56	7786.98	8122.92
阿根廷	250.10	456.30	461.00	448.00	440.60
玻利维亚	31.54	119.01	128.97	138.14	139.22
巴　西	50.82	110.49	113.46	112.84	138.51
哥伦比亚	44.07	66.98	70.28	75.41	90.58
特立尼达和多巴哥	61.26	302.80	364.40	390.00	393.00
委内瑞拉	275.01	274.19	314.83	320.88	314.83
其　他	28.57	49.45	58.27	64.64	72.32
中南美合计	741.37	1379.21	1511.21	1549.91	1589.06
荷　兰	677.92	625.43	615.68	605.46	675.21
挪　威	278.14	849.63	876.13	896.62	992.31
英　国	708.07	881.70	799.61	720.76	696.07
俄罗斯	5388.15	5801.04	5938.32	5919.78	6016.76
哈萨克斯坦	53.39	226.00	238.75	264.44	302.10

续表

国家或地区	1995 年	2005 年	2006 年	2007 年	2008 年
土库曼斯坦	292.31	570.14	603.62	654.30	660.63
乌克兰	164.71	188.05	190.61	191.40	187.45
阿塞拜疆	59.73	51.87	61.21	98.03	147.43
其　他	1208.58	1187.88	1183.4	1181.82	1194.97
欧洲和前苏联合计	8831.00	10381.74	10507.33	10532.61	10872.93
伊　朗	353.00	1035.00	1086.00	1119.00	1163.00
科威特	92.78	122.00	125.00	121.00	128.00
阿　曼	40.51	197.90	237.00	240.50	240.50
卡塔尔	135.00	458.00	507.00	632.00	766.20
沙特阿拉伯	429.30	712.40	735.00	744.00	781.00
阿联酋	313.20	477.90	490.40	504.40	502.40
其　他	131.31	196.12	211	215.43	229.98
中东合计	1495.10	3199.32	3391.40	3576.33	3811.08
阿尔及利亚	587.04	882.20	844.67	848.27	865.05
埃　及	125.00	425.00	547.00	556.90	588.70
利比亚	63.40	113.00	131.90	153.00	159.00
尼日利亚	48.33	224.00	284.30	350.14	350.27
其　他	30.35	112.24	118.25	135.96	185.05
非洲合计	854.12	1756.44	1926.12	2044.27	2148.07
澳大利亚	297.60	371.29	388.86	399.56	382.56
孟加拉国	73.81	145.10	153.19	162.74	172.94
文　莱	117.61	120.10	125.70	122.54	121.39
中　国	179.47	493.20	585.53	692.40	760.82
印　度	187.82	296.23	292.85	300.71	305.80
印度尼西亚	607.20	712.00	702.51	676.28	696.68
马来西亚	288.80	599.47	596.83	608.19	625.39
巴基斯坦	156.00	355.00	361.20	364.60	375.00
泰　国	113.59	236.89	243.20	259.94	288.53
其　他	94.04	296.45	335.61	376.14	382.58
亚太合计	2115.94	3625.73	3785.48	3963.10	4111.69
世界合计	21189.53	27778.33	28761.10	29453.20	30655.73

资料来源：BP Statistical Review of World Energy，June 2009。

世界最大的天然气生产国为俄罗斯和美国，2008 年其天然气产量分别占世界总产量的 19.6% 和 19.3%，其次为加拿大、伊朗、挪威、阿尔及利亚、沙特阿拉伯、卡塔尔、中国和印度尼西亚。

世界10大天然气生产国依次是俄罗斯、美国、加拿大、伊朗、挪威、阿尔及利亚、沙特阿拉伯、卡塔尔、中国和印度尼西亚，2008年合计产量占世界总产量的64.0%。

2008年中国实际天然气产量达789.32亿m^3，较2007年增长14.0%。四川天然气产量居全国第一，其次是南海、大庆和辽河。

据美国《石油情报周刊》2009.12报道，2008年天然气产量居世界前10位的大公司分别为俄罗斯天然气工业股份公司、伊朗国家石油公司、美国埃克森美孚公司、皇家荷兰/壳牌集团、BP公司、沙特阿拉伯国家石油公司、阿尔及利亚国家石油公司、中国石油天然气集团公司、马来西亚国家石油公司和乌兹别克斯坦国家石油公司。

三、消　费

2008年世界天然气消费量达30187亿m^3（表3），较2007年增长2.7%。其中中东、非洲和亚太地区的消费增长最快，分别增长7.9%，6.3%和6.2%；中南美地区增长3.7%，北美地区增长1.5%，欧洲和前苏联地区仅增长0.5%。除德国、意大利、俄罗斯、乌克兰等部分国家消费量小幅下降外，其他国家天然气消费量都在增长。

表3　世界天然气消费量　　单位：亿m^3

国家或地区	1995年	2005年	2006年	2007年	2008年
美　国	6288.32	6232.82	6140.51	6526.18	6572.06
加拿大	824.61	981.09	969.45	967.15	1000.47
墨西哥	300.00	533.09	609.08	631.02	671.78
北美合计	7412.93	7747.00	7719.03	8124.36	8244.30
阿根廷	269.90	404.00	418.00	438.90	444.70
巴　西	50.82	193.44	205.78	220.19	252.08
委内瑞拉	275.01	274.19	314.83	321.88	323.83
其　他	140.32	365.12	413.15	397.96	409.89
中南美合计	736.05	1236.75	1351.76	1378.93	1430.50
法　国	328.52	458.38	440.66	425.10	442.04
德　国	744.46	862.50	871.79	829.06	820.30
意大利	498.53	790.77	774.42	778.22	777.02
荷　兰	384.95	392.76	380.86	370.20	385.83
挪　威	29.48	44.59	43.97	42.59	43.94
西班牙	83.38	323.56	336.63	351.13	389.72
英　国	705.16	946.95	901.30	909.41	939.04
俄罗斯	3665.16	3930.32	4191.86	4257.01	4202.35
哈萨克斯坦	104.98	188.24	202.71	195.09	205.56
乌兹别克斯坦	410.86	427.15	419.00	458.82	487.17
土库曼斯坦	77.83	161.09	183.71	212.67	190.05

续表

国家或地区	1995 年	2005 年	2006 年	2007 年	2008 年
乌克兰	739.36	708.60	650.68	627.15	597.26
其　他	1366.45	1871.52	1926.31	1926.4	1959.21
欧洲和前苏联合计	9139.12	11106.43	11323.90	11382.85	11439.49
伊　朗	352.00	1049.80	1087.00	1130.00	1176.00
科威特	92.78	122.00	125.00	121.00	128.00
卡塔尔	135.00	187.00	196.00	197.10	198.40
沙特阿拉伯	429.30	712.40	735.00	744.00	781.00
阿联酋	247.90	420.50	433.60	493.20	580.90
其　他	166.82	300.62	338.30	347.83	407.18
中东合计	1423.80	2792.32	2914.90	3033.13	3271.48
阿尔及利亚	210.10	232.27	237.40	242.92	253.59
埃　及	126.00	316.00	365.00	383.60	408.70
其　他	128.32	245.48	237.02	265.37	286.22
非洲合计	464.42	793.75	839.42	891.88	948.51
澳大利亚	195.15	219.06	239.78	248.71	235.23
孟加拉国	73.81	145.10	153.19	162.74	172.94
中　国	177.41	467.63	561.41	695.23	807.00
印　度	187.82	356.63	372.75	400.51	413.70
印度尼西亚	281.36	352.34	358.94	339.61	379.58
日　本	579.14	785.53	837.39	902.34	937.40
马来西亚	137.30	292.90	290.11	285.45	306.70
韩　国	102.37	337.28	355.60	385.14	397.05
中国台湾	43.64	103.46	110.97	117.73	127.95
泰　国	113.59	325.47	333.01	353.58	374.24
其　他	249.54	636.43	664.62	677.45	701.33
亚太合计	2141.13	4021.83	4277.77	4568.49	4853.12
世界合计	21317.46	27698.09	28426.79	29379.64	30187.40

资料来源：BP Statistical Review of World Energy，June 2009。

世界10大天然气消费国依次为美国、俄罗斯、伊朗、加拿大、英国、日本、德国、中国、沙特阿拉伯和意大利，合计消费量占世界总消费量的59.7%。

2008年天然气在世界一次能源消费构成中的比例为24.1%，主要用于发电。其中中东和欧洲及前苏联地区的天然气消费量在能源消费总量中所占的比重最大，分别为48.0%和34.7%；其次北美为26.8%；非洲为24.0%；中南美地区为22.2%；亚太比例最小，仅为11.0%。

2008年中国天然气消费量为807亿m^3，较上年增长16.1%，占世界总消费量的2.7%。在我国一次能源消费构成中占3.6%，不足世界平均水平的1/10。消费的主要领域是工业部门，其次是生活和交通运输。

四、贸易和市场

2008年世界天然气贸易量达8137.7亿m^3，较2007年增长4.9%。其中管道天然气贸易量为5872.6亿m^3，占总贸易量的72.2%；液化天然气（LNG）贸易量为2265.1亿m^3，占总贸易量的27.8%。

世界管道天然气的5大出口国为俄罗斯、加拿大、挪威、荷兰和阿尔及利亚，2008年其合计出口量占世界总出口量的75.4%。俄罗斯是世界最大的管道气出口国，占管道气总出口量的26.3%，出口量为1544.1亿m^3，较2007年增长4.7%；俄罗斯全部出口到欧洲国家，主要有德国（362.0亿m^3）、意大利（245.0亿m^3）、土耳其（235.5亿m^3）、匈牙利（89.0亿m^3）、法国（88.0亿m^3）、波兰（72.0亿m^3）、捷克（66.0亿m^3）等。加拿大是世界第二大管道气出口国，出口量达1032.0亿m^3，较2007年增长3.8%，全部出口到美国（表4）。

表4　2008年世界主要管道天然气贸易量　　单位：亿m^3

进口国＼出口国	美国	加拿大	玻利维亚	英国	荷兰	挪威	俄罗斯	阿尔及利亚	缅甸	总进口量
美国	—	1032.0	—	—	—	—	—	—	—	1044.1
加拿大	159	—	—	—	—	—	—	—	—	159.0
墨西哥	102.8	—	—	—	—	—	—	—	—	102.8
阿根廷	—	—	8.9	—	—	—	—	—	—	8.9
巴西	—	—	109.0	—	—	—	—	—	—	110.3
智利	—	—	—	—	—	—	—	—	—	6.9
奥地利	—	—	—	—	—	11.0	58.0	—	—	81.0
比利时	—	—	—	17.0	79.0	79.5	—	—	—	182.5
保加利亚	—	—	—	—	—	—	31.0	—	—	31.0
捷克	—	—	—	—	—	20.1	66.0	—	—	86.1
法国	—	—	—	6.0	80.0	159.0	88.0	—	—	366.6
德国	—	—	—	16.0	205.0	264.0	362.0	—	—	871.0
匈牙利	—	—	—	—	—	—	89.0	—	—	115.0
意大利	—	—	—	7.0	87.0	60.0	245.0	244.4	—	753.1
荷兰	—	—	—	9.0	—	62.3	43.3	—	—	180.0
波兰	—	—	—	—	—	—	72.0	—	—	98.0.0
罗马尼亚	—	—	—	—	—	—	35.0	—	—	35.0
土耳其	—	—	—	—	—	—	235.5	—	—	323.0
英国	—	—	—	—	90.0	253.0	—	—	—	354.2
泰国	—	—	—	—	—	—	—	—	85.5	85.5
总出口量	261.8	1032.0	117.9	105.0	550.0	927.8	1544.1	375.0	85.5	5872.6

资料来源：BP Statistical Review of World Energy，June 2009。

美国、德国、意大利、法国、英国是世界5大管道天然气进口国，2008年进口量占世界总量的57.7%。美国是世界最大的管道气进口国，进口量达1044.1亿m^3，较2007年下降4.1%，来源为加拿大（1032.0亿m^3）和墨西哥（12.1亿m^3）。德国是世界第二大管道气进口国，主要来源是俄罗斯、荷兰和挪威。

2008年液化天然气（LNG）主要出口国为卡塔尔、马来西亚、印度尼西亚、阿尔及利亚、尼日利亚和澳大利亚，合计占世界液化天然气总出口量的70.0%（表5）。

表5　2008年世界主要液化天然气（LNG）贸易量　　单位：亿m^3

出口国或地区 / 进口国或地区	特立尼达	阿曼	卡塔尔	阿联酋	埃及	尼日利亚	阿尔及利亚	澳大利亚	文莱	印度尼西亚	马来西亚	总进口量
美国	74.7	—	0.9	—	15.6	3.4	—	—	—	—	—	99.4
阿根廷	3.3	—	—	—	0.8	—	—	—	—	—	—	4.1
比利时	0.8	—	26.5	—	0.8	—	—	—	—	—	—	24.9
法国	0.8	—	—	—	10.6	36.0	76.0	—	—	—	—	125.9
意大利	—	—	—	—	—	—	15.6	—	—	—	—	15.6
西班牙	43.2	1.7	51.2	—	49.1	74.7	49.0	—	—	—	—	287.3
土耳其	0.6	—	—	—	0.8	9.8	42.5	—	—	—	—	53.1
英国	4.7	—	1.2	—	0.8	—	3.7	—	—	—	—	10.4
中国	—	—	—	—	—	—	1.7	36.1	—	—	—	44.4
印度	2.4	3.5	79.8	1.3	2.6	4.1	6.5	1.6	—	—	—	107.9
日本	6.7	42.5	109.1	74.1	22.1	23.6	11.2	159.4	82.2	187.9	174.7	921.3
韩国	8.4	60.4	116.2	—	21.3	1.6	4.7	5.3	9.8	40.6	83.1	365.5
中国台湾	2.2	0.9	11.0	—	0.8	13.6	0.8	—	—	40.0	36.1	120.7
总出口量	173.6	109.0	396.8	75.4	140.6	205.4	218.7	202.4	92.0	268.5	294.0	2265.1

资料来源：BP Statistical Review of World Energy，June 2009。

卡塔尔液化天然气（LNG）出口居世界第一，出口量为396.8亿m^3，占世界液化天然气（LNG）总出口量的17.5%，主要出口到韩国（116.2亿m^3）、日本（109.1亿m^3）和印度（79.8亿m^3）。马来西亚为世界第二大液化天然气（LNG）出口国，出口量为294.0亿m^3，占世界液化天然气（LNG）总出口量的13.0%，主要出口到日本（174.7亿m^3）、韩国（83.1亿m^3）和中国台湾（36.1亿m^3）。印度尼西亚为世界第三大液化天然气（LNG）出口国，出口量为268.5亿m^3，占世界液化天然气（LNG）总出口量的11.9%，主要出口到日本（187.9亿m^3）、韩国（40.6亿m^3）和中国台湾（40.0亿m^3）。阿尔及利亚为世界第四大液化天然气（LNG）出口国，出口量为218.7亿m^3，占世界液化天然气（LNG）总出口量的9.7%，主要出口到法国（76.0亿m^3）、西班牙（49.0亿m^3）、土耳其（42.5亿m^3）和意大利（15.6亿m^3）。尼日利亚为世界第五大液化天然气（LNG）出口国，占世界液化天然气（LNG）总出口量的9.1%，主要出口到西班牙（74.7亿m^3）、法国（36.0亿m^3）和葡萄牙（25.8亿m^3）。

亚太地区是世界最大的液化天然气（LNG）出口和进口地区，出口量占世界液化天然气（LNG）总出口量的37.8%，进口量占世界液化天然气（LNG）总进口量的68.9%，主要进口国家或地区是日本、韩国、中国台湾和印度。

日本为世界最大的液化天然气（LNG）进口国，进口量达921.3亿m^3，占世界总进口量的40.7%，其次为韩国、西班牙和法国，进口量分别占世界总量的16.1%，12.7%和5.6%。

2008年世界范围内天然气价格普遍都有不同程度的上涨。在亚洲，日本进口液化气的平均价为12.55美元/百万英热单位（MBtu❶），较2007年上涨4 82美元/百万英热单位（MBtu）；美国天然气的井口价由上年的6.95美元/ MBtu上涨到8.85元/MBtu；欧共体天然气的到岸价由上年的8.93美元/ MBtu上涨到12.61元/MBtu，加拿大艾伯塔的天然气价格由上年的6.17美元/ MBtu上涨到7.99美元/ MBtu。

据美国能源信息署统计资料，2008年美国各类天然气价格较2007年均有不同程度的上涨（表6）。其中井口气价为8.07美元/kft^3，较2007年上涨1.68美元/kft^3；城市门站价为9.15美元/kft^3，较2007年上涨1.04美元/kft^3；民用价为13.70美元/kft^3，较2007年上涨0.69美元/kft^3；商业用价为11.98美元/kft^3，较2007年上涨0.67美元/kft^3；工业用价为9.61美元/kft^3，较2007年上涨2.01美元/kft^3。

表6　美国天然气价格　　单位：美元/kft^3

年　份	井口价	城市门站价	民　用	商业用	工业用	电力用
1995	1.55	2.78	6.06	5.05	2.71	2.02
1998	1.96	3.07	6.82	5.48	3.14	2.40
1999	2.19	3.10	6.69	5.33	3.10	2.62
2000	3.69	4.62	7.76	6.59	4.48	4.38
2001	4.02	5.72	9.64	8.43	5.28	4.85
2002	2.95	4.07	7.91	6.64	4.02	3.68
2003	5.08	5.90	9.40	8.26	5.78	5.45
2004	5.46	6.65	10.75	9.41	6.56	6.11
2005	7.51	8.64	12.81	11.57	8.48	8.45
2006	6.40	8.61	13.75	11.99	7.86	7.11
2007	6.39	8.11	13.01	11.31	7.60	—
2008	8.07	9.15	13.70	11.98	9.61	9.35

注：天然气储量单位换算系数为$1ft^3 = 0.0283m^3$。

资料来源：美国能源信息署。

五、展　　望

据美国能源信息署《International Energy Outlook 2009》报告，预计世界天然气的年均消费增长速度将达1.6%，2020年和2030年世界天然气消费量分别达3.88万亿m^3和

❶　1Btu = 1055.056J。

4. 32 万亿 m^3。

预计亚太地区和非洲地区将是天然气消费增长最快的地区，年均天然气消费增长速度将分别为4. 1%和3. 2%，其次为中南美年均增长速度将为2. 4%，中国和印度将是天然气消费增长速度最快的国家，将分别为5. 2%和4. 2%，其次巴西为4. 1%。随着欧洲地区天然气市场的开放，其天然气需求将快速增长，年均递增 1. 0%。

2030 年天然气在世界一次能源消费结构中的比例将为23. 7%。

世界天然气产量将持续增长，预计 2020 年将达 3. 87 万亿 m^3，2030 年将达 4. 32 万亿 m^3。

主要参考文献

[1] British Petroleum Company. BP Statistical Review of World Energy, London, June 2009

[2] Marilyn Radler. Oil, Gas Reserves Rise as Oil Output Declines. Oil & Gas Journal, Dec. 21, 2009

[3] International Energy Outlook, 2009. http://www. eia. doe. gov/oiaf/ieo/index. html

[4] 08 Review. http://www. Aapg. org/2008/01jan/discoveries. cfm

煤

郭　娟　刘吉祥

2009年世界煤产量约为69.41亿t，比2008年增加2.01亿t，增长3.0%。世界煤产量的增加由中国（仅指大陆，不含台湾省，下同）等世界主要产煤国产量增加引起，其中，中国煤产量增加3.01亿t，而世界煤产量增长量只有2.02亿t。2009年中国煤产量又创新纪录，达到30.5亿t，仍居世界第一位。世界煤产量超过亿吨的国家仍为10个，除中国外，其他9个亿t煤生产国依次是：美国、印度、澳大利亚、俄罗斯、印度尼西亚、南非、德国、波兰和哈萨克斯坦。

2009年世界煤消费量为32.78亿t油当量，与上年相比，略有减少。煤在世界一次能源消费构成中所占比重为29.3%；世界煤贸易量达到9.43亿t，中国煤进口量首次过亿吨，达到1.32亿t，成为第二大煤炭进口国；受金融危机影响，世界煤炭需求疲软，煤价下降至110.11美元/t（日本动力煤到岸价），跌幅10.3%。

一、储量和资源

截至2009年底，世界煤探明可采储量为8260.01亿t，其中无烟煤和烟煤为4113.21亿t，次烟煤和褐煤为4146.80亿t。按2009年的开采水平，世界现有煤探明可采储量可供开采119年（表1）。

世界煤储量在20亿t以上的国家共有18个，合计探明可采储量7929.61亿t，占世界煤探明可采储量总量的96.1%；其中，美国、中国、俄罗斯、澳大利亚、印度、乌克兰、哈萨克斯坦、南非8个国家煤的探明可采储量都在百亿吨以上，合计煤探明可采储量7401.99亿t，占世界煤探明可采总储量的89.7%；其中美国、中国和俄罗斯属于煤资源大国，煤探明可采储量都在千亿吨以上，三国合计煤探明可采储量5098.18亿t，占世界煤探明可采储量总量的61.8%。

世界煤探明可采储量在世界各大区的分布情况，欧洲及欧亚地区居第一位（2722.46亿t），占33.0%；亚太地区居第二位（2592.53亿t），占31.4%；北美地区居第三位（2460.97亿t），占29.8%；非洲和中东（333.99亿t），占4.0%；中南美洲地区（150.06亿t），占1.8%。

中国与美国、俄罗斯是世界3个煤探明可采储量超过千亿吨的煤资源国。美国煤探明可采储量2383.08亿t，占世界煤探明可采储量总量的28.9%，居世界第一位；俄罗斯煤探明可采储量1570.10亿t，占世界煤探明可采储量总量的19.0%，居世界第二位；中国煤探明可采储量1145.00亿t，占世界煤探明可采储量总量的13.9%，居世界第三位。

中国煤探明储量是20世纪90年代前期世界能源委员会之中国委员会拟出的数据，当

表1　世界煤探明可采储量（截至2009年底）　　单位：亿t

国家或地区	烟煤和无烟煤	次烟煤和褐煤	总　计	占世界比例/%	R/P（储采比）
美　国	1089.50	1293.58	2383.08	28.9	245
俄罗斯	490.88	1079.22	1570.10	19.0	*
中　国	622	523	1145	13.9	38
澳大利亚	368	394	762	9.2	186
印　度	540	46	586	7.1	105
乌克兰	153.51	185.22	338.73	4.1	460
哈萨克斯坦	281.70	31.30	313.00	3.8	308
南　非	304.08	—	304.08	3.7	122
波　兰	60.12	14.9	75.02	0.9	56
巴　西	—	70.59	70.59	0.9	*
哥伦比亚	64.34	3.8	68.14	0.8	95
德　国	1.52	65.56	67.08	0.8	37
加拿大	34.71	31.07	65.78	0.8	105
捷　克	16.73	28.28	45.01	0.5	84
印度尼西亚	17.21	26.07	43.28	0.5	17
希　腊	—	39	39	0.5	62
匈牙利	1.99	31.03	33.02	0.4	367
巴基斯坦	0.01	20.69	20.70	0.3	*
以上国家或地区合计	4046.30	3883.31	7929.61	96.1	121
其他国家或地区合计	66.91	263.49	330.40	3.9	85
世界总计	4113.21	4146.80	8260.01	100.0	119

注：*为保证年限大于500年。

资料来源：BP Statistical Review of World Energy，2010。

时笔者即认为该数据较为保守。目前已经过去近20年，与当时相比，中国查明煤资源量已增加了近4000多亿t。据中国全国矿产储量通报，中国2009年煤储量为1636.9亿t，笔者估计，这一数据也较偏低，估计中国煤探明可采储量至少在3000亿t以上，可能多于美国。

二、生　　产

2009年世界煤产量约为69.4亿t，比2008年的67.39亿t增加2.01亿t，增长3.0%。其中，中国煤产量比上年增加3.01亿t，大于2009年度世界煤炭增长量。2009年世界19个煤主要生产国（煤产量在2500万t以上）煤产量为67.23亿t，占世界煤产量的96.9%；其中煤产量超过亿吨的中国、美国、印度、澳大利亚、俄罗斯、印度尼西亚、南非、德国、波兰和哈萨克斯坦10国合计煤产量为62.11亿t，占世界煤产量的89.5%（表2）。

表 2　1998～2009 年世界煤炭产量　　　单位：Mt

国家或地区	1998 年	2006 年	2007 年	2008 年	2009 年
中　国	1043.6	2331.8	2523.4	2748.6	3049.9
美　国	998.3	1054.8	1040.2	1063.0	973.2
印　度	314.4	449.2	478.4	515.9	557.6
澳大利亚	302.0	382.2	392.7	397.6	409.2
俄罗斯	249.5	309.9	313.5	328.6	298.1
印度尼西亚	73.7	193.8	216.9	229.0	252.5
南　非	222.3	244.8	247.7	252.6	250.0
德　国	200.8	197.1	201.9	192.4	183.7
波　兰	172.7	156.1	145.9	144.0	135.1
哈萨克斯坦	58.4	96.2	97.8	111.1	101.5
土耳其	67.0	64.9	76.6	83.4	84.3
乌克兰	81.7	80.2	76.8	79.5	73.7
哥伦比亚	32.8	65.6	69.9	73.5	72.1
加拿大	72.5	66.0	69.4	67.7	62.9
希　腊	62.1	64.3	66.6	64.7	62.7
捷　克	59.1	62.4	62.0	55.1	53.3
越　南	8.8	38.9	40.0	41.0	45.0
罗马尼亚	22.9	34.9	35.8	35.9	30.6
保加利亚	25.3	25.3	28.2	28.7	26.9
主要国家合计	4067.8	5918.5	6183.6	6512.3	6722.5
其他国家	239.4	226.9	221.9	226.6	218.0
世界总计	4307.2	6145.4	6405.5	6738.9	6940.5

资料来源：BP Statistical Review of World Energy，2010；中国“煤炭工业统计提要”，1949～2009 等。

2009 年中国煤产量又创新纪录，达到 30.5 亿 t，占世界总量的 43.9%，仍居世界第一位，比 2008 年的 27.47 亿 t 增加 3.01 亿 t，增长 11%。中国煤炭工业重心继续向中西部的山西、内蒙古、陕西 3 省（自治区）转移，2009 年 3 省区煤炭产量合计达到 15.16 亿 t（山西 6.15 亿 t、内蒙古 6.03 亿 t、陕西 2.98 亿 t），占中国煤产量的 49.7%（1980 年为 26.0%、1990 年为 34.0%、2000 年为 36.0%、2005 年为 45.0%、2009 年为 49.7%）；中国煤炭产量超过亿吨的省份还有河南（2.30 亿 t）、山东（1.44 亿 t）、贵州（1.37 亿 t）、安徽（1.28 亿 t）。

美国为世界第二产煤国，2009 年美国煤产量为 9.73 亿 t，比 2008 年的 10.63 亿 t 减少 0.90 亿 t，减少 8.5%；美国煤炭产量占世界总量的 14.0%。中美两国煤炭资源分布状况极其相近，生产重心均表现为逐步西移，美国 2009 年煤炭产量在国内东部（阿巴拉契亚地区）、中部、西部地区分布比例分别为 31.8%，13.6% 和 54.6%。

2009 年印度煤产量为 5.58 亿 t，比 2008 年的 5.16 亿 t 增加 0.42 亿 t，增长 8.1%，煤产量占世界总量的 8.0%；印度煤产量居世界第三位。

2009 年澳大利亚煤产量为 4.09 亿 t，比 2008 年的 3.98 亿 t 增加 0.11 亿 t，增长 2.8%，煤产量占世界煤炭总产量的 5.9%，居世界第四位。

俄罗斯煤产量居世界第五位，2009 年煤产量为 2.98 亿 t，比 2008 年的 3.29 亿 t 减少

0.31 亿 t，降低 9.4%，煤产量占世界总量的 4.3%。

印度尼西亚、南非、德国、波兰和哈萨克斯坦煤产量分别居世界第六、第七、第八、第九和第十位，2009 年煤产量分别为 2.53 亿 t、2.50 亿 t、1.84 亿 t、1.35 亿 t 和 1.02 亿 t，与 2008 年相比，除印度尼西亚有增长外其他 4 国均有降低，其中哈萨克斯坦煤产量减少幅度最大，为 8.6%。

世界其他煤炭重要生产国还有：0.25 亿～1.00 亿 t 之间的土耳其、乌克兰、哥伦比亚、加拿大、希腊、捷克、越南、罗马尼亚、保加利亚 9 国（表 2）。这些煤炭生产国 2009 年煤产量，除土耳其和越南有增加外，其他国家煤产量均有所减少。

三、消　　费

2009 年世界一次能源消费量达 111.64 亿 t 油当量，较上年的 113.15 亿 t 油当量减少 1.51 亿 t，减少 1.3%；其中石油、天然气、煤、核电、水电分别占 34.8%，23.8%，29.3%，5.5% 和 6.6%。世界煤消费量在世界一次能源消费构成中的比重由上年的 29% 增长到 29.3%，增长 0.3 个百分点。

2009 年世界煤消费区域格局为，亚太地区消费占 65.6%，北美地区占 16.2%，欧洲及欧亚地区占 13.9%，非洲占 3.3%，中南美地区占 0.7%，中东地区占 0.3%。

2009 年，世界煤消费量为 32.78 亿 t 油当量，比上年的 32.86 亿 t 减少 0.08 亿 t，略有降低。世界煤消费量超过 3000 万 t 油当量的 14 个主要国家或地区，其煤消费量合计为 29.54 亿 t 油当量，占世界煤消费总量的 90.1%（表 3）。其中，中国、美国、印度和日本

表 3　1999～2009 年世界煤炭消费量　　单位：Mt（油当量）

国家或地区	1999 年	2006 年	2007 年	2008 年	2009 年
中　国	656.2	1215.0	1313.6	1406.1	1537.4
美　国	544.9	565.7	573.3	564.1	498.0
印　度	135.8	195.4	210.3	230.9	245.8
日　本	91.5	119.1	125.3	128.7	108.8
南　非	82.3	93.8	97.7	102.8	99.4
俄罗斯	101.0	96.7	93.5	100.4	82.9
德　国	80.2	83.5	85.7	80.1	71.0
韩　国	38.2	54.8	59.7	66.1	68.6
波　兰	61.0	58.0	57.9	56.0	53.9
澳大利亚	46.0	55.6	54.2	51.4	50.8
中国台湾	24.8	39.6	41.8	40.2	38.7
乌克兰	38.5	39.8	39.7	40.3	35.0
哈萨克斯坦	19.8	28.1	30.8	34.0	33.0
印度尼西亚	11.6	24.1	28.4	30.2	30.5
以上 14 国或合计	1931.7	2669.3	2811.9	2931.0	2953.7
其他国家或合计	317.3	369.9	372.2	355.4	324.6
世界总计	2248.9	3039.1	3184.1	3286.4	3278.3

资料来源：BP Statistical Review of World Energy，2010。

4 个国家煤消费量都在亿吨油当量以上，中国煤消费量 15.37 亿 t 油当量，居世界第一位，占世界煤总消费量的 46.9%；美国煤消费量 4.98 亿 t 油当量，居世界第二位，占世界煤总消费量的 15.2%；印度和日本煤消费量分别为 2.46 亿 t 和 1.09 亿 t 油当量，分别居世界第三和第四位，分别占世界煤炭总消费量的 7.5% 和 3.3%；南非、俄罗斯、德国、韩国、波兰、澳大利亚、中国台湾、乌克兰、哈萨克斯坦和印度尼西亚煤炭消费量均在 1.0 亿 ~0.30 亿 t 油当量之间，这 10 个国家或地区 2009 年共计消费煤 5.64 亿 t 油当量，占世界煤消费总量的 17.2%。

四、贸易和市场

世界煤贸易量随其产量与消费量的增长而持续增长，但增长幅度并没有产量和消费量增长幅度大，多年来年均增加量在 3000 万 ~6000 万 t，估计，2010 年世界煤贸易量已逼近 10 亿 t，约占世界煤产量的 14.0% ~15.0%。

世界煤贸易仍主要集中在四大贸易市场：亚太、欧洲、北美和拉丁美洲。亚太地区仍是世界最主要的煤贸易区，由于该地区长期以来经济活力最强，煤交易量最大，约占世界煤贸易总量的一半左右。该地区煤供应方有世界最大煤出口国澳大利亚，以及主要出口国印度尼西亚和中国；有世界最大煤进口国日本，煤主要进口国印度等，以及经济发展迅速而煤基本全靠外部供应的韩国、中国香港和中国台湾等国家和地区。

估计，2009 年，世界煤主要出口国（出口量超过 0.2 亿 t）为澳大利亚、印度尼西亚、俄罗斯、哥伦比亚、南非、美国、加拿大、哈萨克斯坦、中国，这 9 个国家煤出口量合计为 8.71 亿 t，占世界煤出口总量（9.43 亿 t）的 92.4%。

2009 年，澳大利亚煤出口仍居世界首位，出口量为 2.62 亿 t，比上年的 2.52 亿 t 增加 0.10 亿 t，增长 4.0%；第二位的印度尼西亚煤出口量为 2.30 亿 t，比上年的 2.03 亿 t 增加 0.27 亿 t，增长 13.3%；第三位的俄罗斯煤出口量为 1.16 亿 t，比上年 0.97 亿 t 增加 0.19 亿 t，增长 19.6%；第四位的哥伦比亚煤出口量为 0.69 亿 t，比上年的 0.68 亿 t 增加 0.01 亿 t，增长 1.5%；第五位的南非煤出口量为 0.67 亿 t，比上年增加 0.07 亿 t，增长 11.7%。美国、加拿大、哈萨克斯坦、中国由于国内经济发展对煤炭需求强劲，煤出口量继续下降，排名分别跌落至第六、七、八、九位（表 4）。

2009 年世界煤主要进口国或地区为日本、中国、韩国、印度、中国台湾、德国、英国、俄罗斯、美国、西班牙、法国（进口量均超过 0.1 亿 t），这 11 个国家或地区合计进口煤 6.80 亿 t，占世界煤进口总量（9.21 亿 t）的 73.8%。其中，日本、中国、韩国这 3 个国家或地区煤进口量均在 1 亿 t 以上，合计进口煤 4.0 亿 t，占世界煤进口总量的 43.4%。

2009 年日本仍为世界最大煤进口国，进口量为 1.65 亿 t，比上年的 1.84 亿 t 减少 0.19 亿 t；中国煤进口量首次过亿，成为第二大煤炭进口国，为 1.32 亿 t，比上年的 0.44 亿 t 增加 0.88 亿 t；韩国煤进口量为 1.03 亿 t，比上年的 1 亿 t 增加 0.03 亿 t。其他主要煤进口国或地区除印度、中国台湾煤进口量有所增加外，德国、英国、俄罗斯、美国、西班牙、法国等国煤进口量均比上年有所减少，其中，俄罗斯、美国、法国等国煤进口量下降较多，分别为 0.07 亿 t、0.11 亿 t、0.07 亿 t，分别减少：24.1%，34.0%，32.1%（表 5）。

表 4　2005～2009 年世界煤炭贸易量（出口）　　单位：万 t

主要出口国家或地区	2005 年	2006 年	2007 年	2008 年	2009 年*
澳大利亚	23131	23130	24359	25219	26175
印度尼西亚	12744	17143	19699	20259	22966
俄罗斯	8601	9139	9805	9747	11620
哥伦比亚	5361	6197	6458	6776	6945
南　非	7144	6875	6587	6000	6692
美　国	4510	4486	5336	7369	5338
加拿大	2806	2799	3042	3151	2833
哈萨克斯坦	2546	2743	2950	4270	2272
中　国	7168	6324	5312	4529	2235
主要国家或地区合计	74010	78836	83547	87320	87076
其他国家	7369	7804	9013	6999	7242
世界总计	81379	86640	92560	94319	94317

注：* 为估计值。

资料来源：Coal Information 2010，IEA；《中国海关统计年鉴》，2005～2009。

表 5　2005～2009 年世界煤炭贸易（进口）　　单位：万 t

主要进口国家或地区	2005 年	2006 年	2007 年	2008 年	2009 年*
日　本	17698	17910	18700	18419	16478
中　国	2622	3836	5160	4362	13188
韩　国	7676	7971	8829	9958	10298
印　度	3859	4308	4979	5900	6774
中国台湾	5546	5706	5934	5802	6028
德　国	3711	4213	4629	4543	3848
英　国	4397	5053	4337	4388	3822
俄罗斯	2239	2574	2344	3099	2351
美　国	2751	3269	3287	3091	2041
西班牙	2476	2370	2444	2097	1704
法　国	1985	2039	1896	2129	1445
主要国家或地区合计	54957	59250	62538	63788	67977
其他国家	24017	26246	27849	27261	24164
世界总计	78974	85496	90388	91048	92141

注：* 为估计值。

资料来源：Coal Information 2010，IEA；《中国海关统计年鉴》，2005～2009。

2009 年，世界煤炭需求小幅减少，煤炭行业呈现供大于求的局面，煤炭价格小幅下降，煤炭行业景气下滑。日本进口动力煤到岸价由 2008 年的 122.81 美元/t 下跌到 2009 年的 110.11 美元/t，降低 12.7 美元/t，跌幅 10.3%（表6）。

表 6　2000～2009 年国际市场煤炭价格　　单位：美元/t

年　份	西北欧市场价	美国阿巴拉契亚煤现货价	日本进口炼焦煤到岸价	日本进口动力煤到岸价
2000	35.99	29.90	39.69	34.58
2006	64.11	62.96	93.46	63.04
2007	88.79	51.16	88.24	69.86
2008	147.67	118.79	179.03	122.81
2009	70.66	68.08	167.82	110.11

资料来源：BP Statistical Review of World Energy，2010。

五、展　望

长期以来，一些国际著名能源组织和机构，都对未来世界能源供需形势、世界煤炭供需形势进行了预测。尽管预测数据不尽一致，但总的趋势较为相似，世界能源供应将随世界经济的增长而持续增加。世界煤炭资源丰富，2009 年煤炭储量静态保证年限为 119 年，若考虑中国煤炭储量数据被大大低估的因素，则世界煤炭储量静态保证年限会更长。就笔者掌握资料而言，中国的煤炭储量至少被低估了约 1 倍，估计，中国的煤炭储量至少在 2200 亿 t 以上。

据美国能源信息署（EIA）2010 年世界能源展望（International Energy Outlook 2010），2030 年世界一次能源消费将为 171.63 亿 t 油当量，煤炭在其中的比重将比 2009 年降低 0.2 个百分点（表 7）。

表 7　2020 年、2030 年世界一次能源消费预测　　单位：亿 t（油当量）

年　份	能源消费总量	能源消费构成/%				
		石油	天然气	煤炭	核能	可再生能源
1980	70.28	46.6	19.2	25.0	2.7	6.5
1990	86.28	39.5	21.8	25.9	5.9	6.9
2000	99.35	39.1	23.0	23.9	6.5	7.5
2009	111.64	34.8	23.8	29.3	5.5	6.6
2020	147.63	33.9	24.1	28.2	5.7	8.1
2030	171.63	33.0	23.7	29.1	5.7	8.5

资料来源：美国能源信息署（EIA），International Energy Outlook，2010。

从 1980～2005 年，世界一次能源消费量实际累计增加量为 35.37 亿 t 油当量，平均每年增加约 1.41 亿 t；美国能源信息署预测 2005～2030 年这 25 年世界一次能源消费量的累计增加量将会达到 65.98 亿 t 油当量，平均每年要增加 2.64 亿 t 油当量。那就意味着后 25 年年增加量将是前 25 年年增加量的 1.87 倍。

未来影响世界一次能源供应的主要因素是世界经济增长速度、中东的政治稳定程度和欧佩克国家控制石油出口程度、油气勘查开发技术发展水平与世界各国实施可持续发展政策强度等。

中国近30年的经济飞速发展，使得中国经济成为世界经济发展的又一引擎，中国的一次能源消费已经占世界一次能源消费总量的16.8%，居世界第二位；中国的煤炭消费量已经占世界煤炭消费量的41.3%，居世界第一位。中国能源需求、开发和中国的经济增长都与世界息息相关。

油气与煤炭在一次能源供应构成中为此消彼长关系。从1980～2009年世界一次能源消费结构发展过程来看，油气下降了11.8个百分点，而煤炭份额则上升了4.3个百分点。据美国能源信息署估计，2030年石油与天然气在一次能源消费构成中的比重为56.7%，比2009年降低约1.9个百分点，而煤炭份额则仅可能会降低0.2个百分点。依笔者看，这一发展趋势主要取决于欧佩克国家的石油政策，由于欧佩克国家“石油阀门没有松开”，仍会使得“高油价效应”继续发挥作用，这样，世界主要煤资源国，如中国、美国、俄罗斯、澳大利亚、印度、南非、波兰等还会依靠增加煤炭生产以弥补能源需求的不足。

应该指出，世界“高油价”能源形势问题不是石油、天然气资源短缺造成的，与27年前相比，世界的石油、天然气储量并未减少而是大大增加了。

由于科学技术进步（尤其是石油水平钻井技术的应用），使得过去29年来世界石油、天然气储量的增长大大超过其产量的增长。从1980～2009年，世界石油储量由912.0亿t增加到1817.0亿t，增加905.0亿t，增长99.2%；石油产量则由30.88亿t增加到38.21亿t，增加7.33亿t，仅增长23.7%；相应，世界石油生产静态保证年限（石油储量与年产量之比）由25年前的30年延长到了现在的47年。天然气储量由84.69万亿m^3增加到187.49万亿m^3，增加102.80万亿m^3，增长121.4%；天然气产量则由1.45万亿m^3增加到2.99万亿m^3，增加1.54万亿m^3，增长106.2%；相应，世界天然气生产静态保证年限（天然气储量与年产量之比）由25年前的58年延长到现在的62年。据估计，随着勘探与开发技术的发展，石油、天然气储量增长超过产量增长这一态势还会延续相当一段时间，换言之，世界石油、天然气高峰年产量的预期还会来得更晚一段时间。

“资源”的含义是人类社会经济技术水平的“时代”反映，对于能源资源而言，薪柴、煤炭、油气、核能则印证了人类利用能源的技术发展史程。30多年前“罗马俱乐部”发表的“增长的极限”报告给人以重视“资源”问题的警示，有其积极意义，但是，其过度悲观的视角、观点，却是不足取的。

欧佩克国家集团中少数国家认识到“高油价”时期的长短和人们开发出“可替代石油”的新能源（氢能、热核裂变能、生物质能等），以及低成本的煤炭液化技术到来的时间长短呈负相关关系。即欧佩克“石油阀门”关得越紧，欧佩克控制的“高油价期”越长，“可替代石油”的能源技术其商业应用则会来得越快。显然，“石油阀门”关得过紧“策略”，对于依赖丰富石油资源赚取“石油美元”的欧佩克集团长期利益是相悖的。

无论如何，人与资源、环境相协调的可持续发展观念都促使世界各国加大了对清洁燃料—天然气、核能的利用，以及加大了对风能、氢能、太阳能、生物质能等可再生能源的利用，并且对其应用技术的研发投入正在快速增加。可以预计，世界某能源公司、研究团体或者学者个人都有可能在未来某一时间宣布其在新能源应用技术、节能技术等方面所取得的突破，并由此会带来世界能源需求与消费格局的改变。

世界未来煤炭需求预测难以定论。短期内，世界经济增速加大、欧佩克国家“紧关石油阀门”的石油政策可能导致世界一次能源消费构成中煤炭份额增加，但从中长期看，煤炭在世界一次能源消费构成中扮演“次要角色”的格局却是确定的。

世界能源问题的最终解决在于世界各国实施可持续发展方针和政策的强度与世界能源科学技术的进步。

主要参考文献

[1] BP Statistical Review of World Energy，2010

[2] EIA，International Energy Outlook，2010

[3] IEA，Coal Information，2010

[4] 德国 BGR. Reserves，Resources and Availability of Energy Resources. Annual Report，2008

[5] http：//www. coalportal. com

[6] 国土资源部．全国矿产储量通报，2009

[7] 海关总署．中国海关统计年鉴，2003～2009

[8] 国家安全生产监督管理总局．煤炭工业统计提要，1949～2009

铀

刘 增 洁

2008年世界铀矿山产量为43764t铀，较2007年增长6.0%。世界铀矿山产量仅能满足世界核反应堆燃料需求量的66.9%，其余部分靠二次铀（包括令燃料循环利用、政府和民间库存、核武器高浓缩铀的转化）供应。2008年世界铀市场价格持续下降。

一、储量和资源

据国际原子能机构（IAEA－NEA）估计全球常规铀资源量1620万t，如按现在消费能力可供250年。此外世界还具有丰富的非常规铀资源，如磷酸盐中铀（2200万t）和海水中铀资源（超过40亿t），如按现在市场价格至少需要10~15年的时间才能生产。

据WISE（World Information Service on Energy）资料，IAEA与OECD/NEA联合、每两年出版一次的世界铀的供、需（红皮书）报告称，截至2009年1月1日，世界已知常规铀可靠资源回收成本≤130美元/kg铀的可回收资源量约352.49万t。其中回收成本≤80美元/kg铀资源量约251.61万t，回收成本≤40美元/kg铀资源量约56.99万t。

世界铀资源量较多的国家有澳大利亚、加拿大、哈萨克斯坦、尼日尔、美国、南非、俄罗斯、巴西、纳米比亚和中国（表1），铀资源量均在10万t以上，合计占世界铀资源量的88.8%。其次为乌克兰、乌兹别克斯坦、印度、约旦和蒙古等。

表1 世界可靠铀资源量（截至2009年1月1日） 单位：t（铀）

国家或地区	回收成本范围		
	≤40美元/kg（铀）	≤80美元/kg（铀）	≤130美元/kg（铀）
世界合计	569900	2516100	3524900
澳大利亚	NA	1163000	1176000
哈萨克斯坦	14600	233900	336200
美国	0	39000	207400
加拿大	267100	336800	361100
南非	76800	142000	195200
尼日尔	17000	42500	242000
纳米比亚	0	2000	157000
俄罗斯	0	100400	181400
巴西	139900	157700	157700

续表

国家或地区	回收成本范围		
	≤40 美元/kg（铀）	≤80 美元/kg（铀）	≤130 美元/kg（铀）
乌克兰	2500	38700	76000
乌兹别克斯坦	0	55200	76000
印　度	0	0	55200
中　国	52000	100900	115900
蒙　古	0	37500	37500
约　旦	0	44000	44000
丹　麦	NA	NA	NA
阿尔及利亚	0	0	19500
中　非	0	0	12000
马拉维	0	8100	13600
阿根廷	0	7000	10400
土耳其	0	0	7300
日　本	0	0	6600
葡萄牙	0	4500	6000
西班牙	0	2500	4900
加　蓬	0	0	4800
意大利	NA	4800	4800
印度尼西亚	0	0	4800
瑞　典	0	0	4000
罗马尼亚	0	0	3100
津巴布韦	0	0	NA
民主刚果	0	0	NA
秘　鲁	0	0	1300
芬　兰	0	0	1100
斯洛文尼亚	0	0	1700
捷　克	0	400	400

注：“NA”指无数据。

资料来源：http：//www. wise－uranium. org/umaps. html。

按2008年世界铀产量43764t铀计，现有低成本铀资源量（≤80美元/kg铀）可供矿山生产约57年。

目前，世界上已发现的铀矿的主要类型有不整合型、砂岩型、古砾岩型、热液脉型、侵入岩型和角砾杂岩型等。其中高品位的不整合型和可用地浸（ISL）技术开采的低成本砂岩型矿床是当前勘查和生产的最佳类型。

铀矿的勘查工作主要在加拿大的萨斯喀彻温省以及北部地区和澳大利亚进行，以寻找高品位的矿床，在美国、前苏联、蒙古、印度和中国寻找可地浸的砂岩型矿床。近年在非洲的纳米比亚等国勘查取得较大进展。

二、生　　产

2008 年世界铀矿产量为 43764t（铀）（表 2），比 2007 年增长 6.0%。在世界铀矿产量中露天矿和地下矿产量占 62%，地浸（ISL）矿产量占 28%，副产品铀产量占 10%。

表 2　世界铀矿山产量　　单位：t（铀）

国家或地区	2005 年	2006 年	2007 年	2008 年	2008 年较 2007 年增减比例/%
加拿大	11628	9862	9476	9000	-5.0
澳大利亚	9516	7593	8611	8430	-2.1
哈萨克斯坦	4357	5279	6637	8521	+28.4
俄罗斯*	3431	3262	3413	3521	+3.2
纳米比亚	3147	3067	2879	4366	+51.6
尼日尔	3093	3434	3153	3032	-3.8
乌兹别克斯坦	2300	2260	2320	2338	+0.8
美　国	1039	1692	1654	1430	-13.5
乌克兰*	800	800	846	800	-5.4
中　国*	750	750	712	769	+8.0
南　非	674	534	539	566	+5.0
捷　克	408	359	306	263	-14.1
印　度*	230	177	270	271	+0.4
罗马尼亚*	90	90	77	77	—
德　国	77	50	38	0	-100.0
巴基斯坦*	45	45	45	45	—
法　国	7	5	4	5	+25.0
巴　西	110	190	299	330	+10.4
世界合计	41702	39429	41279	43764	+6.0

注：* 为估计数。

资料来源：http：//www. world - nuclear. org/info/inf23. html。

2008 年共有 17 个国家开采铀矿。世界主要的铀生产国为加拿大、哈萨克斯坦和澳大利亚，铀产量分别占世界总产量的 20.6%，19.5% 和 19.3%，合计占世界总产量的 59.4%；其次为尼日尔、俄罗斯、纳米比亚和乌兹别克斯坦，矿山产量均在 2000t 以上。

2008 年铀矿产量增长幅度最大的国家为纳米比亚、哈萨克斯坦和法国，分别增长 51.6%，28.4% 和 25.0%。产量下降较多的国家有捷克、美国、乌克兰和尼日尔，德国停止生产。

加拿大产量仍居世界首位，加拿大铀矿山产量大幅下降，为 9000t（铀），较 2007 年下降 5.0%。主要的生产矿山麦克阿瑟河在 2003 年停产几个月后恢复生产，持续几年产量大幅增长后，2008 年略有下降，为 6383t（铀），该矿山为世界最大的高品位矿山，平均品位为21%，目前该矿已满负荷生产，该矿计划2009年把产能提高到10000t（铀）。2008年麦卡林（McClean）矿的产量为1249t（铀），比2007年增长70.2%，该矿目前拥有3个露天采矿场，未来将转为地下开采。2008年拉比特（Rabbit）湖的产量为1368t（铀），比2007年下降11.4%。西加（Cigar）湖仍处于待开发阶段，预计2011年可投产，预计产量可达6306t（铀）。核原料总公司（Areva）正在建设米德丰斯特（Midwest）矿为一地下矿，预计2011年可投产，产量可达2000t（铀）。

2008年美国产量略有下降，为1430t（铀），比2007年下降13.5%，主要生产矿山为6座，其中地浸（ISL）5座，其他1座。主要生产矿山分布在怀俄明州和新墨西哥州，美国国内铀生产只能满足其消费的5%。

亚太地区主要的铀生产国有澳大利亚、中国、印度和巴基斯坦，中国、印度和巴基斯坦生产的铀主要用于国内消费。

澳大利亚铀产量居世界第三位，2008年澳大利亚产量比2007年下降2.1%，为8430t（铀），约占世界总产量的19.3%。目前生产矿山为奥林匹克坝、兰杰和贝利佛。另一可地浸矿山哈尼姆（Honeymoon）仍在建，预计2009年可望投入开发。

兰杰矿为澳大利亚最大的铀生产矿，位于澳大利亚北部达尔文东230km的贾比鲁（Jabiru）镇，周围为卡卡杜（Kakadu）国家公园。该矿发现于1969年，1980年投产，为露天常规矿，1981年产量达2538t（铀），1997年投资5300万美元的提高磨矿能力设备投产，年矿石处理能力增加到200万t，可年生产3845t（铀），从1996年兰杰矿产量就超过3076t（铀），2008年该矿铀产量为4527t（铀）。澳大利亚能源资源公司（ERA）拥有兰杰矿，2000年力拓公司（英）拥有ERA 68%的权益。

奥林匹克坝位于南澳州阿德莱德北部560km的罗克斯比唐斯（Roxby Downs）镇，该矿为澳大利亚西部矿业公司（BHP Billiton全资子公司）1975年在勘探铜矿时发现的，为铜伴生矿，1979年就开始开发建设，1988年投产，为地下常规矿，奥林匹克坝主要生产铜，占其总收入的75%，铀矿为铜的副产品，占其总收入的20%，此外回收的金和银占其总收入的5%。2008年该矿铀产量为3344t（铀）。

贝利佛位于澳大利亚南部阿德莱德北部520km，1969年由OTP Group（Oilmin NL，Transoil NL和Petromin NL）发现，2000年投产，为澳大利亚投产的第一个地浸矿山，2008年贝利佛铀产量为544t（铀），预计2009年产量可达1154t（铀）。目前，该矿由Heathgate公司拥有。

2008年非洲地区主要的铀生产国为纳米比亚、尼日尔和南非。2008年纳米比亚产量大幅增长，为4366t（铀），增长51.6%，主要的生产矿山为罗辛矿（Rossing），力拓公司（英）拥有该矿68.6%的权益，其合作者为伊朗拥有15%的权益．南非工业开发集团拥有10%的权益，纳米比亚政府拥有3%的权益，2005年12月力拓公司（英）计划投资1.12亿美元扩大生产，产量可增加到3400t（铀），矿山服务年限可延长到2016年，2008年该矿产量为3449t（铀），为世界第三大铀矿山，2007年该公司进一步扩大产能并延长服务年限。预计产量2012年可提高到3800t（铀），2期扩产将于2008年开始。尼日尔产量较2007年下降3.8%，为3032t（铀），位居非洲第二位，主要生产矿山为位于首都尼亚美东北900km的两个相邻的矿山，阿科塔（Akouta）和阿尔利特（Arlit）矿。南非铀矿产量略有增长，为566t（铀），其铀矿是作为金矿和铜矿的副产品。

2008 年前苏联地区铀生产国为哈萨克斯坦、俄罗斯和乌兹别克斯坦。其中哈萨克斯坦产量大幅增长，达 8521t（铀），增长 28.4%，并计划到 2010 年将产量提高到 18000t（铀）。哈萨克斯坦常规矿山已关闭，主要与西方合作者风险投资的可地浸矿山。乌兹别克斯坦产量增长 0.8%，为 2338t（铀），目前常规矿山已关闭，主要与西方合作者风险投资的可地浸矿山，主要的生产矿山位于北部、中部和南部。俄罗斯铀产量增长 3.2%，为 3521t（铀），主要产自东西伯利亚赤塔地区的科拉斯诺卡门斯克（Krasnokamensk）矿，为一大型的地下常规矿山。

2008 年欧洲地区的铀生产国为捷克、罗马尼亚和法国，德国停产。捷克罗兹纳（Rozna）矿 2003 年曾关闭，由于铀价上升又开始生产，2008 年产量下降 14.1%，为 263t（铀）。罗马尼亚产量下降。

2008 年巴西铀产量增长 10.4%，为 330t（铀），目前唯一生产矿山为雷亚尔湖（Lagoa Real）矿，该矿产能为 340t（铀），计划 2012 年将产量提高到 1360t（铀）。

2008 年世界主要铀矿山产量见表 3。

表 3　2008 年世界主要铀生产矿山　　单位：t（铀）

矿山名称	国　家	主要采矿公司	生产方式	2008 年产量
麦克阿瑟河（凯湖）	加拿大	卡梅科公司（加）	地下常规	6383
兰杰	澳大利亚	能源资源公司（澳）（力拓公司占 68% 的权益）	露天常规	4527
奥林匹克坝	澳大利亚	BHP Billiton	铜的副产品	3344
Krazbokamensk	俄罗斯	ARMZ	地下	3050
罗辛	纳米比亚	力拓公司（占 69% 的权益）	露天常规	3449
阿尔利特	尼日尔	核原料总公司（法）/Onarem	露天常规	1743
拉比特湖	加拿大	卡梅科公司（加）	地下常规	1368
阿科塔	尼日尔	核原料总公司（法）/Onarem	地下常规	1289
阿克达拉（Akdala）	哈萨克斯坦	Uranium One	ISL	1034
麦卡林湖	加拿大	核原料总公司（法）	露天常规	1249

资料来源：http：//www. world - nuclear. org/info/inf23. html。

2008 年世界 10 大铀生产公司产量为 38310t（铀），占世界总产量的 87.5%，10 大公司为力拓、卡梅科（Cameco）、核原料总公司（法）、哈萨克斯坦国家原子能公司（KazAtomProm）、俄罗斯国家铀控股公司（ARMZ）、必和必拓、纳沃伊（Navoi）、Uranium One、帕拉丁（Paladin）和希恩盖得（GA/ Heathgate）。

二次铀供应包括乏燃料循环利用、政府和民间库存、核武器高浓缩铀的转化，二次供应铀可满足市场需求的 40%，并能调节市场价格。轻水反应堆排放的乏燃料中含有可分裂的 ^{235}U，^{239}Pu，^{238}U 及其他放射性原料，目前欧洲和日本拥有对这种乏燃料进行再循环利用的工厂，再循环得到的钚可生产混合氧化物燃料，近年来由于质量问题，混合氧化物燃料（MOX）生产将受到限制，目前每年可生产 200tMOX，折合 1538t（铀）。

俄罗斯和美国拥有大量的铀库存，特别是俄罗斯的铀库存数量巨大，其库存量相当于中东欧、中亚和西伯利亚50年的产量，每年向世界铀市场的供应量为3000万~4000万 lbU_3O_8。此外，俄罗斯核武器转化的高浓缩铀2015年前每年向市场的供应量将为2400万 lbU_3O_8。美国的政府铀库存为7000万 lbU_3O_8。

三、用途和消费

铀的主要消费领域是作为核电站的反应堆燃料。至2009年底世界30个国家在运行的核反应堆有436个，装机容量3725亿kW·h，此外在建的核反应堆有45个，装机容量399.48亿kW·h。核电占全世界发电量的15.0%左右。

2008年世界核能消费量为6.20亿t油当量，较2007年下降0.7%。欧洲和前苏联是世界最大的核能消费地区，约占世界总量的44.7%，为2.77亿t油当量，较2007年下降0.2%。

北美地区是世界第二大核能消费地区，约占世界总消费量的34.8%，2008年核能消费量为2.15亿t油当量，较2007年下降0.3%。其次为亚太地区，约占世界总消费量的19.3%，2008年核能消费量为1.20亿t油当量，较2007年下降3.1%。

美国为世界最大的核能消费国，为1.92亿t油当量，约占世界总消费量的31.0%；法国为世界第二大核能消费国，为1.00亿t油当量，约占世界总消费量的16.1%，其次日本为0.57亿t油当量，约占世界总消费量的9.0%。

除商用核电站的反应堆外，在世界56个国家中还拥有250个科研用反应堆在运行，这些反应堆除用于科研外，还用于医药和工业同位素的生产。此外，核能还用于海洋航行的动力，已成为潜艇和海面大型舰艇的重要动力。目前，世界上现有150艘有220多个核反应堆驱动。俄罗斯就有8艘大型核动力破冰船。

四、贸易和市场

自2008年始世界铀价格开始下降，由2007年12月的90美元/lb（U_3O_8）下降到10月的46美元/lb（U_3O_8），12月份为53美元/lb（U_3O_8）。全年平均价为59美元/lb（U_3O_8）（图1）。

2008年共有217宗现货市场交易，贸易量达4330万lb（U_3O_8）；2008年1~10月共有34宗期货市场交易，贸易量达10900万lb（U_3O_8）。

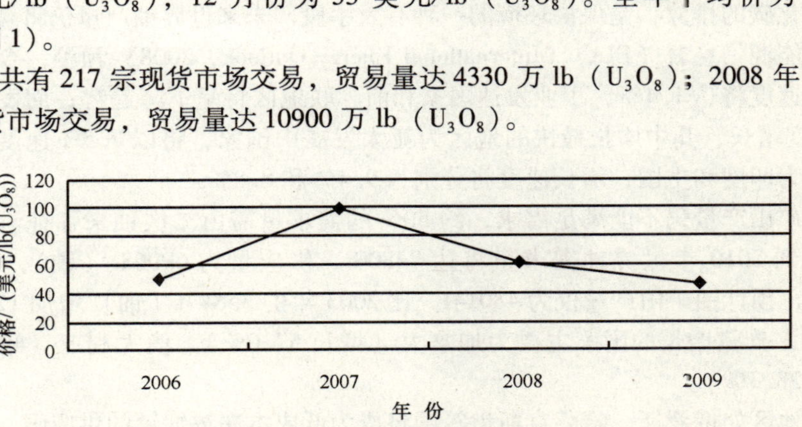

图1 世界铀价格变化

世界主要的铀进口国或地区为美国、日本和西欧等。世界主要的铀出口国为澳大利亚和加拿大。

2008 年美国铀现货贸易 62 起，进口量为 4563.3 万 lb（U_3O_8），平均现货价格为 43.47 美元/lb（U_3O_8），进口量比 2007 年下降 2.9%，平均现货价格增长 31.5%（图 2）。

主要进口来源：从澳大利亚进口量为 1275.8 万 lb（U_3O_8），平均现货价格为 41.59 美元/lb（U_3O_8），从俄罗斯进口量为 1208.0 万 lb（U_3O_8），平均现货价格为 27.64 美元/lb（U_3O_8），从加拿大进口量为 979.1 万 lb（U_3O_8），平均现货价格为 48.72 美元/lb（U_3O_8），从纳米比亚进口量为 388.0 万 lb（U_3O_8），平均现货价格为 54.79 美元/lb（U_3O_8），从哈萨克斯坦的进口量为 381.8 万 lb（U_3O_8），平均现货价格为 60.61 美元/lb（U_3O_8），从乌兹别克斯坦的进口量为 192.3 万 lb（U_3O_8），平均现货价格为 56.06 美元/lb（U_3O_8），从南非的进口量为 78.3 万 lb（U_3O_8），平均现货价格为 27.5 美元/lb（U_3O_8）。

2008 年美国共签署期货贸易 2 起。

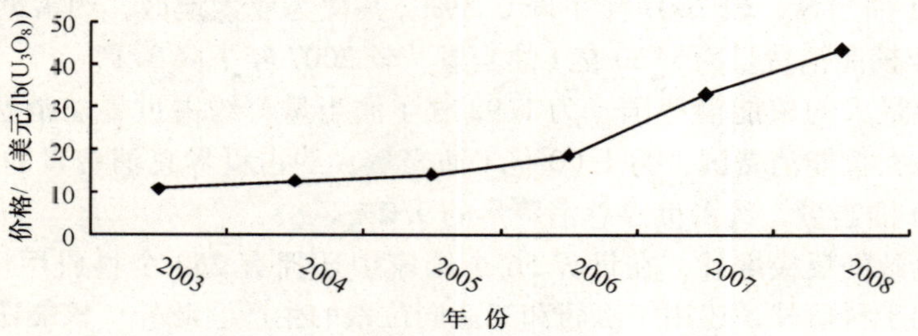

图 2　美国铀进口现货价格变化

五、展　　望

为了减少对石油的依赖，从生态、环保、世界能源供应等多种角度来考虑，发展核电可减少二氧化碳的排放，是保护环境的一种有效手段。未来世界铀产量仍将缓慢增长。

据美国能源信息署（EIA）《International Energy Outlook，2008》预测，今后世界核能的年均增长速度将达 1.4%，工业发达国家和前苏联地区将呈下降趋势；而发展中国家将以 3.5% 速度增长，其中增长最快的地区为亚太发展中国家，将以 7.5% 速度增长；增长最快的国家为印度和中国，增长速度将分别为 9.4% 和 8.8%。

世界铀矿山产量仍不能满足需求，约 50% 的需求量需由二次铀来弥补。据世界核能协会预测，到 2010 年世界铀需求量将达 74800t，供应量为 69068t（铀），供需缺口为 5732t（铀），预计铀矿山产量仅为 48014t，比 2003 年的 35844t（铀）增加 12170t（铀），增长 34.0%，产量增长的国家主要为加拿大（增长 57.0%）、澳大利亚（49.9%）和哈萨克斯坦（28.3%）。

前苏联地区如俄罗斯、哈萨克斯坦等国将成为低成本高浓缩铀的供应国。

主要参考文献

[1] Uranium Maps. WISE. http：//www. wise－uranium. org/ umaps. html

[2] The Ux Consulting Company. Historical Ux Month－end Spot Prices. http：//www. Ux. com/review/uxc_ prices_ mth－end. html

[3] British Petroleum Company. BP Statistical Review of World Energy，London，June 2009

[4] International Energy Outlook，2008. http：//www. eia. doe. gov/oiaf/ieo/incex. html

第三篇　金属矿产

铁

马　建　明

2009 年世界钢产量 12.0 亿 t，世界钢产量在 2008 年和 2009 年已经连续两年下降。2008 年世界铁矿石产量约为 17.2 亿 t，与 2007 年相比增长了 5.8%，2008 年世界铁矿石国际贸易量继续增长，约为 90867 万 t，自 2001 年以来，世界铁矿石的贸易量已经连续 7 年增长，国际市场铁矿石的贸易价格在 2009 年下降 33%，2010 年又大涨 100%。2009 年中国的钢产量占世界钢产量的 47.4%，生铁产量占世界生铁产量的 60.5%，中国的钢铁工业几乎占据了世界钢铁工业的半壁江山，中国钢铁工业的发展左右着世界铁矿业发展。

一、储量和资源

世界铁矿资源非常丰富，据美国地调局资料，2009 年世界铁矿储量为 1600 亿 t（矿石量），含铁量为 770 亿 t。世界铁矿石资源总量估计超过 8000 亿 t（矿石量），含铁量超过 2300 亿 t。巴西、澳大利亚、中国、俄罗斯、哈萨克斯坦、乌克兰、印度、美国、委内瑞拉、瑞典、伊朗、加拿大、南非、毛里塔尼亚和墨西哥等是世界铁矿资源大国（表 1）。

表 1　2009 年世界主要国家铁矿储量　　　单位：亿 t

国家或地区	铁矿石储量	铁金属储量
美　国	69	21
澳大利亚	200	130
巴　西	160	89
加拿大	17	11
中　国	220	72
印　度	70	45
伊　朗	25	14
哈萨克斯坦	83	33
毛里塔尼亚	7	4
墨西哥	7	4

续表

国家或地区	铁矿石储量	铁金属储量
俄罗斯	250	140
南　非	10	6.5
瑞　典	35	22
乌克兰	300	90
委内瑞拉	40	24
其他国家	110	62
世界总计	1600	770

资料来源：Mineral Commodity Summaries，2010。

世界铁矿资源非常丰富，按照目前世界铁矿石产量计算，现有探明储量足以保证100年内世界对铁矿资源的需求。

近年来，我国铁矿勘查在鞍本、冀东、兖州、攀西、庐枞等地区共计探获铁矿石资源量近50亿t，其中有10亿t为探明资源储量。此外，在我国新疆、西藏、青海等西部地区也发现了一批新的铁矿远景区，这些铁矿勘查程度低、埋藏浅、品位高、规模大，容易开发利用。

世界其他地区铁矿勘查开发也取得进展，主要包括塞拉利昂的通科利利（Tonkolili）铁矿，该矿由中国铁路材料商业公司与非洲矿产公司（African Minerals Plc.）合资。

二、生　产

据Mining Journal，2009年世界铁矿石产量约为15.9亿t，比2008年下降了7.6%，世界铁矿石产量在连续7年增长后，2009年出现首次下降（表2）。按成品矿计算，世界10大铁矿石生产国依次为澳大利亚、巴西、印度、中国、南非、加拿大、美国、瑞典、委内瑞拉和毛里塔尼亚，10个主要国家铁矿石产量合计13.4亿t，占世界铁矿石总产量的84.3%，世界铁矿石的生产比较集中。约有40多个国家生产铁矿石，其中，铁矿石产量超过100万t的国家有23个。

2009年发展中国家铁矿石产量占世界铁矿石产量的59%，独联体国家占12%，工业化国家占29%。虽然中国铁矿石原矿产量一直在增长，但是2009年在与世界其他国家可比的基础上，中国的铁矿石产量下降了，主要原因是一些矿山铁矿资源接近耗竭，许多矿山经营不善。

在可比的基础上，以含铁量计算，2009年中国占世界铁矿石产量的14.7%。

2008年、2009年世界钢铁产量下降，对铁矿石的需求下降，但2008年世界铁矿石的产量仍然达到了17.2亿t，比2007年增长了5.8%，这是世界铁矿石产量连续第七年增长。在2008年世界铁矿石产量中发展中国家占62%。中国是世界上最大的铁矿石生产国，2008年产量为3.66亿t（按品位可比），约占世界铁矿石产量的21.2%，比世界第二大铁矿石生产国澳大利亚多出1600万t。

自1999~2008年，世界铁矿石的产量增长了95%，增加了8.4亿t，其中78%的增

表 2 世界铁矿石产量 单位：万 t

国家或地区	2006 年	2007 年	2008 年[①]	2009 年[②]
中 国	27644	33232	36600	23370
澳大利亚	27509	29906	34980	39390
巴 西	31863	33653	34600	29980
印 度	18092	20694	21400	25740
俄罗斯	10390	10495	9927	
乌克兰	7310	7743	7172	
美 国	5290	5240	5300	2650
南 非	4133	4156	4900	5540
加拿大	3497	3410	3210	3300
瑞 典	2330	2471	2380	1770
伊 朗	1813	2200	2200	
委内瑞拉	2210	2065	2150	1490
哈萨克斯坦	1860	1891	1714	
墨西哥	962	1090	1150	
毛里塔尼亚	1113	1192	1120	1020
智 利	790	787	840	
世界总计	149774	163078	172460	158770

注：中国铁矿石产量按世界铁矿石平均铁含量折算。

资料来源：①Steel Statistical Yearbook，2009；International Iron and Steel Institute（IISI）；②Mining Journal，July 9，2010。

长发生在最近 5 年。除了澳大利亚和瑞典外，发达国家的铁矿石产量在同期下降了 6.6%，但澳大利亚和瑞典的铁矿石产量在同期分别增长了 130% 和 26%。同期独联体国家的铁矿石产量增长了 37%，然而，这样的增长还没有达到其 20 世纪 80 年代中期前苏联的最高纪录 2.5 亿 t 的水平。西欧铁矿石的产量已经接近历史低点，最近几年不足 3000 万 t。

巴西淡水河谷公司卡拉加斯铁矿，2009 年扩建 1000 万 t，2011 年扩建 3000 万 t；在南塞拉铁矿，2013 年将扩建 9000 万 t，这些扩建还需得到董事会的批准。2400 万 t 生产能力的阿波罗铁矿建设项目将于 2013 年完成。这两项铁矿扩建计划投资将近 166 亿美元，加上其他与铁矿有关的基础设施投入将超过 200 亿美元。淡水河谷公司的这些扩建项目全部是为了提高铁矿石产量与中国的小型铁矿山进行竞争，也可能在中国国内直接投资建厂生产球团矿以供应中国市场需求。

目前，力拓公司的铁矿山建设项目包括在澳大利亚的霍普唐斯铁矿、梅萨 A 铁矿和布鲁克曼 4 铁矿重点开发项目，以及在几内亚的西芒杜铁矿开发项目，该项目是与印度奥里萨邦矿业公司合作开发，以及与加拿大铁矿公司合作开发的铁矿项目（力拓公司占 58.7%，三菱公司占 26.2%，拉布拉多铁矿权利金基金占 15.1%）。力拓公司在巴西的科鲁姆巴铁矿项目已经卖给了淡水河谷公司。

2008 年必和必拓公司宣布已经批准了一项位于澳大利亚西部 10 亿美元的铁矿建设项目，该铁矿建设项目到 2011 年建成将使必和必拓公司的铁矿石储量产量达到 2 亿 t。该铁矿开发项目实际生产能力将提高 5000 万 t/a，目前 50% 的工程建设已经完成。必和必拓公司的长期计划是将其铁矿石生产能力提高到 3 亿 t，将黑德兰港口的吞吐能力提高到 3.5 亿 t。在 2008 年第四季度，必和必拓公司完成了 RGP3 铁矿扩建，生产能力增加 2000 万 t。RGP4 铁矿扩建也在建设中，其建设工程已经完成 95%，铁矿石生产能力将增加 2600 万 t，在 2010 年上半年将达到 1.55 亿 t。

澳大利亚福蒂丘集团公司在 2008 年首次外运铁矿石，这一年内其铁矿石生产能力已经达到 5500 万 t，澳大利亚在继力拓公司和必和必拓公司后又出现了一个第三大铁矿公司。福蒂丘集团公司计划将其铁矿石生产能力在未来扩建至 7500 万 t/a、9500 万 t/a，最终达到 1.55 亿 t/a。

在 2008 年末和 2009 年初，加拿大因为大多数新的铁矿开发项目位于北极地区，加上由于当前的财务状况多数铁矿项目已经推迟或暂停。

南非的昆巴（Kumba）铁矿公司过去几年一直麻烦不断，例如，塞内加尔政府将其法莱姆铁矿项目给了阿塞洛米塔尔公司。昆巴（Kumba）铁矿公司声称到 2016 年其铁矿石生产能力将达到 1.5 亿 t，占世界铁矿石海运市场的份额将达到 13%。昆巴（Kumba）铁矿公司已经进入西非开发铁矿，目前已在进行一些新建和扩建铁矿项目。其中，赛申铁矿扩建项目已经接近完成，于 2012 年将达产，该铁矿年生产能力 300 万 t，2013 年将达到 900 万 t。

阿斯芒公司是南非另一家大的铁矿石生产公司，其所属的库玛尼（Khumani）铁矿项目建设已经完成，将于 2010 年达到年产 1600 万 t 铁矿石的生产能力。

在非洲其他地方，还有几处大的处于初期阶段的铁矿开发项目，这几处大的处于初期阶段的铁矿开发项目距离投产还需数年时间，一旦投产将使非洲成为国际市场铁矿石的重要供应来源。阿塞洛米塔尔公司已经对非洲大陆的铁矿开发感兴趣，目前有 3 个铁矿开发项目正在进行中，它们是塞内加尔的 Falémé 铁矿、毛里塔尼亚的 El Agareb 铁矿、利比里亚的耶凯帕（Yekepa）铁矿。姆巴拉姆（Mbalam）铁矿开发项目由澳大利亚圣丹斯资源公司（Sundance Resources Ltd.）所控制。中国联合投资有限公司将重新开发利比里亚的 Bong 铁矿山。力拓公司在几内亚的西芒杜铁矿开发项目将年产铁矿石 7000 万～17000 万 t。然而，2008 年 8 月力拓公司收到几内亚矿业部的通告，通告要求力拓公司放弃 Simandou 铁矿开发项目北部的采矿权，并确认其 Simandou 铁矿开发项目南部的采矿权，力拓公司对此通告提出异议并为此正在争辩。

2008 年 6 月非洲矿产公司（African Minerals Ltd.）在塞拉利昂通科利利（Tonkolili）铁矿探明磁铁矿储量 100 亿 t，已经投入 1 亿美元。非洲矿产公司声称该矿有可能成为非洲最大的铁矿。在通科利利铁矿铁帽中，还探明了 10 亿 t 的赤铁矿。通科利利（Tonkolili）铁矿按年产 3000 万 t 铁矿石计算，可开采 60～100 年，这意味着要对塞拉利昂投资数十亿美元，由于塞拉利昂有第三大深水港口，非洲矿产公司将成为欧洲和亚洲市场铁矿石的重要供应者。

2009 年世界 10 大铁矿生产公司合计铁矿石产量为 8.22 亿 t，占世界铁矿石产量的 51.7%，世界铁矿石的生产集中在少数公司，尤其是三大公司：淡水河谷公司、力拓公司和必和必拓公司。2009 年世界三大公司淡水河谷公司、力拓公司和必和必拓公司的铁矿石产量份额为 35%。这是三大公司的份额自 2004 年以来的首次上升。

最近 4 年来，在世界铁矿石生产上大公司的集中度都在下降，但是目前这种趋势已经终止，其主要原因是淡水河谷公司和力拓公司在 2008 年限产保价，一旦市场需求增长，两家公司将能够很快增加铁矿石产量。据采矿杂志，未来数年由于中国国内许多铁矿山资源耗竭闭坑将很有可能导致中国铁矿石产量大幅下降。上述两个因素在未来数年将使世界铁矿石生产三大公司的份额超过 2003 ~2005 年的最高水平。

实际上，世界大公司对铁矿石生产的集中程度的控制要小于对市场集中程度的控制，因为很多生产的铁矿石并没有进入市场。2008 年世界海运铁矿石市场，三大公司占了 61%。其中，淡水河谷占 26%，力拓和必和必拓合计占 35%。2009 年力拓公司与必和必拓公司的合并已经宣告失败。

2009 年印度国家矿业公司铁矿石产量 5530 万 t，占世界铁矿石产量的份额为 3.5%。

英美矿业公司是世界第五大铁矿石生产公司，2009 年铁矿石产量 4380 万 t。

福斯科金属集团有限公司（Fortescue Metal Group Ltd.）是澳大利亚第三大铁矿石生产公司，2009 年铁矿石产量 3490 万 t，预计 2011 年铁矿石产量将达到 5500 万 t。

目前，世界大的钢铁生产公司参与铁矿和煤矿（焦炭）建设成为一种趋势。

2009 年全球新建铁矿石采矿生产能力达到 7500 万 t，比 2008 年的 9000 万 t 略低。2010 年 5 月全球拟议中的铁矿石采矿生产能力建设有 6.85 亿 t，它们将于 2010 ~2012 年间投入生产，其中澳大利亚占 61%，拉美占 19%，非洲占 16%。可以确信的是到 2012 年底，4 亿 ~5 亿 t 的新建铁矿石采矿生产能力投产没有问题。未来 3 年如果世界钢铁生产

表 3　2009 年世界 10 大铁矿生产公司名称、所属国家、产量及占世界产量份额

排序	公司名称	所属国家	产量/万 t	占世界产量份额/%
1	淡水河谷（Vale）	巴西	25500	16.0
2	力拓（Rio Tinto）	英国	17200	10.8
3	必和必拓（BHP Billiton）	澳大利亚	13700	8.6
4	印度国家矿业公司（State of India1）	印度	5530	3.5
5	英美矿业公司（Anglo American）	南非	4380	2.8
6	安赛乐米塔尔（Arcelor Mittal）	英国	3770	2.4
7	俄罗斯金属投资公司（Metalloinvest）	俄罗斯	3550	2.2
8	福斯蒂金属集团有限公司 Fortescue Metal Group Ltd.	澳大利亚	3490	2.2
9	系统资本管理集团公司 System Capital Management Group	乌克兰	2700	1.7
10	科力夫自然资源公司（Cliffs Natural Resources）	美国	2390	1.5
	10 大公司合计		82210	51.7
	世界总计		158770	100.0

增长不大的话，这些很大的新建生产能力可能形成过剩。

随着我国钢铁工业的迅速发展，近年来我国钢产量持续大幅度增长，带动了对铁矿石需求的持续大幅度增长，从而有力地刺激了我国国内铁矿山的建设。地方和民营企业投入铁矿开发的积极性空前提高，一大批铁矿采选项目已经建成或正在建设中。我国黑色金属矿产采选业固定资产投资 2007 年 427.23 亿元，2008 年 680.00 亿元，2009 年增长到 841.00 亿元，同比增长 23.90%。受钢铁投资增速的带动，近年来由于国内外市场铁矿价格不断上涨带动我国黑色金属矿产采选业固定资产投资连年大幅增长，国内铁矿建设投资成为新热点。

2009 年世界粗钢产量为 119916 万 t，与 2008 年 130582 万 t 相比下降了 8.0%，世界粗钢产量在连续多年增长后连续两年下降（表 4）。世界主要粗钢生产国家或地区依次为中国、日本、俄罗斯、美国、印度、韩国、德国、乌克兰、巴西、土耳其、意大利、中国台湾、西班牙、墨西哥及法国等，15 个国家或地区合计粗钢产量 106970 万 t，占世界粗钢产量的 89.2%。

表 4　世界主要国家或地区粗钢产量　　单位：万 t

国家或地区	2005 年	2006 年	2007 年	2008 年	2009 年	2009 年较 2008 年增减比例/%
中　国	35580	41878	49489	50049	56784	13.5
日　本	11250	11620	12020	11874	8753	-26.3
俄罗斯	6610	7080	7222	6851	5994	-12.5
美　国	9490	9860	9818	9149	5814	-36.5
印　度	4090	4400	5308	5505	5661	2.8
韩　国	4780	4850	5143	5349	4860	-9.1
德　国	4450	4720	4855	4583	3267	-28.7
乌克兰	3860	4090	4283	3711	2976	-19.8
巴　西	3160	3090	3378	3371	2651	-21.4
土耳其	2100	2330	2575	2641	2530	-4.2
意大利	2930	3160	3155	3048	1974	-35.2
中国台湾	1890	2020	2090	2021	1575	-22.1
西班牙	1780	1840	1900	1905	1430	-24.9
墨西哥	1620	1630	1756	1762	1417	-19.6
法　国	1950	1990	1925	1787	1284	-28.1
世界总计	114186	124418	132809	130582	119916	-8.0

资料来源：Steel Statistical Yearbook，2009；International Iron and Steel Institute (IISI)；中国钢铁业，2010 年第 2 期。

近年来我国钢铁工业快速发展，粗钢产量从 1996 年的 10124 万 t 增长到 2009 年的 56784 万 t，中国钢铁工业进入了一个高速发展的阶段，中国占世界钢产量的比重从 1996 年的 13.5% 迅速增长到 2009 年的 47.4%。

三、消　费

铁矿石是钢铁工业的主要原料，几乎全部用于生产生铁。世界粗钢产量的2/3是由铁矿石冶炼成生铁再冶炼成钢这一过程生产的，其余1/3由废钢铁冶炼而成。

世界铁矿石消费量没有直接的统计数据，但有一些间接的指标可以显示世界铁矿石消费的变化。这些指标包括生铁产量、粗钢产量及铁矿石进口量，其中，生铁产量最能反映铁矿石消费量的变化，99%的铁矿石用来生产生铁。粗钢产量及铁矿石的进口量不能直接反映铁矿石的消费变化，因为钢产量中有很大一部分来自废钢铁，而进口铁矿石的某些国家其国内铁矿石的产量也很大。

2009年世界生铁产量为89826万t，比2008年92670万t下降了2.9%（表5），世界生铁产量已经连续两年下降，世界生铁产量与世界钢产量变化基本一致。从趋势上看，2000～2009年间，亚洲地区生铁产量占世界生铁产量的比重呈明显上升趋势，已经达到了75.2%，比重不断增长，而欧洲、北美地区和独联体国家继续呈下降趋势（表6）。

表5　世界主要国家或地区生铁产量　　单位：万t

国家或地区	2005年	2006年	2007年	2008年	2009年	2009年较2008年增减比例/%
中　国	33041	40417	47142	46929	54375	15.9
日　本	8307	8427	8677	8617	6694	-22.3
俄罗斯	4841	5174	5104	4830	4395	-9.0
巴　西	3400	3246	3557	3491	2527	-27.6
美　国	3643	3788	3616	3373	1894	-43.8
韩　国	2731	2755	2944	3104	2728	-12.1
乌克兰	3078	3294	3565	3098	2568	-17.1
德　国	2884	3036	3115	2911	2015	-30.8
印　度	2609	2826	2883	2891	2965	2.6
法　国	1271	1301	1243	1137	811	-28.7
意大利	1141	1148	1111	1038	572	-44.9
英　国	1019	1070	1096	1014	767	-24.4
中国台湾	953	1040	1052	975	795	-18.5
加拿大	824	836	958	877	522	-40.5
比利时	725	752	658	698	309	-55.7
世界总计	78870	86779	94603	92670	89826	-3.1

资料来源：Steel Statistical Yearbook，2008；International Iron and Steel Institute（IISI）；中国钢铁业，2010年第2期。

中国是世界铁矿石第一大消费国，2009年中国生铁产量54375万t，比2008年46929万t增长了15.9%。2000年中国生铁产量13101万t，约占世界生铁产量的22.4%，2009年中国生铁产量54375万t，约占世界生铁产量的60.5%。

表6　世界主要地区生铁产量及其占世界生铁产量的比重　　单位：万 t

地　区	2000 年		2009 年	
	生铁产量/万 t	比重/%	生铁产量/万 t	比重/%
亚　洲	26928	46.7	67557	75.2
欧　洲	12110	21.0	8155	9.1
北　美	6164	10.7	2808	3.1
独联体	7423	12.9	7203	8.0
其　他	5003	8.7	4103	4.6
世界总计	57628	100.0	89825	100.0

资料来源：Steel Statistical Yearbook，2009；International Iron and Steel Institute（IISI）；中国钢铁业，2010 年第 2 期。

日本是世界铁矿石第二大消费国，2009 年日本生铁产量 6694 万 t，比 2008 年下降 22.3%，日本的铁矿石几乎全部依靠进口，2009 年日本生铁产量占世界生铁产量的 7.5%。

俄罗斯是世界第三大铁矿石消费国，2009 年生铁产量达 4395 万 t，比 2008 年下降 9.0%，俄罗斯铁矿石消费几乎可以自给，其生铁产量占世界生铁产量的 4.9%。

巴西是世界第四大铁矿石消费国，2009 年生铁产量达 2527 万 t，比 2008 年下降 27.6%，巴西生铁产量占世界生铁产量的 2.8%。

美国是世界第五大铁矿石消费国，2009 年生铁产量 1894 万 t，比 2008 年下降 43.9%，其生铁产量占世界生铁产量的 2.1%，近年来美国生铁产量持续下降。

除上述主要铁矿石消费国外，其他重要的铁矿石消费国家或地区还有韩国、乌克兰、德国、印度、法国、意大利、英国、中国台湾、加拿大和比利时等。在这些重要的铁矿石消费国家或地区中，俄罗斯、乌克兰、巴西、印度、加拿大铁矿石自给有余，而日本、德国、韩国、法国、意大利、英国、中国台湾、比利时等则基本依赖进口，中国对进口铁矿石依赖很大，而美国对进口铁矿石依赖很小。上述 15 个国家或地区 2009 年生铁产量合计为 83937 万 t，占世界生铁总产量的 93.4%。2009 年世界 15 个重要的生铁生产国家或地区除了中国和印度以外，其他国家或地区的生铁产量均有不同程度的下降。

四、贸易和市场

据 Mining Journal，2009 年虽然世界经济增长缓慢，但国际市场铁矿石的贸易量在连续 8 年增长后达到了历史最高水平，贸易量为 95500 万 t，比上年增长 7.4%。国际市场铁矿石贸易量增长的主要原因是中国铁矿石的需求强劲，国内铁矿石产量下降。

2009 年澳大利亚出口铁矿石 36000 万 t，比上年增长 17%，巴西出口铁矿石 26600 万 t，比上年下降了 3%，印度出口铁矿石 11600 万 t，印度铁矿石的出口已经连续 10 年增长，印度是世界第三大铁矿石出口国。

2009 年国际市场铁矿石海运贸易量约为 89500 万 t，比上年增长 11%，国际市场铁矿石海运贸易量的增量几乎全部销往中国。

另据 International Iron and Steel Institute，2008 年世界铁矿石国际贸易量继续增长，约

为90867万t（表7），自2001年以来，世界铁矿石的贸易量已经连续7年增长，创历史新高。世界铁矿石的国际贸易量包括了独联体国家之间和美国与加拿大之间的贸易量。

表7 世界主要国家铁矿石出口量

单位：万t

国家	2005年	2006年	2007年	2008年	2008年较2007年增减比例/%
澳大利亚	23876	24815	26857	30893	15.0
巴西	22514	24658	26945	28168	4.5
印度	8092	8679	9373	10140	8.2
南非	2741	2616	3034	3159	4.1
加拿大	2730	2748	2814	2806	-0.3
荷兰	2087	2554	2593	2475	-4.6
俄罗斯	1751	2369	3176	2463	-22.4
乌克兰	1958	2022	2072	2278	9.9
瑞典	1760	1841	1903	1762	-7.4
哈萨克斯坦	990	1505	1315	1520	15.6
毛里塔尼亚	1064	1066	1182	1100	-6.9
美国	1178	827	930	1116	20.0
秘鲁	637	701	740	720	-2.7
智利	591	600	672	540	-19.6
委内瑞拉	763	559	589	550	-6.6
世界总计	73588	78666	85460	90867	6.3

资料来源：Steel Statistical Yearbook，2009；International Iron and Steel Institute（IISI）。

从世界铁矿石的出口看，2008年世界铁矿石出口仍然集中在少数几个国家，澳大利亚为世界第一大铁矿石出口国，其铁矿石出口量30893万t，占世界铁矿石总出口量的34.0%；第二为巴西，2008年其铁矿石出口量28168万t，占世界铁矿石出口总量的31.0%；其次是印度10140万t，约占11.2%，其他主要铁矿石出口国还有南非、加拿大、荷兰、俄罗斯、乌克兰、瑞典、哈萨克斯坦、毛里塔尼亚、美国、秘鲁、智利和委内瑞拉等。

2008年澳大利亚、巴西和印度三国合计出口量69201万t，占世界铁矿石出口总量的76.2%；2001年澳大利亚、巴西和印度三国铁矿石出口量为35011万t，占当年世界铁矿石出口量的70.6%。

2008年前5个国家澳大利亚、巴西、印度、南非和加拿大的铁矿石出口量合计75166万t，占世界铁矿石出口总量的82.7%；2001年前5个国家澳大利亚、巴西、印度、南非和俄罗斯的铁矿石出口量合计39693万t，占当年世界铁矿石出口总量57867万t的68.6%。

这说明从2001~2008年，世界铁矿石的出口无论是前3个国家还是前5个国家，其集中程度都在提高。

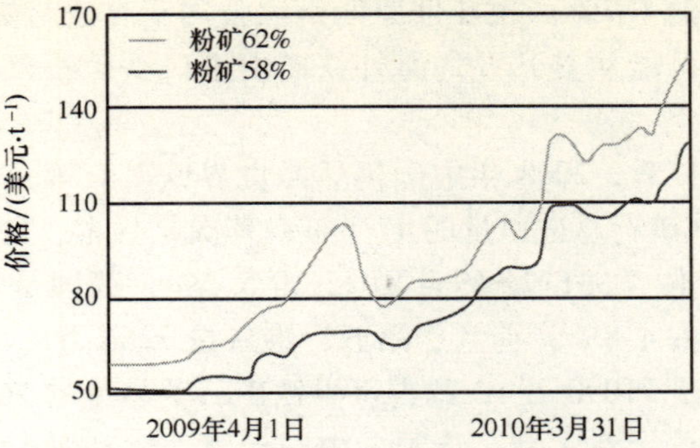

图1　2009～2010年国际市场铁矿石现货价格

表8　世界主要国家或地区铁矿石进口量　　单位：万t

国家或地区	2005年	2006年	2007年	2008年	2008年较2007年增减比例/%
中　国	27526	32631	38309	44403	15.9
日　本	13229	13429	13893	14035	1.0
德　国	3906	4485	4619	4434	-4.0
韩　国	4225	4281	4372	4954	13.3
荷　兰	3764	3356	3150	3264	3.6
法　国	1950	1989	1936	1829	-5.5
意大利	1755	1785	1701	1631	-4.1
英　国	1621	1644	1737	1528	-12.0
中国台湾	1458	1546	1604	1557	-2.9
比利时-卢森堡	939	1137	966	1273	31.8
俄罗斯	1921	1012	1068	1175	10.0
美　国	1299	1147	939	924	-1.6
奥地利	742	841	901	502	-44.3
加拿大	956	755	727	907	24.8
沙特阿拉伯	972	555	493	764	55.0
世界总计	73588	80301	85551	93324	9.1

资料来源：Steel Statistical Yearbook，2009；International Iron and Steel Institute（IISI）。

世界铁矿石的贸易主要受三大公司的控制，包括巴西淡水河谷公司、力拓公司和必和必拓公司——三家公司掌握国际市场铁矿石贸易供应量的75%，其中，仅巴西淡水河谷矿业公司就占国际市场铁矿石贸易供应量的1/3，国际市场铁矿石贸易是一个卖方高度垄断的市场。

以前独联体国家没有从独联体国家外部进口铁矿石，独联体国家之间铁矿石的贸易量约占世界铁矿石贸易量的1.7%。现在俄罗斯钢铁公司正在进行数个海外铁矿开发项目，因此，独联体国家很有可能从其开发的海外铁矿山进口铁矿石以替代其国内低品位的铁矿石。

从世界铁矿石的进口看，2008年中国仍然是世界铁矿石第一大进口国，铁矿石进口量44403万t，占世界铁矿石总进口量的47.6%；其次是日本，铁矿石进口量14035万t，占15.0%；韩国居第三位，进口量4954万t，占5.3%；德国是世界铁矿石第四大进口国，进口量4434万t，占4.8%；荷兰居第五，进口量3264万t，占3.5%（表8），这5个国家合计铁矿石进口量71090万t，约占世界铁矿石贸易量的76.2%。其他主要铁矿石进口国家或地区还有法国、意大利、英国、中国台湾、比利时-卢森堡、俄罗斯、美国、奥地利、加拿大和沙特阿拉伯，上述15个国家或地区铁矿石进口量合计83180万t，占世界铁矿石进口总量的89.1%。

2008年中国、日本及韩国3个国家的铁矿石进口量合计为63392万t，约占世界铁矿石进口量的68.0%，东亚铁矿石进口量占世界铁矿石贸易量的2/3以上。世界铁矿石的进口无论是在国家上还是在地区上，都是比较集中的，并且集中程度还在提高。

自2000年以来，世界铁矿石贸易量增量的85%都流向中国，2009年中国进口铁矿石6.28亿t，比2008年增长了63.8%。中国钢铁工业快速发展拉动世界铁矿石需求大幅增长，中国是世界铁矿石需求增长的决定因素，中国钢铁工业的发展左右着世界铁矿业发展的步伐。

2009年中国从澳大利亚进口铁矿石26187万t，占当年进口总量的41.7%，从巴西进口14240万t，占22.7%，从印度进口10733万t，占17.1%，三国合计51160万t，占81.5%。而2001年我国主要从澳大利亚（3796万t）、巴西（2454万t）、印度（1698万t）3个国家进口铁矿石合计7948万t，占当年铁矿石进口量9231万t的86.0%，我国铁矿石的进口来源非常集中，8年的时间只下降了5个百分点，我国进口铁矿石来源的格局没有什么根本性的变化。2009年我国铁矿石的进口量占世界铁矿石贸易量的比重近2/3。

2008年世界钢产量下降，从而导致世界钢铁工业对铁矿石的需求下降，国际市场铁矿石的供求关系发生逆转，铁矿石供过于求，国际市场铁矿石的价格在连续6年大幅上涨后首次出现下降。2009年5月26日全球三大铁矿商之一澳大利亚力拓公司公布：与日本新日铁公司达成新一年度长期协议铁矿石合同价格，粉矿在2008年基础上降价32.95%，块矿降价44.46%。据力拓公司公告，与新日铁达成的年度合同价格从2009年4月1日开始执行，其中，皮尔巴拉混合粉矿和杨迪粉矿价格为97美分/干吨度，比上年下降32.95%；皮尔巴拉混合块矿价格112美分/干吨度，比上年下降44.46%。2009年国际市场铁矿石的合同价格是继2003年上涨10.0%，2004年上涨18.62%，2005年上涨71.5%，2006年上涨19%，2007年上涨9.5%，2008年上涨65%，连续6年大幅上涨后的首次下降。

据2010年4月1日国际采矿杂志报道，随着必和必拓公司和淡水河谷公司与亚洲钢铁公司谈判达成国际市场铁矿石短期合同定价协议，从而打破了长达40年的传统。必和必拓公司声称它已经与亚洲的许多钢铁公司达成协议，用短期合同定价协议取代了原有的年度长协定价机制。世界最大的采矿公司必和必拓公司宣称其所生产的绝大多数铁矿石均按照短期合同定价协议销售。与此同时，日本住友商事公司——日本第三大钢铁公司宣称已经与淡水河谷公司达成短期季度合同定价协议，合同自2010年4月1日起，每吨100～110美元，与去年相比，铁矿石价格上涨90%。2010年铁矿石价格谈判的结果意味着国际市场铁矿石基准价格年度长协定价机制的时代已经走向终结，尽管中国、日本和欧洲的钢铁公司激烈反对，但是中国的钢铁公司以及中国钢铁工业协会无力改变当前的国际市场铁矿石定价机制，难以回到年度长协定价机制，新的定价机制对铁矿石的进口国非常不利。

预计未来数年国际市场铁矿石的供应仍然偏紧，但随着新建铁矿石采矿生产能力的逐步投产，世界铁矿石的供应能够满足需求的增长，国际市场铁矿石的价格将会在目前的超高水平上有所下降，但不会低于2008年以前的水平。

近年来我国钢铁工业发展迅速，2009年我国钢产量达到56784万t，占世界粗钢产量的比重达到了47.4%，我国国内铁矿石的产量远远不能满足我国钢铁工业迅速发展的需求，铁矿石的进口量不断增长，2009年进口量达到6.28亿t，国际市场铁矿石的价格2003～2008年连续5年上涨，2009年下降，2010年涨幅100%，我国利用国外铁矿资源的成本急剧增长，2010年上半年铁矿石进口平均价格每吨111.5美元，2002年只有每吨24.8美元，铁矿石的对外依存度2003年为54.0%，2009年已经超过60%，我国钢铁工业为国际市场铁矿石的价格不断上涨付出了巨大的代价，当前我国钢铁工业发展面临着一个“铁矿困局”。到目前为止，为应对我国钢铁工业发展面临的“铁矿困局”所采取的措施都没有取得明显的效果。

2009年我国铁矿石产量只有8.80亿t，设想如果国内铁矿石年产量能够达到12亿t，自给程度超过60%，铁矿石的进口量将会大大减小，只有这样我国才有可能扭转当前利用国外铁矿资源所面临的十分被动的局面。在国内铁矿石的生产上，一方面铁矿税费的收取对大幅提高国内铁矿石产量，对大幅提高国产铁矿石的自给程度，对吸引更多的资本投入铁矿资源的开发利用成为主要的制约因素；另一方面所收取的铁矿税费远不抵进口铁矿石涨价的零头。

在未来我国钢铁工业大发展的10年，免除铁矿开发利用的税费，可以大大提高国产铁矿的竞争力和自给程度，可以有效缓解铁矿资源的供求矛盾，摆脱当前我国钢铁工业发展利用国外铁矿资源所面临的困境。

在当前国内外的铁矿资源形势下，要充分利用铁矿资源开发利用税费的收取来调节铁矿资源开发利用的强度。暂免铁矿税费将大大刺激国内铁矿资源开发利用的热情，只有大幅提高国内铁矿石产量，大幅提高国产铁矿的自给程度，减少进口铁矿石，降低对国外铁矿资源的依赖程度，才有可能破解当前国际市场铁矿价格谈判的困局，才能从根本上扭转当前我国钢铁工业发展在利用国外铁矿资源上所面临的被动局面。在当前的铁矿形势条件下，如果不能在铁矿资源管理方面采取重大的实质性的举措，而是在国际市场铁矿石的价格谈判中都不能解决任何问题。

暂免铁矿税费，提高国产铁矿的竞争力和自给程度是破解当前我国钢铁工业发展面临的“铁矿困局”的钥匙。

五、展　　望

从目前世界钢铁工业发展趋势看，世界钢铁工业在经过了10多年的快速发展阶段后进入一个新的发展时期，世界粗钢产量在连续多年增长后已经连续两年下降。这预示着世界钢铁工业发展对铁矿石的需求将稳定下来。

从目前世界铁矿石的消费增长变化趋势看，2009年中国的钢产量占世界钢产量的47.4%，中国的生铁产量占世界生铁产量的60.5%，世界铁矿石的消费增长基本上取决于中国的铁矿石消费增长，中国铁矿石进口量的变化将决定着国际市场铁矿石的供求关系及价格走势，中国是世界铁矿石需求增长的决定因素。

受世界金融危机的影响，世界钢产量在2008年和2009年连续两年下降，世界生铁产量在2008年和2009年也连续两年下降，这说明2008年和2009年世界铁矿石的需求在下降，但是2010年国际市场铁矿石季度合同价格涨幅100%，创下了前所未有的历史纪录，其中原因耐人寻味。

国际市场铁矿石的价格在2003～2008年间曾经连续6年上涨，国际市场铁矿石供应由三巨头垄断，2009年国际市场铁矿石的合同价格下降，2010年国际市场铁矿石的合同价格又大涨，当前我国钢铁工业发展面临着过度依赖国外铁矿资源，利用国外铁矿资源的成本惊人的大幅上涨，为此我国钢铁工业发展付出了高昂的代价的这样一个“铁矿困局”。如何破解这样一个“铁矿困局”将是今后我国钢铁工业发展面临的热点、焦点、难点问题。

主要参考文献

[1] U. S. Geological Survey. Iron Ore. Mineral Commodity Summaries，2010

[2] Mineral Industry Surveys. Iron Ore. U. S. Geological Survey，Minerals Yearbook，2008

[3] Steel Statistical Yearbook，2009. International Iron and Steel Institute

[4] 中国钢铁工业协会．中国钢铁业，2010年第2期

[5] Stuttering South Africa Eyes Recovery. Mining Journal，August 7，2009

[6] Australia－on the Rebound. Mining Journal，July 24，2009

[7] Booming Brazil，Celso Pinto Ferraz. Mining Journal，July 3，2009

[8] Chinese Authorities Approve CRM's Investment in African Minerals. June 16，2010. Mining Journal

[9] Magnus Ericsson and Anton Löf，China to Dictate Iron Ore Pace. Mining Journal，July 10，2009

锰

马 建 明

锰是钢铁工业的基本原料之一，目前世界钢铁工业消费的锰占锰矿石总消费量的90%。2008年、2009年世界钢产量连续下降，世界锰矿的需求也相应减少。2009年全球锰矿产量为3093.7万t，比上年减少13%。世界锰矿石主要生产国有中国、南非、澳大利亚、巴西、加蓬、哈萨克斯坦、乌克兰、印度、加纳、墨西哥等。2009年世界锰合金产量约为1160万t，比上年减少17%，世界锰合金主要生产国有中国、乌克兰、南非、巴西、挪威、日本、印度、俄罗斯、澳大利亚和韩国等。2009年世界钢产量12.0亿t，比2008年下降了8%，未来世界对锰的需求仍然取决于世界钢产量的变化。

一、储量和资源

世界陆地锰矿资源比较丰富，但分布很不均匀，锰矿资源主要分布在南非、乌克兰、澳大利亚、印度、加蓬、中国、巴西和墨西哥等国家。南非和乌克兰是世界上锰矿资源最丰富的两个国家，南非锰矿资源约占世界锰矿资源的80%，乌克兰占10%。2009年世界陆地锰矿石储量5.4亿t（表1）。

表1 2009年世界锰矿储量 单位：万t（金属量）

国家或地区	储 量	国家或地区	储 量
南 非	13000	印 度	5600
乌克兰	14000	巴 西	2900
加 蓬	5200	墨西哥	400
中 国	4000	其 他	很少
澳大利亚	8700	世界总计	54000

资料来源：Mineral Commodity Summaries，2010。

世界锰矿矿床类型主要有：沉积型、火山沉积型、沉积变质型、热液型、风化壳型和海底结核-结壳型。在世界锰矿资源中高品位锰矿（大于35%）主要分布在南非、澳大利亚、加蓬和巴西。乌克兰虽然锰矿资源丰富，但其锰矿储量的70%为碳酸盐型的中低品位锰矿石，碳酸锰矿石含锰仅16%~19%，且含磷偏高（含磷0.25%），氧化锰矿石含锰为22%~27%。美国的锰矿资源品位很低，开采成本很高。

世界陆地锰矿资源量在1亿t以上的超大型锰矿产地有8处，分别是：南非的卡拉哈里、波斯特马斯堡，乌克兰的大托克马克、尼科波尔，加蓬的莫安达，加纳的恩苏塔，澳大利亚的格鲁特岛，格鲁吉亚的恰图拉。国外锰矿石品位一般都比较高，尤其是南非卡拉哈里矿区的锰矿石品位达 30% ~50%，澳大利亚格鲁特岛矿区的锰矿石品位更高达 40% ~50%。

世界海底锰结核及钴结壳资源也非常丰富，是锰矿重要的潜在资源，锰结核是沉淀在大洋底的铁、锰氧化物的集合体（矿石）。它含有 30 多种金属元素，其中锰、铜、钴、镍等金属具有巨大的商业经济价值。锰结核广泛地分布于世界海洋 2000 ~6000m 水深海底的表层，深海海底锰结核约为 4400t/km^2。太平洋、印度洋和大西洋都有丰富的海底锰结核资源，但最有开发前景的地区是太平洋夏威夷群岛的东南部海域。

二、生　　产

据 World Metal Statistical Yearbook 2010，2009 年世界锰矿产量约为 3093.7 万 t（矿石），比 2008 年下降 13.0%（表 2）。中国、澳大利亚、南非、哈萨克斯坦、印度、巴西、加蓬、乌克兰、加纳、格鲁吉亚、墨西哥和伊朗 12 个国家的锰矿产量合计为 3005.8 万 t，约占世界锰矿总产量的 97.24%，世界锰矿生产非常集中。在上述国家中，加蓬、澳大利亚和南非主要生产高品位的锰矿，巴西、印度、哈萨克斯坦和墨西哥主要生产中等品位的锰矿，而中国、乌克兰、加纳主要生产低品位的锰矿。

表 2　世界锰矿石产量　　单位：万 t（矿石）

国家或地区	2005 年	2006 年	2007 年	2008 年	2009 年	2009 年较 2008 年增减比例/%
中　国	530.0	530.0	800.0	850.0	1000.0	17.6
澳大利亚	313.6	455.6	528.9	483.8	445.1	-8.0
南　非	461.2	521.3	534.1	680.7	392.3	-42.4
哈萨克斯坦	220.8	220.0	248.2	220.0	246.8	12.2
印　度	216.3	191.0	234.8	273.5	230.0	-15.9
巴　西	320.3	312.8	186.6	240.0	220.0	-8.3
加　蓬	285.9	300.0	330.0	325.0	220.0	-32.3
乌克兰	222.6	224.5	239.0	197.5	112.7	-42.9
加　纳	171.5	165.9	108.9	116.7	60.0	-48.6
格鲁吉亚	22.0	22.5	36.8	37.0	37.0	0.0
墨西哥	35.0	33.6	40.1	42.1	30.4	-27.8
伊　朗	11.5	11.5	11.5	11.5	11.5	0.0
世界总计	2831.7	3017.9	3336.0	3554.1	3093.7	-13.0

资料来源：World Metal Statistical Yearbook，2010。

南非、澳大利亚、加蓬、巴西等锰矿资源天然禀赋优越，矿床规模大而构造相对简单，多为厚大矿体，矿体产状条件较好，多赋存于近地表或浅部，宜于大规模、大装备、机械化露天开采。国外锰矿资源露天开采占 80%，地下开采仅占 20%。目前，全球主要锰矿生产国南非、澳大利亚、巴西、加蓬、加纳、乌克兰主要有8家企业15个锰矿山，采矿年生产能力总计2580万t。

世界锰矿生产和贸易，特别是高品位商品级锰矿石的生产和贸易，主要集中在世界6大矿业公司，即必和必拓公司、埃赫曼-康密劳公司、巴西淡水河谷公司、南非联合锰业公司及乌克兰Privat集团公司（控股加纳锰业）和西澳联合公司。6大公司拥有13个矿山，年采锰矿规模2270万t，占当年世界锰矿总产量的38%，几乎控制了全球大约一半的锰矿资源，特别是世界优质富锰矿资源，掌握全球锰矿石贸易供应量的70%左右，对世界锰矿石市场和价格走势起着举足轻重的作用，在世界商品级锰矿资源配置中处于主导地位。

在锰矿开采方面，必和必拓公司控股南非马特旺锰矿、韦塞尔锰矿和澳大利亚格鲁特岛露天锰矿，其锰矿产量由2004年的534.1万t增加至2008年的675.9万t，年均递增6%，2008年产量占世界锰矿总产量的15.7%。

2008年世界锰合金产量约为1320.0万t，与2007年相比略有下降（表3）。世界锰合金主要生产国家是中国、乌克兰、南非、巴西、日本、挪威、韩国、澳大利亚、印度和哈萨克斯坦墨西哥等，这10个国家锰合金产量合计为1200万t，约占世界锰合金总产量的91.0%。中国、乌克兰和南非是世界三大锰合金生产国，其锰合金产量分别占世界锰合金产量的54.5%，9.6%和6.6%，合计70.8%。

表3　世界主要国家或地区锰铁合金及硅锰合金产量　　单位：万t

国家或地区	2004年	2005年	2006年	2007年	2008年	2008年较2009年增减比例/%
中　国	431.0	465.0	560.0	687.0	720.0	4.8
乌克兰	151.0	142.9	157.1	167.0	127.1	-23.9
南　非	95.2	85.1	100.0	100.0	87.0	-13.0
巴　西	77.0	77.8	86.5	68.7	69.0	0.4
挪　威	47.5	48.0	47.5	47.0	41.5	-11.7
日　本	51.0	54.3	46.6	47.3	48.6	2.7
印　度	33.0	34.0	36.0	26.0	26.0	0.0
俄罗斯	25.1	25.3	19.5	16.0	15.0	-6.3
澳大利亚	25.0	26.0	26.5	26.5	26.5	0.0
韩　国	24.8	19.9	26.3	31.5	32.7	3.8
哈萨克斯坦	15.7	17.2	22.2	19.1	18.2	-4.7
法　国	17.0	16.5	20.2	16.8	15.8	-6.0
墨西哥	17.6	19.4	15.9	18.4	21.2	15.2
意大利	13.0	13.2	11.0	11.0	11.0	0.0
西班牙	11.0	11.0	11.0	11.0	11.0	0.0
世界总计	1070.0	1080.0	1220.0	1340.0	1320.0	-1.5

资料来源：Minerals Yearbook，2008。

据国际锰协会，2009年世界钢产量下降导致对锰矿产品的需求下降，锰合金生产企业为适应疲软的市场需求而减产并减少库存，结果是2009年世界锰合金产量下降了17%，下降到1160万t，2009年世界锰合金产量大约相当于2006年的产量水平。到2009年末，随着世界钢产量的逐月增长，锰合金生产企业也开始谨慎的提高产量，同时也避免使现货市场供过于求。

由于世界经济的衰退而导致的对锰合金需求的大幅度减少，世界三大锰合金生产企业在2009年的产量都下降了。其中2009年世界硅锰合金产量为700万t，比2008年下降11%；高碳锰铁合金产量为380万t，中低碳锰铁合金产量为69万t，分别比2008年下降了20%和38%。2009年世界硅锰合金的产量下降不多是因为硅锰合金多消耗于基础设施和建设项目用的长线钢铁产品。中国是世界上最大的硅锰合金生产国和消费国，中国一揽子经济刺激政策带来了遍及全国的许许多多建设项目。高碳锰铁合金和中低碳锰铁合金主要用于钢板的生产，钢板主要用于汽车和家用电器等，这两方面对钢铁的需求在2009年都下降了。

全球单位钢产量锰合金的消耗量，由于钢铁生产的流程，原材料的质量（比如铁矿石品位）以及生产钢材类型的不同，仍然存在着明显的地区差异。2009年世界总体的平均吨钢锰合金消耗量继续维持在10kg左右，高强度钢的产量增长，如更轻、强度更高的HSLA钢，将在未来提高锰合金的吨钢单位消耗量。

自20世纪90年代以来，随着世界经济全球化的发展，世界锰业的发展存在着两个明显的变化趋势：一方面企业间的并购和资源产业一体化，结果是世界锰矿和锰合金生产越来越集中于几个大的跨国企业公司集团；另一方面世界锰业发展的另一个趋势是世界锰合金的生产逐步由西方发达国家转向发展中国家。

由于近年来世界主要锰业公司均在进行锰矿山和锰合金的扩建计划。南非、印度、澳大利亚、加蓬、乌克兰、俄罗斯、巴西、中国、日本、喀麦隆、赞比亚、科特迪瓦在2007~2012年期间有不少在建和计划新建的锰矿项目。

三、消　　费

锰主要用于钢铁工业，锰在炼钢过程中起一种重要的固硫、脱氧还原、易形成合金的作用，锰消费的约90%是以锰铁合金的形式用于钢铁工业。目前世界平均吨钢消耗锰铁合金约为10kg左右。

世界不同地区由于不同的钢生产工艺、原材料的质量（如铁矿石品位）和所生产的钢品种不同，其单位钢产量的锰合金消费量差别很大。由于锰可以增强钢的强度，质量轻强度大的钢产量（低合金高强度钢板）增长将驱动单位钢产量中锰合金的需求在未来进一步增长。

据国际锰业协会，2008年世界平均吨钢消耗锰铁合金约为10kg，这一消耗水平随着不同地区、不同的钢生产工艺、不同的原料质量（铁矿品位）而有所变化。预计未来世界高强度低合金钢产量的增长将驱使世界吨钢消耗锰铁合金水平提高，锰可以大大提高这些合金钢的强度。

世界各国锰的消费与其钢产量密切相关，根据钢产量推断，中国、日本、俄罗斯、美国、印度、韩国、德国、乌克兰、巴西、土耳其、意大利、中国台湾、西班牙、墨西哥及法国等是世界锰的主要消费国家或地区。

世界消费锰矿的领域主要是锰系铁合金、锰的氧化物和锰盐。另外还有富锰渣、炼铁、化工原料等。锰系列产品中，电解产品（电解金属锰、电解二氧化锰、高锰酸钾）产量仅次于锰系铁合金，但其锰矿及锰金属量消费所占比重并不大。据测算，目前全球80%以上的锰矿（锰金属量）耗用于生产锰系铁合金。

2008年世界总计消费锰矿（锰金属含量）1297.8万t，同比增长4.6%。其中，中国消费625.7万t，欧洲203.6万t，独联体191万t，美洲84.9万t，印度69.5万t，日本46.9万t，亚洲其他地区76.2万t。2008年中国涉锰产业消费锰矿石实物量约2460万t，其中锰质合金冶炼耗用进口锰矿约680万t。

除了在钢铁工业中的应用以外，锰的其他应用还有有色金属合金如锰铝合金，其中含锰75%~85%，在锰铝合金中，锰起到一个重要的抗侵蚀作用，锰铝合金主要用于生产软饮料罐，也用于汽车工业、烹饪用具、散热器。锰有很多非冶金方面的用途，如动物饲料添加剂、砖色颜料、干电池、肥料添加剂、锰化学品等，非冶金方面应用锰主要来自锰矿。

四、贸易和市场

中国、乌克兰、挪威、日本、法国、印度、韩国、俄罗斯、西班牙、美国等是世界上最大的产钢国或地区，因而也是最大的锰矿消费国或锰矿及锰合金进口国或地区。世界主要锰矿出口国包括南非、澳大利亚、加蓬、巴西、加纳、乌克兰、印度及哈萨克斯坦等（表4）。

表4　2007~2008年世界主要国家锰矿出口量　　单位：万t

国　家	2007年	2008年	增减比例/%
南　非	357.2	552.5	54.7
澳大利亚	487.1	400.2	-17.8
加　蓬	285.4	275.7	-3.4
巴　西	130.6	180.8	38.4
加　纳	106.3	105.9	-0.4
5国合计	1366.6	1515.1	10.9
5国出口量占世界总量的比例/%	89.1	84.8	-4.3
世界出口量总计	1533.2	1786.4	16.5

资料来源：World Metal Statistical Yearbook，2010。

2009年我国锰矿石进口量961.2万t，比2008年的757.1万t增长了27.0%（表5），近年来我国锰矿石进口量连年持续大幅增长，是世界上最大的锰矿进口国。我国主要从澳大利亚（294.1万t）、南非（230.3万t）、加蓬（96.8万t）、巴西（94.3万t）、缅甸（60.7万t）、马来西亚（47.1万t）、加纳（31.5万t）和印度尼西亚（24.9万t）等国

表5　2007～2008年世界主要国家锰矿进口量　　单位：万t

国　家	2007年	2008年	增减比例/%
中　国	663.5	757.1	14.1
乌克兰	150.2	300.3	99.9
挪　威	108.9	123.3	13.2
日　本	109.1	110.6	1.4
法　国	67.9	87.7	29.2
印　度	42.7	82.6	93.4
韩　国	66.0	80.8	22.4
俄罗斯	69.7	73.9	6.0
西班牙	34.3	68.3	99.1
美　国	60.2	56.4	-6.3
10国合计	1372.5	1741.0	26.8
10国进口量占世界总量的比例/%	90.0	97.5	8.3
世界进口量总计	1533.2	1786.4	16.5

资料来源：World Metal Statistical Yearbook，2010。

进口锰矿石，从这8个国家锰矿石进口量合计879.7万t，占2009年我国锰矿石进口量的91.5%。2009年中国锰铁合金及硅锰合金出口量16.2万t，出口了16万t锰金属，我国锰铁合金及硅锰合金、锰金属的出口量与上年相比大大减少。

美国锰矿产品的消费全部依赖进口，一直如此。2009年美国进口的锰矿石、锰铁合金和硅锰合金分别比2008年下降了47%，78%和64%。美国进口的锰矿石主要来自加蓬、南非、澳大利亚、中国、墨西哥等；美国进口的锰合金主要来自南非、中国、韩国、墨西哥、巴西、乌克兰等。

国际市场锰矿石、锰合金价格变化情况如下：锰矿石价格依其产品质量、交易时间、交易性质会上下浮动。每吨锰矿石的价格为吨度价格乘以锰矿石的锰百分比含量。锰矿产品的价格比平均如果冶金级锰矿石价格为1，则每个锰单位的高碳锰铁合金价格为2.7，中碳锰铁合金价格为3.8，硅锰合金为5.0，锰金属为5.2。

据美国地质调查局，2008年美国市场锰矿价格上涨到7.0～11.0美元/吨度（含锰44%），8.0～12.0美元/吨度（含锰48%），锰金属价格为125～145美分/lb；高碳锰铁合金价格为1375～1975美元/t；中低碳锰铁合金价格为140～180美分/lb；硅锰合金价格为45～59美分/lb。2009年底美国市场锰矿价格下降到5.9～6.5美元/吨度（含锰44%），6.5～7.0美元/吨度（含锰48%），锰金属价格为142～155美分/lb；高碳锰铁合金价格为1310～1375美元/t；中低碳锰铁合金价格为100～110美分/lb；硅锰合金价格为58～65美分/lb。

五、2009年世界锰业重要事件

2008年开始的世界金融危机在2009年继续影响着国际锰矿市场的走势。2009年美国钢产量比2008年几乎下降了40%，2009年美国进口的锰矿石、锰铁合金和硅锰合金分别比2008年下降了47%，78%和64%。结果是2009年美国锰的消费比2008年下降了55%，下降到39万t。美国市场冶金级锰矿的合同价格紧随日本与供应商达成的价格而下降。锰含量48%的锰矿中国到岸价平均周现货市场价格下降了28%，2009年前10个月为每吨度5.84美元，其主要原因是中国有很高的锰矿库存以及锰矿供应商之间激烈的价格竞争所致。然而2009年美国高碳锰铁合金和硅锰合金的平均周现货价格分别比年初高出4%和44%，其主要原因是美国国内由于钢铁生产下降导致锰铁合金和硅锰合金的库存很低，锰矿产品进口减少所致。

2009年世界钢产量下降，锰矿产品市场疲软，世界主要锰矿和锰合金生产商宣布减产。

中国政府将锰矿产品的增值税由13%提高到17%。

印度锰矿公司（Manganese Ore India）将其锰矿的出口价格降低55%，印度政府对其进口的散装锰合金征收5%的基础关税。

2009年4月国际市场锰矿价格比高峰价格下降了70%。

中国宝钢集团公司取得澳大利亚阿奎拉资源公司（Aquila Resources）15%的股份。

中国政府宣布2010年锰合金和锰金属的出口关税依旧。

六、展　　望

锰90%的消费用于钢铁工业，因此，未来世界锰需求的变化趋势仍将取决于世界钢铁工业的发展，虽然锰的某些非冶金用途方面，尤其是电池，对锰的需求的增长率会高于钢铁工业对锰的需求增长，但对锰矿总的需求增长影响很小。世界钢产量在2008年、2009年连续两年下降，随着世界经济的恢复，预计未来世界钢产量将缓慢增长，世界钢铁工业发展对锰矿的需求将会缓慢增长。

近年来，随着世界经济全球化的发展，锰矿业并购和资源产业链的一体化，世界陆地锰矿资源及其锰矿开采，特别是优质富锰矿资源的集中度越来越高，其生产与贸易已集中于必和必拓、阿斯芒公司、淡水河谷公司和埃赫曼-康密劳（Eramet－Comilog）公司等几个大的矿业跨国集团。未来一段时期，世界商品级主流锰矿市场、价格和贸易的话语权，仍将由这几家矿业公司控制，同时影响世界非主流锰矿。

中国进口锰矿量占世界锰矿贸易量的比重，已由2004年的35%增至2008年的42%，世界锰矿产量和贸易量的增加，主要是中国锰矿消费及进口量增长所作的贡献，国际份额日益增加。中国锰矿市场已成为全球锰矿市场的晴雨表，对世界锰矿市场的作用已越来越大。今后，中国仍将主导和影响世界锰矿消费和贸易，国际锰矿市场及价格走势主要取决于中国锰系铁合金的发展和锰矿的消费需求。

亚洲地区中国、日本、韩国、印度及中国台湾的钢产量，特别是中国、印度钢产量和锰系铁合金生产的快速增长，对锰矿的消费需求，尤其是中国及印度的锰矿需求不断走强，世界锰矿消费重心已转移至亚洲地区。

2009年对世界锰矿业来说是极为严峻的一年。随着各国政府经济刺激计划实施到位及钢铁业和锰系铁合金的缓慢回暖，2009年底或2010年初，世界锰矿需求可能逐渐增加。如果2010年底或2011年上半年，全球经济环境有所改善，“金砖四国”及新兴经济体国家以房地产、机械、汽车为代表的行业重新进入上升通道，拉动钢材和锰系铁合金需求增长，那么全球锰矿业将重新进入上行周期。未来随着需求回升，锰矿价格也将理性上涨，锰矿仍然是人们生活的基础性原材料，资源产业前景依然美好。

主要参考文献

[1] U. S. Geological Survey. Manganese. Mineral Commodity Summaries，2010

[2] Lisa A. Corathers. Manganese. U. S. Geological Survey，Minerals Yearbook，2008

[3] World Metal Statistics Yearbook，2010. World Bureau of Metal Statistics

[4] The International Manganese Institute（IMnI）

IMn I's Annual Review，2009

[5] 严旺生，高海亮. 世界锰矿资源及锰矿业发展，中国锰业，2008年8月

[6] 中国钢铁工业协会. 中国钢铁业，2010年，第2期

铬

马 建 明

2009年世界铬铁矿产量约为2090.5万t，2008年世界铬铁合金产量约为784万t，世界铬铁矿和铬铁合金的产量都在下降。2009年世界不锈钢产量已连续3年下降，中国是世界上最大的不锈钢生产国，约占世界不锈钢产量的35.8%。受世界金融危机的影响，世界经济发展速度减缓，世界不锈钢的产量持续下降，世界铬铁矿原料的需求减少，铬原料的价格也从高位走低。

一、储量和资源

2009年世界铬铁矿探明储量约为3.5亿t。世界铬铁矿资源总量超过120亿t，可以满足世界几百年的需求。世界上铬铁矿资源丰富的国家主要有南非、哈萨克斯坦、印度、巴西等（表1）。南非和哈萨克斯坦是世界上两个铬铁矿资源最丰富的国家，其铬铁矿资源量约占世界铬铁矿资源量的95%。

表1 2009年世界铬铁矿储量（商品级矿石） 单位：万t

国家或地区	储 量	国家或地区	储 量
哈萨克斯坦	18000.0	阿尔巴尼亚	—
南 非	13000.0	土耳其	—
印 度	4400	津巴布韦	—
美 国	62.0		
巴 西	—	世界总计	35000.0

资料来源：Mineral Commodity Summaries，2010。

据国际铬发展协会（International Chromium Development Association），南非是世界上铬铁矿资源最丰富的国家，铬铁矿资源量约有55亿t。津巴布韦也是一个铬铁矿资源较丰富的国家，铬铁矿资源量10亿t。津巴布韦铬铁矿矿床既呈层状产出，也呈透镜状产出，层状铬铁矿矿床产在长550km宽11km的大岩脉中，而透镜状的铬铁矿矿床产在塞卢奎（Selukwe）地区和贝林圭（Belingwe）地区。印度透镜状的铬铁矿矿床产自奥里萨邦东海岸，铬铁矿资源量有6700万t。在芬兰北部的凯米（Kemi）附近产有透镜状的铬铁矿矿床，虽然其Cr_2O_3含量很低，但其铬铁矿已被成功地采出、选矿、冶炼成铬铁合金，并生产出不锈钢，芬兰铬铁矿资源量约为1.2亿t。巴西铬铁矿主要产自巴伊亚州和米纳斯吉拉斯州，其他州也有一些铬铁矿资源，巴西铬铁矿资源量约为1700万t。中国的铬铁矿资源主要分布在西藏地区，资源量不大。俄罗斯铬铁矿资源主要分布在乌拉尔山地区。其他国家包括阿曼、伊朗、土耳其、阿尔巴尼亚等也有一些铬铁矿资源，铬铁矿资源总量约为5亿 t。美国的铬铁矿资源主要分布在蒙大拿州斯蒂尔沃特杂岩体中。中国的铬铁矿探明储量只有一千余万吨，是铬铁矿资源非常短缺的国家。

二、生　　产

2009年世界铬铁矿矿石产量约为2090.5万t，比2008年下降了14%（表2）。世界主要铬铁矿生产国包括：南非、哈萨克斯坦、印度、土耳其、俄罗斯、巴西、芬兰、津巴布韦、澳大利亚等。其中，南非、哈萨克斯坦和印度三国的铬铁矿产量合计为1509.4万t，占世界铬铁矿总产量的72.2%，世界铬铁矿的生产集中在少数几个国家。

表2　世界主要国家或地区铬铁矿产量　　单位：万t

国家或地区	2005年	2006年	2007年	2008年	2009年
南　非	750.3	742.9	964.7	1030	666.6
哈萨克斯坦	358.1	336.6	368.7	362.9	467.8
印　度	335.7	386.5	483.7	411	375
土耳其	72.2	100	170	200	195
俄罗斯	77.2	96.6	77.7	91.3	92
巴　西	61.7	56.3	62.8	63	63
芬　兰	57.2	54.9	55.6	61.4	24.7
津巴布韦	66.7	70	61.5	44.3	19.4
澳大利亚	24.3	25.7	25.4	12.7	10.8
世界总计	1864.1	1956.2	2373.2	2432.0	2090.5

资料来源：World Metal Statistical Yearbook，2009。

据国际铬发展协会，世界铬铁矿产量中，94.5%是冶金级铬铁矿，2%是化工级铬铁矿，2.8%是铸造级铬铁矿，0.7%是耐火材料级铬铁矿。

在2009年世界铬铁矿产量中，南非占到世界铬铁矿产量的31.9%，哈萨克斯坦占22.4%，印度占17.9%，土耳其、俄罗斯、巴西、芬兰、津巴布韦、澳大利亚六国合计占19.4%，其他包括阿尔巴尼亚、中国、伊朗、马达加斯加、阿曼、巴基斯坦、菲律宾、苏丹、阿联酋和越南10国占8.4%。

2008年世界铬铁合金产量约为784万t，比2007年下降了5.3%，其中南非占39.5%，中国占17.9%，哈萨克斯坦占15.6%，三国合计占73.0%，包括印度、俄罗斯、芬兰、巴西、津巴布韦、瑞典、土耳其八国合计占26.2%。南非、哈萨克斯坦及中国三国的高碳铬铁合金产量572万t。

南非是世界上最大的铬铁矿生产国，2009年铬铁矿矿石产量666.6万t，比2008年下降了35.3%，约占世界总产量的31.9%；南非同样也是世界上最大的铬铁合金生产国，2008年其铬铁合金产量为310.0万t，比2007年下降了12.9%，约占世界铬铁合金总产

表 3　世界主要国家或地区铬铁合金产量　　　单位：万 t

国家或地区	2004 年	2005 年	2006 年	2007 年	2008 年
南　非	296.5	281.2	303.0	356.1	310.0
中　国	64.0	85.0	100.0	130.0	140.0
哈萨克斯坦	108.1	115.6	120.0	130.8	122.0
印　度	52.7	61.1	63.4	82.0	75.0
俄罗斯	45.4	57.8	60.0	57.0	53.0
芬　兰	26.4	23.5	24.3	24.2	23.4
巴　西	21.6	19.8	20.0	19.6	19.6
津巴布韦	19.3	23.5	20.0	15.0	15.0
瑞　典	12.8	12.7	13.6	12.4	11.7
土耳其	2.9	2.6	7.0	7.0	8.0
世界总计	659.0	691.0	739.0	838.0	784.0

资料来源：Minerals Yearbook，2008；International Chromium Development Association。

量的 39.5%。南非的铬铁矿和铬铁合金生产在世界上占有最重要的地位，目前南非铬铁合金行业所面临的主要问题是电力供给短缺，由于电力供应短缺，未来南非也难以扩大铬铁合金的生产能力。

南非生产铬铁矿和铬铁合金的主要企业包括斯特拉塔公司（Xstrata Plc.）、梅拉非资源有限公司（Merafe Resources Ltd.）、萨曼科铬业有限公司（Samancor Chrome Ltd.）、阿斯芒有限公司（Assmang Ltd.）、拜尔公司（Bayer（Pty）Ltd.）、迪罗康铬矿公司（Dilokong Chrome Mine（Pty）Ltd.）、国家锰矿山公司（National Manganese Mines（Pty）Ltd.）、国际铁合金有限公司（International Ferro Metals Ltd.）、科马提合资公司（Nkomati Joint Venture）。

2009 年印度铬铁矿产量 375 万 t，比 2008 年下降了 8.8%。印度是世界第三大铬铁矿生产国，约占世界铬铁矿总产量的 17.9%，印度还是世界第四大铬铁合金生产国，2008 年产量 75 万 t，约占世界铬铁合金总产量的 11.0%。印度共有 21 个铬铁矿矿山，2008 年出口铬铁矿 90.6 万 t，2007 年 120.3 万 t，2006 年 69.3 万 t。印度国内能源和电力短缺，从而限制了铬铁合金产量的进一步提高。印度铁合金生产者联合会打算在西孟加拉霍尔迪亚建设年产 100 万 t 的铁合金联合企业。印度目前年产不锈钢 200 万 t，计划到 2013 年不锈钢产量达到 460 万 t，这将使其不锈钢产量成为世界上仅次于中国的第二大生产国。

印度生产铬铁矿和铬铁合金的主要企业包括铁合金有限公司（Ferro Alloys Corp. Ltd.）、奥里萨邦矿业公司（Orissa Mining Corp. Ltd.）、塔塔钢铁公司（Tata Steel）、迈索尔矿产公司（Mysore Minerals Ltd.）。

2009 年哈萨克斯坦铬铁矿产量约为 467.8 万 t，比 2008 年增长了 28.9%，约占世界铬铁矿产量的 22.4%，其铬铁合金产量 122 万 t，约占世界铬铁合金产量的 15.6%。哈萨克斯坦已经超过印度成为世界二大铬铁矿生产国，也是世界第三大铬铁合金生产国。哈萨克斯坦的铬铁矿生产主要是在顿斯科耶（Donskoy）和阿克托别斯克（Aqtobe Oblysy）。哈萨克斯坦铬业公司包括顿斯科耶公司（Donskoy GOK）、阿克托别斯克冶炼厂（Aqtobe Aktyubinsk Plant）、哈萨克斯坦国际铬业公司（TNC Kazchrome JSC）和阿克苏冶炼厂（Aksu

Plant)。哈萨克斯坦政府打算在2009年对铬铁矿生产征收市场价值16.2%的税，2010年提高到16.8%，2011年再次提高。哈萨克斯坦全国共有23个铬铁矿矿床。

虽然中国铬铁矿产量很少，但2008年铬铁合金产量达到了140万t，仅次于南非，位居世界第二。为了保证国内铬铁合金的供应，中国正在积极参与南非铬铁合金建设项目。

世界铬业主要包括铬铁矿、铬化学品、铬金属、铬铁合金、不锈钢和铬耐火材料的生产。从目前世界铬业的发展看，主要有以下趋势：整个铬行业在削减过剩的生产能力，产量的增长集中在保留下来的企业上。铬铁矿作为耐火材料的应用一直在持续下降，而铬铁矿作为铸造应用却在缓慢增长。由于对环境问题的担心而使得铬铁矿作为耐火材料和铬化学品的应用持续减少。单独的铬铁矿生产企业正在减少，而铬铁矿联合企业的数量正在增加。换句话说，铬铁矿矿山趋向于由铬铁矿耐火材料、铬化学品和铬铁合金联合生产企业所拥有或经营，这种趋势源自铬铁合金的生产能力绝大部分从不锈钢生产国转移到了铬铁矿矿石的生产国，但是目前这一趋势由于中国作为重要的铬铁合金生产国以及最大的不锈钢生产国而改变。一些传统上生产铬铁合金的生产国其生产能力正在关闭，这些国家曾经一直是不锈钢生产国，生产铬铁矿的国家其铬铁合金生产能力不断增长。随着铬铁合金生产技术的进步，高碳铬铁合金的生产逐步取代低碳铬铁合金的生产。目前南非正在更多的利用副产铬铁矿作为铬铁合金的原料。

南非国家矿业技术研究院研发了一种特殊的铬铁矿选矿工艺，可从铬铁矿尾矿中回收铂金属，研发了一种铬铁合金生产熔炉控制技术，以及不锈钢粉尘回收技术。

三、消　　费

铬广泛用于冶金工业、化学工业和耐火材料工业。铬铁矿最大的消费领域是生产铬铁合金，而铬铁合金主要用于生产不锈钢，不锈钢平均含铬10.5%。因此，铬铁矿消费量很大程度上取决于不锈钢产量。目前，世界铬消费的90%以上用于冶金工业不锈钢的生产，世界各国不锈钢的产量基本上反映其铬的消费量。

2009年世界不锈钢产量为2458万t，比2008年下降5.2%（表4），世界不锈钢产量自2006年达到2836万t最高峰以来连续三年下降，世界不锈钢产量下降主要原因是受世界经济发展减缓的影响。

表4　世界主要地区不锈钢产量　　单位：万t

地　区	2005年	2006年	2007年	2008年	2009年	2009年较2008年增减比例/%
西欧及非洲	882	997	867	827	645	-22.0
中东欧	31	36	36	33	24	-27.3
美　洲	269	295	260	232	196	-15.5
亚　洲	1250	1507	1620	807	713	-11.6
中　国	-	-	-	694	881	26.9
世界总计	2432	2836	2784	2593	2458	-5.2

注：2005年、2006年、2007年中国不锈钢产量包含在亚洲产量中，2008年、2009年亚洲不锈钢产量不包括中国。

资料来源：http：//www.worldstainless.org/Statistics/Crude/2009.htm。

从世界不同地区不锈钢的生产情况看，亚洲是世界最大的不锈钢生产地区，2009 年亚洲不锈钢产量为 1594 万 t，占世界不锈钢总产量的 64.8%，是世界上最重要的不锈钢生产地区。2009 年中国不锈钢产量达到 881 万 t，占世界不锈钢产量的 35.8%，占亚洲不锈钢产量的 55.3%，中国的不锈钢产量在世界上的地位越来越重要。

2009 年西欧及非洲不锈钢生产国主要包括比利时、芬兰、法国、德国、意大利、西班牙、瑞典、英国和南非等，2009 年其不锈钢产量约 645 万 t，占世界不锈钢产量的 26.2%，占世界不锈钢产量的比重近年来不断下降。2009 年中东欧国家不锈钢产量主要来自俄罗斯、斯洛文尼亚、捷克和乌克兰，2009 年中东欧国家的不锈钢产量下降到 24 万 t，仅占世界不锈钢产量的 1.0%，近年来中东欧国家不锈钢产量占世界不锈钢产量的比重变化不大，中东欧国家不锈钢产量在世界不锈钢产量中已经变得无足轻重。2009 年美洲国家的不锈钢产量为 196 万 t，占世界不锈钢产量的 8.0%，主要包括美国、巴西等。

2008 年世界铬的需求达到历史最高水平，年内铬铁合金生产企业得不到足够的铬铁矿，而不锈钢生产企业得不到足够的铬铁合金，中国和印度的不锈钢产量也达到历史最高水平。由于铬需求强劲，基础设施跟不上生产水平，有时还限制了铬铁矿和铬铁合金的生产。铬铁矿和铬铁合金的价格在 2008 年也达到了历史最高水平。然而在生产铬铁矿、铬铁合金和不锈钢的国家，对是出口铬铁矿，铬铁合金，还是不锈钢有争论。铬铁矿生产者要求出口铬铁矿，而铬铁合金生产者要求限制铬铁矿的出口以保证其铬铁矿资源的供应。结果是铬铁合金生产者促成了铬铁矿出口关税和配额，而铬铁矿生产者则极力要求降低关税；不锈钢生产者要求降低铬铁合金的进口关税，而对不锈钢产品征收进口关税。在铬供应链条的每一个环节都在计划扩大生产能力，对运输、电力供应基础设施提出了更大的挑战。2009 年是世界铬业面临充满变数的一年。

四、贸易和市场

由于生产铬铁矿的国家倾向于生产铬铁合金的趋势，目前世界铬铁矿矿石的国际贸易只占世界铬铁矿产量的一小部分，世界铬铁矿主要出口国为南非、哈萨克斯坦、印度、津巴布韦、菲律宾、越南等；主要进口国或地区为美国、西欧国家、日本、中国及韩国等。世界铬铁合金主要出口国为南非、哈萨克斯坦；世界主要铬铁合金进口国或地区为西欧、日本、美国、中国等。

南非一直是世界上铬铁矿和铬铁合金出口量最多的国家，2008 年南非铬铁矿出口额 15400 万美元，铬铁合金出口额 34.3 亿美元，比 2007 年铬铁矿出口额 7300 万美元，铬铁合金出口额 15.3 亿美元，分别增长了 111% 和 124.2%。南非铬铁矿和铬铁合金出口额的大幅增长主要源于出口价格的提高。

2009 年中国铬铁矿进口量 675.6 万 t，比 2008 年 683.9 万 t 减少了 8.3 万 t，下降了 1.2%。我国铬铁矿进口来源主要是南非（290.0 万 t）、土耳其（128.7 万 t）、阿曼（68.7 万 t）、印度（41.4 万 t）、巴基斯坦（30.0 万 t）、伊朗（25.5 万 t）、阿尔巴尼亚（22.0 万 t）7 个国家，合计 605.7 万 t，占我国铬铁矿进口总量的 89.6%。2009 年我国进口铬铁矿平均到岸价达到 194.0 美元/t，比 2008 年的进口铬铁矿平均到岸价 396.7 美元/t 下降了 51.1%，我国进口铬铁矿的价格回落。2009 年我国在大量进口铬铁矿的同时，还进口了约218.7万t铬铁合金，出口铬铁合金23.7万t，净进口铬铁合金195万t；2008年进口铬铁合金114万t，出口了46万t铬铁合金，净进口铬铁合金68万t。2009年虽然我国铬铁矿进口有所下降，但铬铁合金的净进口却增长了186%，我国对铬铁矿和铬铁合金的需求急剧增长，我国对国外铬铁矿资源的依赖程度超过了90%。

2008年美国铬铁矿、铬化学品、铬铁合金、铬金属、铬颜料和不锈钢合计出口额14900万美元，进口额合计14.3亿美元，其中，进口铬铁矿6.4万t，铬铁合金30.7万t，不锈钢材及废料15.7万t，还出口了25万t不锈钢材及废料。南非、哈萨克斯坦、印度、俄罗斯、津巴布韦、中国、德国、巴西等国是美国铬铁矿、铬铁合金的主要进口来源。

日本铬的需求完全依靠进口，以进口铬铁合金为主，铬铁矿为辅，南非、哈萨克斯坦、俄罗斯是日本铬铁合金进口的主要来源。

印度是国际市场铬铁矿的主要出口国家之一，印度生产的铬铁矿大部分供出口，这主要是因为印度国内电力和煤炭短缺限制了其铬铁合金的生产，能源成本占其铬铁合金生产成本的45%，原材料运输、能源成本高、生产规模小、生产自动化程度低是印度铬铁合金生产能力提高的瓶颈。印度目前正在限制铬铁矿的出口，对铬铁矿的出口征收关税。

世界铬铁矿市场价格主要是由铬铁矿的供求关系以及世界不锈钢工业发展所决定的，特别是，世界铬铁矿及铬铁合金市场形势与世界不锈钢产量的变化密切相关。由于中国不锈钢产量的急剧增长以及对铬铁矿、铬铁合金需求的大幅增长，中国成为影响国际铬铁矿、铬铁合金市场的主要影响因素。

据美国地质调查局，2008年美国市场从南非进口的铬铁矿价格上涨到370美元/t，高碳铬铁合金价格为2.25美元/lb；低碳铬铁合金价格为4.84美元/lb；硅铬铁合金价格为1.1735美元/lb；2009年进口的高碳铬铁合金价格为0.70美元/lb；中碳铬铁合金价格为0.45美元/lb；低碳铬铁合金价格为1.53美元/lb。显然，2009年美国进口国际市场的铬铁合金价格比2008年明显下降。国际市场铬铁矿和铬铁合金的价格下降与2008年、2009年世界金融危机的出现、世界不锈钢产量的下降，国际市场铬铁矿与铬铁合金供过于求密切相关。

五、重要事件

2008年铬铁合金的价格达到了历史最高水平，然后在2009年由于世界经济衰退而大幅下降。随着中国不锈钢产量的增长，中国作为世界最主要的铬铁矿消费国的地位不断提高。

铬铁合金的生产是一个高耗电力的生产过程。南非的铬铁矿和铬铁合金的生产占世界的比重为40%，但是南非电力短缺，定量配给成为南非铬铁合金生产增长的制约因素。占世界铬铁合金产量15%的印度铬铁合金生产者电力短缺是通过建设专用电厂来解决，这也是印度铬铁合金生产增长的障碍。约占世界铬铁合金产量15%的哈萨克斯坦铬铁合金生产者其国内电力需求增长很快，由于基础设施老化而不得不减产。世界金融危机的发生也在很大程度上减轻了电力的需求，然而随着世界经济的恢复，电力供应短缺的制约将再次出现，除非电力生产能力有很大增长。

目前，铬铁合金的生产国的电力供应基本上以煤电为主，这是一个排放二氧化碳气体的过程，由于全球温室气体效应的影响，二氧化碳的排放受到限制。这些因素意味着铬铁合金生产的电力能源成本在未来将会提高。

六、展　望

从世界铬铁矿的最终消费构成看，绝大部分铬铁矿用于生产铬铁合金，而铬铁合金用于生产不锈钢。因此，未来世界铬的消费前景，取决于世界不锈钢发展。

中国和印度经济的迅速发展使得这两个国家不锈钢的需求大幅增长，然而随着2008年世界金融危机的出现，世界经济衰退，世界不锈钢工业的发展减缓，铬铁矿铬铁合金原材料的价格下降，消费减少。

从世界铬业发展的趋势看，由于中国成为最主要的生产铬铁合金的铬铁矿消费国，这对那些出产铬铁矿并生产铬铁合金的国家打击很大。但是随着中国关闭那些小型的、效率低的、污染环境的铬铁合金生产厂，预计这一趋势不会再继续。独立的铬铁合金生产企业其铬铁合金的生产成本都在提高，对那些靠近铬铁矿矿山的铬铁合金生产企业来说，其生产成本相对是最有利的。总的来说，生产铬铁矿的国家的铬铁合金生产能力在增长，而没有铬铁矿生产的国家的铬铁合金生产能力在减少。其他因素包括电力成本、劳动力成本抵消了铬铁矿的运输成本。随着那些生产铬铁矿的国家扩大其铬铁合金和不锈钢的生产能力，未来世界铬铁业一体化的趋势还将进一步发展。

预计未来世界铬铁矿的生产能力能够满足世界不锈钢业发展的需求，为了提高铬铁矿的供应能力以及稳定铬铁矿的价格，铬铁合金生产企业大都在投资铬铁矿矿山。事实上大多数的铬铁矿矿山属于铬铁合金联合生产企业。

铬铁合金的生产是一项高耗电力的生产过程，随着铬铁矿品位的不同、生产条件不同以及生产工艺不同，每吨铬铁合金需要2900~4100kW·h电力消耗。与铬铁矿原料和电力能源供应一样，铬铁合金生产企业的位置在生产成本中也是一个重要因素。

主要参考文献

[1] U. S. Geological Survey. Chromium. Mineral Commodity Summaries, 2010

[2] John F. Papp. Chromium. U. S. Geological Survey Minerals Yearbook, 2008

[3] Thomas R. Yager. The Mineral Industry of South Africa. U. S. Geological Survey Minerals Yearbook, 2008

[4] Chin S. Kuo. The Mineral Industry of India. U. S. Geological Survey, Minerals Yearbook, 2008

[5] Richard M. Levine. The Mineral Industry of Kazakhstan. Mark Brininstool. Glenn J. Wallace. U. S. Geological Survey Minerals Yearbook, 2007

[6] World Metal Statistics Yearbook, 2010. World Bureau of Metal Statistics

[7] http://www.worldstainless.org/Statistics/Crude/2009.htm

[8] International Chromium Development Association. http://www.icdachromium.com/home.php

镍

张 苺

2009 年受全球性金融危机的影响，全球经济进入低迷阶段，制造业萎缩。世界不锈钢产量下降，镍需求下降，产量减少。中国不锈钢产量大幅增加，带动全球镍消费量略有增加。未来 3 年内新建矿山都是红土镍矿，全球镍供应量中红土镍矿的比例仍将上升。红土镍矿的大规模开发利用是增加未来供应量的主要渠道。

一、储量和资源

2009 年世界镍储量为 7100 万 t，与 2008 年相比增长 1.43%，其中哥伦比亚增加 30 万 t，多米尼加增加 12 万 t，委内瑞拉减少 7 万 t，详见表 1；2008 年储量基础为 15000 万 t。美国地质调查局出版的 Mineral Commodity Summaries 2010 中未公布 2009 年的储量基础数据。

世界镍储量主要集中分布在古巴、加拿大、俄罗斯、新喀里多尼亚、印度尼西亚、南非、澳大利亚、中国、巴西和哥伦比亚等国家，它们约占世界镍总储量的 89%（表 1）。

表 1 2008～2009 年镍储量和储量基础 单位：万 t（金属量）

国家或地区	储量			储量基础
	2008 年	2009 年	2009 年较 2008 年增减比例/%	2008 年
古 巴	560	550	1.79	2300
加拿大	490	410	16.33	1500
俄罗斯	660	660	0	920
新喀里多尼亚	710	710	0	1500
印度尼西亚	320	320	0	1300
南 非	370	370	0	1200
澳大利亚	2600	2600	0	2900
中 国①	110	110	0	760
巴 西	450	450	0	830
哥伦比亚	140	170	21.43	270
多米尼加	72	84	16.67	100
希 腊	49	49	0	90
菲律宾	94	94	0	520
博茨瓦纳	49	49	0	92
委内瑞拉	56	49	−12.50	63
其 他	220	380	72.73	610
世界总计	7000	7100	1.43	15000

注：①美国地质调查局估计数；世界总计取整数。

资料来源：Mineral Commodity Summaries，2009、2010。

世界陆地已查明镍平均含量接近（或大于）1%的镍矿资源量为1.30亿t。其中60%属于红土型镍矿床，其共伴生矿产主要是钴和铁，它们主要分布在赤道附近的古巴、新喀里多尼亚、印度尼西亚、菲律宾、巴西、哥伦比亚和多米尼加等国家；40%属于岩浆型铜镍硫化物矿床，其共伴生矿产较多，主要有铜、钴、铂族（金属）、金、银、镓、铟、锗、硫、硒、碲等，它们主要分布在欧、亚、非、澳和北美洲的古老地盾区、中生代凹陷区和古生代地槽褶皱带的岩浆侵入岩体中，这些侵入体多受旁侧的深大断裂控制，如加拿大、俄罗斯、澳大利亚、中国、南非、津巴布韦和博茨瓦纳等国家中的铜镍矿床。另外，大洋深海底和海山区的锰结核和锰结壳中还含有大量镍资源，其主要共伴生矿产是铜、钴和锰，它们主要分布于太平洋海底。

二、生　　产

当今全球镍产量约有55%产于岩浆型铜镍硫化物矿床，大多为坑采，采用火法冶炼，由于其中可供当前工业综合回收利用的共伴生矿产多，主要为铜、铂族、金、银和硫等，故生产成本较低；另外的45%产自于红土镍矿床，为露采，无需选矿，采用高压酸浸或氨浸湿法冶炼，其中可供当前工业综合回收利用的共伴生矿产只有钴，因此，目前生产成本普遍高于前者。

2009年世界矿山的镍产量为136.45万t，比2008年下降7.95%。当今全球主要有13个国家生产镍，其中俄罗斯、加拿大、澳大利亚、印度尼西亚、新喀里多尼亚、菲律宾和中国7个国家为镍矿产量大国，2009年它们的产量为109.63万t，约占全球总产量的80.3%（表2）。

表2　世界镍矿山产量　　单位：万t（金属量）

国家或地区	2007年	2008年	2009年	2009年较2008年增减比例/%
俄罗斯	29.36	28.68	27.48	-4.18
加拿大	25.49	25.96	13.66	-47.38
印度尼西亚	22.92	19.26	19.06	-1.04
新喀里多尼亚	12.54	10.26	9.28	-9.55
澳大利亚	18.50	20.00	16.50	-17.50
古巴	7.39	6.73	6.70	-0.45
中国①	6.64	7.15	8.11	13.43
巴西	3.74	3.58	3.28	-8.38
南非	3.79	3.17	3.43	8.20
哥伦比亚	4.93	4.16	5.09	22.36
博茨瓦纳	2.47	2.29	2.58	12.66
希腊	2.12	1.86	0.96	-48.39
菲律宾	9.14	8.39	15.54	85.22
其他	7.98	6.74	4.78	-29.08
世界总计	157.01	148.23	136.45	-7.95

注：①据《有色金属工业统计资料汇编》，2009年中国镍矿山产量为8.487万t。

资料来源：World Metal Statistics，Mar. 2010。

表3　世界精炼镍产量　　　　单位：万t

国家或地区	2007年	2008年	2009年	2009年较2008年增减比例/%
俄罗斯	26.70	26.04	24.65	-5.34
加拿大	15.36	16.77	11.69	-30.29
日　本	16.12	15.65	14.35	-8.31
挪　威	8.76	8.87	8.86	-0.11
澳大利亚	11.40	10.80	13.10	21.30
新喀里多尼亚	4.50	3.75	3.82	1.87
中　国①	21.97	17.06	24.67	44.61
英　国	3.41	3.87	1.80	-53.49
古　巴	4.25	3.49	3.34	-4.30
津巴布韦	1.40	1.13	0.59	-47.79
哥伦比亚	4.93	4.16	5.09	22.36
芬　兰	5.50	5.11	4.08	-20.16
希　腊	1.87	1.67	0.83	-50.30
南　非	3.79	3.17	3.44	8.52
巴　西	3.16	2.93	2.67	-8.87
其　他	11.53	10.76	9.50	-11.71
世界总计	144.65	135.23	132.48	-2.03

注：①据《有色金属工业统计资料汇编》，2009年中国精炼镍产量为16.48万t。

资料来源：World Metal Statistics，Mar. 2010。

2009年矿山镍产量增加较多的国家或地区：菲律宾（7.15万t）增长85.22%，中国（0.96万t）增长13.43%，哥伦比亚（0.93万t）增长22.36%。另外，南非和博茨瓦纳等国家的产量也有少量增加。矿山镍产量减少的国家或地区：俄罗斯（1.2万t）下降4.18%，加拿大（12.3万t）下降47.38%，新喀里多尼亚（0.98万t）下降9.55%，澳大利亚（3.5万t）下降17.5%，希腊（0.9万t）下降48.39%。另外，印度尼西亚、古巴、巴西的产量也有少量减少。

据加拿大金属经济小组统计，2010~2013年全球可新建镍矿7座，建设总投资为228亿美元，合计可新增生产能力38.4万t/a，约占2009年全球矿山产量的28%。它们分别为谢瑞特（Sherritt）国际公司控股40%的马达加斯加阿姆巴托（Ambatovy）红土镍矿，矿石储量/资源量1.25亿t，矿石平均品位：Ni 1.04%，Co 0.099%；设计产能：Ni 6万t/a、Co 5600t/a；2010年开始建设，2013年达产，矿山寿命27年。淡水河谷（Vale）公司控股74%的新喀里多尼亚戈罗（Goro）红土镍矿，储量/资源量1.24亿t，矿石平均品位：Ni 1.46%，Co 0.11%；设计产能：Ni 6万t/a，Co 4600t/a；2010年开始生产，矿山寿命27年。埃赫曼（Eramet）公司控股59.94%的印度尼西亚维达湾（Weda Bay）红土镍矿，矿石储量/资源量3.45亿t，矿石平均品位：Ni 1.48%，Co 0.07%；设计产能：Ni 6万t/a，Co 5000t/a；2009年完成可行性研究，2013年投产。斯特拉塔（Xstrata）公司控股49%的新喀里多尼亚科尼安博（Koniambo）红土镍矿，矿石储量/资源量1.58亿t，矿石平均品位：Ni 2.49%；设计产能：Ni 6万t/a；2010年建设，2014年达产。淡水河谷公司控股100%的巴西翁卡普马（Onca Puma）红土镍矿，矿石储量/资源量8270万t；矿石平均品位：Ni 1.73%；设计产能：Ni 5.8万t/a；预计2010年9月投产。英迪克斯（Intex）资源公司控股100%的菲律宾明都洛（Mindoro）红土镍矿，矿石储量/资源量3.07亿t；矿石平均品位：Ni 0.87%%，Co 0.06%，Cr 1.31%，Fe 16.85%；设计产能：Ni 5万t/a，Co 1.5万t/a，Cr 20万t/a；2010年建设，2013年投产。英美公司（Anglo American）控股100%的巴西巴罗阿尔托（Barro Alto）红土镍矿，矿石储量/资源量1.01亿t；矿石平均品位：Ni 1.55%；设计产能：Ni 3.6万t/a；2011年投产，2012年达产。

2009年世界精炼镍产量为132.48万t，比2008年减少2.75万t，同比下降2.03%（表3）。俄罗斯、加拿大、中国、日本、澳大利亚、挪威是当今全球精炼镍生产大国，六国2009年精炼镍产量为97.32万t，约占世界产量的73.5%。

2009年世界精炼镍产量增加的主要国家或地区有：澳大利亚（2.3万t）增长21.30%，中国（7.61万t）增长44.61%，哥伦比亚（0.93万t）增长22.36%。另外，新喀里多尼亚和南非两国的产量有少量增长。精炼镍产量减少的国家或地区有：俄罗斯（1.48万t）下降5.34%，加拿大（5.08万t）下降30.29%，日本（1.3万t）下降8.31%，英国（2.07万t）下降53.49%，津巴布韦（0.54万t）下降47.79%，芬兰（1.03万t）下降20.16%，希腊（0.83万t）下降50.30%。另外，挪威、古巴和巴西等国家的产量有少量减少。

三、用途和消费

2009年世界精炼镍消费量为130.74万t，比2008年增长1.14%（表4）。中国、日本、美国、韩国、中国台湾和德国是世界上消费镍的主要国家或地区，2009年它们的消费量为99.84万t，约占世界总消费量的76.4%；意大利、芬兰、法国、英国、瑞典、西班牙、比利时、俄罗斯和巴西等国家属于第二集团，各国的消费量通常在2万~6万t之间，它们的消费量共计20.72万t，约占世界总消费量的15.8%；其他国家或地区的总消费量为10.18万t，约占世界总消费量的7.8%。

2009年消费量增加的国家或地区有：中国（23.61万t）同比增长77.36%，韩国（1.72万t）同比增长22.69%。镍消费量减少的国家或地区有：日本（3.77万t）同比下降20.35%，美国（2.53万t）同比下降21.62%，德国（2.93万t）同比下降32.59%，法国（1.33万t）同比下降47.33%，意大利（2.51万t）同比下降36.97%，比利时（3.07万t）同比下降65.74%，西班牙（1.7万t）同比下降41.56%，芬兰（2.4万t）同比下降58.54%，瑞典（0.97万t）同比下降31.70%，巴西（1.13万t）同比下降46.5%。另外，中国台湾消费量略有下降6.82%。俄罗斯和英国消费量没有变化。

世界镍的消费构成如下：不锈钢占65%；其他合金钢占5%；非铁合金，主要是镍基合金和铜基合金占10%~15%；电镀、镍镉电池和翻砂等占15%。

由于不锈钢和耐热钢约占镍消费量的66%（世界不锈钢产量增加10%，镍消费量增加1%），因此不锈钢产量是镍需求量的标志之一。

表4 世界精炼镍消费量 单位：万 t

国家或地区	2007 年	2008 年	2009 年	2009 年较 2008 年增减比例/%
日　本	19.60	18.53	14.76	-20.35
美　国	11.85	11.70	9.17	-21.62
德　国	11.02	8.99	6.06	-32.59
中国台湾	7.56	6.89	6.42	-6.82
韩　国	7.11	7.58	9.30	22.69
俄罗斯	2.64	2.64	2.64	0.00
法　国	3.24	2.81	1.48	-47.33
英　国	3.24	3.24	3.24	0.00
中　国①	32.78	30.52	54.13	77.36
意大利	6.40	6.79	4.28	-36.97
比利时	5.54	4.67	1.60	-65.74
西班牙	4.15	4.09	2.39	-41.56
芬　兰	4.04	4.10	1.70	-58.54
瑞　典	3.36	3.06	2.09	-31.70
巴　西	2.18	2.43	1.30	-46.50
其　他	10.84	11.22	10.18	-9.27
世界总计	135.55	129.26	130.74	1.14

注：①据《中国矿产资源年报》，2009 年为 46.72 万 t。

资料来源：World Metal Statistics，Mar. 2010。

2008 年受金融危机的影响，全球经济进入低迷阶段，制造业萎缩，矿产品市场供需形势发生逆转。2009 年世界不锈钢产量为 2160 万 t，比 2008 年的 2735 万 t 减少 575 万 t，同比下降 21.02%。据中国金属协会不锈钢分会的统计，中国 2008 年产量 960 万 t，同比增长 26.15%；2009 年将超过 1000 万 t。

未来航天、航空器制造业和电子制造业的快速发展，镍基合金、铜基合金和镍电池（NiCad 和 NiMH）领域中镍的消费量将快速增加。

废不锈钢的回收利用降低了不锈钢生产中原镍的消费量，特别是欧洲从俄罗斯进口大量废不锈钢，中国从日本和韩国进口废不锈钢。

四、贸易和市场

由于大矿业公司（俄罗斯的诺里尔斯克）和大跨国公司（淡水河谷、鹰桥和国际镍公司）控制着世界绝大部分镍矿山，镍的初级产品镍精矿和中间产品冰镍多为公司所属精炼厂自用，市场贸易量较少。近两年来，红土镍矿矿石贸易的主要供应国家为印度尼西亚、菲律宾、新喀里多尼亚，而最大进口国为中国。

从各国矿山产量和消费量数据可知，俄罗斯、加拿大、澳大利亚、新喀里多尼亚、印度尼西亚、菲律宾和古巴等国家是世界上镍资源的主要出口国，2009 年扣除它们自身消费量后的矿山镍总产量约为 104. 94 万 t，占同年世界消费总量的 80. 3%，而美国、日本、德国、韩国、中国台湾和西欧等是当今世界上镍的主要进口国家或地区，它们几乎没有生产镍的矿山。

2009 年世界交易所库存量为 15. 84 万 t，增长 101. 02%，各国总库存量为 0. 6 万 t；世界商业总库存量为 16. 44 万 t，增长 6. 06%（表5）。

表5　世界镍库存量　　单位：万 t（镍）

库存地	2005 年	2006 年	2007 年	2008 年	2009 年
世界各交易所总库存	3. 60	0. 66	4. 79	7. 88	15. 84
各国库存	7. 62	8. 03	7. 70	7. 66	0. 60
总商业库存	11. 22	8. 69	12. 48	15. 50	16. 44

资料来源：World Metal Statistics，Mar. 2010。

2008 年伦敦金属交易所的年平均价为 21110. 64 美元/t，2009 年为 14654. 63 美元/t，同比下降 30. 6%。2009 年 3 月曾跌到 9696. 36 美元/t，后来在中国需求大量增加的支撑下，国际市场镍价格逐渐回升，8 月的平均价为 19641. 75 美元/t，是全年最高价，此后又有所开始下降，12 月的平均价为 19641. 75 美元/t（表6；图1）。

表6　伦敦金属交易所镍价格　　单位：美元/t

年　份	年平均	月　份	月平均
1999	6026. 51	2009 年 2 月	10408. 75
2000	8641. 43	3 月	9696. 36
2001	5948. 41	4 月	11166. 00
2002	6771. 83	5 月	12364. 74
2003	9640. 34	6 月	14960. 45
2004	13851. 65	7 月	15984. 57
2005	14732. 72	8 月	19641. 75
2006	24286. 81	9 月	17473. 18
2007	37181. 01	10 月	18525. 23
2008	21110. 64	11 月	16991. 19
2009	14654. 63	12 月	17066. 43

资料来源：World Metal Statistics，Mar. 2010。

图 1　国际市场镍价格

（资料来源：www. infomine. com）

五、展　　望

未来世界镍业的发展状况很大程度取决于美国、中国、日本和西欧的经济发展速度。2008 年全球爆发金融危机，世界经济发展进入低迷阶段，未来 1 ~ 2 年内，全球镍矿产品的需求增长将趋缓，但中国除外。红土镍矿的大规模开发利用是增加未来供应量的主要渠道。同时也可抑制国际市场镍价格的大幅波动。

中国是世界镍矿产品消费头号大国。中国政府制定了未来 20 年内建设小康社会的经济发展目标，并努力保持经济持续健康发展的态势制定了发展新能源产业、高新技术产业、飞机制造业和节能降耗的产业政策，这些产业的发展都需要镍。因此从长期趋势看，世界镍消费量仍将呈增长状态。

主要参考文献

［1］Peter H. Kuck. Nickel. Mineral Commodity Summaries，Jan. 2010

［2］Peter H. Kuck. Nickel. Mineral Commodity Summaries，Jan. 2009

［3］World Metal Statistics，Mar. 2010

［4］Capital Cost：Nickel Laterite Development Turns to HPAL，Metals Economics Group—Strategic Report，2009，Vol. 22，No. 6

钴

崔 荣 国

与2008年相比，2009年世界钴产量增加5.4%。市场价格波动上行。近两年来，中国钴的消费量已经超过美国，位居世界第一。全球经济危机将对钴市场产生负面影响，就未来几年内的世界矿山和冶炼新增加的生产能力来说，国际市场供应充足。

一、储量和资源

2009年世界的钴储量为660万t，比上年净减少52万t，同比下降7.3%。其中古巴储量下降50万t，新喀里多尼亚储量下降2万t，其他主要国家或地区的储量基本没有变化（表1）。

世界的钴储量分布高度集中于刚果（金）、澳大利亚、古巴、赞比亚、新喀里多尼亚、俄罗斯和加拿大等国家或地区，它们的储量总和约占世界总储量的95%（表1）。

表1 2008~2009年世界钴储量 单位：万t（金属量）

国家或地区	2008年	2009年	2009年较2008年增减比例/%
美 国	3.3	3.3	0.0
澳大利亚	150	150	0.0
巴 西	2.9	2.9	0.0
加拿大	12	12	0.0
中 国	7.2	7.2	0.0
刚果（金）	340	340	0.0
赞比亚	27	27	0.0
古 巴	100	50	-50.0
摩洛哥	2	2	0.0
新喀里多尼亚	25	23	-8.0
俄罗斯	25	25	0.0
其 他	18	18	0.0
世界总计	712.4	660.4	-7.3

资料来源：Mineral Commodity Summaries，2009、2010。

世界已查明的陆地钴资源约1500万t。这些资源中的大部分伴生于红土型镍矿床中，主要分布在近赤道的古巴、新喀里多尼亚和菲律宾等国家；另一部分伴生于岩浆型铜镍硫化物矿床中，主要分布在俄罗斯、加拿大和澳大利亚等国家（中国甘肃金川亦属此类），以及砂岩型铜矿床中，主要分布在刚果（金）和赞比亚；少量伴生于多金属热液脉型矿床（摩洛哥）、矽卡岩型铁铜矿床和基性、超基性火山岩型铜矿床中。此外，大洋深海底和海山区的锰结核和锰结壳中含有大量的钴，它们主要分布在太平洋海域。

二、生　　产

2009 年世界矿山钴产量为 6.18 万 t，同比下降 18.6%（表 2）。2009 年产量比 2008 年增加的国家有：古巴（增加 300t）同比增长 9.4%，澳大利亚（增加 200t）同比增长 3.3%，中国（增加 200t）同比增长 3.3%。产量减少的国家有：刚果（金）（减少 6000t）同比下降 19.4%，赞比亚（减少 4400t）同比下降 63.8%，加拿大（减少 3600t）同比下降 41.9%，新喀里多尼亚（减少 300t）同比下降 18.8%，巴西（减少 200t）同比下降 16.7%，摩洛哥（减少 100t）同比下降 5.9%。

表 2　世界钴矿山产量　　　　单位：万 t（金属量）

国家或地区	2008 年	2009 年^{e}	2009 年较 2008 年增减比例/%
澳大利亚	6100	6300	3.3
巴　西	1200	1000	-16.7
加拿大	8600	5000	-41.9
中　国	6000	6200	3.3
刚果（金）	31000	25000	-19.4
古　巴	3200	3500	9.4
摩洛哥	1700	1600	-5.9
新喀里多尼亚	1600	1300	-18.8
俄罗斯	6200	6200	0.0
赞比亚	6900	2500	-63.8
其　他	3400	3200	-5.9
世界总计	75900	61800	-18.6

注：e 为估计值；2008 年数据经修订。

资料来源：Mineral Commodity Summaries，2010。

2009 年刚果（金）、澳大利亚、中国、俄罗斯、加拿大和古巴等国家矿山生产的钴约占世界总产量的 84.5%。

2009 年世界精炼钴产量 5.97 万 t，同比增长 5.4%（表 3）。

2009 年世界精炼钴产量增加较多的国家或地区有：中国（增加 4899t）同比增长 26.9%，刚果（金）（增加 1901t）同比增长 181.2%，澳大利亚（增加 432t）同比增长 11.9%，日本（增加 261t）同比增长 24.4%，印度（增加 143t）同比增长 16.7%。2009 年世界精炼钴产量减少较多的国家或地区有：赞比亚（减少 2506t）同比下降 62.0%，比利时（减少 870t）同比下降 28.8%，加拿大（减少 714t）同比下降 12.7%，挪威（减少

表3　世界精炼钴产量　　单位：t

国家或地区	2006年	2007年	2008年	2009年	2009年较2008年增减比例/%
比利时	2840	2825	3020	2150	-28.8
芬　兰	8580	9100	8950	8850	-1.1
法　国	256	305	311	368	18.3
挪　威	4927	3939	3719	3510	-5.6
俄罗斯	4759	3587	2502	2352	-6.0
刚果（金）	550	606	1049	2950	181.2
摩洛哥	1405	1591	1711	1600	-6.5
南　非	257	307	244	236	-3.3
乌干达	674	698	663	673	1.5
赞比亚	4665	4335	4041	1535	-62.0
中　国	12700	13245	18239	23138	26.9
印　度	1184	980	858	1001	16.7
日　本	920	1084	1071	1332	24.4
巴　西	902	1148	994	1012	1.8
加拿大	5023	5606	5628	4914	-12.7
澳大利亚	3696	3684	3618	4050	11.9
世界总计	53338	53040	56618	59671	5.4

资料来源：World Metal Statistics Yearbook，2010。

209t）同比下降5.6%，俄罗斯（减少150t）同比下降6.0%，摩洛哥（减少111t）同比下降6.5%，芬兰（减少100t）同比下降1.1%，其他国家产量变化不大。

2008年中国、芬兰、加拿大、澳大利亚和挪威5个国家精炼钴产量占世界总产量的74.5%。

2009~2013年，全球共有71个钴矿项目上马，其中4个大型钴矿项目设计年产能超过8000t。

1. 赞比亚那马（Nama）钴矿项目

该项目由加拿大喀里多尼亚矿业公司（Caledonia Mining Corp.）全权开发。该项目开发新矿山并建立钴合金厂（或钴冶炼厂），矿山主要为富铁钴铜氧化物矿石或钴铜氧化物矿石，产品为铁钴合金和钴氢氧化物，年产能1万t（钴金属量），计划2009年投产。

2. 刚果（金）卢安塔（Luita）铜矿项目

该项目由中非矿业勘探公司（Central African Mining & Exploration Co. rp.）（CAMEC）全权开发，对已有的卢安塔钴矿厂进行扩建，矿石主要为铜钴矿，含铜量比较高，计划于2009年开始生产钴碳酸盐，设计年产能8000t，2011年产能扩大至12000t。

3. 刚果（金）特恩克凡古鲁米（Tenke Fungurume）铜矿项目一期

该项目由美国弗里波特-麦克莫伦铜金公司（Freeport - Mcmoran Copper & Gold Inc.）（FCX）、伦丁矿业公司（Lundin Mining Corp.）和吉卡矿业公司（La Générale des Carrières et des Mines，Gécamines）共同开发。项目包括新矿山开发、选矿厂和冶炼厂的建设，矿山矿石主要为铜钴氧化物矿石、铜钴氧化物硫化物混合矿石和铜钴硫化物矿石，计划于2009年开始生产钴氢氧化物，设计年产能8000t。

4. 刚果（金）卢安路冶金厂（Luilu Metallurgical Plant）铜矿项目三期

该项目由加丹加矿业公司（Katanga Minning Ltd.）和吉卡矿业公司（Gécamines）共同开发。项目主要包括设备更新和冶炼产能扩建，矿石主要为铜钴氧化物矿石和铜钴硫化物精矿，产品主要是钴阴极和钴氢氧化物，2012 年产能将扩至 9000t，2013 年产能扩建至 10000t。

三、用途和消费

超级合金约占钴总消费量的 10%（镍基合金和钴基合金，主要用于制造航空、航天器），可充电电池约占钴总消费量的 21%，近年来这两个领域内钴的年均需求增长率始终保持在 3% ~6%。钴消费量连年快速增加主要起因于中国和日本电池业需求增长。

美国、日本、中国和欧洲是世界上钴最重要的消费国家或地区。2008 年美国报道的钴消费量估计为 8810t，比 2007 年的 9320t 下降 5%。估计钴的 2008 年和 2007 年视消费量（包括废钴回收量）分别为 10100t 和 9630t。美国钴的消费构成为超级合金约占 46%，切割和耐磨具黏合剂 8%，其他合金占 15%，各种化工用途占 31%。

四、贸易和市场

目前，赞比亚、加拿大、澳大利亚、刚果（金）、古巴和新喀里多尼亚等是钴矿初级产品和中间产品的输出国家；赞比亚、加拿大、俄罗斯、芬兰、挪威和刚果（金）等是精炼钴的主要输出国。

美国、日本、中国和欧洲地区的工业化国家是钴的净进口国。

2008 年市场价格暴涨暴跌，冰火两重天，一季度为 42.00 ~52.00 美元/lb，二季度为 49.00 ~53.00 美元/lb，三季度为 27.00 ~48.00 美元/lb，四季度为 14.00 ~37.00 美元/lb。2009 年市场价格呈现波动上扬的态势，一季度在 19 美元/lb 左右，二季度在 17.5 美元/lb 左右，三季度在 20 美元/lb 左右，四季度在 22 美元/lb 左右（图 1）。

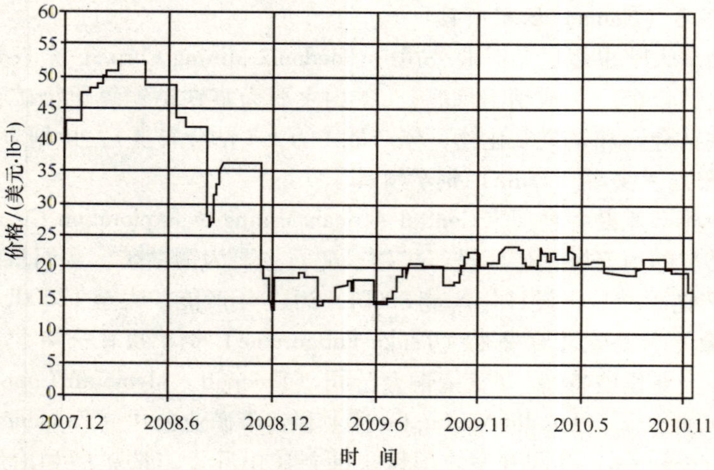

图 1　国际市场钴价格

（资料来源：www. infomine. com）

五、展　　望

世界钴资源丰富，供应充盈，利用非洲矿渣规模化生产钴开辟了资源供应的新途径。未来世界钴业的发展状况很大程度取决于美国、中国、日本和西欧的经济增长情况。2008年全球经济危机将抑制工业化国家消费量的进一步增长，未来一两年内，除中国外，其他国家或地区的消费量不会大幅度增加。军火商是国际市场钴的最大用户之一，战争将促使钴消费量增加，也会导致钴价上扬。目前钴在可充电电池业中的消费量增长速率加快，特别是中国和日本，大大超过其他领域。就未来一两年内的世界矿山和冶炼新增加的生产能力来说，国际市场供应充足。

主要参考文献

[1] Kim B. Shedd. Cobalt. Mineral Commodity Summaries，2010

[2] Kim B. Shedd. Cobalt. Mineral Commodity Summaries，2009

[3] World Metal Statistics Yearbook，2010

钨

奚 姓

中国是世界钨资源最丰富的国家，储量占世界钨储量的62%。2008年世界钨市场供求基本平衡，从而使国际市场钨价稳中有降。中国仍为世界最大钨生产国，2008年中国的钨矿产量占世界钨矿总产量的88.7%。中国也是世界最大钨出口国和消费国。中国是世界钨产品的贸易大国，中国供应了国际市场钨产品需求的80%，因此，中国在国际钨市场上具有举足轻重的影响。国际市场钨产品的供应形势取决于中国政府的钨业政策。

一、储量和资源

据美国地调局资料，2008年世界钨储量为280万t，储量基础630万t，世界钨资源主要集中在中国、加拿大、俄罗斯、美国和玻利维亚，五国合计占世界总储量基础的87%。其他国家还有：哈萨克斯坦、澳大利亚、泰国、葡萄牙、巴西、缅甸、奥地利、朝鲜、乌兹别克斯坦等（表1）。

表1 世界钨储量和储量基础 单位：万t（钨金属量）

国家或地区	储 量	储量基础	国家或地区	储 量	储量基础
中 国	180.0	420.0	奥地利	1.0	1.5
加拿大	11.0	49.0	葡萄牙	0.42	6.2
俄罗斯	25.0	42.0	朝 鲜	—	3.5
美 国	14.0	20.0	其 他	44.0	75.0
玻利维亚	5.3	10.0	世界总计	280.0	630.0

资料来源：Mineral Commodity Summaries，2009、2010。

中国是世界钨资源最丰富的国家，储量180万t，储量基础420万t，占世界钨储量的64.3%，钨资源广布于全国21个省、自治区、直辖市，主要集中在湖南、江西、广东、广西等地。

加拿大钨的储量为11万t（钨含量），储量基础为49万t，其重要地位仅次于中国，列世界第二，约占世界钨储量的3.9%。加拿大钨矿主要集中在塞汶（Selwyn）钨矿带上，而最具有商业价值的矿床赋存于从不列颠哥伦比亚省的卡斯尔（Cassiar）岩基到育空地区和西北地区边界的麦克米伦（MacMillan）矿床的延伸地带。

俄罗斯也是钨的重要资源国，其钨矿储量约占世界钨储量的8.9%。

在20多种钨矿物中，目前具有工业意义的是黑钨矿和白钨矿。世界已开采的主要钨矿床类型有：石英脉型黑钨矿矿床，是目前世界上最重要的钨矿类型，除中国外，其他国家或地区几乎没有大型矿区，矿石矿物以黑钨矿为主，有少量白钨矿；其次是矽卡岩型白钨矿矿床，矿石储量较集中，往往形成大型矿区；斑岩型钨矿床占钨矿总储量的1/4，矿石矿物中黑钨矿和白钨矿几乎各占一半，品位低（含 WO_3 0.1%）。除上述钨矿床类型外，其他还有砂岩型、伟晶岩型和热泉型钨矿床等，这些矿床类型的工业意义很小。

二、生 产

2008年世界钨矿山产量为109716t（钨金属量，下同），比2007年增长了17.9%（表2）。世界钨矿主要生产国有中国、俄罗斯、加拿大、奥地利、玻利维亚、葡萄牙、巴西、朝鲜和刚果（金）等。

表2 世界钨精矿产量 单位：t（钨金属量）

国家或地区	2004年	2005年	2006年	2007年	2008年[e]
中 国	116302	99444	87277	79958	97316
俄罗斯[e]	2800	2800	2800	3300	3000
加拿大	0	384	1983	2305	2277
玻利维亚	403	531	868	1107	1148
奥地利	1335	1280	1153	1117	1122
葡萄牙	746	816	780	846	850
朝 鲜[e]	280	650	900	250	350
刚果（金）[e]	20	180	500	570	340
巴 西	262	577	525	537	540
缅 甸	107	168	197	183	200
泰 国[e]	187	345	303	477	600
卢旺达	90	318	820	1534	975
布隆迪	8	94	238	144	194
蒙 古	77	78	85	245	142
秘 鲁	—	—	50	366	456
乌干达	52	36	75	75	75
澳大利亚	12	7	15	7	28
世界总计	122702	107744	98577	93058	109716

注：e为估计值。

资料来源：Minerals Yearbook，2008；有色金属工业统计资料汇编，2008。

中国是世界最大钨矿生产国，2008年钨矿产量97316t，比2007年增长21.7%。2008年中国的钨矿产量占世界钨矿总产量的88.7%。我国钨矿生产的企业分布在10个省（区），但是钨精矿的产量主要集中在江西（4.58万t）和湖南（3.23万t）两省，其钨精矿产量合计7.81万t，占全国产量的80.2%，其他省份仅占19.8%。由于钨是中国实行保护性开采的特定矿种，钨的生产实行总量控制，钨品出口实行总量控制和配额许可证制度，但近年实际产量均明显大于生产配额。

2008年俄罗斯钨矿产量3000t，与2007年相比下降了9.1%。普里摩斯科钨矿（Primorsky）和莱蒙托夫钨矿（Lermontov）是俄罗斯两个主要钨矿山，2008年其钨精矿产量分别占该年俄罗斯产量的63%和4%。哈萨克斯坦和乌兹别克斯坦也有少量钨矿生产，其产量全部用于国内消费。

加拿大2008年钨矿产量2277t，比2007年下降了1.2%。北美钨有限公司（North American Tungsten Corp. Ltd.）为加拿大最大钨采矿公司，2008年其钨矿产量均来自其位于西北地区的坎顿矿山。

2008年奥地利钨矿产量1122t，比2007年增长0.5%。奥地利的钨矿主要采自萨尔茨堡省的米特西谷钨矿山，采出的钨精矿主要供本国冶炼厂生产钨产品。

三、消　　费

钨具有熔点高、硬度大、超耐热性、卓越的高温机械性能，在所有金属中具有最低的膨胀系数，良好的导电性和导热性，散热系数低等特点，广泛用于电力、电子、石油化工、军事工业、金属和木材加工、建筑、采矿、抗磨损等领域。常用于切削工具、高速工具钢、灯丝、电极、触点材料、磁控管、碳化钨、催化剂等产品。钨的终端消费领域所占比重在世界各主要钨消费国家或地区不尽相同，但主要是用于硬质合金和超耐热合金这两大领域。

20世纪90年代以来由于世界经济发展缓慢，对钨的消费有所减少，90年代末至21世纪初世界钨的需求基本在4万t左右。2008年世界钨精矿消费量12.53万t，中国钨精矿消费量为5.05万t；世界钨消费量超过6万t，中国钨消费量超过2.6万t。

目前，中国已成为世界第一钨消费大国，2008年钨消费量超过2.6万t，比2007年约增长4%，占世界钨消费量的40%强。最近几年，中国经济持续快速增长，特别是硬质合金产量大幅增长，由此导致钨消费量逐年增加。中国钨的消费结构大致如下：硬质合金41%，钨铁35%，钨加工材料16%，化工及其他8%。

美国是世界钨的主要消费国，2008年所有形式钨视消费量为13800t，比2007年增长3%，在世界总需求中所占份额约20%。2008年在美国钨总的消费中，用于硬质合金的钨消费量有较大幅度增长，炼钢用钨略有增加，其他消费领域钨的消费量均有不同程度下降。2008年美国钨废料的消费量为4790t钨金属量，比2007年增长11%，占所有形式钨视消费量的34.7%。美国钨的视消费量中有61%靠进口解决。美国各最终用途钨消费比例：烧结硬质合金54%，炼钢2.6%，化学工业0.8%，其他用途为42.6%。

世界其他主要钨消费国家或地区还有俄罗斯、韩国、以色列、中国台湾、印度、巴西、土耳其等。

四、贸易和市场

在钨产品的国际贸易中，中国占据着控制地位，其次是俄罗斯、加拿大、奥地利、玻利维亚等国家。

中国是世界钨产品的贸易大国，中国供应了国际市场钨产品需求的80%，因此，中国在国际钨市场上具有举足轻重的影响。国际市场钨产品的供应形势取决于中国政府的钨业政策。

据中国海关的统计，2008年我国钨品出口量27120.5t（钨含量，不含硬质合金），较2007年下降9.3%；出口额为9.30亿美元，较2007年下降10.5%。钨品进口量6629.8t，较2007年增长11.7%；进口额为1.77亿美元，较2007年增长7.2%。净出口量为20490.7t，较2007年下降14.6%；净出口额为7.53亿美元，较2007年下降13.8%。

2008年中国出口仲钨酸铵5421t，较2007年下降1.9%；出口钨铁4835t，较2007年下降27.2%；出口三氧化钨4902t，较2007年增长5.3%。

深加工产品方面，2008年中国出口碳化钨3996t，较2007年增长36.1%。

近几年，中国国内的钨精矿产量一直在8万t以上，已经达到生产的极限。由于原有的国有钨矿山大都进入晚期，正在生产的地方中小钨矿的资源也已近枯竭，因此，钨精矿的供应从2003年年初开始就出现了短缺。之后随着需求的不断增长，供应缺口逐年扩大。2008年国内钨精矿的产量又比2007年下降了8.4%，为8.0万t，为了满足国内钨冶炼加工企业的生产需求，只能加大钨精矿的进口量。2008年中国进口钨矿砂10132t，较2007年增长了8.8%。

表3　2008年我国钨矿产品进出口情况

矿产品名称		出口量/t	金额/万美元	进口量/t	金额/万美元
钨材及金属制品		4433	18052	1209	6080
其中	钨粉	1683	5734	61	256
	未锻轧钨及条杆型材	1774	5825	89	1113
	钨丝	527	4015	112	1939
钨矿砂及精矿		140	117	10132	9466
钨酸盐		6900	15028	105	117
其中：仲钨酸铵		5421	11560	93	75
氧化钨及氢氧化钨		9616	23211	2	89
其中：三氧化钨		4901	11769	1	87
钨铁		4835	12028	1	9
碳化钨		3996	13915	23	137

资料来源：中华人民共和国海关统计年鉴，2008。

2008年美国出口了5980t钨品，略低于2007年。除了钨化合物和未加工钨出口量大幅度减少外，其他钨品的出口量均有不同程度增加。2008年美国钨精矿和钨品的进口量为13100t，略高于2007年。其中中国是最大的供应国，占43%，2008年美国从中国进口的钨品数量为5630t，比2007年增加11%。其他主要进口来源国还有德国（11%）、加拿大（10%）、玻利维亚（7%）。从中国进口的钨品结构如下：仲钨酸铵43%、碳化钨粉

14%、氧化钨12%、加工钨10%、未加工钨4%、钨铁5%、钨金属粉6%及钨废料和下脚料各3%。2008年美国进口的钨矿石和钨精矿3990t，比2007年增加了3%。2008年美国钨矿石和精矿的主要进口国有玻利维亚（27%）、加拿大（24%）、葡萄牙（21%）和秘鲁（10%）。2008年美国进口仲钨酸铵2510t，比2007年下降7%。中国仍为美国进口仲钨酸铵的最大供应国，供应量占美国进口量的97%。2008年美国钨供应量中大约60%依靠进口和储备抛售，其余40%来自废料回收。

由于仲钨酸铵（APT）是国际市场交易最常见的钨产品，因此，仲钨酸铵的价格就成为钨精矿、钨金属粉和碳化钨粉的价格指数。

国内市场钨精矿价格在2006年突破10万元/t后，已经连续两年回落，2008年年底钨精矿价格回落到6万元/t以下。2008年国内钨精矿销售价格为68484元/t，比2007年下降23%。国内仲钨酸铵（APT）年平均销售价格13.13万元/t，比2007年下跌14.1%，钨铁年平均销售价格15.54万元/t，比2007年下跌8.4%。

2008年国际市场钨价格的变化趋势基本与国内市场相似。据英国《金属导报》的报价，钨精矿2008年全年的平均价一直保持在160~190美元/吨度。2008年年初欧洲市场的仲钨酸铵（APT）价格为232~234美元/吨度，年底下跌到210~230美元/吨度，下跌5%左右；美国市场APT价格较为平稳，全年一直保持在为255~260美元/吨度。

表4　2008年国内外钨精矿和APT价格统计

月　份	黑钨矿①		APT	
	国内企业均价（元/t）	国际市场（美元/吨度）	欧洲自由市场（美元/吨度）	美国自由市场（美元/短吨度）
1	95000	160~190	232~234	250~255
2	96500	160~190	234~237	250~255
3	117750	160~190	255~257	250~255
4	87500	160~190	255~258	250~255
5	85333	160~190	250~255	250~255
6	89000	160~190	251~255	250~255
7	90000	160~190	252~256	250~255
8	88000	160~190	252~256	250~255
9	88000	160~190	252~257	250~255
10	—	160~190	252~257	250~255
11	—	160~190	243~248	250~255
12	—	160~190	210~230	250~255

注：①指≥65% WO_3 的精矿，国内企业均价为漂塘钨矿的平均价。

资料来源：根据《中国金属通报》2008年整理。

五、展　望

今后几年，随着世界经济的逐渐好转，中国经济持续增长，国际市场钨的需求可能增加，国际市场钨价将会有所增长。中国国内现有矿山生产能力仍然难以满足国内冶炼生产能力的需求，因此，钨矿砂及精矿的进口量将会进一步增加。

今后几年中国将会继续实行钨生产总量控制和出口配额制度，加上中国钨消费量将会继续增长，钨品出口量将会进一步下降。未来世界钨的生产和供应绝大部分仍然来自中国。中国政府对其钨产品生产和出口政策的走向将会对世界钨的供应形势产生重要影响。

主要参考文献

［1］Kim B. Shedd. Tungsten. Minerals Yearbook，2008，U. S. Geological Survey

［2］Kim B. Shedd. Tungsten. Mineral Commodity Summaries，January 2009，U. S. Geological Survey

［3］World Bureau of Metal Statistics. World Metal Statistics ，March 2010

［4］Minerals and Metals Sector，Natural Resources Canada. Tungsten. Canadian Minerals Yearbook，2007

［5］刘良先，田雪芹 . 2008 年钨工业发展报告 . 2008 年中国有色金属工业发展报告 . 北京：中国有色金属工业协会，2009，135 ~ 148 页

［6］杨召会 . 钨：供应将主导市场 . 中国金属通报，2009 年，第 2 期，20 ~ 22 页

钼

张　莓

全球钼矿储量丰富，可供未来建设的矿山较多。2008～2009年世界矿山产量连续增加，特别是中国产量增加。2008年国际金融危机，全球钢铁需求急速萎缩，导致国际市场钼矿产品供需失衡，在供大于需的局面下，市场价格暴跌，2009年价格小幅上涨。

一、储量和资源

2009年世界钼储量为870万t，与2008年相比，储量增加10万t，主要是蒙古增加了7万t（表1）。美国地质调查局出版的Mineral CommoditySummaries2010中未公布2009年的储量基础数据。

世界钼储量主要分布在美国、智利、中国、加拿大和俄罗斯等国家，这5个国家的储量占世界钼总储量的89.5%。

表1　2008～2009年世界钼储量和储量基础　　单位：万t（钼）

国家或地区	储　量			储量基础
	2008年	2009年	2009年较2008年增减比例/%	2008年
美　国	270	270	0	540
智　利	110	110	0	250
中　国[①]	330	330	0	830
加拿大	45	45	0	91
俄罗斯	24	24	0	36
秘　鲁	14	14	0	23
墨西哥	13.5	13.5	0	23
哈萨克斯坦	13	13	0	20
乌兹别克斯坦	6	6	0	15
伊　朗	5	5	0	14
蒙　古	3	10	233.3	5
亚美尼亚	20	20	0	40
吉尔吉斯斯坦	10	10	0	18
世界总计	860	870	1.16	1900

注：①美国地质调查局估计数；世界总计取整数。

资料来源：Mineral Commodity Summaries，2009、2010。

据美国地质调查局估计，世界上已查明的钼资源量在1900万t以上，美国、智到、中国、加拿大、俄罗斯5个国家的储量基础约占世界钼储量基础的92%。

世界上钼主要以金属硫化物矿物的形式产于巨大的斑岩型钼矿床中或共伴生在巨大的斑岩型铜矿床中，少量共伴生于矽卡岩型和石英脉型矿床中。前者主要产于环太平洋（中-新生代）、特提斯（中-新生代）和中亚-蒙古（古生代）的巨大斑岩铜钼成矿带中，最著名的莫过于美洲的科迪勒拉山脉，该山脉产有大量的斑岩型钼矿和斑岩型铜矿，如美国的克莱梅克斯、亨德逊石英斑岩钼矿，智利的楚基卡马塔、第斯皮达塔等斑岩型铜钼矿，加拿大的恩达科斑岩钼矿和海兰瓦利斑岩铜钼矿等。中国是世界钼资源大国，其中钼金属储量大于或接近100万t以上的特大型斑岩钼矿有河南栾川、吉林大黑山和陕西金堆城。俄罗斯最大的钼矿床是位于北高加索的特尔内奥兹的矽卡岩型钨钼矿，中国亦有此类矿床。

2009年重大勘查发现有：美国著名的宾厄姆峡谷（Bingham Canyon）巨型斑岩铜矿的下部发现了大型钼矿床、阿拉斯加佩布耳钼矿的钼资源量超过130万t；中国安徽金寨县发现了沙坪沟大型钼矿床，资源储量超过50万t；西藏墨竹驱龙超大型铜钼矿床公布的查明资源储量37万t。

二、生　　产

2009年全球矿山的钼产量为22.39万t，比2008年增加0.53万t，增长2.42%。其中美国、中国、智利和秘鲁的产量分别占世界总产量的21.66%，41.75%，15.59%和5.5%，四国的产量合计18.92万t，约占世界总产量的84.5%（表2）。

表2　世界钼矿山产量　　单位：万t（钼）

国家或地区	2007年	2008年	2009年	2009年较2008年增减比例/%
亚美尼亚	0.43	0.45	0.44	-2.22
保加利亚	0.04	0.04	0.04	0.00
俄罗斯	0.48	0.48	0.48	0.00
中　国①	6.77	8.13	9.35	15.01
伊　朗	0.18	0.29	0.30	3.45
哈萨克斯坦	0.06	0.06	0.06	0.00
蒙　古	0.20	0.19	0.24	26.32
加拿大	0.68	0.82	0.92	12.20
智　利	4.48	3.37	3.49	3.56
墨西哥	0.65	0.78	0.99	26.92
秘　鲁	1.68	1.67	1.23	-26.35
美　国	5.72	5.58	4.85	-13.08
世界总计	21.37	21.86	22.39	2.42

注：①据《有色金属工业统计资料汇编》，2009年为9.03万t。

资料来源：World Metal Statistics，Mar. 2010。

2009 年产量增加的国家或地区有：中国（1.22 万 t）增长 15.01%；伊朗（0.1 万 t）增长 3.45%；蒙古（0.05 万 t）增长 26.32%；加拿大（0.1 万 t）增长 12.2%；智利（0.12 万 t）增长 3.56%；墨西哥（0.21 万 t）增长 26.92%。产量下降的国家或地区有：美国（0.73 万 t）下降 13.08%；秘鲁（0.44 万 t）下降 26.35%；亚美尼亚产量略有减少。俄罗斯、保加利亚、哈萨克斯坦等国家的产量无变化。

世界矿山生产的钼主要来自于斑岩型钼矿和斑岩型铜矿中的共伴生钼，少量产自于其他类型矿床中的共伴生钼。目前世界斑岩型钼矿山钼精矿产量约占世界总产量的 60%，斑岩型铜矿山副产钼精矿约占世界总产量的 40%，斑岩型铜矿中回收钼的成本大大低于开采斑岩型钼矿的成本。尽管中国多年来一直限制钼矿山产量，但这两年钼矿山产量却迅速增加，产量跃居世界第一。

据加拿大金属经济小组统计，2009～2015 年全球可新建和扩建的项目 11 个，投入开发资金总计 148.51 亿美元，钼金属量总计 195.81 万 t，若能如期投产，可新增产能（金属量）总计 3.14 万 t/a（表 3）。

表 3　2009～2015 年全球可新建和扩建的矿山

项目名称	国家或地区	开发现状	投入资金 百万美元	投产时间	钼金属量/t	最终产能 $t \cdot a^{-1}$	扩建产能 $t \cdot a^{-1}$
Andina PhaseI Ⅱ	智　利	扩产	4010	2015	N/A	12000	8200
Spinifex Ridge	澳大利亚	预产	560	2011	382410	5379	5379
Los Bronces	智　利	扩产	2350	2011	N/A	5400	3300
Endako	加拿大	扩产	336	2011	211603	7710	2610
Galeno	秘　鲁	预产	2500	2012	125806	2300	2300
Los Pelambres	智　利	扩产	1000	2009	544320	9870	2270
Esperanza	智　利	预产	2300	2015	108691	2000	2000
德兴	中　国	扩产	395	2012	125304	3114	1614
Sarcheshmeh	伊　朗	扩产	190	2012	360000	3200	1600
霍峪	中　国	预产	220	2011	100000	1360	1360
Andina PhaseI Ⅰ	智　利	扩产	990	2010	N/A	3800	800
总　计			14851		1958134	56133	31433

资料来源：World Molybdenum Mine Supply. Metal Economics Group—Strategic Report，2009，Vol. 22，No. 5。

三、用途和消费

钼是一种难熔的金属，熔点为 2620℃，由于原子间结合力极强，所以在常温和高温下强度很大。它的热膨胀系数小、导电率大、导热性能好。因此，钼是冶金、电气、化工、航空和航天等制造业中不可缺少的原料，其制品广泛用于工业、农业和环保等领域中。

特别需要指出的是钼在农业中的应用以及在环境保护所方面的作用。钼是植物体内不可缺少和不可替代的微量元素之一，在每公斤植物中（干量）约含有0.5mg钼。近年来国内外广泛采用钼酸铵作微量元素肥料，可显著提高豆类植物、牧草等作物的质量和产量，而且还能提高植物的抗旱、抗寒及抗病能力。钼在农业上的应用可使钼生产厂家的废水、废渣及低品位矿得以综合利用，同时为治理环境污染开辟了一条新途径。钼在控制环境污染方面也起着重要作用，钼及其化合物大都没有毒性，在油漆和颜料中是高效着色剂，可取代有毒的铬、铅、钛等金属；在化学制品中可取代防腐剂中的铬以及阻燃物、硝烟物中的锑。

在消费领域中，钢铁工业是钼的消费大户，其消费量约占总消费量的75%，其中不锈钢占28%、合金钢占15%、工具钢和高速钢占10%、高强度低合金钢占9%、碳钢占9%。另外，超级合金4%、金属钼制品6%、催化剂8%、其他化工产品（润滑剂、色素、净水剂、聚合物、气囊）7%。2009年美国钼消费量的75%用于钢铁和超级合金产品。

2009年世界不锈钢产量2160万t，比2008年的2735万t减少575万t，同比下降21.02%。据中国金属协会不锈钢分会的统计，中国2008年产量960万t，同比增长26.15%；2009年将超过1000万t。

据加拿大金属经济小组统计，2009年全球的钼消费量为18.4万t。据安泰科公司报道，2009年全球钼消费量为20.5万t。

中国、美国、德国、日本是世界钼消费大国。中国2009年的钼消费量为5.4万t。目前名列世界第一位。据《Mineral Commodity Summaries，2010》报道，2009年美国的钼消费量为1.9万t，视消费量为2.9万t，而2008年分别为2.09万t和3.61万t。

四、贸易和市场

根据2009年各国矿山产量和消费量可推算出，世界主要的钼净出口国为美国、中国、智利、秘鲁、加拿大、墨西哥和独联体的一些国家，其中美国可供净出口的钼产品约为2.95万t、智利约为3.49万t、中国约为4.84万t、秘鲁约为1.23万t。

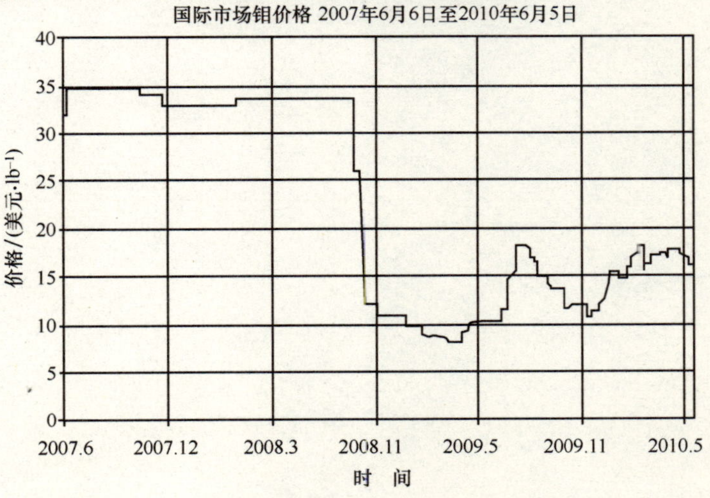

图1 国际市场钼价格

2008 年全球金融危机，全球钢铁需求大幅度下降，钼需求随之下降，最终导致国际市场钼价格暴跌。2008 年前三季度钼价格始终在 32.0 ~ 33.0 美元/lb 的高价位运行，10 月中旬价格突然暴跌，12 月底为 11.0 美元/lb。2009 年 2 月国际市场的价格跌破 10 美元/lb，最低为 8 美元/lb；5 月回升到 10 美元/lb，8 月回升到全年最高价 18 美元/lb，此后开始下跌至年底的 11.5 美元/lb（图 1）。

五、展　　望

从未来几年全球新建矿山的生产能力看，市场供应充裕。2008 年全球金融危机，未来 1 ~2 年内世界经济发展将处于低迷期。各国消费量大量增加的可能性不大。中国既是全球消费大国，亦是国际市场的供应大国，若中国矿山不能有效控制产量，国际市场价格将难以大幅度上涨。

长期看中国钢铁业转型，从大向强发展（不锈钢和合金钢产量逐步增长），无疑将是促使世界钼需求增长的主角。

主要参考文献

[1] World Metal Statistics，Mar. 2010

[2] Michael J. Magyar. Molybdenum. Mineral Commodity Summaries，2010

[3] Michael J. Magyar. Molybdenum. Mineral Commodity Summaries，2009

[4] World Molybdenum Mine Supply. Metal Economics Group—Strategic Report，2009，Vol. 22，No. 5

[5] 徐爱华 . 2010 年钨钼市场或波澜不惊 . 中国金属通报，2010，No. 17

钒

马 建 明

2009年世界钒的储量为1300万t（钒含量），2009年世界钒产量在连续多年增长后连续两年下降为54100t，南非、中国、俄罗斯及哈萨克斯坦是世界上4个最主要的钒生产国，其他少数国家还从使用过的催化剂、烟灰及石油残渣中回收钒。2008年和2009年世界钢产量的下降减少了钒的需求，国际市场钒的价格大幅下降。无论是从世界钒的产量还是世界钒的资源看，在可预见的未来，世界钒的需求保证都不成问题。

一、储量和资源

2009年世界钒的储量为1300万t（钒含量），世界钒资源总量超过6300万t。

世界钒资源主要分布于中国、南非、俄罗斯、美国（表1），此外，澳大利亚、新西兰、挪威、瑞典、芬兰、加拿大、印度等国也有少量钒资源。世界钒资源绝大部分来自于钒钛磁铁矿中，钒钛磁铁矿的储量很大，主要集中在南非、俄罗斯、中国、澳大利亚、芬兰、智利和印度。可供开发利用的钒资源除钒钛磁铁矿外，其他钒资源主要是存在于磷块岩矿床、含铀砂岩和粉砂岩中，其钒含量不超过2%。钒也存在于某些铝土矿和碳质岩石中，如煤炭、石油、油页岩及沥青砂等。北美和澳大利亚昆士兰州朱利亚克里克钒矿就是赋存在油页岩或沥青砂岩中，油页岩资源量42亿t，其V_2O_5含量为0.45%。

表1 2009年世界钒储量 单位：万t（钒含量）

国家或地区	储 量	国家或地区	储 量
中 国	500.0		
俄罗斯	500.0	其 他	—
南 非	300.0		
美 国	4.5	世界总计	1300.0

资料来源：Mineral Commodity Summaries，2010。

在巴西、智利、马来西亚有磁铁矿含钒。1991年，在加拿大艾伯塔，钒曾经被从沥青砂中提炼出来，它也有可能成为今后的一个来源。美国阿肯色州的铝粘土有可能再次成为钒的来源。委内瑞拉奥里诺科带超重质原油中含有钒。发电站燃烧油和石油焦产生的锅炉灰中含4.4%~19.2%的钒，这有可能从燃烧这种燃料的电力厂的锅炉灰和飘荡物中提取钒。

我国钒资源极其丰富，是全球钒资源大国。我国四川攀西地区蕴藏着极其丰富的钒钛磁铁矿资源，钒钛磁铁矿中钒的储量按五氧化二钒计算有1600万t，占全国的50%以上。目前已探明的钒钛磁铁矿近100亿t，远景储量300亿t。含钒石煤是我国特有的一种钒矿资源，主要形成于早寒武世地层，其V_2O_5含量多在0.1%～0.5%之间，含钒石煤开发利用前景巨大。

美国的钒矿资源和再生钒资源可以满足其国内一部分需求，其大部分钒的消费是依赖国外钒矿资源，因为美国国内钒矿资源的开发利用是不经济的。

铝土矿常含有少量的钒。拜耳法处理铝土矿时，在压煮器中苛性钠的作用下，约30%的钒也随铝进入浸出液中。当氢氧化铝从铝酸钠溶液中沉淀时，钒留在母液中，返回铝土矿的浸出作业，从而使钒在溶液中富集，但是钒在溶液中富集过多是有害的，所以必须用缓慢冷却或用通空气的方法使钒以淤泥形式沉淀除出。此淤泥含6%～20%的V_2O_5，可看成是钒的原料。

由于钒通常作为副产品回收，因此，前述钒的资源量是一个不完全的估计，实际钒的资源量更大，完全可以满足钒的需求。

二、生　　产

世界钒的产量在连续多年增长后，2008年、2009年连续两年下降，2009年产量为54100t，比2008年减少了4.1%。世界钒的供应几乎全部来自矿产钒，绝大部分是钒钛磁铁矿的副产品，少量钒还从使用过的催化剂、石油残渣、粉煤灰中回收。世界钒的主要生产国包括南非、中国、俄罗斯、哈萨克斯坦、日本和美国等，其中，南非、中国、俄罗斯和哈萨克斯坦是世界上四大矿产钒生产国（表2），美国和日本是仅有的两个从石油残渣中回收钒的国家。

表2　世界钒产量　　单位：t（钒含量）

国家或地区	2005年	2006年	2007年	2008年	2009年
南　非	22601	23780	23486	20295	17000
中　国	17000	17500	19000	20000	21000
俄罗斯	15100	15100	14500	14500	14500
哈萨克斯坦	1000	1000	1000	1000	1000
澳大利亚	100	—	—	—	—
日　本	—	—	560	560	560
世界总计	56400	57900	58500	56400	54100

资料来源：Minerals Yearbook，2009。

钒的主要用途是作为铁、钢及钛合金中的微量元素，当这些合金被回收利用时，其中的钒则不能被提取出来再生利用，况且钒钢只占钢产量很少一部分。只有很少量的钒基催化剂可以再生回收利用钒。以目前世界钒的消费量和储量基础，世界钒资源可以保证下一个世纪的需求，这还不包括从石油残渣、冶炼烟尘、矿渣、使用后的催化剂中可回收的钒，考虑到这个因素，世界钒资源的需求保证年限将更长。

南非的钒产量一直居世界第一，是世界钒市场第一大供应国，2009 年其钒产量为 17000t，与上年相比产量有所下降，约占世界钒产量的 31.4%。南非钒产品包括钒渣、五氧化二钒、钒化学品、钒铁合金及氮化钒。南非最大的也是世界钒产量最大的公司是海威尔德钢钒公司（Highveld Steel & Vanadium Corp.），其次是斯特拉特合金公司（Xstrata Plc.），万车木钒业公司（Vanchem Vanadium Products Pty Ltd.），瓦米特科矿产公司（Vametco Minerals Corp.），艾乌拉兹集团公司（Evraz Group）。

中国的钒产量与南非并列第一，2009 年产量为 21000t，约占世界钒产量的 38.8%。攀枝花钢铁（集团）公司仍然是中国最大的钒生产公司，其次是承德钢铁公司。近年中国钢铁工业持续发展，尤其是钒钛磁铁矿的开采和生产能力的增加，使钒矿山产量一直保持稳定增长。攀枝花新钢钒公司完成了其攀红钒厂的扩建，其五氧化二钒生产能力将增加到年产 1.8 万 t，钒铁合金生产能力增加到年产 9000t，将成为世界上生产能力最大的钒厂。由于环境污染造成当地皮肤病传播，位于湖北省的 4 家没有生产许可证的钒厂被关闭，钒的生产对环境造成的污染应引起足够的重视。

俄罗斯为世界第三大钒生产国，2009 年钒产量 14500t，约占世界钒总产量的 26.8%，其最大的公司为 Tula 公司。主要生产公司还包括卡奇卡纳铁矿采矿联合公司（Kachkanar iron Mining Complex）、丘索夫和妮尼下塔吉尔公司（Chusovoy and Nizhniy Tagil Plants）和图拉车米特钒业公司（Vanadii – Tulachermet）。

哈萨克斯坦是世界第四大钒生产国，2009 年钒产量 1000t，约占世界钒产量的 1.8%，近年来哈萨克斯坦的钒产量一直稳定在 1000t 的水平上，主要生产公司为合资的英属维尔京群岛铁合金资源公司（British Virgin Islands – based Ferro – Alloy Resources，Ltd.）。

美国钒主要生产公司是 Vametco Alloys 公司和战略金属集团公司（Stratcor），从使用后的催化剂、石油残渣和生铁矿渣中回收钒。Vametco Alloys 公司五氧化二钒年生产能力 3800t。落矶资源公司（Rocky Mountain Resources Corp.）在内华达正在进行钒矿勘查，该钒矿项目可年采矿石 200 万 t，年产五氧化二钒 840 万 lb，可开采 9.5 年，这是北美地区唯一生产矿产钒的钒企业。

日本主要从使用后的直接脱硫的催化剂和石油残渣中回收钒生产钒铁合金，主要公司为日本钢铁工程材料公司（JFE Material Co.，Ltd.）。

世界钒的生产非常集中，艾乌拉兹集团公司（Evraz Group）、斯特拉塔公司（Xstrata Plc.）、攀枝花新钢钒公司、承德新新钒钛有限公司四家公司控制了世界钒供应量的 2/3。南非、中国和俄罗斯的钒产量占了世界钒产量的 85%。由于南非电力短缺，影响了其钒的生产，如果南非电力短缺进一步发展，将增加其钒的生产成本，推高市场价格。同时由于在中国钒一直被看做是战略物资，中国向国际市场供应的钒数量呈减少趋势。中国政府多部门协同整顿规范那些小规模的低效率的矿山。中国矿产政策制定者已经开始限制钒的开采以保护钒矿资源。

在目前世界钒生产集中的情况下，消费者或许会从钒的多种多样供应来源中受益。目前这种世界钒的生产过于集中的现状阻碍了钒矿山的投资。世界钒的市场需求不足 70000t，目前钒生产能力过剩，新建钒矿项目的投产没有规范生产的心态，将很容易打破市场的供需平衡。而且，新建钒矿山还需要与钒渣的转换进行直接竞争。与新建钒矿山相比，钒渣转换的产能正在趋于下降，中国有相当数量的含钒铁渣未被回收利用，因而，新建钒矿山没有太大的竞争力。

在未来钢铁生产中钒的需求增长以及钒电池的前景看好的刺激下，一些新的勘查公司正在进入钒矿开发利用领域。瑞德资源有限公司（Reed Resources Ltd.）对在澳大利亚西部的巴拉姆比（Barrambie）钒矿项目进行了最终可行性研究。该矿初步探明储量3970万t矿石量，含$V_2O_5$0.82%，远景储量6500万t，含$V_2O_5$0.82%，该矿年产矿石量320万t，矿山寿命12年。

中国钒业公司最近在陕西大全的钒矿项目完成了矿产普查工作。陕西大全钒矿项目探明储量3770万t，含$V_2O_5$0.82%，可开采20年，预计总共可生产5.06亿磅钒。伊呐吉泽资源公司（Energizer Resources Inc.）在马达加斯加的绿巨人（Green Giant）钒矿项目，目前正在进行勘查，该项目很有前景。阿培拉资源公司（Apella Resources Inc.）在加拿大魁北克对Iron－T钒矿项目进行普查找矿。

表3 当前世界主要钒矿项目

所属公司	项目名称	所在国家	生产能力 钒/（$t \cdot a^{-1}$）	状 态
Mineral Resources Ltd. Atlantic Ltd.	Windimurra	澳大利亚	5650	停 建
Largo Resources	Maracas	巴 西	4520	可行性研究完成
Aurox Resources	Balla Balla Phase II	澳大利亚	5600	可行性研究完成
Reed Resources	Barrambie	澳大利亚	6160	可行性研究完成
中国钒业公司	大全	中 国	<8850	完成经济评价
Adriana Resources	Mustavaara	芬 兰	—	普查找矿
Apella Resources	Lac Dore	加拿大	—	普查找矿
Baobab Resources	Tete	莫桑比克	—	普查找矿
Energizer Resources	Green Giant	马达加斯加	—	普查找矿
TNG Ltd.	Mount Peake	澳大利亚	—	普查找矿
Yellow Rock Resources	Gabanintha	澳大利亚	—	普查找矿

三、消　　费

钒以钒铁合金（及其他钒合金）、钒化合物和金属钒的形式广泛应用于冶金、宇航、化工等工业部门。大约95%的钒用于冶炼合金钢和钒钛合金，其余5%用于化学工业。随着世界钢产量增长，特别是中国钢产量的大幅增长，世界钒的消费量相应增长。

钒在钢铁工业中主要用作合金添加剂，是许多钢材和一些钛合金的重要成分，通过添加钒，就可以提高钢的强度，韧性和其他性能。碳素钢和高强度低合金钢是钢铁工业中钒用量最大的钢种，占钢铁工业钒用量的60%以上，其次是工具钢。由于钒钢具有强度大、韧性、耐磨性、耐腐蚀性好的特点而广泛应用于输油（气）管道、建筑、桥梁、钢轨、压力容器、车厢架等生产建设中，目前各种含钒钢的应用范围越来越广。用其他元素代替钒在合金钢中应用目前进展不大。

钒是建筑用钢中使用最广泛的强化元素，它不仅可以在轧态产生强化作用，热处理态强化作用仍然存在。它是钢筋中最有效的强化元素。它还用于强化结构用型钢和无缝钢管、桥梁用钢板、防火和抗震钢。

钒在有色金属合金中的应用主要体现在钒钛合金、钛铝钒合金上，含钒有色金属合金的主要使用部门是宇航和核工业。钒在钒钛合金中具有不可替代的作用，钒钛合金主要用于飞机机身到飞机发动机以及石化与脱盐工厂。

钒在化学工业中的应用主要是作催化剂，化学工业中五氧化二钒的主要用途是在硫酸和石化生产中作催化剂（也可用钒酸铵和钒酸钠）。柴油发动机催化转换器也采用含钒催化剂。钒催化剂具有特殊的活性，其他元素难以代替。随着化学工业的迅速发展，钒作为催化剂的重要性将更加显现出来。催化剂是钒在非冶金方面最大的用途。

钒在陶瓷、玻璃和颜料中也广泛应用，钒在陶瓷工业上用作颜料（称作陶瓷颜料），在玻璃中添加五氧化二钒（含量0.02%）可以消除对眼睛有伤害和造成织物褪色的高能超紫外线，钒在颜料中可作为添加剂。五氧化二钒和钒化合物主要用于玻璃与陶瓷工业的着色剂、硫酸和石油化工生产用的催化剂。

钒在21世纪将发挥越来越大的作用，主要包括用于能源方面、高速度氧炔焊的钒钢、在未来发电厂的应用、大容量的能源储存系统、聚变反应堆、为飞机提供超轻、超强的复合合金、为飞机引擎部件提供金属基质复合材料、钒高碳灰铸铁用于制动盘和制动鼓等。

中国、日本、美国、俄罗斯、德国、韩国等国是世界上主要的钒消费国。

近年来清洁能源技术的采用再一次获得市场的关注。钒这种关键的金属在清洁电池方面的应用一直备受关注。然而随着新型电池的加快开发应用，目前还不能确定钒在电池方面的应用增长会对钒的市场产生多大的影响。而实际上在可预见的未来，钒的需求仍然取决于钢铁工业的健康发展。钒可用于新一代电池生产，但其大规模的商业应用的可行性还有待证实。钒氧化还原流电池（VRB），是一项20年前的发明，在固定电源制造中再次得到应用，这一电池技术在风机发电和太阳能板的储藏再生电能方面将发挥重要作用。

钒氧化还原流电池（VRB）可以在短时间内释放大陆大量电能，并可多次反复充电，这一特点非常重要且不同于其他电池用金属。钒氧化还原流电池（VRB）可以解决某些电池业的技术难题。在电动机动车含钒电池的应用研究正在进行中。锂钒磷酸盐电池在安全性能和使用寿命上胜过锂镍电池，汽车工业也在研发锂钒磷酸盐电池。氧化还原流技术的变化在电动汽车中应用研发也在进行中。

电池的成本太高是阻碍电动汽车发展的主要问题，目前电动汽车电池的平均成本是每千瓦小时1000美元。即使有政府的补贴和伪造账目，电动汽车仍然比内燃发动机汽车高出很大的额外费用。尽管清洁电能技术在研发，但是如果想象未来钒将大量用于民用电力设施和电动汽车还太早。

近年来，世界钒的使用强度在逐步提高。中国要求使用更高强度的钢筋以保证基础设施可以经受住自然灾害和人为的破坏，这是为应对2008年四川地震的政策反应之一。中国的钢铁厂正在生产更多的特种钢，其中包括钒钢，以提高钢铁产品在国内外市场的附加值。由于这个原因，未来世界钒的需求增长速度将超过钢需求增长的速度。未来5年全球钒的需求增长速度预计平均约为6.5%。

由于经济的持续高速增长和钢铁行业的快速发展，中国目前已成为世界最大的钒消费国，2008 年消耗 V_2O_5 约 2.3 万 t，占国内总产量的 56%，西欧、亚洲其他国家和北美分别占世界钒消费量的 21%，20% 和 17%。

冶金用途的钒消费量在美国占统治地位，约占其钒消费量的 94%。非冶金用途包括催化剂、陶瓷、电子设备、钒化学品等。2008 年美国钒的消费量约为 5090t，比上年略有增长，绝大部分的钒是以钒铁合金的形式用于钢铁工业生产合金钢。

四、贸易和市场

在世界钒的贸易中，主要出口国有南非、中国、俄罗斯、哈萨克斯坦、澳大利亚、加拿大、捷克等；主要进口国包括美国、日本、韩国、德国、奥地利、比利时和卢森堡等国。南非的钒产品绝大部分供出口，主要出口到西方国家，约占西方国家市场份额的 60%。由于北美地区钒的消费量远大于其产量，这使得北美地区成为世界最重要的钒的净进口地区。

2009 年中国出口五氧化二钒 4297t，钒铁合金 2504t，与 2008 年相比出口量大幅减少。中国钒产品主要出口到韩国、日本、荷兰、德国、美国、巴西、沙特阿拉伯、俄罗斯和加拿大。此外，中国每年还从南非、新西兰和俄罗斯进口大量的含钒炉渣。

中国是五氧化二钒和钒铁合金的净出口国，虽然量不是很大。在 2009 年上半年除中国外其他国家钒的需求增长实际上已经停止，中国钒的出口量很小，对国际市场没有什么实质性的影响。2010 年 1 月世界钒的需求开始恢复性增长，五氧化二钒的价格增长到 6.35 美元/lb，未来数年世界钒的需求会缓慢增长。

钒主要用于冶金合金钢生产，在 2008 ~ 2009 年钒的价格调整之前，多年来其生产能力投资不足。钒经历了大约 20 年的平稳的市场供需历史。但是从 2002 年开始，钒的市场供需状况发生了重大变化。在生产不足和需求增长的市场供需形势下，五氧化二钒的价格从 2002 年平均 1.34 美元/lb 上升到 2008 年的 13.53 美元/lb。

2008 年来世界金融危机使钒市场供需发生了急剧变化，钢铁需求下降，相对于其他金属，这些变化对钒产生了更持续的影响。五氧化二钒的价格从 2008 年 6 月 17.66 美元/lb 的顶峰下降到 2009 年 5 月的 4.06 美元/lb，下降了 77%，是近 5 年来的最低。

五、展　　望

由于大约 90% 的钒用于冶金工业，世界钒的需求在很大程度上仍然取决于世界钢产量的增长，尤其是钒钢的增长。由于世界钢产量下降，钒的需求也在下降，从而导致钒在国际市场上供过于求，世界钒的生产者不同程度地在削减产量，但库存仍在增加，世界钒的需求什么时候能够恢复增长仍然取决于世界钢产量的增长程度。从主要消费国家看，随着中国钢产量的迅猛增长，中国将成为世界最主要的钒消费国家之一，中国钒的消费量还有很大的增长空间。中国高强度钢筋产量的不断增长将大大增加未来钒和铌的消费，美国含钒高强度钢材和特种钢的需求强烈增长。另一方面，由于钒的一些新用途，如钒氧化还原流电池的迅速发展，也会增加钒的需求。钒铌之间的相互替代取决于钒铌的价格比较的优势，钒在航空航天方面的应用也在不断增长，在汽车工业、高速钻探、发电站及轨道列车方面的应用有新的进展。

随着世界经济的逐渐好转以及钢产量的逐步恢复，市场对钒的需求也将开始回升，特别是近几年来，中国逐渐加强高强度螺纹钢的生产，将继续刺激对钒的需求。2008 年中国吨钢中钒的添加量平均为 0.025kg，远低于北美和西欧地区的平均水平。如果中国生产的钢材中的钒用量达到北美水平，那么每年将会增加约 5.4 万 tV_2O_5 的需求，这几乎相当于 2008 年世界钒产量的一半，表明市场对钒的需求还有很大空间。但另一方面，世界钒的生产还未达到饱和，仍有较大的生产潜力可挖。尤其是随着我国开始加强对含钒炭质页岩的环境友好型开发利用，我国钒的产量将会持续稳步增加，全球钒的生产也将能满足各行业对钒的需求。在未来较长的一段时间内，全球钒的供需将保持平衡，五氧化二钒和钒铁的价格也将保持相对稳定，估计将会与 2006 年和 2007 年的价格相当。

未来钒在电池方面的应用前景看好，但是钒价的提高仍然是取决于钒在钢铁工业方面需求的恢复性增长。一旦世界经济恢复增长，单位钢产量钒的消费量增加将大大提高世界钒的需求。

主要参考文献

[1] U. S. Geological Survey. Vanadium. Mineral Commodity Summaries，2010

[2] Désirée E. Polyak. Vanadium. U. S. Geological Survey，Minerals Yearbook，2008

[3] Douglas Horn. Vanadium：Going Green. Mining Journal，February 19，2010

[4] 中国钒网（http：//www. cnvana. com/）

[5] Vanadium International Technical Committee（国际钒技术委员会），http：//www. vanitec. org/pages/ch/

[6] 包申旭，张一敏，刘涛，陈铁军．全球钒的生产、消费及市场分析．中国矿业，2009 年，第七期

[7] Thomas R. Yager. The Mineral Industry of South Africa. U. S. Geological Survey Minerals Yearbook，2008

[8] Richard M. Levine. The Mineral Industry of Kazakhstan. Mark Brininstool，Glenn J. Wallace. U. S. Geological Survey Minerals Yearbook，2007

铜

张　苺

世界铜储量丰富，可供未来新建的矿山多，且成本低廉，完全可以满足长期市场需求。在中国市场强劲需求的支撑下，2009 年铜消费量仍然呈增长态势，国际市场铜的价格回升。

一、储量和资源

2009 年世界铜储量为 54000 万 t，2008 年储量基础为 100000 万 t（表 1）。与 2008 年相比，储量增加较多的国家为秘鲁，减少较多国家有波兰、印度尼西亚、加拿大等。美国地质调查局出版的“Mineral Commodity Summaries，2010”中未公布 2009 年的储量基础数据。

表 1　2008 ~ 2009 年世界铜储量和储量基础　　单位：万 t（铜）

国家或地区	储量			储量基础
	2008 年	2009 年	2009 年较 2008 年增减比例/%	2008 年
智　利	16000	16000	0	36000
美　国	3500	3500	0	7000
秘　鲁	6000	6300	0	12000
波　兰	3000	2600	-13.33	4800
印度尼西亚	3600	3100	-13.89	3800
墨西哥	3800	3800	0	4000
中　国①	3000	3000	0	6300
澳大利亚	2400	2400	0	4300
俄罗斯	2000	2000	0	3000
赞比亚	1900	1900	0	3500
哈萨克斯坦	1800	1800	0	2200
加拿大	1000	800	20.00	2000
其　他	7000	7000	0	11000
世界总计	55000	54000	1.82	100000

注：①为美国地质调查局估计数；世界总计取整数。

资料来源：Mineral Commodity Summaries，2009、2010。

铜储量广泛分布在世界各个国家或地区，其中储量最多的国家是智利和秘鲁，2009 年两国合计分别占世界铜储量的 41.3%。其他储量较多的国家还有美国、墨西哥、印度尼西亚、中国、波兰、赞比亚、俄罗斯、加拿大、澳大利亚、哈萨克斯坦、刚果（金）和菲律宾等。

据美国地质调查局估计，2008 年世界陆地铜资源量为 30 亿 t，深海底和海山区的锰结核及锰结壳中的铜资源量为 7 亿 t，它们主要分布在太平洋。另外，洋底或海底热泉形成的贱金属硫化物矿床中也含有大量的铜资源。

世界上铜矿类型繁多，目前已发现和查明的主要类型有斑岩型、砂页岩型、黄铁矿型和铜镍硫化物型四大类，它们分别占世界总储量的 55.3%，29.2%，8.8% 和 3.1%，合计占世界总储量的 96.4%；其他次要类型占 3.6%。

2009 年世界铜储量占陆地铜资源量的 18%，全球铜的勘查潜力仍较大。

二、生　　产

2009 年全世界铜矿山产量 1583.85 万 t，比 2008 年增长 1.99 %，总产量增加 30.95 万 t，各国或地区产量增减详情见表 2。

表 2　世界铜矿山产量　　单位：万 t（铜）

国家或地区	2007 年	2008 年	2009 年	2009 年较 2008 年增减比例/%
智　利	555.70	533.03	538.96	1.11
美　国	116.80	133.00	124.84	-6.14
秘　鲁	119.03	126.79	127.47	0.54
印度尼西亚	78.89	65.05	97.02	49.15
中　国①	92.80	93.08	96.15	3.30
澳大利亚	87.10	88.60	85.90	-3.05
俄罗斯	77.00	78.48	74.24	-5.40
加拿大	59.62	60.70	49.45	-18.53
赞比亚	52.40	56.70	56.11	-1.04
波　兰	45.20	42.94	43.90	2.24
哈萨克斯坦	40.65	41.99	40.59	-3.33
墨西哥	33.75	24.66	23.84	-3.33
伊　朗	24.92	25.48	25.48	0.00
巴　西	20.57	21.57	21.37	-0.93
刚果（金）	14.46	23.92	37.68	57.53
巴布亚新几内亚	16.92	15.97	16.67	4.38
阿根廷	18.02	15.69	14.31	-8.80
蒙　古	13.32	12.94	13.23	2.24
保加利亚	10.27	10.89	10.71	-1.65
南　非	10.64	11.78	11.61	-1.44
乌兹别克斯坦	10.35	10.35	8.00	-22.71
葡萄牙	9.02	8.90	8.65	-2.81
瑞　典	6.29	5.77	5.46	-5.37
其　他	40.21	44.00	52.21	18.66
世界总计	1553.93	1552.90	1583.85	1.99

注：①据《有色金属工业统计资料汇编》，2009 年中国铜矿山产量为 104.45 万 t。

资料来源：World Metal Statistics，Mar. 2010。

表3　世界精炼铜产量　　单位：万 t（铜）

国家或地区	2007 年	2008 年	2009 年	2009 年较 2008 年增减比例/%
智　利	293.65	306.03	327.15	6.90
中　国[①]	349.94	377.93	410.95	8.74
美　国	132.60	128.00	118.66	-7.30
日　本	157.68	153.98	143.98	-6.49
俄罗斯	92.33	91.30	92.64	1.47
印　度	71.86	66.92	72.14	7.80
德　国	66.55	68.89	67.31	-2.29
赞比亚	52.20	61.19	69.79	14.05
韩　国	58.25	53.60	53.50	-0.19
波　兰	53.30	52.68	50.25	-4.61
澳大利亚	44.20	50.30	44.60	-11.33
加拿大	45.35	44.21	33.59	-24.02
秘　鲁	41.39	46.39	42.34	-8.73
哈萨克斯坦	40.61	39.84	36.81	-7.61
比利时	39.40	39.58	36.66	-7.38
墨西哥	37.84	30.98	31.37	1.26
西班牙	27.17	27.71	29.44	6.24
瑞　典	21.39	22.78	20.58	-9.66
巴　西	21.84	22.78	20.41	-10.40
伊　朗	21.78	21.00	21.00	0.00
菲律宾	16.02	17.46	18.00	3.09
芬　兰	10.98	12.60	10.16	-19.37
南　非	11.57	9.49	9.43	-0.63
乌兹别克斯坦	11.50	11.50	8.00	-30.43
土耳其	10.03	8.91	2.89	-67.56
其　他	73.50	82.16	87.91	7.00
世界总计	1802.93	1848.21	1859.56	0.61

注：①据《有色金属工业统计资料汇编》，2009 年中国精炼铜产量为 405.13 万 t。

资料来源：World Metal Statistics，Mar. 2010。

产量最多的国家是智利，其产量占世界总产量的 34%。美国、秘鲁、澳大利亚、中国、俄罗斯、印度尼西亚等国家的产量在 70 万～120 万 t 之间，六国产量合计约占世界总产量的 38%。其次是加拿大、波兰、哈萨克斯坦和赞比亚等国家，产量在 40 万～60 万 t 之间，四国产量合计约占当年世界总产量的 12%。

主要增加产量的矿山有：印度尼西亚 Grasberg 铜金矿（25.12 万 t）；刚果（金）Frontier（Lufua）铜矿（1.21 万 t），Kamoto 铜钴矿（2.57 万 t），Ruashi/Etoile 铜矿（1.83 万 t），Tenke Fungurume 铜钴矿（7 万 t）；智利 Collahuas 铜矿（7.77 万 t），Gaby

Sur 铜矿（8 万 t），Codelco Norte 铜矿（12 万 t）；澳大利亚 Prominent 多金属矿（9.63 万 t）；美国 Bingham Canyon 铜矿（6.65 万 t）；赞比亚 Lumwana 铜矿（10.14 万 t）。

主要减少产量的矿山有：美国 Chino 铜矿（5 万 t），Morenci 铜矿（10.6 万 t），Pinto Valley Copper Mine（4.61 万 t）；澳大利亚 Ernest Henry 铜金矿（7.5 万 t），Olympic Dam 多金属矿（4 万 t）；智利 Escondida 铜矿（14.6 万 t）；加拿大曼尼托巴和安大略省的镍/铜矿（7.37 万 t）。

据加拿大金属经济小组（Metals Economics Group，2009）报道，2011～2016 年全球计划开发的大型铜矿山 20 座，它们的建设总投资 378.23 亿美元，资源储量合计 1.22 亿 t，可新建铜生产总能力 340 万 t/a，铜的平均经营成本 0.58 美元/lb（折合 1277.53 美元/t）。这些矿山是：秘鲁的 Rio Blanco，Galeno，Tromocho，Quellaveco，Los Chancas，Tia Maria Mina，Justa 和 Constancia；智利的 El Morro；阿根廷的 El Panchon；巴西的 Salobo；巴拿马的 Petaquilla；加拿大的 Schaft Creek 和 Prosperity；美国的 Rosemont；墨西哥的 El Arco；蒙古的 Oyu Tolgoi；菲律宾的 Tanpakan；泰国的 Puthep；巴布亚新几内亚的 Yandera。未来 5 年内秘鲁铜矿山产量将快速增加。

2009 年世界精炼铜产量为 1859.56 万 t，比 2008 年增长 0.61 %。各国产量增减详情见表 3。精炼铜产量增加较多的国家有：智利、中国、印度、赞比亚、西班牙；产量减少较多的国家有：美国、澳大利亚、日本、加拿大、秘鲁、哈萨克斯坦、比利时、瑞典、巴西、芬兰、乌兹别克斯坦、土耳其。

精炼铜主要生产国有：中国、智利、日本、美国和俄罗斯，五国的产量合计约占 2009 年世界总产量的 59%。印度、德国、赞比亚、韩国、波兰、澳大利亚、加拿大、秘鲁、哈萨克斯坦、比利时、墨西哥、西班牙、瑞典、巴西和伊朗等国家，产量在 20 万～70 万 t 之间，它们的产量合计约占世界总产量的 34%。

在精炼铜生产中，溶剂萃取电积（SX—EW）铜生产技术已较成熟，应用此法生产铜成本低，产品具有市场竞争力，最低生产品位已达 0.1%。2009 年产量 305.61 万 t，同比增长 3.14%（表 4），产量约占世界精炼铜总产量的 16%。世界上已有 12 个国家用此法生产铜，其中产量最大的是智利和美国，分别占其本国同年精炼铜产量 64.6% 和 40.4%。中国近年来才开始用此法生产铜，2008 年产量约 10 万 t。目前正在建设的西藏玉龙铜矿、黑龙江多宝山铜矿、福建紫金山铜矿都将使用溶剂萃取电积（SX—EW）铜生产技术。预计未来几年中国的溶剂萃取电积（SX—EW）铜产量将会大幅度增加。

表 4 世界溶剂萃取电积（SX—EW）铜产量 单位：万 t（铜）

国家或地区	2007 年	2008 年	2009 年	2009 年较 2008 年增减比例/%
智 利	183.21	197.37	211.24	7.03
美 国	50.40	50.78	47.97	-5.53
秘 鲁	17.21	16.01	16.18	1.06
墨西哥	8.12	8.24	8.24	0.00
赞比亚	6.00	6.00	6.00	0.00
老 挝	6.25	6.41	6.76	5.46

续表

国家或地区	2007 年	2008 年	2009 年	2009 年较 2008 年增减比例/%
澳大利亚	4.21	5.30	2.30	-56.60
刚果（金）	2.54	4.09	4.72	15.40
伊　朗	0.30	0.30	0.25	-16.67
蒙　古	0.30	0.26	0.25	-3.85
缅　甸	1.51	0.69	0.92	33.33
加拿大	0.15	0.16	0.08	-50.00
其　他	0.77	0.69	0.70	1.45
世界总计	280.97	296.30	305.61	3.14

资料来源：World Metal Statistics，Mar. 2010。

表 5　世界废铜回收量　　单位：万 t（铜）

	国家或地区	2007 年	2008 年	2009 年
再生精炼铜产量	德　国	36.4	38.9	38.9
	美　国	4.6	5.3	5.5
	比利时	9.6	11.3	11.3
	加拿大	4.6	4.2	3
	中　国	113.6	136	136
	日　本	24.5	25.9	24.4
	韩　国	7	7	7
	俄罗斯	16	16	16
	其　他	34.9	37.4	34.6
	总　计	251.2	282.0	276.7
直接利用厂家废料生产的精炼铜产量	美　国	88.7	81.6	0
	日　本	104	97.6	74.3
	意大利	48.2	48.2	48.2
	德　国	23.4	23.4	23.4
	英　国	12	12	12
	其　他	72.1	72.1	72.2
	总　计	348.4	334.9	230.1
世界废铜总回收量		599.6	616.9	506.8

资料来源：World Metal Statistics，Mar. 2010。

相对于其他金属来说，市场铜价较高，回收废铜成本低廉，世界上工业发达国家历来都很重视废铜的回收。2009 年世界回收的铜废料共计 506.8 万 t，比 2008 年下降 17.8%（表 5），产量约占同年世界精炼铜总产量的 27%。废铜按其回收来源分为两种，其一为社会上回收废铜的再生铜产量 276.7 万 t，占世界精炼铜总产量的 14.9%；其二为铜加工厂的切削废料的再生铜产量230.1万t，占世界精炼铜总产量的12.4%。2009年日本回收123.5万t，约占其同年精炼铜产量的86.67%；德国回收62.3万t，约占其同年精炼铜产量的93%；美国回收86.9万t，约占其同年精炼铜产量的73%。

三、用途和消费

2009年世界精炼铜消费量为1834.94万t，比2008年增长1.37%。各国消费量增减详见表6。消费量增加较多的国家有：中国、韩国、印度、墨西哥；消费量减少较多的国家或地区有：美国、日本、德国、中国台湾、法国、意大利、英国、巴西、加拿大、土耳其、俄罗斯、泰国。

表6 世界精炼铜消费量 单位：万t（铜）

国家或地区	2007年	2008年	2009年	2009年较2008年增减比例/%
美 国	212.30	202.10	170.56	-15.61
日 本	125.19	118.44	87.59	-26.05
中 国①	486.34	513.36	714.41	39.16
德 国	139.18	139.81	111.84	-20.01
韩 国	85.56	81.51	93.61	14.84
中国台湾	60.30	58.23	49.36	-15.23
法 国	36.50	37.91	21.48	-43.34
意大利	76.36	63.47	52.96	-16.56
英 国	4.15	4.29	0.64	-85.08
比利时	31.00	31.00	30.00	-3.23
巴 西	33.04	38.17	32.42	-15.06
波 兰	30.05	24.24	22.05	-9.03
墨西哥	34.46	31.80	33.70	5.97
加拿大	20.60	19.69	14.21	-27.83
西班牙	27.97	27.03	26.66	-1.37
土耳其	39.07	36.51	31.83	-12.82
澳大利亚	14.79	15.39	13.05	-15.20
俄罗斯	68.78	71.74	46.21	-35.59
印 度	51.61	51.54	56.44	9.51
马来西亚	22.44	22.44	22.44	0.00
瑞 典	17.95	17.89	15.91	-11.07
泰 国	20.64	25.55	21.56	-15.62
沙特阿拉伯	15.96	15.96	15.96	0.00
其 他	156.62	162.14	150.05	-7.46
世界总计	1810.86	1810.21	1834.94	1.37

注：①据《中国矿产资源年报》，2009年中国视消费量约744万t。

资料来源：World Metal Statistics，Mar. 2010。

世界上铜消费量最大的国家或地区是中国、美国、日本和德国。2009 年四国的消费量合计 1084.4 万 t，约占世界总消费量的 59%。俄罗斯、韩国、中国台湾、意大利、印度属第二集团，其消费量合计 298.58 万 t，约占世界总消费量的 16%。法国、比利时、巴西、波兰、墨西哥、西班牙、土耳其、马来西亚和泰国等国家或地区的年消费量均在 20 万 t 以上，它们的消费量合计 242.14 万 t，约占世界总消费量的 13%。

铜的消费结构一直较稳定。2008 年美国铜的消费构成为建筑业 50%，电器和电子工业 21%，工业机械和设备 8%，运输设备 11%，日用消费品 10%。

四、贸易和市场

2009 年世界各种铜矿产品贸易的出口总量为 1390.14 万 t，比 2008 年减少 14.62 万 t，同比下降 1%。其中：铜精矿 504.4 万 t（金属量），同比下降 6.4%；粗铜 70.63 万 t（金属量），同比下降 13.8%；精炼铜 815.11 万 t，同比增长 3.99%。

出口铜精矿较多的国家有：智利、加拿大、澳大利亚、印度尼西亚、蒙古、阿根廷、秘鲁和巴布亚新几内亚等；出口精炼铜较多的国家有智利、秘鲁、加拿大、俄罗斯、日本、澳大利亚、赞比亚和哈萨克斯坦等。可见世界上主要出口铜的国家有：智利、秘鲁、加拿大、澳大利亚、印度尼西亚、俄罗斯、赞比亚和哈萨克斯坦等。

2009 年世界各类铜矿产品贸易的进口总量为 1351.25 万 t，比 2008 年增加 85.97 万 t，同比增长 6.79%；其中：铜精矿 494.07 万 t（金属量），同比下降 0.39%；粗铜 76.44 万 t（金属量），同比下降 17.36%；精炼铜 780.74 万 t，同比增长 15.36%。

进口铜精矿的主要国家或地区有：日本、中国、西班牙、德国、韩国和加拿大等；进口精炼铜的主要国家或地区有：美国、法国、德国、意大利、英国、中国、日本、韩国和中国台湾等。

2009 年底，世界铜库存总量达 107.6 万 t，比 2008 年底增加 26 万 t，同比增长 31.9%（表 7）。

表 7　世界铜库存量　　单位：万 t（铜）

年　份	2005 年	2006 年	2007 年	2008 年	2009 年
世界金属交易所总库存量	15.6	25.3	23.8	39.0	68.8
		45.1			
各国库存量	39.1		42.8	42.6	38.8
世界商业总库存量	54.7	70.3	66.6	81.6	107.6

资料来源：World Metal Statistics，Mar. 2010。

2008 年国际市场铜价再度逐月上扬，4 月份的最高价格略高于 2006 年 5 月的 8800 美元/t，当月平均价 8684.93 美元/t，为全年月平均价的最高值。此后价格小幅下降，7 月以后价格开始大幅度快速下跌，12 月份的平均价格为 3071.98 美元/t。2008 年平均价为 6989 美元/t，同比下降 1.82%。2009 年国际市场铜的平均价格为 5149.74 美元/t，比 2008 年下降 25.97%。2009 年 2 月国际市场铜的平均价格为 3314.73 美元/t，此后逐月上涨，12 月的平均价格为 6981.71 美元/t（表 8，图 1）。

表8　伦敦金属交易所铜价格　　单位：美元/t

年　份	年平均	月　份	月平均
2002	1557.50	2009年2月	3314.73
2003	1779.87	2009年3月	3749.75
2004	2868.34	2009年4月	4406.55
2005	3683.64	2009年5月	4568.63
2006	6730.60	2009年6月	5013.95
2007	7126.35	2009年7月	5215.54
2008	6955.88	2009年8月	6165.30
2009	5149.74	2009年9月	6196.43
		2009年10月	6287.98
		2009年11月	6675.60
		2009年12月	6981.71

资料来源：World Metal Statistics，Mar. 2010。

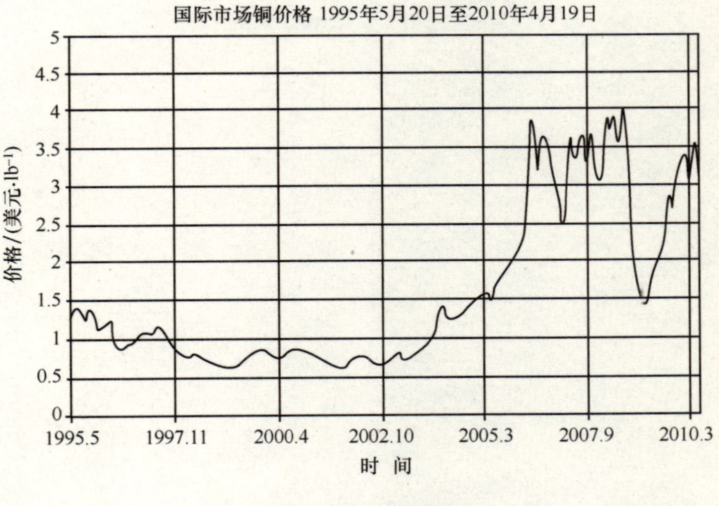

图1　国际市场铜价格

2008年美国爆发金融危机席卷全球，导致国际市场铜矿产品供需形势发生了逆转，需求迅速下降，国际市场铜供需再度失衡，价格暴跌。2009年中国和美国政府向市场大量投放货币，促进经济复苏，以及中国政府大量增加铜的储备，增加全球的铜需求，使市场价格得以回升。

五、展　　望

世界铜储量丰富，可供未来建设的矿山多。秘鲁的铜产量将快速增长。2009年中国和美国政府向市场大量投放货币，促进经济复苏，在中国市场强劲需求的支撑下，铜消费量仍然呈增长态势。从长期看，中国经济仍将持续高速发展。未来世界铜业的发展仍然离不开中国和印度等新兴经济体的支撑。

主要参考文献

［1］World Metal Statistics，Mar. 2010

［2］Daniel L. Edelstein. 2009. Copper. Mineral Commodity Summaries

［3］Daniel L. Edelstein. 2010. Copper. Mineral Commodity Summaries

［4］Metals Economics Group——Strategic Report，2009. Vol. 22，No. 5

铅

奚 牲

世界铅资源丰富，2009 年世界已查明的铅资源量超过 15 亿 t，铅储量为 7900 万 t，储量基础 17000 万 t。中国铅储量为 1200 万 t，储量基础 3600 万 t，居世界第二位。

2008 年世界矿山铅产量 381.77 万 t，比 2007 年增长了 3.6%；精炼铅产量 888.23t，比 2007 年增长 9.2%；精炼铅消费量 892.02 万 t，比 2007 年增长 7.5%。2008 年世界商业库存量 28.98 万 t，比 2007 年增加 3.26 万 t。国际市场铅价格持续下跌，LME 3 个月期货平均价为 2096.06 美元/t，比 2007 年下跌 18.3%，达到了近几年的低点。LME 铅现货平均价为 2090.66 美元/t，比 2007 年下跌了 19.4%。

一、储量和资源

世界已查明的铅资源量超过 15 亿 t，铅储量为 7900 万 t，储量基础 17000 万 t（表 1）。储量较多的国家有澳大利亚、中国、美国和秘鲁，合计占世界铅储量基础的 61.6%。其他储量基础较多的国家还有墨西哥、印度、玻利维亚、瑞典和俄罗斯等。按 2008 年世界铅矿山产量 381.77 万 t 计，现有铅储量和储量基础静态保证年限分别为 21 年和 45 年。

世界勘查和开采铅锌矿的主要类型有：喷气沉积型（Sedex 型）、密西西比河谷型、砂页岩型、黄铁矿型、矽卡岩型、热液交代型和脉型等，其中以前 4 类为主，它们占世界总储量的 85% 以上，尤其是喷气沉积型，不仅储量大，而且品位高，世界各国均很重视。近年来，新发现的铅锌矿床主要在美国（阿拉斯加州）、澳大利亚、加拿大、中国、爱尔兰和伊朗等地。

表 1 世界铅储量和储量基础 单位：万 t（铅）

国家或地区	储 量	储量基础	国家或地区	储 量	储量基础
澳大利亚	2300	5900	玻利维亚	140	700
中 国	1200	3600	瑞 典	130	100
美 国	770	1900	俄罗斯	90	–
秘 鲁	600	400	加拿大	70	500
墨西哥	470	200	爱尔兰	50	–
波 兰	350	70	其 他	1470	3630
印 度	260	–	世界总计①	7900	17000

注：① 原数据取整。

资料来源：Mineral Commodity Summaries，2009、2010。

由于现有铅储量和储量基础分别只占铅查明资源量的4.5%和9.3%，说明全球铅的勘查潜力仍很大，近年来的勘查成果已证实了这一点。

二、生　　产

根据世界34个主要铅生产国的统计，2008年世界矿山铅产量为381.77万t，比2007年增长了3.6%，西方世界矿山铅产量221.92万t，同比增长5.7%（表2）。世界矿山铅的生产大国有中国、澳大利亚、美国、秘鲁、墨西哥等，它们的年产量均在10万t以上，以上5国的矿山产量占当年世界产量的77.3%。

中国是世界第一大铅矿生产国，2008年矿山铅产量与2007年基本持平，占当年世界铅矿山产量的37%；其他重要铅矿生产国还有澳大利亚占17%，美国占11.8%，秘鲁占9%和墨西哥占3.7%。2008年，玻利维亚、加拿大和秘鲁的矿山铅产量有较大幅度增长；玻利维亚增长两倍半，加拿大增长31.7%，秘鲁增长4.8%。美国矿山铅产量下降了8.1%，摩洛哥、爱尔兰和越南的矿山铅产量也有较大幅度下降。2009年世界矿山铅产量414.83万t，比2008年增长8.7%。

表2　世界矿山铅产量　　　　单位：万t（铅）

国家或地区	2006年	2007年	2008年	国家或地区	2006年	2007年	2008年
中　国	133.06	140.21	140.27	爱尔兰	6.20	5.68	5.03
澳大利亚	66.80	64.10	65.00	南　非	4.83	4.15	4.64
美　国	42.90	44.92	41.30	波　兰	5.00	4.72	4.79
秘　鲁	31.33	32.92	34.51	哈萨克斯坦	4.81	4.02	3.90
墨西哥	13.50	13.71	14.12	马其顿	0.93	2.92	4.04
玻利维亚	1.20	2.29	8.16	摩洛哥	4.42	4.20	3.35
印　度	6.92	7.75	8.63	朝　鲜	2.50	3.50	3.50
俄罗斯	3.40	4.80	6.00	阿根廷	1.28	1.70	2.08
瑞　典	5.70	6.46	6.51	世界总计	356.79	368.54	381.77
加拿大	8.31	7.51	9.90	西方世界总计	205.90	210.04	221.92

资料来源：World Metal Statistics Yearbook，2010。

2008年世界精炼铅产量为888.23t，比2007年增长9.2%，西方世界产量为490.55万t，同比增长2.1%（表3）。目前世界精炼铅生产大国主要有中国、美国、德国、英国、日本、韩国、澳大利亚、加拿大、墨西哥和意大利等，它们的年产量均在20万t以上，尤其是中国和美国，它们的产量分别占世界精炼铅产量的38.9%和14.5%。

2008年精炼铅产量增加较多的国家有中国（增加66.35万t）、德国（6.01万t）、加拿大（2.24万t）、澳大利亚（2.09万t）、韩国（2.04万t）和英国（2.00万t）等。产量减少的国家有美国（减少1.80万t）、罗马尼亚（1.43万t）、比利时（1.30万t）、瑞典（1.29万t）、意大利（1.19万t）和哈萨克斯坦（1.18万t）等。

表 3　世界精炼铅产量　　单位：万 t（铅）

国家或地区	2006 年	2007 年	2008 年	国家或地区	2006 年	2007 年	2008 年
中　国	271.49	278.83	345.18	秘　鲁	12.03	11.68	11.43
美　国	131.30	130.30	128.50	俄罗斯	8.00	10.50	11.20
德　国	32.20	35.50	41.51	波　兰	8.22	10.42	10.83
英　国	31.87	26.30	28.30	哈萨克斯坦	11.60	11.76	10.59
日　本	28.00	27.63	27.95	比利时	10.10	11.70	10.40
韩　国	23.80	25.40	27.44	保加利亚	8.43	8.55	9.09
澳大利亚	24.03	23.89	25.98	法　国	10.42	8.80	8.21
加拿大	25.05	23.67	25.91	伊　朗	7.40	7.20	7.88
墨西哥	25.46	25.53	25.64	泰　国	6.12	7.32	7.32
意大利	19.05	21.18	19.99	阿根廷	4.91	6.06	6.25
印　度	9.87	12.39	13.36	世界总计	796.27	813.46	888.23
西班牙	12.90	12.80	12.50	西方世界总计	476.58	480.44	490.55

资料来源：World Metal Statistics Yearbook，2010。

再生铅在铅工业中占有很重要地位，在发达国家再生铅产量一般占各国精炼铅产量和消费量的 50% 左右。2008 年世界再生铅产量为 461.27 万 t，比 2007 年增长 6.9%（表 4），占当年世界精炼铅产量的 52.8%，占当年世界精炼铅消费量的 51.4%。再生铅主要生产国有美国、中国、德国、加拿大、日本、英国、意大利、西班牙、俄罗斯、墨西哥和比利时等，它们的年产量均在 10 万 t 以上。尤其是美国的产量占世界再生精炼铅产量的 24.9%，分别占美国精炼铅产量和消费量的 89.5% 和 78.2%。2008 年中国再生铅产量为 88.88 万 t，同比增加了 36.6%，分别占中国精炼铅产量和消费量的 25.7% 和 25.7%。

表 4　世界再生精炼铅产量　　单位：万 t（铅）

国家或地区	2006 年	2007 年	2008 年	2008 年占本国精炼铅产量/%	2008 年占本国精炼铅消费量/%
美　国	116.00	118.00	115.00	89.5	78.2
中　国	58.70	65.05	88.88	25.7	25.7
德　国	22.10	24.40	30.19	72.7	80.6
加拿大	13.45	14.11	15.35	59.3	408.4
日　本	17.17	17.18	17.25	61.7	66.1
英　国	14.40	14.40	14.40	50.9	64.8
意大利	15.59	16.40	15.75	78.8	62.1
西班牙	12.90	12.80	12.50	100.0	54.8
俄罗斯	8.00	10.50	11.20	100.0	243.0
墨西哥	11.50	11.50	11.50	44.9	52.9
比利时	10.10	11.70	10.40	100.0	275.1

续表

韩　国	6.20	7.40	7.60	27.7	24.1
世界总计	407.86	431.63	461.27	51.9	51.7
世界再生铅产量占世界精炼铅产量的比例/%	52.3	50.8	52.8		
世界再生铅产量占世界铅消费量的比例/%	51.9	50.4	51.4		

资料来源：World Metal Statistics Yearbook，2010。

三、用途和消费

2008 年世界精炼铅的消费量为 892.02 万 t，比 2007 年增长 7.5%，西方世界消费量为 510.21 万 t，同比下降 4.3%（表 5）。世界精炼铅消费大国或地区有中国、美国、德国、韩国、日本、意大利、西班牙、英国、墨西哥、印度、法国、巴西、泰国和印度尼西亚等，它们的年消费量均在 10 万 t 以上；中国和美国是世界上最重要的精炼铅消费国，其消费量分别占世界总量的 38.8% 和 16.5%。2008 年精炼铅消费量增加较多的国家主要有中国（增加 88.25 万 t）、巴西（2.95 万 t）、德国（2.50 万 t）、印度尼西亚（1.73 万 t）、阿根廷（1.36 万 t）、印度（1.25 万 t）和沙特阿拉伯（1.07 万 t）等。精炼铅消费量下降较多的国家或地区有美国（减少 10 万 t）、意大利（4.73 万 t）、西班牙（3.06 万 t）、韩国（2.85 万 t）、中国台湾（2.24 万 t）和法国（2.07 万 t）等。从地区上看，亚洲精炼铅消费量增长最多，增长 81.22 万 t；欧洲和美洲减少较多，分别减少 11.48 万 t 和 7.07 万 t。2009 年世界铅消费量为 887.92 万 t，比 2008 年减少 0.5%。

表 5　世界精炼铅消费量　　单位：万 t（铅）

国家或地区	2006 年	2007 年	2008 年	国家或地区	2006 年	2007 年	2008 年
中　国	222.17	257.38	345.63	波　兰	8.75	9.32	9.00
美　国	149.00	157.00	147.00	中国台湾	13.51	11.09	8.85
德　国	33.93	34.97	37.47	土耳其	6.01	8.74	7.73
韩　国	33.35	34.36	31.51	南　非	7.36	6.87	7.42
日　本	30.31	27.92	26.08	伊　朗	7.00	7.00	6.80
意大利	28.37	30.09	25.36	捷　克	8.42	7.66	6.56
西班牙	26.51	25.89	22.82	乌克兰	5.65	6.13	6.55
英　国	30.00	22.46	22.21	沙特阿拉伯	4.43	4.42	5.49
墨西哥	27.27	23.62	21.73	阿根廷	3.31	3.91	5.27
印　度	18.92	19.93	21.18	马来西亚	6.77	6.36	4.98
法　国	20.70	19.41	17.34	秘　鲁	4.36	4.60	4.80
巴　西	11.80	10.38	13.32	其　他	69.58	67.50	64.14
泰　国	13.99	14.00	12.45	世界总计	799.14	829.59	892.02
印度尼西亚	7.67	8.58	10.31	西方世界	538.25	533.37	510.21

资料来源：World Metal Statistics Yearbook，2010。

多年来，铅主要消费地区是欧洲和美洲，亚洲位列第三。但近年随着亚洲经济稳定增长，铅的消费也稳定增长，而同时欧洲和美洲都已达到消费顶峰（欧洲是在1980年左右，美洲是在2000年），亚洲目前已经成为最大的消费地区，2008年精炼铅消费量达到了499.43万t，占世界消费量的56%，而欧洲和美洲分别占19.9%和22.7%。这种显著变化的主要原因是由于亚洲几个国家，特别是中国工业及经济的快速发展所致，中国国内市场消费和出口都比较强劲。从2005年开始，中国在主要消费国家的排名已超过美国，跃居世界第一。

铅的最大消费领域为铅酸蓄电池，主要应用于汽车工业，其消费量占主要铅消费国消费量的一半以上，2007年美国占92.5%，日本占88.8%，意大利占82.1%。此外，铅还用于弹药、铅管、铅片、合金、电缆包皮，以及颜料、化工制品等。由于铅会对环境造成严重污染，因此，铅在许多行业的使用被限制，替代品也逐渐增多，所以其应用前景并不乐观。

四、贸易和市场

2008年世界精炼铅出口总量为158.24万t，比2007年下降10.9%。主要出口国有澳大利亚、德国、秘鲁、加拿大、比利时和哈萨克斯坦等。2008年世界精炼铅总进口量为171.21万t，比2007年下降了4.1%。主要进口国或地区有美国、西班牙、德国、法国、印度、韩国、意大利、巴西和印度尼西亚等（表6）。

表6　世界精炼铅贸易进出口量　　单位：万t（铅）

出口国或地区	2006年	2007年	2008年	进口国或地区	2006年	2007年	2008年
澳大利亚	21.81	22.23	21.78	美　国	32.60	25.73	30.78
德　国	9.94	11.34	13.92	西班牙	14.38	13.92	11.32
秘　鲁	7.67	12.45	12.25	德　国	10.88	10.81	9.88
加拿大	18.38	16.81	11.28	法　国	11.54	11.42	9.49
比利时	9.81	11.17	9.68	印　度	9.28	8.32	9.10
哈萨克斯坦	9.69	10.44	8.80	韩　国	12.16	11.03	9.09
墨西哥	2.18	4.65	7.97	意大利	9.88	9.40	8.58
英　国	8.64	6.77	7.95	巴　西	7.40	6.02	8.55
新加坡	9.62	7.35	7.84	印度尼西亚	8.61	6.75	8.55
俄罗斯	4.17	6.84	7.62	土耳其	5.42	8.22	7.20
美　国	4.92	4.33	5.46	新加坡	11.51	6.44	7.13
韩　国	2.61	2.30	5.02	捷　克	6.74	6.52	5.71
瑞　典	6.92	5.97	4.93	泰　国	8.07	6.79	5.44
日　本	0.79	2.70	3.86	中国台湾	10.11	7.78	5.44
其　他	77.96	52.21	29.90	其　他	44.06	39.45	34.95
世界总计	195.11	177.56	158.24	世界总计	202.64	178.60	171.21

资料来源：World Metal Statistics Yearbook，2010。

2008年世界商业库存量为28.98万t，比2007年增加3.26万t；2006年12月，美国战略储备铅全部售完，而且近几年美国战略储备计划中也没有增补铅的储备计划（表7）。

表7　世界精炼铅的库存量　　单位：万 t（铅）

库存所在地	2005 年	2006 年	2007 年	2008 年
伦敦金属交易所	4.36	4.11	4.52	4.17
各国库存量	22.52	23.90	21.20	24.81
世界商业总库存量	26.88	28.01	25.72	28.98
美国战略储备	2.37	0.01	-	-

资料来源：World Metal Statistics Yearbook，2010。

2008 年，国际市场铅价走势总体表现低迷，伦敦金属交易所（LME）3 个月期货平均价最高值为 2 月的 3608 美元/t，最低值为 12 月的 971 美元/t。2008 年 2 月 LME 3 个月期货平均价是本年度高点，之后从 3 月开始下跌，5 月跌破了 2000 美元/t 的低点，之后继续下跌，11 月再次跌破了 1000 美元/t 的低点，至 12 月价格已经跌至 964 美元/t 的近年新低点，比年初价格下跌了 63.2%。2008 年 LME 3 个月期货平均价为 2096.06 美元/t，比 2007 年下跌 18.3%。2008 年 LME 全年现货平均价为 2090.66 美元/t，比 2007 年下跌了 19.4%。

2008 年中国国内价格走势和国际价格基本一致（表 8）。年初 20025 元/t，2 月达到了 22748 元/t 年内高点，之后至 7 月一路暴跌至 17304 元/t 的近年低点。8 月出现短暂反弹，之后从 9 月开始新一轮的价格暴跌，至年底跌至 9642 元/t，年底与年初相比，价格跌幅高达 51.9%。2008 年国内生产者报价平均价为 17163 元/t，比 2007 年下跌 11.8%。

表8　铅市场现货价格

年　份	伦敦金属交易所年平均价格/（美元 · t^{-1}）	月　份	伦敦金属交易所月平均价格/（美元 · t^{-1}）	月　份	中国国内生产者月平均价格/（元 · t^{-1}）
1997	624.1	2008 年 1 月	2608.14	2008 年 1 月	20025
1998	528.42	2 月	3079.88	2 月	22748
1999	502.24	3 月	3008.58	3 月	21982
2000	454.22	4 月	2822.75	4 月	20539
2001	476	5 月	2234.63	5 月	17466
2002	452.58	6 月	1863.05	6 月	17100
2003	515.66	7 月	1944.91	7 月	17304
2004	888.33	8 月	1923.58	8 月	18093
2005	975.65	9 月	1868.36	9 月	17779
2006	1287.49	10 月	1480.11	10 月	14077
2007	2594.96	11 月	1291.1	11 月	9518
2008	2090.66	12 月	962.88	12 月	9642

资料来源：World Metal Statistics，March 2010。

从总体上看，2008 年国际市场和国内市场铅价均呈大幅下跌态势（图 1）。

造成 2008 年国际国内市场铅价大幅下跌的主要原因是国际经济形势恶化，铅市需求极度疲软。

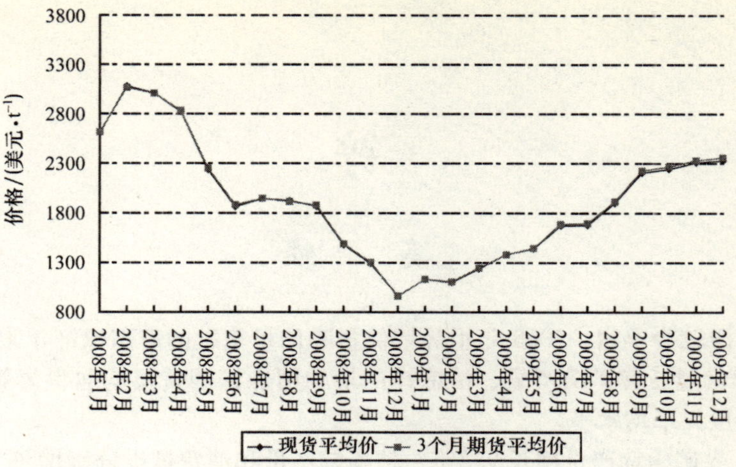

图 1　2008 ~ 2009 年 LME 铅平均价走势

五、展　　望

随着世界经济形势的逐步好转，国际矿产品市场需求增强，市场供应过剩局面将得到缓解。2009 年国外矿山铅产量、精炼铅产量和精炼铅消费量将会进一步下降。但是，由于中国经济持续快速增长，需求旺盛，汽车工业的持续发展将使铅的需求进一步增加，这必将导致中国国内铅消费量进一步增加。为了保证国内市场，中国势必增加铅精矿和精炼铅产量，同时加大铅精矿的进口量，由此使国际市场供应过剩局面得到一定缓解，国际市场铅价将会呈现持续上涨趋势。

从长远看，人类对生存环境的质量要求越来越高，铅的应用前景和市场并不乐观。从近期看，全球汽车工业和电子信息工业的发展仍将是影响未来铅消费增长的最重要因素。

主要参考文献

[1] David E. Guberman. Lead. U. S. Geological Survey, Minerals Yearbook, 2008

[2] David E. Guberman. Lead. U. S. Geological Survey, Mineral Commodity Summaries, January 2008

[3] Allan Cooper. Lead. Mining Annual Review, 2006

[4] World Metal Statistics, March 2010. World Bureau of Metal Statistics

[5] 冯君从，张长海 . 2008 年铅锌工业发展分析报告 . 2008 年中国有色金属工业发展报告 . 中国有色金属工业协会，2008，北京，109 ~ 116 页

[6] 陈甲斌 . 铅锌企业海外资源开发战略及进展 . 第四届（2008 年）中国有色金属产业链发展论坛暨铅锌产业链发展论坛，2008，北京

[7] 吴荣庆 . 铅锌矿产资源开发新进展及中国储藏量潜力分析 . 第四届（2008）年中国有色金属产业链发展论坛暨铅锌产业链发展论坛，2008，北京

[8] 张杰 . 铅锌产品进出口情况对中国铅锌企业的影响 . 2007 年中国有色金属产业链发展论坛暨铅锌产业链发展论坛，2007，北京

[9] 张长海，胡永达 . 2008 年铅市场回顾及后期展望 . 中国铅锌锡锑，2009，第 1 期，3 ~ 15 页

锌

奚　　牲

世界锌资源较为丰富，2008年世界锌储量和储量基础的静态保证年限分别为17年和41年。中国锌储量、锌矿山产量、精炼锌产量和精炼锌消费量均居世界第一，但人均数量均大大低于世界平均水平。

2008年世界矿山锌产量增长9.2%，精炼锌产量和消费量也分别增长2.9%和2.6%。国际锌市场继续供应过剩，由此导致国际市场锌价持续下跌，2008年LME现货平均价1870.76美元/t，比2007年下跌42.4%。

一、储量和资源

世界锌资源较为丰富，地理分布广泛。据美国地调局资料，2009年世界锌储量为20000万t，储量基础48000万t（表1），与2008年相比，储量增加了2000万t。按2008年世界锌矿山产量1176.35万t计算，现有锌储量和储量基础静态保证年限分别为17年和41年。目前，锌储量较多的国家有中国、澳大利亚、秘鲁、哈萨克斯坦、美国、墨西哥和印度等。

表1　世界锌储量和储量基础　　单位：万t（铅）

国家或地区	储量	储量基础	国家或地区	储量	储量基础
中国	3300	9200	印度	1000	-
澳大利亚	2100	10000	加拿大	800	3000
秘鲁	1900	2300	爱尔兰	200	-
哈萨克斯坦	1700	3500	其他	6200	8500
美国	1400	9000	世界总计①	20000	48000
墨西哥	1400	2500			

注：①原数据取整。

资料来源：Mineral Commodity Summaries，2009、2010。

中国、澳大利亚、秘鲁、哈萨克斯坦、美国和墨西哥6个国家的储量合计占世界锌储量的59%左右，占世界储量基础的76%。世界现有锌储量和储量基础分别只占锌资源量的10.5%和25.3%，全球锌勘查潜力仍较大。

已知的锌矿物大约有55种，其中大约13种锌矿物有经济价值。闪锌矿（ZnS）是最富含锌的矿物，占锌总产量的90%左右，重要的锌矿物还包括纤锌矿、异极矿、菱锌矿、水锌矿、红锌矿、硅锌矿等。

世界勘查和开采铅锌矿的主要类型有：喷气沉积型（Sedex 型）、密西西比河谷型、砂页岩型、黄铁矿型、矽卡岩型、热液交代型和脉型等，其中以前4类为主，它们占世界总储量的85%以上，尤其是喷气沉积型，不仅储量大，而且品位高，世界各国均很重视。一些学者（如 Sangster D. F.，Hitzman M. W. 等）把过去称为“锌的氧化物”矿床，命名为“非硫化物锌矿床”（Nonsulfide Zinc Deposite），并于2003年出版了该类矿床的专辑，指出由于湿法冶金技术的新进展，使这类矿床又成为引人注目的勘查靶区，而且会成为21世纪潜在的锌金属来源，据统计，这类矿床的储量大约占世界已知锌储量的10%。

二、生　　产

近十几年来（1996~2008年），世界锌矿山生产格局发生了较大变化。中国在世界矿山产量中所占份额从16%增加到28%左右；加拿大的份额从15%减少到6%，由于加拿大贝尔阿拉尔德（Bell Allard）、纳尼齐维克（Nanisivik）、波拉里斯（Polaris）和沙利文等大型矿山相继关闭，加拿大锌矿山产量也大幅下降；澳大利亚10年来一直保持13%左右的生产份额；秘鲁由于安塔米纳（Antamina）矿山的投产使得所占份额增加到13%以上；欧洲所占份额则从14%下降到8.7%。

2008年世界开采锌矿的国家40个（有统计数据的国家），锌矿山产量为1176.35万t，比2007年增长6.3%，西方世界2008年锌矿山产量750.03万t，同比增长5.6%（表2）。世界锌矿山产量的增长主要得益于中国、秘鲁、玻利维亚和印度等国锌矿山产量的大幅增加。世界矿山锌生产大国主要有中国、秘鲁、澳大利亚、美国、加拿大和印度等，年产量均在60万t以上。此外，矿山锌产量较多的国家还有墨西哥、爱尔兰、哈萨克斯坦、玻利维亚、俄罗斯、纳米比亚、瑞典、巴西和波兰等，年产量均在10万t以上。据统计，2008年世界最大的5家锌矿生产矿山产量如下：泰克-科明科公司（Teck Cominco）的红狗矿山58.5万t，五矿有色金属公司（Minmetals Nonferrous Metals Co. Ltd.）的世纪矿山50.5万t，中国云南省的锌矿山48万t，秘鲁安塔米纳矿业公司（Cia. Minera Antamina）安塔米纳矿山45.7万t和印度斯坦锌业（Hindustan Zinc Ltd.）Rampura-Agucha矿山42.3万t。

中国是世界最大的锌矿生产国。2008年中国的锌矿山产量为334.26万t，比2007年增长9.7%，占当年世界锌矿山产量的28.4%。中国锌矿产量主要集中在云南、内蒙古、湖南、甘肃、广西、四川、广东、陕西和福建等省（区）。

20世纪90年代初，秘鲁由于经济、政治原因，产量出现波动。自1992年以来，秘鲁的产量稳步增加。2008年秘鲁锌矿山产量为158.13万t，比2007年增长了9.5%，矿山产量增加了13.69万t，超过澳大利亚居世界第二位，占当年世界矿山产量的13.4%。导致其矿山产量大幅增加的主要原因是安塔米纳铜锌矿山产量迅猛增加。

自20世纪80年代以来，澳大利亚始终是世界重要锌矿生产国。2008年澳大利亚的锌矿山产量为151.90万t，基本与2007年持平，占当年世界锌矿山产量的12.5%。

加拿大是世界主要锌矿生产国之一，20世纪90年代中期以前一直雄居世界排名之首。近几年由于加拿大大量矿山关闭导致了矿山产量逐年下降。2008年加拿大锌矿山

表2 世界矿山锌产量　　　　单位：万 t（锌）

国家或地区	2006 年	2007 年	2008 年	2008 年较 2007 年增减比例/%
中　国	284.42	304.77	334.26	9.7
秘　鲁	120.34	144.44	158.13	9.5
澳大利亚	136.40	151.40	151.90	0.3
美　国	72.70	80.30	77.80	-3.1
加拿大	63.80	63.05	71.61	13.6
印　度	50.17	53.89	61.55	14.2
墨西哥	47.94	45.20	45.36	0.3
爱尔兰	42.58	40.09	39.82	-0.7
哈萨克斯坦	40.46	38.60	38.68	0.2
玻利维亚	17.27	21.41	37.90	77.1
俄罗斯	17.80	17.70	20.50	15.8
纳米比亚	19.10	20.16	19.30	-4.3
瑞　典	21.02	21.63	17.48	-19.2
巴　西	18.52	19.39	17.30	-10.8
波　兰	12.60	12.96	13.23	2.1
摩洛哥	9.54	6.52	9.69	48.6
蒙　古	5.50	7.73	7.18	-7.1
朝　鲜	8.50	9.50	6.50	-31.6
伊　朗	16.40	6.10	6.38	4.6
其　他	37.23	42.11	41.79	-0.8
世界总计	1042.28	1106.94	1176.35	6.3
西方世界	666.46	710.08	750.03	5.6

资料来源：World Metal Statistics，March 2010。

产量为 71.61 万 t，比 2007 年增长了 13.6%，产量在世界排名第五。

2008 年美国锌矿山产量为 77.80 万 t，比 2007 年下降 3.1%。占当年世界矿山产量的 6.6%。阿拉斯加州为美国的主要锌生产州，2008 年其矿山产量占当年美国矿山产量的 79%。

2008 年世界精炼锌产量为 1174.96 万 t，比 2007 年增长 2.9%。西方国家产量 666.10 万 t，比 2007 年增长 0.4%（表3）。近 10 年来，世界精炼锌生产格局发生了巨大变化，生产中心由欧洲转移到亚洲。2008 年，中国仍为世界最大精炼锌生产国，在世界产量中所占份额达到了 34.4%，亚洲所占份额达到 56.6%，欧洲则进一步降到了 21.2%，加拿大占 6.5%，日本占 5.2%。韩国 10 年前在世界精炼锌生产国中默默无闻，近几年精炼锌产量一直位居世界第三，2008 年在世界产量中所占份额达 6.3%。世界精炼锌产量较多的国家主要有中国、加拿大、韩国、日本、印度、澳大利亚、西班牙、哈萨克斯坦和墨西哥等，它们的年产量均在 30 万 t 以上。

表3 世界精炼锌产量 单位：万 t（锌）

国家或地区	2006 年	2007 年	2008 年	2008 年较 2007 年增减比例/%
中 国	316.27	374.26	404.23	8.0
加拿大	82.45	80.21	76.43	-4.7
韩 国	67.00	69.10	73.90	6.9
日 本	61.43	59.77	61.55	3.0
印 度	42.09	43.08	54.58	26.7
澳大利亚	46.40	50.20	50.00	-0.4
西班牙	50.73	50.90	46.60	-8.4
哈萨克斯坦	36.48	35.82	36.56	2.0
墨西哥	27.94	32.24	30.54	-5.3
芬 兰	28.22	30.55	29.77	-2.6
德 国	31.68	33.50	29.20	-12.8
美 国	26.90	27.80	28.60	2.9
巴 西	27.24	26.51	27.23	2.7
比利时	25.90	26.40	25.62	-3.0
俄罗斯	24.73	26.40	25.32	-4.1
荷 兰	22.72	22.50	24.10	7.1
秘 鲁	17.53	16.24	18.20	12.1
挪 威	16.07	15.70	14.55	-7.4
纳米比亚	12.99	15.01	14.44	-3.8
波 兰	13.39	14.19	14.25	0.4
法 国	12.00	12.90	11.85	-8.1
伊 朗	16.62	13.45	11.57	-14.0
意大利	10.92	10.21	10.71	4.9
泰 国	9.65	9.90	10.41	5.2
保加利亚	8.59	9.81	10.17	3.7
其 他	32.67	35.31	34.59	-2.0
世界总计	1068.60	1141.95	1174.96	2.9
西方世界	653.94	663.62	666.10	0.4

资料来源：World Metal Statistics，March 2010。

2008 年，世界各大洲的精炼锌产量呈现增长的地区只有亚洲，增产 47.43 万 t，欧洲和美洲则分别减产 10.45 万 t 和 2.37 万 t。2008 年精炼锌产量增产较多的国家有中国、印度、韩国、秘鲁、日本和荷兰等，减产较多的国家是西班牙、德国、加拿大、伊朗和墨西哥等。

中国为世界最大精炼锌生产国，2008 年生产精炼锌 404.23 万 t，比 2007 年增长 8.0%，占当年世界精炼锌产量的 34.4%。2003～2008 年的 5 年间，中国锌产量增长了

74.5%。中国锌产量已经连续13年位列世界第一。2008年精炼锌产量较多的省份有：湖南、云南、辽宁、陕西、广西、甘肃、四川、内蒙古、广东和河南10个省（区），其产量合计占全国总产量的95.1%。近年来，由于大量资金投入到锌冶炼行业，使得我国锌冶炼能力大幅度增长。其主要原因一是为了适应国家产业政策的要求，对一些小企业改造，使产能扩大；其二就是为了开发利用本地铅锌资源，而新建锌冶炼厂。

加拿大为世界第二大精炼锌生产国，2008年精炼锌产量76.43万t，比2007年下降了4.7%，净减产3.78万t。诺兰达公司和泰科-科明科有限公司是其主要精炼锌生产公司。

据美国锌贸易公司估计，目前世界每年消费的锌中，再生锌占30%，数量约300万t左右；据国际锌协会估计，目前西方国家每年消费的锌总量中约200万t来自锌废料；美国2008年回收生产再生锌约16.1万t，占美国精炼锌产量的56.3%。中国再生锌产量低，2008年再生锌产量约4万t，约占全国精炼锌产量的1%，与发达国家差距甚大。

三、用途和消费

锌的主要消费领域是镀锌板，约占西方国家锌消费量的50%。第二大消费领域是制造黄铜，约占锌消费量的20%。第三大领域是铸造合金，约占锌消费量的15%。锌的其他消费领域还有轧制锌材和锌氧化物等。

2008年世界精炼锌消费量为1157.92万t，比2007年增长了2.6%（表4）。其中：西方国家精炼锌消费量688.71万t，同比下降了3.8%。世界精炼锌消费大国（或地区）主要有中国、美国、日本、德国、韩国、印度和比利时等，其年消费量均在30万t以上。

2008年，世界精炼锌消费量比2007年增加了28.92万t。其中亚洲精炼锌消费量增加52.06万t，增幅高达58.2%；超过世界增加量的1倍多；美洲的消费量仅增加了2.06万t，大洋洲和欧洲则分别减少了3.58万t和20.47万t。2008年精炼锌消费量增加较多的国家有中国、巴西、印度尼西亚和俄罗斯等；消费量下降幅度较大的国家或地区主要有意大利、德国、印度、澳大利亚和日本等。

中国是世界最大精炼锌消费国，2008年精炼锌消费量为414.52万t，比2007年增长15.4%，消费量净增加了55.31万t。随着中国经济持续增长，中国建筑业、汽车工业和空调制造工业的需求强劲，导致镀锌板消费领域锌需求持续大幅增长。虽然近几年国家采取了一系列宏观调控政策，但因为大部分终端消费行业不在调控之列，而主要初级产品，锌的消费基本没有受到影响，全年锌的消费量仍呈强劲增长势头。中国锌的工业消费主要集中在3个方面，一是镀锌，约占锌消费量的50%；二是黄铜炼制，约占锌消费量的20%；三是合金，约占锌消费量的15%。其他消费领域还有锌材和锌氧化物等。中国锌的最终消费构成如下：建筑45%，运输26%，一般工程7%，日用品和电器22%。近两年国内锌需求的高速增长主要是得益于钢板中镀锌板比例的快速上升，随着镀锌板产量的高速增长，中国锌消费也呈现出持续增长的势头。

美国是世界第二大精炼锌消费国，2008年精炼锌消费量100万t，与2007年持平。2008年美国锌的视消费量中有55%消费于镀锌板领域，21%消费于锌基合金，16%消费于黄铜青铜冶炼，8%用于农业、化工、颜料和橡胶工业中的锌化合物和锌粉等。

表4　世界精炼锌消费量　　单位：万 t（锌）

国家或地区	2006 年	2007 年	2008 年	2008 年较 2007 年增减比例/%
中　国	315.55	359.21	414.52	15.4
美　国	115.00	100.00	100.00	0.0
日　本	59.41	58.84	56.39	-4.2
德　国	56.40	57.38	52.66	-8.2
韩　国	51.50	48.62	48.80	0.4
印　度	44.41	48.00	43.90	-8.5
比利时	36.00	36.40	37.20	2.2
意大利	31.26	39.58	27.88	-29.5
西班牙	24.00	27.11	27.60	1.8
巴　西	22.63	25.00	27.13	8.6
法　国	24.92	26.79	25.07	-6.4
中国台湾	28.17	23.10	22.30	-3.4
俄罗斯	19.92	20.78	22.15	6.6
澳大利亚	29.94	23.94	20.47	-14.5
加拿大	17.92	17.28	16.26	-5.9
英　国	16.17	17.20	15.15	-11.9
土耳其	14.00	13.68	14.70	7.4
墨西哥	14.08	12.57	12.26	-2.5
荷　兰	12.24	12.50	12.00	-4.0
马来西亚	12.00	12.00	12.00	0.0
泰　国	11.71	10.50	11.28	7.5
秘　鲁	10.81	10.14	10.20	0.6
波　兰	10.00	10.29	10.00	-2.8
其　他	112.71	118.11	117.98	-0.1
世界总计	1090.75	1129.01	1157.92	2.6
西方国家总计	722.58	715.57	688.71	-3.8

资料来源：World Metal Statistics，March 2010。

欧洲是世界重要的锌消费区，2008 年精炼锌消费量 266.28 万 t，比 2007 年下降 7.1%。由于德国、意大利、西班牙、英国和荷兰等主要锌消费国的需求疲软，从而使该地区的消费量有较大幅度下降。

2008 年世界锌的最终用途与 2007 年相比没有大的变化，其主要消费领域是镀锌，约占锌消费量的 50%，其次是制造青铜和黄铜，约占精炼锌消费量的 18%，第三大领域是铸造合金，约占锌消费量的 13%，化学制品用锌占 8%，中间产品用锌 6%，其他占 5%。如果根据市场各种消费渠道来分，建筑业占 48%，交通运输占 23%，机械设备制造占 10%，耐用消费品占 10%，基础设施（铁路、公路、水库等）建设占 9%。但具体到各国的情况并不相同（表5）。

表 5　2008 年西方主要锌消费国的消费构成（%）

消费形式	德　国[1]	意大利	英　国[2]	日　本	美　国
镀　锌	35.5	16.2	49.6	59.8	60.5
压铸合金	8.7	11.7	19.5	11.1	15.0
黄铜、青铜	27.7	64.3	13.1	14.8	16.3
轧制锌材	20.8	2.5	1.4	1.5	
锌氧化物	6.5	5.0	10.0	8.8	
其　他	0.8	0.3	6.5	4.0	8.2
总　计	100	100	100	100	100

注：①指精炼锌和再生锌；②为 2004 年数据。

资料来源：World Metal Statistics，March 2010。

四、贸易和市场

从世界范围来看，目前每年大约有 50% 的锌精矿被投放到国际市场，年进出口贸易量大约有 600 万 t 锌金属量。欧洲是全球最主要的锌精矿进口地区，年进口 100 万 t（金属量）左右；美洲和澳大利亚是世界最主要的锌精矿出口地区，年出口近 500 万 t。世界较为重要的锌精矿出口国有秘鲁、澳大利亚、美国、哈萨克斯坦、爱尔兰和加拿大。

目前世界锌精矿年进口量超过 10 万 t 的国家有 7 个，中国是世界最大锌精矿进口国，由于国内锌冶炼能力远大于矿山开采能力，国内生产的精矿很难满足国内市场需求，供应缺口只能依靠进口来解决。中国从 2000 年开始成为精矿的净进口国，2008 年进口锌精矿 238.49 万 t，主要来自澳大利亚、秘鲁和印度。韩国和日本因为资源贫乏，也是世界上主要的锌精矿进口国，2008 年进口量分别为 148.66 万 t 和 116.35 万 t。韩国近年来锌冶炼能力增长迅速，从 2002 年开始超过日本，成为世界第二大锌精矿进口国。这两个国家在世界范围内广泛地建立原料基地和供应同盟，一般和西方国家签订 3 年以上的长期供应合同。日本和韩国进口的锌精矿主要来自澳大利亚和秘鲁，少部分从加拿大和美国进口。

2008 年世界精炼锌出口贸易量为 359.38 万 t，基本与 2007 年持平。主要出口国有加拿大、哈萨克斯坦、澳大利亚、韩国、芬兰、荷兰、墨西哥、西班牙和印度等（表 6）。2008 年精炼锌出口量增加较多的国家主要有印度、韩国、俄罗斯、澳大利亚、秘鲁和哈萨克斯坦等，而出口量下降较多的有中国、加拿大和西班牙等国。

2008 年世界精炼锌进口贸易量为 339.56 万 t，比 2007 年下降 3.1%。主要进口国或地区有美国、德国、中国台湾、比利时、中国、意大利、荷兰、法国、土耳其、英国、印度尼西亚和新加坡等。2008 年精炼锌进口量增加较多的国家或地区主要是新加坡、中国、印度尼西亚和土耳其等，进口量减少较多的国家或地区主要有意大利、美国和德国等。美国是世界上最大的锌精矿出口国，也是最大的精炼锌进口国。美国国内锌精矿产量的 98% 来自阿拉斯加、密苏里、纽约和田纳西州，其中产量的一半来自阿拉斯加州的“红狗”矿山。2008 年美国出口锌精矿 72.53 万 t，进口锌精矿 6.32 万 t，净出口锌精矿 66.21 万 t；进口精炼锌 72.36 万 t。进口精矿主要来自秘鲁 68%、爱尔兰 15%、墨西

表6　世界精炼锌贸易进出口量　　单位：万t（锌）

出口国或地区	2006年	2007年	2008年	进口国或地区	2006年	2007年	2008年
加拿大	62.91	61.36	59.95	美　国	72.70	74.18	72.36
哈萨克斯坦	28.05	30.72	33.41	德　国	31.30	31.54	30.51
澳大利亚	18.85	28.39	31.74	中国台湾	28.60	22.91	22.16
韩　国	21.46	25.73	31.07	比利时	7.39	20.23	20.75
芬　兰	23.30	26.03	25.74	中　国	31.82	14.94	18.25
荷　兰	30.63	23.55	24.62	意大利	22.90	31.47	17.97
墨西哥	14.77	19.68	20.28	荷　兰	20.15	18.11	17.25
西班牙	27.02	22.00	19.19	法　国	17.03	16.82	16.39
印　度	10.90	8.08	17.19	土耳其	7.29	13.69	14.72
俄罗斯	7.53	8.87	14.11	英　国	11.91	12.28	11.96
挪　威	13.85	13.06	13.04	印度尼西亚	7.42	8.36	9.83
秘　鲁	8.54	9.68	12.38	新加坡	6.33	5.38	9.51
日　本	7.34	7.42	8.45	印　度	13.22	5.83	6.51
波　兰	6.23	7.24	8.36	奥地利	5.94	6.37	6.20
中　国	32.54	27.56	7.13	韩　国	5.96	5.38	5.97
其　他	39.66	39.93	32.72	其　他	53.84	62.76	59.22
世界总计	353.71	359.31	359.38	世界总计	343.81	350.24	339.56

资料来源：World Metal Statistics，March 2010。

哥14%、加拿大2%、其他地区1%；进口的精炼锌主要来自加拿大70%、墨西哥15%、哈萨克斯坦3%、韩国3%、其他地区9%。

自20世纪90年代以来，中国一直是锌的净出口国；但从2004年开始，中国的锌市场发生了根本性的变化，锌出口量明显减少，进口量显著增加，成为锌的净进口国，引起全球瞩目。2008年中国进口精炼锌18.25万t，出口精炼锌7.13万t，净进口11.12万t。由于国内需求旺盛，而同时锌产量增加，市场供应充足，再加上国内市场锌价高于进口价，导致精炼锌进口量保持较高水平，从而使中国成为精炼锌净进口国。

2008年底世界商业总库存量72.40万t，比2007年增加了17.48万t（表7）。其中伦敦金属交易所（LME）库存量为25.35万t，比2007年增加了16.5万t。美国战略储备锌7500t，比2007年减少了1000t。

表7　世界锌库存量　　单位：万t（锌）

库存所在地	2005年	2006年	2007年	2008年
伦敦金属交易所	39.36	9.05	8.85	25.35
各国库存量	38.94	39.86	40.63	40.79
世界商业总库存量	78.30	48.90	54.92	72.40
美国战略储备	4.51	1.53	0.85	0.75

资料来源：World Metal Statistics，March 2010。

最近几年，受高锌价的刺激，全球新增和扩大的锌冶炼加工产能大量投入运营，精炼锌产量迅速增加，但锌的消费受全球经济减速的影响而增速变缓。受此影响，国际锌市场呈现明显的供应过剩（表8）。但从具体消费市场来看，2008 年西方国家锌市场仍为供应短缺，而且是连续第五年供应短缺。

表8　近几年锌市场供求平衡情况　　单位：万 t（锌）

	2004 年	2005 年	2006 年	2007 年	2008 年
西方国家					
锌矿山产量	646.81	666.94	667.34	710.08	750.03
精炼锌产量	667.64	645.73	651.32	663.62	666.10
精炼锌消费量	714.77	698.25	719.88	715.57	688.71
供求平衡	-47.13	-52.52	-68.56	-51.95	-22.61
世界					
锌矿山产量	930.00	1005.59	1043.17	1106.94	1176.35
精炼锌产量	1016.04	1018.48	1065.98	1141.95	1174.96
精炼锌消费量	1020.51	1044.23	1088.58	1129.01	1157.92
供求平衡	-4.47	-25.75	-22.60	12.95	17.03

资料来源：World Metal Statistics，March 2009、2010。

2008 年，美国次贷危机造成市场需求疲软，从而使国际市场锌价呈现持续大幅下跌趋势。年初，伦敦金属交易所（LME）现货平均价为 2340.11 美元/t，之后出现强劲反弹，到 3 月上涨至 2511.47 美元/t 的全年高点。从 4 月开始，价格一路走低，至 9 月已经跌至 1735.48 美元/t。之后由于全球金融的突然恶化造成锌价大幅下滑，到年底已经跌至 1100.57 美元/t 的年内最低点。2008 年 LME 现货平均价最高为 2825.50 美元/t（3 月），现货平均价最低为 1042.00 美元/t（12 月），最低价与最高价相比下跌了 63.1%。2008 年 LME 现货锌年平均价为 1870.76 美元/t，比 2007 年下跌 42.4%。

2008 年国内期货市场锌价走势与国际市场锌价变动基本相同，全年整体处于下跌态势。3 月份，受年初的雪灾影响，部分产能停产推动了锌价上涨，随着基本金属普遍上扬，锌价走出了一波反弹行情，反弹高度达到 23000 元附近，即全年最高价。5 月份四川汶川发生地震，部分冶炼商和矿山商的生产受到冲击，但锌价略有反弹，随后至 10 月份期间保持缓慢下跌趋势。十一长假期间，国际市场锌价受金融危机恶化的影响加速下跌，因此，国内在恢复交易之后连续展开跌停，下跌速度令生产商、贸易商、消费者和投资人都措手不及，短短一个月时间就跌破万元大关，最低跌至 8500 元/t 左右，之后一直到年底都在 8500 ~ 10000 元之间波动。

国内现货价格的表现更为疲软，总体走势虽然跟随期货价格，但跟涨幅度明显小于跟跌的幅度，全年大部分时间都高于期货价格。主要原因是市场供应充足而需求不旺，价格持续下滑，消费者长时间保持观望态度，市场买卖不兴。0#锌全年均价 15427 元/t，1#锌全年均价 15376 元/t，比 2007 年分别下滑了 43.7% 和 44%，下跌幅度略高于期货价格（图 1）。

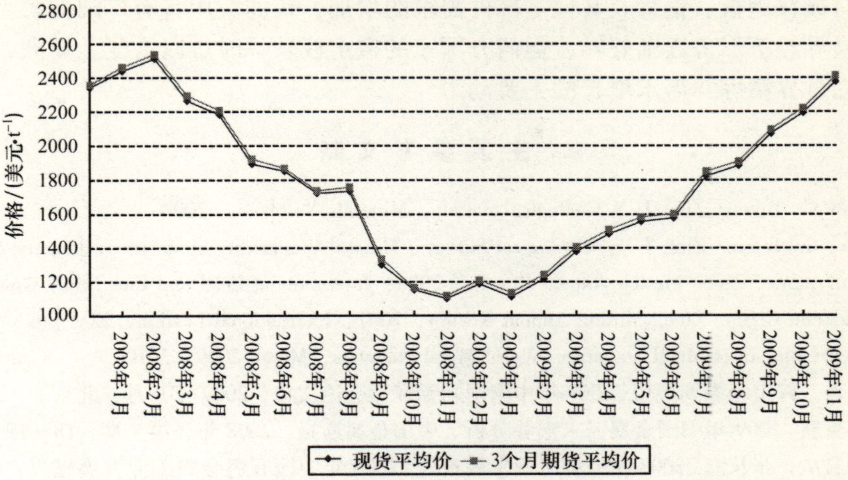

图 1　2008 ~ 2009 年伦敦金属交易所锌金属价格

表 9　锌市场价格

年　份	LME 现货年平均价/（美元·t^{-1}）	月　份	LME 现货月平均价/（美元·t^{-1}）	月　份	LME 现货月平均价/（美元·t^{-1}）
1997	1313.27	2008 年 1 月	2340.11	2009 年 1 月	1 187.40
1998	1023.26	2 月	2438.14	2 月	1 112.08
1999	1077.32	3 月	2511.47	3 月	1 216.75
2000	1128.11	4 月	2263.80	4 月	1 378.85
2001	886.27	5 月	2182.10	5 月	1 483.79
2002	778.56	6 月	1894.48	6 月	1 557.27
2003	828.39	7 月	1852.37	7 月	1 578.61
2004	1047.83	8 月	1723.28	8 月	1 821.68
2005	1381.55	9 月	1735.48	9 月	1 884.02
2006	3272.62	10 月	1302.11	10 月	2 071.59
2007	3250.30	11 月	1152.60	11 月	2 193.38
2008	1870.76	12 月	1100.57	12 月	2 375.95

资料来源：World Metal Statistics，March 2009、2010。

五、展　　望

2009 年世界经济将会出现好转，从而使国际市场锌的需求转旺。但 2008 年年末大量锌矿山的关闭和生产能力的消减将使 2009 年锌矿山产量和精炼锌消量进一步减少，从而使锌供应量减少，国际市场锌供应过剩情况将得以缓解，从而使锌价逐步上涨。

世界锌的消费结构不会发生大的变化。镀锌业仍是锌的最大消费领域。随着汽车工业和建筑业对镀锌钢板、铜管及其他零部件需求的增加，锌的应用将有广阔前景。

尽管世界经济形势逐渐好转，但西方国家的需求疲软一时难以恢复，亚洲，尤其中国仍将是拉动世界精炼锌需求增长的主要动力。

主要参考文献

[1] Amy C. Tolcin. Zinc. U. S. Geological Survey, Minerals Yearbook, 2008

[2] Amy C. Tolcin. Zinc. U. S. Geological Survey, Mineral Commodity Summaries, January 2009

[3] Paul White. Zinc. Mining Annual Review, 2006, International Lead and Zinc Study Group

[4] Michelle Giglio. Zinc. Mining Annual Review, 2007, International Lead and Zinc Study Group

[5] World Bureau of Metal Statistics. World Metal Statistics, March 2009、2010

[6] 喻烨 . 锌市场中期展望 . 2009 年中国国际铅锌年会论文集，2009 年 9 月，北京

[7] 陈克新 . 2009 年中国金属需求形势分析 . 中国金属通报，2008 年，第 1 期，18 ~ 19 页

[8] 冯君从，张长海 . 2008 年铅锌工业发展报告 . 2008 年中国有色金属工业发展报告，中国有色金属工业协会，2009 年 3 月，北京，102 ~ 116 页

[9] 刘璠 . 2008 年锌市场回顾及 2009 年市场展望 . 中国铅锌锡锑，2009 年，第 1 期，16 ~ 30 页

[10] 胡德勇 . 2010 年中国铅锌工业的结构调整与产业升级 . 第六届（2010 年）中国有色金属产业链发展论坛暨铅锌产业链发展论坛，2010，北京

铝

张　莓

受国际金融危机的影响，全球铝需求低迷，产量下降，消费量萎缩，2008 年国际市场铝价格大幅度下降。2009 年中国政府大量收购储备铝，以及大量投放货币刺激经济，使得中国的铝产品产销两旺，带动了国际市场铝价格上涨。

一、储量和资源

2009 年世界铝土矿储量为 270 亿 t，与 2008 年相同（表 1）。几内亚、澳大利亚、越南、巴西、牙买加、印度和圭亚那的储量居世界前 7 位，储量合计约占世界总储量的 76.6%。美国地质调查局出版的“Mineral Commodity Summaries，2010”中未公布 2009 年的储量基础数据。

表 1　2008～2009 年世界铝土矿储量和储量基础（干基）　　单位：亿 t

国家或地区	储　量		2009 年较 2008 年增减比例/%	储量基础
	2008 年	2009 年		2008 年
美　国	0.2	0.2	0	0.4
澳大利亚	58	62	6.9	79
巴　西	19	19	0	25
中　国①	7	7.5	7.1	23
希　腊	6	6	0	6.5
几内亚	74	74	0	86
圭亚那	7	7	0	9
印　度	7.7	7.7	0	14
牙买加	20	20	0	25
哈萨克斯坦	3.6	3.6	0	4.5
俄罗斯	2	2	0	2.5
苏里南	5.8	5.8	0	6
委内瑞拉	3.2	3.2	0	3.5
越　南	21	21	0	54
其　他	32	32	0	38
世界总计	270	270	0	380

注：①美国地质调查局的估计数；总计取整数。

资料来源：Mineral Commodity Summaries，2009、2010。

据2010年美国地调局估计，2009年世界铝土矿资源量（储量加上次经济资源及未经发现的矿床）约为550亿~750亿t，主要分布在：非洲（32%），大洋洲（23%），南美洲和加勒比地区（21%），亚洲（18%），其他地区（6%）。

铝土矿矿床按其下伏基岩性质大致可分为两大类型：硅酸盐岩上的红土型铝土矿矿床和碳酸盐岩上的岩溶型铝土矿矿床。另外，原苏联学者还划出陆源岩层之上的沉积铝土矿矿床（也称齐赫文型铝土矿矿床，这类矿床一般规模小，工业意义不大）。

（1）红土型铝土矿矿床：这类矿床主要由酸性、中性和基性成分的含铝硅酸盐岩石在热带和亚热带气候条件下经深度化学风化形成，矿石由三水软铝石组成。它们主要分布在大洋洲、拉丁美洲、非洲和东南亚地区，储量约占世界总储量的86%。

（2）岩溶型铝土矿矿床：这类矿床一般覆盖在石英岩和白云岩凹凸不平的岩溶化表面。矿床和基岩之间存在不整合或假整合，矿石多由一水硬铝石组成。主要分布于南欧和加勒比地区。中国的大部分铝土矿矿床属于这一类型。这类矿床加上陆源岩层之上的沉积铝土矿矿床的储量占世界总储量的14%。

世界上已查明的铝土矿资源丰富、储量巨大，因此，自20世纪80年代初以来，世界各国对铝土矿的勘查投入很少，但也发现一些新的重要矿床，如越南西原高原带上的铝土矿床（资源量大于40亿t）和老挝波罗芬高原上的铝土矿矿床（资源量约20亿t），它们均属红土型。近年在圭亚那西部地区的Goldstone找金区内发现一个铝土矿矿床，经初步工作可有资源量1亿~3亿t，含$Al_2O_3$37%；俄罗斯阿尔汉格尔斯克地区发现3个矿床（Pletesk，Demisiarsk，Ikhinsk）将要勘查开发，它们的储量分别为3亿t，1700万t和超过5亿t。

二、生　　产

世界上铝土矿主要产自红土型矿床，产量占世界铝土矿总产量的80%左右，另外的20%产自岩溶型矿床。

2009年世界铝土矿产量为1.95亿t，比2008年下降9.8%（表2）。生产铝土矿的主要国家有澳大利亚、几内亚、巴西、牙买加、中国、印度和印度尼西亚等，这7国的产量约占世界总产量的86%。

2009年铝土矿产量增加的国家或地区有：中国（540万t）增长25%，澳大利亚（119.3万t）增长1.9%。产量减少的国家或地区有：几内亚（129.2万t）下降6.5%，牙买加（636万t）下降46.7%，巴西（526.2万t）下降18.7%，印度（681.7万t）下降34.5%，苏里南（194.5万t）下降36.5%，圭亚那（60.7万t）下降29%，印度尼西亚（286.2万t）下降16.6%，匈牙利（24.4万t）下降47.7%。另外，希腊和哈萨克斯坦产量略有下降。俄罗斯和委内瑞拉的产量未变。

2009年世界氧化铝产量为4994.6万t，比2008年下降10.7%；其中非冶金用途氧化铝产量为362.8万t，比2008年下降20.1%（表3）。欧洲氧化铝产量减少216.9万t，非洲产量减少6.5万t，亚洲产量减少15.6万t，拉丁美洲产量减少242.8万t，北美洲产量减少173.7万t，大洋洲产量增加54.3万t。

表2 世界铝土矿产量　单位：万 t（矿石）

国家或地区	2007 年	2008 年	2009 年	2009 年较 2008 年增减比例/%
澳大利亚	6242.8	6403.8	6523.1	1.9
几内亚	1851.9	1978.0	1848.8	-6.5
牙买加	1456.8	1463.6	779.6	-46.7
巴　西	2546.1	2809.8	2283.6	-18.7
中　国	2044.6	2160.0	2700.0	25.0
印　度	2034.3	1973.7	1292.0	-34.5
委内瑞拉	532.3	580.0	580.0	0.0
俄罗斯	605.4	530.2	530.2	0.0
苏里南	527.3	533.3	338.8	-36.5
哈萨克斯坦	494.3	516.0	513.1	-0.6
圭亚那	224.9	209.2	148.5	-29.0
希　腊	212.6	217.6	207.0	-4.9
印度尼西亚	1544.7	1722.0	1435.8	-16.6
匈牙利	51.5	51.1	26.7	-47.7
其　他	531.9	513.7	330.4	-35.7
世界总计	20901.4	21662.0	19537.6	-9.8

资料来源：World Metal Statistics，Mar. 2010。

表3 世界氧化铝产量　单位：万 t

地　区	2007 年	2008 年	2009 年	2009 年较 2008 年增减比例/%
欧　洲①	1003.1	986	769.1	-22.0
非　洲	52.6	59.5	53	-10.9
亚　洲②	473.7	522.1	506.5	-3.0
拉丁美洲	1491.3	1558.9	1316.1	-15.6
北美洲	529	527.7	354	-32.9
大洋洲	1898.7	1941.6	1995.9	2.8
总　计	5448.4	5595.8	4994.6	-10.7
其中非冶金用途	437.8	454	362.8	-20.1

注：① 从 1991 年 7 月起不包括南斯拉夫而包括匈牙利。

②据《有色金属工业统计资料汇编》，2009 年中国氧化铝产量为 2308.51 万 t。

资料来源：World Metal Statistics，Mar. 2010。

2009 年世界原铝产量为 3635.88 万 t，比 2008 年下降了 7.4%（表 4）。美国、俄罗斯、加拿大、中国、澳大利亚、巴西、挪威、印度等国家是原铝生产大国，这 8 个国家的产量之和约占世界总产量的 73.8%。

2009 年原铝产量增加的国家有：印度（17.11 万 t）增长 13.09%，阿联酋（11.81 万 t）13.24%。产量下降的国家有：美国（93.19 万 t）下降 35.05%，俄罗斯（61.2 万 t）下降

表4 世界原铝产量 单位：万 t

国家或地区	2007 年	2008 年	2009 年	2009 年较 2008 年增减比例/%
美国	255.97	265.91	172.72	-35.05
俄罗斯	395.54	380.00	318.80	-16.11
加拿大	308.26	311.88	303.03	-2.84
中国①	1255.86	1317.66	1284.60	-2.51
澳大利亚	195.90	197.40	194.30	-1.57
巴西	165.48	166.11	153.62	-7.52
挪威	135.68	135.88	109.39	-19.50
德国	55.10	60.59	29.18	-51.84
印度	122.18	130.75	147.86	13.09
委内瑞拉	61.57	60.78	56.11	-7.68
巴林	86.00	87.17	85.80	-1.57
阿联酋	88.95	89.17	100.98	13.24
法国	42.78	43.16	42.13	-2.39
西班牙	40.51	40.78	33.46	-17.95
新西兰	35.30	31.55	27.10	-14.10
英国	36.46	32.69	25.20	-22.91
其他	529.23	574.95	551.60	-4.06
世界总计	3810.77	3926.43	3635.88	-7.40

注：①据《有色金属工业统计资料汇编》，2009 年中国原铝产量为 1289.05 万 t。

资料来源：World Metal Statistics，Mar. 2010。

16.11%，中国（69.06 万 t）下降 2.51%，巴西（12.49 万 t）下降 7.52%，挪威（26.49 万 t）下降 19.5%，德国（31.14 万 t）下降 51.84%，西班牙（7.32 万 t）下降 17.95%，英国（7.49 万 t）下降 22.9%。另外，加拿大、澳大利亚、委内瑞拉、巴林、法国和新西兰等国的产量略有下降。

近年来，工业化国家愈来愈重视耗能低、污染小、生产成本低的再生铝工业，如 2009 年美国再生铝产量占精炼铝消费量的 79.5%，日本占 43.3%，德国占 43.4%。2009 年世界再生铝产量为 790.81 万 t（表5），比 2008 年下降 8.82%，占当年世界精炼铝消费量的 22.1%。

冶炼铝是高耗能产业，在矿石质量相同，生产技术相同、劳动力价格相等的条件下，生产成本的高低与能源价格呈正比。据有关资料统计，目前世界精炼铝的生产成本最高的是独联体国家，最低的是加拿大和法国。加拿大得益于廉价的水力发电，而法国主要依靠廉价的核电和先进的生产工艺。就铝业公司来说，生产成本最高的是美国凯撒化学公司（Kaiser），生产成本最低的是加拿大铝业公司。

表5　世界再生铝产量 单位：万 t

国家或地区	2007 年	2008 年	2009 年	2009 年较 2008 年增减比例/%
美　国	388.80	326.40	308.28	-5.55
日　本	111.17	106.12	65.91	-37.89
德　国	83.56	72.09	56.08	-22.21
意大利	70.33	63.35	35.60	-43.80
中　国	70.80	70.80	98.80	39.55
英　国	19.39	14.58	20.52	40.74
法　国	20.30	19.63	12.66	-35.51
西班牙	24.25	24.24	24.24	0.00
挪　威	34.80	34.80	34.80	0.00
奥地利	15.12	15.12	15.12	0.00、
巴　西	32.40	32.85	32.40	-1.37
加拿大	18.50	18.50	18.50	0.00
中国台湾	7.90	7.90	7.90	0.00
澳大利亚	12.58	12.72	12.72	0.00
其　他	47.54	48.23	47.28	-1.97
世界总计	957.44	867.33	790.81	-8.82

注：据《有色金属工业统计资料汇编》，2009 年中国再生铝产量 310.64 万 t。

资料来源：World Metal Statistics，Mar. 2010。

三、用途和消费

2009 年世界精炼铝的消费量为 3577.88 万 t，比 2008 年减少 161.1 万 t，下降 4.31%（表6）。中国、美国、日本、德国、韩国、意大利、印度、巴西和俄罗斯是世界上铝消费大国，九国的消费量之和为 2611.05 万 t，约占当年世界总消费量的 73%。其中中国消费量近年来快速增加，其 2009 年的消费量约占世界消费量的 40%。2009 年除中国、韩国、印度和印度尼西亚四国的消费量增加，其他国家的消费量多数大幅度下降。

据国际铝协（IPAI）统计，现今西方国家在各消费领域中铝的消费构成大致如下：建筑业占 17.7%，运输业占 30%，机械设备制造业占 8.4%，电子业占 8.6%，易拉罐占 12.2%，其他包装品占 5.3%，耐用消费品占 5.9%，其他占 11.9%。

表6　世界精炼铝消费量　　单位：万 t

国家或地区	2007 年	2008 年	2009 年	2009 年较 2008 年增减比例/%
美　国	554.51	490.57	387.62	-20.99
中　国	1234.70	1241.25	1444.58	16.38
日　本	219.70	224.97	152.29	-32.31
德　国	200.83	194.96	129.09	-33.79
韩　国	108.06	96.38	103.76	7.66
法　国	73.72	68.89	52.86	-23.27
加拿大	72.15	71.44	65.67	-8.08
英　国	36.35	33.94	27.00	-20.45
意大利	108.72	95.11	67.00	-29.56
印　度	120.71	128.42	144.82	12.77
巴　西	85.39	93.16	79.89	-14.24
俄罗斯	102.00	102.00	102.00	0.00
西班牙	64.17	60.28	49.15	-18.46
中国台湾	36.78	36.15	28.78	-20.39
比利时	50.96	44.19	26.92	-39.08
泰　国	40.11	40.72	33.04	-18.86
土耳其	55.52	57.55	54.35	-5.56
澳大利亚	32.72	31.20	31.20	0.00
印度尼西亚	26.71	31.13	39.89	28.14
其　他	570.17	596.67	557.97	-6.49
世界总计	3793.98	3738.98	3577.88	-4.31

注：据《中国矿产资源年报》，2009 年中国铝视消费量 1560.91 万 t，包括再生铝产量。

资料来源：World Metal Statistics，Mar. 2010。

四、贸易和市场

世界铝土矿的主要出口国为几内亚、巴西、牙买加和委内瑞拉等，它们的出口量约占世界铝土矿出口量的80%。澳大利亚为世界第一大铝土矿生产国，其生产的铝土矿约有60%炼成氧化铝，40%的铝土矿出口。进口铝土矿的主要国家有北美和西欧的炼铝大国，这两地区国家的氧化铝产量占世界氧化铝产量的30%以上，而铝土矿产量仅占世界铝土矿产量的5.5%左右。

铝土矿的国际贸易形式以期货交易为主，少部分通过大跨国公司之间的调配交易。国际上铝土矿的售价，因取价依据不同，变化很大。在国际市场上几内亚博克矿山矿石的售价起主导作用。

目前，澳大利亚为世界第一大氧化铝出口国，每年氧化铝出口量占全球出口量的30%以上。其他重要的出口国有巴西、牙买加、苏里南、委内瑞拉、几内亚、希腊等。氧化铝主要进口国有美国、中国、俄罗斯、加拿大、挪威、欧盟和海湾地区的国家，其中美国和中国进口量最大，俄罗斯、挪威和加拿大三国进口量也较大。中国经济持续高速增长，国内铝冶炼业快速发展，国内铝土矿质量较差，每年需大量进口氧化铝，但近年来中国国内氧化铝项目建设迅速扩张，据目前投资建设的氧化铝项目估算，2010 年前产能可达3000 万 t/a 以上，未来每年大量进口氧化铝的状况将逐步得到改善。

氧化铝现货贸易仅占贸易量的十分之一弱，其他则以长期合同形式购买。另外的那部分氧化铝由几家大铝业跨国公司自用。世界上主要炼铝国大量购买氧化铝起因于其国内氧化铝生产成本高，进口氧化铝可降低精炼铝的生产成本，经济上更合算。

2009 年世界铝出口总量为 1761. 35 万 t（表7），进口总量 1660. 50 万 t（表8）。

表7　世界主要铝出口国或地区的铝贸易量（出口）　　单位：万 t

国家或地区	2007 年	2008 年	2009 年
俄罗斯	394. 86	481. 79	469. 95
加拿大	250. 04	253. 21	247. 55
澳大利亚	165. 86	168. 3	167. 01
挪　威	160. 99	159. 06	135. 64
中　国	54. 59	84. 13	31. 01
巴　西	82. 23	74. 79	75. 41
荷　兰	79. 5	64. 33	42. 55
南　非	62. 52	59. 79	64. 3
美　国	39. 91	37. 92	35. 31
阿联酋	18. 98	11. 07	12. 49
德　国	42. 3	43. 5	31. 46
新西兰	32. 78	30. 4	24. 19
法　国	18. 55	18. 58	21. 7
英　国	29. 82	33. 05	32. 18
冰　岛	44. 63	76. 08	79. 19
西班牙	14. 1	16. 29	25. 04
中国台湾	13. 93	14. 22	13. 86
阿根廷	15. 27	24. 3	28. 85
比利时	20. 36	19. 47	12. 85
其　他	349. 05	281. 21	210. 81
世界总计	1890. 27	1951. 49	1761. 35

资料来源：World Metal Statistics，Mar. 2010。

2009 年世界最大的铝出口国有俄罗斯、加拿大、澳大利亚和挪威，它们的出口量合计 1020. 15 万 t，约占当年世界出口量的 58%。其中俄罗斯出口 469. 95 万 t，出口量比当年其国内原铝产量多 151. 15 万 t，主要出口到美国、日本、德国。加拿大出口 247. 55 万 t，占当年其国内原铝产量的 82%，主要出口到美国。澳大利亚出口 167. 01 万 t，占当年

表 8　世界主要铝进口国或地区铝贸易量（进口）　　单位：万 t

国家或地区	2007 年	2008 年	2009 年
日　本	298.57	306.41	195.78
美　国	295.11	293.17	312.88
德　国	223.08	206.33	146.27
韩　国	119.05	108.50	112.34
中　国	28.22	26.01	173.98
英　国	29.53	25.56	34.69
意大利	107.94	88.21	54.50
法　国	60.46	50.94	38.88
中国台湾	50.40	50.37	42.60
比利时	75.44	55.79	41.10
挪　威	50.83	44.06	33.55
加拿大	13.94	12.77	10.19
西班牙	45.06	36.38	25.75
瑞　典	20.53	19.16	13.77
瑞　士	21.49	19.00	15.80
新加坡	21.78	28.88	60.42
印　度	14.91	17.00	21.26
其　他	458.83	421.06	326.74
世界总计	1935.17	1809.60	1660.50

资料来源：World Metal Statistics，Mar. 2001。

其国内原铝产量的86%，主要出口到日本、韩国和中国台湾等亚洲国家或地区。挪威出口135.64万t，出口量比当年其国内原铝产量多26.25万t，主要出口到欧盟国家。2009年世界最大的铝进口国家或地区为美国、日本、德国、中国和韩国，合计进口941.25万t，占世界进口贸易总量的57%。其次为英国、法国、意大利、比利时、中国台湾、新加坡等。

2009年底伦敦金属交易所、世界各国和各生产厂商的铝库存量见表9，与2008年相比，世界各交易所总库存量增加236.87万t，各国库存量减少55.72万t，总商业库存量增加181.15万t（表9）。

表 9　世界铝库存量　　单位：万 t（铝）

库存地	2005 年	2006 年	2007 年	2008 年	2009 年
伦敦金属交易所库存	64.37	69.84	92.95	233.83	462.44
世界各交易所总库存	75.38	74.48	104.39	255.39	492.26
各国库存	225.6	201.97	191.73	211.81	156.09
总商业库存	300.98	276.44	296.12	467.20	648.35

资料来源：World Metal Statistics，Mar. 2010。

2008 年伦敦金属交易所全年平均价为 2572.79 美元/t，同比下降 2.52%。2008 年 7 月价格有两次接近 2006 年 5 月的高点，此后一路下跌，12 月的月平均价为 1490.43 美元/t。

2009 年全年平均价为 1664.83 美元/t，同比下降 35.29%。2009 年 2 月的平均价为 1330.20 美元/t，此后逐月上涨至 12 月的 2180.10 美元/t（图 1；表 10）。

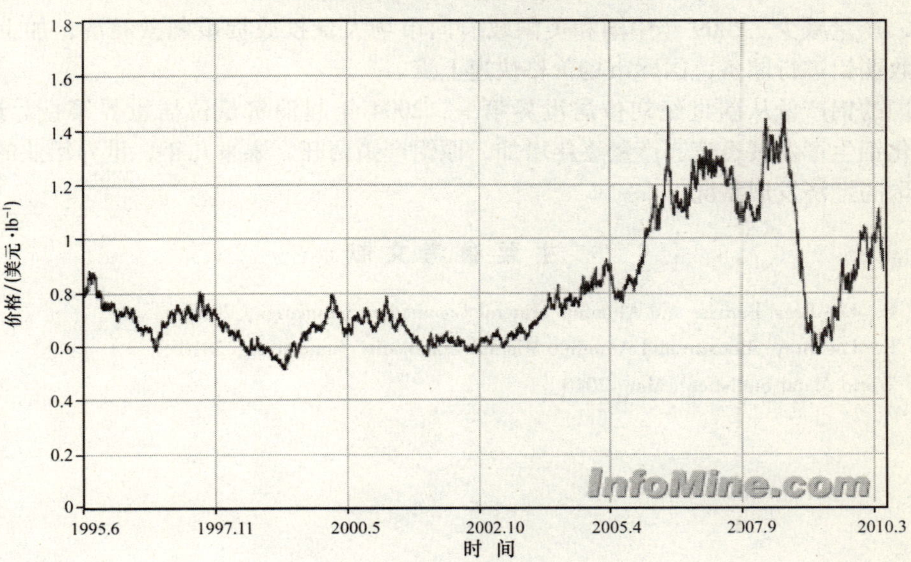

图 1　国际市场铝价格

表 10　伦敦金属交易所铝价格　　单位：美元/t

年　份	年平均	月　份	月平均
2002	1349.34	2009 年 2 月	1330.20
2003	1431.90	2009 年 3 月	1335.84
2004	1716.51	2009 年 4 月	1420.85
2005	1897.65	2009 年 5 月	1460.45
2006	2566.79	2009 年 6 月	1573.73
2007	2639.27	2009 年 7 月	1667.96
2008	2572.79	2009 年 8 月	1933.75
2009	1664.83	2009 年 9 月	1834.11
		2009 年 10 月	1878.57
		2009 年 11 月	1949.29
		2009 年 12 月	2180.10

资料来源：World Metal Statistics，Mar. 2010。

五、展　望

2007 年一季度，美国次贷危机初露端倪，下半年暴发。2008 年进一步演变为国际金融危机，金融危机使全球经济发展步入低迷阶段。2009 年国际市场铝的需求下降，消费量萎缩，产量减少。2009 年中国和美国政府向市场大量投放货币刺激经济，加上中国政府大量收购铝进行储备，国际市场价格快速上涨。

中国的铝产量从新世纪初位居世界第一，2004 年起消费量位居世界第一。近年来，中国氧化铝生产发展迅速，产量逐年增加，原铝产销两旺。未来几年，世界铝业的发展取决于中国的经济发展状况。

主要参考文献

[1] E. Lee Bray. Bauxite and Alumina. Mineral Commodity Summaries，2010
[2] E. Lee Bray. Bauxite and Alumina. Mineral Commodity Summaries，2010
[3] World Metal Statistics，Mar. 2010

镁

鲍　荣　华

2009年世界原镁产量约为67.48万t，下降18.77%。其中，中国产量为50.18万t，占世界的74.36%，国外原镁产量17.3万t，降幅达13.5%。2009年世界镁的视消费量是67.5万t，比上年降低21.51%。2009年，中国原镁消费量为17.2万t，比上年增长8.86%，美国镁金属视消费量15.4万t，比上年降低21.67%，进口占48.7%。由于金融危机继续蔓延，2009年中国镁金属出口量同比下降41.09%，出口占产量比例降为46.53%。

2009年美国重烧氧化镁和轻烧氧化镁视消费量约70万t，达到80%需要进口，从中国进口79%以上。

经过2009年的调整，世界原镁价格2010年缓慢上升，最高点一度达到3250元/t，较2009年的最低点2500元/t上涨30%。

一、储量和资源

近几年，世界菱镁矿的储量和储量基础有所增长，2009年储量为29.44亿t，储量基础为48.49亿t（表1），中国储量居于世界第一位，占世界的37.06%，其次，是俄罗斯，储量占世界的22.08%，朝鲜储量占世界的15.29%。

表1　世界菱镁矿储量和储量基础　　单位：亿t（矿石）

国家或地区	储量				储量基础		
	2006年	2007年	2008年	2009年	2006年	2007年	2008年
中　国①	9.2	9.3	9.3	10.91	19	19.3	19.2
俄罗斯	6.5	6.5	6.5	6.5	7.3	7.3	7.3
朝　鲜	4.5	4.5	4.5	4.5	7.5	7.5	7.5
澳大利亚	1	1	1	1	1.2	1.2	1.2
巴　西	0.45	0.45	0.45	0.99	0.65	0.65	0.65
土耳其	0.65	0.65	0.65	0.49	1.6	1.6	1.6
斯洛伐克	0.45	0.45	0.45	0.36	3.24	3.2	3.2
希　腊	0.3	0.3	0.3	0.3	0.3	0.3	0.3
奥地利	0.15	0.15	0.15	0.15	0.2	0.2	0.2
印　度	0.14	0.14	0.14	0.14	0.55	0.55	0.55
西班牙	0.1	0.1	0.1	0.1	0.3	0.3	0.3
美　国	0.1	0.1	0.1	0.1	0.15	0.15	0.15
其　他	4.35	4.35	4.35	3.9	5.61	5.61	5.61
世界总计	27.89	27.99	27.99	29.44	47.6	47.86	47.76

注：①中国数据来自《中国矿产储量通报》。

资料来源：Mineral Commodity Summaries，2006～2010。

据估计，全世界的菱镁矿资源量约为120亿t，水镁石几百万t，海水中的镁含量估计为6×10^{16}t，另外还有大量的白云石和盐湖镁资源。地球上的镁资源丰富，足以满足当前和将来对镁的需求。

中国是世界上镁资源最为丰富的国家，镁资源矿石类型全，分布广，总储量居世界第一。菱镁矿储量居世界首位，已探明菱镁矿资源总量39.52亿t，其中符合炼镁要求的一、二级菱镁矿占78%；炼镁白云岩资源丰富，已探明资源总量在40亿t以上，青海盐湖含有氯化镁32亿t，硫酸镁16亿t。

二、生　产

（一）镁化合物产量

2009年世界菱镁矿的产量估计为719万t，比上年降低15.87%（表2）。主要生产国为中国、土耳其、俄罗斯、斯洛伐克、奥地利、西班牙、澳大利亚7个国家，这几个国家的产量总和占世界的92.9%，其中，中国产量居世界首位，占69.54%左右，其他6个国家产量合计占世界的23.37%。2008年，由于世界金融危机，世界菱镁矿制品产量下降50.36%，中国下降31.97%，其他国家下降60%~70%。2009年中国又下降了16.67%，其他国家基本稳定。

表2　世界菱镁矿产品产量　　单位：万t（氧化镁）

国家或地区	2005年	2006年	2007年	2008年	2009年[e]
中　国	800	841.7	882	600	500
土耳其	340	320	210	60.5	60
俄罗斯	110	120	120	34.6	35
斯洛伐克	39.7	40	60	27.4	27
奥地利	69.4	70	70	23	20
西班牙	48.6	50	50	13.3	13
澳大利亚	47.4	47.5	45	13	13
希　腊	47.6	50	50	10.1	10
印　度	38	37	36	10.1	10
巴　西	38.7	38.7	32.4	11.5	10
朝　鲜	120	120	120	34.6	5
加拿大	18	18	18		
伊　朗	8.8	9	11		
其　他	13.8	14.8	17.16	16.5	16
世界总计	1740	1776.7	1721.56	854.6	719

注：e为估计值；中国按矿石产量估算。

资料来源：U.S. Geological Survey Minerals Yearbook，2010。

2008 年世界镁化合物的产能约 1503 万 t（氧化镁），与上年持平（表 3）。中国、俄罗斯、美国三国产能合计占世界总产能的 73.42%。

中国具有世界上最大的菱镁矿生产能力，占世界产能的一半以上，其次是俄罗斯、美国、奥地利，分别占世界产能的 16.63%，3.57% 和 3.16%。日本和美国占世界 50% 的海水镁化合物产能。熔烧镁产能主要在澳大利亚、巴西、中国、以色列、日本、朝鲜、墨西哥、俄罗斯、英国和美国。据估计，全球熔炼镁的产能为每年 56 万 t，包括中国的产能 37.2 万 t。

美国、英国各有一个公司生产熔炼镁：分别是明科公司在田纳西州米德韦（Midway）的生产厂和英国的 UCM Group 公司在亚拉巴马州切罗基（Cherokee）的生产厂。

挪威一直以来都是世界上最主要的橄榄石生产国和供应国，但自从 2004 年格陵兰岛开发了一处新的橄榄石矿山后，挪威在全球橄榄石市场上的份额从 66% 降到了 30%。其他很多国家或地区也生产橄榄石，这些国家或地区包括澳大利亚、奥地利、巴西、中国、希腊、意大利、朝鲜、墨西哥、西班牙、中国台湾、土耳其和美国。2008 年，罗伯茨预测 2008 年全球橄榄石的产量为 840 万 t。

美国有两家企业生产橄榄石——Unimin 公司和 Olivine 公司。Unimin 公司在北卡罗来纳州拥有一处橄榄石矿山，在印第安纳州和北卡罗来纳州分别建有炼厂。Olivine 公司在华盛顿拥有一处橄榄石矿山和一家炼厂。

据报道，应用化学氧化镁公司在 2007 年 12 月提出破产申请，并已做好售出准备。它是美国唯一一家氢氧镁石企业，也是中国以外，少有的几个氢氧镁石矿之一。法律宣布经营问题和氧化镁价格的暴跌是公司破产的主要原因。

2008 年 2 月份，Martin Marietta 矿业公司获得了莫顿国际公司专业氧化镁分割的资产，包括获得氧化镁商品名称的权利。氧化镁用于橡胶化合物，如氯丁橡胶的生产中，它能够在模制工序中抑制橡胶化合物的过早硬化。据 Martin Marietta 矿业公司透露，这份既得资产能够巩固公司在密歇根州马尼斯蒂（Manistee）地区在橡胶和塑形方面的业务，也能扩大公司在俄亥俄州伍德维尔（Woodville）地区白云石重烧氧化镁的产量。

第一化学公司在 2008 年扩大了生产，在内华达州 Gabbs 镁矿开始生产轻烧镁、氢氧化镁。公司同时收购了硫酸镁生产公司——Giles Chemical 公司，它在印第安纳州格林代尔（Greendale），纽约州劳西斯角（Rouses Point）和北卡罗来纳州韦恩斯维尔（Waynesville）都有生产厂。

中国：中国政府制止了从韩国走私出口菱镁矿，导致出口氧化镁价格的提高。另外，为了节能减排，将氧化镁出口配额压低到 2008 年底的水平。中国菱镁矿的出口配额已从 2008 年的 130 万 t 增加到 2009 年的 140 万 t。

几家公司在 2008 年提高了氧化镁的产能。据报道，海城华银集团在西藏开采了一座新的菱镁矿山，估计菱镁矿储量为 1.2 亿 t。矿山在煅烧方面的年产能为 15 万 t 轻烧镁，产品运往辽宁的海城华银公司作为重烧氧化镁、熔炼镁和镁铝尖晶石原料。辽宁西苑清华耐火材料股份有限公司（是营口清华集团股份有限公司的一个子公司）2008 年有 8 个煅烧炉窑投入生产，增加了 14 万 t 高纯度的重烧氧化镁和 8 万 t 耐火镁砖的产能。营口清华拥有 6 座矿山、96 个轻烧镁炉窑、12 个重烧氧化镁炉窑、26 个熔炼镁炉窑、6 个高纯度合成氧化镁炉窑和 5 条镁砖生产线。

风驰耐火材料公司8月份完成了3个重烧氧化镁炉窑的建设，将提高公司的产能10万t，使公司重烧氧化镁的总产能提高到29万t/a。同时，公司轻烧镁的产能为8万t/a，熔炼镁产能为18万t/a。

辽宁东河耐火材料集团之前的高纯度氧化镁产能3万t/a，公司计划于2009年扩建8万t的产能。公司拥有2个菱镁矿，年产菱镁矿50万t；20个生产轻烧镁炉窑；3个生产氧化镁中间产品炉窑；13个生产熔炼镁炉窑。

中国具有大量的菱镁矿资源，能够增加生产能力以弥补国内和出口的需要。

俄罗斯：耐火材料的主要生产商俄罗斯镁业集团（Magnezit Group JSC）2007年12月宣布，与德国Hargreaves原料公司达成协议，在独联体国家之外的市场销售Magnezit的重烧氧化镁和熔炼镁。以前，Magnezit产品用于生产耐火材料只在俄罗斯和其他独联体国家销售。有望在2009年出口90%～92%的氧化镁，即10万～15万t。

2008年2月，俄罗斯最大的菱镁矿生产商兼并了斯洛伐克的两个菱镁矿生产商之一，而后，还计划兼并另一个生产商。

美国：2009年，大约54%的镁化合物的生产来源于海、井、湖中的卤水，其他46%的镁化合物则从氢氧镁石、白云石、菱镁矿和橄榄石提取。美国有分别位于加利福尼亚州、特拉华州、佛罗里达州的三家公司从海水中回收氧化镁和其他镁化合物，密歇根州的一家公司从井水中提取，犹他州的两家公司在盐湖中提取。内华达州的一家公司开采菱镁矿，北卡罗来纳州和华盛顿的两家公司开采橄榄石。52%的镁化合物用于耐火材料，其他48%用于农业、化学、环境和其他方面。中国仍然是美国最大的轻烧镁和重烧氧化镁的进口源，所占比例分别为75%和83%。

2008年，美国的轻烧镁的产量有所增加，重烧氧化镁的产量则有所下降。美国氧化镁的需求有一半依赖进口。重烧氧化镁消费量比2007年下降了25%，轻烧镁和其他氧化镁则比2007年增长了20%，进口的轻烧镁和其他氧化镁占美国氧化镁消费量的49%。美国轻烧镁的出口量比2007年增长了37%，而重烧氧化镁的出口量则大幅下降（表3），因为美国的企业转变了氧化镁的生产方式。美国氢氧化镁的出口量比2007年增长了4%。

得克萨斯州矿山及加工厂是美国唯一的水镁石生产商，2008年申请破产后将被出售。另外，2009年伊始，密歇根州的一家镁化合物生产商就使其在马尼斯蒂的工厂停止了生产。

加拿大：Baymag公司计划将其在艾伯塔省Exshaw矿的轻烧镁产能提高两倍，工厂原有的产能为5万t/a。公司计划2009年秋天第二次安装多重床式反射炉窑，研究恢复2007年关闭的1.4万t/a的熔炼镁产能，估算其生产重烧氧化镁的潜能。Globex矿业公司和Drinkard Metalox公司签订了一份意向书，表明Drinkard Metalox公司拥有的某些技术能恢复位于安大略省提敏斯（Timmins）的由Globex所有的Deloro菱镁矿矿山的氧化镁生产。Deloro矿床是菱镁矿-云母-二氧化硅矿床，曾报道说此矿床拥有1亿t可采资源。根据意向书，Globex和Drinkard Metalox公司将成立一家联合公司（Globex拥有75%股份，Drinkard Metalox拥有25%股份），将承担半工业测试。同时开展银行融资可行性研究，以确定Drinkard Metalox利用联合后的资产生产氧化镁和其他镁化合物的专利技术的适用性和经济可行性。Globex将投资150万美元开展此项工作。

土耳其：世界最大的菱镁矿生产者计划2009年底生产熔炼镁，增加重烧氧化镁和耐

表3　世界氧化镁综合生产能力①　　单位：万 t（氧化镁）

国家或地区	2005 年	2006 年	2007 年	2008 年	2008 年较 2007 年增减比例/%
中　国	850	900	900	800	-11.11
俄罗斯	250	250	250	250	—
美　国	75.3	83.2	53.6	53.6	—
奥地利	46.5	46.5	46.5	47.5	2.15
斯洛伐克	46.5	46.5	46.5	46.5	—
土耳其	41.9	41.9	41.9	42.4	1.19
巴　西	33.4	43.4	43.4	38.6	-11.06
日　本	30	30	30	25.5	-15.00
印　度	31.6	31.6	31.6	22.2	-29.75
希　腊	22	22	22	22	—
乌克兰	22	22	22	22	—
西班牙	20.5	20.5	20.5	21	2.44
朝　鲜	110	110	110	12	-89.09
塞尔维亚	20	20	20	4	-80.00
其　他	99	59.4	89	95.7	
世界总计	1698.7	1727	1727	1503	-43.60%

注：① 包括正在运行的和备用的生产能力；中国数据根据原矿产能推测。
资料来源：U. S. Geological Survey Minerals Yearbook，2005～2008。

火砖的生产能力。土耳其一个小的生产商计划增加重烧氧化镁的生产能力到 3.5 万 t/a，目前其生产能力是 1.2 万 t/a，2009 年开始生产轻烧镁。2008 年 3 月份，Bommag 公司（以前的 Calmag AS 公司）成立，是因为塞尔维亚的公司宝美施控股有限公司（Bomex Holding D. O. O.）购买了奥地利的 Styromagnesit Steirische Magnesitindustrie 公司的设备。Bommag 生产轻烧镁，拥有产能为 1.2 万 t/a 的旋转炉窑和产能为 7200t/a 的竖炉窑。公司已经建成了产能为 3.5 万 t/a 的竖炉窑，于 2009 年初投入使用，并计划建设一家产能为 7500t/a 的熔炼镁厂。

约旦：约旦镁业公司（Jordan Magnesia Co.）（Arab Potash Co. 公司的子公司）在忙于国际商业仲裁程序，关于最近承包建设美国阿美科公司（AMEC Americas）的氧化镁厂的事宜。

斯洛伐克：2008 年 1 月份，Magnezit 获得了斯洛伐克卢贝尼克镁业公司（Slovmag a. s. Lubenik）99.6% 的股权，它是斯洛伐克氧化镁耐火原料的第二大生产商。据报道，Magnezit 有意收购斯洛伐克耶沙瓦镁业公司（Slovenské Magnezitové Závody a. s. Jelsava，SMZ）。Magnezit 愿付 1.3 亿美元，但是到 2008 年年底双方仍未达成协议。

巴西：2008 年 9 月份，Magnesita Refratários S. A. 菱镁矿公司（之前的 Magnesita S. A.）以 9.38 亿美元的高价从 Rhône 投资公司手中收购了德国的 LWB 耐火材料公司，政策的调整导致了交易的终止。Magnesita 和 LWB 的耐火产品主要用于钢铁和水泥工业。Magnesita 供应巴西的钢铁工业耐火材料的 70%，水泥工业用耐火材料的 80%。LWB 生产的产品则主要销往欧洲和美国。LWB 在欧洲的工厂生产耐火白云石的产能为 27 万 t/a，在纽约的工厂产能为 15 万 t/a，在中国的工厂的产能为 5.5 万 t/a。Magnesita 公司透露，Magnesita 和 LWB 的合并将成为销售收入占世界第三位的耐火材料公司，早在 2008 年就宣称到 2010 年，公司将使重烧氧化镁产量提高 3 倍，耐火材料的产量提高 2 倍，分别在布鲁多马和巴伊亚州开采了云母菱镁矿矿山，在康塔根和米纳斯吉拉斯的工厂，拥有重烧氧化镁产能 32 万 t，轻烧镁产能 6 万 t/a，云母产能 4.8 万 t/a。

丹麦：瑞典 Minelco AB 公司计划 2009 年增加其在格陵兰岛菲斯克湾（Fiskefjord）的色其橄榄石矿的产量。虽然矿山的年总产能为 110 万 t，但开工率只有一半。货物运输成本的持续增加是开工率低的主要原因。耐火材料需求的上升和钢铁行业外的其他行业的需求增长导致了橄榄石矿开工率的提高。

（二）金属镁生产

2009 年世界原镁的产量约为 67.48 万 t，下降 18.77%（表 4）。中国（50.18 万 t）、俄罗斯（5.8 万 t）、美国（约 4.5 万 t）、以色列（3 万 t）、哈萨克斯坦（2 万 t）产量分别比上年降低 20.44%，18.92%，13.46%，14.29%、4.76%。加拿大仍然停产，其他国家与上年持平。中国自 1998 年成为世界上最大的镁生产国以来，近两年由于市场低迷，产量下降，但目前产量仍占世界的 74.36%，今后 5～10 年，中国仍将保持较高的镁金属生产水平。目前，中国有 164 家镁冶炼厂，产能 131.85 万 t，比上年增长 13.52%。近年来，镁产能向陕西、内蒙古具有能源优势地区发展，山西省有 13 家停产改造，产能有 17 万 t，陕西有 12 家建成，未投产，产能有 24.5 万 t。2008 年，国外镁厂产量减少 2.7 万 t 多，除中国外，世界上还有 7 个国家生产金属镁，共计 17.3 万 t。

表 4　世界原镁产量　　单位：万 t

国家或地区	2005 年	2006 年	2007 年	2008 年	2009 年	2009 年较 2008 年增减比例/%
中　国	46.76	53.4	65.93	63.07	50.18	-20.44
俄罗斯	7.28	7.25	7.2	7.2	5.8	-18.92
美　国	4.5	4.3	4.3	5.2	4.5	-13.46
以色列	2.8	2.5	2.5	3.5	3	-14.29
哈萨克斯坦	2	2.1	2.1	2.1	2	-4.76
巴　西	0.6	0.6	1.8	1.5	1.5	
乌克兰	1.21	1.1	1.2	0.3	0.3	
塞尔维亚	0.2	0.2	0.15	0.2	0.2	
加拿大	5	5	1.6			
世界总计	70.35	76.45	86.78	83.07	67.48	-18.77

注：资料来源：U. S. Geological Survey Minerals Yearbook，2008；Mineral Commodity Summaries，2005～2010；2010 年中国有色金属工业发展报告。

美国：2009 年，美国仍由犹他州的一家公司用电解法从大盐湖回收镁，产量约 4.5 万 t（可能包括在中国的直接投资公司的产量），再生镁产量 7.5 万 t，进口镁约 5 万 t，出口约1.6万t。产能5.2万t，包括2008年夏季投产的9000t产能。美国镁金属有限公司还宣布，它已经完成了1.8万t产能的额外扩展的工程和成本分析，到2010年就能够完成。

2008年3月，美国铝业公司开始了一项内部评估，以确定是否能够恢复华盛顿州亚迪镁厂（Addy WA）生产。2001年，产能4.3万t的硅热炼镁厂关闭，主要原因是由于进口自中国的廉价镁的竞争和电力及硅铁的高成本。2008年1月11日，由于国外的镁业的强烈竞争，Lunt镁压铸公司在经营了34年后关闭了在汉普郡和斯考姆博格的工厂。该公司2007年12月就已经开始解雇工人。Lunt公司生产200多种不同的零部件，主要服务于汽车行业。

北美汽车工业疲软和高镁价影响了几家镁铸件生产公司。美铝公司在2008年中停止其镁铸件业务，原因是该公司的主要客户计划把大量重要业务移到海外。该公司从1973年就开始了此业务，制造诸如方向盘的转向柱之类的轻型汽车转向部件。Intermet公司（沃斯堡，得克萨斯州）于2008年8月份申请按第11章破产法保护，申请原因是汽车销售量低、原材料价格高。该公司在密苏里州Palmyra经营一家镁铸件厂，另外在美国中西部有一家铝锌铸件工厂。Intermet公司早在2004年就申请过第11章破产法保护，2005年又重新以一家私人公司出现。Spartan轻金属制品公司（圣路易斯，密苏里州）开始解雇其在墨西哥州和密苏里州镁铸件厂的员工，原因是福特汽车F－150型皮卡的订单量大幅下降。2007年12月，Gibbs压铸公司宣布他正在关停其在得克萨斯Harlingen的镁铸件厂，原因是传统美国汽车制造商市场份额正在下降以及北美汽车销量开始下降。Gibbs公司计划将其部分业务转移到肯塔基州Henderson的铸件厂。

美国宾夕法尼亚州Hart金属公司，已经获得合同总值为160万美元的美国国防部开发新雾化高性能镁合金粉末的合同。

中国：据中国有色金属协会，2008年中国镁产量为63.1万t（中国镁业分会的报告中原镁产量为55.8万t），各省（区）的生产分布情况如下：山西，32.6万t；陕西，8.62万t；宁夏，6.82万t；内蒙古，0.87万t；吉林，1.9万t。2009年，由于国内外经济不景气，需求疲软，产量降至50.18万t。

在中国，有很多公司都在继续实行镁金属和镁合金的产能扩张计划。《中国镁工业与市场公报（2008）》报告中宣布中国有50多个项目要增加镁金属、镁合金和/或镁铸件的生产能力。其中一些是对被关停的生产能力的升级改造，大部分是能显著增加生产能力的新建项目。但是拟建初级生产能力总数超过300万t，尽管由于市场限制，多数不会建设。

2008年第三季度中国镁价迅速下降，据报告已经跌至成本以下。结果导致几家工厂暂时停产或是降低产量。太原易威镁业有限公司（山西太原）年产能8万t/a，是中国的主要镁生产商之一，将其产量降低到了1.2万t/a。山西广灵金华镁业科学技术有限公司（北京）报告称，由于镁价太低公司10月份关闭了一座产能1.25万t/a的工厂。山西联合镁业有限公司（太原市）报告称，由于需求疲软公司已经降低了一半多的镁产量，降至1200～2400t/a。

2008年1月份，中国直接投资有限公司宣布其子公司——金威镁业有限公司和泛亚镁业有限公司新建的两个产能6000t/a的原镁厂开始投产。这标志着金威和泛亚第二阶段施工的完成，这两个公司的镁产能都达到了1.2万t/a。到5月份，该公司开始投产泛亚公司的第三个产能6000t/a的炼厂（山西省）。包头常新镁业有限公司（内蒙古）的第一个产能8000t/a的工厂开始生产。6月份开始，常新公司另外的4000t/a的产能投产，使包头常新公司年度总产能达到1.2万t/a。

中国镁合金制造及压铸技术取得突破性进展：研制开发了高强高韧镁合金、轮毂专用镁合金、自行车专用镁合金、超塑性镁合金、细晶铸造镁合金、高强度耐高温的稀土新型镁合金等。低压铸造、等温扎制、镁合金表面处理、镁合金焊接技术也取得进展；特色镁深加工已初具规模，推动了镁产业结构的优化升级。

中国政府宣布2008年1月1日，征收10%的镁和镁合金出口税，2007年6月1日，已经对镁废碎料征收10%的出口关税。2009年12月8日，国务院批准并发布的《2010年关税实施方案》规定：继续对原镁、镁合金、镁废碎料征收10%出口关税。

加拿大：加拿大戈山资源公司（Gossan）宣布CANMET材料技术实验室将对朱里阿尼朱里阿尼工艺进行试验测试，拟从白云石中提取金属镁。CANMET计划承担几项规模测试，在热力学和动力学方面论证朱里阿尼技术。2008年，Gossan公司宣布，他们已研究出从白云石中萃取镁的朱里阿尼生产工艺，可比中国的皮江法降低25%的生产成本。Gossan在马尼托巴省的Inwood地区拥有大量的高纯度含镁白云石矿权以及Zuliani技术的世界专利权，这种新的镁生产技术将明显降低该公司的直接生产经营成本的。从2003年开始，Gossan公司一直在尝试开发Inwood地区的资源。

自1941年以来，加拿大就没有再生产原镁，但有压铸厂。目前，加拿大镁压铸公司Trimag LP在金融危机中为生存而搏。公司几乎所有镁压铸件都供给美国通用汽车公司，汽车产量的减少对许多压铸公司造成伤害，此公司将被迫要求破产保护。曾于2008年12月关闭了魁北克Boisbriand压铸厂，有150名雇员待岗。2009年7月份加拿大最后一家镁生产商完成了其镁企业剥离。该公司将其剩余的镁压铸业务与一家中国镁运营商合并了。

2008年，Timminco有限公司宣布他将关闭其在安大略省Haley的制造厂，该厂为Timminco公司在科罗拉多州奥罗拉的镁压铸厂供应镁坯。以后主要靠外源合作伙伴满足这些供应。Haley工厂也生产特种镁粒和镁屑，这些产品以后会在Timminco公司位于墨西哥新拉雷多（Nuevo Laredo）的工厂生产。8月份，Dynacast国际有限公司（英国伦敦），兼并加拿大镁锌铸造商Fisher全球铸造公司，该公司2008年6月（根据公司债权人保全法（CCAA））提出债权保护。6月，Meridian技术有限公司宣布已与债权人达成重组协议。根据该协议，重组创建了新的Meridian轻技术有限公司。Meridian技术公司在安大略依据CCAA申请了诉讼。这份申请只包括Meridian在英国和加拿大的业务。作为协议的一部分，该公司将获得高达5500万美元的资金，包括3000万美元的周转贷款和2500万美元的定期贷款。除了这批新的资金外，公司的担保放款人还用很大一部分未清偿债务交换了在Meridian轻技术公司的全部普通股。Meridian轻技术公司在加拿大、中国、英国和美国都有镁压铸厂。

以色列：死海镁业公司由ICL公司和德国大众公司共同成立的合资企业，分别占65%和35%的股权，公司从死海光卤石盐为原料电解提取镁，副产品为氯化钾，2008年生产镁3万t。2009年7月，德国大众汽车公司归还其在死海镁工厂的35%股权给其大股东——以色列化学公司（ICL），并支付了3000万美元债务。建立于1995年的死海镁合资企业经营着一个3.5万t/a的镁厂，该厂从死海海水中提取镁。这个合资公司从他开始运营时就一直亏损，已累计亏损数千万美元，2009年第一次扭亏为盈。在2008年7月，以色列的镁生产商购买了一家德国汽车制造商的原镁生产工厂35%的股份，该工厂是1996年建成的，年产能35000t。这个交易使以色列公司完全掌控了这个原镁工厂。

挪威：Silmag是挪威海德鲁和荷兰AMG公司的合资公司，将在以前关闭的在波什格伦州的镁厂重建，用电解槽和还原生产工艺。2009年9月，在挪威的Porsgrunn的海德鲁公司的倒闭镁厂创建一个试验厂，中间试验厂开展以橄榄石为原料，生产原镁、再生镁和硅，商业化工厂将于2012年后投产，开始产能3.2万t，向欧洲和日本销售。

SilMag正在与挪威海德鲁公司商议使用其在Porsgrunn的闲置设备，Porsgrunn的原镁生产工厂自从2005年就关闭了，其冶炼炉自2006年也已经停用。SilMag计划翻新这些设备，到2008年底或是2009年初实现产能1.5万t/a。这座原镁工厂预计花2年时间改造完成，产能将达到3.5万t/a。

俄罗斯：有两家大型镁厂：索里卡姆斯克（Solikamsk）镁厂和AVISMA。2008年，其原镁产量分别为1.8万t和1.2万t。设在斯维德洛夫斯克地区的俄罗斯第三家镁冶炼厂的筹建计划也进入最后阶段，计划通过处理Uralasbest石棉生产的废料——蛇纹石生产镁。

2010年1月，俄罗斯发言人称，公司执行业务重组计划，出售他们持有的Solikamsk镁工厂38.9%的股份，买家可能是Nigulouto公司。

澳大利亚：2007年10月，Latrobe公司宣布，最近镁价格增长，维多利亚州的Latrobe Valley厂的镁产量恢复到5000~10000t/a，其生产原镁的原料来自黑兹尔伍德成堆的粉煤灰。

澳大利亚采矿集团Aussie正在新西兰纳尔逊附近的国家公园的3568km^{2}范围内寻找铁、煤、铅、锌、镁等20种矿产资源。其下属的Fortesque公司是世界第三大铁矿石生产商，它准备利用西澳大利亚镍矿处理的副产品生产镁，将建一座镁产能10万t的冶炼厂。

澳大利亚先进镁业公司与中国河南柯威尔金属材料有限公司合资经营了河南柯威尔合金材料有限公司，生产多种牌号的镁合金。

南非：投资商国际财团稀有金属产业公司（是南非、俄罗斯和美国投资商成立的公司）（RMI）最近宣布，在南非启动建设一家钛镁硅等金属冶炼联合企业（世界第一家有色金属联合企业），投资12亿~15亿美元。股东是国家授权基金、工业发展公司、镁金属公司和TJTI公司，目前正在做可行性研究。将采用俄罗斯的工艺技术，预计产能为5万t/a镁、1.5万t/a钛，8000t/a硅和2000t/a锆，南非要求增加加工金属出口。

埃及：国际镁公司（MIL）下属埃及镁公司（EMAG）和El Nasr矿业公司签署了一份买卖契约（MOU），El Nasr是埃及政府所属矿业公司，已获得勘探和开采埃及东南部Sul Hamed的菱镁矿的许可。

刚果（布）：2008年6月，MagMetals公司与挪威海德鲁公司（Norsk Hydro ASA）签订了一项技术许可协议，该协议授予MagMetals公司在非洲地区使用海德鲁公司技术建设和运营镁厂的非独占许可。除了这份许可协议，MagMetals公司还购买了海德鲁公司最近关闭的位于加拿大魁北克Becancour的镁工厂的设备，这套设备在6月初进行了拍卖。该设备连同工厂的工程文件、运营数据和大量的图片库将构成MagMetals公司新建的魁北克技术中心的核心。设计该技术中心是为了支持在Kouilou附近拟建的6万t/a的镁金属厂最终技术经济可行性研究。MagMetals 公司从 1997 年开始就试图发展镁金属的产能。

马来西亚：商业镁私人有限公司（CVM）宣布，他将投资 5440 万美元，在马来西亚霹雳州太平市建一个 3 万 t 的镁厂，投资总额约 1.5 亿马币，2008 年 2 月 26 日开工，2009 年上半年竣工，该公司将在附近的 Dolomite Hills 开采白云石，并且正在建设第一条年产能 1.5 万 t 的镁生产线，预计共建成两条生产线。第二条生产线完成后该工厂的年产能将达到 3 万 t 镁。并与 Harta Perak 集团私人公司达成协议，获得在位于 Kuala Kangsar 的两个石灰石-白云石矿山开采白云石 20 年的采矿权。

墨西哥：2008 年 3 月份，鼎盛技术公司（Meridian Technologies）开了一家新的制造厂，生产汽车工业用镁铸件。该工厂最初将设计 3 台压铸机，每台机器的产能是 1600 短 t，还有 7 个加工中心和将雇佣 84 名工人。

巴西：利马公司采用硅热法生产镁，其实际产量已达到 1.8 万 t，该公司在许多原镁应用领域都十分活跃，目前可将液态镁合金直接做成压铸件。

巴林：Capivest B. S. C. 宣布公司宣布，将投资 10 亿美元在中东和北非建镁熔炼厂。最初的生产能力是 3 万 t 至 6 万 t/a，最终的产能将翻番。Capivest 已经与 TRU 集团公司签订了协议，负责该公司的技术和工程方面。可行性研究报告已经完成，可以在该地区建设和运营初始生产能力为 3 万 ~6 万 t/a 的炼镁厂。该公司最后计划在这一地区的不同地点建设多个炼镁厂。

韩国：浦项制铁公司（Posco）将于 2012 ~2014 年新建一座镁精炼厂，利用自己公司的设备生产镁锭，作为现有镁扎制产品的原料，以降低成本，稳定供应。到 2015 年公司计划镁扎制能力达到 15 万 t，是目前的 50 倍。

日本：五大铝合金汽车部件商之一的 Ahresty 宣布，它们于 2010 年 8 月 10 日开始投资建设在中国的第二个压铸工厂。新厂建在安徽省，预计从 2010 年 7 月开始生产汽车零部件。其在广州的铸件厂产能为 1.85 万 t。

亚美尼亚：Ekoatom 公司已经开发出来镁生产新工艺，可以消耗较少的能源从卤水中生产镁和碱金属，成本低廉，估计燃料消耗可下降 30%。

三、用途和消费

菱镁矿主要用于煅烧重烧氧化镁、轻烧镁和熔炼镁。重烧氧化镁主要用作耐火材料；轻烧镁主要用作胶凝材料，用在水泥、保温涂料、工业原料、玻璃、肥料、饲料等，特种轻烧镁可用于医药、食品、钢铁铸造、橡胶和塑料工业；熔炼镁主要用作高级耐火材料。氢氧化镁主要用于水处理和医药行业，少量用于肥料、橡胶和建筑工业。硫酸镁主要用于化学品、化肥、造纸、制药、橡胶、水的净化、建筑及化妆品，氯化镁主要用于抑制结冰。近年氢氧化镁在环境方面的应用呈上升趋势，由于其较好的特性，氢氧化镁有望继续代替石灰、苛性钠而广泛用于环境方面。

镁化合物消费量约 59% 用于耐火材料，其余的 41% 用于农业、化工和其他。轻烧镁用量最多的是化学半成品，2008 年用量占轻烧氧化镁总消费量的 38%，31% 用于农业（动物饲料和肥料）、29% 用于环境保护（水处理和气体净化）。其他用量不足 1%。

一些镁基耐火材料是能循环利用的，能重新作为耐火材料使用，或者能作为建筑用的人工砂石。

金属镁的应用主要集中在铝合金生产、压铸生产、炼钢脱硫三大领域，另外还用在稀土合金、金属还原及其他领域。镁合金铸件将引领有色金属铸件市场，并有较好的市场潜力。

2008年世界原镁消费比上年增长44.9%，主要原因是铝合金用量上涨58.33%。2009年全世界消费量比上年下降21.51%，各种用途消费量全面下降（表5）。

表5　世界原镁的消费结构　　单位：万t

消费结构	2004年	2005年	2006年	2007年	2008年	2009年^e
铝合金	16.2	16.55	17.2	18	28.5	22.5
压　铸	23.35	23.21	26	27.6	26	20.5
炼钢脱硫	8	8.9	9.7	10	10.5	8
海绵钛	0.6	0.7	0.7	1	10	8
其　他	3.25	2.7	2.7	2.75	11	8.5
总　计	51.4	52.06	56.3	59.35	86	67.5

注：e为估计数。

资料来源：镁：今天＆明天，约瑟夫·贝尼迪克，《轻金属时代》，2008～2009年据罗思基尔咨询公司预测。

美国制造铝镁合金占原镁总消费量的60%，其次是压铸件生产占原镁消费的17%，炼钢脱硫消费占原镁消费的12%。2008年美国镁视消费量19.65万t，其中进口占42.37%，再生占38.5%；2009年消费约15.4万t，进口占48.7%，再生镁占32.47%。加拿大、中国和以色列是最主要的进口源。2009年消费比上年降低21.67%，这很大程度上是由于压铸件消费量的减少造成的，美国用于生产压铸件的原镁消费量比上年下降了50%，由于汽车生产的下降，美国几家大型镁合金铸件生产商都停产了。

国际汽车制造商组织数据显示，2008年汽车产量比2007年下降了19.3%，加拿大汽车产量也下降了19.4%。

2008年上半年，中国镁价连续走高，6月份以后开始下滑，价格大起大落，影响和制约了下游加工，一些企业改回用铝合金。压铸应用最多，占总消费量的34.98%，其次是铝合金应用占24.71%，炼钢脱硫消费占11.41%。

2008年中国的消费量为15.8万t，比2007年降低了40%。2009年，中国原镁消费量为17.2万t，比上年增长8.86%，消费的主要领域及消费量为压铸及挤压材5.77万t，铝合金4.68万t，炼钢脱硫2.1万t，金属还原2.1万t，球化剂2.05万t，其他0.3万t。

据《轻金属时代》杂志报道，2020年中北美汽车用镁的数量由目前的5～6kg/辆提高到2020年的150kg/辆。据美国《镁月评》杂志近期报道，澳大利亚CRIRO组织的科学家致力于研究开发汽车轻金属部件，并希望使每辆汽车减轻重量400～500kg，实现汽油消费的大量节省。他们发现通过采用铝合金和镁合金，可以使目前各种汽车减轻重量平均为1250kg，重量减轻约27%。2006年澳大利亚曾出口摩托车和汽车部件48.5亿美元。2008年11月11日，美国通用汽车公司在通用传动系统总部召开镁展会，展商将其最好的技术和制造理念展示给通用的工程师和设计师，证明金属镁是真正最具竞争力的轻量化结构材料。

四、贸易和市场

2008年世界重烧氧化镁的出口量稍微低于2007年。加拿大是重烧氧化镁的主要进口国，占全球出口总量的66%。轻烧氧化镁的出口量比2007年降低了80%，荷兰和法国是主要的进口国，分别占26%和25%。美国轻烧氧化镁的进口量比2007年增加了25%，重烧氧化镁进口量比2007年降低了12%，中国是主要供应源。美国氧化镁进口来源（2005~2008）为中国79%，奥地利5%，加拿大4%，澳大利亚2%，其他国家10%。

美国进口菱镁矿、重烧镁、轻烧镁、熔炼镁免关税；进口氢氧化镁、氯化镁、硫酸镁关税分别是3.1%，1.5%，3.7%。收税时要先对征税基础进行资源耗竭扣减，扣减率是：氢氧镁石10%（国内、外）；白云石、菱镁矿、碳酸镁14%（国内、外）；氯化镁（卤水井）5%（国内、外）；橄榄石22%（国内）、14%（国外）。

中国是世界镁金属出口第一大国，但由于金融危机，2008年出口量比上年下降2.84%，降至39.64万t，2009年出口量比上年下降41.09%，镁锭、镁合金、镁粉粒出口全面大幅度下降。2008年出口依存度仍上升为71.03%，2009年降为46.53%。

2008年美国原镁、镁合金及废碎料总进口量比2007年上涨了16%。其中原镁进口量比2007年上升了63%，镁合金的进口量则下降了41%。镁金属进口量的上升的主要原因是来自中国的进口量增加，这大概是进口自TMI——唯一没有反倾销税的公司，大量的镁都是在公布美国政府制定的反倾销税之前从中国进口到美国的。2008年镁合金的进口量下降的主要原因是来自加拿大的进口量下降。以色列和中国是美国镁金属的主要进口国，分别占49%和43%，而以色列和加拿大是美国镁合金的主要进口国，分别占30%和23%。另外美国每年还进口镁废碎料2万多吨，主要来自加拿大。

从2007年底到2008年第一个季度末，美国西部镁的平均价格上涨将近1美元/lb。中国和欧洲的价格也有显著的上涨。价格上涨是由几种因素共同作用造成的。美国的两个主要进口源，即俄罗斯和加拿大的进口量下降，造成市场供应短缺。中国硅铁、能源和运输价格的上涨是镁价飞涨的主要原因。另外，中国政府对环境问题的治理导致一些小厂倒闭，但是山西省的一些大厂仍然在运营。鉴于在奥运会之前关闭一些工厂能够降低空气污染，推高了中国的镁价。

美国国内镁价持续快速上升，到2008年1月底已经达到了2.80~3.15美元/lb。这是自1995年以来的历史最高价格，当时镁价到顶峰时是2.19~2.35美元/lb。从2008年开始，普来特斯金属周刊引入了新的价格系列——中国天津99.8%纯镁离岸价，这将会提供一种新的价格标准——依主要生产国价格定价。

2008年7月初，普来特斯金属周刊的美国西部价格达到了峰值3.50~3.70美元/lb。5月底，中国的镁价则已经高达5950~6250美元/t，但是在此之后价格快速下跌。在中国和欧洲消费量下降之后，镁用户又开始使用部分存货，而不再以高价在市场上购买镁。2008年在镁价达到峰值以后，美国市场和其他世界市场这两个镁市场成熟了。尽管在7月份的持续高价之后开始下跌，美国到岸价保持高位，因为对中国和俄罗斯两个主要的镁供应国的反倾销税已审定，尽管这两个国家的部分镁还是会出口到美国，但是明显没有以往那么大的供应量。因为汽车工业需求疲软和世界金融危机，许多美国镁消费商都不在公开市场上购买镁了，也不愿意商议2009年的合同。然而在中国，镁价下跌的速度就如同当初上涨时那么迅速。到2008年底，普来特斯金属周刊的中国镁平均价已经降到了当年最高价的一半以下，只有2950美元/t。相比之下，年底美国西部平均到岸价格只比2008年的高价下降了12%。

2007年鹿特丹仓储99.8%镁锭价格呈缓慢上升趋势，2008年1月开始快速上升，从年初的4000美元/t飙升至6月初的6000美元/t多，2008年下半年，随着全球金融危机的逐渐蔓延，依赖出口销售的中国原镁工业遭受较大冲击，生产商一再削减产量，但价格仍然急速下降，进入11月初，一部分工厂在销售价格跌破其生产成本线后不得不停产，镁锭的离岸价格从6月的6000多美元/t，暴跌到12月的2800美元/t左右。2009年世界原镁价格一直处于低位，7月最低，到2500美元/t，2010年开始缓慢上升，9月最高达到3250美元/t（图1）。

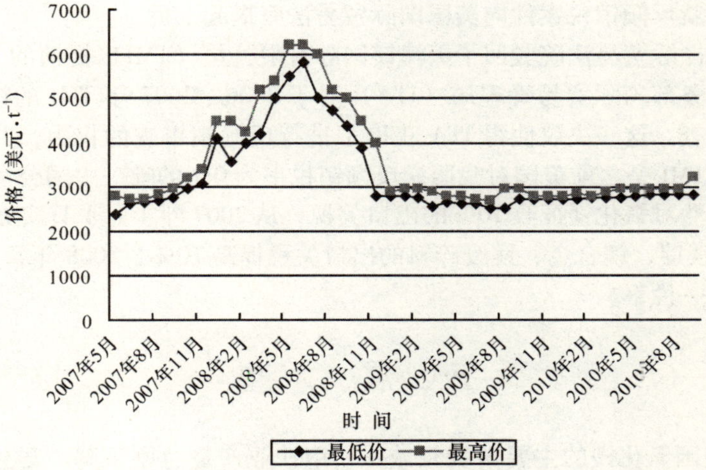

图1 2007~2010年鹿特丹仓储99.8%镁锭平均价

由于镁价的升高，2008年5月1日开始，通用公司购买镁产品从年定价改为依当时市场定价。通用公司已经依据合同购买镁，主要有两大来源——美国镁公司和中国南京Welbow金属有限公司，然后转售给通用公司供货的铸件商，合同协商2008年价格为1.35~1.45美元/lb，在此价格下购买的镁将以1.70美元/lb的价格销售给通用公司的合同铸件商，在这种新的价格战略下，通用公司计划以Platts金属周刊的美国西部价格为基础，每月调整其价格。

美国2008年年底原镁生产商的存货较之2007年年底有所增长；为了避免公司财产数据外泄不对外公布生产商的存货数据。2008年底用户库存原镁和镁合金6920t，比2007年增加了24%。

2009年初，天津镁业国际公司确认，根据美国商务部的最终决议，他们出口美国的原镁反倾销税率为0.63%。但2009年12月，美国商务部宣布，他们已经完成了对天津镁业国际公司2007年5月1日至2008年4月30日期间进口原镁的调查，并最终决定，天

表6　中国镁出口品种及数量　　单位：万 t

名　称	2005 年	2006 年	2007 年	2008 年	2009 年	2009 年较 2008 年增减比例/%
镁　锭	18.19	17.32	20.77	19.71	11.74	-40.44
合　金	9.29	8.57	10.66	10.08	6.36	-36.90
镁废碎料	0.33	0.19	0.11	0.028		
镁粉、镁粒	7.14	7.98	7.99	8.59	4.08	-52.50
锻轧镁	0.16	0.46	0.55	0.6	0.28	-53.33
镁制品	0.2	0.46	0.72	0.63	0.87	38.10
总　计	35.32	34.98	40.8	39.64	23.33	-41.15

资料来源：中国海关统计年鉴，2005、2006、2007、2008、2009。

津镁业国际反倾销税率为 111.73%，比 2009 年 6 月裁决的 9.1% 有大幅的提高。天津镁业国际公司已经就反倾销税案件向美国国际贸易法庭提起上诉。

之前，美国国际贸易法院驳回了天津镁国际有限公司（TMI）提请的上诉，这本来是为了预防美国商务部国际贸易管理局（ITA）对于 2006～2007 年 TMI 的镁出口到美国而进行的反倾销审查。这一决议使得 ITA 获得了进行反倾销审查的权力，并为 TMI 确定了新的倾销差价。TMI 是之前美国对我国镁反倾销税率为 0% 的唯一中国公司。

中国政府仍然对氧化镁征收 10% 的出口关税，从 2007 年 1 月 1 日实施的；从 2008 年 1 月 1 日起，对镁锭、镁合金、镁废碎料的出口关税提高 10%，2008 年暂定税率为 10%，目前仍然实行这一税率。

五、展　　望

2009 年，美国氧化镁的主要消费领域——钢铁业产量急剧下降，导致美国镁的消费量显著下降。2009 年的前 9 个月内，美国钢铁产量与 2008 年同比下降 47%，进口量也随之下降。2009 年前 7 个月，轻烧镁的进口量比上年同期降低 40%，重烧氧化镁进口量下降 85%，主要是从中国进口重烧氧化镁的总量下降了 88%。由于需求减少，中国取消了 2009 年下半年的出口许可证。原许可证配额定为 110 万 t，在上半年发出 72.0 万 t 指标。

2010 年，美国商业部国际贸易局开始对进口自中国和墨西哥的镁碳砖进行反倾销调查，同时对来自中国的镁碳砖进行反补贴调查。

重烧氧化镁主要用作钢铁煅烧炉窑的耐火砖。根据世界钢铁协会报道，2008 年全球粗钢产量为 13.3 亿 t，比上年减少 1.2%，几乎所有钢生产区域都下降了，但在亚洲，尤其是中国，还有中东地区，2008 年的产量却有所增加。2008 年，中国的粗钢产量达到了 5.02 亿 t，比上年增长了 2.6%，在全球钢产品中的份额也有所增加，达到了世界总产量的 38%。导致了国内镁基耐火材料的消耗增加，减少了氧化镁的出口，出口配额的变化和政府的相关政策也影响着中国氧化镁的出口量。

美国能源部国家能源技术实验室的能源效率和可再生能源办公室发布汽车技术规划并提供资金支持，包括：利用国内资源镁的低成本开发，要求采用低成本方法或途径炼镁。

2008 年 9 月 3 日，环保署（EPA）宣布计划欲将美国镁业公司（U.S. Magnesium

Corp.）的 Rowley 的厂列入国家危险废物污染清除超级基金清单。据 EPA 介绍，这些有毒废物包括重金属、酸性废水，多氯联苯，二噁英和呋喃，六氯代苯和多环芳烃。这些对人类和野生动物会造成致癌及非致癌性的健康风险的污染物已经侵入到空气、土壤、地表水和地下水中，而且很大程度上是无法控制的。公众和团体组织已经在 11 月 3 日证实了污染清除超级基金名单的涵盖范围。

用于防止熔炼镁氧化的惰性气体六氟化硫（sulfur hexafluoride），一直被视为加速全球变暖的潜在因素。尽管一直在进行对该气体的研究，但是它会长久存在于大气层中（大约 3000 年）以及高温室气体危险（是二氧化碳导致全球变暖的潜力的 23900 倍）致使国际上形成了一个自愿减排的倡议。1999 年，美国镁产业、国际镁协会和美国环境保护署（EPA）开始了自愿联合，共同减少 SF_6 的排放量。溶解 SF_6 措施的主要过程是初级生产，二次生产，模具，永久模具，砂型铸造，锻造产品的生产和阳极生产。据 EPA 资料统计，由于砂型铸造量的增加，2007 年原镁及镁铸件的生产过程中释放的 SF_6 量比 2006 年多了 4%。将来很可能出现这样的状况：美国镁生产商和加工商采取轮换使用保护气体的方式。这些保护气体如 AM－cover™（含氟化烃－134a）和 Novec™612（dodecafluoro－2－methylpentan－3－one）比 SF_6 温室效应低，而且在接触到熔炼金属时能迅速分解。镁生产商和加工商已经开始自发的在有限方式上使用这些保护气体。

在全球经济危机的形势下，美国镁消费量预计将持续衰退。2009 年 6 月通用公司的破产申请和 2009 年上半年北美汽车产量比 2008 年同期下降 50%，很可能导致镁铸件的低产。然而 2007 年能源独立与安全法（Public Law 110－140）订立了新的公司平均燃油经济性（CAFE）税率，这个新税率能为增加用于国内汽车生产的镁铸件的数量提供支持。涉及 CAFÉ 的部分规定了国家新的汽车和轻型卡车的平均燃油经济性，从 2011 年的水平开始上涨，涨至 2020 年的 35km/加仑。

美国原镁生产商宣称，它将缩减生产规模并且延迟扩张其在犹他州罗利地区的一座年产 5.2 万 t 的工厂。该公司指出这次公告的原因是需求疲软。需求状况改善之后，该公司才会实施其产能增至年产 7 万 t 的计划。在汽车制造的应用上镁需求量的下降还导致镁合金压铸件产量的减少；北美汽车生产量 2009 年前 3 个季度比 2008 年同期下降了 40% 多。由于汽车工业的需求下降，加拿大、伊利诺依州和密歇根州的公司不是申请破产保护就是关停经营业务。2009 年 2 月，美国一家重要的铝板生产商（重要的镁消费公司）申请破产保护，该公司指出汽车工业导致的需求下降是其破产的主要原因。

从 2008 年第四季度开始，镁的价格持续下降。美国媒体报道称这次价格下跌的原因是合同的重新谈判，而非现货销售导致的。另外，由于镁的终端消费市场萎缩以及二次铝制品消费的减少，消费者开始推迟交易。2010 年的合同协议价格预期会比 2009 年有显著的下降。然而，很多公司表示由于市场存在不确定性，他们不会在 10 月第二周这个特殊时期进行 2010 年合同的谈判。

由于过去一段时间俄罗斯两大镁生产商之一停止在美国市场销售镁，美国商务部国际贸易管理局取消了对其的反倾销税令。另一家俄生产商选择不参与这次行政复议，因此 ITA 对纯镁设置了从价 43.58% 的反倾销税。

由于世界经济危机尚未结束，汽车工业低迷，镁合金压铸及钢铁冶炼大幅缩减，预计今后几年世界原镁及氧化镁消费仍将维持较低水平，产能过剩。因此，我国应将原镁、氧化镁生产控制在较低水平，严格控制新上产能，鼓励企业把资金主要投向镁及镁合金的加工和利用方面。加强镁生产行业与汽车行业的技术攻关合作，大力发展镁合金、压铸件、变形加工技术水平，提高汽车主要技术及零部件的国产化率。应该将镁在汽车、轨道列车、航天器、飞机等的研发应用，继续列为工业产业重点发展规划，率先研究出实用的关键部件生产技术。鼓励和支持镁合金及压铸方面的开发和创新，大力发展科技含量高、自主创新能力强、拥有自主品牌的深加工、高附加值产品，供应国内外市场。建立世界领先水平的镁深加工工业体系，扩大轻型镁金属材料在汽车、航天、电子、军事等高科技领域的使用范围，扩大镁的国内用量，逐渐减少初级镁产品出口，节约能源，为我国实现低碳经济做出贡献。

主要参考文献

[1] 孟树昆. 2009 年镁工业发展报告 [R]. 2009 年中国有色金属工业发展报告，中国有色金属工业协会，2009

[2] 罗伯特·依·布郎. 迷茫的全球原镁产业 [R]. 2009 年太原国际镁业大会暨展览会论文集，国际镁协，2009

[3] 约瑟夫·贝尼迪克. 镁：今天 & 明天 [R]. 2009 年太原国际镁业大会暨展览会论文集，国际镁协，2009

[4] Deborah A. Kramer. Mineral Commodity Summaries，2004 ~ 2010

[5] Deborah A. Kramer. U. S. Geological Survey，Minerals Yearbook，2004 ~ 2008

钛

马 建 明

2009年世界钛铁矿储量为6.8亿t（TiO_2含量），世界金红石（包括锐钛矿）储量为0.45亿t（TiO_2含量）。2008年世界钛铁矿精矿产量为679万t，金红石精矿产量62.1万t，与上年相比变化不大。受世界经济衰退的影响，钛矿原料的生产和消费增长缓慢，国际市场钛矿原料的价格明显下降。从世界钛白粉和钛金属的应用趋势看，世界钛白粉和钛金属的需求与消费有广阔的发展前景，世界钛白粉和钛金属的需求取决于世界经济的发展，世界钛白粉的需求增长的主要动因来自于亚太地区，中国将是未来世界钛白粉生产与消费增长的最重要的动力。

一、储量和资源

2009年世界钛矿（包括钛铁矿和金红石）储量约7.25亿t，其中，世界钛铁矿储量为6.8亿t（TiO_2含量），钛铁矿储量主要分布于中国、澳大利亚、印度、南非、巴西、马达加斯加、挪威、加拿大、莫桑比克、美国、乌克兰和越南等国（表1）；世界金红石（包括锐钛矿）储量4500万t（TiO_2含量），金红石储量主要集中于澳大利亚、南非、印度、塞拉利昂、乌克兰、巴西、莫桑比克和美国等国（表2）。

表1 2009年世界钛铁矿储量 单位：万t（TiO_2）

国家或地区	储 量	国家或地区	储 量
中 国	20000	加拿大	3100
南 非	6300	莫桑比克	1600
印 度	8500	越 南	160
澳大利亚	13000	乌克兰	590
巴 西	4300	马达加斯加	4000
挪 威	3700	其他国家	2600
美 国	600	世界总计	68000

资料来源：Mineral Commodity Summaries，2010。

世界钛矿资源以钛铁矿为主，钛铁矿约占世界钛资源总量的94%，其余6%来自金红石、锐钛矿、钛矿渣等。世界钛矿资源总量（包括钛铁矿、金红石和锐钛矿）超过20亿t（TiO_2含量）。目前有工业利用价值的钛资源主要是钛铁矿、锐钛矿、板钛矿、白钛矿、钙钛矿和金红石。大量开采利用的是钛铁矿和金红石，其中钛铁矿占绝大多数，钛铁矿占

表2　2009年世界金红石储量　　　单位：万t（TiO_2）

国家或地区	储　量	国家或地区	储　量
澳大利亚	2200	美　国	40
南　非	830	巴　西	120
印　度	740	塞拉利昂	280
乌克兰	250	其他国家	40
莫桑比克	48	世界总计	4500

资料来源：Mineral Commodity Summaries，2010。

当前世界钛矿原料消费的91%。钛铁矿、金红石、锐钛矿、钛渣、合成金红石等都是钛的原料资源。目前世界钛矿开采利用规模每年约为600万t（以TiO_2计）。

二、生　产

世界钛矿原料主要包括钛铁矿精矿、金红石精矿、锐钛矿精矿、人造金红石、钛渣等。2008年世界钛铁矿精矿产量679万t，比上年略有下降，主要生产国包括澳大利亚、中国、挪威、印度、越南、乌克兰、美国、巴西、马来西亚等（表3）。

表3　世界主要国家钛铁矿矿山产量　　　单位：万t（精矿）

国家或地区	2004年	2005年	2006年	2007年	2008年
澳大利亚	196.6	208.0	250.8	250.3	220.0
中　国	84.0	90.0	100.0	110.0	110.0
挪　威	84.0	86.0	85.0	85.0	91.0
印　度	52.0	55.0	69.0	70.0	72.0
越　南	20.0	52.0	60.5	55.0	55.0
乌克兰	37.0	37.5	47.0	50.0	50.0
美　国	50.0	50.0	50.0	40.0	30.0
巴　西	7.5	7.5	8.7	9.2	9.0
马来西亚	6.1	3.8	4.6	5.9	5.0
总　计	564.0	609.0	679.0	694.0	679.0

资料来源：Mineral Yearbook，2008。

2008年世界金红石精矿产量62.1万t，比上年增长3.5%，主要生产国有澳大利亚、南非、塞拉利昂、乌克兰、印度、巴西等。世界金红石生产包括天然金红石和人造金红石（表4）。

2008年世界钛渣产量为228万t，比上年略有下降，其中加拿大100万t，南非123万t。近年来由于世界钛矿原料的需求不断增长，许多国家都在努力提高钛矿原料产量。

表4 世界主要国家或地区金红石矿山产量　　　单位：万 t（精矿）

国家或地区	2004 年	2005 年	2006 年	2007 年	2008 年
澳大利亚	16.2	17.7	23.2	31.2	32.5
南　非	11.0	11.5	12.3	11.4	12.7
塞拉利昂	–	–	7.4	8.3	8.0
乌克兰	6.0	6.0	6.0	6.0	6.0
印　度	1.9	1.9	1.9	2.1	2.1
巴　西	0.2	0.2	0.2	0.3	0.3
世界总计	35.4	37.3	51.2	60.1	62.1

资料来源：Mineral Yearbook，2008。

澳大利亚艾卢卡（Iluka）公司继续在默里盆地进行第二阶段钛矿勘查和开发工作项目，包括建设一个机动的浓缩器和扩建矿物分选厂的生产能力。在第二阶段钛矿勘查和开发工作项目完成后，金红石年生产能力将达到 1.8 万 t，锆精矿年生产能力将达到 18 万 t。艾卢卡（Iluka）公司在西澳大利亚的合成金红石生产项目由于天然气供应中断不得不停止下来。

2008 年 10 月澳大利亚马蒂尔达矿物有限公司（Matilda Minerals Ltd.）在澳大利亚北部的 Tiwi 钛矿砂矿已经停产，停产的原因是经营不善，该矿于 2006 年投产。

澳大利亚克里斯特有限公司（Cristal Australia Pty. Ltd.）兼并了澳大利亚贝麦克斯资源公司（Bemax Resources Ltd.）。澳大利亚贝麦克斯资源公司的钛矿分布在默里盆地和西澳，2007 年该公司生产了 40 万 t 钛铁矿和 5.78 万 t 金红石。

澳大利亚公司蒙托矿物公司（Monto Minerals Ltd.）在其 Goondicum 钛矿已经停产，该公司曾经希望 Goondicum 钛矿到 2010 年年产钛铁矿 14.7 万 t，该矿因为选矿问题停产。

2009 年中国的钛白粉年生产能力超过 100 万 t，钛金属年生产能力 7.1 万 t。中国铝业公司将在黑龙江佳木斯建设一座年产 1.5 万 t 的海绵钛生产厂，如果市场有需求，该厂最终年生产能力将达到 3 万 t，该厂的钛矿原料来自俄罗斯。

印度政府所属的印度稀土有限公司（Indian Rare Earth Ltd.（IREL））计划到 2012 年将位于查塔普尔（Chatrapur）的钛铁矿年生产能力扩建至 50 万 t，将位于泰米尔纳德帮的马纳范拉库里奇（Manavalakurichi）钛铁矿年生产能力扩建至 20 万 t。

印度钛产品有限公司（Titanium Products Private Ltd.）将在奥里萨邦建厂，第一阶段将于 2010 年完成，年产钛渣 110 万 t，2011 年完成年产 4 万 t 钛白粉的生产厂，2012 年完成年产海绵钛 1 万 t 的生产厂。

印度喀拉拉邦矿物与金属有限公司（Kerala Minerals & Metals Ltd.）开始建设年生产能力 500t 的海绵钛生产厂，该厂预计 2010 年投产。

在 2008 年末，越南政府实施禁止所有重矿物精矿出口的政策。如果这项禁令解除将有助于钛矿精矿的生产者，钛矿精矿的出口关税为 20%。

2008 年日本的海绵钛产量为 38900t，钛白粉产量 22.5 万 t。

其他比较重要的钛资源生产国还有加拿大、智利、冈比亚、德国、哈萨克斯坦、肯尼亚、莫桑比克、挪威、俄罗斯、塞拉利昂、乌克兰、南非等。

三、消　费

世界钛矿原料的90%以上用来生产钛白粉，其余用于生产海绵钛、金属钛、焊条涂层与助熔剂以及钛基化学品等。钛白粉约占所有白色颜料的95%。钛白粉3个最大的用途是颜料、涂料和塑料制品等。钛白粉颜料因具有不透光性、光泽亮、抗紫外线降解、高稳定性和安全性、无毒、无过敏等特性而被广泛应用，钛白粉的应用具有不可再生利用的特点。美国钛白粉的主要应用领域有颜料涂料占56%、塑料制品及橡胶23%、造纸16%，其他5%。TiO_2的其他用途还有催化剂、陶瓷制品、涂布、地板涂层、印刷油墨及屋顶材料等。

世界钛白粉的消费集中在北美和欧洲，两者占世界钛白粉消费总量的一半以上，其次是中国和日本，近年来中国钛白粉的消费增长迅速，2009年中国钛白粉消费量近119万t，比2008年增长23.3%，2009年的市场需求量创下新的历史纪录，已成为世界钛白粉的最重要的消费国之一。

美国的钛矿原料95%用于生产钛白粉，其余5%用于生产钛金属、焊条涂层和助熔剂等，2008年美国钛矿精矿消费量为142万$tTiO_2$，比2007年减少11.0%。2008年美国钛白粉的消费量约为75.1万t，比2007年明显下降。美国钛白粉59.2%用于颜料和涂料，24.5%用于塑料制品和橡胶，10.1%用于造纸，其余6.2%用于催化剂、陶瓷、涂布与纺织、楼面涂层、油墨、屋顶材料等。

钛金属因其具有高强度-低重量比及优越的抗腐蚀性能而被广泛应用于航空航天材料及其他工业等方面。随着海绵钛供应的不断增长，美国海绵钛的消费也相应不断增长。美国钛金属消费的79%用于航空航天工业，其余21%用于其他领域，主要包括耐用消费品、船舶、医疗器械、油气工业、造纸、特殊化工等方面，美国是世界上最大的钛金属消费国，2008年钛金属的消费量约为31900t。

还有一部分钛以钛铁合金、废料和海绵钛的形式用于钢铁工业和有色合金方面。在钢铁工业中，钛用于脱氧、粒度控制、碳氮含量控制与稳定等。

近年来，中国聚氯乙烯、聚乙烯和聚丙烯的生产增长迅速。添加矿物的聚丙烯应用在汽车行业、器具和家具方面，添加矿物的聚丙烯是钛白粉的一个重要消耗领域，钛白粉消费最大的增长可能在于此。与其他塑料制品添加剂如碳酸钙、滑石相比，钛白粉在塑料制品中的大量应用成本高是一个主要障碍。

四、贸易和市场

国际市场钛矿产品贸易主要是以钛铁矿精矿、金红石精矿、钛渣、钛白粉和钛金属的形式进行。钛矿原料主要出口国家有澳大利亚、南非、加拿大、越南、印度、乌克兰等，世界钛矿原料主要进口国包括美国、德国、日本、中国、英国、法国等。

美国是一个高度依赖进口钛矿原料的国家，因为美国钛矿原料的需求远远超过了国内生产。2008年美国钛铁矿、天然金红石及人造金红石、钛渣的进口量按TiO_2计为111万t，比2007年略有下降，进口的钛矿原料中，钛渣占35%，天然金红石占31%。主要进口来源为南非、澳大利亚和加拿大，2008 年所有钛矿原料进口额为 48800 万美元。

多年来美国一直是 TiO_2 颜料钛白粉的净出口国。2008 年美国出口各种 TiO_2 颜料 73.3 万 t，比 2007 年增长 7%；2008 年美国进口各种 TiO_2 颜料计 18.3 万 t，比 2007 年下降 17%，净出口量为 55 万 t。

2008 年美国还进口了 23900t 海绵钛等钛产品，美国海绵钛的进口主要来自哈萨克斯坦占 50%，日本占 33%。

2009 年我国钛矿砂及精矿的进口量为 148 万 t，比 2008 年 108 万 t 增长了 37.0%。我国钛矿砂及精矿进口来源主要是越南（64.7 万 t）、澳大利亚（38.3 万 t）、印度（24.6 万 t），3 个国家的进口量合计 127.6 万 t，约占我国钛矿砂及精矿进口总量的 86.2%。我国是一个钛矿原料短缺的国家。

2009 年由于世界经济衰退，钛矿原料的需求减少，钛矿原料的价格下降。

据美国地质调查局，2009 年美国进口钛矿原料的价格：散装金红石精矿为 525 ~ 540 美元/t；而用于焊条的袋装金红石精矿的价格为 700 ~ 800 美元/t；美国进口钛铁矿精矿的价格（澳大利亚离岸价）为 60 ~ 80 美元/t；进口钛渣的价格为 401 ~ 439 美元/t。

2009 年我国进口钛铁矿精矿的平均价格为 109.8 美元/t，比 2008 年 169.3 美元/t 下降了 35.1%。

五、重要事件

与 2008 年相比，由于建设和汽车工业对钛白粉的需求大幅减少，2009 年世界钛白粉的产量大幅下降。2009 年美国国内钛白粉的产量估计为 120 万 t，比 2008 年明显下降。在 2009 年有许多钛白粉生产厂关闭或暂时停产。英国有一座年产 4 万 t 的钛白粉生产厂永久性的关闭了，在乌克兰，由于能源供应短缺，钛白粉的生产也受到了限制。在 2009 年 1 月一家世界大型钛白粉生产厂申请破产保护。然而在世界其他地区钛白粉生产不景气的背景下，预计到 2010 年底中国的钛白粉生产能力将增加到 270 万 t。

由于 2009 年世界经济衰退，许多航空飞行器生产延迟，从而导致了海绵钛生产大幅下降，价格下跌，生产能力扩建推后。2009 年美国钛白粉、钛金属以及钛精矿的消费大幅下降。由于全球耐用消费品建设和生产减少，与 2008 年相比，2009 年世界钛精矿的消费明显下降。

马达加斯加的多凡堡（Fort Dauphin）钛铁矿生产已经开始，如果市场需求增加，该钛矿年生产能力将增加到 75 万 t。马达加斯加生产的钛铁矿将运往加拿大魁北克用于生产钛渣。2009 年由于市场需求不景气，加拿大钛矿的开采以及钛渣的生产停产了 3 个月。

在澳大利亚尤克拉盆地，杰克森-安布罗希亚（Jacinth - Ambrosia）钛矿已经投产，该钛矿年产钛铁矿 16 万 t，金红石 3 万 t。在澳大利亚维多利亚和新南威尔士，默里盆地钛矿 2 期也已投产。2009 年上半年，越南开始执行新的钛矿政策，禁止钛铁矿出口，控制非法的钛矿采矿，促进深加工钛矿产品的发展。然而最近越南对钛铁矿禁止出口的政策又暂时撤销以应对全球经济衰退对越南国内矿业公司造成的负面影响。

六、展　望

90%以上的钛矿原料用于生产钛白粉，在可预见的未来世界钛矿原料的需求增长仍然取决于世界钛白粉的需求增长，未来10年，钛白粉的需求增长与世界经济的发展密切相关，同时涂料、造纸和塑料制品业的发展对钛白粉的需求有重要影响。

从地区上分析，亚洲，特别是中国将是未来世界钛白粉、钛矿原料生产与需求增长最重要的地区，预计10年内中国的钛白粉生产能力将翻一番。由于原料成本的提高，未来数年钛白粉的价格将呈上升趋势。

从世界钛矿原料的供应看，目前在建的钛矿原料项目可以保证未来10年世界钛矿原料的需求，在未来数年，中国将成为重要的钛矿原料和钛白粉的消费国。

未来10年钛金属在航空航天、国防工业及其他工业应用方面的消费将成为钛金属消费的主要领域，其中航空航天领域、商业航空器方面是钛金属消费增长最重要的动力。未来数年钛金属在耐用消费品、化工设备、军用器材等方面的应用也会有一定的增长。未来数年钛金属在非航空航天方面的应用将达到一个新的水平，钛金属在核电站领域中的应用潜力很大。未来钛金属低成本的生产方法将改变钛金属的消费构成，钛金属应用的主要障碍是生产成本太高，如果钛金属的生产成本能够降低，钛金属的消费需求将会大幅增长。

从世界钛白粉和钛金属的应用趋势看，世界钛白粉和钛金属的需求与消费有广阔的发展前景。从目前的世界经济形势看，海绵钛现有生产能力的扩建和新建生产能力计划可能会推迟，但是政府和企业仍在努力寻求商业化生产低成本钛金属的生产方法，未来几年至少会有一种低成本生产钛金属的生产工艺投入商业应用。

主要参考文献

[1] Titanium. Mineral Commodity Summaries，2010

[2] Joseph Gambogi. Titanium，U. S. Geological Survey Minerals Yearbook，2008

[3] http：//www. titanium. org/

[4] 毕胜 . 2009年中国钛白粉工业复苏状况及前景 . 中国涂料，2010年，第25卷，第4期

[5] 徐高栋 . 国内钛白粉市场拥有较大的消费空间 . 精细化工原料及中间体，2010年，第1期

锡

奚　牲

世界锡资源较为丰富，2009 年世界锡储量为 560 万 t，储量基础 1100 万 t。大部分锡储量分布于亚洲和南美洲。

2008 年世界矿山锡产量下降，而精炼锡产量和消费量也有较大幅度下降。国际锡市场供应过剩。2008 年 LME 现货平均价为 18 510.09 美元/t，比 2007 年上涨 27.3%。2008 年世界商业库存总量为 3.24 万 t，比 2007 年减少 3000t。美国战略储备继续减少到 4000t。2008 年伦敦金属交易所库存量大幅减少，年底库存为 7800t。

一、储量和资源

世界锡资源较为丰富，2009 年世界锡储量和储量基础分别为 560 万 t 和 1100 万 t，与 2008 年相同（表 1）。锡资源比较丰富的国家主要有中国、印度尼西亚、秘鲁、巴西、马来西亚、玻利维亚、俄罗斯、泰国和澳大利亚等，2008 年中国锡储量占世界储量的 30.4%。按 2008 年世界锡矿山产量 31.1 万 t 计，现有的锡储量和储量基础静态保证年限分别为 18 年和 35 年，资源保证程度较高。

表 1　世界锡储量和储量基础　　单位：万 t（锡）

国家或地区	储　量	储量基础	国家或地区	储　量	储量基础
中　国	170	350	泰　国	17	20
印度尼西亚	80	90	澳大利亚	15	30
秘　鲁	71	100	葡萄牙	7	8
巴　西	54	250	美　国	-	4
马来西亚	50	60	其　他	21	63
玻利维亚	45	90	世界总计	560	1100
俄罗斯	30	35			

资料来源：Mineral Commodity Summaries，2009、2010。

目前，世界上已开采的主要锡矿有两类：原生锡和砂锡。原生锡的矿床类型主要有：①含锡伟晶岩矿床，以中小型为主，锡品位偏低，但矿石易选，回收率高。主要分布在非洲、巴西、澳大利亚等地。世界锡产量中大约 10% 来自这类矿床。②锡石-石英脉矿床，以中小型为主，少数大型，个别特大型。矿石品位高，易选，回收率 70% ~80%。多数矿床可露天开采。主要分布于东南亚和欧洲，是形成砂锡矿的最主要物质来源。③锡石-

硫化物矿床，多为大中型，少数特大型。矿石含锡0.2% ~1.5%，多为地下开采，选矿流程复杂，回收率低（一般30% ~60%）。这类矿床主要分布在中国、玻利维亚和俄罗斯东北沿海地区。砂锡矿床，一般为中小型，也有大型和特大型。矿石含锡0.05% ~0.3%，多为露采，选矿流程简单，回收率一般为50% ~95%。主要分布于东南亚、中南非洲、西澳大利亚等地。

2008年中国勘查发现的锡矿为湖南省株洲市茶陵县锡田地区锡铅锌多金属矿锡矿，预测资源量18.9万t。

二、生　　产

目前，世界上有20多个国家开采锡矿。2008年世界锡矿山产量为31.14万t，较2007年下降11.1%，其中西方国家的矿山锡产量为18.12万t，同比下降了6.6%（表2）。世界矿山锡生产国主要有中国、印度尼西亚、秘鲁、玻利维亚、巴西和俄罗斯等，2008年以上六国的锡矿山产量占世界总产量的91% 。

表2　世界矿山锡产量　　单位：万t（锡）

国家或地区	2006年	2007年	2008年	2008年较2007年增减比例/%
中　国	12.63	14.73	12.12	-17.7
印度尼西亚	11.75	10.20	9.60	-5.9
秘　鲁	3.85	3.90	3.90	0
玻利维亚	1.77	1.60	1.51	-5.6
巴　西	0.95	1.26	0.96	-23.8
俄罗斯	0.28	0.28	0.28	0
澳大利亚	0.15	0.21	0.18	-14.3
马来西亚	0.24	0.23	0.34	47.8
越　南	0.54	0.54	0.54	0
泰　国	0.02	0.02	0.02	0
其　他	1.35	2.06	1.69	-18.0
世界总计	33.53	35.03	31.14	-11.1
西方世界	20.00	19.39	18.12	-6.6

资料来源：World Metal Statistics，February 2010。

2008年世界精炼锡产量为33.4万t，比2007年下降了4.6%。其中西方国家精炼锡产量为19.8万t，同比增长了1.5%。世界精炼锡生产大国主要有中国、印度尼西亚、秘鲁、马来西亚、泰国、巴西、玻利维亚和俄罗斯等。2008年精炼锡产量增产较多的国家有马来西亚（增加2100t）、泰国（增加3800t）和秘鲁（增加2100t）。产量减少较多的主要有中国（减少19700t）和印度尼西亚（减少8100t）（表3）。

中国是世界上第一大锡矿生产国，由于中国具备资源及生产成本低的优势，而成为锡矿生产大国，中国自1993年以来锡精矿产量一直居世界第一。据世界金属统计局资料，

表3　世界精炼锡产量　　　　单位：万 t

国家或地区	2006 年	2007 年	2008 年	2008 年较 2007 年增减比例/%
中　国	13.81	14.88	12.91	-13.2
印度尼西亚	7.74	7.76	6.95	-10.4
秘　鲁	4.10	3.59	3.80	5.8
马来西亚	2.30	2.55	3.16	23.9
泰　国	2.58	1.79	2.17	21.2
巴　西	0.88	1.00	1.05	5.0
玻利维亚	1.50	1.23	1.21	-1.6
俄罗斯	0.32	0.32	0.31	-3.1
越　南	0.27	0.29	0.39	34.5
日　本	0.09	0.09	0.10	11.1
其　他	1.49	1.49	1.35	-9.4
世界总计	35.14	35.00	33.40	-4.6
西方世界	21.34	19.51	19.80	1.5

资料来源：World Metal Statistics，February 2010。

2008 年中国锡矿山产量为 12.12 万 t（锡含量），与 2007 年相比下降了 17.7%，矿山产量占当年世界产量的 38.9%。但据中国安泰科公司统计，2008 年中国锡精矿产量为 9.84 万 t（锡含量），同比下降 9.6%。其中主要产区云南、广西产量增产幅度下降，湖南则出现减产。造成 2008 年中国锡精矿减产的主要原因是一些非法小矿山由于自然灾害、政府管制力度加大、资源减少及成本上升等。

中国具备较大的资源及生产成本低的优势，因此成为对国际锡市有重要影响的锡生产大国，也是锡产品的最大生产国和出口国。2008 年中国精炼锡产量为 12.91 万 t（中国有色金属工业协会数量为 13.99 万 t)，比 2007 年下降了 13.2%，占当年世界精炼锡产量的 38.7%，是自 2002 年以来我国锡产量首次下降。原料供应紧张以及第四季度锡价暴跌是造成我国锡产量下降的主要原因。云南、广西和湖南一直是中国最大的产锡基地，2008 年 3 个省（区）精炼锡产量合计占全国总产量的 91.8%。云南锡业集团有限责任公司和广西柳州华锡集团有限责任公司是中国最大的两家产锡骨干企业，这两家的精炼锡产量约占全国精炼锡产量的 50%。

印度尼西亚是世界第二大锡矿生产国和精炼锡生产国，目前是市场经济国家中产量最多、生产成本较低的国家。2008 年印度尼西亚锡矿山产量为 9.6 万 t，比 2007 年下降了 5.9%，占当年世界矿山产量的 30.8%。现在印度尼西亚所有锡的产量均来自两家公司——蒂玛（Timah）公司和科巴（Koba）公司。蒂玛公司为世界第二大锡生产公司，2008 年公司计划生产 4.5 万 t 精炼锡，比 2007 年减少 23%。2008 年该公司宣布于 2008 年年末建成两个锡下游产品生产厂。其中一个焊锡厂计划于 2008 年 10 月投产，该厂的焊锡年生产能力为 2000t。另一个厂为锡化学制品厂，主要生产医用化学品，计划于 2008 年年末投产，年生产能力为 1 万 t。印度尼西亚的另一锡生产企业科巴（Koba）锡公司也计划在南苏门答腊岛附近的邦加岛上新建一家锡冶炼厂。从 2006 年下半年开始，印度尼西亚政府采取多种措施，严厉整顿小矿山和小冶炼厂，由此对世界锡的供给产生了重大影响。这些整顿措施有：关闭非法的小矿山和小冶炼厂，如果这些矿山或冶炼厂申请重新开业，必须达到环保、技术、规模等诸多条件要求；严禁出口原矿或其他锡原料，矿石和精矿必须在印度尼西亚国内生产成金属。这将使得其他依靠印度尼西亚粗锡作为原料的锡生产国受到影响，例如泰国、马来西亚以及中国。

马来西亚曾为世界第三大矿山锡生产国，但近年来由于国内锡资源不断减少和矿石品位不断下降，其矿山锡产量持续减少，2008年其矿山锡产量为3400t，与2007年相比增长47.8%。马来西亚也一直是世界重要的精炼锡生产国之一，2008年其精炼锡产量3.16万t，比2007年增加了23.9%，占当年世界产量的9.5%。马来西亚冶炼公司（MSC）为马来西亚唯一的综合锡生产公司。近年来，马来西亚为了保证国内的生产，从澳大利亚、印度尼西亚和南非等国大量进口锡精矿。

秘鲁作为锡的新兴生产国近几年来发展迅速，产量逐年上升。2008年其锡矿山产量3.9万t，与2007年持平；精炼锡产量3.80万t，比2007年增长了5.8%；锡矿山产量和精炼锡产量均居世界第三位。米苏尔（Minsur）公司是秘鲁唯一的精炼锡生产公司，其位于皮斯科（Pisco）港口的Funsur锡冶炼厂2008年生产的锡约占当年世界锡产量的11.4%，其当年出口了1.29万t的锡，占当年产量的34%。

20世纪80年代以前，玻利维亚一直为世界第二大锡矿生产国，但目前其锡矿产量已经下降到世界第四位。2008年玻利维亚锡矿山产量为1.51万t，比2007年下降了5.6%。玻利维亚以开采地下原生矿床为主，矿床主要分布在东安第斯山脉的奥鲁罗到波托西长达300km的地区。东北部地盾区的矿化区与巴西的朗多尼亚（Rondonia）矿化区相连。由于近年矿石储量减少、矿石品位下降，使玻利维亚的锡矿生产成本不断增加，目前其已成为世界锡矿生产成本最高的生产国之一。2007年1月，玻利维亚政府宣布采矿业已经全部国有化。但私有公司仍可以在玻利维亚采矿冒险中起到重要作用。2007年2月，宾托（Vinto）锡冶炼厂收归国有，至此玻利维亚的所有矿床均为国家所有，而玻利维亚国有Comibol矿业公司（Corporation Mineral de Bolivia）则拥有了大量矿床的开采权。2008年在Comibol公司增加了其对下属的华奴尼（Huanuni）矿山的投资之后，又宣布计划2009年将对采矿领域投资1.55亿美元，其投资额为2008年的3倍。其投资的绝大部分将用于玻利维亚的主要锡矿山——华奴尼矿山的储量开发方面。其开发目标是到2010年，华奴尼锡矿山的生产能力将提高到13000t/a。另外，Vinto冶炼厂将在未来两年内新上澳斯麦特生产线，产量也有望逐年增加。

巴西拥有大量高品位锡矿床，目前在世界锡矿生产国中排第五位。巴西的锡矿开采成本是世界最低的，甚至在锡价处于低谷时，大多数锡矿山也能赢利。2008年巴西锡矿山产量为0.96万t，比2007年下降了23.8%。其所产锡矿约60%供应国内市场。2008年其精炼锡产量为1.05万t，比2007年略高。巴拉那帕内马（Paranapanema）公司是巴西的主要锡生产公司，2008年秘鲁的唯一锡生产公司——宣布计划花费4.67亿美元购买该公司的Pitinga矿山。巴西锡业公司也是巴西较重要的精炼锡生产公司，该公司的锡矿位于朗多尼亚州的西南方，精炼厂位于圣保罗市的东南方。

世界再生锡生产工艺水平较高、产量较大的主要是工业发达国家，如美国、英国、德国、日本等国。再生锡产量可占他们本国消费量的20%～60%，据“Mineral Commodity

Summaries，2010”资料，2008 年美国的再生锡产量为 14600t，其中利用旧废料生产的产量 12000t。

三、用途和消费

锡焊料和镀锡板为锡的两个主要终端用途，但目前锡焊料的消费量已经大大超过镀锡板，成为锡的最重要终端用途。据商品调查有限公司（Commodities Research Unit Ltd.）和世界金属统计局进行的一项调查显示，目前世界锡焊料消费量已经大大超过以前的估计值。目前世界锡焊料市场消费的锡约为镀锡板市场锡消费量的两倍。目前世界锡焊料市场锡的消费量约占锡总消费量的 50%；而镀锡板市场锡的消费量约占锡总消费量的 16%；锡的第三大消费市场为有机和无机化学制品市场，约占世界总消费量的 15%。亚洲为世界锡焊料的主要生产地区，每年大约有 10 万 t 的锡进入了亚洲市场，而其中约二分之一消费于中国市场。

无铅锡焊料是目前锡的最重要消费领域，也是今后锡需求的主要增长点。当然，在电子制造业采用无铅锡焊料仍存在电路短路和容易开焊等问题，这些问题已经引起电子工业界的重视，并已经研究出一些解决这类问题的方法。

镀锡板是锡的另一重要消费领域，高附加值的钢铁产品镀锡板（俗称马口铁），主要用于包装行业，由于其良好的密封性、保藏性、避光性、坚固性和特有的金属装饰魅力，决定了其在包装容器业内具有广泛的适用性，是国际上通用的包装原料。从世界镀锡板的消费结构看，食品罐和饮料罐消耗的镀锡板占总产量的 90% 左右。而目前中国国内镀锡板消费结构为：罐头消费占 30% 左右，饮料罐占 30% ~40%，其他（饼干桶、茶叶桶、油桶、医药、压力罐、电池等）占 30% ~40%。锡化学制品是锡的另一主要终端用途。近年化学制品领域锡的消费量不断增长。化工用锡主要集中在 5 个方面：PVC 热稳定剂、杀虫剂、催化剂、农业化肥和玻璃镀膜。

2008 年，受美国次贷危机和高油价的影响，世界经济增长速度减缓。2008 年世界锡消费量 35.44 万 t，比 2007 年下降了 0.6%。西方世界锡的消费也由于西方各国经济萎缩而大幅度下降，其精炼锡消费量为 19.68 万 t，比 2007 年下降了 6.8%（表 4），占世界锡消费量的 55.5%。日本、美国和欧洲主要国家锡消费量下降是世界锡消费量下降的主要原因。

从地区看，亚洲仍是世界锡的主要消费地区，2008 年亚洲锡消费量达到 24.28 万 t，比 2007 年增长 3.4%，其中中国消费量增幅 8.3%，但日本的消费量却有较大幅度下降。亚洲锡消费量占世界总消费量的 68.5%，是拉动世界锡消费量增长的主要动力。2008 年欧洲的精炼锡消费量为 6.60 万 t，比 2007 年下降 4.2%；美洲的精炼锡消费量 4.29 万 t，比 2007 年下降 13.5%。

中国是世界第一大精炼锡消费国，2008 年中国锡消费量为 14.50 万 t，比 2007 年增加了 8.3%。在中国锡消费领域中，电子和汽车工业用锡居主导地位，主要以锡焊料形式消费，约占中国消费量的 50%；第二大消费领域是镀锡板，近两年来，随着中国经济的增长和人民消费水平的提高，该领域消费增长较快。2008 年近 70 万 t 新建马口铁生产线投产使镀锡板领域锡的消费量比 2007 年小幅增加。化工用锡受高锡价的影响，锡的替代

表4　世界精炼锡消费量　　单位：万 t

国家或地区	2006 年	2007 年	2008 年	2008 年较 2007 年增减比例/%
中　国	11.48	13.39	14.50	8.3
日　本	3.85	3.42	3.22	-5.8
美　国	4.74	3.27	2.60	-20.7
德　国	2.06	2.27	2.05	-9.4
韩　国	1.70	1.61	1.63	1.5
中国台湾	1.76	1.27	1.19	-5.8
印　度	0.80	0.85	0.88	3.7
西班牙	0.76	0.70	0.70	-0.9
法　国	0.78	0.72	0.61	-15.6
荷　兰	0.60	0.60	0.60	0.0
巴　西	0.58	0.60	0.55	-7.1
马来西亚	0.39	0.44	0.44	0.0
泰　国	0.52	0.47	0.42	-9.3
加拿大	0.35	0.30	0.40	35.4
意大利	0.54	0.39	0.40	2.9
墨西哥	0.33	0.39	0.32	-18.7
英　国	0.41	0.41	0.30	-26.5
其　他	4.63	4.59	4.62	1.0
世界总计	36.29	35.67	35.44	-4.8
西方世界	23.42	21.12	19.68	-6.6

资料来源：World Metal Statistics，February 2010。

品用量的增加使化工用锡总量有所下降。锡焊料行业消费量下滑是2008年中国锡消费量增长速度放慢的主要原因。

美国是世界主要精炼锡消费国，2008年消费量为2.60万t，比2007年下降20.7%。美国自1993年以来就不再进行锡矿的开采。目前美国消费的锡主要通过进口和再生锡来解决。2008年美国锡的消费构成如下：包装容器26%；电子工业24%；运输11%；建筑11%；其他28%。

日本是世界锡消费大国，2008年日本精炼锡消费量为3.22万t，比2007年下降5.8%。由于美国锡消费量大幅度下降，使得日本锡消费量的世界排名超过美国跃居世界第二。2008年消费量下降的主要原因是电子行业的低迷导致无铅锡焊料消费量下降。无铅锡焊料是日本锡的主要消费领域。日本无铅锡焊料使用的比例超过了所有其他国家。目前日本国内使用的锡焊料60%以上为无铅锡焊料，主要消费领域包括半导体、液晶显示屏、等离子电视和移动电话部门。无铅锡焊料的常见成分构成为锡96.5%、银3%和铜0.5%。

四、贸易和市场

2008年国际市场精炼锡进出口贸易总量51.54万t，比2007年下降1.1%。

2008年世界精炼锡出口量为28.74万t，比2007年增长6.3%。主要出口国有印度尼西亚、新加坡、马来西亚、秘鲁、泰国、美国、玻利维亚、比利时和巴西等。出口量增长较多的国家是印度尼西亚、马来西亚、美国和比利时。2008 年中国几乎完全停止了精炼锡的出口，而秘鲁和新加坡出口量也大幅度下降，分别下降了 30.6% 和 14.3%。

2008 年世界精炼锡进口量为 22.80 万 t，比 2007 年下降 4.7%。锡进口量较多的国家或地区有新加坡、美国、日本、德国、韩国、中国台湾、荷兰和英国等。2008 年美国锡的进口来源为秘鲁 46%，玻利维亚 14%，中国 14%，印度尼西亚 10%，其他地区 16%。2008 年受美国次贷危机的影响，国际市场需求疲软导致贸易量普遍减少，英国、新加坡、日本、德国和法国等国家锡进口量下降幅度较大（表 5）。

表 5　世界精炼锡贸易量　　单位：万 t

国家或地区	2006 年	2007 年	2008 年	2008 年较 2007 年增减比例/%
出口量				
印度尼西亚	11.29	7.55	11.01	45.9
新加坡	5.47	5.00	4.28	-14.3
马来西亚	1.94	1.57	3.76	138.7
秘　鲁	3.02	3.94	2.74	-30.6
泰　国	1.99	1.88	1.67	-11.2
美　国	0.53	0.84	1.52	81.4
玻利维亚	1.37	1.22	1.24	1.9
比利时	0.16	0.27	0.73	170.8
巴　西	0.45	0.56	0.60	6.1
中国香港	0.33	0.29	0.28	-2.7
其　他	4.49	3.90	0.89	-77.1
总　计	31.03	27.04	28.74	6.3
进口量				
新加坡[①]	5.82	4.75	4.44	-6.5
美　国	4.33	3.46	3.63	4.9
日　本	3.69	3.35	3.15	-6.1
德　国	2.16	2.39	2.22	-7.3
韩　国	1.74	1.68	1.64	-2.3
中国台湾	1.78	1.37	1.30	-4.8
荷　兰	0.97	0.79	1.04	32.8
英　国	0.36	1.36	0.76	-44.5
西班牙	0.77	0.71	0.73	3.1
法　国	0.82	0.77	0.65	-15.9
其　他	3.62	3.30	3.23	-1.9
总　计	26.04	23.93	22.80	-4.7

注：①不包括从印度尼西亚进口的数量。

资料来源：World Metal Statistics，February 2010。

2008 年国际市场锡价呈现了先涨后跌的趋势，年初伦敦金属交易所（LME）现货平均价为 16337.27 美元/t，之后一路上涨，到 5 月创下了十几年的新高，达到了 24062.25

美元/t。前5个月锡价的暴涨主要源于中国和印度尼西亚两个主要生产国减产，使国际市场锡供应严重短缺，从而推动国际市场锡价大幅走高。同时国际市场有色金属价格整体大幅上扬，也对锡价的暴涨起到了有力的推动作用。之后两个月，锡价基本在23000美元/t上下波动。之后，随着世界经济形势的恶化，锡市场需求持续疲软，从而使国际市场锡价持续下跌。至12月LME锡现货平均价跌至11240.00美元/t的年内低点。与1月平均价16337.27美元/t相比，下跌了31.2%，与年内最高价5月的24062.25美元/t相比，则下跌了53.3%。2008年全年LME现货平均价为18 510.09美元/t，与2007年相比，上涨了27.3%。（表6和图1）。

表6　锡市场现货价格

年　份	伦敦金属交易所 年平均价/（美元·t^{-1}）	月　份	伦敦金属交易所 月平均价/（美元·t^{-1}）
1998	5540.6	2009年1月	11372.85
1999	5400.87	2月	11039.25
2000	5434.76	3月	10675.91
2001	4483.25	4月	11743.50
2002	4046.69	5月	13793.42
2003	4896.26	6月	14985.68
2004	8512.76	7月	14038.91
2005	7370.38	8月	14869.75
2006	8780.83	9月	14869.09
2007	14535.54	10月	15008.86
2008	18510.09	11月	14942.38
2009	13573.88	12月	15546.90

资料来源：World Metal Statistics，February 2010。

2008年国内锡价格也出现了类似的波动，年平均价格达到了142844.5元/t，比2007年上涨了17.5%。2008年第一季度，国内锡价为152262.57元/t，之后随着国际市场锡价的上涨，国内价格一路攀升，第二季度上涨到了157621.43元/t的高点。第三季度，国内市场锡价一直在此高点价位上下波动。从10月开始，国内锡需求极度萎缩，锡价急速下跌，至11月初锡价已经跌至10万元/t以下。之后到年底，由于云南锡业公司个旧冶炼厂大部分产能降低，国内其他大冶炼厂也纷纷减产，国内价格略为稳定，基本保持在10万元/t左右，略高于国际市场价。

2008年尽管精炼锡消费量下降，但同期世界精炼锡产量也有所减少，同时美国国防部储备局锡锭的抛售量也大大低于前几年的水平。国际锡市场出现了供应短缺。据统计，2008年国际市场供应略有短缺，其中主要原因是中国和印度尼西亚锡产量大幅减产。

2008年世界商业库存总量为3.24万t，比2007年减少了3000t（表7）。LME库存继续下降，最低是仅有3000多t。美国战略储备继续减少到4000t。

2008年1月1日起，中国的锡锭出口加征10%的出口关税，再加上人民币升值，锡锭几乎无法出口，全年锡锭出口量几乎为零。由于国内价格持续高于国际价格，从而使精

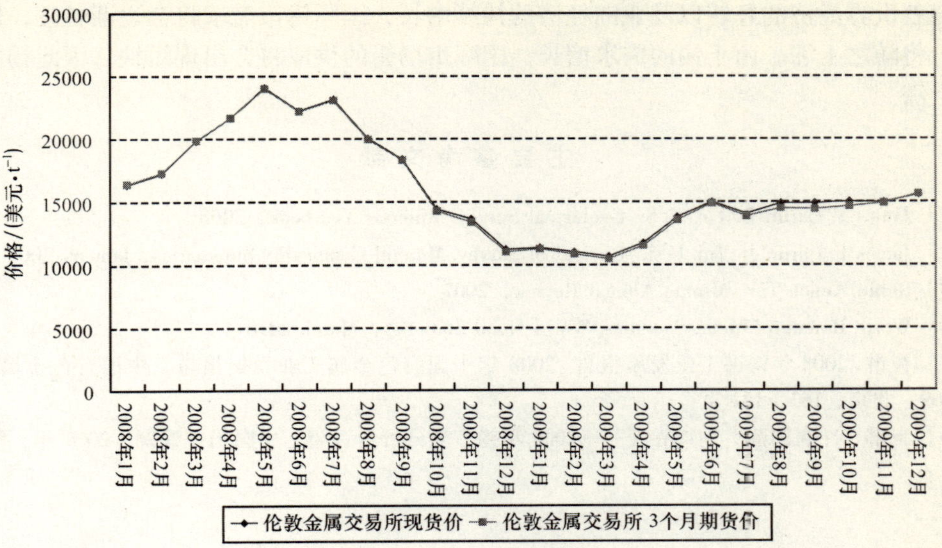

图1　2008～2009 年伦敦金属交易所锡金属价格

表7　世界精炼锡库存　　　　单位：万 t

库存地	2005 年	2006 年	2007 年	2008 年	2009 年
伦敦金属交易所库存	1.67	1.3	1.22	0.78	2.68
各国库存总计	2.16	2.06	2.03	2.47	2.08
世界商业库存总计	3.83	3.57	3.54	3.24	4.76
美国战略储备	2.47	1.54	0.77	0.4	0

资料来源：World Metal Statistics，February 2010。

炼锡的进口量大幅度增加，我国成为名副其实的锡净进口国。作为国际锡市场上的主角，中国需求的稳定增长和贸易格局的变化，无疑为国际市场锡价上涨提供了强劲的支持。

印度尼西亚是世界主要锡出口国之一。其生产的锡 55% 出口到亚洲，30% 出口到欧洲和美国。

美国国防部后勤署计划每个财政年度出售 12000t 战略储备锡，此数量为每个财政年度最多可销售战略储备锡的数量。截止到 2008 年 12 月 31 日，美国政府储备的锡的总量仅为 3850t。

五、展　　望

世界锡资源丰富，完全能满足今后几十年的需求增长。再生锡仍将是国际锡市场上一个重要的供应源。

欧盟无铅化标准的执行，亚洲和美洲的许多国家也加大了禁止含铅焊料的力度。今后几年，锡在锡焊料消费领域中的消费量将会继续增加，而锡焊料消费领域的需求变化将影响锡的未来消费趋势。

随着世界经济的好转以及亚洲经济的持续增长，国际锡市需求将会逐渐转旺，国际市场锡价将随之上涨。由于锡的需求增长，国际市场锡的供应将会出现短缺，因此锡价将会逐步上涨。

主要参考文献

[1] James F. Carlin Jr. Tin. U. S. Geological Survey. Minerals Yearbook，2008

[2] James F. Carlin Jr. Tin. U. S. Geological Survey. Mineral Commodity Summaries，January 2009

[3] Robin Amlôt. Tin. Mining Annual Review，2007

[4] World Bureau of Metal Statistics. World Metal Statistics，March 2010

[5] 崔琳 . 2008 年锡锑工业发展报告 . 2008 年中国有色金属工业发展报告 . 中国有色金属工业协会，2009，北京，163 ~ 181 页

[6] 崔琳 . 冲高回落 . 期待春暖——2008 年锡市场分析与展望 . 中国铅锌锡锑，2009 年，第一期，31 ~ 40 页

锑

奚　　牲

中国是世界最大的锑资源国，锑储量和储量基础分别占世界总量的37.6%和55.8%。同时也是世界最大的锑矿生产国和锑的重要出口国，目前仍是决定国际锑市场发展趋势的主要因素。国际锑市场供应过剩导致国际市场锑价下跌。2008年国际锑市场的年均价6026美元/t，比2007年增长了8.9%。

一、储量和资源

2009年世界锑储量为210万t，储量基础为430万t，与2008年相同。世界查明的锑资源量约有510万t，集中分布在中国、玻利维亚、俄罗斯、南非和墨西哥等几个国家（表1）。

表1　世界锑储量和储量基础　　单位：万t（锑）

国家或地区	储　量	储量基础	国家或地区	储　量	储量基础
中　国	79	240	南　非	4.4	20
俄罗斯	42	45	美　国	—	9
泰　国	35	37	其他国家	15	33
玻利维亚	31	32	世界总计	210	430
塔吉克斯坦	5	15			

注：表1中未列出墨西哥的储量数，但据Mineral Commodity Summaries，1995年版，墨西哥的锑储量为18万t，储量基础为23万t；2006年版和2009年版的文中也把墨西哥列为世界主要锑资源国之一。

资料来源：Mineral Commodity Summaries，2009、2010。

已知的锑矿床多集中分布在环太平洋构造成矿带、地中海构造成矿带、中亚天山构造成矿带。特别是环太平洋构造成矿带集中了世界77%的锑储量，经济意义最大。

世界锑矿床最重要的工业类型是热液层状锑矿床和热液脉状矿床，分别占世界储量的50%和40%，分别提供世界锑矿山产量的60%和30%。另外，美国中东部密西西比河谷型铅锌矿床中也伴生有锑资源。

中国是世界上最大的锑资源国，锑储量和储量基础分别占世界总量的37.6%和55.8%。2008年已探明储量的矿区有166处，分布于全国19个省（区），以湖南锑储量为最多，其次为广西、云南、甘肃、广东和四川等省（区）。锑矿床类型有碳酸盐岩型、碎屑岩型、浅变质岩型、海相火山岩型、陆相火山岩型、岩浆期后型和外生堆积型7

类，以碳酸盐岩型锑矿为最重要。世界著名的湖南锡矿山锑矿和广西大厂锡、锑多金属矿皆属此类型。从成矿时代来看，除侏罗纪和白垩纪地层中尚未发现有工业矿床外，目前从震旦纪到第四纪都有锑矿分布，但其改造成矿的时代主要集中在中生代的燕山期。俄罗斯为世界第二大锑资源国，其锑矿资源主要集中在雅库特地区；玻利维亚是世界第三大锑资源国，其锑矿资源主要集中在西部地区的拉巴斯-波托西成矿带中；此外，南非、吉尔吉斯斯坦和塔吉克斯坦均有大型锑矿床产出。越南近年在广宁省发现锦普（Cam Pha）大型锑矿床，矿化面积达 $30km^2$，是一个由 30 几条含锑石英脉组成的大型富锑矿床，矿床已知有锑储量 3.5 万 t，平均含锑品位 7% ~12%。在各国锑矿产地中，中国锑矿勘查程度最高，开发条件最好。

二、生　产

通常有 3 种途径生产锑：一是从锑矿石中提取；二是从贱金属冶炼的副产品中回收；三是从废旧蓄电池及其他含锑工业废料中回收。第三个途径实际上是资源的二次回收利用，一般称再生锑。目前，世界再生锑年均产量为 5.5 万 ~6 万 t，主要集中在美国、德国、英国、法国等工业发达国家。随着科技的发展，这种再生锑会在世界锑产品结构中占有越来越重要的地位。

据“World Metal Statistics”资料，2008 年世界锑矿山产量为 125252t，比 2007 年下降了 33.1%（表 2）。西方国家锑矿山产量为 18152t，同比增长了 5.91%。

表 2　世界锑矿山产量　　单位：t（锑）

国家或地区	2006 年	2007 年	2008 年	2008 年较 2007 年增减比例/%
中　国	152600	163000	100230	-38.5
危地马拉	-	6263	6300	0.6
玻利维亚	5460	3881	3905	0.6
南　非	4443	3436	3674	6.9
塔吉克斯坦	3480	3480	3390	-2.6
俄罗斯	3000	3000	3000	0.0
澳大利亚	225	540	1417	162.4
土耳其	1100	1200	1300	8.3
秘　鲁	824	829	584	-29.6
吉尔吉斯斯坦	532	480	480	0.0
墨西哥	778	414	380	-8.2
巴基斯坦	91	84	108	28.6
加拿大	90	88	84	-4.5
世界总计	174211	187095	125252	-33.1
西方世界	14599	17135	18152	5.9

资料来源：World Metal Statistics Yearbook，2010。

中国是世界矿山锑的最大生产国，据“World Metal Statistics”资料，2008 年中国锑矿山产量为 10.02 万 t，占当年世界总产量的 80%；其他重要锑矿生产国依次是危地马拉（6300t）、玻利维亚（3905t）、南非（3674t）、塔吉克斯坦（3390t）和俄罗斯（3000t），六国产量合计占世界总产量的 96.2%。

中国是世界最大锑生产国，产量占全球产量的 80%。中国的锑矿山主要分布在湖南、广西、贵州、云南和甘肃五省（区）。锑矿山多为单锑型矿床，易采、易选、易冶炼。因此，中国锑产品生产成本相对较低。中国的锑产量主要有两个来源，为国有矿山和私人企业。在国有矿山中，湖南省锡矿山是中国最大的国有矿山，每年可生产 3 万 t 锑产品（金属和三氧化锑）。

根据中国有色金属工业协会统计数据，2008 年中国锑精矿产量为 10.23 万 t（金属量），比 2007 年下降 37.2%。锑精矿的产量在全国产量排前三位的地区是湖南、广西和四川，三省（区）产量占全国总产量的 83.8%。其中，湖南产量占全国总产量的 62.1%，广西占 16.9%，四川占 4.7%。2008 年中国锑金属产量为 15.81 万 t，比 2007 年增长 7.84%。锑金属生产主要集中在湖南、广西和云南，三省（区）产量占全国总产量的 90.7%，湖南产量为 10.72 万 t，占 67.8%，广西产量为 1.91 万 t，占 12.1%，云南产量为 1.70 万 t，占 10.8%。中国目前最大的锑生产省份是湖南省，该省的主要生产企业有锡矿山闪星锑业有限责任公司、湖南省辰州矿业股份有限公司和常德辰州锑品有限责任公司。

玻利维亚是世界重要的锑矿生产国，产量居世界第三位。锑矿业在玻利维亚国家经济中占有重要地位。前几年，由于国际市场锑严重过剩，锑价一直处于低谷，致使玻利维亚锑采矿业严重衰退，一些矿山由于生产成本过高而关闭，锑矿生产大幅度滑坡。此外，该国锑生产公司的继续私有化也是造成前几年该国锑矿业萧条的一个重要原因。从 2002 年开始，国际市场受中国锑出口量下降的影响，锑价格大幅度上涨，玻利维亚的一些锑矿山增加开工率，生产形势持续好转，2005 年和 2006 年锑矿山产量持续增长。2008 年受国际经济形势的影响，锑矿山产量保持较低生产水平，全年产量 3905t，比 2007 年增加 0.6%。EMUSA（Empresa Minera Unificada S. A.）公司为玻利维亚的唯一锑矿生产公司，是一家私营企业，年生产能力为 1100t。此外玻利维亚还有大量的私营小矿山，其年生产能力在 4000t 左右。

塔吉克斯坦是世界主要的锑矿生产国之一。最近几年，该国的吉吉克鲁特（Jijikrut）矿床一直是卡达姆扎依锑冶炼厂锑精矿的主要来源，塔吉克斯坦的 Anzob 公司为吉尔吉斯斯坦的主要锑精矿供应厂家。2008 年塔吉克斯坦的锑矿山产量为 3390t，比 2007 年下降 2.6%。

南非也是世界主要锑矿生产国，产量居世界第四位。2008 年锑矿山产量为 3674t，比 2007 年增加 6.9%，占当年世界产量的 2.9%。南非最大的锑和贵金属开发公司是麦托雷斯（Metorex）公司。麦托雷斯公司于 1999 年兼并了莫奇森（Murchison）公司后就完全控制了南非的锑矿生产大权。莫奇森公司的锑主要来自开采金的副产品——辉锑矿，该公司的锑精矿年生产能力为 7000t。由于该公司的锑矿石中金含量较高，因此，目前只是依靠副产品金的生产维持着矿山的生产。该公司采出的矿石先在矿山的加工厂进行处理，将硫化物精矿加工成氧化锑，然后出口到墨西哥和美国的锑精炼厂。

俄罗斯曾是世界第二大锑矿生产国，但自前苏联解体后，俄罗斯开始在本国生产精炼锑，俄罗斯的锑矿全部产自该国雅库特地区的萨里拉克-苏里亚（Sarylakh-Surria）矿山。该矿山的浮选精矿和块矿大部分送到吉尔吉斯斯坦的卡达姆扎依（Kadamzhai）锑冶炼厂冶炼，少部分送到雅兹维麦特（Ryaztavetmet）冶炼厂冶炼。近几年俄罗斯锑矿山产量一直保持在3000t左右。

澳大利亚2008年锑矿山产量为1417t，比2007年产量增长162.4%。澳大利亚曾经是世界主要锑生产国，矿石主要来自科斯特菲尔德地区一些金矿山的副产品。AGD矿业公司宣布，其维多利亚州中部科斯特菲尔德金-锑矿山已于2007年3月投产，其目前每月生产锑160～200t，大大低于其计划的年生产锑5500t的目标。此外，海峡资源有限公司（Straits Resources Ltd.）经过4年的开发，重新开采了位于新南威尔士州阿米代尔附近的Hillgrove锑、金和钨矿山。迄今该公司共投入资金9500万美元，计划该矿山每年生产1万t锑、2万oz金和30t钨。同时，该地区还有一些公司正在进行锑矿勘查开发活动，预计今后几年澳大利亚的锑矿山产量将会有较大幅度增加。

美国大部分锑金属和氧化锑都是由进口原料生产的，而国内原料生产的锑则全部来自铅-酸蓄电池的回收。美国锑公司（USAC）是目前美国国内仅有的锑产品生产公司。美国锑品生产企业主要是对来料进行加工冶炼。

锑金属的生产国较多，中国是最大生产国，而且主要依靠国内原料生产锑金属。其他较重要的生产国有吉尔吉斯斯坦、俄罗斯、塔吉克斯坦、美国、法国和比利时等，其中美国、法国和比利时等国家主要依靠进口原料生产锑金属。

三、用途和消费

锑是一种银白色、性脆、无延展性的金属。纯金属的用量很少，而含锑合金及锑化合物则用途十分广泛。含锑铅基合金耐腐蚀，是生产车船用蓄电池电极板、化工泵、化工管道、电缆包皮的首选材料；锑与锡、铅、铜的合金强度高，极耐磨损，是制造轴承、轴衬及齿轮的绝好材料；高纯度锑及锑金属互化物（铟锑、银锑、镓锑等）也是生产半导体和热电装置的理想材料。锑最重要的应用形式还是锑的化合物。锑白（三氧化二锑），是一种优良的白色颜料，在搪瓷、陶瓷、橡胶工业中用作充填剂，也是油漆、玻璃、纺织及化工工业的常用原料；超细粒锑白生产的阻燃剂是生产染料、催化剂、硫化剂的重要原料；硫化锑（五硫化二锑）是橡胶的红色颜料；生锑（三硫化二锑）具燃点低的特点，是制作雷管和安全火柴的配料，也可用于生产发烟剂；锑酸钠是特种玻璃生产中的澄清剂和脱色剂。

近年来，世界锑产品消费量变化不大，每年约为10万～12万t，但世界锑品消费结构发生了明显变化。金属锑消费量下降，氧化锑消费量上涨；蓄电池用锑减少，阻燃剂用氧化锑增加。从目前消费结构来看，阻燃剂仍然是锑的主要应用领域，约占世界锑总消费量的70%和三氧化二锑消费量的90%。据不完全统计，目前世界每年三氧化二锑消费量约12万t，其中阻燃剂就用去10万t，其余为冶金添加剂及非阻燃剂类消费领域所消费。中国是世界最大锑消费国，目前锑的年消费量约6万t。美国、日本和欧盟国家是世界重要的锑消费国，其消费量约占西方世界总需求的70%。特别是美国，每年锑消费量最大，

2008 年锑的视消费量约为 23800t，其视消费量的 86% 依赖进口解决。2008 年锑的消费结构中，阻燃剂占 40%、运输（包括汽车用蓄电池）占 22%、化学制品占 14%、陶瓷和玻璃占 11%，其他占 13%，这基本代表了西方发达国家的消费结构。目前西方发达国家每年原锑消费量为 6 万 ~7 万 t；用于阻燃剂的氧化锑消费量为 4.5 万 ~5 万 t；锑酸钠消费量 0.7 万 ~0.8 万 t（每年按 5% 递增）；其中自给率 17%，大约 13% 从独联体国家进口，其余 70% 均由中国提供。

目前锑的主要消费领域包括橡胶及纺织制品阻燃剂用氧化锑、蓄电池用铅锑合金、日用搪瓷制品用锑釉氧化锑、涤纶聚酯和氟利昂催化剂用氧化锑、显像管澄清剂和脱色剂用锑酸钠以及烟火和火柴用硫化锑等。中国锑的消费与发达国家有所不同，据统计，在发达国家和地区，阻燃剂用锑量占 60% ~70%，铅酸蓄电池占 10% ~15%，化工和玻璃、陶瓷分别占 10%。中国虽然是锑生产大国，但是锑的消费水平不高，前几年锑主要消费于汽车用铅酸蓄电池领域。近几年随着我国工业的发展，锑的消费结构发生了巨大变化。阻燃剂消费量急剧上升，在总消费量中所占比例从 2002 年前的 5% ~6% 猛增至 50% 左右。今后锑消费的主要增长点主要体现在阻燃剂消费领域，其次为蓄电池用铅锑合金、日用搪瓷制品和化纤行业催化剂以及显像管澄清剂和脱色剂等使用的锑酸钠等消费领域。

再生锑几乎全部来自回收的铅-酸电池，而且几乎全部用于制造新电池。由于目前电池生产工艺水平的提高，单位耗锑量下降，因此目前用于制造电池的锑需求量已经大大减少。

四、贸易和市场

在国际锑市场贸易中，中国、玻利维亚、南非、独联体国家、泰国是主要的锑矿产品出口国；美国、英国、日本、欧盟成员国是最主要的锑品进口国。2008 年美国锑的进口源为中国 67%，墨西哥 11%，秘鲁 8%，其他地区 14%；矿石和精矿的进口源为中国 66%，玻利维亚 2%，其他地区 32%；氧化物的进口源为中国 47%，墨西哥 40%，比利时 7%，其他地区 6%。

中国是锑制品的净出口大国，每年要向国际市场输出大量的锑制品。据中国海关统计数据显示，2008 年中国共出口锑品 63012.90t，比 2007 年增加 0.2%。其中未锻轧锑出口 9453.33t，增长 14.9%，进口 141.22t，增长 125.8%。未锻轧锑出口的增加主要因为 2008 年上半年锑价高涨，刺激锑产量大幅增加，进而推动了未锻轧锑出口的增加。2008 年锑精矿的产量虽然增长幅度较大，但仍无法满足国内锑冶炼厂的原料需求，迫使国内许多锑冶炼厂因为原料短缺而不得不减产或停产，而有些企业则需要进口锑精矿以保持生产经营。2008 年中国共进口了 19264t 锑精矿，比 2007 年增加 2.7%。进口的主要地区是湖南、广东和广西等省（区）。

2008 年锑的氧化物的出口量基本与 2007 年持平，但进口量却大幅度减少。2008 年中国进口锑的氧化物 1552.9t，同比下降 65.6%，出口同比增加 0.4% 至 52389.4t。

随着 2008 年中国锑品的进出口量的大幅度增加，锑品贸易额也大幅增加，出口贸易额同比增加了 14.2% 至 32962.24 万美元，进口贸易额同比增加了 12.9% 至 5220.79 万美元。全年实现贸易顺差 2.77 亿美元，比 2007 年增长了 14%。

表3　2008 年中国锑品进出口量

名　称	出　口			进　口		
	数量/t	同比/%	金额/万美元	数量/t	同比/%	金额/万美元
生锑	—	—	—	40.90	-34.27	6.14
其他锑矿砂及其精矿	—	—	—	19264.63	2.69	4005.47
锑的氧化物	52389.37	0.35	27206.60	1552.92	-65.64	991.85
硫化锑	1067.00	-54.33	424.42	86.35	-17.06	39.88
未锻轧锑	9453.33	14.86	5268.02	141.22	125.78	68.13
锑　粉	—	—	—	4.44	578.17	6.13
其他锑及锑制品	103.20	1.98	63.21	255.89	52.64	103.19
总　值	63012.90	0.22	32962.24	21346.34	-9.84	5220.79

资料来源：《2008 锡锑工业发展报告》，2008 年中国有色金属工业发展报告，第 163 页。

2008 年锑市场大部分时间呈现持续上涨趋势，只是接近年底，受全球经济下滑的影响出现较大幅度下跌。年初，由于中国国内雪灾影响到全球锑品的供应，国际市场锑价上涨，2 月份，英国"Metal Bulletin" 99.65% 锑锭的鹿特丹仓库价从年初的 5500～5650 美元/t 上涨到 5850～5950 美元/t。之后由于锑金属产量一直较低，市场供应持续紧张，国际市场锑价持续上涨，连创历史新高。至 8 月份，国际市场锑价已经上涨到 6575～6700 美元/t 的历史高位。从 9 月开始，全球经济的普遍下滑，国际市场锑价开始下跌，到 12 月 19 日，国际市场锑价已经下跌至 4000 美元/t。

表4　2008 年国际市场锑月平均价　　单位：美元/t

月　份	月均价	最高价
1 月	5588.89	5750
2 月	5877.78	5950
3 月	5792.85	5950
4 月	5930.56	6300
5 月	6352.78	6500
6 月	6362.50	6500
7 月	6313.89	6400
8 月	6588.89	6675
9 月	6637.50	6700
10 月	6577.50	6700
11 月	5862.50	6300
12 月	4429.17	4500

资料来源：Metal Bulletin，2009。

2008年中国国内市场锑价格与国际市场相比较为平稳。年初，市场价格并未因为南方雪灾影响大幅度上涨，直到6月份，国内提价才开始上扬，6月13日1号锑价上涨到43500~44000元/t。随后锑价小幅下调，受国际市场锑价上涨的影响，9月15日锑价再次上涨到43500~44000元/t的高位。在高价位维持近4个月后，锑价随着国际市场锑价一起下滑，到12月31日，上海长江有色金属现货市场1号锑价跌至26500~27000元/t。国内全年锑均价为41040元/t。

五、展　　望

中国是世界上最大的锑金属及其化合物的生产国和出口国，近期内中国仍将完全控制国际锑市行情变化，中国政府锑出口配额的多少、能否严格执行出口配额，以及对国内锑走私行为的打击的效果等都会对国际锑市场产生重要影响。

随着美国次贷危机影响的不断加深，世界主要国家的经济增长进一步放缓，进而带来市场需求的疲软。受国际市场锑价较高的刺激，中国锑生产者继续加大生产力度，锑金属产量将会有较大幅度增加。2008年中国锑精矿产量也有了较大幅度下降，难以满足国内生产企业的需求，而锑精矿的进口量仍将会保持较高水平。随着中国税收政策的调整，锑金属的出口量将会有所减少。但由于主要锑消费国美国、日本和欧盟地区需求疲软，大大缓解了市场供应紧张状况，甚至有可能出现轻度供应过剩，受其影响，国际锑价将会出现一定幅度的下跌。

从锑的消费领域来看，今后几年内阻燃剂仍将是锑的主要消费领域。目前随着更加严厉的可燃性标准和安全法规的出台，以及电器和电子市场的需求增加，必将导致阻燃剂领域的锑需求增加。尽管在阻燃剂消费领域锑面临着锡的激烈竞争，但由于国际锡价一直较高，所以锑被替代的可能性不大。

主要参考文献

[1] James F. Carlin Jr. Antimony. U. S. Geological Survey. Minerals Yearbook，2008

[2] James F. Carlin Jr. Antimony. U. S. Geological Survey. Mineral Commodity Summaries，January 2009

[3] Howard Masters. Antimony. Mining Annual Review，2007

[4] 崔琳.2008年锡锑工业发展报告.2008年中国有色金属工业发展报告，中国有色金属工业协会，2009，北京，163~181页

[5] 王维玮．2008年锑市场回顾及2009年展望．中国铅锌锡锑，2009年，第1期，41~47页

金

王 淑 玲

2008 年，世界黄金年均价已升至 871. 96 美元/oz，比 2007 年上升 25. 4%，2009 年金价同比进一步上升 11. 5%，达 972. 35 美元/oz。随着金价上涨，黄金勘查投资继续上升，在 2007 年 30. 6% 升幅的基础上，2008 年又上升 17. 2%，达 49. 14 亿美元，2009 年受金融危机影响，黄金勘查投资下降至 35. 14 亿美元，但金矿仍是固体矿产勘查投资最多的矿产。2008 年世界黄金总供应量减少 1. 0%，矿山金产量下降 2. 5%，官方售金大幅下降 49. 1%，而受金价上升以及危机中抛售的影响，再生金产量大幅上升 27. 1%。由于金价高昂，世界黄金总需求下降 1. 0%，主要是投资增长无法抵消制造业和生产商对冲减持的下降。首饰制造需求下降 10. 2%，而净生产商对冲（option hedging）减持放缓到 358t，比 2007 年下降 19. 4%。推断净投资同比上升 75. 6%，从 2007 年的 164t 上升到 288t，金条囤积同比增长 62. 7%。

一、储量和资源

截至 2009 年底世界黄金储量为 47000t，与 2008 年持平（表 1），未能获得 2009 年储量基础数据。2009 年世界黄金储量的静态保证年限为 18. 3 年。

表 1　2009 年世界黄金储量　　单位：t

国家或地区	储　量	国家或地区	储　量
南　非	6000	乌兹别克斯坦	1700
俄罗斯	5000	加　纳	1600
澳大利亚	5800	墨西哥	1400
印度尼西亚	3000	秘　鲁	1400
美　国	3000	巴布亚新几内亚	1200
加拿大	1000	中　国	1900
智　利	2000	其　他	10000
巴　西	2000	世界总计	47000

资料来源：Mineral Commodity Summaries，January 2010。

世界黄金资源总量估计为 10 万 t，其中 15% ~20% 为其他金属矿床中的共伴生资源。南非约占世界资源的一半，巴西和美国各占 9%。

中国金矿分布广泛，除成都市外，其他各省（自治区、直辖市）均有查明资源储量。岩金查明资源储量以山东最丰富，之后依次为甘肃、河南、内蒙古、贵州、陕西、云南、吉林、江西、四川、福建、黑龙江、河北和广西等省（区）。

砂金查明资源储量以四川最多，之后依次为黑龙江、陕西、甘肃、江西、青海、吉林、辽宁和内蒙古等省（区）。

伴生金查明资源储量以江西最多，之后依次为安徽、云南、西藏、黑龙江、湖南、湖北、甘肃、内蒙古和青海等省（区）。各类金矿构成是岩金、砂金和伴生金分别占69.4%，8.2%和22.3%。

世界金矿床的主要类型有：①前寒武纪地盾、地台区绿岩带金矿，如加拿大波丘潘赫姆洛金矿、美国霍姆斯塔克金矿；②元古宙原始地槽坳陷区含金-铀砾岩金矿，如南非维特瓦特斯兰德金矿；③古生代冒地槽、优地槽褶皱区金矿，如乌兹别克斯坦穆龙套金矿和美国卡林金矿等；④中—新生代与火山岩、次火山岩和小侵入体有关的金矿，如巴布亚新几内亚的波尔盖拉和利希尔岛金矿，菲律宾阿库潘-安塔莫凯金矿，日本菱刈金矿等；⑤现代砂金矿；⑥伴生金。

2009年世界金矿勘查预算为35.14亿美元，比2008年下降28.5%（图1），为连续第六年增长后的首次下降，但金矿勘查费用占固体矿产勘查费用的比例由2008年的39.0%上升到2009年的48.0%（图2）。受2008年全球金融危机的影响，2009年全球固体矿产勘查投资大幅下降26.7%，黄金勘查投资亦随之下降，但降幅远低于固体矿产平均降幅。黄金依然是固体矿产勘查预算最多的矿种。2008年，美国的次贷危机引发的全球金融危机导致投资者远离金融市场，美元贬值、股市重挫、房市大跌等使更多的投资者转向兼具商品和货币双重职能的特殊商品——黄金，用以规避风险和保值。黄金的魅力更加凸现。预计在中短期内黄金仍将备受投资者青睐。

2008~2009年全球金矿勘查有较大进展的重要金矿勘查区有：在加拿大的不列颠哥

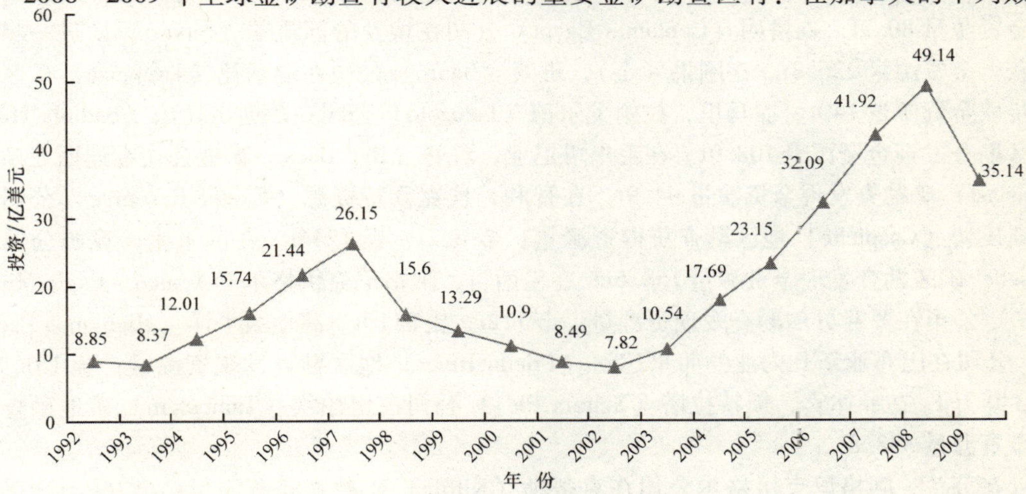

图1　1992~2009年世界黄金勘查投资变化

资料来源：1. 世界矿产资源年评，2007~2008；2. World Exploration Trends，A Special Report from Metals Economics Group for the PDAC International Convention 2010，MEG

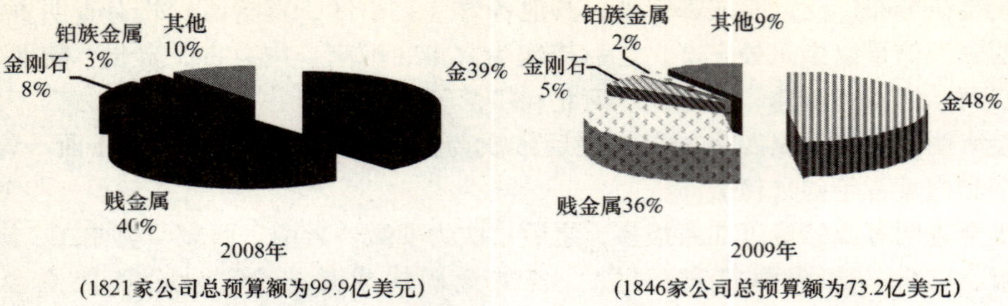

图 2　2008 ~ 2009 年世界主要矿种勘查预算在固体矿产勘查投资中所占比例

资料来源：1. Metal Economics Group Strategic Report, November/December 2009；2. Metal Economics Group Strategic Report, November/December 2010

伦比亚省，海桥黄金公司（Seabridge Gold Inc.）在 KSM 地区已勘查获资源量，金 1213.0t，铜 450 万 t；白银资源（Silver Standard Resources）公司在斯诺费欧德（Snowfield）地区勘查新发现资源量，金 746.4t，银 3607.6t。在努纳瓦特省，Complex Minerals 公司在 Meliadine 西部地区勘查新发现金推测资源量 102.6t。在魁北克省 Lamgold Corp. 公司在韦斯特伍德（Westwood）地区勘查发现金资源量 105.7t。

美国的阿拉斯加州黄金勘查取得了较大进展，塔山公司（International Tower Hill）在阿拉斯加州的李文古德（Livengood）地区勘查新发现 251.9t 金资源量；王朝（No Dynasty）矿产公司在佩布尔（Pebble）矿地勘查获金资源量 2083.9t。内华达黄金公司（Allied Nevada Gold Corp.）在内华达州的海克罗夫特（Hycroft）矿勘查获金资源量 183.5t。

在非洲，金田（Goldfields）公司在“南深”（South Deep）矿勘查新获黄金资源量 902t。沃尔塔资源（Volta Resources）公司在布基纳法索的基亚卡（Kiaka）地区勘查新发现金资源量 80.9t，森塔明（Centamin Egypt）公司在埃及的苏凯瑞（Sukari）矿进一步勘查获得金资源量 220.8t。在刚果（金），班荣（Banro）公司在端基扎（Twangiza）矿区进一步获金资源量 140t。在马里，拉姆戈尔德（Lamgold）公司在萨迪奥拉山（Sadiola Hill）矿区勘查发现金资源量 108.9t。在毛里塔尼亚，红脊（Red Back）矿业公司在迪西亚斯特（Tasiast）矿勘查发现金资源量 94.9t。在智利，埃克塞特资源（Exeter Resource）公司在卡斯皮切（Caspiche）地区勘查获得资源量：金 622t，银 1244t。在苏里南，亚姆公司在 Rosebel 矿区勘查发现金资源量 158.6t。在墨西哥，阿格尼克伊格尔（Agnico - Eagle Mines Ltd.）公司在罗赛贝尔勘查发现资源量：金 112t，银 3110t。高地太平洋（Highlands Pacific）公司在巴布亚新几内亚的弗里达河（Frieda River）地区勘查发现资源量：金 161.7t，铜 340 万 t。在菲律宾，斯特拉塔（Xstrata Plc.）公司在坦帕坎（Tampakan）矿地勘查发现金资源量 388.8t。

在芬兰，阿格尼克伊格尔公司在克蒂勒（Kittila）矿勘查获资源量：金 99.5t。在哈萨克斯坦，阿多特那尔玛斯（Altynalmas）黄金公司在巴克尔奇（Bakyrchik）地区勘查新发现黄金资源量 326.6t。

据“Metal Economics Group”报道，2000 ~ 2009 年，交易额在 2500 万美元以上的全球贱金属兼并案合计达 493 件，交易额共计 2855.49 亿美元；金的兼并案达 277 件，交易额共计913.52亿美元，约占金和贱金属兼并总额的32.0%。2009年交易额在2500万美元以上的全球金兼并案43件，比2008年增加6件，兼并额72.64亿美元，比2008年下降18.5%，约占金和贱金属兼并总额的51.6%。金属矿业公司兼并中，金是通过并购和最初公开报价花费最多的金属，1995年以来矿业兼并总金额近1000亿美元，30%用于金矿部门，大量投资用在政局稳定的工业化国家，主要是澳大利亚、加拿大和美国，以及南非，占兼并总金额的70%；美国公司在并购活动中占主导地位。

从矿业开发投资的矿种来看，2009年黄金开发投资预算继续上升，金排名居铜和铁之后，居第三位，所占份额从2008年的570亿美元上升到2009年的750亿美元，同比上升31.6%。在全球开发投资费用的份额则从2008年的14%上升到2009年的16%。

二、生　产

据黄金矿业服务有限公司《黄金年鉴2009》资料，2008年全球矿山金产量为2416t，比2007年减少62t，下降约2.5%（表2），为1996年以来最低水平。除拉美地区和独联体国家的黄金产量有所上升外，全球其他大部分地区的黄金产量均有所下降，其中亚洲地区的矿产金同比下降38t。

表2　世界黄金矿山产量

单位：t

国家或地区	2007年	2008年	2009年①	国家或地区	2007年	2008年	2009年①
中　国②	280.5	292.0	324.0	巴　西	56.7	58.8	64.8
南　非	269.9	233.3	219.8	马　里	51.9	47.0	48.9
澳大利亚	246.3	215.2	222.8	墨西哥	43.7	49.6	55.5
美　国	238.0	234.5	219.2	阿根廷	42.5	41.0	48.8
秘　鲁	169.6	179.5	182.4	智　利	41.5	38.9	40.0
俄罗斯	169.3	188.7	205.2	坦桑尼亚	40.1	35.5	40.9
印度尼西亚	146.6	94.7	157.5	菲律宾	38.8	35.6	37.0
加拿大	102.2	96.4	96.0	委内瑞拉	24.4	24.6	24.8
乌兹别克斯坦	74.9	77.0	74.5	哥伦比亚	25.0	26.0	27.0
加　纳	77.3	80.4	90.3	其　他	289.0	184.1	321.8
巴布亚新几内亚	61.7	70.3	70.6	世界总计	2478.0	2415.6	2571.8

注：① World Metal Statistics，March 2010；②中国的黄金实际产量：2007年为270.5t，2008年为282.01t，2009年313.98t。

资料来源：GFMS，黄金年鉴，2010。

2008年非洲黄金产量为555.9t，同比下降6.4%，占世界矿产金产量23.0%，南非在占据了一个多世纪世界上最大的黄金生产国宝座后，2007年首次被中国替代，降为世界第二大产金国，2008年黄金产量为233.3t，比2007年下降36.6t，降幅为13.7%，降为世界第三大黄金生产国，产量首次降到全球黄金总产量的10%以下。这是南非自1922年以来的最低水平。产量下降的主要原因是受2008年1季度南非矿区和工厂供电不足的影响，且有些地方的电力配给制供应延续到全年大部分时间。受此影响，南非1季度仅产量下降20%，2~4季度平均下降10%。此外，南非很多矿山缺乏熟练的井下矿工，以及自2007年底生效的矿山安全检查等立法的影响，进一步导致南非黄金产量下降。

2008年北美洲黄金产量同比下降2.7%，为330.9t，占世界矿产金产量的13.7%，已是连续第八年下降，主要是加拿大金产量大幅度下降5.8t。

美国黄金产量为234.5t，比2007年略降1.5%，主要是新项目的增产基本抵消了现有矿产量的下降。黄金产量由2007年居世界第四位上升到2008年的第二位。巴利克矿业公司在美国的多个矿金产量普遍下降。主要原因包括：金色阳光（Golden Sunlight）矿正在进行矸石剥离作业；而在圆山（Round Mountain）合资矿，浸出台设备老化，矿石处理能力下降导致黄金产量下降。纽蒙特公司的合资企业绿松石岭（Turquoise Ridge）矿业公司的下属矿——盖特切尔（Getchell）矿在停工维修；此外，纽蒙特矿业公司在内华达州的矿区，由于隆瑞（Loneree）矿已停产，双溪（Twin Creeks）矿金产量也下降。不过，2008年美国也有多个新矿或恢复生产的项目增加了黄金产量，其中，西部金田（Western Goldfields）矿业公司的高品位梅斯基特（Mesquite）矿新产出了3t黄金，该矿在2001年被纽蒙特矿业公司关闭。大盆地黄金（Great Basin Gold）矿业公司的高品位霍利德特（Hollidter）矿项目，已开始试生产，生产了1t黄金。金罗斯矿业公司的凯特尔瑞克瑟-巴克霍恩（KettleRixer-Buckhorn）矿新增了1t黄金产量。此外，戈尔德斯特莱克（Goldstrike）矿区和波戈（Pogo）矿区的黄金产量合计上升了5t。

加拿大金产量2008年已下降到100t以下，为96.4t，比2007年下降了5.7%，为1985年以来的最低水平，位居世界第七位。巴里克矿业公司和泰克（Teck）矿业公司的合资企业——赫姆洛（Hemlo）矿，由于大部分井下储量已被采空，采自露天矿坑的低品级矿石在矿石原料中所占的比例越来越高，导致2008年该矿金产量下降2t。加拿大的最大金矿——红湖（Red Lake）矿由于人力短缺及矿体开拓和基础设施方面的负面影响，造成黄金产量下降约2t。此外，北门矿业（Northgate Minerals）公司的凯梅斯南（Kemess South）矿，由于意外的停工和所采矿石品位的下降，导致黄金产量下降。世纪矿业（Century Mining）公司西格玛-拉马克（Sigma-Lamaque）矿的Sigma露天矿坑在2007年11月，以及巴利克矿业公司的埃斯凯河（Eskay Creek）矿在2008年1季度分别停止采矿，黄金产量也大幅下降。阿尼科-伊格尔（Agnico-Eagle）矿业公司的Golden矿，该矿于2008年5月开始产金，新增了近2t黄金产量。

2008年拉丁美洲黄金产量486.3t，同比增加了13t，上升2.7%，占世界矿山金产量的20.1%。拉美地区三大产金国金产量均有所上升，尤其是秘鲁和墨西哥这两个国家有很多新项目已开始投产。拉丁美洲最大的黄金生产国秘鲁金产量居世界第六位。2008年金产量增加了9.9t，为179.5t，同比上升了5.8%。主要是该国的最大金矿亚纳科查金矿，在2008年2季度引进了一台研磨机，不再单纯依赖于堆浸作业。黄金产量上升了8t。巴利克矿业公司的拉古纳斯北（Lagunas Norte）矿，由于研磨速率加快，金产量也上升了3t。巴西金产量增加2t，为58.8t，创11年来产量新高。捷豹（Jaguar Mining）矿业公司的华丽（Paciência）矿和特罗伊资源（Troy Resources）公司的燕子（Andorinhas）矿开始投入生产，新增金产量2t。金罗斯矿业公司的帕拉卡图（Paracatu）矿，因项目扩产，金产量上升了8%。到2008年底，该矿扩产项目的生产率已达设计生产能力的60%，预计

2009 年 2 季度实现满负荷生产。英美黄金阿山蒂公司的米纳高矿产量与 2007 年持平。墨西哥金产量增加 5.9t，为 49.6t，同比增长 13.5%，创出该国黄金产量的历史新高。黄金集团（Gold Corp.）矿业公司的罗斯菲洛斯（Los Filos）矿，于 2008 年 1 季度开始商业生产，新增 5t 多金产量。新黄金矿业公司的圣佩德罗山（Cerro San Pedro）矿，在 2008 年第一次实现全年生产作业，产量上升了近 2t。黄金集团公司的佩纳斯基托（Peñasquito）矿项目，新增产量 1t 多，预计该矿将于 2010 年开始商业生产，年产量最终将达到 15t。阿拉莫斯黄金（Alamos Gold）公司的穆拉托斯（Mulatos）矿，产量增加 1t 多。仅黄金集团公司的圣地玛斯（San Dimas）矿，因矿石品位下降产量下降 2t。

2008 年澳大利亚的黄金产量为 215.2t，同比下降 31.2t，降幅为 12.7%，创下该国黄金产量的第三大跌幅。从去年的第三大黄金生产国退居为世界第四大黄金生产国。自 1997 年黄金产量创 313t 高点后，澳大利亚黄金产量除个别年份外，多数呈下降趋势。2008 年澳大利亚很多现有矿的产量都在下降，同时还有一些小型矿山关闭，导致黄金产量大幅下降。英美黄金阿山蒂公司森赖斯坎（Sunrise Dam）矿产量降幅最大，减产了 5t，主要是高品位区域矿石已采完。巴里克公司的伊尔冈南（Yilgarn South）矿因矿石品位下降黄金产量下降 3t，另一个科沃尔（Cowal）矿，因 2007 年后期发生井壁事故，影响 2008 年 1 季度高品位矿石的开采，导致金产量下降 20%。

2008 年，亚洲黄金产量 555.9t，比 2007 年减少 38.1t，同比下降 6.4%，占世界矿山金产量的 23.0%。主要是印度尼西亚金产量大幅下降远远抵消了中国等国家的增长。

2008 年，中国黄金产量再次刷新了历史最高纪录，为 282.01t，比 2007 年增产了 11.51t，上升 4.3%。黄金产量仍居全球首位。近年来，中国的黄金工业取得了巨大发展，尤其是黄金价格不断飙升促进一些小规模、低品位和高成本的矿纷纷投产。另一方面，过去几年一些中国的黄金公司通过在上海、深圳和香港上市，企业规模不断扩大。市场的整合和融资条件的改善，为中国黄金工业的发展创造了良好的条件。

2008 年，印度尼西亚金产量为 94.7t，比 2007 年急剧下降了 51.9t，同比大幅下降 35.4%，从居世界第七位退居为第八位。主要是该国隶属于弗里波特-麦克莫兰铜金公司的最大铜金矿——格拉斯堡（Grasberg）矿上半年黄金产量大幅下降了 55%，2008 年仅生产 36t 黄金，主要是该矿矿井生产连续发生问题。纽蒙特矿业公司的巴图希贾乌（Batu Hi Jau）矿，因 2008 年 1 季度发生暴雨，使开采高品位矿石区域的计划被延迟，导致产量同比下降了 51%。而纽克雷斯特公司的高索翁矿在 2008 年第 2 季度完成了精炼厂的扩产项目，全年产量上升了 11%，达 13t。

2008 年，巴布亚新几内亚黄金产量 70.3t，同比增长 13.9%。该国利希尔黄金公司的利希尔岛矿 2008 年产量创历史新高，达 24t，增加了 2t 多，主要是该矿在 2007 年完成工厂设备升级后，产能和压力氧化回路的进料量均有所提高。巴利克矿业公司的波盖拉（Porgera）矿和联盟（Allied）黄金公司的辛贝里（Simberi）矿，都在 2008 年 2 月首次投产。这 2 个矿的新增黄金产量均为 2t 左右。

2008 年，独联体国家黄金产量强劲增长 10.1%，为 312.4t，创 2004 年以来最高水平。主要是俄罗斯和吉尔吉斯斯坦的黄金产量上升。俄罗斯仍为独联体中金产量最多的国家，黄金产量占独联体国家金总产量的 60.4%，为 188.7t，同比上升 11.5%，增长来源于岩金矿山的开采，主要是金罗斯矿业公司控股的库伯尔（Kupol）矿投产，自 2008 年 5 月生产第一批黄金后，到2008年底该矿共生产了17t黄金。该矿投产使其所在的楚科塔州黄金产量增长了4倍多，已成为俄罗斯第二大产金区。克拉斯诺亚尔斯克边疆区仍是俄罗斯第一大产金区。2008年产量上升了4%。阿木尔地区的黄金产量显著上升了27%，达19t，主要是该区彼德汉布罗矿业（Peter Hambro Mining）公司的派厄尼尔（Pioneer）矿、波克罗夫斯基（Pokrovskiy）矿和海里弗（High River）黄金矿业公司的别列兹托维（Berezitovy）矿产量均在上升。但该国砂金产量则继续下降，2008年产量已降至55t。

2008年西方国家金矿加权平均现金成本为467美元/oz，比2007年上升18.2%；总生产成本585美元/oz，同比上升18.4%，各主要黄金生产国成本均有所上升（表3），主要原因是全球能源价格上涨以及大多数黄金主要生产国的货币对美元都有不同程度的升值，直接导致了这些国家黄金生产企业的生产成本增加。按现金成本/总成本计，澳大利亚为568/702美元/oz、加拿大为485/643美元/oz、南非为511/607美元/oz、美国为470/579美元/oz，同比均有所上升。世界四大主要黄金生产国黄金生产成本由低到高依次为澳大利亚，黄金加权平均现金成本和总生产成本分别上升33.0%和26.0%；加拿大分别上升16.6%和22.0%；南非分别上升11.3%和11.6%；美国分别上升17.2%和16.0%。

表3 世界黄金生产成本和金价 单位：美元/oz

国家	成本	2003年	2004年	2005年	2006年	2007年	2008年
澳大利亚	现金成本/总成本	223/291	264/326	280/359	340/445	431/556	568/702
加拿大	现金成本/总成本	208/277	196/274	233/316	341/442	407/516	485/643
南非	现金成本/总成本	291/312	354/395	366/412	373/447	457/541	511/607
美国	现金成本/总成本	216/277	250/314	278/339	361/435	401/498	470/579
其他国家	现金成本/总成本	182/249	198/263	221/295	265/340	349/451	415/534
中国	综合成本	270.3	300.0	313.4	389.4	428.16	515.06
世界平均	现金成本/总成本	224/277	252/313	269/337	317/397	395/496	467/585
伦敦金价		363.32	409.17	444.5	603.77	695.39	871.96
美元/人民币		8.28	8.28	8.19	7.97	7.60	6.95

资料来源：1. 黄金矿业服务有限公司，黄金年鉴，2004～2009；2. 中国黄金协会；3. 中华人民共和国国家统计局，中国统计年鉴，2009。

2008年中国黄金生产综合成本115.09元/g（约为515.06美元/oz），比2007年上升10%，是近11年以来的最高水平。

三、用途和消费

黄金的主要消费领域有首饰、电子产品、牙科、工业、装饰、金章和仿币及官方金币制造，此外，金条贮备和投资也是黄金的重要消费形式和货币职能的特殊体现。近年来，世界局部地区政治局势动荡，油价高涨、美元疲软，导致黄金价格急剧攀升，黄金现货及依附于黄金的衍生品种众多，黄金的投资价值凸显，黄金的投资需求不断放大。

2008年世界黄金总需求量为3880t（表4），比2007年下降约为1.0%。制造业总用金量为2850t，同比下降7.3%，为1988年以来最低水平。受黄金价格高涨且剧烈波动以及全球经济下滑的影响，首饰制造业用金量同比显著下降10.2%，为2159t，虽然下半年金价下降首饰消费有所恢复，但也无法抵消上半年金价高涨导致的下降。其他制造业用金增长3.0%，为691t，主要是金币和仿金币需求大幅上升。黄金储备358t，同比激增62.7%，主要是东亚，其次是中东的需求强劲。净生产商对冲（option hedging）减持大幅下降，为358t，比2007年减少86t，主要是由于生产商继续增加直接销售的比例。而推断净投资同比上升75.6%，从2007年的158t上升到288t，上市型黄金基金ETFs（交易型开放式指数基金）大涨作出了重要贡献。

表4　2006～2008年世界黄金需求量　　单位：t

需求领域	2006年		2007年		2008年	
	需求量	占总需求量/%	需求量	占总需求量/%	需求量	占总需求量/%
加工制造业						
珠宝首饰	2288	1.6	2404	61.3	2159	55.6
其他	648	16.3	671	17.1	691	17.8
制造业总计	2936	73.8	3076	78.5	2850	73.5
黄金储备	235	5.9	236	6.0	384	9.9
净套期	410	10.3	444	11.3	358	9.2
推断投资	398	10.0	164	4.2	288	7.4
总需求量	3979	100	3920	100	3880	100

注：由于四舍五入总需求量可能不等于各项之和。

资料来源：GFMS，黄金年鉴，2009。

从各地区K金首饰（包括再生金，下同）用金看，2008年美国K金首饰制造大幅下降了18.5%，为77.0t，已是连续7年下降。主要是美国经济疲软以及金价高涨导致首饰购买量降至10多年来最低水平。

2008年欧洲K金首饰制造业用金量比2007年下降14.8%，为294t。除瑞士增长外，其他欧洲国家均有不同程度的下降，主要是意大利制造业继续萎缩，其K金首饰制造业又进一步大幅下跌18.5%，为169.3t，不足1998年历史最高水平的三分之一，这已是其连续第十年下降，目前，意大利的首饰制造业已位居全球第四位，位于印度、中国和土耳其之后，略高于美国。主要是高涨且剧烈波动的金价以及金融危机的影响，使意大利的首饰出口大幅减少。西班牙首饰消费大幅下降19.3%，英国（包括爱尔兰）大幅下降18.0%，德国下降12.6%，法国下降7.7%。瑞士的钟表制造业需求平稳，为36.1t，同比增加0.1t。

2008年俄罗斯K金首饰制造下降了9.1%，为53.2t。黄金价格攀升及经济进一步恶化，结束了俄罗斯首饰制造业连续8年增长。

2008年拉美地区的K金首饰制造用金受到高涨和出口萎缩的影响同比下降12.1%，为56.5t，主要是墨西哥同比大幅度下降。该区最大的首饰制造国墨西哥受金融危机影响，K金首饰制造用金同比大幅下降21.6%。该区仅巴西增长5.4%，主要是受消费增长及当地货币坚挺的促进。

2008年中东地区，受金价上升以及经济环境不断恶化的影响，K金首饰制造用金下降9.0%，为475.8t，主要是最大首饰制造国——土耳其的K金首饰同比大幅下降16.6%，降至183.2t，主要对其国内经济走势的焦虑情绪的不断加深导致土耳其里拉的大幅下跌。2007年土耳其里拉对美元升值了18%，因此，土耳其国内市场没有受到美元金价上涨的影响，促进了土耳其黄金制造业的发展。而2008年，土耳其里拉贬值与美元金价上升同时并存，因而导致首饰制造和消费急剧下降。沙特阿拉伯和也门首饰制造下降了12.7%，降至87.0t，为1990年以来最低水平。阿拉伯联合酋长国下降6.3%，伊拉克和叙利亚合计下降12.6%。埃及首饰制造业需求增至3年来新高，主要是受对金价上升预期的影响。

2008年印度首饰制造业同比下降15.4%，比2007年下降90.7t，降至498.0t，主要是平均卢比金价上涨了31%，以及金价高位波动，导致消费大幅下降。但印度首饰制造业消费量仍稳居世界第一位。

2008年东亚地区首饰制造业略降了1.0%，为578.9t，中国的增长几乎抵消了整个东亚地区下降。中国K金首饰制造用金同比上升6.3%，为315.7t，居世界第二大首饰消费国，位于印度之后。尽管金价上涨，全球大多数地区首饰制造业需求下降，但中国经济持续快速增长，2007年GDP增速为11.4%，已是连续5年增长在10%以上，中国人的年收入水平持续大幅提高，是促进黄金需求的动力。在2008年3季度，随之金融危机的爆发，中国经济放缓，GDP三季度降到9%，四季度降到6.8%，加之股票和房地产市场大幅跳水，投资黄金保值避险需求上升，尤其是对24K礼品金条的需求大幅上升。GFMS估计中国香港首饰制造业需求约增长了3.4%，为11.2t，主要是中国内地游客持续增长推动了当地的金首饰消费；印度尼西亚首饰制造用金下降3.0%，为60.8t，为9年来最低水平，主要是金价上升及出口疲软造成首饰消费下降。马来西亚首饰制造业下降6.2%，为57.2t，主要是当地消费下降和出口疲软。泰国首饰用金由于国内外需求疲软而大幅下降16.3%，为37.5t。

从其他应用领域看，2008年电子工业用金量下降5.8%，为292.7t，为6年来首次下降，主要是经济疲软，导致东亚制造需求显著下降。2008年上半年全球电子业需求实际上略有增长，下半年受金融危机影响，全球经济恶化，使电子工业销售同比下滑15%，仅第四季度就比上半年显著降低了27%。

据半导体行业协会（SIA）公布数据，2008年半导体的销量与2007年基本持平。实际上，前9个月全球半导体销售增长了4%，但年底的急剧下降抵消了这些增长，主要是消费主导型产品，如个人电脑、汽车产品、移动电话和便携式游戏机。此外，内存（DRAM）芯片生产商因芯片供大于求而损失巨大。日本仍然是全球第一大电子用金大户，为116.0t，同比下降9.7%，为7年来首次下降，主要是下半年受金融危机影响大幅下跌24%。位居第二位的美国同比增长了3.8%，为52.1t，主要是前9个月电子工业制造需求实现2位数增长. 韩国居第三位，为33.3t，同比下降6.5%。

2008年，牙科用金比2007年下降3.3%，为55.9t，主要是替代品的应用导致牙科用金下滑。日本是牙科用金最大的国家，其用金量为23.1t，与2007年基本持平。美国牙科用金为11.4t，同比下降5.8%，为1996年以来的最低水平，向全陶瓷牙发展越来越受青睐。欧洲牙科用金继续下降，其中德国降幅最大为8.6%，下降的主要原因仍源于其他金属的替代。

2008年，其他工业和装饰用金86.9t，同比下降6.8%，主要是印度因卢比金价大幅上升了31%而导致需求下降。

2008年，官方金币制造业大幅增长39.6%，创21年以来新高，主要是北美和欧洲铸币快速增长。土耳其为世界最大金币生产国，其2008年金币产量53.1t，同比下降6.3%。美国铸币居世界第二位，为32.5t，同比增长71.5%。加拿大和奥地利分别居第三位和第四位，金币产量分别为27.6t和24.9t，同比分别大幅增长2.1倍和3.7倍。

2008年金条囤积大幅增长62.3%，为383.8t。主要是东亚和中东投资增长。泰国金条囤积骤升至43t，是2007年的9.3倍。越南金条囤积同比大幅上升71.5%，为96.2t。中国金条囤积大增了238.0%，达60.8t，主要是下半年房产和股市低迷，加之中国黄金市场的开放，鼓励消费者在商业银行买卖黄金，使黄金消费从传统的24K首饰转向金条。日本金条囤积大量削减。据GFMS预计，2007年日本金条囤积一直处于净金条囤积消减，全年一直呈负增长。中东地区需求大幅上升34.6%，达63.0t，大部分增长来自伊朗，主要经济恶化导致买金避险情绪增加。印度因卢比金价高涨，金条囤积继续下跌了6.1%，达139.6t，是连续5年增长之后的首次下跌。

四、贸易和市场

2008年世界黄金总供应量减少约1.0%，为3880t（表5），矿山金产量连续第三年下降，而再生金产量大幅增加，官方售金大幅度下降。

表5　2006~2008年世界黄金供应量　　单位：t

供　应	2006年		2007年		2008年	
	供应量	占总供应量/%	供应量	占总供应量/%	供应量	占总供应量/%
矿山产量	2485	62.5	2478	63.2	2416	62.3
官方净售金	365	9.2	484	12.3	246	6.3
再生金	1129	28.4	958	24.4	1218	31.4
套期净量	—	—	—	—		
抽回投资	—	—	—	—		
总供给	3979	100	3920	100	3880	100

资料来源：GFMS，黄金年鉴，2009。

目前，世界上已形成八大黄金交易中心，它们是：瑞士苏黎世黄金交易市场、英国伦敦黄金市场、美国纽约商品交易所、日本东京黄金交易市场、新加坡黄金市场、香港金银业贸易市场、澳大利亚悉尼和墨尔本黄金交易中心。

据GFMS估计，2008年官方黄金净销售量为246t，比2007减少49.2%（图3）。主要是“央行黄金协议”（CBGA）售金协议的减少和非协议内国家的净购买。2007年、2008年主要国家黄金及外汇储备情况见表6。

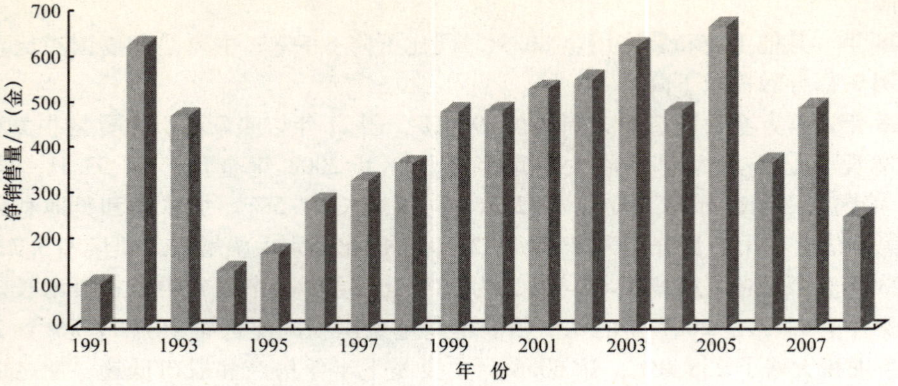

图3 官方黄金净销售量

资料来源：据 GFMS，黄金年鉴，2004、2005、2006、2007、2008、2009 整理

表6 各国黄金及外汇储备

国家或组织	2007 年	2008 年			
	黄金储备（t）	黄金储备（t）	黄金储备（10 亿美元）	其他储备（10 亿美元）	黄金储备占总储备的比重/%
美 国	8134	8134	227.44	66.61	77.3
德 国	3417	3413	95.33	43.14	68.8
国际货币基金组织	3217	3217			
法 国	2603	2492	69.69	33.62	67.5
意大利	2452	2452	68.56	37.08	64.9
瑞 士	1145	1040	29.08	45.06	39.2
荷 兰	621	612	17.13	11.48	59.9
欧洲央行	563	534			
日 本	765	765	21.4	1009.36	2.1
中 国	600	600		1949.26	0.9
世界合计	29873	26350			

注：金价为 2007 年年底价。

资料来源：GFMS，黄金年鉴，2008、2009。

据英国黄金矿业服务有限公司估计，2008 年官方售金量为 363t，比去年下降了 193t，下降 35%，其中“央行黄金协议”签约国售金量达 275t，增长了 50%，占总售金量的 76%，法国是该集团最大的销售国，年内销售了 111t 黄金。据法兰西银行的计划，在第二次中央银行黄金协议期内将出售 500～600t 黄金，2008 年底，该央行的黄金储备下降到 2492t。瑞士是第二大黄金销售国，2008 年 1～9 月，总销售量为 105t 黄金，该国结束了 2007 年的 250t 的销售方案，10 月初，瑞士国家央行就已承认他们无意在中期进一步出售任何黄金储备。欧洲央行 6 月底宣布，已完成 30t 的销售目标。瑞典净售 12t，荷兰售金在最后一个季度出售 9t 黄金，使该国第二次中央银行协议期间的 165t 的黄金销售方案完成。国际货币基金组织公布，在2008年3～12月间，共出售了25t黄金储备。2008年官方采购的黄金为117t，比2007年增加了45t。在公开的买家方面，菲律宾2008年黄金储备增加了22t，墨西哥和老挝公布的黄金储备也有小幅上升，另外，其他一些中央银行也有少量公开黄金采购。

2008年再生金供应量为1218t，同比增长27.1%，主要是黄金价格的上涨和经济衰退的影响，促进再生金供应创历史新高。

据GFMS资料，受制造业需求下降、矿产金供应量减少以及金价上升等因素的影响，2007年金锭贸易相对不活跃，美国黄金出口量下降三成，中东流入欧洲的回收金整体下降，东亚的金条进口减少，俄罗斯出口暴跌，而受中东地区和印度次大陆2008年上半年强劲首饰需求刺激，印度纯金条进口量大幅上升，中东的进口小幅上涨。

高涨的本地金价及其对回收金供应的影响，使全球金锭贸易发生变化。在欧洲，2008年第一季度和第四季度回收金增长迅速，金条进入伦敦市场，第三季度表现为金条流出。尽管意大利珠宝首饰业迅速衰退，但欧洲仍出现了严重的金条供不应求的状况，2008年欧洲制造业需求达401.7t，而其仅有15t左右的矿产金和160余t的回收金，一半以上需进口来自美洲和西非的金条以及来自非洲和独联体的精炼金来弥补。瑞士的黄金进口增长近20%，接近1000t。金条出口也有较大幅度的增长。2008年英国金条进口官方统计下降5%，仅为9t，而来自出口国家的统计数据表明，英国金条进口量增幅为8%，超过400t。金条进口国主要是美国，其次是加拿大和日本。2008年，英国官方公布的金条出口数量为31t，下降了61%。而来自英出口国家的统计数据表明，英国金条出口量将达到50t。2008年意大利的官方金条进口量降至135.6t，同比下降28%。

2008年，俄罗斯金条出口大幅下降，据估计，其国内市场的部分或全部盈余都进入了国家的官方储备中。

美国金条进口增幅估计超过10%，增至195t。最大的进口来自墨西哥回收金的大幅增长，增幅超过50%。来自哥伦比亚的进口也有所增长，这部分主要是金条。当地和区域性回收金供应量的增加推动了美国金条出口的增长。2008年美国总出口量估计为586t，超过了2000年创下的纪录，比2007年增加了14%，即70t，最显著的是对瑞士的出口量增加了38t。美国对加拿大的出口也有所增加，接近9t，是2004年以来的最高水平。主要是与美国的回收金首饰加工能力有关，因回收能力限制，再加工的过程不能在国内完成。2008年美联储出口的金条为220t，一小部分出口到苏黎世，绝大部分出口到了英国的伦敦。

2008年加拿大金条进口估计增长了3%，几乎完全源自于回收金有关的进口。特别是来自美国的9t进口。此外来自苏里南的进口也有所增长。而来自智利的进口显著下降，主要是由于智利的矿产金产量下降。同期加拿大金条出口增长了12%，主要是对英国出口大幅增长了24%。

2008年中东地区金条进口量下降。由于回收金供应的增加和需求萎缩，土耳其金条进口量大幅下降，阿联酋和埃及进口量的增长不抵土耳其的下降。土耳其的金条进口量下降近29%，降至2002年以来的最低水平。出口到阿拉伯联合酋长国特别是作为中东地区贸易中心的迪拜的金条同比增长14%。此外，首饰回收和非洲金条（来自小型矿山企业）的大幅增长使该区总进口量超过了470t。沙特阿拉伯金条进口估计有所增长，埃及金条进口创下了2001年以来的最高。主要是由于金价走高的预期带来的国内需求旺盛及回收金供应的下降。

2008年下半年泰国和越南的投资需求猛增，使东亚地区金条进口大幅增长。泰国全年进口量达208t，是2007年70t进口量的近3倍，其中70%发生在下半年，主要是受曼谷中国城的贸易商进行实物投机交易的影响，另一方面，为应对不景气的经济状况，对作为避风港的小重量投资金条（纯度为965）的消费需求增长，也是重要的推动因素。越南国家银行在2008年5月禁止进口黄金，这对下半年进口量猛增起到了重要的推动作用，来自泰国的进口中有相当估计达30%的是通过非官方渠道进入越南的。中国金条进口估计增幅较大，据GFMS估计，2008年经由中国香港净出口到全球市场的金条约20t，比2007年的35t减少42.9%，总出口量同比略降，而中国大陆的金条进口则增长了近45%，达87t。韩国金条进口量下降了近25%，不足32t。

受金价上涨及波动大的影响，2008年印度黄金总进口量同比下降16%，降至720t，统一的增值税导致进口更多地被直接运往了主要的制造和消费中心。但个别的税收区依然存在。世纪金条进口量同比有所下降，降至约104t。

2008年，伦敦黄金市场全年平均价为871.96美元/oz，比2007年上升25.4%，再一次刷新历史纪录（图4）。全年伦敦黄金市场开盘价，最高价为1011.25美元/oz，最低价为712.50美元/oz。

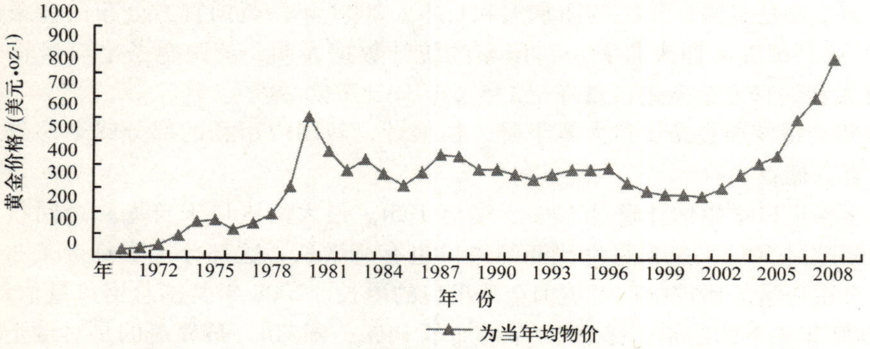

图4　1970年以来世界黄金价格

资料来源：GFMS，黄金年鉴，2005、2006、2007、2008、2009整理

从2008年的国际金价走势看：从1~3月中旬，金价延续了2007年下半年升势，3月17日，伦敦黄金市场开盘价达到1011.25美元/oz，随后快速下跌回到850美元/oz附近，之后经过约4个月的震荡盘整，在夏季再次形成一轮涨势，但止步于970美元/oz。从9月中旬开始，伴随雷曼兄弟公司倒闭，金融危机全面暴发，国际大宗商品价格大幅跌落，金价亦呈振荡下跌之势，10月24日一度下挫至712.50美元/oz的全年低点。随后，金融危机导致投资者远离金融市场，美元贬值、股市重挫、房市大跌等使更多的投资者转向兼具商品和货币双重职能的特殊商品——黄金，用以规避风险和保值增值。金价很快回到700美元/oz以上部位反复振荡。与其他大宗商品在熊市中的表现相比，金价表现出了极为良好的抗跌性。

五、重大事件

（1）2008 年，金价高位大幅波动，全年价格再创历史新高，达 871.96 美元/oz，同比大幅上升 25.4%。

（2）受金价上升影响，2008 年世界金矿勘查预算为 49.14 亿美元，比 2007 年上升 19.2%，达历史最高水平，这是连续第六年增长。2009 年受金融危机影响，黄金勘查投资比 2008 年大幅下降 20.4%，降至 39.14 亿美元，但仍是固体矿产中勘查投资最多的矿种。

（3）2008 年，中国黄金产量再次刷新了历史最高纪录，达 282.01t，比 2007 年增产了 11.52t，上升 4.3%，2009 年产量再创历史新高，突破 300t，达 313.98t，同比增长 11.3%，连续第三年居全球首位。

（4）在其 2007 年的一系列并购之后，2008 年金罗斯黄金公司又完成了年内最大规模的并购交易之一，以 8.09 亿美元的价格收购探矿公司——奥里安（Auerlian）资源公司。金罗斯黄金公司还以 3.90 亿美元的价格，从 Teck Cominco 公司和英美黄金公司的合资企业手中收购了南美位于智利北部的 Lobo-Maree 金矿项目。

（5）加拿大黄金公司耗资 13 亿美元，从 Gold Eagle 矿业公司手中收购了与其相邻的红湖（Red Lake）金矿区。

（6）2008 年 3 月，巴里克黄金公司以 7.32 亿美元收购了其在智利 Cerro Casale 金矿地主要合作伙伴 Arizona star 资源公司。此外，巴利克公司还以 17 亿美元的现金，收购了力拓公司在内华达州 Cortez 合资企业 40% 的股权。纽蒙特矿业公司以 15 亿加拿大元的价格收购了 Miramar 矿业公司，意在购入该公司的 Hope Baty 金矿项目。

（7）2008 年 4 月，Hecla 矿业公司以 7.5 亿美元的价格，从力拓公司手中收购了该公司在 Greens Creek Hezi 企业中 70% 的股权，从而拥有了该合资公司 100% 的股权。英美黄金阿山蒂公司则以 1.49 亿美元的价格，收购了其合作伙伴 Cripple Creek 合资公司企业中的股权，从而拥有了该合资企业 100% 的股权。

六、展　　望

黄金价格走高，除了受美元和原油价格走势的影响之外，还受到高新技术行业对黄金消费的需求增强、投资者对投资黄金的兴趣增强等因素的影响。美国次贷危机引发的全球金融危机导致投资者远离金融市场，美元贬值、股市重挫、房市大跌等使更多的投资者转向兼具商品和货币双重职能的特殊商品——黄金，用以规避风险和保值增值，此外，随着各国救市政策的出台，对美元贬值等的忧虑更加剧黄金投资需求的增加。预计在未来相当一段时间内，黄金仍将备受投资者青睐，助推价格持续高位。黄金勘查投资仍呈上升态势，黄金仍将是全球固体矿产勘查的热点。另一方面，受金价的高涨等影响，制造业的黄金需求将受到一定影响。

主要参考文献

［1］黄金矿业服务有限公司．黄金年鉴，2006、2007、2008、2009

［2］中国黄金协会．黄金工业统计年鉴．2004～2005，2006～2009

［3］王淑玲．金．世界矿产资源年评．2007～2008，北京：地质出版社，2009

［4］Micheal W. George. Gold. U. S. Geological Survey，Mineral Commodity Summaries，January 2010

［5］World Exploration Trends. A Special Report from Metals Economics Group for the PDAC International Convention 2010，MEG

［6］D. E. Wilburn. U. S. Geological Survey，Exploration Review，Mining Engineering，May 2010

［7］Base Metals and Gold Acquisitions Activity，1998～2007. Metals Economics Group－Strategic Report，March/April 2009

［8］Overview of World Exploration Budgets：Locations，Targets，and Stages of Development. Metals Economics Group，Strategic Report，November/December 2008

［9］Overview of 2008 World Exploration Budgets：Locations，Targets，and Stages of Development. Metals Economics Group，Strategic Report，November/December 2009

［10］World Bureau of Metal Statistics. 2009. Gold Worls Mine Production. World Metal Statistics，March 2010

［11］Magnus Ericsson and Anja Olsson，Raw Materials Group 2008. E & MJ's Project Survey 2009，E & MJ，Jan. /Feb.

［12］Magnus Ericsson and Viktoriya Larsson，Raw Materials Group 2009. E & MJ's Project Survey 2010，E & MJ，Jan. /Feb.

银

鲍 荣 华

2009年，世界银的储量比上年略有增长，矿山银产量22778.16t，比上年增长7.95%。同年全球银的需求量为27652 t，与上年持平，制造业用银大降，投资业用银大增。

2009年中国白银总产量为10348t，扣除废旧及尾矿回收的再生银、进口银矿及金铜铅锌矿冶炼银、进口半制成银后，国内矿山银产量约占总产量的1/3，即3450t左右。2009年6月世界市场白银价格回升至14.65美元/oz，11月升至17.86美元/oz，2010年世界世界白银价格一路振荡上行。

一、储量和资源

据美国地调局估计，2009年世界银储量和储量基础分别为40万t和57万t，储量基础与前几年持平，储量比上年增长48.15%，中国增长30.77%，秘鲁增长15.67%，墨西哥增长2.78%。储量主要分布在波兰、中国、美国、墨西哥、秘鲁、澳大利亚、加拿大、智利和玻利维亚，合计约占世界总储量和储量基础的80%以上（表1）。其中波兰的储量和储量基础列居世界首位，分别为51000t和140000t，占世界银储量和储量基础的13.75%和24.6%。

表1 2009年世界银储量和储量基础 单位：t

国家或地区	储 量	占世界的比例/%	储量基础	占世界的比例/%
波 兰	55000	13.75	140000	24.6
中 国	34000	8.50	120000	21.1
美 国	25000	6.25	80000	14
墨西哥	37000	9.25	40000	7
秘 鲁	59000	14.75	37000	6.5
澳大利亚	31000	7.75	37000	6.5
加拿大	16000	4.00	35000	6.2
智 利	70000	17.50	—	—
玻利维亚	18000	4.50		
其 他	55000	13.75	80000	14.1
世界总计	400000	100	570000	100

资料来源：Mineral Commodity Summaries，2010，储量基础据此报告2009年数据。

其实，未被列入统计表中的俄罗斯、哈萨克斯坦、乌兹别克斯坦和塔吉克斯坦等国也有不少银资源。按 2009 年世界银矿山产量 22778t 计，现保有的世界银储量和储量基础静态保证年限分别为 18 年和 25 年，世界白银储量的保证程度并不很高。

全球约 2/3 的银资源是与铜、铅、锌、金等有色和贵金属矿床伴生的，1/3 是以银为主的独立银矿床。预计未来银的储量和资源仍主要来自副产银的贱金属矿床，银从这些矿床中的提取将主要取决于贱金属市场的需求。

全球重要的银资源集中分布在环太平洋构造-成矿带、古亚洲构造-成矿带、特提斯-喜马拉雅构造-成矿带，以及北美地块、中欧地块、南非地块、印度地块和澳大利亚地块中年代相对老的成矿区等，其中以环太平洋成矿带最为重要。银矿主要勘查和开发的矿床类型有：与陆相、海相火山作用有关的矿床（陆相火山岩型，海相火山-沉积型）；与岩浆侵入活动有关的矿床（斑岩型，碳酸盐岩、矽卡岩容矿的热液交代型，前寒武纪变质岩中的“五元素”——Ag，Co，Ni，Bi，As 矿床）；与沉积作用有关的矿床（沉积岩容矿的喷气沉积型，变质岩、碎屑沉积岩、页岩容矿的浸染型和层状型矿床）。

据加拿大金属经济集团（MEG）对世界 2200 家勘查公司的勘查预算统计，随着金属价格的上涨和市场条件的日趋稳定，大多数企业在 2010 年，纷纷提高其勘探预算，使得 2010 年全球勘探预算增长达到了 44%，2010 年有色金属勘探总预算超过了 121 亿美元，即 2009 年所削减的 60 亿美元预算中有 2/3 得以重新投入。2009 年由于全球经济危机以及几乎所有的大宗商品的价格下跌对行业的影响，有色金属勘探预算下跌了 42%。勘探支出的首要动力——金属价格在 2009 年触底之后出现了反弹。

近年新发现和探明的主要含银矿床有：①墨西哥的圣安东（San Anton）的 Au-Ag-Cu 矿，已探得银资源量 4199t，金 103t，铜 32 万 t；②中国广东富湾（Fuwan）金银矿床，累计探得银 5000 多 t，金 2. 49t；③哥伦比亚的安哥斯图拉（Angostura）Au-Ag 矿，探得银资源量 1648t，金资源量 311t，正由灰星资源公司（Greysta Resources Ltd.）做可行性研究；④澳大利亚昆士兰州的卡尔顿（Mt. Carlton）Au-Ag-Cu 矿，已探得银资源量 1026t，金 31t，铜 5. 6 万 t；⑤秘鲁加莱诺（Galeno）铜金银钼矿已获银资源量 2063t，金 91t，铜 380 万 t，钼 11 万 t；⑥俄罗斯珀罗格诺兹（Prognoz）已获银资源量 2219t 等；⑦博茨瓦纳 Ghanzi 铜银矿勘查，已获得银资源量 1929t，铜资源量 130 万 t；⑧加拿大不列颠哥伦比亚省 Snowfield 金银矿勘查，已获金资源量 746. 4t，银资源量 3607t。

二、生　　产

2009 年全世界共有 50 多个国家和地区开采银矿山和共、伴生银矿山。据《世界金属统计》2010 年 7 月报道，2008 年和 2009 年世界矿山银产量分别为 21100. 9t 和 22778. 16t，2009 年比 2008 年增加了 1677. 26t，增长 7. 95%（表 2）。

银矿产量多来自铅-锌矿山、铜矿山和金矿山等，作为这些矿山的共生产品或副产品，2008 年这些矿山提供矿山银产量的 70. 46%，而来自以银为主的独立银矿山产量占矿山银产量的 29. 54%，2009 年独立银矿山产银所占比例有所增长（表 3）。

世界主要产银国有秘鲁、墨西哥、中国、澳大利亚、智利、波兰和美国等。这七大产银国 2003 ~ 2009 年产量均在千 t 以上，2009 年合计占世界总产量的 72% 左右。2009 年与

表2 世界矿山银产量 单位：t

国家或地区	2005年	2006年	2007年	2008年	2009年
秘　鲁	3193.10	3470.70	3493.90	3797.43	3977.19
墨西哥	2894.20	2969.80	3135.40	3241.40	3360.87
中　国	2000.40	2000.40	2563.00	3195.00	2860.11
澳大利亚	2417.00	1727.00	1880.00	1926.00	1688.46
智　利	1399.50	1607.20	1936.50	1403.90	1341.78
美　国	1230.00	1160.00	1260.00	1232.70	1277.58
波　兰	1263.00	1265.00	1240.00	1216.20	1258.32
玻利维亚	420.00	472.00	525.00	1114.00	1367.46
加拿大	1124.00	995.00	860.50	727.70	629.16
哈萨克斯坦	883.20	806.10	721.80	681.80	696.57
俄罗斯	400.00	400.00	400.00	400.00	1354.62
瑞　典	310.00	292.00	323.20	293.10	279.27
摩洛哥	210.00	245.70	246.00	246.00	266.43
阿根廷	263.80	245.10	255.60	237.60	548.91
印度尼西亚	282.60	182.30	204.60	201.20	247.17
乌兹别克斯坦	137.60	150.00	150.00	150.00	64.20
巴　西	130.00	130.00	130.00	130.00	12.84
南　非	88.00	87.00	70.10	75.20	83.46
朝　鲜	50.00	50.00	50.00	50.00	25.68
日　本	54.10	11.50	13.90	12.90	12.84
其　他	754.90	825.80	902.00	880.30	1425.24
世界总计	19509.6	19085.3	19784.3	21100.9	22778.16

资料来源：World Metal Statistics，February 2009。

2008年相比，总体变化呈上升趋势，其中秘鲁、墨西哥、美国、波兰、玻利维亚、俄罗斯、阿根廷、印度尼西亚有不同程度的增加，而中国、澳大利亚、智利、加拿大、瑞典的产量则有所下降。

2009年全球矿产银产量继续递增，增产主要来自亚洲、拉丁美洲、独联体国家，分别增长8.25%，10.37%，5.47%。

秘鲁是世界上最大的白银生产国，全国有40多个产银矿山，多为银-铅-锌矿山和金-银矿山。2009年的产量分别达3977.19t，占世界产量的17.46%。2009年产量比2008年产量增加179.76t，增长4.73%。秘鲁矿产白银产量增加，主要来自霍克希尔德矿业公司的帕兰卡塔（Pallancata）矿山加工厂的扩建使银产量翻番，达到262t。此外，秘鲁最大的白银生产商安塔米纳铜-锌矿合资公司产量增长25%。

墨西哥为世界第二大产银国，2009年的产量为3360.87t，占世界产量的14.75%。

表3　世界矿山银产量的构成　　单位：t

矿山种类		2005 年	2006 年	2007 年	2008 年	2009 年	2009 年矿山银产量占总产量的比例/%	
银矿山		5567	5020	6161.5	5946.89	6652.93	30	
副产银矿山	铅-锌矿山	6329	6578	6634.27	7772.64	7486.49	34	70
	铜矿山	5222	5291	5685.63	4964.04	5159.99	23	
	金矿山	2529	2672	1993.7	2385.6	2696.63	12	
	其他矿山	432	535	382.9	111.97	77.76	1	
总　计①		20079	20096	20858	21181.14	22073.8	100	

注：①资料来源不同，与表2 和表7 数据有差别。

资料来源：世界白银年鉴，2010。

2009 年比 2008 年增长 119.47t，增幅高达 3.55%。科达伦矿业公司所属帕尔马雷约（Palmrejo）矿山投产，使白银产量增长 95t，其他几个矿山首次实现满负荷生产。

中国仍然为世界第三大产银国，2009 年矿山银产量下降 334.89t，降低 10.48%。按中国的统计，2009 年，中国白银总产量为 10348t，扣除废旧及尾矿回收的再生银、进口银矿及金铜铅锌矿冶炼银、进口半制成银后，国内矿山银产量约占总产量的 1/3，即 3450t 左右。

有色金属企业是我国白银生产的中坚力量，占全国白银总产量的 9 成以上。铅铜锌产量的较快增长，特别是铅铜产能的快速增加，是白银产量增速加快的重要原因，精铅和精铜生产集中的湖南、河南、云南和江西等也是白银产量最大的几个省份；河南豫光金铅集团、江西铜业、湖南鑫达银业、云南铜业、湖南郴州金贵银业等是白银产量最大的几个公司。

2009 年我国白银行业（涉及白银行业）的主要建设项目有：①江西铜业集团 40 万 t 铅锌冶炼项目一期开工；②江西万年县年产值超百亿的“万年鑫银产业园”筹建；③湖南郴州金贵银业股份公司 10 万 t 电铅工程（白银 500t）开工；④湖南桂阳银星有色冶炼有限公司 10 万 t 电铅工程在建；⑤湖南华信有色金属公司 10 万 t 电铅、10 万 t 电锌工程在建；⑥投资 1.5 亿元的河南豫光金铅集团稀贵金属回收工程在建；⑦投资 2.8 亿元的江苏常州翔宇资源再生科技有限公司国家级电子废弃物处置生产线在建；⑧陕西有色控股集团陕西锌业公司商洛炼锌厂 10 万 t 电锌废渣综合回收银铟金项目在建；⑨铜陵有色稀贵金属分公司贵金属冶炼生产线 3 月 6 日试生产成功；⑩山西中条山有色集团公司贵金属分公司 8 月 28 日正式投产，等等。

澳大利亚原生银矿和铅锌矿的白银产量均下降，导致总产量下跌 15%，减少 292t。原生银矿中，必和必拓公司的坎宁顿（Cannington）银矿，它是世界最大的银-铅矿山，白银产量减少到 1050t，主要原因是主营矿品位下降及不合季节的高发降雨。超达公司（Xstrata）的 Mount Isa 厂粗铅中的白银产量创下最大降幅，降低 75t。OZ 矿业公司的普罗米嫩特山（Prominent Hill）铜-金-银项目投产，产量达 22t。

智利白银产量在 2009 年下降了 7%，产量为 1301t。科达伦矿业公司（Coeur d'Alene Mines）的山巴约厂于 2008 年 10 月份停工，减少产量 38t。必和必拓的埃斯康迪达

表 4　近几年世界再生银供应量　　单位：t

国家或地区	2005 年	2006 年	2007 年	2008 年	2009 年
中　国	3039	3713	4091	3170	3450
美　国	1680	1580	1544	1520	1344
日　本	852	809	790	736	662
印　度	501	700	500	430	465
德　国	547	423	417		
英　国	361	339	348	340	316
独联体国家	311	277	288	272	275
韩　国	199	208	211	209	204
意大利	134	159	161	161	155
法　国	128	140	135	138	154
墨西哥	65	72	84	95	92
沙特阿拉伯和也门	50	56	58	59	60
澳大利亚	56	53	52	51	49
加拿大	47	44	50	52	48
埃　及	44	47	48	52	55
奥地利	40	40	38	36	33
荷　兰	44	40	35	34	32
巴　西	31	31	32	32	29
土耳其	65	50	30	36	40
瑞　典	31	28	28	27	26
其　他	370	429	423	420	420
世界总计	8595	9237	9363	7870	7909

注：中国及其他国家再生银产量根据主要再生银公司产量及上年产量估算。

资料来源：世界白银年鉴，2010。

公司，产量下降 11%。美国白银产量增长 11%，到 1239t。几家最大的生产商产量均出现增长。玻利维亚 2009 年产量为 1326t，比上年增加 212t。

加拿大银产量继续下滑，同比下降 9%，多数公司产量都出现下降。

除以上九大产银国外，哈萨克斯坦、俄罗斯、瑞典、摩洛哥、阿根廷、印度尼西亚等国也有不少银产量。它们在 2009 年的产量均在 200 t 以上。尤其是哈萨克斯坦，2009 年矿山银产量为 883.2t。

除矿山银外，再生银也是重要的供给源。2009 年回收废旧银料约 7909t，比 2008 年略增，其中中国近几年再生银产量迅速增长，自 2003 年起居于世界首位，2009 年中国再生银产量占世界总量的 43.62%多，其次是美国、日本、印度，其再生银产量分别占世界的 17%，8.37%，5.88%。英国、独联体国家和韩国等，2009 年再生银供应量也均在 200 t 以上。

表 5 和表 6 分别列出了 2009 年世界主要的独立银矿山和产银公司及其产量。

表5 2008~2009年世界主要独立银矿山　　单位：t（银）

矿山，国家	开发公司	产量	
		2008年	2009年
1. 普罗阿诺，墨西哥（Fresnillo/Proano）	佩诺莱斯工业公司（Industrias Penoles SA de CV）	1050.66	1101.67
2. 坎宁顿，澳大利亚（Cannington）	必和必拓矿产公司（BHP-Billiton Minerals）	1074.92	1050.04
3. 杜卡特，俄罗斯（Dukat）	珀历麦特公司（Polymetal OAO）	388.79	367.02
4. 古姆斯科，土耳其（Gumuskoy）	（Eti Gumus A. S.）	279.93	348.35
5. 乌丘查库，秘鲁（Uchucchacua）	布纳文图拉矿业公司（Compania de Minas Buenaventura SA）	355.20	328.45
6. 阿尔坎塔，秘鲁（Arcata）	霍紫尔德矿业公司（Hochs Child Mining Plc.）	355.2	328.45
7. 帕兰卡塔（Pallancata），秘鲁	苏亚马卡矿业公司（Minera Suyamarca SAC）	280.86	296.72
8. 圣巴托洛梅（San Bartolome），玻利维亚	克达伦矿业公司（Coeur d' Alene Mines）	130.32	261.89
9. 格林斯克里克，美国（Greens Creek）	赫克拉矿业公司（Hecla）	88.95	232.34
10. 伊米特尔，摩洛哥（Imiter）	伊米特冶金公司（Societe Metallurgique ）	224.87	232.03
11. 阿尔马，墨西哥（Alamo Dorado）	泛美银业集体公司	194.39	209.95
12. 圣何赛（San Jose），阿根廷	霍奇柴尔德矿业公司（Hochschild ）	190.35	165.47
13. 月亮沟（Ying），中国（Ying3）	希尔威金属公司（Silvercorp Metals）	103.26	132.5
14. 马撒（Martha），阿根廷	克尔达兰矿业公司（Coeur d' Alene Mines）	84.29	115.39
15. 瓦龙（Huaron），秘鲁	泛美银业公司（Pan American Silver Corp.）	112.9	110.73

资料来源：世界白银年鉴，2010。

表6 世界主要产银公司及其产量　　单位：t（银）

2009年排名	公司名称	公司总部	2008年	2009年	占世界总产量比例/%
1	必和必拓矿产公司（BHP-Billiton Minerals）	澳大利亚	1315.66	1306.33	5.73
2	波兰铜矿采矿冶金工业集团公司（KGHM Polska Miedz）	波兰	1194.36	1203.69	5.28
3	弗雷斯尼约公司（Fresnillo）	墨西哥	1082.38	1178.80	5.18
4	泛美银矿公司（Pan American Silver 1）	加拿大	581.63	715.37	3.14
5	Cia. Minera Volcan 公司		715.37	659.38	2.89

续表

2009年排名	公司名称	公司总部	2008年	2009年	占世界总产量比例/%
6	霍奇茶尔德矿业公司（Hochschild Mining）	秘　鲁	525.64	584.74	2.57
7	科达伦矿业公司（Coeur d'Alene Mines Corp.1）	美　国	373.24	550.52	2.42
8	住友集团（Sumitomo）		180.40	547.41	2.40
9	珀历麦特公司（JSC Polymetal）	俄罗斯	534.97	538.08	2.36
10	哈萨克迈因斯公司（Kazakhmys）	哈萨克斯坦	485.21	525.64	2.31
11	布埃纳文图拉矿业公司（Cia. De Minas Buenaventura）	秘　鲁	534.97	497.65	2.18
12	金罗斯黄金公司（Kinross Gold）	加拿大	367.02	435.44	1.91
13	南方铜业公司（Southern Copper）	美　国	382.57	410.56	1.80
14	泰科资源公司（Teck Resources）	加拿大	360.79	404.34	1.78
15	黄金集团（Goldcorp）	加拿大	301.70	398.12	1.75
16	斯特拉塔公司（Xstrata Zinc）	瑞　士	478.99	395.01	1.73
17	佩诺莱斯工业公司（Industrias Penoles1）	墨西哥	348.35	367.02	1.61
18	埃迪银业公司（Eti Gumus A. S.）	土耳其	279.93	348.35	1.53
19	赫克拉矿业公司（Hecla Mining）	美　国	270.60	342.13	1.50
20	雅马纳黄金公司（Yamana Gold）	加拿大	317.25	326.58	1.43

资料来源：世界白银年鉴，2010。

三、用途和消费

2009年全球银的总需求量约为27652 t，与上年持平，制造业需求占白银总需求的82.09%，包括工业应用、摄影业、首饰、银器制造、制币和制作奖章等几个方面，这些领域的需求分别占总需求量的39.62%、9.32%、17.61%、6.69%和8.85%。制造业总需求比2008年下降11.92%（表7），其中工业应用下降20.56%、摄影业用银下降21.2%，银器制造用银增长4.63%，制币和制作奖章的用银量增长20.66%。推断投资用银增加2760t，同比增长1.84倍，弥补了制造业需求的下降，投资需求占白银总需求量的15.4%（表7）。

工业中的需求量最大，2009年在该领域的需求量为10955t，比2008年减少2835t，欧洲2009年的制造业用银比上年降低14.22%，而世界制造业用银量比上年下降11.92%。除奥地利、印度、印度制造业用量略升外，大多数国家用量均出现下降。

世界白银主要消费国有美国、日本、印度、中国、意大利、德国、泰国、独联体国家、爱尔兰、比利时、韩国等。美国消费量最大，2009年制造业消费量达5113 t，降至5年来的最低水平，仍占全球总消费量的22.53%（表8）电子电器领域的用银量下降

表7　世界白银的供给与需求　　单位：t

	2005年	2006年	2007年	2008年	2009年
供给：					
矿山产量①	20026	20136	20858	21297	22072
官方出售	2051	2433	1322	858	426
再生银	8595	9236.88	9363	5476	5155
生产者套期保值	859	—	776	—	—
推断净投资减持	—	—	—	—	—
总供给	31531	31805.88	32319	27631	27653
需求：					
制造业	26399	26015	26203	25772	22700
其中：工业应用	12659	13282	14187	13790	10955
摄影业	4987	4428	3881	3263	2577
首饰和银器	7507	7068	6900	6691	6721
制币和奖章	1246	1237	1235	2028	2447
净官方回购	—	211	753	360	694
推断净投资减持	2103	1990	685	1498	4258
总需求	28502	28216	27641	27630	27652

注：① 资料来源不同，与表2、表9数据有差别。

资料来源：世界白银年鉴，2010；中国再生银估算。

表8　世界白银制造业消费量（包括再生银）　　单位：t

国家或地区	2005年	2006年	2007年	2008年	2009年
美　国	5892	5778	5644	5799	5113
日　本	4006	4264	4151	3372	2070
印　度	3200	2575	2789	2868	3244
中　国	1726	2102	2358	2351	2198
意大利	1531	1411	1357	1202	1045
德　国	1276	1271	1249	1272	1020
泰　国	1242	1150	1140	1046	954
独联体国家	1036	964	1048	1074	977
英国和爱尔兰	1330	1064	890	729	597
比利时	814	894	850	792	721
韩　国	628	651	671	706	570
墨西哥	692	584	576	545	510
法　国	389	395	410	421	319
中国台湾	364	397	410	425	356
土耳其	228	267	255	262	205

续表

国家或地区	2005年	2006年	2007年	2008年	2009年
巴 西	232	140	223	215	199
印度尼西亚	167	178	170	168	163
澳大利亚	121	133	145	271	283
西班牙	168	155	141	132	125
孟加拉国和尼泊尔	116	97	113	114	112
其 他	1599	1617	1651	2009	1919
世界总计①	26885	26142	26241	25773	22700

注：①资料来源不同，与表7数据有差别。

资料来源：世界白银年鉴，2010。

15%，焊料和铜焊合金下降30%。

中国白银的消费开始进入高速增长期，白银的消费量逐年上升，1985年约为900 t，1987年达到1000 t，据安泰科公司分析，2005年中国白银消费达到2600t，2006年达到3000t，2007年达到3600t，2008年国内白银消费达到4500t，2009年消费量在5000t左右（不含投资性需求），产量过剩5000t左右，多数依赖出口消化。

近年国内白银消费年均增长16%以上。其中电子电气工业消费达1575t。中国白银消费领域主要为电子、电器占35%，电工合金焊料占25%，银质工业品、首饰银币占25%，照相感光材料占10%，其他占5%。

四、贸易和市场

2009年我国经济发展三驾马车之一的对外出口受到国际金融危机影响，西方国家外需不旺，外贸出口遭遇重创，基本是所有行业都出现下滑，白银进出口也不例外，除了银粉出口65 t同比增长361.11%外，其他白银精矿及产品进出口都大幅下滑。2009年因工业需求疲软，大量银锭从东亚涌入英国，英国银锭进口量飙升近2/3；而美国银锭进口量减少24%，达到8年来的最低点，从墨西哥和秘鲁进口大量减少。印度下半年的主要供应国是英国，2008年英国出口全年增长220%；因国内持有者释放2008年底进口的白银，2009年印度银锭进口量减少75%，降到3年来的最低水平，为1259t；相对2008年的历史最高水平，2009年中国银锭进口量下降20%；虽然政府进一步增加了出口配额，但实际出口量仍大幅下降。

按中国的实际产量修正世界产量来看，自2004年世界白银产量开始供大于求，2009年过剩约5000t，主要用于出口和投资需要。2009年中国出口银锭（未锻造银）3554t，较2008年下降12.09%；进口银精矿6.249万t，同比下降10.91%；进口银粉1412t，同比下降6.55%（表9）。

2009年，白银废料的供应较上年减少5.86%；白银推断净投资需求为801t，比2008年增长1.84倍，达4258t。从需求方面来看，2009年制造业白银需求减少11.92%。

白银主要出口国有墨西哥、英国、加拿大、秘鲁、澳大利亚、中国、美国和俄罗斯等，这些国家白银矿山产量大，本国消费水平低，多用于出口创汇。主要进口国也是全球

表 9　世界白银的传统供应[①]与需求　　单位：t

	2005 年	2006 年	2007 年	2008 年	2009 年
矿山产量[①]	20026	20136	20858	21297	22072
再生银回收量	8595	9236.88	9363	5476	5155
总供应量	28621	29372.88	30221	26773	27227
总需求	28502	28216	27641	27630	27652
供需差额	119	1156.88	2580	-857	-425

注：① 传统供应指矿山银产量加上再生银回收量，不包括政府和民间的储备。

资料来源：世界白银年鉴，2010。

主要的白银消费国，有日本、意大利、德国、瑞士、英国、印度等。

银价自 2002 年以来连续 7 年上升，2007 年和 2008 年平均价分别达到 13.38 美元/oz 和 14.99 美元/oz，2008 年 7 月白银平均价格超过 18 美元/oz，最高突破 20 美元/oz，8 月份受金融危机的影响，白银价格开始大幅下降，11 月降至 9.87 美元/oz，12 月又开始回升，2009 年 6 月回升至 14.65 美元/oz，11 月升至 17.86 美元/oz（表 10）。

表 10　近十几年来国际市场（伦敦）银的价格　　单位：美元/oz

年　份	年平均价格	月　份	月平均价格
1990	4.82	2008 年 1 月	15.96
1991	4.04	2 月	17.57
1992	2.25	3 月	19.51
1993	4.31	4 月	17.5
1994	5.28	5 月	17.05
1995	5.2	6 月	16.97
1996	5.2	7 月	18.03
1997	4.9	8 月	14.69
1998	5.54	9 月	12.37
1999	5.22	10 月	10.44
2000	4.95	11 月	9.87
2001	4.37	12 月	10.29
2002	4.6	2009 年 1 月	11.29
2003	4.88	2 月	13.41
2004	6.65	3 月	13.12
2005	7.31	4 月	12.52
2006	11.55	5 月	14.03
2007	13.38	6 月	14.65
2008	14.99	7 月	13.38
2009	14.67	8 月	14.40
		9 月	16.50
		10 月	17.18
		11 月	17.86
		12 月	17.61

资料来源：World Metal Statistics，February & July 2009。

2009 年国内白银价格走势追随国际市场变化，价格震荡走高，不过价格波动幅度较国际小，根据上海华通现货中心统计，我国 1 号白银现货均价为 3273 元/kg，同比下跌 7.86%。2009 年国内白银市场的一个特点就是银价继续倒挂，即国内价格高于国际市场，国际白银年均价为 14.65 美元/oz，换算为国内价格为 3217 元/kg，国际价格比国内价格低 56 元/kg，不过较以前每年 100 ~ 200 元/kg 的倒挂价格，目前国内价差在不断缩小。2009 年 12 月 31 日华通铂银交易市场 1 号国标白银结算价为 3960 元/kg。2010 年 3 月 10 日，华通铂银交易市场 1 号国标白银结算价上涨为 3990 元/kg，4 月 1 日上涨到 4010 元/kg，4 月 7 日上涨到 4050 元/kg（折 18.71 美元/oz，高于国际市场的现货银 18.04 美元/oz），国内白银价格上涨强劲。

五、展　望

根据世界白银协会、英国黄金矿业服务公司（GFMS）最新发布的《世界白银年鉴，2010》（World Silver Survey，2010）公布的资料，2009 年国际白银市场实物供应继续过剩，市场价格继续由投资需求主导，2010 ~ 2011 年这种情况继续。

供应方面：根据 CRU，MSR，GFMS 最新公布资料显示，2009 年国际矿产白银产量为 22778.16t，同比增长 7.94%；再生银产量 7909 t，同比增长 0.49%。2009 年全球实物白银供应量为 27652t，与上年持平；预计 2010 年世界矿产白银产量将达到 23000t，市场总供应量将达到 28700t。预计 2010 年世界制造业白银总需求将达到 26300t。

2010 年国际白银市场，价格总体维持在高位震荡，一方面虽然经济刺激政策会逐步退出，但另外一方面随着前期大量注入流动性，通胀问题随着时间的传导而不断显现，金银抵御通胀需求还在一定程度存在；而来自经济的复苏对白银在工业领域的消费是一个促进，预计 2010 年国际银价主要波动于 15 ~ 20 美元/oz 之间，价格总体维持稳定，大涨大跌的几率不大。中国由于房市价格泡沫的大量存在，其他投资渠道也不看好，仍然会有大量资金投资到金银避险，白银价值低、更适合中小投资者，我国产量富余多，因此，预计我国白银投资需求及价格将略高于国际市场。

从长期看，从 1989 ~ 2003 年国际银价持续徘徊在 3.5 ~ 5.5 美元/oz 的低水平，而只有到 2003 年底，约 15 年后银价才发生“井喷”价格一路上涨，到 2008 年一度突破 20 美元/oz 的 10 年最高点。金银差价较大，白银存量也较少，因此，预计中长期白银还有较大的波动空间，波动幅度在 10 ~ 20 美元/oz 之间。

投资需求一直是支撑国际白银价格的重要因素，如纽约商品期货交易所（COMEX）白银基金头寸继续居于高位；而全球白银交易基金 ETF 持仓的白银高于 10000t。无论是购买实物白银还是参与 T + D 交易，投资者看好白银的普遍理由是：白银相对于黄金来说价格被低估，白银的消耗量比黄金大，存留量却较小。此前，畅销财经书刊《货币战争》的作者、环球财经研究院院长宋鸿兵曾预计：基于未来美元的不确定性和白银存量的极度短缺，在未来 10 年里，白银价格将会有大幅度的上涨。而国内其他一些财经评论家也指出：白银和黄金在历史价格上存在 70% 以上的高度正相关性，目前黄金的价格已经在历史最高位附近徘徊，但白银还远未到。1971 ~ 1980 年白银价格大涨 40 倍，而近 10 年，白银的价格仅上涨 4 倍，还有一定的上涨潜力。白银和黄金的价格趋势总是趋同的，但是，由于白银的波动性要强于黄金，历史上黄金和白银的价格比 17 到 100 不等，如果黄金对白银的比价过高则存在套利机会。

目前看，随着 2010 年国家出台措施紧缩银根调控房地产和抑制产能过剩行业过快发展，一些原先转战楼市的资金纷纷介入贵金属市场。由于白银投资门槛较黄金要低很多，白银投资市场未来比较看好。另外，由于前期国家刺激经济大量向市场注资而导致流动性过剩，未来通货膨胀担忧一直存在，因此，从资产保值储备这个角度而言，白银投资市场也有很大的发展空间。目前，中国国内白银产消富余多，白银投资产品门槛低，比较适合中小投资者，目前存在的一个主要问题就是适合公众投资的白银产品还比较少。

主 要 参 考 文 献

[1] William E. Brooks. Silver. Mineral Commodity Summaries, January 2010

[2] World Bureau of Metal Statistics. World Metal Statistics, February & July 2010

[3] 中国有色金属工业协会、世界白银协会．世界白银年鉴，2010

[4] William E. Brooks. Silver. U. S. Geological Survey, Minerals Yearbook, 2008

[5] GFMS. Silver. Mining Communications. Mining Annual Review, 2009

[6] The Silver Institute. World Silver Survey, 2009、2010

[7] D. R. Wilburn. Exploration Review. Mining Engineering, May 2010

铂族金属

王　淑　玲

2008年世界铂族金属矿山产量1495.0万oz❶，同比下降9.2%。其中：矿山铂和矿山钯产量同比分别下降9.1%和9.3%。铂供应量同比略降1.2万oz，钯供应量同比下降5.2%。铂市场供应过剩26.5万oz。钯供应量相对短缺达64.0万oz。尽管上半年需求强劲，但下半年受金融危机影响，尤其是北美汽车销售量大幅下降，导致近年来铂族金属的需求下降，其中：铂和钯分别下降2.1%和1.6%。2008年上半年受需求拉动及美元疲软、通胀担忧，以及地缘政治局势紧张等因素的影响，铂族金属价格继续延续2007年的快速上升势头，至6月份，铂和铑价格上升至历史最高水平，钯价格已达到6年来新高，进入下半年受美国次贷危机引发的全球金融危机影响，铂族金属价格呈“自由落体式”下跌，至2008年底（2009年初）触底，之后在量化宽松的货币政策、美元疲软、ETF基金投资、通胀预期等因素的影响下，铂族金属投资保值功能作用加强，推动铂族金属价格不断回升。

一、储量和资源

截至2009年底，世界铂族金属储量和储量基础为71000t，与2008年相同，未能获取2009年储量基础的数据。南非铂族金属储量居世界首位，其次有俄罗斯、美国和加拿大，四国储量合计占世界总储量的99%（表1）。世界铂族金属资源量估计在10万t以上，主要产于南非的布什维尔德杂岩体中。南非的17个生产矿山均产在布什维尔德杂岩体中，其中12个矿山从梅林斯基层和UG2铬铁岩层中生产，一个矿山从杂岩体北翼的杂岩体底部（Platreef）中生产。

表1　2009年世界铂族金属储量　　单位：t

国家或地区	储　量	国家或地区	储　量
南　非	63000	加拿大	310
俄罗斯	6200	其　他	800
美　国	900	世界总计	71000

资料来源：Mineral Commodity Summaries，January 2010。

铂族金属矿床主要有3种类型：①与基性-超基性岩有关的硫化铜-镍矿型铂族金属矿床，是世界铂族金属储量和产量的最主要来源，著名矿床有南非布什维尔德杂岩体铜-镍

❶　为金衡盎司，1盎司（oz）=31.1035克（g），下同。

硫化物铂族金属矿床，俄罗斯诺里尔斯克含铂族金属铜-镍硫化物矿床和加拿大萨德伯里含铂族金属铜-镍硫化物矿床等；②与基性-超基性岩有关的铬铁矿型铂族金属矿床，如南非布什维尔德杂岩体中与UG2铬铁岩层有关的铂族金属矿床和俄罗斯与纯橄榄岩中巢状铬铁矿矿体有关的铂族金属矿床等；③砂铂矿床，主要分布于哥伦比亚、美国、加拿大和前苏联。

与上述传统类型不同，近年俄罗斯在伊尔库茨克州发现产在黑色页岩系中的苏霍伊洛克（“干谷”）矿床有金储量1550t，铂储量约250t。俄罗斯地质学家认为，这一新类型的发现将改变世界铂族金属来源的格局。

2009年，受金融危机影响，铂族金属的勘查投资预算大幅下降，为1.46亿美元，比2008年下降61.4%，铂族金属占全球的勘查份额由2008年的3.0%下降到2009年的2%（图1）。

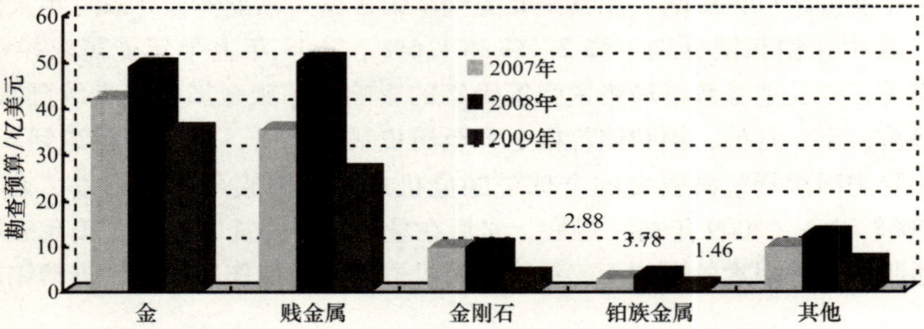

图1 2007~2009年全球按目标矿种的勘查预算情况

资料来源：①Metal Economics Group Strategic Report，November/December 2007；②Metal Economics Group Strategic Report，November/December 2008；③Metal Economics Group Strategic Report，November/December 2009

2008年世界铂族金属主要勘查发现的有意义的铂族金属矿床仍在南非，俄罗斯亦有新的矿产地发现。在南非，澳大利亚铂业公司在卡拉哈里（Kalahari）地区勘查新发现105.8t铂族金属和金资源量。巴里克黄金公司在塞迪贝洛（Sedibelo）地区勘查新发现118.2t铂和52.9t钯资源量。东部铂业公司皮茨克普（Spitzkop）矿区获342.1t铂族金属和金资源量。铂族金属公司在西布什维尔德（Western Bushveld）矿区进一步勘查获227.1t铂族金属和金资源量。在俄罗斯，巴里克黄金公司在费德洛瓦（Federova）地区勘查新发现202.2t铂和18.7t钯资源量。2009年铂族金属勘查新发现仅为一处，澳大利亚铂业公司在南非的卡勒皮勒斯特斯（Kalplsts）地区勘查新发现56.0t铂和46.7t钯。

从矿业开发投资的矿种来看，2009年铂族金属开发投资预算继续下降，从2008年的150亿美元下降到2009年的130亿美元，下降13.3%，占全球投资费用份额的2.8%。

二、生　产

铂族金属生产主要集中于南非和俄罗斯，产量主要来自世界5个矿区：南非布什维尔德、俄罗斯诺里尔斯克、美国斯提耳沃特、加拿大萨德伯里和津巴布韦大岩墙。2007年南非和俄罗斯这两个国家铂族金属产量占世界总产量的88.3%左右。

据美国地调局年报，2008年世界铂族金属矿山产量约为1495.0万oz，比上年下降9.2%，其中：世界最大的铂族金属生产国——南非的铂族金属产量约886.7万oz，比2007年下降9.3%，占世界铂族金属总产量的59.3%，世界第二大铂族金属生产国——俄罗斯的铂族金属矿山产量为396.1万oz，同比下降10.9%，占世界铂族金属总产量的26.5%。

2008年世界矿山铂产量为607.7万oz，比2007年下降9.1%（表2），世界最大的铂生产国——南非的铂产量469.9万oz，同比下降9.2%。产量居世界第二位的俄罗斯铂产量73.9万oz，比2007年下降14.9%，以上两国铂产量分别占世界铂总产量的77.3%和12.2%（表2）。

表2 2004~2008年世界铂族金属矿山产量[a,b] 单位：万oz

矿产种类	国家或地区[c]	2004年	2005年	2006年	2007年	2008年
铂	南非	492.7[d]	526.4[d]	540.5[d]	517.4[r,d]	469.9[p,d]
	俄罗斯	90	93.2	93.2	86.8	73.9
	加拿大	3.2[r]	22.5[r]	24.1[r]	22.5[r]	22.5
	美国[h]	13[d]	12.6[d]	13.8[d]	12.4[d]	11.5[d]
	津巴布韦	14.3[d]	15.5[d]	16.1[d]	17.1[r,d]	18.1[d]
	日本[g]	2.4	2.4	2.4	2.5	2.5
	其他	8.1	8.9	7.5	10	9.2
	小计	623.7[r]	681.6[r]	697.7[r]	668.7[r]	607.7[r]
钯	南非	245.6[d]	266.7[d]	277.4[d]	268.9[r,d]	242.9[d]
	俄罗斯	311.9	313.2	316.4	311.2	282
	加拿大	38.6	33.5[d]	33.7[d]	51.4[r]	48.2
	美国[h]	44[d]	42.8[d]	46.3[d]	41.2[d]	38.3[d]
	日本[g]	17	17.4	17.4	17.7	17.7
	津巴布韦	11.5[d]	12.5[d]	12.9[d]	13.4[r,d]	14.1[d]
	其他	9.8	8.5	9.7	19.5	12.8
	小计	678.4	694.5	713.8	723.4[r]	655.9
其他铂族金属	南非	150.3[d]	181[d]	170.8[d]	191.1[r,d]	173.9[p,d]
	俄罗斯	48.2	49.8	50.2	46.6	40.2
	加拿大	12.9[r]	16.1	16.1[r]	12.9[r]	12.9
	津巴布韦	2.6[d]	2.8[d]	2.8[d]	5.4[r,d]	5.8[d]
	小计	214.1[r]	249.8	239.8[r]	255.9[r]	232.8
	总计	1517.5[r]	1623.6[r]	1652.6[r]	1646.1[r]	1495

注：a，b，c，d据报道的；g产量全部为进口量；r修订值；p初步统计的；h少量金－铜矿中的副产品铂和钯未包括在内。

资料来源：U. S. Geological Survey Minerals Yearbook，2008。

2008 年，北美矿山铂产量 34.0 万 oz，同比下降 2.6%。美国的斯提耳沃特公司铂产量为 11.45 万 oz，比 2007 年下降 26.2%。其中斯提耳沃特矿（Stillwater）铂产量 8.0 万 oz，同比下降约 5.3%。东博尔德（East Boulder）铂族金属产量为 14.98 万 oz，比 2007 年下降 15.9%。其中铂产量 3.4 万 oz。加拿大是北美最大的铂生产国，据报道，2008 年该国铂产量为 22.5 万 oz，与 2007 年持平。

津巴布韦为铂产量的后起之秀，2008 年铂产量增长 5.8%，为 18.10 万 oz。

据加拿大金属经济集团统计，2008 年世界 25 个主要铂族金属矿山铂产量为 498.87 万 oz，占世界矿山铂产量的 82.1%；矿山钯产量 314.61 万 oz，占世界矿山钯产量的 48.0%；矿山铑产量 62.86 万 oz。铂族金属现金生产成本最低为 283 美元/oz，最高为 1090 美元/oz，平均为 622 美元/oz，比 2007 年上升 16.5%（表3）。

表3　2008 年世界 25 个主要铂族金属矿山产量

单位：产量/万 oz；成本/（美元 · oz^{-1}）

矿山	所有权	产地	产量				现金成本
			铂	钯	铑	金	
Lac des Iles	North American Palladium	加拿大	2.00	21.20	0	1.90	283
Stillwater	Stillwater Mining	美国	8.00	26.27	0	0	351
Mimosa	Aquarius50%/Impala50%	津巴布韦	7.56	7.78	0.6	1.01	423
East Boulder	Stillwater Mining	美国	3.47	12.27	0	0	432
Everest	Aquarius54%/ Impala 20%/Savannah26%	南非	9.44	4.60	0.63	0.13	464
Kroondal PSA	Anglo 50%/Aquarius50%	南非	23.40	11.34	4.19	1.82	482
Marula	Impala77.5%/Local Interest22.5%	南非	7.04	7.27	1.49	0	513
Mototolo	Xstrata50%/ Anglo 50%	南非	8.39	4.89	1.35	0.11	520
Two Rivers	Africn Rainbow55% / Impala45%	南非	9.86	5.64	1.61	0.13	536
Lonrho Platinum	Lonmin82%/lncwala Resources18%	南非	66.04	30.35	9.01	1.71	552
Impala Platinum	Impala Platinum100%	南非	104.4	43.66	12.49	0	585
Amandelbult	Anglo Platinum100%	南非	46.12	21.73	5.71	1.16	594
Makwiro	Zimplats70%/ Impala30%	津巴布韦	9.44	7.55	0.80	1.06	598
Union Section	Anglo Platinum85% /Local Interest15%	南非	30.9	13.97	4.71	0.46	618
Western Limb Tailings	Anglo Platinum100%	南非	4.18	1.36	0.22	0.44	663
Crocodile River	Barplats100%	南非	5.92	2.66	0.99	0.05	689
Modikwa	Anglo50%/African Rainbow 41.5%/Local Interest8.5%	南非	13.12	12.49	2.4	0.37	708

续表

矿山	所有权	产地	产量				现金成本
			铂	钯	铑	金	
Northam	Northam Platinum100%	南非	17.05	6.94	1.06	0.93	710
Bafokeng/Rasimone	Anglo50%/Royal Bafokeng50%	南非	17.45	8.93	2.32	0.60	744
Northam	Northam Platinum100%	南非	17.74	18.45	1.12	2.10	841
PPRust	Anglo Platinum100%	南非	7.26	5.05	0.77	0.43	846
Leplats	Anglo Platinum100%	南非	70.01	35.16	8.92	1.68	860
Rustenburg	Anglo Platinum100%	南非	7.88	3.39	1.21	0.08	868
Marikana PSA	Anglo 50%/Aquarius 50%	南非	2.20	1.65	0.27	1.27	1090
产量合计/平均现金成本			498.87	314.61	62.86	14.68	622

资料来源：Metals Economics Group - Strategic Report，January/February 2009。

据GFMS资料，同2007年相比，世界十大铂生产商中，前7位的没有发生变化，依次为南非安格鲁铂公司（Angloplat Platinum）、南非"羚羊"铂金公司（Impala Platinum）、英国罗恩闵（Lonmin）、俄罗斯诺里尔斯克镍公司（Norilsk Nikel）、南非阿奎里厄斯铂业公司（Aquarius Platinum）、南非诺萨姆（Northam）、巴西淡水河谷公司（Vale Inco.），南非斯特拉塔（Xstrata）公司由2007年的第十一位跃升至第八位，俄罗斯阿蒂拉阿穆尔（Artel Amur）仍居第九位，美国斯提耳沃特矿业（Stillwater Mining）公司由2007年的第八位降为第十位。

表4　2007～2008年世界十大铂生产商

国家	公司名称	名次		产量/万oz	
		2007年	2008年	2007年	2008年
南非	Anglo Platinum①	1	1	216.4	194.7
南非	Lmpala Platinum②	2	2	130.2	121.4
英国	Lonmin③	3	3	79.7	70.8
俄罗斯	Norilsk Nikel④	4	4	73.4	65.9
南非	Aquarius Platinum	5	5	31.1	28.3
南非	Northam③	6	6	18.7	17.5
巴西	Vale Inco	7	7	14.0	16.6
南非	Xstrata⑤	12	8	9.0	16.4
俄罗斯	ArtelAmur⑥	9	9	11.9	12.2
美国	Stillwater Mining	8	10	12.4	11.5

注：①矿山自采矿冶炼产量；②包括津巴布韦铂业公司；③为销售量；④从2007年7月1日开始包括Exlionore矿的产量；⑤为估计值，包括金和镍；⑥为估计值。

资料来源：GFMS，Platinum & Palladium Survey，2008。

据美国地调局年报，2008 年世界矿山钯产量 655.9 万 oz，比 2007 年下降 9.3%。俄罗斯仍为世界第一大钯生产国，钯产量 282 万 oz，同比下降 9.4%，南非矿山钯产量为 242.9 万 oz，同比下降 9.7%，以上两国钯产量分别占世界矿山钯总产量的 43.0% 和 37.0%。

据加拿大金属经济集团统计，2008 年世界 25 个主要铂族金属矿山钯产量为 314.61 万 oz，占世界矿山钯产量的 48.0%（表 3）。

据 GFMS，2008 年世界十大钯生产商依次为俄罗斯诺里尔斯克镍业公司（Norilsk Nikel）、南非安格鲁铂金公司（Angloplat Platinum）、南非“羚羊”铂金公司（Impala Platinum）、美国斯提耳沃特矿业公司（Stillwater Mining）、英国罗恩闵公司（Lonmin）、巴西淡水河谷公司（Vale Inco.）、加拿大北美钯业（North America Palladium）、南非阿奎里厄斯铂业公司（Aquarius Platinum）、南非斯特拉塔（Xstrata）和南非非洲彩虹铂公司（ARM Platinum）（表 5）。巴西淡水河谷公司由 2007 年的第七位跃升为 2008 年的第六位。同期，北美钯业从第六位退居到第七位。

表 5　2007～2008 年世界十大钯生产商

国　家	公司名称	名　次		产　量/万 oz	
		2007 年	2008 年	2007 年	2008 年
俄罗斯	Norilsk Nikel①	1	1	308.7	282.1
南　非	Anglo Platinum②	2	2	119.9	107.1
南　非	Impala Platinum③	3	3	65.7	56.0
美　国	Stillwater Mining	4	4	41.3	38.1
英　国	Lonmin④	5	5	37.1	33.1
巴　西	Vale Inco	6	7	19.1	23.1
加拿大	North American Palladium	7	6	28.6	21.2
南　非	Aquarius Platinum	8	8	16.2	14.8
瑞　士	Xstrata⑤	9	9	11.1	12.3
南　非	ARM Platinum⑥	10	10	9.8	10.1

注：①从 2007 年 7 月 1 日开始包括 Exlionore 矿的产量；②矿山自采矿冶炼产量；③包括津巴布韦铂业公司；④为销售量；⑤为估计值，包括金和镍；⑥为估计值。

资料来源：GFMS，Platinum & Palladium Survey，2008。

诺里尔斯克镍公司（Norilsk Nikel）是俄罗斯的头号铂族金属生产商，同时也是俄罗斯最大的黄金和贱金属生产商，并且是俄罗斯唯一的钯生产商，其钯产量占全球钯产量 43.0%。2008 年该公司钯产量为 282.1 万 oz，同比下降 8.6%，引起产量下降的原因很多，一是一季度寒冷天气影响精矿空运到冶炼厂，导致产量下降；二是年末纳德兹达（Nadezhda）冶炼厂例行的保养与维修工作影响了产量。此外，该公司一部分镍精矿被运往芬兰的哈亚瓦尔特精炼厂，也是产量下降的另一个原因。

2008 年北美钯产量为 86.5 万 oz，比 2007 年下降 10.1%，其中美国为 38.3 万 oz，同比下降 7.0%，产量下降来自斯提耳沃特（Stillwater）公司开采蒙大拿 JM 矿脉的斯提耳沃特矿和东博尔德矿。东博尔德（East Boulder）钯产量同比减少 17.0%，主要是全年缺乏熟练工人。2008 年在加拿大钯产量为 48.2 万 oz，同比下降 6.2%，主要是该国最大的生产商北美钯业公司（North American Palladium）的艾尔斯湖（Lac des Iles）矿曾出现暂时性关闭。

2008 年津巴布韦钯产量 17.7 万 oz，与 2006 年持平。

2008 年除铂钯外的其他铂族金属产量为 232.8 万 oz，比 2007 年上升约 9.0%（表 2）。

据铂钯年鉴报道，2008 年铂金属总供应量为 805.9 万 oz，比 2007 年略增加 1.2 万 oz（表 6），市场供应过剩 26.5 万 oz。主要是铂价高涨，促进再生铂增加，抵消了矿山铂的下降。2008 年矿产铂继续下降至 4 年来新低，为 615.1 万 oz，同比减少 6.6%，主要是世界最大的铂族金属生产国——南非 1 月份发生供电危机，以及运营困难、普遍缺少技术工人、安全管理更加严格等因素影响，导致矿山铂产量大幅下降。

表 6　2004～2008 年世界铂钯金属供应量　　单位：万 oz

矿产品	国家或地区	2004 年	2005 年	2006 年	2007 年	2008 年
铂	供　应					
	南　非	496.1	505.4	544.7	507.4	467.1
	俄罗斯	84.0	96.0	94.8	91.7	83.5
	北　美	37.4	35.8	36.6	32.8	34.2
	其　他	23.9	25.1	26.2	26.3	30.3
	矿山供应合计	641.3	662.4	702.4	658.3	615.1
	汽车催化剂回收	77.0	80.2	83.6	92.1	99.8
	首饰回收	23.0	34.0	35.0	54.3	91.0
	总供应量	741.3	776.5	821.0	804.7	805.9
钯	供　应					
	南　非	246.8	259.1	285.7	267.8	236.6
	俄罗斯	284.1	313.3	316.4	304.9	271.2
	北　美	103.9	93.0	102.4	98.3	90.8
	其　他	28.3	30.1	31.0	34.1	39.5
	矿山供应合计	663.0	695.4	735.5	705.0	638.1
	汽车催化剂回收	48.6	62.6	74.4	95.1	118.4
	首饰回收	7.4	10.3	23.4	18.4	19.5
	总供应量	719.0	768.3	833.3	816.6	775.9

资料来源：GFMS，Platinum & Palladium Survey，2009。

2008 年南非向市场的矿山铂供应量为 467.1 万 oz，比 2007 年减少 7.9%，占世界铂总供应量的 58.0%，同比减少 5.1 个百分点。

2008 年世界最大的铂生产商——南非的安格鲁铂公司铂产量大幅下降 10.0%，为 195 万 oz，钯产量 107.1 万 oz，同比下降 10.7%。阿曼德布尔特（Amandelbult）矿是安格鲁铂公司的最大矿山，因 1 月份遭受了一场意外的水灾，随后经过很长一段时间的排水和重建工作，正常的运营才得以恢复，导致铂产量下降 12 万 oz，降幅达 21%。该公司其他铂产量显著下降的矿山有：罗斯敦堡的特夫方丹（Turffontein）竖井因安全问题停产和钢架维修导致减产 9%。巴弗肯来西蒙（Bafokeng Rasimone）矿和莱博瓦（Lebowa）矿（在与 Anoora 公司和 Mvelaphanda 公司的黑人经济振兴计划交易结束之前是属于安格鲁铂公司的）均因缺乏熟练劳动力和安全停产的影响而大幅下降。在为数不多的净增长中，最引人注目的是位于布什维尔（Bushveld）的杂岩体北翼（Northern Limb），以前是莫加拉奎纳北（Potgietersrust）和莫加拉奎纳露天开采矿。增长来自于新开发的莫加拉奎纳北矿，选矿能力顺利提高。另一增长来自莫迪克瓦（Modikwa）合资矿。

作为世界第二大铂生产商——南非的“羚羊”铂金（Impalats Platinum）公司，2008 年铂产量 121.4 万 oz，同比下降 6.8%，钯产量 56.0 万 oz，同比下降 14.8%。该公司最大的生产矿山黑斑羚（Impala）矿的铂金产量下降了 9%，降至 98 万 oz，上半年的能源短缺、技术工人缺乏和安全检查是产量下降的原因之一。马如拉（Marula）矿的产量实现了小幅增长。

世界第三大铂金生产商英国的罗恩闵（Lonmin）公司铂产量 70.8 万 oz，同比大幅下降 11.2%，钯产量 33.1 万 oz，同比下降 10.8%。产量下降主要是马里卡纳（Marikana）矿，该矿除了要面对南非采矿业普遍困难之外，其已建好的竖井存在缺少工作面，替代竖井的产能提升速度不及预期也是原因之一。

南非阿奎里厄斯铂业公司（Aquarius Platinum）铂产量 28.3 万 oz，钯产量 14.8 万 oz，同比分别下降了 9.0% 和 8.6%，其中来自 3 家所属矿：埃弗勒斯特（Everest）、科容道尔（Kroondal）联合矿和亚里卡亚（Arikana）联合矿（不包括废矿在处理）的整体产量减少了约 4 万 oz 铂族金属。

诺瑟姆（Northam）铂公司的诺瑟姆矿铂产量 17.5 万 oz，同比下降 6.4%。

南非 ARM 铂公司和 Impalats 公司合资的两河公司生产稳定，铂族金属产量上升 9%，加拿大的东铂（East Plats）公司的鳄鱼河矿业也有近 9% 的增长。值得注意的是从铬矿尾矿在处理中回收的铂族金属产量增长的贡献，尤其是阿奎里厄斯铂业公司和希尔瓦尼亚资源公司（Sylvania Resources）的产量部分来源于铬矿尾矿回收。

据美国地调局报道，2008 年津巴布韦的铂和钯产量均上升，铂产量 18.0 万 oz，上升 5.9%，实现连续 7 年增长。钯产量 14.1 万 oz，同比上升 5.2%，为连续 8 年增长。该国最大的铂生产商 Zimplats 公司的 Ngezi 矿的铂钯供应量分别增长了 10% 和 8%，大幅增长主要是相对 2007 年熔炉线路重建维护工作使生产暂停，导致铂产量下降的恢复。恩盖基（Ngezi）矿第一阶段扩产计划正在不断进行，增加的两个新厂矿的其中一个在 9 月已经完工建成。Zimplats 公司的目标是在 2009 年 6 月底之前稳定精炼产能。

2008 年俄罗斯铂供应量为 83.5 万 oz，比 2007 年下降了 8.9%。钯供应量 271.2 万 oz，同比下降 11.1%。诺里尔斯克镍业公司是俄罗斯头号铂族金属生产商。2008 年该公司铂产量占俄罗斯铂产量的 80%，居俄罗斯首位，包揽了俄罗斯全部的钯产量。

据黄金矿业服务有限公司数据，2008 年世界来自回收旧汽车催化剂的再生铂产量保持连续 11 年的持续增长，比 2007 年大幅增长 8.4%，为 99.8 万 oz，占总供应量的 12.4%。主要是欧洲回收系统日渐成熟，以及该地区达到报废期的车辆数量稳步增长，促进该区铂回收量增长了 20%，达到 29.6 万 oz，更重要的是铂族金属价格高涨的推动。

尽管矿产铂产量下降，但再生回收的铂产量增长，使2008年铂供应量大于需求量26.5万oz。

2008年世界钯金属供应量为775.9万oz，比上年减少42.7万oz，下降5.2%，市场供应相对短缺64.0万oz。主要生产国南非和俄罗斯的钯产量均大幅下降（表6）。

俄罗斯是世界最大钯生产国，钯供应量为271.2万oz，同比下降11.1%，占世界钯供应总量的35.0%。诺里尔斯克镍业公司包揽了俄罗斯全部的钯产量。

北美钯供应量为90.8万oz，同比下降7.6%。

2008年从汽车催化剂中回收的钯为118.4万oz，同比增长24.5%，再一次刷新了历史最高水平，占总供应量的15.3%。主要是北美钯回收进一步增长的推动，更重要的是铂族金属价格高涨。北美钯回收增长估计增长20%以上，为78.6万oz。欧洲回收系统日渐成熟以及该地区达到报废期的车辆数量稳步增长，促进该区钯回收量增长了38%，达到27.8万oz。钯回收比铂回收增长更快，主要是因为从20世纪90年代初开始制造的汽车在每年报废的汽车中所占的比例增加，这些车更多地装有钯催化剂。预计在未来几年内，回收量平均每年有望增加20%。在美国铂钯回收情况与欧洲大致相同。

2008年矿山钯产量下降，需求增长，供应缺口64.0万oz。据GFMS估计，俄罗斯钯销售量约为128万oz，比2007年的90万oz增加42.2%。

三、用途和消费

铂族金属具有催化作用、化学稳定性、热电稳定性及色泽美观等优良属性，广泛应用于汽车催化转化器、珠宝业、电子业、石油精炼、化学、玻璃、牙科等领域。铂和钯也是作为投资用途的重要金属。在铂族金属中，铂用途最广，用量也最多。铂的主要消费领域是汽车催化转化器生产和珠宝业，两者约占总消费量的70%以上，其他消费领域是电器和电子业、化学工业、石油工业、玻璃制造业和投资。钯的消费领域主要是汽车催化转化器和电子工业，此外还有化工、电工和仪器仪表、珠宝业、牙科以及军工等。

2008年上半年，铂族金属需求受到欧洲、日本以及中国和许多其他市场的汽车产量相当稳固的支撑，之后随着燃料的高涨以及次贷危机的加深，导致新汽车销售下滑，产量大幅下降。2008年全球汽车产量下降了4%，其中北美下降了19%，欧洲下降近5%。

2008年世界铂总消费量同比下降2.1%，为779.4万oz（表7），汽车催化剂和首饰用铂均显著下降。

2008年汽车催化剂对铂的需求同比继续下降7.9%，需求量为381.4万oz，占铂总需求的48.9%，这是自2006年以来首次低于50%，但仍为第一大铂消费领域。主要是汽车催化剂需求在过去10年里首次出现下跌。尤其是下半年受全球金融危机影响，西方国家汽车的销售量大幅下降，造成汽车业减产，抑制了对汽车催化剂的需求。这些副作用超过了柴油刻录过滤器的较高使用率。

受铂价高涨影响，2008年首饰业铂消费量同比进一步下降12.1%，已连续第六年下降，降至164.6万oz，占铂总消费量的21.1%，为第二大铂消费领域，主要是日本铂首饰需求急剧下降。全球最大的铂消费国中国首饰业铂消费量为91万oz，同比上升3.8%，

表7　2004～2008 年世界铂钯消费量　　单位：万 oz

矿产品	消费领域	2004 年	2005 年	2006 年	2007 年	2008 年
铂	汽车	351.2	385.8	404.3	413.9	381.4
	首饰	240.0	213.2	203.2	187.2	164.6
	化工	37.5	35.5	35.0	36.5	34.6
	电子	34.5	36.6	40.4	41.5	37.8
	玻璃	49.0	47.5	40.1	43.4	49.6
	石油	16.5	16.5	18.0	24.8	20.0
	其他工业	48.0	44.9	48.4	49.5	46.1
	总消费量	776.6	781.1	785.1	796.1	779.4
钯	汽车催化剂	391.7	392.4	433.0	471.9	441.6
	首饰	102.2	136.3	128.1	128.3	130.1
	牙科	82.2	69.6	70.7	76.2	77.6
	化工	29.6	32.6	42.1	38.3	38.5
	电子	106.6	112.1	121.9	127.5	134.7
	其他工业	9	9.5	9.5	9.5	9.1
	零散投资	10.0	23.8	10.7	2.0	8.4
	总消费量	731.3	776.4	816.0	853.7	839.9

资料来源：GFMS，Platinum & Palladium Survey，2009。

是全球唯一铂需求增长的国家。

2008 年欧洲首饰业铂消费量为 25.1 万 oz，比 2007 年下降 3.8%，居世界第二位。日本首饰业铂消费量同比大幅下降 48.3%，降至 12 年来的最低点，为 24.9 万 oz，居世界第三位。美国居第四位，铂消费量为 20.5 万 oz，比 2007 年下降 5.5%。

2008 年尽管硬盘驱动器产量呈两位数的增长，但电子工业铂消费量还是同比下降了 8.9%，为 37.8 万 oz。主要是硬盘的铂平均用量下降了，同时高涨的铂价和较少的生产能力扩张减少了其他电子业应用中的需求。尽管 2008 年硝酸产品需求增长，化工业铂的需求量还是下降了 5.2%，为 34.6 万 oz。受金融危机影响，世界经济放缓，对石油产品需求疲软，使铂基催化剂的需求自 2005 年以来首次出现下降，降幅达 19.4%，为 20.0 万 oz。其他工业对铂的需求下降了 6.9%。而玻璃工业对铂的需求因 2008 年液晶玻璃制造增长和玻璃纤维新增产量的推动，玻璃用铂连续第三年上升，增幅达 14.3%，为 49.6 万 oz。

2008 年世界钯消费量为 840 万 oz，同比下降 1.6%。主要是汽车业催化剂需求大幅下降。

2008 年汽车工业钯需求也受到汽车制造业需求疲软的影响同比减少了 6.4%，为 441.6 万 oz，占钯总需求的 52.6%。主要是北美汽车销售量急剧下降。尽管汽车催化剂中钯通过替代铂（主要在柴油机方面）促进钯需求量上升，但 2008 年北美汽车产量大幅下降以及其他行业产量的疲软导致钯消费整体下降。

2008 年首饰业钯需求为 130.1 万 oz，同比上升 1.4%，是四大贵金属中唯一实现消费增长的。增长来自于北美、欧洲和中国，这些增长抵消了日本首饰制造中钯需求量的快速下跌。

中国首饰用钯量上升1.2万oz，增长1.5%，为83.7万oz，仍为世界第一大钯首饰消费国。欧洲钯首饰消费量为14.4万oz，同比上升9.9%。美国首饰业钯消费增长31.3%，达13.1万oz。日本钯消费大幅下降34.7%，为6.4万oz，主要是钯在铂首饰合金中的应用下降。

电子业钯需求增长了5.6%，为134.7万oz，为连续第六年增长，主要几个部门上半年需求增加，抵消了年底需求的大幅下跌。牙科用钯为77.6万oz，比2007年略有增加，主要是北美需求增长。北美牙科对钯需求量继续小幅增长，主要是金价高涨促进了以钯代金。化工业需求钯77.6万oz，同比上升1.8%，主要是硝酸捕集网的支持和化工产品新增生产能力的支持。

四、贸易和市场

2009年，为应对全球金融危机，各国政府纷纷制定了一系列刺激经济政策，然而，过度量化宽松的货币政策同时也引发了全球通胀的预期，贵金属避险功能凸显价格上涨，铂族金属价格达到了反弹以来的新高。

2009年铂价一路上行，年初铂价格反弹至1000美元/oz，至4月在FET基金的推动下，突破1200美元/oz，8月份随着美元贬值和通胀预期的加剧，铂价不断攀升，9月中旬突破1300美元/oz，11月突破1400美元/oz。全年均价1203.19美元/oz，但同2008年相比下降23.5%。

同铂一样，2009年初钯价开始触底回升，由2008年底的低点157美元/oz快速上涨，2月份突破200美元/oz，之后在美元贬值、ETF基金等因素推动下一路走高，11月突破300美元/oz。全年均价为263.27美元/oz，但同2008年相比下降25.1%。

进入2008年，上半年铑价继续大幅度上涨，月均价从年初的6970.43美元/oz，上升到6月份的最高9745.71美元/oz，之后受世界金融危机影响，价格不断下跌，到12月跌至1022.48美元/oz，2009年初铑价继续延续2008年末的下降态势，一月份达到2004年7月以来年低点，之后不断攀升，年底突破2000美元/oz。全年均价1441.68美元/oz，同2008年相比暴跌了77.7%（表8）。

表8 2007~2009年铂族金属价格 单位：美元/oz

月份	铂			钯			铑		
	2007年	2008年	2009年	2007年	2008年	2009年	2007年	2008年	2009年
1	1148	1585.77	949.76	337	374.2	188.63	5339	6970.43	991.91
2	1205	1999.67	1035.7	342	468.88	205.7	5762	8407.62	1030.25
3	1219	2046.47	1081.18	350	488.74	202.34	5963	9178.33	1021.18
4	1278	1988.33	1162.5	368	445.95	226.8	6195	9003.41	1189.66
5	1301	2048.63	1130.37	367	435.27	229.82	6057	9451.59	1265.71
6	1286	2038.24	1217.86	369	449.57	245.52	6019	9745.71	1316.14

续表

月 份	铂			钯			铑		
	2007 年	2008 年	2009 年	2007 年	2008 年	2009 年	2007 年	2008 年	2009 年
7	1303	1904.43	1162.26	366	426.3	248.63	5971	9383.48	1341.96
8	1266	1488.47	1244.6	344	315.9	275.77	6013	6221.75	1522.38
9	1308	1223.18	1288.7	335	247.93	293.32	6108	4515.68	1500
10	1411	912.57	1332.77	366	190.74	322.07	6172	2405.57	1630.68
11	1449	840.3	1400.52	363	207.43	353.45	6555	1186.6	2223.81
12	1485	834.84	1442.32	351	175.47	372.16	6756	1022.48	2266.52
年 均	1305	1573.53	1203.19	355	351.51	263.27	6076	6457.72	1441.68

注：铂、钯为伦敦下午收盘价；铑为现货价。

资料来源：www. kitco. com。

五、重大事件

（1）2008 年 1 月世界最大的铂族金属生产国——南非，矿业供电危机影响巨大，造成完全停产 5 天，此外，生产商还受到各种因素的困扰，包括更严格的安全管理、熔炼炉出问题和许多矿遇到地质困难以及铂价下跌，导致其铂族金属矿山产量下降，矿山铂和矿山钯产量均达到 2003 年以来的最低水平。全球最大的钯生产国——俄罗斯，其唯一的钯生产商诺里尔斯克镍业集团也因熔炼炉检修和矿石类型与品位等级改变等原因造成该国钯产量下降。

（2）2008 年受金融危机影响，尤其是下半年，西方国家汽车销量大幅下降，造成汽车业减产，抑制了对汽车催化剂的需求，汽车催化剂铂的需求同比下降 7.9%，为 381.4 万 oz，是过去 10 年里的首次下降，也是自 2006 年以来首次低于 50%，但仍为第一大铂消费领域。2008 年汽车工也钯需求也受到汽车制造业需求疲软的影响同比减少了 6.4%，为 441.6 万 oz，占钯总需求的 52.6%。

（3）2008 年受日本首饰需求大幅下降影响，全球铂首饰需求连续第六年下降，降至 164.6 万 oz，同比减少 12.1%。日本铂首饰需求大幅下降了 48.3%，主要是铂价高涨抑制了需求，要不是年底铂价大跌，需求量将进一步下降。中国铂首饰消费达 91.0 万 oz，同比上升 3.8%，占世界铂首饰消费总量的 55.3%，仍居全球首位。

（4）尽管日本需求大幅下降，但全球钯首饰业需求钯需求同比上升 1.4%，为 130.1 万 oz，是四大贵金属中唯一实现消费增长的。增长来自于北美、欧洲和中国，这些增长抵消了日本首饰制造中钯需求量的下降。2008 年中国钯首饰消费成为全球一枝独秀，达 83.7 万 oz，同比增长 1.5%，占世界钯消费总量的 64.3%。

（5）2009 年，尽管铂族金属价格从 2008 年末开始触底回升，但同 2008 年相比均大幅下降，铂下降 23.5%，钯下降 25.1%，铑暴跌了 77.7%。

（6）2009 年，受金融危机影响，铂族金属的勘查投资预算大幅下降，为 1.46 亿美元，比 2008 年下降 61.4%，铂族金属占全球的勘查份额由 2008 年的 3.0% 下降到 2009 年的 2%。

六、展　望

世界铂族金属资源和生产高度集中，因此，一旦主要资源国生产、政治、经济以及政策有变，将直接影响世界的铂族金属供应。受南非能源危机以及铂族金属价格下降的影响，预计 2009 年铂族金属矿山供应仍呈下降趋势。铂族金属价格走低将对汽车催化剂铂、钯的回收产生一定的抑制。

汽车工业在欧洲柴油机车销量的继续增长、亚洲汽车产量的持续增长和各国排放法规更严格化的推动下，对铂族金属需求将继续增长。在欧洲这个世界最大的轻型柴油车市场上，随着装载柴油微粒过滤器的增多和符合欧Ⅳ标准的汽车产量的增长，铂需求有所提高。2007 年 1 月，北美开始实行新的排放标准，铂在重型柴油车上的应用也增加了市场对其的需求。同时，汽油车催化剂对铂的需求受到钯替代作用的影响而下降。但是，柴油车铂需求的增长抵消了这些下降。

汽车工业中钯的需求将在北美汽车商“代铂工作”的推动下继续增长，并在柴油车上崭露头角，会有相当数量采用铂钯联合方式。中国钯金首饰因价格优势，消费量将继续增长，预计钯总的需求将继续上升。投资者在铂钯价差、市场新应用等积极因素的推动下，将继续保持对钯的兴趣和热情。

主要参考文献

[1] 王淑玲．铂族金属．世界矿产资源年评．2007~2008，北京：地质出版社，2009

[2] 黄金矿业服务有限公司．铂钯年鉴，2006、2007、2008、2009．

[3] Micheal W. George. Platinum - Group Metals. U. S. Geological Survey，Mineral Commodity Summaries，January 2010

[4] Overview of World Exploration Budgets：Locations，Targets，and Stages of Development. Metals Economics Group，Strategic Report，November/December 2009

[5] World Exploration Trends. A Special Report from Metals Economics Group for the PDAC International Convention 2009，MEG

[6] Micheal W. George. Platinum - Group Metals 2008. U. S. Geological Survey，Mineral Yearbook，2009

[7] Production Costs：Platinum - Group Metals. Metals Economics Group - Strategic Report，January / February 2009

[8] D. E. Wilburn. U. S. Geological Survey，Exploration Review，Mining Engineering，May 2010

[9] Platinum 2009 London PM Fix - USD. http：//www. kitco. com/ Scripts/hist - charts/yearly - graphs. plx

[10] Palladlum 2010 London PM Fix - USD. http：//www. kitco. com/ Scripts/hist - charts/yearly - graphs. plx

[11] Rhodium Monthly Auerage 2009 - Present. http：//www. kitco. com/ Scripts/hist - charts/yearly - graphs. plx

[12] Magnus Ericsson and Anja Olsson. Raw Materials Group，2008 E & MJ's Project Survey 2009，E &

MJ, Jan. /Feb.

[13] Magnus Ericsson and Anja Olsson. Raw Materials Group, 2009. E & MJ's Project Survey 2010, E & MJ, Jan. /Feb.

[14] 靳湘云. 2008 年铂市场回顾 2009 年预测. 中国贵金属, 2009 年, 第 2 期

[15] 靳湘云. 2008 年钯市场回顾 2009 年预测. 中国贵金属, 2009 年, 第 3 期

[16] 姬长征. 2009 年铂市场评述及后市展望. 中国贵金属, 2010 年, 第 2 期

[17] 姬长征. 2009 年钯市场评述及后市展望. 中国贵金属, 2010 年, 第 3 期

稀土金属

崔 荣 国

2008年世界稀土矿产品产量13.54万t，同比增长3.9%。世界稀土矿产品消费量13.0万t，同比增长13%，供应量大于需求量。世界稀土主要消费国为中国、日本、美国等。

一、储量和资源

已知含稀土的矿物约有200余种，但已开采利用的仅10种左右，其中轻稀土矿物主要有氟碳铈矿、独居石、铈铌钙钛矿；重稀土矿物主要有：磷钇矿、褐钇铌矿、钛铀矿等。除中国外，独联体国家、美国、澳大利亚、印度等地都有较丰富的稀土资源。自2002年开始，由于中国和巴西公布的稀土资源数据与以往有较大的变动，致使美国地调局估计的全球稀土储量由10000万t调整为8800万t，2009年由于中国稀土储量的增长又将全球稀土储量调整为9900万t（表1）。世界稀土资源丰富，可长期满足世界的需求。

表1 2009年世界稀土储量 单位：万t（REO）

国家或地区	储 量	国家或地区	储 量
中 国	3600	巴 西	4.8
独联体	1900	马来西亚	3
美 国	1300	泰 国	—
澳大利亚	540	其 他	2200
印 度	310	世界总计	9900

注：—表示数据未获取。

资料来源：Rare Earths，Mineral Commodity Summaries，2010。

全球稀土金属资源丰富，但分布不均匀而且勘查程度总体不高。美国和世界的稀土资源主要为铈矿与独居石矿。世界上大部分经济可采的铈矿集中在中国和美国；独居石矿主要分布在澳大利亚、巴西、中国、印度、马来西亚、南非、斯里兰卡、泰国和美国（表2）。稀土资源还包括磷灰石、富钍独居石、异性石、次生独居石、铈铌钙钛矿、含吸附离子稀土的粘土矿和磷钇矿等。稀土的资源潜力巨大，在未来足以满足全球需求。

表2　2009年世界独居石储量　　单位：t（Y_2O_3）

国家或地区	储　量	国家或地区	储　量
中　国	220000	马来西亚	13000
美　国	120000	巴　西	2200
澳大利亚	100000	斯里兰卡	240
印　度	72000	世界总计	540000

资料来源：Yttrium，Mineral Commodity Summaries，2010。

二、生　产

1960年以前，巴西、印度、马来西亚、澳大利亚都曾在稀土原料生产上各领风骚，到20世纪60年代中期美国才在稀土生产上居主导地位。从80年代起中国逐渐进入国际稀土市场，1986年以后中国在稀土的生产中一直保持了绝对领先地位。目前世界上主要进行开采、选矿生产的国家有中国、美国、俄罗斯、吉尔吉斯斯坦、印度、巴西、马来西亚等。而法国在高纯单一稀土的生产上，日本在稀土深加工产品的生产上均居世界领先地位。2008年在中国产量增加的拉动下，世界稀土氧化物矿山产量为128530t，同比增长3.9%（表3）。

表3　世界稀土产量　　单位：t

产品与地区	2004年	2005年	2006年	2007年	2008^e年
独居石精矿					
巴　西	731	958	958	1173	1200
印　度^e	5000	5000	5000	5000	5000
马来西亚	1683	320	894	682	700
小　计	7414	6278	6852	6855	6900
稀土氧化物（矿山产量）					
中　国	98000	119000	119000	120000	125000
印　度^e	2700	2700	2700	2700	2700
巴　西	402	527	527	645	550
马来西亚	800	150	200	380	280
独联体^e	2000	NA	NA	NA	
美　国	5000	NA	NA	NA	
小　计	108902	122377	122427	123725	128530
总　计	116316	128655	129279	130580	135430

注：NA表示数据缺失，数据有所调整；e表示估计值。

资料来源：U. S. Geological Survey Minerals Yearbook，2008。

中国稀土生产企业分布在内蒙古、江西、四川等8个省（区），矿产品年产能为12万t。冶炼加工处理能力近20万t/a。生产能力超过世界总需求量。因此，未来10～15年国家原则上不再批建新的稀土冶金项目，矿产品生产量控制在9万t水平。重点是加强稀土新材料开发及应用研究。

美国钼公司是一家长期从事稀土生产的企业，但是已经降低产量。该公司属美国优诺克（Unocal）公司的全资子公司，主要生产稀土精矿和单一稀土高纯产品，设计生产能力为2万t/a（REO），目前实际年产量约5000t。

在印度，主要有两家稀土生产企业，即印度稀土公司（IRE）和喀拉拉邦矿物和金属公司（KMML）。IRE公司经营着3个独居石重砂矿，分别位于喀拉拉邦恰瓦纳海岸、泰米尔纳德邦马纳范拉库里奇（Manavalakurichi）和奥里萨邦，主要产品是钍氯化物和氢氧化物。KMML公司在喀拉拉邦恰瓦纳海岸也有一个独居石重砂矿，平均含稀土氧化物57.5%，氧化钍7.96%，磷酸盐28.2%。估计资源量钛铁矿24000万t，金红石2000万t，锆石5000万t，矽线石6000万t，独居石5000万t。目前公司正在新建一座分选厂，建成后公司钛铁矿生产能力可达300万t/a。

在澳大利亚，林纳斯（Lynas）公司在西澳大利亚的韦尔德山矿开发的稀土项目即将完成。2002年12月用采掘出的矿石样品进行了浮选试生产。计划2003年6～7月开始商业化建设，2004年3月正式开工生产，生产的碳酸稀土（浓缩原料）委托中国分离厂加工。韦尔德山矿是一个稀土、钽、铌和磷酸盐的共生矿，1980年被发现，稀土矿石的可开采量为770万t，品位为12%（91.7万t，REO），放射性物质含量（ThO_2为0.0654%，U_3O_8为0.0039%）与中国白云鄂博矿相比，不到白云鄂博矿的1%。2002年林纳斯获得该矿100%股权。

在爱沙尼亚，塞尔麦特（Silmet）公司自1969年起就在锡拉迈埃（Sillamäe）处理厂从事稀土矿物分离，专门处理铈铌钙钛矿精矿，原一半以上原料由俄罗斯的劳沃尤斯基厂提供。1992年，原料改用俄罗斯索里加姆斯基镁厂的无水氯化稀土和碳酸稀土，也从中国进口原料。1999年，公司与俄罗斯的索里加姆斯基镁厂和索沃里德金属厂建立了合资企业，使铈铌钙钛精矿的处理能力增加了30%～40%，达到了12000t/a，REO产量由2400t/a增加到了3000t/a。在爱沙尼亚东北部的芬兰湾，塞尔麦特公司还有1个生产能力为700t/a的稀土金属生产厂和1个合金冶炼厂。

在法国，罗地亚电子与催化剂材料集团企业是生产稀土下游产品的大型跨国公司，实际上已升级为全球主管稀土新材料的公司。目前已在中国投资了15个合资企业，在上海建有8个科研实验室，公司总部设在法国西部的海滨小城拉罗歇尔（La Rochelle）市。2002年该公司宣布已经研制出新一代用于柴油机汽车的催化剂Eolys，这种稀土产品可除去柴油机90%以上甚至99%的颗粒排放物，目前已应用于标致和雪铁龙轿车上。

三、用途和消费

目前稀土的消费领域主要有：催化（石油化工、汽车尾气净化），冶金，玻璃陶瓷，永磁体、荧光粉、镍-金属氢化物电池等新材料。主要的消费国或地区有中国、美国、西欧、日本。20世纪90年代以来，随着汽车、计算机、消费类电子产品以及移动式电子装置需求的增长，使得稀土的应用，尤其是在汽车尾气催化剂、永磁体和充电电池中的应用持续增加。2008年世界稀土氧化物总消费量为13万t，同比增长13.0%（表4）。

表4 美国、中国、世界稀土消费量 单位：t（REO）

年份	美国	中国	世界总计
1992	21400	9250	38500
2003	14117	29500	85000
2004	16400	33411	90000
2005	15000	51900	101367
2006	10390	62793	110000
2007	10500	72550	115000
2008e	10000	67680	130000

注：e表示估计值；1992~2006年美国视消费量数据引自美国地调局 Minerals Commodity Summaries 相关年度的统计。1992~2006年中国消费量引自《中国矿产资源年报2006》。世界总消费量参考了 Judith Chegwidden、姚钰、林成河等人及中国稀土在线的文献资料。

中国自1998年起稀土消费量就已超过美国一直居于世界第一位。2008年中国稀土消费量为67680t，同比下降6.7%（表4）。

日本是世界上稀土研究开发水平最高的国家，其稀土应用领域主要集中在永磁体、荧光粉、镍氢电池、抛光粉和防紫外线辐射玻璃等高新技术产业上，2008年稀土消费量约为3.00万t。按视消费量统计，2008年美国视消费量为10000t，略有下降，居世界第三。欧洲稀土年消费量约10000t，主要消费领域是汽车尾气净化催化剂和玻璃抛光粉等。

四、贸易和市场

世界稀土贸易主要在稀土资源较丰富的国家和经济发达国家之间进行。

中国自1998年以来一直保持着稀土出口国的特殊地位，不仅是世界第一稀土出口大国，也是高纯、高附加值产品出口大国。在世界稀土市场上，中国是唯一能够大量供应不同等级、不同品种稀土产品的国家。中国稀土产品出口主要流向日本、美国、法国、荷兰、意大利和韩国等70多个国家和地区。

美国一方面从中国、法国、印度等国家进口稀土，另一方面向世界30多个国家和地区出口稀土产品。2008年美国稀土产品进口量为20700t，同比下降14%，美国稀土金属和化合物进口源主要为中国、法国、日本和俄罗斯等；出口量为8260t，同比增长9%。

2008年美国国内市场价格呈稳定态势。罗地亚公司稀土氧化物出厂价格与2007年相比，2008年价格基本未变（表5）。

表5　2007年罗地亚公司稀土氧化物出厂价　　　　价格单位：美元/kg

产品（氧化物）	纯度/%	标准包装/kg	2007年价格	2008年价格	同比变化率/%
铈	96.00	20	50	50	0.0
铈	99.50	20	65	65	0.0
镝	99.00	20	160	160	0.0
铒	96.00	20	165	165	0.0
铕	99.99	20	1200	1200	0.0
钆	99.99	20	150	150	0.0
钬	99.90	10	750	750	0.0
镧	99.99	20	40	40	0.0
镥	99.99	10	3500	3500	0.0
钕	95.00	20	60	60	0.0
镨	96.00	20	75	75	0.0
钐	99.90	20	200	200	0.0
钐	99.99	20	350	350	0.0
钪	99.99	1	NA	NA	0.0
铽	99.99	20	850	850	0.0
铥	99.90	5	2500	2500	0.0
镱	99.00	10	450	450	0.0
钇	99.99	50	50	50	0.0

资料来源：Minerals Yearbook，2008。

五、展　望

近年来，稀土产品一直处于供大于求的状况，2008年稀土的消费量虽然有所增长，但产量仍然过多，今后几年全球对于稀土的需求将以平均每年3~5个百分点的速度增长，到2009年达13万~14万t，预计2015年将达到20万t左右。届时，全世界稀土的产值将达20亿美元。增长强势的行业有电子、永磁体、玻璃与陶瓷，以及与消费类电子产品相关的行业。

主要参考文献

［1］James B. Hedrick. Rare Earths. Mineral Commodity Summaries，2010

［2］James B. Hedrick. Rare Earths. U. S. Geological Survey，Minerals Yearbook，2004~2008

［3］稀土学会编委会. 中国稀土学会年鉴，2006

［4］稀土信息，No. 1~No. 3，2007

［5］商显刚 .2006年稀土行业分析报告 . http：//61. 138. 111. 246/xxzx/pages/embed/20067417540. cd. doc

［6］天信投资公司. 中国稀土行业近期形势分析. http：//www. cre - ol. com/news/2008/20080904. ht

锂

奚　甡

全球锂资源极为丰富，世界锂储量和储量基础较多的国家有智利、中国、巴西和玻利维亚等。智利是世界最大碳酸锂生产国，美国是世界上最大的锂制品生产国和消费国，也是最大的锂矿物出口国。日本是最大的锂矿物进口国。澳大利亚、加拿大和津巴布韦是锂精矿的重要出口国。

2008年，国际市场锂的需求增强，碳酸锂价格和锂矿物的价格均出现一定幅度上涨。

一、储量和资源

全球锂资源极为丰富，现有储量990万t，储量基础1100万t（表1）。世界锂储量和储量基础较多的国家有智利、中国、巴西和玻利维亚等。

表1　世界锂储量和储量基础　　单位：万t（锂）

国家或地区	储　量	储量基础	国家或地区	储　量	储量基础
智　利	750.0	300.0	加拿大	18.0	36.0
中　国	54.0	110.0	美　国	3.8	41.0
阿根廷	80.0		津巴布韦	2.3	2.7
澳大利亚	58.0	22.0	玻利维亚	—	540.0
巴　西	19.0	91.0	世界总计	990.0	1100.0

资料来源：Mineral Commodity Summaries，2009、2010。

目前世界锂的查明资源总量约2550万t，其中玻利维亚和智利分别为750万t，美国、中国和阿根廷分别为250万t左右。

锂资源主要赋存在盐湖卤水（地表和地下）和花岗伟晶岩矿床中。盐湖锂占世界锂储量的66%，占世界锂储量基础的80%以上，通常与钾钠盐类及卤素（Br，I等）矿产共生。由于近几年锂资源利用结构发生重大变革，锂工业生产从矿石开采发展到卤水提锂，卤水锂资源分布成为锂业生产的基石。已知的重要含锂盐湖有玻利维亚乌尤尼（Uyuni）盐湖，智利阿塔卡马（Atacama）盐湖，中国扎布耶盐湖和察尔汗盐湖，美国银峰（Silver Peak）盐湖、瑟尔斯（Searles）盐湖、大盐湖（Great Salt Lake），阿根廷翁布雷穆埃尔托（Hombre Muerto）盐湖和中东死海（Dead Sea）等。世界上4个特大型卤水锂矿床是玻利维亚的乌尤尼盐湖、智利的阿塔卡马盐湖、阿根廷翁布雷穆埃尔托盐湖、中国的扎布耶盐湖，含锂都在10万t以上。我国扎布耶盐湖锂储量在100万t（碳酸锂）以上。美国的银峰和瑟尔斯湖是两个中型卤水型锂矿。

花岗伟晶岩型锂矿床分布广泛。较为著名的有位于加拿大伯尼克湖（Bernic Lake），澳大利亚格林布希斯（Greenbushes），美国北卡罗来纳州金斯山（Kings Mountain）、贝瑟默（Bessemer），津巴布韦比基塔（Bikita），纳米比亚卡里比布，刚果（金）马诺诺-基托托洛，以及葡萄牙、前苏联和中国等地的伟晶岩矿床。主要矿石矿物有锂辉石、透锂长石、锂云母、磷铝锂石等。

中国的锂资源非常丰富，其中65%以上为含锂卤水。储量主要集中在西藏、青海、新疆、四川、湖北、湖南和江西等省（区）。矿物型锂矿主要分布在新疆、四川、湖南和江西，盐湖卤水锂矿主要集中在青海、西藏和湖北等省（区），由于卤水中含镁较高，不利于国内锂工业的利用。

值得注意的是，盐湖提锂技术的发展不仅改变了锂业的市场格局，而且对世界锂资源的分布和配置产生了深刻影响。鉴于低成本锂盐产量的不断增加，以锂辉石为锂盐原料的矿山和工厂越来越少。澳大利亚、俄罗斯、加拿大、津巴布韦等硬岩型锂资源大国相继退出世界锂资源和锂盐供应市场，美国的锂资源地位也显得微不足道。中国、智利、阿根廷、玻利维亚等成为世界锂资源大国。

二、生　　产

世界上只有十几个国家开采含锂卤水和锂矿石。据美国地调局统计，2008年世界锂产量为25400t，基本与2007年持平。阿根廷、智利、中国和美国是三要的碳酸锂生产国。世界重要的锂化合物和精矿的生产国有阿根廷、澳大利亚、巴西、加拿大、葡萄牙、俄罗斯和津巴布韦等。阿富汗、奥地利、法国、印度、以色列、莫桑比克、西班牙、刚果（金）和瑞典等国均发现了含有锂矿物的伟晶岩，但在目前经济条件下不适于对这些矿床进行开发。

虽然目前查明的卤水锂矿床大大少于其他锂矿物的矿床，但由卤水生产的Li_2CO_3产量已经能够满足目前世界的需求。智利自1997年以来一直是世界上最大的碳酸锂生产者。澳大利亚是目前世界最大的锂精矿生产国，此外，巴西、加拿大、葡萄牙和津巴布韦也生产一定数量的锂精矿。锂矿物主要有锂辉石、锂云母、透锂长石、磷铝锂石和铁锂云母等。澳大利亚瓜利亚联合公司的子公司（Sons of Gwalia Ltd.）、加拿大钽业公司（Tantalum Mining Corp. of Canada，简称Tanco）和津巴布韦比基塔（Bikita）矿产公司是主要的锂矿物生产厂家，这三家公司供应了世界锂矿物需求量的85%。

中国目前已经掌握了利用盐湖卤水制取碳酸锂的技术，并在青海察尔汗盐湖和西藏的扎布耶盐湖开工生产，西藏的扎布耶盐湖卤水锂处理厂目前已经投产，计划年碳酸锂生产能力为5000t，最终年生产能力可达2万t。中国2008年碳酸锂产量17500t，比2007年增长9%（表2）。中国目前仍然是用锂辉石生产碳酸锂的少数国家之一。主要使用的是国内几个小矿山的锂辉石，用于生产陶瓷和玻璃，此外，还从澳大利亚进口少部分高品质锂辉石用于生产电池级碳酸锂。中国还从智利和美国进口碳酸锂。含锂卤水是中国的主要锂资源，约占中国锂资源储量的80%。

阿根廷2007年碳酸锂产量为10000t，与2007年相比增长13%，氯化锂产量为7800t，

表 2　世界锂矿物和卤水锂产量　　　　单位：t

国家或地区	锂矿产品	2004 年	2005 年	2006 年	2007 年	2008 年[e]
阿根廷	碳酸锂	4961[r]	7288[r]	8228[r]	8863[r]	10000
	氯化锂	6315[r]	8416[r]	8336[r]	8843[r]	7800
澳大利亚	锂辉石	118451	173635	222101	192277	200000
巴　西	精矿	9084	8924	8585[r]	7991[r]	8000
加拿大	锂辉石	22500	22500	22500	22500	22000
智　利	（地下卤水中的碳酸锂）	43971	43595	50035	55452[r]	52520
	氯化锂	494	681	1166	4185[r]	4360
中　国	碳酸锂[e]	14000	15000	15000	16000	17500
葡萄牙	锂云母	28696	26185	28497	34755[r]	35000
俄罗斯	未注明	2200	2200	2200	2200	—
津巴布韦	（磷铝锂石、锂霞石、锂云母、透锂长石、锂辉石）	13710	37499	30000	30000	25000

注：e 为估计值；r 为修正值；①除表中所列国家或地区外，还有一些国家或地区生产少量锂矿物，但未见产量报道或无法得到准确的数据；②估计数已被四舍五入，最多保留三位有效数。

资料来源：U. S. Geological Survey，Minerals Yearbook，2007、2008。

与 2007 年相比下降 12%。美国的 FMC 公司在阿根廷翁布雷穆埃尔托盐湖的处理厂碳酸锂年生产能力为 12000t，氯化锂的年生产能力为 5500t，自 2005 年以来，氯化锂的产量大大超过了设计的生产能力，因此，可能该厂已经将生产能力扩大到 8500t/a。2008 年碳酸锂年生产能力为 17000t，尽管该公司碳酸锂的产量仍然低于设计生产能力，但自 2002 年以来产量一直稳步增长。澳大利亚的一家公司也在计划开发林孔盐湖的卤水资源，2007 年末完成了试验场的建设，2008 年 1 月生产出了第一批碳酸锂。随着 4 个蒸发池的注满，从 2008 年 4 月开始，每个月可生产 10t 碳酸锂。2009 年年中将达到设计生产能力为碳酸锂 10000t/a、氯化锂 3000t/a 和氢氧化锂 4000t/a。

智利目前是世界重要碳酸锂生产国，2008 年碳酸锂产量 52520t，比 2007 年下降 5%。智利的碳酸锂主要来自阿塔卡马沙漠盐湖的两个锂卤水处理厂和安托法加斯塔的两个碳酸锂厂。主要有两家公司在智利进行碳酸锂生产：美国的凯密特尔福特公司（Chemetall Foote）和智利化学和矿物公司（Soeiedad Quimieay Minerade Chile S. A.，简称 SQM）。凯密特尔福特公司在智利的加工厂目前碳酸锂的年生产能力为 23000t。该公司在智利工厂生产的碳酸锂用作其美国国内化学制品厂的生产原料，以及其在德国和中国台湾的公司的原料。SQM 为智利的另一家碳酸锂生产公司，该公司 1997 年开始生产碳酸锂，目前其年生产能力为 28000t（碳酸锂当量），是世界上最大的碳酸锂生产商和供应商。该公司在 2008 年年中将年生产能力提高到 4 万 t。SQM 公司目前在世界碳酸锂市场所占份额已达 30%。

美国凯密特尔福特公司（德国 Chemetall GmbH 公司子公司）是美国国内唯一的碳酸锂生产者，利用内华达州银峰盐湖的卤水提炼碳酸锂，同时还拥有位于银峰的氢氧化锂加工厂、位于田纳西州新约翰逊维尔的丁基锂加工厂和北卡罗来纳州金斯山的锂化合物加工厂。2008 年该公司将其在智利和美国的碳酸锂加工厂生产能力提高到 27000t，其计划到

2010 年将生产能力进一步提高到 33000t，2015 年提高到 40000t，2020 年提高到 50000t。2008 年该公司还生产了约 40000t 氯化锂。目前，该公司锂产品在世界市场中所占份额为 50%。

澳大利亚是世界最大锂矿物生产国，2008 年锂辉石产量估计为 20000t，略高于 2007 年。总部位于澳大利亚西部的格林布希斯的瓜利亚联合公司是世界最大锂矿物生产商，其拥有世界锂精矿生产能力的 60%。该公司有许多大规模开发的高品级锂矿床（锂辉石），其生产的锂产品中 Li_2O 含量一般在 4.8% ~7.5% 之间，而且 Fe_2O_3 含量很低。

加拿大也是世界重要的锂矿物生产国，2008 年锂辉石产量估计为 22000t，比 2007 年下降 2%。加拿大钽业公司经营着位于马尼托巴省伯尼克湖（Bernic Lake）的锂辉石矿山和选矿厂。其生产的锂辉石精矿含 5.0% ~ 7.5% 的 Li_2O，Fe_2O_3 低于 0.15%。据报道其锂辉石精矿的生产能力为 24000t/a。

津巴布韦比基塔矿产公司经营着世界上最大的透锂长石矿山。该公司生产透锂长石精矿和锂辉石精矿。近 5 年该公司的矿产量有了大幅度下降，主要原因是部分矿床已经采空，此外该国的政治形势不稳定也是造成减产的一个重要原因。巴西共有两家公司生产锂矿物，巴西锂业公司利用阿拉苏阿伊（Araçuaí）的卡舒埃拉（Cachoeira）矿山生产精选锂辉石；阿奎纳金属和矿物公司在阿拉苏阿伊和伊廷加（Itinga）的几个矿山生产锂辉石、透锂长石、锂云母的混合物。其他已知的锂矿物矿床主要分布在中国、葡萄牙和俄罗斯等国，矿石的品位均较低。

三、用途和消费

自发现锂辉石以来，锂先后在玻璃、陶瓷、石油、化工、冶金、炼铝、涂料、纺织、合成橡胶、医药、汽车、飞机、宇航、轻金属焊接、润滑材料、核能发电、高能电池、空调及制冷装备、非金属矿物表面改性和军事等众多领域得到成功利用。开发应用范围日益宽广，用量日趋增加，在众多领域中作用越来越大。原铝冶炼、陶瓷和玻璃、润滑材料、合成橡胶等工业依然是锂矿物和锂化合物的主要应用领域。

据美国地调局资料，2008 年世界锂矿物和化合物中锂的消费量约为 21280t（锂含量），自 2000 年以来锂消费量的年均增长率为 6%，但 2008 年由于世界经济形势的恶化，锂消费量的增长率不到 4%。其中 80% 约 17000t 消费于化学制品领域，其余主要消费于陶瓷和玻璃工业。近年世界锂消费量的持续增长主要是由于世界经济特别是中国和其他亚洲国家的经济持续增长所拉动。2008 年美国锂消费量估计为 2300t，比 2007 年下降 4%。造成美国锂消费量下降的主要原因是 2008 年受国内经济衰退影响，大多数终端用途消费量减少。目前美国锂的最大消费领域为玻璃和陶瓷业；其次是电池制造业，这也是美国近年增长最快的消费领域；润滑材料居第三位；其他消费领域有合成橡胶、塑料和药品中的催化剂、原铝冶炼、连续浇铸和化学加工等。2008 年世界锂各终端市场所占份额如下：电池 20%；陶瓷和玻璃 20%；润滑油 16%；医药和聚合物 9%；空调 8%；原铝生产 6%；其他用途 21%。

四、贸易和市场

目前，国际市场上没有统一的碳酸锂报价系统，由此无法获得准确的锂矿价格。但从美国碳酸锂进口量来看，2008 年碳酸锂和氢氧化锂价格有较大幅度上涨。平均海关完税价格为4.44 美元/kg，比2007 年上涨26%。价格的上涨主要得益于全球需求增加，特别是锂电池市场需求的迅猛增加。

美国是世界上锂制品最大的生产国和消费国，也是锂矿物最大的出口国。日本是锂矿物最大的进口国。在贸易上，2008 年美国锂的化合物出口量基本与2007 年持平，其中大约60%的锂化合物出口到德国和日本。2008 年共出口 8397t，其中出口碳酸锂 2600t，制药级碳酸锂 57t，氢氧化锂 5680t。2008 年美国锂化合物的进口量为 16901t，略高于 2007 年。进口的锂化学制品55%来自智利，43%来自阿根廷。锂精矿主要来自澳大利亚、加拿大和津巴布韦等国。南美生产的碳酸锂大部分出口到美国消费于工业用途或作为生产下游锂化合物的原料，如氢氧化锂、锂金属和锂的有机化合物等。

五、展　　望

尽管陶瓷工业、玻璃工业和原铝冶炼工业仍将是锂矿物的传统消费领域，但今后一些年内电池工业将继续成为锂的最重要消费领域。最近几年，全球锂电池消费领域的年均增长率超过了20%，因此，今后几年该领域具有很大的发展潜力。今后一两年内，随着世界经济逐渐好转，锂需求将逐渐转旺，矿产品的产量将保持稳定上升态势。中国近几年国内经济的持续增长带动了铝和电池工业等锂矿物重要消费领域需求的不断增长，这也将使国际市场锂价保持较高价位。

近几年世界锂资源开发利用已经从伟晶岩源向卤水源过渡，中国已经建成卤水提锂生产基地。随着盐湖卤水提锂工艺的改进和完善，以及综合回收的加强，低成本的锂化合物生产将会迅速发展。

主要参考文献

[1] Joyce A. Ober . Lithium Mining Communications Ltd. Mining Annual Review，2006

[2] Joyce A. Ober. Lithium. U. S. Geological Survey. Mineral Commodity Summaries，2009

[3] Brian W. Jaskula. Lithium. U. S. Geological Survey. Minerals Yearbook，2008

[4] Emerging Lithium Resources. Industrial Minerals，May 2009，No. 500，P. 63

[5] 张江峰，宋小云．全球锂工业现状及发展趋势．金属通报，2008 年，第 12 期，6～8 页

[6] 李昱昀，狄晓亮，高洁．国内外盐湖卤水锂资源及开发现状．海湖盐与化工，2005 年，第 34 卷，第 5 期，31～35 页

第四篇　非金属矿产

萤　石

尹　丽　文

萤石作为助熔剂直接用于钢铁、玻璃和陶瓷生产过程中。酸级萤石是生产氢氟酸的关键原料，氢氟酸是氟化工的基础原料，氟化工产品用于交通运输机械、电解铝、石油化工、核电、建筑材料、电子产品、农业和医疗等各个行业。

萤石资源在世界各大洲均有分布，已探明资源储量分布在40多个国家或地区，南非、墨西哥、中国和蒙古萤石储量和产量居世界前4位。中国萤石储量占世界萤石储量的9.13%，而中国萤石出口量却占世界的50%左右，长久以来中国出口了大量萤石，为美国、日本等工业发达国家氟化工发展提供了资源保障。

一、储量和资源

自然界中含氟矿物大约有150种，萤石是地壳中氟含量最高的矿物，萤石矿物化学成分是氟化钙，纯净萤石含钙51.1%，含氟48.9%。萤石资源在世界各大洲均有分布，已探明储量分布在40多个国家或地区，中国、墨西哥、蒙古和南非萤石储量列世界前4位（表1），全球已探明萤石资源量约5亿t。截至2008年，世界萤石储量2.3亿t，储量基础4.7亿t。

表1　世界部分国家或地区萤石储量　　单位：万t

国家或地区	储　量	储量基础	国家或地区	储　量	储量基础
美　国		600	纳米比亚	300	500
中　国	2100	11000	俄罗斯		1800
肯尼亚	200	300	南　非	4100	8000
墨西哥	3200	4000	西班牙	600	800
蒙　古	1200	1600	其他国家	11000	18000
摩洛哥			世界合计	23000	47000

资料来源：Mineral Commodity Summaries，2009。

磷酸盐岩矿床中赋存氟磷灰石，在利用磷矿石制取磷酸的生产过程中回收副产品氟硅酸盐。世界磷酸盐岩储量180亿t，含氟当量6.3亿t，相当于含萤石当量12.9亿t。

中国萤石资源分布最广，已发现萤石矿床最多，探明萤石可采储量列世界第三。全国已探明储量萤石矿区有500多处，储量约2000万t，基础储量约3500万t，资源量约1.2亿t。中国已探明萤石资源分布在27个省（自治区），内蒙古自治区、浙江省、福建省、江西省和湖南省已探明萤石资源储量占70%多。浙江省43个县有萤石矿，主要分布在江山、武义、金华、永康、临安、遂昌、义乌和东阳，全部是脉状矿体单一型萤石矿床，品位较高，已探明资源量的矿区有60多处，但大部分是小型矿区，由于20世纪90年代过度开采，高品位萤石资源已近枯竭。内蒙古自治区萤石矿主要分布在四子王旗、额济纳旗、喀喇沁旗、阿拉善左旗和林西县。福建省萤石矿主要分布在邵武、光泽和建阳。江西省萤石矿主要分布在兴国、玉山、上饶、宁都、德兴、德安、永丰和瑞金，已探明资源量的矿区90多处，但大部分是小型矿区，资源储量数十万吨，平均品位30%～70%。湖南省萤石矿主要分布在郴州、酃县（今炎陵县）、衡南县和衡东县。中国萤石矿单一型萤石矿床有450多处，大部分矿床储量只有数万吨至数十万吨，只有内蒙古自治区四子王旗苏荣查干敖包萤石矿区，矿石储量约2000万t。有色金属矿伴生萤石矿区50多处，湖南省郴州柿竹园钨锡钼铋矿伴生萤石矿区资源量达6500万t，是世界第一大伴生萤石矿。

蒙古萤石资源主要分布在东戈壁省，已发现的萤石矿化点和矿床有300多个，主要矿区是北克鲁伦矿区和南克鲁伦矿区，南克鲁伦矿区中有多个矿体，长数百米至千米，矿层厚平均1～4m，矿脉氟化钙含量平均60%～70%，储量最大的是伯尔安杜尔（Bor Undur）萤石矿。

越南Nui Phao钨-萤石多金属矿床在中越边界南150km处，距河内省北80km，矿床矿化带长2km，宽500m。可行性研究报告表明：Nui Phao矿床证实储量和概略储量5570万t，其中酸级萤石350万t。

墨西哥萤石资源主要分布在科阿韦拉、圣路易斯托西和瓜那华托，拉奎瓦萤石矿是世界上最大萤石矿之一，该矿萤石含量65%～70%；帕腊尔铅锌矿床伴生萤石矿产，该矿主要矿物组成是方铅矿、闪锌矿、黄铁矿、重晶石和萤石。

南非萤石资源分布比较广，已发现矿床主要分布在德兰图瓦省，已开采矿床是Witkop萤石矿和Buffalo萤石矿，Witkop萤石矿边界品位下降，Buffalo萤石矿停产。在距离Witkop萤石矿10km处发现萤石矿床，资源量4820万t，平均品位18%。

纳米比亚萤石资源主要分布在奥奇瓦龙戈，奥克鲁祖萤石矿是该国最大的萤石矿，储量约300万t，矿石氟化钙含量平均30%。

英国已发现萤石资源主要分布在奔宁山脉南矿田和北矿田，南矿田和北矿田均在国家风景区内，矿田内萤石矿体小，各个矿体相互独立。历经200多年开采，截至2008年英国萤石可采储量只有63万t（包括尾矿中可回收萤石）。法国和意大利已探明的萤石资源已经枯竭。

加拿大蓝岸北（Blue Beach North）和塔雷法雷（Tarefare）两个萤石矿储量合计579万t，平均品位（CaF_2）53.4%。20世纪70年代Granges铝业公司首次调查斯图吕曼（Storuman）萤石矿床，调查面积2.4km^2，厚度3～10m；2008年Tertiary公司对该矿床进行普查，确认CaF_2含量12.8%～21.5%，钻井和矿石初级加工表明生产酸级萤石在技术上是可行的。

澳大利亚斯皮瓦（Speewah）谷萤石矿床在温德姆港南160km处，脉状矿床，矿层厚最高达40m，长700m，开采深度达100m，典型的伴生矿物是石英和钾长石，萤石矿石储量550万t，氟化钙含量24.5%，矿床远景储量1000万~1200万t，氟化钙含量25%~30%。

美国已探明萤石资源主要分布在伊利诺伊州，经过约70年开采，资源已经枯竭，从1997年，美国停止萤石开采。美国磷酸盐岩储量10亿t，氟含量平均3.5%，磷酸盐岩中赋存氟资源量3500万t，相当于萤石资源量7200万t。

二、生　　产

2008年世界萤石产量604万t，比2007年增加5%。产量增加主要源于中国、墨西哥、南非和肯尼亚。

英国2008年萤石产量4.5万t，比2007年增产0.5万t。英国萤石矿在高峰区国家公园内，萤石开采近百年，景区内环境依然优美。Glebe矿业公司是英国唯一的萤石矿产开发商，萤石矿山在奔宁山脉南矿田和北矿田，南矿田因萤石资源枯竭于1999年停采。2008年初公司给英国高峰区国家公园公共管理局提交了关于开发园区内其他萤石矿的申请，计划扩建在德贝郡Bonsall Moor的Tearsall露采萤石矿，提出未来6年期间采出萤石矿石66万t，申请报告包括采矿场的复垦计划，公司的申请得到了英国地调局公开报告（OR/08/027）的有效支持，报告阐述了开发利用本土萤石资源对英国经济和下游产业的重要性等。INEOS是英国氢氟酸和氟化物生产商，也是世界级氟化物生产商，为了保障萤石供应安全，INEOS已经购并了Glebe矿业公司。

近30多年来中国萤石产量一直居世界首位，产量占世界总产量的一半多。据中国萤石协会统计，2008年中国萤石产量421万t，其中粉矿277万t，块矿144万t。中国于1917年开始开采萤石，1950年萤石产量只有0.87万t，1980年产量增加到104万t，1995年产量达到历史最高674万t。中国萤石开采分布广，小矿多，在浙江、江西、福建、湖南和内蒙古等20多个省（自治区）有500多个萤石矿，90%多是采矿能力3万t以下的小矿。由于过量开采，中国萤石储量静态开采年限只有8年。最近国外氟化工企业把氟化工厂转移到中国，导致中国萤石和氢氟酸需求增加，刺激价格上涨，江西和内蒙古等地开始陆续新建萤石矿和氢氟酸厂。中国加强伴生萤石矿产的综合回收，湖南有色郴州氟化学有限公司建设柿竹园尾矿萤石综合回收系统工程，选矿厂萤石精矿生产能力12万t/a，4条氢氟酸生产线氢氟酸6万t/a。中国贵州宏富集团在磷肥生产过程中综合回收氟硅酸。

墨西哥萤石产量列世界第二，2008年国际市场萤石价格上涨，该国扩大萤石生产，产量增加14%。墨西哥氟化学公司（Mexuchem）是世界上最大的萤石开发商，是墨西哥氢氟酸生产商（Quimica）与萤石矿业公司（Las Cuevas）组成的联合集团，Mexuchem将以3.5亿美元购买英国Ineos氟公司，如此Mexuchem将全面控制Ineos在北美的萤石开发生产，集团的矿山生产能力增加5.5万t，达到100万t/a，酸级萤石产量增加5万~6万t，Mexuchem计划开发墨西哥中部圣露易斯波多西（San Luis Potosi）萤石矿，萤石生产能力97万t/a，45%是冶金级萤石，其余的是酸级萤石。Fluorita公司是墨西哥第二大萤石开发企业，酸级萤石生产能力 14 万 t/a，计划萤石产量增加 30%，将新建墨西哥东北部科阿韦拉州的几个萤石矿山，采矿区距蒙特利尔市约 330km，采矿区面积 30km^2 估计可采储量 1000 万 t。

蒙古已成为世界第三大萤石生产国，萤石开发集中在伯尔安杜尔（Bor-Undur）。最大开发商是蒙古与俄罗斯国家部门合资的蒙古罗斯特维尔迈特（Mongolrostsvelmet），也称蒙罗斯（Monros），公司经营 2 座地下开采萤石矿，1 座露天开采萤石矿，选矿厂处理能力 50 万 t/a，原矿氟化钙含量小于 55%，萤石生产能力 15 万 t/a，酸级萤石 13 万 t，冶金级萤石 2 万 t；蒙罗斯计划地下开采东查干（Dzun Tsagan Del）萤石矿，矿床在蒙古国东部，距首都乌兰巴托 280km，证实储量 440 万 t，氟化钙含量 29% ~30%，该矿设计采矿能力 10 万 t/a，矿石运输到伯尔安杜尔矿物加工厂。

南非萤石产量列世界第四。赛法拉（Sephaku）氟有限公司在南非将开发两个萤石项目，诺乌普特/克罗姆德拉伊（Naauwpoort/Kromdraai）项目在南非萤石主要开发商弗金诺（Vergenoeg）矿业公司附近，据报道该矿探明萤石资源量超过 400 万 t，氟化钙含量平均为 24.6%；第二个项目是开发普拉特库普（Plattekop）萤石矿床，该矿在 Vergenoeg 萤石矿床南 800m 处，估计资源量 400 万 t，氟化钙含量达 40% 公司计划建一个浮选厂，生产能力 13 万 t/a，入选矿石来自两个萤石矿，入选矿石品位 32%。Sallies 有限公司有两座萤石矿山，Wiktop 矿主要问题是采矿方法落后，边界品位太低，贫矿石混入，矿石贫化率上升，Sallies 计划在 Wiktop 矿建造一个新的尾矿库，扩建 Wiktop 矿，将生产能力 8.3 万 t/a扩建到 9.22 万 t/a，公司再利用 Wiktop 尾矿分选萤石精矿，但是萤石产品磷含量高达 0.12%，而氢氟酸生产用酸级萤石磷含量最高不能超过 0.05%；Buffalo 萤石矿山缺少电力供应和运输等基础设施，Sallies 公司已经关闭了 Buffalo 萤石矿。Vergenoeg 矿业公司于 2008 年 8 月再次停止萤石开采。南非科技部一直支持南非氟化学产业的发展，已投资 3000 多万兰特支持有关的研究和开发项目，南非将有能力在未来 9 年内建立起世界一流的高附加值氟化学产业，使南非的氟化工产能扩展 10 倍。

纳米比亚萤石开发商 Okorusu 公司是苏威集团的分公司，萤石产品生产能力 13 万 t/a 左右，萤石产品大部分是出口到欧洲，公司生产的酸级萤石几乎全部船运到苏威公司在德国和意大利的氢氟酸厂。

摩洛哥萤石开发商 SAMINE 从 1974 年开始开采萤石，公司萤石矿山在 El Hammam，距离 Meknes 80km，该矿生产能力 12 万 t/a，2007 年为 7.88 万 t，2008 年萤石产量 5.67 万 t。

美国于 1997 年停止萤石开采，近年来美国磷肥厂回收副产品合成萤石，石油化工、不锈钢酸浸和铀矿加工也回收副产品合成萤石。2008 年美国化工副产品合成氟硅酸（FSA）产量 6.23 万 t，FSA 是利用加工含氟磷酸盐岩矿石生产磷酸过程中产生的副产品合成，目前，美国 3 家磷肥公司的 5 个磷肥厂生产 FSA。Hastie 采矿公司和 Moodie 矿产公司在肯塔基 Livingston 镇完成了 Klondike Ⅱ 萤石勘探，25 口钻井数据确定萤石储量超过 100 万 t，氟化钙含量平均为 52%。美国氢氟酸消费量的 55% 用于生产各种氟碳化合物和氟聚合物，在美国的阿科玛、杜邦、大湖化学公司、霍内韦、INEOS 美国氟公司、苏威和 MDA 制造有限公司是世界氟化工领先企业，他们研究开发生产各种氟碳化合物和氟聚合物。

加拿大 Burin 萤石公司与 Rivera 资本公司签订协议合并两个公司，其目的是重新开发位于圣劳伦斯的地下开采萤石矿，扩建现在的选矿厂，新建尾矿坝和深水终端站，公司在等候纽芬兰-拉布拉多省权威专家的决定，如果顺利，该项目于 2011 年中期投产，设计选矿厂生产能力酸级萤石 1.2 万～1.8 万 t/a。

表 2　世界主要国家或地区萤石产量　　单位：万 t

国家或地区	2004 年	2005 年	2006 年	2007 年	2008 年
德　国	3.32	3.54	5.30	5.4	5.12
俄罗斯	22.64	24.55	21.00	18	26.9
西班牙	14.57	14.41	14.48	13.73	15
英　国	5.01	6.1	6	4	4.5
肯尼亚	10.8	9.73	8.34	8.2	9.82
摩洛哥	10.72	11.47	10.33	7.88	6.07
纳米比亚	9.64	10.57	12.17	10.93	10.88
南　非	26.49	26.56	25.6	28.5	31.6
墨西哥	84.27	87.85	93.64	93.34	106
巴　西	5.78	6.65	6.36	6.55	6.57
中　国①	272	343	392	405	421
哈萨克斯坦	0.4	0.475	3.0	6.4	6.63
蒙　古	35.49	36.75	39.26	38.1	38
世界合计	500	530	560	570	604

注：①中国萤石产量来源中国萤石专业委员会。

资料来源：USGS，Minerals Yearbook，2008。

三、消　　费

萤石氟化钙含量决定了萤石的用途，按品位分为酸级萤石（CaF_2 含量 >97%），冶金级萤石（CaF_2 含量 <97%）。冶金级萤石用于钢铁冶炼过程中，萤石熔点低作为助熔剂，降低原料熔点增加熔渣的流动性。酸级萤石大部分用于生产氢氟酸，少量用于熔制玻璃、电焊条和其他助熔剂。世界氢氟酸生产能力 150 万 t/a，约消耗酸级萤石 330 万 t。氢氟酸是氟化学工业的基础原料。氢氟酸和氟化铝等氟化盐用于铝冶炼、石油化工、半导体制造、金属加工、玻璃刻蚀、超强清洗剂和抗生素类医药等。氢氟酸是制取各种氟碳化合物的关键原料，氟碳化合物一是用于制取工业和民用制冷剂，二是用于制取各种含氟聚合物，如聚四氟乙烯。含氟聚合物用于交通运输机械、化工设备和采矿设备为密封防火绝缘部件和防火涂料，用于农用塑料薄膜、防火纺织品和医疗设备等。

2008 年全球铝冶炼行业消耗氟化铝 89.6 万 t，消耗酸级萤石 120 万 t；钢铁冶炼消耗萤石约 168 万 t，氢氟酸生产消耗萤石约 300 万 t，玻璃、陶瓷和焊条等其他行业消耗萤石约 20 万 t，估计全球萤石消费量大于 600 万 t。

美国是萤石消费大国。1900～2008年美国萤石累计视消费量5229.9万t。2008年美国萤石视消费量52.9万t，85%用于生产氢氟酸和氟化铝，10%用于钢铁冶炼、5%用于玻璃、陶瓷和焊条等其他用途。近年来美国钢铁冶炼和玻璃制造倾向于用酸级萤石，2008年钢铁玻璃陶瓷生产消耗萤石56%是酸级萤石，只有44%是冶金级萤石。美国铝业公司于2008年秋季关闭了氟化铝生产厂，公司铝冶炼对氟化铝需求转向依赖进口，因而该公司酸级萤石消费量比2007年减少29%。2008年底美国萤石分销商和萤石用户储存萤石11.5万t，比2008年储存量增加27%。

中国工业快速发展，萤石消费量持续增加，2008年萤石视消费量355万t，三分之二多用于制取氢氟酸和氟化铝及冰晶石，其次用于钢铁冶炼，少量用于玻璃、陶瓷和焊条等。

四、贸易和市场

世界上萤石出口国主要是中国、墨西哥、纳米比亚、蒙古和南非，萤石进口国或地区主要是美国、日本、意大利、荷兰、英国、法国和韩国等50多个国家或地区。中国萤石出口量世界第一，1989～2002年期间萤石年出口量保持在100万t以上，1993年达到历史最高138万t，近年来国家对萤石出口执行出口配额招标制，萤石出口量下降，2007年出口萤石53.5万t，2008年国际市场萤石供应紧张，中国萤石出口量又增加到65.75万t。2007年中国氢氟酸出口12.7万t，氟化铝和人造冰晶石出口12.4万t，2008年分别增加到13.36万t和14.27万t。

美国萤石进口量世界第一。2008年美国萤石进口量比2007年减少8%为57.2万t，其中酸级萤石49.6万t，冶金级萤石7.6万t；氢氟酸进口量减少13%为13.3万t，氟化铝进口量增加73%为4.76万t，人造和天然冰晶石进口量增加71%为7650t。美国从中国进口萤石18.4万t，从墨西哥进口24.9万t，由于海运费上涨，美国减少从中国进口萤石，增加从墨西哥进口量。1900～2008年美国累计进口萤石3764.2万t。

近6年国际市场萤石价格持续上涨。2003～2009年，中国酸级萤石滤饼干基美国墨西哥湾港口到岸价从225～235美元/t上涨到530～570美元/t，南非产酸级萤石滤饼德班港离岸价从157～167美元/t上涨到250美元/t，墨西哥产酸级萤石滤饼坦皮科离岸价从130～150美元/t上涨到250～325美元/t。

表3　国际市场萤石价格　　单位：美元/t

酸级萤石滤饼	2006年6月	2007年6月	2008年6月	2009年2月	2010年2月
中国产，干基，港口到岸价	230～240	270～280	380～400	530～570	350～380
南非产，德班，港口离岸价	160～190	175～204	250	250	250～300
墨西哥产，坦皮科，港口离岸价	130～160	180～200	180～200	250～325	260～290

资料来源：Industrial Minerals，2010.2，2009.2，2008.6，2007.6，2006.6。

五、展　　望

全球酸级萤石需求量变化在较大程度上取决制冷剂市场。现在制冷剂用的氟碳化合物是使全球气候变暖高危险物质（GWP），世界氟化工领先企业尝试开发新化合物取代现在的氟碳化合物，有可能用 HFO－1234yf 替代汽车空调用的 HFC－134a。氟化铝和氟聚合物需求变化依赖于世界经济恢复程度。2010 年世界铝需求出现增加迹象，对氟化铝和人造冰晶石的需求将增加，铝冶炼行业对酸级萤石的需求呈增加态势。钢铁工业是萤石的重要市场，若世界钢铁工业恢复增长，对萤石需求将增加。世界氟资源丰富，近年出现供应紧张主要是除中国之外其他萤石资源丰富的国家萤石开采量相对少。近 20 多年中国萤石一直是过量开采，大量出口，以至于中国萤石静态可采年限不足 10 年，美国和欧盟对中国限制萤石出口上诉到 WTO 是无理之诉，保护本国的资源以保障未来之需是天经地义的。

主要参考文献

［1］M. Michael Miller. Fluorspar. Minerals Yearbook，2008、2007、2006、2005、2000

［2］BGS. World Mineral Production，2003～2007

［3］Gerry Clarke. Fluorspar Future. Industrial Minerals，2009. 2

［4］萤石-氢氟酸-氟化工网，http：//fhf. toocle. com/news/1. html

［5］Jessica Roberts. Fluorspar forging ahead. Industrial Minerals，2010. 3

［6］Gerry Clarke. Fluorspar. Industrial Minerals，2009. 11

硫

崔 荣 国

2008 年全球各种形式硫产量 6880 万 t，同比增长 1.9%。中国及世界主要磷肥进口国对硫的需求上升，拉动硫贸易量上升到 2500 万 t 的高水平。美国市场硫磺价格呈暴涨暴跌态势。

一、储量和资源

硫以自然硫、硫化氢、金属硫化物、硫酸盐等多种形式存在于地壳中，资源十分丰富。目前可经济利用的硫资源有如下 5 种来源：一是从石油、天然气中回收的硫；二是金属硫化物矿床共生、伴生的硫；三是煤、油页岩和富含有机质的页岩中所含的硫；四是硫铁矿；五是自然硫矿。其中，以前两种来源的硫最有工业和商业利用价值，是世界工业用硫的主要来源，所占比重逐年提高。中国目前虽然还是以硫铁矿为主要工业硫源，但其比重已呈现逐年下降趋势。在可以预见的未来，仅依靠油气和金属硫化物矿床中的硫就可保障世界工业的需求。

近几年，世界上硫储量和储量基础没有数据，最近的数据是 2001 年的，由于世界硫工业的发展，该数据已经不够准确。原油、天然气和硫化物矿石中的硫储量巨大。

二、生　　产

全球共有 80 多个国家或地区生产硫磺，2008 年全球各种形式的硫磺总产量为 6880 万 t，同比增长 1.9%（表 1）。其中，作为副产品回收的硫为 5700 万 t，占全球总产量的 82.8%；采用弗拉斯生产的硫磺 78.4 万 t，占 1.1%；硫磺 121 万 t，占 1.8%；黄铁矿（折合成纯硫）500 万 t，占 7.3%，与 2007 年相比，硫的利用结构基本相同。在 20 个主要硫生产国或地区中，目前仅有波兰仍在使用弗拉斯方法生产硫磺矿，但生产规模已比 2000 年下降了近一半。中国、芬兰、印度和俄罗斯等国还在利用硫铁矿。其他国家都已转向利用从油气田、有色金属矿山中回收的硫。

2008 年，美国硫产量 945 万 t，占世界总产量的 13.7%，再居世界第一位。2008 年美国 36 家公司在 26 个州与维尔京群岛共有硫磺和硫酸副产品生产装置 101 套，共生产各种形式硫总产量 945 万 t，同比增长 3.8%。其中，副产品硫产量 870 万 t，占 92%。

加拿大 2008 年的硫产量为 927.8 万 t，同比增长 5.6%，占世界硫总产量的 13.5%，居世界第二，硫产量的下降主要是因为加拿大西部天然气回收硫的产量有所减少。在加拿大艾伯塔省有丰富的沥青油砂资源，初步估算原油可采储量3亿桶，含硫4% ~5%。这

表1 世界硫产量 单位：万 t（硫）

国家或地区	2003 年	2004 年	2005 年	2006 年	2007 年	2008 年[e]
澳大利亚	92	93	101	94	95	93.8
加拿大	903	951	897	905	878.9	927.8
智　利	143	151	166	100	156.9	157.3
中　国	650	715	771	802	846	861
芬　兰	71	70	72	62	61.5	61.5
法　国	101	96	95	95	130.6	131
德　国	338	251	252	229	223.7	230.9
印　度	102	107	113	117	115	117
伊　朗	136	146	146	147	157	157
意大利	69	69	69	65	74	74
日　本	323	316	326	330	321.6	327
哈萨克斯坦	193	198	203	200	196	203
韩　国	150	168	169	169	185	185
科威特	71	68	70	65	70	70
墨西哥	159	182	172	177	157.6	174.1
荷　兰	54	55	54	53	53	53
波　兰	121	118	122	124	135	128
俄罗斯	672	692	695	700	705	717
沙特阿拉伯	218	223	230	280	308.9	316.3
南　非	61	63	79	64	64.2	56.9
西班牙	71	63	62	65	60.1	60.1
阿联酋	190	193	195	195	195	195
美　国	960	1010	946	906	910	945
乌兹别克斯坦	52	52	52	52	52	52
委内瑞拉	56	80	80	80	80	80
其　他	457	464	466	497	518	510
总　计	6420	6600	6560	6570	6750	6880
其中：弗拉斯硫	78	77	77	82	85.6	78.4
自然硫	103	112	117	121	121	121
黄铁矿	450	476	501	490	490	500
副产品硫	5345	5486	5447	5462	5557	5700

注：表中数据经过修正；e 为初步统计数据。

资料来源：美国地调局，Minerals Yearbook，2003～2008。

种含沥青的油砂层，并非传统液态的原油，过去开采成本高，现已有了成本较低的新技术，因此，其重要性提升又有商业利益。2001 年来源于这种资源的原油已占加拿大原油总产量的 9%，加拿大计划到 2005 年再提高到 21%，2010 年达到 30%，2020 年达到

730 万 t。美国设于科罗拉多州、肯塔基州、密歇根州、明尼苏达州和俄亥俄州的炼油厂也正在对其装置进行升级改造，准备加工加拿大的这种油砂混合物。随着开发力度的加大，来源于这种资源的硫磺产量也明显增加。

中国2008 年硫产量为861 万t，占世界总产量的12.5%，居世界第三。黄铁矿是中国硫的最大来源，其中430 万t 硫来自黄铁矿；335 万t 硫来自副产品，比如金属冶炼回收等；96 万t 来自于自然硫。

俄罗斯2008 年硫产量为717 万t，同比增长1.7%，居世界第四。最大的硫生产公司是俄罗斯天然气公司Gazprom，该公司在阿斯特拉汉（Astrakhan）和奥伦堡地区有两个天然气加工厂，硫磺回收能力超过500 万t。第二大硫生产公司是诺里尔斯克镍公司，正在进行一个环保洁净项目，对其设在西伯利亚的镍冶炼厂进行技术改造，使冶炼厂烟气回收硫磺的生产能力达到100 万t/a。该公司还与挪威政府合作，对其设在摩尔曼斯克市（临近科拉湾）的Pechanga 镍厂进行同样的改造。通过这两个项目，将使诺里尔斯克地区的硫排放量到2010 年下降70%。

三、用途和消费

硫主要用途是生产硫酸，世界每年平均80%的硫都被用来制硫酸。硫酸的主要用途是生产化肥，特别是磷肥，世界每年平均50%的硫酸都用来生产磷肥。

2008 年，美国硫消费量1290 万t，同比增长8.4%。消费自给率2008 年为73.3%。美国的工业硫源主要是硫磺，占消费量的64%。

在当前价格水平和技术条件下，硫尚无令人满意的替代品。硫酸目前仍是消费量最大的工业用酸。

四、贸易和市场

硫的贸易主要是（固态和液态）硫磺、（焙烧和未焙烧）硫铁矿以及硫酸等形式的贸易。国际硫贸易量从20 世纪80 年代的1500 万~1700 万t，到2006 年已上升到2500 万t 左右，总贸易量则一直保持总产量1/3 左右的水平。硫出口国家主要有加拿大、俄罗斯、沙特阿拉伯、阿联酋、德国和日本。进口国家主要有中国、摩洛哥、印度、突尼斯、美国、巴西等。世界硫的贸易流向主要是从油气产区流向磷肥产区。

中国是一个相对缺硫的国家，目前仍主要以硫铁矿为原料生产硫酸。20 世纪90 年代初，由于国际市场硫磺供应充足，价格不断下降，依靠进口硫磺，中国的硫磺制酸得到了快速的发展，自那时起中国也成为世界最大硫磺进口国。2008 年进口硫磺842 万t，进口硫酸、发烟硫酸161 万t。

美国既是世界上重要的硫生产国，又是重要的进口消费国。由于美国磷肥企业——硫磺、硫酸的消费者主要集中在美国东部的佛罗里达州，因此，需从加拿大及墨西哥进口硫磺。而美国西部的加利福尼亚州石油天然气产地的回收硫磺，则向南美、北非、澳大利亚、韩国、中国出口。2008 年美国共向巴西、中国、加拿大等多个国家出口硫磺共计95.2 万t，同比增长3.3%，其中中国35.8 万t，巴西18.4 万t。进口硫磺300 万t，同比增长2.4%，其中加拿大2189万t，墨西哥36.5万t，委内瑞拉36万t。硫酸出口量为26.2万t，同比下降22%；进口量为348万t，同比增长33.8%。不论是硫磺，还是硫酸，美国都是进多出少，是一个硫的净进口国。

美国坦帕市场的合约价格呈暴涨暴跌态势。2008年初为110.5~113.5美元/t，1月底涨至250美元/t，4月升至450美元/t，8月再涨至615美元/t，之后开始快速下跌，10月份落至150美元/t，并保持到年底。

五、展　望

展望未来3~5年，国际硫磺市场总供应量仍大于总需求量，处于供过于求状态，但受生产商的生产成本、储运条件、环保政策等多方面因素影响，硫磺生产国能增加多少运出量才是国际市场硫磺供应的关键所在。因此，世界硫磺市场在某个具体时期仍有可能出现短期和局部的紧张。

硫磺需求量增加主要来自亚洲地区，因为该地区近年对磷肥需求一直在增加。按照2000~2004年世界硫磺总需求量年均3%的增长率，预测到2010年将达到8000万t。

硫磺供应量增加将来自多个地区。委内瑞拉正在建设中的重油炼厂项目即将投产，这将使其硫磺产量从2003年的26万t，上升到2010年的90万t。阿联酋阿布扎比地区的Asab天然气开发项目二期工程（AGD-2）、陆上天然气开发计划三期工程（OGD-3），到2008年预期将使阿联酋硫磺产量再增加90万t/a，达到290万t/a。伊朗计划到2006年硫磺产量提高到228万t，2010年提高到242万t。卡塔尔计划到2015年硫磺产量达到315万t/a。在哈萨克斯坦西部Tengiz油田，美国ICEC公司完成了20万t片状硫成型装置和20万t袋装厂扩建工程，从而使该地区片状硫成型能力翻到40万t/a。

我国硫磺需求增长速度与世界硫磺供应量增长是不协调的，过热的需求以及多头进口硫磺，是造成我国硫磺价格居高的不利因素。相关部门应谨防硫磺进口无序和硫磺制酸装置新建改建过度，并加强对硫铁矿—硫酸—化肥—农业整个产业链的政策引导和宏观调控，帮助国内硫铁矿和硫磺制酸企业规避国际行情风险。

主要参考文献

[1] Joyce A. Ober. Sulfur. U. S. Geological Survey，Mineral Commodity Summaries，2010

[2] Joyce A. Ober. Sulfur. Minerals Yearbook，2004~2008

[3] Kevin Stone. Sulfur. Canadian Minerals Yearbook，2009

磷

郭　娟

2008年世界磷矿石产量1.61亿t，同比增长了2.5%。磷矿石消费量1.74亿t，同比减少了1.0%。磷矿石贸易量3055万t，同比减少了2.4%。摩洛哥和突尼斯磷矿石期货价格激增，同比分别翻了1倍多和2倍多，美国国内磷矿石销售价格同比上涨了49.2%。按进口额/进口量计算，美国磷矿石平均到岸价格同比上涨了68.5%。按出口额/出口量计算，中国磷矿石平均离岸价格同比上涨了126.1%。

一、储量和资源

世界磷矿资源分布十分广泛，几乎所有国家都有，但分布不平衡，具有工业开采和商业开发价值的优质磷矿床很少。据美国地质调查局统计，截至2009年底世界磷矿石储量为160亿t，比2008年增加了6.7%（表1）。世界磷矿资源主要分布在非洲、北美、亚洲、中东、南美等60多个国家或地区，其中非洲是世界上磷矿最富集的地区，集中了世界上60%左右的磷矿。按国家来说，磷矿资源70%以上集中分布在摩洛哥和西撒哈拉、中国、南非和约旦。按储量，摩洛哥和西撒哈拉居第一位，中国位居第二位，南非居第三位。由于磷矿资源缺乏相应的替代品种，目前，世界可供经济开采的磷矿资源够使用100年左右。

表1　2009年世界磷矿石储量　　单位：亿t

国家或地区	储　量	国家或地区	储　量
摩洛哥和西撒哈拉	57	埃　及	1
中　国	37	突尼斯	1
南　非	15	澳大利亚	0.82
约　旦	15	塞内加尔	0.8
美　国	11	多　哥	0.6
巴　西	2.6	加拿大	0.15
俄罗斯	2	其　他	9.5
以色列	1.8		
叙利亚	1	世界总计	160

资料来源：Mineral Commodity Summaries，2010。

摩洛哥和西撒哈拉2009年储量为57亿t，占世界总量的35.6%。摩洛哥和西撒哈拉磷矿资源主要分布在摩洛哥的西部。

中国磷矿石2009年储量为37亿t，占世界总量的23.1%。主要分布在中西部地区，其中云南、贵州、四川、湖北和湖南5省磷矿的查明资源储量占全国的75%以上，P_2O_5品位30%以上的富矿石储量几乎全都集中这5个省内，所以磷矿资源区域集中度很高。

二、生　产

磷矿石生产的集中度很高，2008年39个国家或地区磷矿石产量约1.61亿t，折P_2O_5约4980万t，同比分别增长2.5%和-0.2%（表2）。

表2　世界磷矿石产量　　单位：万t

国家或地区	磷矿石毛重			折P_2O_5		
	2006年	2007年	2008年	2006年	2007年	2008年
中　国	3860	4540 r	5070	1160	1510	1520
美　国	3010	2970	3020	870	848	859
摩洛哥和西撒哈拉	2700 e	2700 e	2500 e	866 e	866 e	800 e
俄罗斯e	1100	1140 r	1040	400	420 r	380
突尼斯	780	801 r	800 e	230 e	230 e	230 e
约　旦	580	555 r	627	186	178 e	201
巴　西	593 r	619 r	620 p	211 r	219 r	220 p
叙利亚	366	370 e	322	113 e	114 e	99
以色列	295	307	309	81 e	84 e	85 e
埃　及	220	220 e	300 e	63 r,e	63 r,e	100 e
澳大利亚	275 r	285 r	280	77 r	80 r	78
南　非	263	256	229 p	96 r	93 r	83 p
阿尔及利亚	151 r	180 r	180 e	45	54 e	54
越　南	122	136	130 e	37	39 r	40 e
印　度e	120	121	122	36	36	63
其　他	565	501	552	180	157	169
合　计	15000 r	15700 r	16100	4650 r	4990 r	4980

注：r为修订值；e为估计值；p为初步数值。

资料来源：Minerals Yearbook，2008。

其中，磷矿石产量超过100万t的国家或地区有15个，其中，超过1000万t的国家或地区有4个，分别是：中国5070万t，占世界总产量的31.5%；美国3020万t，占18.8%；摩洛哥和西撒哈拉2500万t，占15.5%；俄罗斯1040万t，占6.5%。前4名的国家或地区磷矿石产量合计1.16亿t，约占世界总产量的72.2%。

中国自2006年超过美国成为世界最大的磷矿石生产国后，磷矿石产量一直呈增长态势，居世界第一。2008 年中国磷矿石产量占世界的 31.5%，折纯后的产量占世界的 30.5%，同比分别增长了 11.7% 和 0.7%。其中，四川、贵州、湖北、云南四省是磷矿石的生产大省，产量合计占全国的 98% 以上。中国磷矿品位低，全国磷矿平均品位 P_2O_5 在 17% 左右，矿石品位大于 30% 的富矿占磷矿总量的 8.5% 左右，除少数富矿可直接用来生产磷复肥和黄磷外，大部分磷矿石需经过选矿才能利用，选矿成本较高。2005 年以来，中国磷矿石市场开始了由政府主导的行业整合，资源逐渐向国有大型企业集中。云南省 70% 以上的磷矿资源已经由云天化集团掌握，南磷集团和澄星股份也获得一些磷矿资源。贵州的磷矿主要集中在宏福和开磷。湖北省磷矿矿山总数已经由 2000 年的 284 家减少至 2008 年初的 110 家。

从 2006 年开始，美国磷矿石产量落后于中国，一直居世界第二。2007 年，美国磷矿石产量更是下降到 1965 年以来的最低水平。2008 年美国磷矿石产量为 3020 万 t，折合 P_2O_5 约为 859 万 t，同比分别增加了 1.7% 和 1.3%。2008 年美国只有 6 家公司开发磷矿，有 12 座磷矿，集中分布在 4 个州。其中，佛罗里达州有 7 座磷矿山，爱达荷州 3 座，北卡罗来纳州 1 座和犹他州 1 座。佛罗里达州是美国最主要的磷矿生产区，该州 7 座矿山分布在汉密尔顿（Hamilton）、哈迪（Hardee）、希尔斯伯勒（Hillsborough）、马纳蒂（Manatee）和波克（Polk）5 个县，2008 年生产能力达到美国磷矿石总生产能力的 65%。该州港口众多，拥有良好的运输磷矿石和磷肥的条件。佛罗里达州的 7 座磷矿山中有 5 座磷矿由莫塞伊克公司（Mosaic Company）经营，另外 2 座磷矿分别由 CF 工业股份有限公司（CF Industries，Inc.）和 PCS 磷酸盐股份有限公司（PCS Phosphate Co.，Inc.）经营；北卡罗来纳州博福特县（Beaufort）的奥罗拉（Aurora）磷矿山由 PCS 磷酸盐股份有限公司经营，除此之外 PCS 公司在博福特县还拥有一套大型综合生产设备包括矿山、动物饲料厂、肥料厂和磷酸厂。西部的磷矿主要分布在爱达荷州、蒙大拿州、犹太州和怀俄明州，2008 年这 4 个州只有 4 座磷矿山处于生产状态。其中，爱达荷州有 3 座磷矿山，都位于卡里布县（Caribou），分别由 Nu - West 工业股份有限公司（Nu - West Industries，Inc.）、P4 生产有限责任公司（P4 Production，LLC.）和 J. R. 辛普劳公司（Simplot，J. R.，Co.）经营。其中，Nu - West 工业股份有限公司是位于加拿大艾伯塔省卡尔加里市的阿格利姆化肥公司（Agrium Inc.）的子公司，P4 生产有限责任公司是世界最大种子生产商孟山都公司（Monsanto Co.）的子公司，在犹太州有 1 座磷矿山，位于弗纳尔（Vernal），由 J. R. 辛普劳公司经营。

摩洛哥是非洲第一大磷矿生产国，磷矿产量居世界第三。磷矿石是摩洛哥最重要的矿产，2008 年磷矿石开采量占国家总开采量的 95%，全国磷矿山有 5 座，分别是西迪达维矿（Sidi Daoui）、梅拉埃尔阿雷克矿（Mera El Arech），本古里（Benguerir）露天矿、尤素菲亚（Youssoufia）地下矿、西迪琴南矿（Sidi Chennane），年产能合计为 2500 万 t。摩洛哥的磷矿山全部由摩洛哥国家磷酸盐办公室（Office Cherifien des Phosphates，缩写 OCP）垄断经营，该办公室创建于 1920 年，现在的构架是 1975 年经过企业重组后形成的，是摩洛哥最大的企业。2008 年摩洛哥磷矿石产量为 2500 万 t，折合 P_2O_5 约为 800 万 t，同比分别减少 7.4% 和 7.6%。

三、用途和消费

世界磷矿石主要用于磷肥的生产，产出的磷肥产品主要包括磷酸二铵（DAP）、磷酸一铵（MAP）和重钙（TSP）。从世界范围来看，66%的磷矿石用于生产浓缩的固体磷肥DAP，MAP，TSP，6%用于生产动物饲料，9%用于食品工业，其余19%用于其他工业生产，如洗涤剂和金属表面处理。

亚洲是世界上最大的磷矿石消费区，北美居第二，非洲第三。2008年世界磷矿石消费量为1.74亿t，比2007年减少1.0%。其中，东亚磷矿石消费量6541万t（占世界总消费量的37.5%，下同），北美洲3459万t（19.8%），非洲2401万t（13.8%），东欧和中亚1309万t（7.5%），拉丁美洲1046万t（6.0%），南亚734万t（4.2%），西亚和中东664万t（3.8%），西欧616万t（3.5%），大洋洲420万t（2.4%），中欧246万t（1.4%）（表3）。2004~2008年，东亚地区磷矿石消费量年均增长率为6.5%，北美洲为-2.9%，非洲为-3.4%。2008年东亚、北美洲、非洲磷矿石消费量同比分别增长-3.4%，2.6%和-3.2%。

表3 世界磷矿石视消费量 单位：万t

国家或地区	2004年	2005年	2006年	2007年	2008年
西　欧	740	707	643	682	616
中　欧	287	289	287	294	246
东欧和中亚	1217	1225	1187	1212	1309
北美洲	3890	3903	3342	3371	3459
拉丁美洲	891	864	902	1007	1046
非　洲	2754	2690	2462	2478	2401
西亚和中东	604	752	744	687	664
南　亚	670	683	734	728	734
东　亚	5080	5712	6214	6772	6541
大洋洲	399	387	317	368	420
其　他	—	1	2	11	4
总　计	16533	17212	16834	17611	17439
欧盟27国	1042	1016	948	1001	888
美　国	3900	3780	3260	3350	3160
中　国	2305	2837 r	3609	4448	4874

注：视消费量=产量+进口量-出口量；r为修订值。

资料来源：中国数据由中国国家统计局和中国海关的资料整理；美国数据直接引自Minerals Yearbook，2008；其他数据来源于国际肥料工业协会（IFA）数据。

美国是世界上磷矿石的消费大国，2008年美国磷矿石消费量的95%以上用于湿法磷酸生产磷肥（2007年为93%），其余被用于制造动物饲料添加剂、直接应用于土壤和生产元素磷。由于磷酸的减产，2008年美国磷矿石消费量为3160万t（毛重），同比减少5.7%。美国的磷矿和磷肥行业整合度极高，所有磷矿开发公司均拥有一个或多个化肥厂，且通常是位于磷矿山边上，除自己的下游化肥公司外，一般不向别的企业出售磷矿石。美国最大的磷矿石生产公司莫塞伊克在2006年永久性关闭了一座矿山后，2008年拥有5座磷矿石矿山，磷酸生产能力占美国48%（2007年为46%），占世界10%。该公司同时经营湿选法制磷酸和化肥的工厂，4个位于佛罗里达州，另外1个位于路易斯安那州。

中国也是世界上最大的磷矿石消费国之一，磷矿石消费量占亚洲的50%以上。在中国，大约有90%的磷矿石用于磷肥生产。2008年中国磷矿石视消费量为4874万t（毛重），比2007年增长9.6%。磷肥视消费量962万t，同比增长20.9%。

2008年上半年由于肥料价格高，农民都延迟购买肥料，造成生产商的库存加大，许多磷矿山和肥料厂暂停生产；下半年随着金融危机的蔓延，肥料价格下降，但是农民很难再从肥料厂商那里赊购，从而使得2008年全球肥料和磷酸盐的消费量下滑，比2007年减少了8%，其中，金融危机是主要影响因素。

美国磷肥市场比较成熟，近10年来年平均磷肥消费量在400万t多（以P_2O_5计量）。估计2007年7月1日至2008年6月30日磷肥消费量为415万t，比2006年7月1日至2007年6月30日的406万t，增长了2.2%，增幅同比减少1.4个百分点。

四、贸易和市场

世界磷矿石的贸易主要是从磷矿石生产区流向磷肥生产区和磷肥消费区。磷矿石主要出口国为摩洛哥、约旦、叙利亚、阿尔及利亚等，主要进口国为印度、美国、波兰、西班牙、印度尼西亚等。据IFA统计，2008年世界磷矿石的贸易量为3055万t（毛重），比2007年减少了2.4%。原因主要是：①受2008年下半年金融危机的影响，全球肥料需求疲软；②各国出于保护本国资源的目的，出台相关政策限制初始产品磷矿石出口。

摩洛哥是世界最大的磷矿出口国，2008年摩洛哥磷矿石出口量占世界的42%，磷矿衍生品出口量分别为磷酸盐1460万t、磷肥240万t和磷酸230万t。过去摩洛哥磷矿有一半供出口（主要出口对象为美国、西班牙、墨西哥、法国、波兰等），另一半用于生产磷酸，所产磷酸中又有一半或2/3供出口，剩余磷酸在国内生产磷肥。但是现在，摩洛哥正在对磷酸盐工业进行结构改造，用更多磷矿生产磷酸，并用更多磷酸生产化肥。在美国和中国磷矿石出口量大幅度下降后，摩洛哥已成为世界最大的磷矿石出口国，对磷矿石出口价格具有更强的定价能力。

美国曾经是世界第一大磷矿石生产国和第二大磷矿石出口国。但出于保护自身资源的考虑，美国从1980年开始减少磷矿出口，同时开始缩减磷矿开采量，自2004年起停止出口磷矿后，6年来再没有对外出口。目前，美国是世界第二大磷矿石生产国和第一大磷矿石进口国。2008年美国磷矿石进口量为275万t，进口额为2.66亿美元，分别比2007年增长3.0%和72.6%，进口量首次超过印度跃居第一（表4）。摩洛哥是美国磷矿石的供应国，美国超过75%的磷矿石都是从摩洛哥进口。从摩洛哥进口的大部分磷矿石供给墨西哥湾的三家磷酸生产商所用，其余从摩洛哥进口的磷矿供给莫塞伊克公司在佛罗里达州和路易斯安那州的工厂。2008 年美国出口的元素磷为 1.29 万 t，同比增长 35.2%，平均价格为 3660 美元/t，同比上涨 134.8%。此外，美国还是世界上最大的磷肥出口国，其出口量占世界出口总量的 35%（2007 年为 37%）。2008 年美国的磷酸和磷肥的出口量共有 753 万 t，同比增长 9%，主要出口的对象是印度。

表 4　中国和美国磷矿石进出口情况

年　份	单　位	进　口		出　口	
		中　国	美　国	中　国	美　国
2005 年	数量/万 t	4.00	263	211.40	0
2006 年		8.15	242	95.17	0
2007 年		4.22	267	97.74	0
2008 年		0.13	275	200.36	0
2005 年	金额/万美元	7.07	10700	11458.50	0
2006 年		345.13	11500	7016.28	0
2007 年		197.54	15400	8700.84	0
2008 年		33.46	26600	40324.49	0

资料来源：①中国数据来源于中国海关资料；②美国数据直接引自 Minerals Yearbook，2005～2009。

2008 年，印度是世界上第二大磷矿石进口国，在很大程度上影响着世界磷矿石市场价格，这主要是由于印度本国缺少磷矿资源，每年都要进口超过 500 万 t 的磷矿，贸易量约占世界的 20%。为了保护资源和生产者的利益，中国政府曾出台了一系列限制磷矿石和磷肥出口的政策。例如，从 2004 年 1 月起，取消磷矿 11% 的增值税退税。自 2008 年 6 月 1 日起至 12 月 31 日止，政府将磷矿石的出口暂定税率由 10% 提高至 20%。从 2008 年 6 月 1 日起中国对 DAP 开始征收暂定季节性出口税，6～9 月份征收 20%，10～12 月份征收 10%。自 2008 年 10 月 1 日起，调整磷矿石资源税税额标准，调整后的税额为每吨 15 元。自 2009 年 1 月 1 日起对磷矿石出口实行出口配额许可证管理，2009 年磷矿石出口配额总量为 150 万 t。2008 年中国磷矿石出口量为 200.36 万 t，出口额为 4.03 亿美元，同比分别增长了 105.0% 和 363.5%，这是自我国 2001 年磷矿石出口量大幅度下降以来的首次增长（2001 年出口 495 万 t，2007 年 97.74 万 t）。

价格方面，2008 年由于世界对磷矿石需求的增加和供应的紧缩、高运费、能源成本上升和美元疲软，导致磷矿石价格显著上涨。摩洛哥是世界最大的磷矿出口国，磷矿出口量将近占世界磷矿石出口总量的 50%，所以也对磷矿石价格的上涨有很大的影响。

2008 年美国国内矿山的磷矿石年均售价为 76.64 美元/t，同比上涨 49.2%，进口到岸价为 96.95 美元/t，同比上涨 68.5%（表 5）。中国磷矿石出口价格平均为 201.3 美元/t，同比上涨 126.1%。2009 年摩洛哥和突尼斯市场合同价格大幅上涨，分别比 2008 年翻了 1 倍多和 2 倍多（表 6）。

表5　2004～2009年美国和中国磷矿石年平均价格　　单位：美元/t

贸易方式	2004年	2005年	2006年	2007年	2008年
美国国内交易（矿山交货）	27.76	29.60	30.52	51.36	76.64
美国进口（到岸价）	36.50	40.91	47.52	57.54	96.95
中国出口（离岸价）	38.76	54.20	73.72	89.02	201.3

资料来源：①中国数据由中国海关资料整理；②美国数据引自 Minerals Yearbook，2004～2009年的资料。

表6　2005～2009年国际市场磷矿石合同价格　　单位：美元/t

产品规格及交货条件	2005.2	2006.2	2007.2	2008.2	2009.2
摩洛哥产，卡萨布兰卡港船边交货，70%～72% BPL	46	46	46	46	100
突尼斯产，斯法克斯港船边交货，65%～68% BPL	30～33	30～33	30～33	30～33	100

资料来源：Industrial Minerals，February 2005～2009。

五、展　　望

全球许多国家从战略储备的角度出发，对磷矿的开采采取一定限制措施，以及磷矿本身的储藏量逐步减少，磷矿资源的稀缺性越来越明显。预计从2008年下半年开始的金融危机，将继续影响2009年的磷酸盐工业。2009年国际需求疲软，磷矿石主要出口国产量将会下降，出口量减少，磷肥产量也会减少。据预测，2009～2013年，由于中国、摩洛哥、沙特阿拉伯和巴西等国磷矿在建和计划新建项目的陆续投产，世界磷矿石产能将增加6000万t，届时，新增产量近25%将会用来出口，磷矿石产能将过剩。世界磷肥消费量预计2009～2013年年均增长率为2.8%，主要的增长来自于亚洲。同时，磷肥的产能也会达到4250万t（增长910万t），大部分的增长将来自于中国、印度、摩洛哥和沙特阿拉伯DAP产量的增加。从地区看，预计东亚（主要是中国）、非洲、拉丁美洲（巴西、秘鲁和委内瑞拉）、西亚和大洋洲的矿石供应将有所增加。矿石出口产能将新增1500万t左右。假如全部项目均按计划实施的话，则近期内出口市场将出现大量的潜在过剩。

主要参考文献

[1] Stephen M. Jasinski. Phosphate Rock. U. S. Geological Survey，Mineral Commodity Summaries，2010

[2] Stephen M. Jasinski. Phosphate Rock. U. S. Geological Survey，Minerals Yearbook，2005～2008

[3] Harod R. Newman. The Mineral Industries of Morocco and Western Sahara. U. S. Geological Survey，Minerals Yearbook，2008

[4] P. Heffer and M. Prud'Homme. 世界农业和肥料需求，全球肥料供应和贸易2008～2009摘要报告，http：//www.fertilizer.org/ifa/Home-Page/node_446/node_9493/node_9495

[5] Phosphate Rock，http：//www.fertilizer.org/ifa/Home-Page/STATISTICS/Fertilizer-supply-statistics

[6] 宋国明．摩洛哥矿业投资指南．资源网，2006
[7] 中国摩洛哥矿产资源合作现状、问题及建议．中摩投资网，2008，http：//www. zmtzw. com/shownews. asp？ id = 144
[8] 尹丽文．最新世界磷矿资源开发利用概况．资源网
[9] Potash Corp. （加拿大萨斯喀彻温钾肥公司）. 2009 Overview of PotashCcrp. and Its Industry，http：//www. potashcorp. com/library/annual/？ year = 2009

钾盐

鲍 荣 华

2009年全球钾盐产量约2573万t K_2O，比2008年下降26.21%，除中国、智利和巴西外，世界上几乎所有的钾盐生产国的产量都大幅下降。

2008年第4季度开始的全球经济不景气、较高的钾肥价格和疲软的需求，使世界钾肥市场萎缩，一直延续到2009年至2010年年初。2009年，世界钾盐需求的疲软使一些公司临时关闭矿山，产量比上年减少近1000万t。全球钾盐的贸易不佳，由于巴西、中国等几个主要消费国的大量库存，使得年初的进口受到重创，生产者的钾盐储备保持较高的水平，许多买主持观望态度，等待价格下降。少数国家需求情况比较稳定，2010年上半年贸易形势稍有好转。

近两年世界钾盐价格快速下降，以萨斯喀彻温国际市场钾肥期货价格为例，2009年1月标准级钾肥期货从上年的700~800美元/st降到500~530美元/st，2010年2月降至最低点400美元/st，而后，从4月开始缓慢上升。

据IFA报道，2007~2008年度世界钾肥消费量约为2870万t，2008~2009年度估计为2310万t，比上年减少19.8%，预计2009~2010年度为2200万t，比上年减少4.5%，2010~2011年度为2500万t，比上年增涨13.5%。而2008年、2009年钾肥供应量分别为3600万t、3800万t，2010年预计达到3900万t，近几年世界钾肥供给量比需求量多1000万t左右。

一、储量和资源

钾盐资源中最优的是可溶性固体、液体钾盐矿物，主要有钾石盐矿、光卤石矿、硫酸盐钾矿和混合盐矿，这些矿床常呈层状，品位较高，规模巨大，便于大规模开采，加工简单，成本低，易于被植物吸收，这是当前世界钾肥生产的主要原料。

据美国地调局统计，当前世界探明钾盐储量约为84.57亿t，储量基础约为185.8亿t（主要为可溶性钾）。估计全球各种钾资源总量约2500亿t（以 K_2O 计），按目前的生产水平，现有探明储量可供世界开采240年以上。按储量，加拿大排第一，占世界的52.03%；俄罗斯第二，占21.28%；白俄罗斯第三，占8.87%；德国第四位，占8.4%。上述四国合计占世界总储量的90.58%。另外，巴西占世界储量的3.55%，中国占2.36%，美国占1.06%，以色列和约旦占0.47%，乌克兰占0.3%，上述10国合计占世界总储量的98.32（表1）。

表1　世界钾盐储量和储量基础　　单位：万 t（K_2O）

国家或地区	储　量	储量基础	国家或地区	储　量	储量基础
加拿大	440000	1100000	乌克兰	2500	3000
俄罗斯	180000	220000	英　国	2200	3000
白俄罗斯	75000	100000	西班牙	2000	3500
德　国	71000	85000	智　利	1000	5000
巴　西	30000	60000	中　国	20000	45000
美　国	9000	30000	其　他	5000	87500
约　旦	4000	58000			
以色列	4000	58000	世　界	845700	1858000

资料来源：Mineral Commodity Summaries，2010。

加拿大是世界上最大的钾盐资源国家。钾盐矿主要分布在中南部的萨斯喀彻温省和东南部的新不伦瑞克省，均为固体钾矿，所开采的矿石为钾石盐。萨斯喀彻温省（简称萨省，下同）的钾盐矿床是世界最大的钾盐矿床，位于萨斯喀彻温南部平原，马尼托巴湖的西面，向南延伸到美国蒙大拿州的东北部和北达科他州，萨斯喀彻温矿 K_2O 含量平均为25%～30%，局部可达35%；新布伦瑞克矿 K_2O 平均含量为16%～19%。

俄罗斯和白俄罗斯是世界钾盐第二大集中区。主要含钾盆地和地区有6个：前乌拉尔边缘坳陷带、第聂泊尔—顿涅兹盆地（乌克兰—白俄罗斯）、前喀尔巴阡坳陷带、滨里海盆地、中亚含钾盆地和东西伯利亚涅帕盆地。现在开采的俄罗斯乌拉尔地区的上卡姆矿山和白俄罗斯的斯塔罗宾矿山，都是世界级的巨型矿床。还有乌克兰的里沃夫矿。俄罗斯东西伯利亚伊尔库茨克州北部的涅帕盆地面积为2万 km^2，以钾石盐和光卤石为主，预测光卤石资源量超过4500亿 t，钾石盐资源量700亿 t。

德国的钾资源分布在北部，著名的有韦拉—富尔达、南哈茨、施塔斯富特、马格德堡、下莱因和汉诺威等。另外，还有法国北部的阿尔萨斯的下莱因地堑，英格兰东部的约克郡，开采的也都是钾石盐。

在亚洲、非洲及南美洲许多发展中国家通过钾盐普查也找到了一些钾矿床。如泰国东北部呵力高原发现了晚白垩世的大型钾盐矿床，矿石为钾石盐-光卤石。老挝的钾盐矿床是从泰国延伸过来的，分布在万象平原。南美洲的巴西、智利、秘鲁也有一定的钾盐储量。在阿根廷内乌肯省和门多萨省南部发现了一个大型钾石盐矿床。

我国是一个相对缺钾的国家。新中国成立以来我国政府就很重视钾盐的找矿工作，投入了较大的人力和物力，虽然也找到和探明了一些资源，但难以取得新的突破。探明的钾盐储量主要分布在现代盐湖中，已探明地质储量约10亿 t，另据地质构造分析，我国有多个时代大型海相蒸发盆地，有的已找到一些成钾线索，尤其是滇西、塔里木、四川及鄂尔多斯等盆地有较好的成盐找钾前景。

2008年钾盐查明资源储量，比上年增长3.5%，主要是青海冷湖镇昆特依钾矿勘查新增3279万 t。截至2008年底，全国7省（区）共查明钾盐产地37处，查明资源储量86475.43万 t（KCl），其中储量基础36367.66万 t，占40%多。

据美国地调局估计：美国国内钾盐总资源量约70亿 t，多数在地下1800～3100m，分布在蒙大拿州和北达科他州 3110km^2 范围内，作为加拿大萨斯喀彻温威利斯顿盆地矿床的延伸。在犹他州的帕拉多克斯盆地矿约有钾盐资源 20 亿 t，多数在 1200m 以下。亚利桑那州的霍尔布鲁克盆地矿约有钾盐资源 10 亿 t。还有一个大钾盐矿在密歇根州中部 2100m 以下，大约有 4000 万 t 钾盐资源储量。

伊朗《经济报》2009 年 11 月 5 日报道，伊朗国家地质矿产局勘探处处长 Behroz Borna 称，已探明伊朗霍尔木兹甘省加利谢赫（Gari Shikh）、派尔（Pehr）、派尔加贝（Pehr Garbi）3 个地区钾矿储量为 300 万 t，钾品位为 12%。

二、生　　产

2009 年全球钾盐产量约 2573 万 t K_2O，比 2008 年下降 26.21 %（主要包括氯化钾、一次性硫酸钾和硫酸钾镁）。除中国、智利和巴西外，世界上几乎所有的钾盐生产国的产量都大幅下降。世界主要钾盐生产国有 13 个，主要有加拿大、白俄罗斯、俄罗斯、中国、德国、以色列及约旦，这 7 个国家的产量占世界总产量的近 90%（表 2）。

表 2　世界钾盐产量　　单位：万 t（K_2O）

国家或地区	2004 年	2005 年	2006 年	2007 年	2008 年	2009 年[e]
加拿大	1011.4	1012	836	1110	1045.5	650
白俄罗斯	460	484.4	460.5	497	496.8	385
俄罗斯	500	550	572	660	673	360
中　国	206.33	176.49	208.9	254.51	291	363
德　国	362.6	360	362	360	328	230
以色列	206	206	220	220	230	200
约　旦	123	123	103.6	109	122.3	110
美　国	130	120	110	110	110	84
智　利	37	37	45	50	55.9	60
巴　西	40.3	40.5	40.5	40.5	47.1	50
西班牙	50	50	43.7	58	43.5	40
英　国	60	60	48	42.7	42.7	40
乌克兰	5	6.5	6.5	1.2	1.1	1
合　计	3191.6	3225.89	3056.7	3512.91	3486.9	2573

注：e 为估计数；中国为国家统计局数据，来料加工产量约占 10%。

资料来源：Mineral Commodity Summaries，2008；Minerals Yearbook，2010。

（一）北美地区

1. 加拿大

加拿大钾盐产能约占世界的 1/3，主要生产公司依次是 Potash 公司（PCS）、Mosaic 公司和 Agrium 公司。目前有 11 个钾盐矿和选厂在进行生产，都属于这三大公司。开采的钾盐矿有10个在萨省，1个在新不伦瑞克。

到2013年，加拿大的钾盐生产能力将提高38%，达到3230万t（KCl）。这些产能的增加主要来自以下3个公司——Potash公司、Mosaic公司和Agrium公司，增加的产能主要来自萨省，少部分来自马尼托巴省、艾伯塔省和大西洋城。

加拿大将要增加的产能分布如下：

（1）加钾公司（Potash）：是世界上最大的钾盐生产公司，其产能占世界总钾盐生产能力的17%，到2013年其产能将提高660万t，达到1800万t（KCl）。PCS正在进行的5个工程将于2012年增加455万t（K_2O），都在萨省，包括达产的帕西安斯（Patience）湖矿、扩大达产的Cory矿、扩大的阿兰（Allan）矿和罗肯维尔（Rocanville）。在新不伦瑞克PCS计划开采一个恢复生产矿并扩大选矿设备。加拿大钾盐公司称未来5年其新建产能将占世界总扩大产能的一半以上，拉尼根（Lanigan）矿增加150万t/a，Patience湖矿增加36万t/a。另外，该公司还在ICL（以色列）、APC（旦）、SQM（智利）、Sinofert（中国）公司分别投资11%，28%，32%，22%。

（2）美盛公司（Mosaic）是世界第二大钾盐生产公司，其产能占世界钾盐总产能的15%，目前产能近1000万t（KCl）。在不久的将来，该公司将扩大其在加拿大的所有钾矿的产能，到2013年产能将扩大到1200万t，在2020年将接近1400万t。Mosaic计划从2009～2020年扩大其在萨省的 钾盐产能310万t（K_2O）。

（3）Agrium公司在Vanscoy的产能接近210万t，自2006年以来已增长16%。阿格瑞姆（Agrium）计划扩大其在萨省Van Scoy矿的产能在2011～2012年增加20万t。

2008年在萨省仍保持勘探活动，省政府公布了11个钾盐开采租约和174个勘探许可。这些采矿租约都掌握在三大钾盐公司手中，而勘探许可掌握在21个不同的公司，其中有5个重要的勘探项目列入发展计划：

（1）必和必拓公司于2008年年中兼并了Anglo钾盐公司，计划在萨省的雷吉纳（Regina）东部地区新建一个地下矿，“简森项目（Jansen）”拥有的钾资源约为14亿t，K_2O品位在24%～26%之间，必和必拓公司2008年给萨省权威机构递交了一个开发Jansen矿的申请，位于萨斯卡通市东140km，在PCS公司的拉尼根矿旁边。公司计划于2015年开始地下开采，2016年达到全产能250万t/a。

（2）阿萨巴斯卡钾盐公司（Athabasca）正在开发位于萨斯卡通市东107km的布尔（Burr）矿，此矿包括钾盐资源2.41亿t K_2O，品位23.3%及推断资源1.83亿t K_2O，从2008年开始勘探。

（3）第一钾盐公司（Potash One Inc.）在开发莱格希（Legacy）矿，位于里贾纳市西北80km。公司报告估计资源量3.97亿t K_2O，平均品位20%。

（4）Raytec金属公司（Raytec Metals Corp.）和北方钾盐公司（Potash North Resource Corp.）也在萨省进行钾盐勘探，但是处于初勘阶段。在马尼托巴湖西探得了几个钾盐矿床，最大的矿权是鲁赛尔-米尼奥塔（Russel-Miniota），估计有10亿t钾盐资源。

俄罗斯的阿克荣公司（JSC Acron）在萨省的Prairie Evaporite获取了面积为13000km^{2}的钾资源矿权地，估计钾盐储量超过125亿t（K_2O），矿床开发的可行性研究报告已经完成。

巴西淡水河谷（Vale）公司在2009年初获取了力拓公司在Regina的钾资源。可采面积是 1200km^2，位于萨省的贝尔普雷恩（Belle-Plaine）东部，目前项目还处于初勘阶段，计划建设产能 280 万 t。

2. 美国

美国国内钾盐在密歇根州、新墨西哥州及犹他州生产，主要在新墨西哥州东南部生产，那里两个公司开采了 3 个钾盐矿，Intrepid 矿业公司开采了两处矿，Mosaic 公司开采了一处矿。新墨西哥州钾盐矿和无水钾镁矾矿用浮选法生产，提供美国钾盐销售量的 77%。

在犹他州，有 3 个公司生产钾盐，大盐湖矿业公司用深井溶解法萃取钾盐，从盐水溶液中曝晒蒸发富集钾盐，再从氯化钠副产品中浮选分离氯化钾；大盐湖矿业公司和 Intrepid 公司在 Carlsbad HB 从地表和地下盐水中曝晒蒸发和浮选生产氯化钾、硫酸钾。

总之，美国钾盐产能到 2013 年将接近 170 万 t（K_2O）。

（二）东欧地区

东欧是世界钾盐的最大生产地区，占世界总产量的 34%，其次是北美地区，占世界的 33%。

1. 白俄罗斯

白俄罗斯钾肥生产联合体（BPC）是世界上最大的钾肥生产商之一，白俄罗斯唯一的钾肥生产商，也是大型的全球钾肥供应商，钾肥产量占全球总产量的 15%，出口超过全球总量的 16%。该公司计划到 2015 年将产量提高到 965 万 t，目前该公司在更换旧矿山设备提升产能，2009 年，投入了约 9 亿白卢布用于完善克拉斯诺斯洛博次基矿井建设，2010 年计划投资 1.276 万亿白卢布，可提升产能 41.7%，生产商将使用自有资金投资；2012 年使别列佐夫斯基（Brrezovsky）矿井年产能达到 600 万 t。

2009 年 6 月，白俄罗斯公司中标的土库曼斯坦卡尔留克钾肥厂奠基，2010 年 1 月举行的土白（俄罗斯）经济合作委员会上，“土库曼化学”国家康采恩与白俄罗斯化工股份公司签署了对土境内另一钾矿——卡拉比尔钾矿进行前期勘探和开发的框架协议。

2. 俄罗斯

俄罗斯两家主要钾肥生产商公布了 2009 年的生产情况，乌拉尔公司全年共生产氯化钾 262 万 t，比上年减少了 45.3%，西利维尼特公司生产氯化钾 350 万 t，比上年减少 31.37%。根据西利维尼特公司规划，2009 年共投资了 53 亿卢布用于开发第二矿区的钾盐，2010 年将投资 300 万卢布继续投资钾肥矿区的开采。2010 年的生产氯化钾产量将保持在 420 万 t 左右。

据了解，西利维尼特一直都在追加钾盐资源的开发资金，曾经贷款 15 亿美元获得 Polovodovsky 钾矿，未来该公司计划对该矿区进行勘探、开发工作，预期 2013 年开始建矿。

（三）东亚地区

1. 中国

中国国内有钾盐资源性产品生产企业 50 多家，其中，①氯化钾生产企业约 31 家，察尔汉盐湖有 18 家，产能是 390 万 t 左右；②硫酸钾主要生产企业有 3 家，目前总产能为

132 万 t/a；③硫酸钾镁肥生产企业有 7 家，产能约 142.5 万 t。

已开发盐湖有察尔汗、马海、（东、西）台吉乃尔、大浪滩、大盐滩、大柴旦、茶卡盐湖、罗布泊盐湖等；钾肥品种主要有氯化钾、硫酸钾、硫酸钾镁肥，2008 年 12 月 18 日新疆罗布泊钾盐在建 120 万 t/a 硫酸钾生产装置试车成功，同时二期 170 万 t/a 钾肥开始建设。中国中信国安在建生产 100 万 t/a 钾镁肥项目预计 2010 年竣工。

2009 年中国的产量约为 363 万 t（K_2O），比 2008 年产量增长 24.74%。中国已经成为世界第四大钾盐生产国（统计局的钾肥总产量中约有 10% 是进口加工量）。总产量中青海产量占 76.46%，新疆占 10.69%，河南占 6.5%，山东占 2.44%。

2. 老挝

在甘蒙和万象有几个钾盐项目正在建设中。2009 年末在甘蒙有 10 万 tKCl 产能要投产。2011 年在万象的两个厂将有 17 万 t 产能（KCl）建成。从长期来看，有 5 个中国公司在老挝勘探、开发钾盐。到 2013 年老挝的综合产能将达到 30 万 tKCl，到 2017 年产能可能达到 550 万 t（KCl）。

（四）西亚地区

1. 约旦

约旦的阿拉伯钾盐公司（APC）的钾盐生产能力接近 200 万 t，约占世界钾盐生产能力的 3%。APC 多年在萨非（Safi）运作一个扩建工程——50 万 t 产能的冷结晶项目，将于 2009 年下半年建成，计划于 2010 年年中开始投入生产。从中长期来看，APC 要进行第二项扩大产能的可行性研究，计划增加产能 40 万 t。

2. 以色列

2008 年以色列 ICL 死海工程公司（DSW）宣布在索多姆（Sodom）的一系列钾盐扩能计划。DSW 计划于 2009 年完成 25 万 t 的产能扩建计划。二期工程将于 2010/11 年进行。一个 100 万 t 产能目前已开始建设，将于 2015 年完成。ICI—DSW 的生产能力到 2013 年将扩大 14%，达到 410 万 t（KCl）。

（五）拉丁美洲

该地区生产氯化钾、硫酸钾和硝酸钾。今后 10 年，将有几个新的钾盐工程投产，包括在巴西和阿根廷的 3 个新的溶解法生产矿山。另外，在阿根廷、巴西和秘鲁还有几个勘探工程。

1. 巴西

巴西的淡水河谷公司正在塞尔希培州（Sergipe）地区积极推进其“光卤石工程”，即将于 2015 年投产的 120 万 tKCl 溶解采矿项目。同时 Vale 公司还在对分别位于阿根廷的门多萨省和内乌肯省的两个钾盐矿床进行可行性研究。后者项目规模计划为 120 万 t，为溶解开采。2009 年，在巴西北部和东部地区已探明新的钾盐矿床。在巴西东部的亚马孙地区及巴伊亚和圣埃斯皮里图州等已发现了几个大型钾盐矿床。在巴西北部的亚马孙（Amazonian）矿床钾盐储量约为 10 亿 t。已有几个公司目前正对亚马孙地区的钾盐进行可行性研究。

2. 智利

SQM公司在2009～2011年间将分两期扩大30万t的KCl产能，到2012年，总产能将接近100万tKCl。位于新维多利亚（Nueva Victoria）的30万t硝酸钾新装置计划于2010年下半年建成。SQM计划最后将其产能扩大到220万t；2008年，该公司的环境评价研究报告已由政府通过。2015年后，有几个公司在考虑阿卡塔玛钾盐矿的开采。

2010年5月，智利一家矿业公司就其属下马里昆加盐矿开发一事发布私人招标邀请：该矿位于智第三大区塔拉帕卡（Tarapacá）的马里昆加（Maricunga）盐湖，海拔3750m，面积1438hm^2，距最近的城市、港口和机场均不到200km，内含锂、钾、硼等多种矿物质（可提供矿权证明及专业机构近期出具的地勘报告）。

3. 阿根廷

近期开始建设一个绿色钾盐项目。2009年初，巴西的Vale公司获得了力拓公司在阿根廷的钾盐采矿权，包括科罗拉多河钾盐矿（Potasio Rio Colorado）的储量。此项目分两期进行溶解开采，首期240万tKCl产能将于2012年投产，随后产能扩大到430万t。此项目地点位于布宜诺斯（Buenos）机场西南约1000km处，2009年开始建设，2013年建成投产。

2008年10月，美国玛丽菲尔（Marifil）矿业有限公司签署了一项协议，将K-2钾盐矿出售给加拿大Oxbow控股钾盐公司。据悉，K-2位于阿根廷内乌肯（Neuquen）盆地，面积99964hm^2，该钾盐矿床覆盖面积超过200km^2。根据双方协议，位于美国华盛顿的Marifil公司将获得1350万股Oxbow股份，占公司总股份的67.5%。Marifil还将获得75万美元现金，以及分两次支付的500万美元现金，并且公司保留该矿4%钾盐销售特权，有关人事声称未来K-2钾盐矿床将会提供大量的钾盐资源。

（六）非洲

刚果（布）的麦格矿产公司（MagMinerals Inc.）（加拿大MagIndustries Corp.的子公司）拥有奎卢（Kouiliou）钾盐矿25年的采矿权，位于黑角深水港东16km，公司报告证实储量1790万tKCl，其中可能储量310万tKCl。光卤石推断资源1.85亿tKCl当量。此矿计划实现生产能力120万t/a，最初的生产能力将达到60万t/a。一期工程将于2012年开始生产，二期工程将于2015年投产。Kouilou钾盐工程开采的是光卤石矿，其埋藏深度是450～800m。

第二个公司宣布计划在MagMinerals公司的同一地区开发一个钾盐矿。刚果钾盐公司（Congo Potash Co.）成立在加拿大，2008年9月完成了一个采矿许可从一个刚果公司的移交，准备2013年开始生产。2009年10月22日，刚果（布）钾肥厂项目建设工程启动，萨苏总统在黑角市以北25km处参加了钾肥厂项目建设工程启动仪式。整个项目投资为10亿美元，创造就业4000个岗位。2009年建设项目的准备工程已经开始实施，计划打井50眼，其中的20眼已经打出，据介绍，当地生产钾肥所需原料光卤石总储量估计为8000亿t，可供开采100年。钾肥厂在30年里，年产钾肥120万t。它建成投产后，刚果（布）将成为非洲最大的钾肥生产国，世界排名第十三位。

三、用途和消费

世界钾盐产量约93%用于生产化肥，其余用作化工原料。钾肥主要有氯化钾、硫酸钾和钾镁复合肥3种，都是农作物生长所必需的养分之一。其中氯化钾用量最大，占钾肥总用量的90%以上，它广泛适用于粮食、棉花、豆类等作物；硫酸钾占钾肥用量的4%～5%，主要用于麻类、烟草、甘蔗、甜菜、柑类水果等经济作物。化工用钾也主要是氯化钾，它是生产其他钾化合物的主要原料。从长期来看，世界钾盐销售呈增长趋势，这种趋势已延续了20多年，还将继续延续，原因在于巴西、印度、东南亚、中国等发展中国家人口的增长需要更多的食物。

2008年第4季度开始的全球经济不景气、较高的钾肥价格和疲软的需求，使世界钾肥市场萎缩，一直延续到2009年以至2010年上半年。世界钾盐需求的疲软使生产和贸易受到影响，另外，2009年上半年钾盐价格在700美元/t以上，但农民推迟购买，直到价格进一步下降。由于需求不旺，一些公司临时关闭矿山，使2009年世界钾盐产量比2008年降低近1000万t。这只是暂时的，阻挡不了世界钾肥需求的长期增长。

据IFA报道，2007～2008年度世界钾肥消费量约为2870万t，2008～2009年度估计为2310万t，比上年减少19.8%，预计2009～2010年度为2200万t，比上年减少4.5%，2010～2011年度为2500万t，比上年增长13.5%。而2008年、2009年钾肥供应量分别为3600万t、3800万t，2010年预计达到3900万t，近几年世界钾肥供给量比需求量多1000万t左右。

自2005年起中国钾肥消费量超过美国成为世界第一，美国第二，巴西第三。中国是钾盐消费较多的国家，由于自2008年第四季度开始，世界经济全面进入经济危机，我国钾肥在2008年的消耗随之大幅度下降，随着经济危机继续向纵深发展，2008年中国钾肥视消费量为588.2万t，比上年减少30.14%；2009年钾肥视消费量上升到为666.7万t，比上年增长13.35%，但由于中国国内钾肥产量的快速增长，近两年中国钾盐消费的对外依存度呈下降趋势，分别为55.13%，51.9%，预计2010年，我国的钾盐消费量略低于上年水平。国内缺口虽有所减少，但仍将徘徊在50%左右。

北美地区，美国是主要的钾盐消费国，2008年，美国自产钾盐110万t（K_2O），与上年持平，出口22.2万t，进口580万t，初步估计钾盐视消费量近667.8万t，比上年增长13.75%，估计2009年钾盐产量84万t（K_2O），出口量14.2万t，进口量240万t，净进口需求依赖度从上年的84%降为73%；美国钾盐销售量的85%用于化肥工业，其余用于化学工业。钾盐产量的60%是氯化钾，其余的是硫酸钾镁和硫酸钾等。

加拿大虽然是世界上最大的钾盐生产国，产量占世界的30%多，但其供国内的消费量仅占产量的4%～6%，所产钾盐主要供应给其他国家。2007年产量1110万t（K_2O），出口约1080万t，2008年产量估计是1100万t。

四、贸易和市场

世界钾盐生产只有13个国家，而消费则有160多个国家或地区，80%的钾盐是通过外贸销售的。

表3　2008 年世界各地区钾盐产量和消费量比较　　单位：万 t（KCl）

地　区	北美洲	欧　洲	独联体国家	中　东	亚　洲	非　洲	拉丁美洲	大洋洲
产　量	1820	620	1790	570	330		140	
消费量	910	710	320	80	2140	60	940	60

据 IFA 统计，2008 年世界钾盐总的贸易量下降 6.3%，相当于 5250 万 tKCl，其中总的出口量占总贸易量的 78%，国内销量占 22%。2008 年国内销量增长了 3.4%，为 1130 万 tKCl。2008 年世界钾盐出口量是 4120 万 tKCl，比 2007 年下降 8.6%，加拿大、俄罗斯、白俄罗斯、德国、以色列和约旦 6 个国家钾盐出口量约占全球总贸易量的 97%。加拿大出口 1740 万 t（实物量，主要是 KCl，下同），俄罗斯出口 900 万 t，白俄罗斯 730 万 t，德国 500 万 t，以色列 340 万 t，约旦 170 万 t。多个国家或地区的进口量下降显著（除南亚和印度外），印度的钾盐进口量提高了 58%，达到了 620 万 tKCl 的创纪录水平。

2009 年，全球钾盐的贸易情况不好，由于巴西、中国等几个主要消费国的大量库存，使得年初的进口受到重创，生产者的钾盐储备保持较高的水平，许多买主持观望态度，等待价格下降。少数国家需求情况比较稳定，2010 年上半年世界钾盐贸易形势稍有好转。

估计世界需求量将增加到 2012 年的 6100 万 t，中国仍将是世界最大的钾盐消费国，增加的产量将全部供应国内市场，其他国家增加的产量可以供应全球市场。

中国钾的实物进口量降为世界第二，2009 年美国进口钾盐 240 万 t，恢复到世界第一位，中国进口钾盐 220.88 万 t（实物量），比上年降低 59.42%，出口 40.69 万 t，比上年增长 138.65%。俄罗斯一直是我国钾盐和钾肥最大的进口源，占全国钾盐和钾肥进口总量的 33.4%。白俄罗斯取代加拿大成为我国进口钾盐和钾肥的第二大来源，进口占全国的 25.36%，德国第三，占 15.31%，加拿大第四，占 11.5%。

今后几年，美国对钾盐的需求增速将放缓，其普通农业需求增加，而生物能源加工需求降低。美国从 2005 ~ 2008 年进口钾盐 86% 来自加拿大，5% 来自白俄罗斯，1% 来自德国，1% 来自俄罗斯，7% 来自其他国家。

2009 年白俄罗斯钾肥生产联合体全年出口钾肥 294.8 万 t，2008 年出口 648 万 t，2010 年，计划出口 490 万 ~ 550 万 t。

2009 年白俄罗斯钾肥出口公司（“乌拉尔钾肥”和“白俄罗斯钾肥”两家生产企业的合资出口公司）销售氯化钾 480 ~ 490 万 t，根据白俄罗斯统计委员会公布的数据，2009 年 1 ~ 10 月白俄罗斯出口钾肥 144.07 万 t，出口数量同比下降 58.8%。平均价格为 809 美元/t。

2009 年是令钾盐生产者失望的一年，钾盐价格快速下降，2010 年 1 月，从 1000 美元/t 的最高点陡然降至 350 美元/t。全球经济危机使肥料需求明显降低，钾肥尤其明显（图 1）。

近两年世界钾盐价格快速下降，以萨斯喀彻温国际市场钾肥期货价格为例，2009 年上半年世界钾肥价格呈下降趋势，5 月现货价降至 595 ~ 765 美元/t。2009 年 1 月标准级钾肥期货从上年的 700 ~ 800 美元/st 降到 500 ~ 530 美元/st 多，2010 年 2 月降至最低点 400 美元/st，而后，从 4 月开始缓慢上升（表 4）。

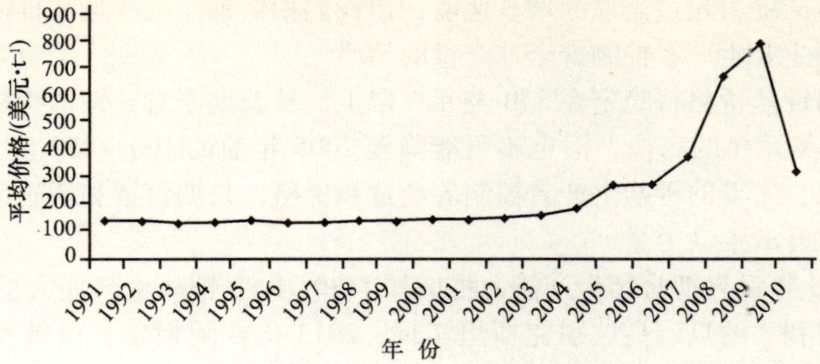

图 1　世界钾肥价格变化图

（资料来源：美国地调局）

表 4　萨斯喀彻温国际市场钾肥期货价格　　单位：美元/st

规　格	2007 年 10 月～2008 年 1 月	2008 年 2 月～2008 年 6 月	2008 年 7～12 月	2009 年 1 月	2009 年 11 月～2010 年 1 月	2010 年 2～3 月	2010 年 4 月	2010 年 5～6 月
标准级	200～205	400	700～800	500～530	455～490	400～430	415～430	420～440
粗粒级	205～210	410～420	788～800	500～530	450～480	405～440	415～440	420～440
细粒级	210～215	420～430	700～800	505～535	450～480	400～430	420～435	425～440

注：钾盐价格为 60% 的 K_2O 萨斯喀彻温散装、离岸价；1 吨（t）相当于 1.102 短吨（st）。

资料来源：Industrial Minerals，2007～2010。

五、展　　望

食品价格的反弹显示食物需求的增加，以至于化肥需求的增加。我们相信发展中国家食品需求的增加将长期拉动钾盐的需求，钾盐是化肥的基本要素，是不容易被替代的。

2010 年前两个季度，全球经济已经开始复苏，这对钾盐工业发展是有利的，2010 年 1 月，Agrium 宣布计划增加投资，扩展其 Vanscoy（萨省）和 Otthon 钾盐矿山的生产计划，同月必和必拓公司宣布计划以 3.41 亿美元获得 Athabasca 钾盐矿，同时以 2.4 亿美元开发 Jansen（萨省）钾盐项目；加拿大钾盐公司在 2010 年 1 月比上年 8 月出售了更多的钾盐。预计从 2010 年起，钾肥需求将恢复，销售较强劲。将促使钾盐工业增加产量和开工率。拉丁美洲、北美洲、东南亚进口反弹，南亚进口维持现状，欧洲和大洋洲有可能增加需求，中国近期需求变化不确定。预计，2010～2013 年世界钾盐的需求增长率仍保持在 4%。

虽然世界钾盐资源基础雄厚，但新矿取得将会很昂贵，而且建矿需要较长的时间。如钾盐公司估计其将花费 28 亿开发一个产能 200 万 t 的钾盐矿，而且至少需要几年的时间。

尽管人们希望生产能力超过需求的增长速度，但我们相信钾盐的产量和价格将受主要的生产者影响，因为三要生产者控制着全球产量的70%。

预计短期内钾盐价格将稳定在350美元/t以上。从长期来看，钾盐价格将不会上升到2008年的1000美元/t的高位，但也不可能降至2005年前的100~150美元/t的低价位，因为需求在增长，主要的钾盐生产者控制着产量和价格，长期订货和新建项目的高成本等成为钾盐价格上升的推动力量。

预计到2013年世界钾盐年生产能力将增加1430万t。钾盐生产能力扩展，有望2010年在加拿大、智利、约旦、乌兹别克斯坦实现，2013年在阿根廷、白俄罗斯、巴西、老挝和俄罗斯实现。

到2011年，世界钾盐需求量增长率将恢复到一个比较高的水平，但同时大量新增钾盐产能也将显现出来。从2011年以后，全球钾盐供大于需求，显现出过剩量增加，2013年过剩量将占到世界需求量的26%左右。2008~2013年间，潜在的过剩量将在900万~1200万tK_2O之间。今后5年内全球钾盐将不会短缺。

主要参考文献

［1］2009~2013年 世界钾盐供应及供求平衡情况［J］. 中国钾盐工业，2009，(3)

［2］亓昭英. 世界钾盐资源概述［J］. 中国钾盐工业，2008，(1)

［3］Stephen M. Jasinski. Potash. U. S. Geological Survey. Minerals Yearbook，2008

［4］Stephen M. Jasinski. U. S. Geological Survey. Mineral Commodity Summaries，2010

［5］Luc M. Maene. Director General IFA. Global Fertilizer Supply and Demand Outlook for Fertilizers and Raw Materials/Intermediates Annual Seminar，3~5 December 2009

［6］Industrial Minerals［R］. IM Prices. Industrial Minerals，2001~2009

［7］2009 Overview of Potash Corp. and Its Industry［R］. Potashcorp

［8］2006 Summary Annual Report［R］. Potashcorp

硼

张　迪

硼矿产品市场较为成熟，多年来均保持稳定增长。2008 年世界硼矿石产量约为 435.0 万 t（不含美国），比上年（422.0 万 t）增长了 3.08%。玻璃工业、陶瓷工业、洗涤剂和农用化肥是硼的主要应用领域，约占全球硼消费量的 3/4。亚洲、北美和欧洲是硼矿产品的主要消费市场，2008 年亚洲市场仍保持较高的增速，欧洲市场增长较为稳定。

一、储量和资源

世界硼矿储量约 1.7 亿 t，储量基础约 4.1 亿 t（B_2O_3）。土耳其、俄罗斯、美国和中国硼矿资源丰富，四国的储量约占世界总储量的 97.06%（表 1）。

表 1　世界硼矿储量及储量基础　　单位：万 t（B_2O_3）

国家或地区	储　量	储量基础	国家或地区	储　量	储量基础
土耳其	6000	15000	秘　鲁	400	2200
美　国	4000	8000	阿根廷	200	900
俄罗斯	4000	10000	伊　朗	100	100
中　国	2500	4700	世界总计	17000	41000

资料来源：Mineral Commodity Summaries，2008。

世界硼矿集中分布在环太平洋和地中海构造带内，矿床类型主要有火山沉积型、古代盐湖沉积型和现代盐湖型。

土耳其的硼矿资源储量居世界首位，硼矿床主要位于土耳其西北部的埃梅特（Emet）、克卡（Kirka）和比加迪克（Bigadic），均为新近纪构造火山沉积型，含硼矿物主要为硬硼钙石、钠硼解石和天然硼砂。矿石品位高者可达 37% ~42%（B_2O_3 含量），低者亦达 26% ~27%（B_2O_3 含量）。

美国的硼矿资源集中分布在加利福尼亚南部，主要产地为克拉默（Kramer）、死谷地区和西尔斯湖。克拉默和死谷的硼矿矿床与土耳其类似，为第三纪（古、新近纪）火山沉积型，主要硼矿物为硼砂、四水硼砂，其次为钠硼解石和硬硼钙石，矿石品位为 25%（B_2O_3）。西尔斯湖硼矿为第四纪盐湖型，与我国青藏高原的盐湖硼矿相似，卤水品位为 B_2O_3 含量 1% ~1.2%。

南美洲的硼矿资源主要分布在安第斯高原，以干盐湖型矿床为主，时代为第四纪和第三纪（古、新近纪）。目前已知 40 个硼矿床，规模较小，含硼矿物主要为钠硼解石和硼砂，品位平均为20%（B_2O_3）。

俄罗斯的硼矿储量主要集中在雅库特南部的矽卡岩硼矿。此外，在塔约扎诺耶（Tayozhnoye）还分布有铁硼矿床，主要硼矿物为硼镁铁矿，还含有磁铁矿和阿斯坎石（ashanite，蒙脱石磷矿物）等矿物。

中国的硼矿类型以沉积变质型和盐湖沉积型硼矿为主，其余为矽卡岩型和地下卤水型，沉积变质型和盐湖沉积型硼矿二者合计占全国总量的88.83%。产于沉积变质型矿床中的硼镁石型矿石是我国主要工业硼矿源。我国各类硼矿品位低，沉积变质型硼矿平均品位（B_2O_3）为8.4%，青藏盐湖沉积型硼矿（固体）平均品位（B_2O_3）为6.1%。我国硼矿资源大部分集中在辽宁、西藏、青海及湖北等4个省（区），这4个省（区）硼矿查明资源储量超过全国总量的98%，其余的储量多为小矿，零星分布于湖南、吉林、江苏、内蒙古、黑龙江及新疆等地。

二、生　　产

2008年世界硼矿产量估计为435.0万t（不含美国），其中，土耳其硼矿产量为200.0万t；阿根廷78.6万t；智利58.3万t；俄罗斯40.0万t；秘鲁35.0万t。美国地调局对秘鲁自2005年以来的产量加以修订，详见表2。土耳其埃蒂矿山集团（Eti Mine Works，Eti maden İşetmeleri Genel Müdürlüğü）和英国力拓工业矿物[1]（Rio Tinto Minerals，RTM）公司是世界最主要的硼矿产品生产者，据公司年报显示，2008年ETI的产量是72.99万t（B_2O_3含量），RTM的产量是61万t（B_2O_3含量），二者合计133.99万t（B_2O_3含量），占世界总产量的68%，据此推算，2008年世界硼矿产品产量为197万t（B_2O_3含量）。根据美国在整个市场中的份额推测，2008年美国生产硼矿产品57万t（B_2O_3含量）。2008年世界硼矿产品产能估计214万t（B_2O_3含量），其中：欧洲36%，美国33%，南美16%（智利、阿根廷、秘鲁和玻利维亚），亚洲15%（俄罗斯、中国和印度）。

2008年埃蒂矿山集团共生产产品72.99万t（B_2O_3含量），比上年增长6%。埃蒂矿山集团已经完成国有化改造，对土耳其的硼矿实行垄断经营，在土耳其西部的比加迪克（巴勒克西尔省）、埃梅特（屈塔希亚省）、科斯特里克（Kestelek，布尔萨省）开采硬硼钙石和钠硼解石，在克卡（Kirka，厄斯其色希尔省）和班德玛（Bandirma）的加工厂，生产精炼硼化合物产品（表3）。销量逐年增长。2008年ETI共销售产品150万t，比上年增长10%，若以B_2O_3含量计算共销售产品68.4万t，比上年（63.01万t）增长9%。市场份额稳步提升，2008年在世界硼矿市场中的份额占到36.4%，比上年增长了0.4个百分点。投资持续增长，产能迅速扩张。2008年完成投资并开始运行的项目包括建于班德玛的十水硼砂厂扩建和氧化硼加工厂，以及建于克卡的克卡无水硼砂加工厂建设。2009年投资力度仍然很大，包括埃梅特硼酸扩建、班德玛十水硼砂厂扩建、班德玛氧化硼加工厂、克卡第四期五水硼砂加工厂和比加迪克破碎硬硼酸钙石加工厂等。硼精细化工产品

---

[1] 为了有效开展工业矿物业务，2006年力拓集团成立了力拓工业矿物公司（Rio Tinto Minerals，RTM）和力拓铁钛公司（Rio Tinto Iron & Titanium，RTIT）。其中，RTM负责硼酸盐、滑石和盐的生产和研发；RTIT负责二氧化钛的生产。

表2　世界硼矿产量　　单位：万 t（矿石，毛重）

国家或地区	2004 年	2005 年	2006 年	2007 年	2008 年[e]
土耳其①	158.8	195.3	194.8	212.8	200.0
美　国	121.0	114.8[r]	W	W	W
阿根廷	82.1	63.3	53.4	67.0[r]	78.6
智　利，硼钙钠石	59.4	46.1	46.0	52.8	58.3
俄罗斯②,e	50.0	40.0	40.0	40.0	40.0
秘　鲁	1.0	12.0[r]	19.1[r]	23.4[r]	35.0
中　国③,e	13.5	14.0	14.5	14.5	14.0
玻利维亚，硼钙钠石	6.8	6.3	5.0[r]	8.0[r]	5.6
哈萨克斯坦[e]	3.0	3.0	3.0	3.0	3.0
伊　朗，硼砂	0.2	0.2[e]	0.2[e]	0.2	0.2
世界总计（取整）	496.0	495.0[r]	376.0[r]	422.0[r]	435.0

注：e 为估计数字；r 为修订数据；W 为保密数据，不计入总产量。①精矿；②多种硅灰硼石矿石的混合，含 8.6% B_2O_3；③ B_2O_3 含量。

资料来源：U. S. Geological Survey Minerals Yearbook，2008；Eti Mine Works General Management Annual Report，2008。

表3　土耳其主要硼矿产品和产能

地　点	产　品	产　能/（万 $t \cdot a^{-1}$）	
		硼精矿	精炼硼
克　卡	粗硼砂	200.0	
	五水硼砂		60.0
班德玛	十水硼砂、五水硼砂、硼酸、氧化硼、过硼酸钠		24.0
比加迪克（Bigadiç）	硬硼酸钙石、硼钠钙石	65.0	
	破碎硬硼酸钙石		30.0
埃梅特	硬硼酸钙石	100.0	
	硼酸		12.0
科斯特里克	硬硼酸钙石	10.0	

资料来源：Eti Maden Annual Report，2008。

和同等产品（boron chemicals and equivalent products）2008 年产能 131.2 万 t/a，2009 年投资完成后将达到 136.5 万 t/a，2013 年目标产能 215.8 万 t/a。为了扩大产品的应用范围，土耳其启动了硼矿推广行动，通过研发新产品拓展新用途。土耳其硼研究所（The Boron Institute of Turkey）不断向大学和研究中心提供资助以开展各种项目。到目前为止，较为成功的项目包括在地板瓷砖中添加硼酸；在强化水泥产品中添加硼，这种方式使水泥的使用期延长了一倍。其他比较成熟的应用还包括：用于防治蛋鸡骨质疏松症；用作榛子、猕猴桃、糖甜菜和西红柿的肥料；用于燃料电池生产，燃料电池不仅能量转化效率高，而且环境污染小；生产环境友好型电池；添加了硼的钢材，提高了钢的淬透性，提高了耐热钢的蠕变强度，改善了高速钢的红硬性和刀具的切削能力；用于乳腺癌的治疗。

美国主要有四家公司从事硼矿开采加工，2008 年仅有美国硼砂公司（US Borax Inc.）、西尔斯河谷矿物有限公司（Searles Valley Minerals，简称 SVM）进行生产，美国硼酸盐公司（American Borate Co.，简称 ABC）和福特肯迪矿物公司（Fort Cady Minerals Corp.）处于停产状态，2008 年度的产量数据仍然不对外公布。美国硼砂公司，RTM 全资子公司，产品范围广泛，包括各种精制工业用硼酸盐制品和特种硼酸盐制品，主要利用来自美国加利福尼亚莫哈韦沙漠的博伦的硼矿石和阿根廷萨尔塔的盐水进行生产，总生产能力达 66 万 t/a（B_2O_3）。RTM 是世界最主要的硼化合物供给者，产量超过世界硼化合物总产量的 40%。2008 年美国硼砂公司生产硼化合物产品 59.1 万 t，比上年（53.8 万 t）增加 5.3 万 t，增长了 9.9%。该公司总部设在加利福尼亚州巴伦西亚，在加利福尼亚博伦（Boron）开采硼酸盐矿石，所属矿权地是世界上最大的精炼硼化合物产品生产地。开采的矿石在位于矿山附近的精炼厂加工成硼酸钠或者硼酸产品。矿山原地加工厂同时生产无水硼酸盐和硼的氧化物。精炼产品通过铁路、公路运往北美，或者运往位于洛杉矶港口的美国硼砂威尔明顿（Wilmington）工厂，通过这里销往国外。除了位于威尔明顿的加工厂和码头仓库，美国硼砂公司在加拿大瓦伦西亚（Valencia）设立了全球总部，在加拿大欧文斯（Owens）湖还拥有一处天然碱矿山，为博伦精炼厂供应原料，从而实现了对用于精炼硼化合物加工的天然碱供应的控制。截至 2008 年底，博伦硼矿探明储量 1420 万 t，概略储量 710 万 t，确定资源量 530 万 t，推断资源量 10 万 t。西尔斯流域矿物有限公司以西尔斯（Searles）湖为基地生产硼砂和硼酸产品。西尔斯湖位于加利福尼亚州圣贝纳迪诺（San Bernardino）县特罗纳（Trona），盐层位于地下 100m 深处，SVM 对这些盐层经过精心的挑选，开采后的盐水送往特罗纳附近的加工厂提炼。这些盐水还可以提供硼酸钠和硼酸等副产品。福特肯迪矿物公司正努力争取对位于加利福尼亚州赫克托（Hector）附近的硼酸盐矿山的开采许可，根据加利福尼亚自然保护局的规定，其位于纽贝里斯普林斯（Newberry Springs）的硼酸钙矿山 2008 年可局部开采，但海明斯特殊化学公司（Elementis Specialties Inc.）正考虑购买该矿山未来的经营权。美国硼酸盐公司所属的比利矿山（Billie Mine），作为死谷国家公园最后一座正在开采的矿山于 2008 年关闭，美国硼酸盐公司继续通过工业矿物公司（Industrial Minerals Co.）进口土耳其硼钠钙石和硬硼酸钙石，在位于弗吉尼亚州切萨皮克（Chesapeake）和南卡罗来纳州布莱克斯堡（Blacksburg）的加工厂进行生产。

从事硼矿开采加工的国家还有南美的阿根廷、智利、秘鲁、玻利维亚以及俄罗斯、哈萨克斯坦、中国等。南美洲的硼酸盐矿山主要位于普纳（Puna）地区，包括阿根廷的西北角、秘鲁的东南角、玻利维亚的东南角和智利的东北端。

阿根廷是南美硼矿产品的主要生产国。阿根廷硼砂公司（Borax Argentina S. A.），RTM 子公司，是阿根廷国内最大的硼矿产品生产者，其产品出口到美国。2008 年阿根廷硼砂公司生产 1.9 万 t 精矿，与上年产量一样。阿根廷硼砂公司开采位于萨尔塔省的廷卡拉玉（Tincalayu）矿床和西杰斯（Sijes）矿床（海拔超过 4270m）、位于胡胡伊（Jujuy）省的萨拉尔克哈瑞（Salars Cauchari）盐湖和贾比罗（Diabillo）盐湖的两处干盐湖矿床（海拔 3370m）。廷卡拉玉矿山，开采于 1976 年，是阿根廷最大的露采矿山，长 1.5km，宽 500m，深 100m。具有商业开采价值的硼矿石包括硬硼酸钙石、水氟硼酸（hydroborocite）、四水硼砂、粗硼砂和硼钠钙石，产能约为 10 万 t/a。圣丽塔矿物公司（Minera Santa

Rita S. R. L. ，MSR）开采位于卡塔马卡省（Catamarca）、胡胡伊省和萨尔塔省的矿山，以及经营位于坎波奎加诺（Campo Quijano）的硼酸加工厂，公司生产用于特殊用途的衍生产品，如颗粒级的十水硼砂和五水硼砂，技术级硼酸粉，以及各种品位和规格的自然硼矿物。目前，MSR 精炼硼酸盐产品产能超过 5 万 t/a，预期达到 7.5 万 t/a，在完成流床系统（flow bed system）之后，可以增加生产干硼酸的效率。MSR 还宣布了一项同萨尔法有限公司（Sulphaar S. R. L. ）之间签署的为坎波奎加诺硼酸加工厂供应硫酸的永久供给协议。胡胡伊省的其他硼矿产品生产者包括，阿根廷普罗西萨多拉（Processadora）硼砂公司，开采位于普纳地区东北部洛马布兰卡（Loma Blanca）的硼酸盐矿，同时经营着一家位于胡胡伊省帕尔帕拉（Palpala）的加工厂，产能为 5 万 t/a。加文达矿物公司（Cia Minera Gavenda S. A. ），生产硼化合物，矿山为位于萨拉尔克哈瑞盐湖的伊努恩达达（La Inundada）矿山，为 1m 厚的硼钠钙石层，品位为 11% ~35%（B_2O_3 含量）。特里波罗矿物公司（Triboro S. A. ），开采的矿山是伊雷内（Irene）矿山，主要矿物为 B_2O_3 含量 11% ~35% 的硼钠钙石。以及产能 4800t/a 的洛斯安第斯制造公司（Manufacturas Los Andes S. A. ）和产能 5 万 t/a 的 Ulex S. A. 。此外，在安第斯高原的盐湖周围还聚集着大量的小生产者进行断断续续的生产。近年来由于亚洲和北美地区用于陶瓷和玻璃的需求增加，阿根廷的硼酸盐和硼酸产品的产量也相应提升，但是 2007 年矿产品出口的税收优惠政策被取消无疑会阻碍部分国外投资的进入。

智利是南美的第二大生产国。智利硼矿产品生产者都位于智利东北部，世界最大的硼钠钙石矿产地之一，生产能力最高的地区是位于安托法加斯塔（Antofagasta）的阿斯科坦盐沼（Salar de Ascotan）。吉米卡硼砂公司（Quiborax）是智利最大的公司，年产硼钠钙石原矿 45 万 t，硼酸产能 8 万 t，颗粒级硼钠钙石 4 万 t。Quiborax 被国家林业局（CONAF）要求停止在苏里雷盐沼（Salar de Surire）自然保护区内的一切经营活动，因为这会危及智利最重要的火烈鸟栖息地，一项制定于 1989 年的法令禁止在火烈鸟栖息地 3000m 范围内进行任何采矿活动。国家林业局还督促国家环境委员会（CONAMA）正式要求 Quiborax 开展环境影响研究。

玻利维亚主要开采位于安第斯高原以硼钠钙石以及伴生粗硼砂为主的矿床，这是玻利维亚最重要的硼酸盐矿床，主要由一些小的生产者联合开采。玻利维亚政府和智利工业矿物生产者吉米卡硼砂公司之间对采矿权的争夺，在 Quiborax 运输硼酸盐的铁路被封锁后做出让步，撤出乌尤尼盐湖（Salar de Uyuni）。玻利维亚国有矿业公司（Corporación Minera de Bolivia，COMIBOL），正在寻找机会开发乌尤尼湖平原，目标年产硼酸 2 万 t。

俄罗斯已知硼矿矿床三处，目前仅开采了位于普里莫尔斯克（Primorsk）的波尔（Bor）矿床，俄罗斯生产的硼酸盐主要出口中国、日本和韩国，只有 10% 的产品用于国内。波尔化工矿产公司（Bor Mining Chemical Co. ）是俄罗斯唯一的生产者，年产硼酸 12 万 t，开工率可达 92%，2008 年 1 月，公司宣布已建成高纯度三氯化硼加工厂，这将扩大原有产能。

位于哈萨克斯坦西部的萨迪莫拉（Satimola）硼酸盐矿床，现在由英国 Borates PLC 开发。矿床距里海港口阿特劳（Atyrau）约 220km，距马卡特（Makat）邮政火车站（mail railhead）210km，项目计划每年生产 75000t 硼酸，年产 5000t 硼钠钙石-硼氢化物，年产 25000t 无水硼酸。如果能在当地找到天然碱资源，也能生产硼酸钠。

在塞尔维亚和黑山地区（Montenegro），位于塞尔维亚南部的皮斯堪加（Piskanja）硼酸盐矿床的矿权白力拓工业矿物公司获得。然而，埃林创投公司（Erin Ventures Inc.）认为他们持有同塞尔维亚国家电力公司（Elektroprevreda）的开采矿床的合资合同，正在寻求资金补偿和财产权。塞尔维亚矿业部门和Erin Ventures已经同意讨论并提出可能的解决方案。

印度完全依赖对中国、土耳其和美国的硼酸盐进口用来满足国内需求。印度的硼精细化工产品包括硼酸、碳化硼、铁硼合金和过硼酸钠。印度的主要硼酸生产者，印度硼酸和化工品有限公司（Indo Borax & Chemicals Ltd.），经营着位于孟买东北部的皮萨姆浦尔（Pithampur）、中央邦（Madhya Pradesh）的硼砂和硼酸加工厂。

中国硼矿原矿产量97.76万t，硼砂产量31万t。辽宁省是中国最主要的硼砂生产基地，占中国总产量的90%左右。

三、用途和消费

硼矿是一种用途广泛的化工原料矿物，主要用于生产硼砂、硼酸和硼的各种化合物以及元素硼，是冶金、建材、机械、电器、化工、轻工、核工业、医药、农业等部门的重要原料。目前硼的用途超过300种，其中玻璃工业、陶瓷工业、洗涤剂和农用化肥是硼的主要用途，约占全球硼消费量的近九成。其中，玻璃61%，陶瓷14%，清洁剂7%，化肥6%，其他12%。

玻璃是具有不同成分的熔融石英材料的总称，在玻璃生产过程中，氧化硼主要起助熔的作用，同时还有助于形成具有高化学耐久性、低热膨胀和低导电性的玻璃制品。玻璃纤维大部分用于增强塑料，同热硬化性物质如环氧、聚酯、乙烯酯类混合起来形成化合物。硼硅酸盐玻璃具有较高的抗热冲击强度和表面硬度、良好的抗酸抗碱性和抗水解性，可以抵抗空气中的水蒸气，甚至含液态酸或碱的水的侵蚀，硼硅酸盐技术玻璃的种类目前很多，现已成熟使用的有：照明器材，实验室器皿，炊具，医疗器具和液晶显示屏。高达30%的硼硅酸盐玻璃用于装填强放射性核废料。法国、德国、日本、英国、美国等国家在清理防御阵地时，着重运用玻璃工艺固定污染物。包住废料的玻璃再裹上镍合金，使废料在处理、暂时储存和运输过程中免于受到化学变化或者物理性应力的影响。高硼熔块，熟化快，形成光滑釉面的速度快，甚至可以增加玻璃表面的亮度、有利于着色。对于陶瓷和搪瓷的玻璃表面，氧化硼起到了助熔剂和网络形成体的作用。硼玻璃主要用于建筑业，由于2008年建筑业的不景气，用于此项用途的硼玻璃呈下滑趋势，但是高新技术的应用呈增加势头，尤其用于电路板制造、计算机显示器和平板电视。

陶瓷是仅次于玻璃的硼化合物产品的第二大用途，硼酸盐是釉质和珐琅的重要成分，改善釉料的耐腐蚀性、抗裂性、显微硬度等性质。硼砂可增加陶瓷（如墙地砖、餐具、陶瓷器皿和搪瓷设备等）的抗压强度、耐磨性和抗化学性。由于B_2O_3对热膨胀系数的控制使得坯釉适应性提高。同时，B_2O_3也可降低熔融温度，防止失透。硼酸盐也用于工业陶瓷，即航空、弹道、电子和医学方面的应用的行业，在过去的10年中这方面的应用成长迅速。碳化硼是轻量级的陶瓷铠甲的关键成分，过去几年在这方面的应用已经提高了美国和欧洲碳化硼的消费量。

制造洗涤产品是硼的重要用途之一，过碳酸钠可以替代过硼酸钠，在某些清洁剂的成分中过硼酸盐用作高温漂白体系中的载氧体。

硼是农作物所需要的16种基本营养元素之一，是核酸、蛋白质、生长素等合成，以及花粉粒及花粉管生长必需的元素，与细胞分裂、花粉受精、养分吸收及糖分的输送等也有密切关系。硼的使用通常能提高产量，改进作物品质。

硼化物具有阻燃、耐热、高硬、高强、耐磨、催化，以及具有质轻等特性，用途广泛，新用途不断开发出来。硼酸盐可以改变氧化反应、促进“烧焦物”形成而抑制燃烧。硼酸可以有效地降低纤维素保温绝热材料、床垫中的棉花胎、木材产品的可燃性。硼酸盐是用于生产波纹纸、卡纸的淀粉胶黏剂成分之一，是生产酪蛋白和糊精黏合剂的胶溶剂。硼纤维在金属丝上沉积硼而形成的无机纤维。通常用氢和三氯化硼在炽热的钨丝上反应，置换出无定形的硼沉积于钨丝表面获得。硼纤维不易弯曲、强度高，可用作飞机和航天器的零部件。硼酸已经用于化妆品、医药品、卫生用品。硼酸盐也添加于润滑剂、制动液、金属加工液、水处理化学制品、燃料添加剂。氧化硼抑制侵蚀。以硼酸盐为基础的木材防腐剂比其他木材处理液对环境带来的影响较小。

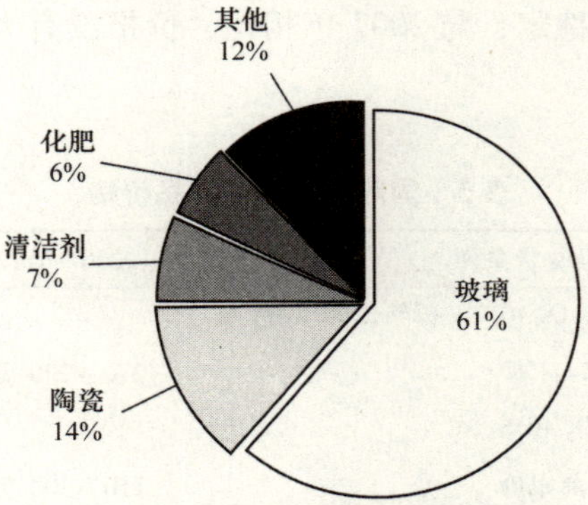

图1　2008年世界硼主要用途

四、贸易和市场

土耳其和美国是世界两个最大的硼矿产品生产国，也是两个最大的出口国。两国每年供给世界硼矿产品需求量的70%左右。土耳其的大部分产品出口，2008年ETI的产量是72.99万t（B_2O_3含量），销售产品68.4万t，销往国内4.91万t，占总销量的7.2%。主要出口地区：远东51%，欧洲32%，美国14%和中东3%。美国约有50%的产品供出口，主要是硼化合物。2008年美国出口硼酸30.3万t，其中63.1%销往亚洲，中国、韩国、日本和中国台湾是主要进口国家或地区；30.6%销往欧洲，荷兰和西班牙是主要的进口国。出口硼酸钠51.9万t，其中51.1%销往亚洲，中国、马来西亚是主要进口国家；31.5%销往欧洲，荷兰和西班牙是主要的进口国。同时，美国每年还从土耳其、智利等国进口一定数量的矿石（钠硼解石、硬硼钙石）和硼矿制品（硼砂、硼酸）用来满足国内加工生产的需要。

亚洲和欧洲是硼矿产品的主要消费地区，详见表4。

表4　2008 年世界主要地区硼消费情况

地　区	消费量/万 t	比　重/%
亚　洲	168.87	41.5
北　美	93.33	23.0
西欧和南欧	63.58	15.6
中美洲和南美洲	43.12	10.6
东　欧	22.20	5.5
中　东	5.36	1.3
北　欧	4.50	1.1
非　洲	2.81	0.7
大洋洲	2.75	0.7
总　计	406.52	100.0

资料来源：Eti Manden Annual Report，2008。

迄今硼矿产品市场比较稳定，与2007 年相比，价格没有大的波动。2008 年国际市场价格见表5。

表5　国际市场硼矿产品价格

矿产品名称、规格及交货条件		2007 年12 月	2008 年12 月
硼	土耳其硬硼钙石块矿，B_2O_3 40% ~42%，离岸价，美国/日本	270 ~290 美元/t	270 ~290 美元/t
	拉丁美洲钠硼解石，B_2O_3 40%，利马离岸价	250 ~300 美元/t	250 ~300 美元/t
硼酸盐	纸袋装（25kg），英国交货		
	无水硼砂	840 ~900 英镑/t	840 ~900 英镑/t
	十水硼砂，颗粒，技术级	400 ~450 英镑/t	400 ~450 英镑/t
	五水硼砂，颗粒，精制级	300 ~350 英镑/t	300 ~350 英镑/t
	硼酸，颗粒，技术级	350 ~400 英镑/t	350 ~400 英镑/t
	散装，加利福尼亚离岸价：		
	十水硼砂，技术级	340 ~380 美元/t	340 ~380 美元/t
	五水硼砂，精制级	400 ~430 美元/t	400 ~430 美元/t

资料来源：Industrial Minerals，2007（12）、2008（12）。

五、展　望

硼矿产品市场较为成熟，多年来均保持稳定增长，2008 年硼矿产品市场仍保持平稳。2009 年硼矿产品市场由于受到全球经济不景气的影响而有所下滑。

2008 年亚洲硼矿产品市场仍保持较高的增速，俄罗斯和东欧市场较为稳定，北美市场萎缩。由于中国、东欧、印度等硼矿产品消费的主要区域经济增长势头强劲，今后几年硼矿产品的需求应会增加。

新用途不断开发出来。随着社会进步和高新技术不断发展，含硼化合物在航空航天和国防与经济建设中的作用越来越受到人们的关注与重视，其应用范围涉及日用化工、军事装备、电子器件及光学仪器等各个领域，这不仅带动了传统硼化工产业的发展，同时也激发了硼化合物或含硼新材料的开发热情。除了传统意义上各种化工原辅料、助剂及防护材料外，近年来，含硼精细化学品在非线性光学材料、燃料电池储氢材料、电池电极材料，以及发光材料等方面的应用性能引起科学界的高度重视。

主要参考文献

[1] Eti Mine Works General Management. Eti Manden Annual Report，2008. http：//www. etimaden. gov. tr/en

[2] Export Promotion Center of Turkey. Mining. http：//www. igeme. org. tr

[3] Industrial Minerals. IM Prices. Industrial Minerals，2007，12

[4] Industrial Minerals. IM Prices. Industrial Minerals，2008，12

[5] Phyllis A. Lyday. Boron. U. S. Geological Survey，Mineral Commodity Summaries，January 2008.

[6] Phyllis A. Lyday. Boron. U. S. Geological Survey，Minerals Yearbook，2008

[7] Rio Tinto 2008 Annual Report and Financial Statements，http：//www. riotinto. com

[8] 鲍荣华. 硼矿. 见：中国矿产资源年报，2008

天然碱

郭　娟

北美、西欧和亚洲是世界三大纯碱市场，美国、比利时、中国是世界主要的纯碱供应国。美国天然碳酸钠的储量230亿t，占世界总量的95.8%，居世界第一。同时美国是世界上第二大纯碱生产国，更是世界最大的纯碱出口国。中国则是世界最大的纯碱生产国与消费国，也是国际市场上最大的纯碱出口国之一。

2008年世界纯碱产量为4550万t，其中，中国1831万t，美国1130万t。中国纯碱总生产能力约为2100万t/a左右，美国天然纯碱生产能力为1450万t。亚洲成为纯碱需求增长最快的地区，中国纯碱视消费量约1618万t，美国为573万t。美国纯碱出口量537万t，中国为213万t。受世界金融危机影响，纯碱价格从2008年四季度开始一路下跌，但全年均价同比还是涨幅很大。

一、储量和资源

目前，全世界探明的经济可利用天然碱矿仅存在于美国、墨西哥、土耳其、中国、南部非洲等少数地区，其中以美国的格林河天然碱矿最有名。世界天然碱折合成碳酸钠的储量和储量基础分别为240亿t和400亿t，其中，美国天然碳酸钠的储量和储量基础分别为230亿t和390亿t，分别占世界总量的95.8%和97.5%（表1）。

表1　世界天然碳酸钠储量和储量基础①　　　　单位：亿t

国家或地区	储　量	储量基础	国家或地区	储　量	储量基础
美　国②	230	390	土耳其	2	2.4
博茨瓦纳	4	—	乌干达	0.2	—
肯尼亚	0.07	—	其他国家	2.6	2.2
墨西哥	2	4.5	世界总计	240	400

注：①只含碳酸钠的统计，1.8t天然碱可折合成1t碳酸钠；②包括天然碱、重碳酸钠（苏打石）和片钠铝石。

资料来源：Mineral Commodity Summaries，2009。

天然碱矿床是碱矿床的总称，它指能从其矿石矿物中提取碳酸钠、碳酸氢钠（重碳酸钠）组分的一类矿床。这类矿床包括天然碱矿床、泡碱矿床、重碳酸钠盐矿床等。因主要利用其碳酸钠组分，故又称作碳酸钠矿床。

美国天然碱集中在怀俄明州的格林河（Green River）盆地和加利福尼亚州的瑟尔斯湖（Sealers Lake）。特别是格林河矿区，矿层埋藏浅，层数多（共42层），厚度大（部分超过 1.8m)，为世界第一大天然碱矿，仅此一矿就可以长期保障全球数百年的需求。

目前，中国天然碱查明资源储量约有 1.1 亿 t，全国特大型天然碱矿床有 3 处，一处在内蒙古，两处在河南桐柏县。其中，内蒙古的天然碱矿具有埋藏浅、易开采的特点，其埋藏深度在地表下 300 ~ 500m 之间。河南省桐柏县是“中国天然碱之都”，总储量达 1.5 亿 t，远景储量 3 亿 ~ 5 亿 t，占全国天然碱储量的 80%，位居亚洲第一、世界第二位，原矿价值超过 2000 亿元。按天然碱回采率 35%、年开采量 250 万 t 计，开采年限可达 40 年。如果远景储量得以确认，服务年限会更长。该县的两个大型矿区，分别是安棚碱矿和吴城碱矿。安棚碱矿构造位于南襄盆地泌阳凹陷，属内陆湖盆蒸发沉积矿床。储量位列中国 3 个大型天然碱矿之首，居亚洲第一。埋深 1300 ~ 2700m，碱矿化学成分主要为 $NaHCO_3$，Na_2CO_3，还有少量的 NaCl，不存在有害金属元素。吴城碱矿储量仅次于安棚碱矿，是中国探明的第二大天然碱矿，位居亚洲第二。埋深 1500m 左右，矿层主要组成为倍半碱，碱矿化学成分主要为 $NaHCO_3$，Na_2CO_3，上层含 NaCl 较高，为盐碱伴生矿。但这两个天然碱共同的特点是埋藏较深，开采较难。

二、生　　产

通常所说的天然碱，是指主要化学成分为碳酸钠和碳酸氢钠的一类矿物。倍半碳酸钠 ($Na_2CO_3 \cdot NaHCO_3 \cdot 2H_2O$)，是常见的典型天然碱矿物，故有时专称它为天然碱。天然碱含有多种杂质，要加工成纯净的碱类产品，首先制成碱液，而后根据碱液组成用适当加工方法制成纯碱、烧碱、小苏打等制品。例如，可以用索尔维制碱法，将天然碱液制得纯碱。

纯碱按其原料和加工方法不同分为天然纯碱和合成纯碱，前者是用天然小苏打矿石制备碳酸钠，厂商主要集中在怀俄明州格林河盆地；后者是采用石灰石和海水（盐）合成方法（主要是联碱法和氨碱法)，厂商主要在欧洲和亚洲。天然纯碱与合成纯碱相比，具有成本低、污染小等优点。

2008 年世界纯碱产量为 4550 万 t，比 2007 年增长 1.3%。世界有 30 多个国家或地区生产天然碱和合成碱，生产天然碱的国家只有 5 个，分别是博茨瓦纳、中国、埃塞俄比亚、肯尼亚和美国，其他的 25 个国家通过不同的化学方法合成纯碱（以索尔维制碱法为主)，其中天然碱产量只占世界的 28% 左右。年产量超过 100 万 t 的国家有 7 个，即美国、中国、俄罗斯、德国、印度、波兰和法国，7 国纯碱产量合计占世界的 83%。土耳其、保加利亚、罗马尼亚和乌克兰的纯碱生产能力在 100 万 t/a 左右，但不利的经济环境使得这些国家的产量都低于他们设备的设计能力。最近欧洲主要纯碱生产厂商通过并购和合资的方式，试图在未来几年改变这种形势。2008 年肯尼亚纯碱产量增长幅度稍大，中国、美国小幅增加，英国纯碱产量大幅下降，而其他国家或地区纯碱产量基本保持 2007 年水平或微降。

中国近几年纯碱工业发展较快速，自 2003 年超过美国成为世界最大纯碱生产国之后，纯碱产量逐年快速增加，2004 ~ 2008 年年均增长率高达 9.6%。近年来，中国纯碱产品结构发生了较大变化，虽然仍以轻碱为主，但重碱所占比重已经超过三分之一；食用碱则由于其使用范围和行业的限制，仍仅占很低的比重。据有关数据显示，2008 年中国纯碱行业的总产能约为2100万t，主要生产企业约56家，其中8家企业生产能力超过80万t，约占全国总能力的50%。纯碱产量为1831万t（美国矿业局估计为1852.1万t），同比增长3.3%，纯碱产量占世界总产量的40%以上，高于美国1450万t的年生产能力以及1130万t的产量。目前，中国天然纯碱产量约占全国纯碱总产量的6%～8%，天然碱产业集中在内蒙古、河南桐柏等地，具有高质量、低成本优势，具备规模化生产条件，近年来发展势头十分迅猛。

中国天然碱资源较为缺乏，纯碱生产主要是氨碱法和联碱法并存，氨碱法和联碱法均采用原盐为主要原料。2008年全国十大纯碱企业的总产量为1056万t，约占全国总产量的58%。全国十大纯碱企业中，前4家企业和青岛碱业为氨碱法企业，天津碱厂为氨碱法和联碱法企业，安棚碱业为天然碱法企业，其余为联碱法企业（表2）。全国十大纯碱企业都同时生产轻质纯碱和重质纯碱。

表2 2008年全国十大纯碱企业产能及产量 单位：万t

序号	企业名称	公司生产工艺	产量	产能
1	山东海化股份有限公司	氨碱法	214	220
2	唐山三友集团有限公司	氨碱法	187	200
3	中石化集团南化有限公司连云港碱厂	氨碱法	116	120
4	青海碱业有限公司	氨碱法	105	90
5	天津渤海化工有限公司天津碱厂	氨碱法和联碱法	91	100
6	河南金山化工集团	联碱法	82	80
7	青岛碱业股份有限公司	联碱法	72	70
8	桐柏县安棚碱矿有限责任公司	天然碱法	66	70
9	重庆宜化化工有限公司	联碱法	64	60
10	湖北双环科技股份有限公司	联碱法	59	60
	小计		1056	1070

资料来源：纯碱工业。

美国是世界第二大纯碱生产国，也是世界上最大的天然碱生产国，生产的纯碱皆为天然碱。2008年美国天然纯碱总生产能力为1450万t，同比持平。天然纯碱产量1130万t，占世界总产量25%，比2007年增长了1.8%，总价值15.2亿美元。2008年美国纯碱行业全年生产能力利用率为78%，造成美国天然纯碱生产能力利用率较低的主要原因，是美国纯碱市场近几年一直供过于求。2008年大约有245万t的生产能力仍被闲置，占总生产能力的17%。这其中，每年拥有90万t纯碱生产能力的苏威化学公司（Solvay Chemicals, Inc.），有意降低产能利用率；东方化工公司（OCI Chemical Corp.）闲置了81.6万t纯碱的生产能力；FMC公司闲置了72.6万t纯碱生产能力。一旦市场条件改善，这些关闭的生产能力将会马上投入运行。美国的天然纯碱产量主要来自怀俄明州和加利福尼亚州的5家大公司，其中4家位于怀俄明州，1家位于加利福尼亚州瑟尔斯。越来越多的国外公司开始通过并购的方式进军美国纯碱市场，2008年初塔塔化工公司（Tata Chemicals Ltd.）以10亿美元买下通用化学工业公司（General Chemical Industrial Products, Inc.）的全部股权，美国纯碱工业首次形成由国外公司主导的局面（外资占68%），在外资中，印度占4%，比利时占31%，日本占18%，韩国占17%。目前，在美国的五大纯碱生产商中，只有FMC公司的子公司——富美实（怀俄明州）公司（FMC Wyoming Inc.）是美国国内唯一的一家多元化的本土化学公司，该公司早在50多年前就开始在洛林河生产纯碱。

俄罗斯为世界第三大纯碱生产国，2008年其产量减少到280万t，比2007年减少了3.4%。

印度为世界第四大纯碱生产国，近几年印度纯碱产量一直保持不变。印度2008年纯碱产量与2007年相当，仍为150万t。近几年，印度为了满足国内玻璃工业和陶瓷工业不断增长的需求以及东南亚出口市场日益增长的需求，不断扩大天然碱生产能力。印度国内最大的纯碱生产商，塔塔化工公司和印度新德里的古吉拉特重化学品公司（Gujarat Heavy Chemicals Ltd.，简称GHCL）目前均满负荷运营。塔塔化工为印度最大的纯碱生产公司，总部位于印度孟买。纯碱工厂位于印度、英国、肯尼亚、荷兰和美国。产品出口欧洲、非洲、东南亚和中东地区；目前，古吉拉特重化学品公司正在逐渐扩大中东欧的天然碱消费市场，使该地区的玻璃制造、化学制品、陶瓷工业、水泥工业、耐火材料工业，以及钢铁工业等领域天然碱需求逐年增加。

德国最近几年受欧洲经济增长的拉动，消费市场一直比较稳定，由此纯碱生产一直处于较高水平。2008年纯碱产量145万t，比2007年下降4.0%，为世界第五大纯碱生产国。

亚洲其他较重要的纯碱生产国或地区还有日本、韩国和伊朗，它们2008年纯碱产量分别为40万t、31万t和14万t（表3）。

表3　世界纯碱（天然加合成）产量[①,②]　　单位：万t

国家或地区	2004年	2005年	2006年	2007年	2008年
中　国	1302.4[④]	1421.0[④]	1560.0[④]	1772.0[④]	1852.1[④]
美　国[③]	1100.0[④]	1100.0[④]	1100.0[④]	1110.0[④]	1130.0[④]
俄罗斯	260.0	260.0	280.0	290.0	280.0
印　度	150.0	150.0	150.0	150.0	150.0
德　国	143.8[④]	153.3[④]	151.5[④]	151.0[r,④]	145.0
波　兰	116.7[④]	118.9[④]	117.7[④]	119.2[r,④]	120.0
法　国	100.0	100.0	100.0	100.0	100.0
土耳其	84.6[④]	86.9[r,④]	89.1[r,④]	94.7[r,④]	95.0
保加利亚	80.0	80.0	80.0	80.0	80.0
乌克兰	65.0	70.0	70.0	70.0	70.0
肯尼亚[③]	35.4[④]	36.0[④]	37.4[④]	38.6[④]	51.3[④]
意大利	50.5	52.5	50.0	50.0	50.0
西班牙	50.0	50.0	50.0	50.0	50.0

续表

国家或地区	2004 年	2005 年	2006 年	2007 年	2008 年
英 国	100.0	100.0	90.0	90.0	50.0
罗马尼亚	39.8 r	34.6 r	45.3 r	45.3 r	45.0
日 本	40.0	40.0	40.0	40.0	40.0
荷 兰	40.0	40.0	40.0	40.0	40.0
澳大利亚	30.0	30.0	31.0	31.0	31.0
韩 国	31.0	31.0	31.0	31.0	31.0
墨西哥	29.0	29.0	29.0	29.0	29.0
博茨瓦纳③	26.3 ④	25.0	25.0	25.0	25.0
巴基斯坦	24.0	26.0	25.0	26.0	25.0
巴 西	20.0	20.0	20.0	20.0	20.0
葡萄牙	15.0	15.0	15.0	15.0	15.0
伊 朗	13.0	13.0	13.0	14.0	14.0
阿根廷	—	8.6 ④	16.1 ④	7.0	7.0
埃 及	5.0	5.0	5.0	5.0	5.0
乍 得	1.2	1.2	1.2	1.2	1.2
波斯尼亚和黑塞哥维那	1.1	1.1	1.1	1.1	1.1
奥地利	15.0	10.0 r	—	—	—
埃塞俄比亚	0.6 ④	0.8 ④	0.4 r	— r	—
总 计	3970.0 r	4110.0 r	4260.0 r	4490.0 r	4550.0

注：r 为修正值；①表中数据采集截止日期为 2009 年 4 月 23 日，除非注明，均为合成天然碱；②世界总计、美国数据和估计数据均为四舍五入数；③仅是天然的；④报道数；

资料来源：Minerals Yearbook，2008。

三、用途和消费

天然碱是制碱工业的重要原料，用于制取纯碱和小苏打等。各国纯碱消费结构大体差别不大，玻璃、化工制品和去污剂是纯碱的主要消费领域。最大用途是用于生产碱石灰玻璃以降低熔融物的黏性，第二大用途是生产钠的无机化学制品，此外还用于肥皂、去污剂制造、纸浆和造纸等。随着人类对环境问题的关注，纯碱被更多地用于处理受酸雨影响的水体和废气脱硫。

自 2001 年起，中国纯碱消费量就已超过美国居世界第一，目前是世界最大的纯碱生产国与消费国。2008 年中国纯碱视消费量约 1831 万 t，比 2007 年略有增长（表 4）。从消费领域来看，目前在中国，纯碱的消费构成大致为玻璃工业 44%，化工化学品 25%，轻工民用 6%，冶金 7% 以及其他领域 18%。

表4　2004～2008年中国纯碱视消费量　单位：万t

年份	产量	进口	出口	视消费量	视消费增长率/%
2004	1266.8	19.7	143.0	1143.5	13.0
2005	1421.1	7.1	177.5	1250.7	9.4
2006	1597.2	15.0	185.0	1427.2	14.1
2007	1771.8	4.0	170.6	1605.2	12.5
2008	1831.0	0.1	212.9	1618.2	0.8

资料来源：中国海关；中国纯碱工业协会等。

2008年美国纯碱视消费量为573万t，比2007年减少了3.5%（表5）。按终端用途分，玻璃占48.0%，化学制品占29.3%，肥皂和洗涤剂占9.6%，分配剂占4.6%，烟气脱硫占2.2%，水处理占1.5%，纸浆和造纸占1.5%，其他用途占3.3%。

当前西欧市场的纯碱供求处于平衡状态，但这种状态很容易受到美国出口过剩的打击。

表5　2004～2008年美国纯碱视消费量　单位：万t

终端用途		2004年	2005年	2006年	2007年	2008年
玻璃		312	305	304	290	275
其中：	容器玻璃	152	146	148	146	141
	平板玻璃	113	113	112	108	102
	纤维玻璃	28.3	28.4	26.3	21	19
	其他玻璃	18.8	17.9	17.7	15.4	14
化学制品		162	168	179	176	168
肥皂和去污剂		66.1	62.4	51.4	46.3	55
纸浆和造纸		9	9	8.7	9.1	9
水处理		8.2	7.8	8.9	9.8	9
烟气脱硫		12.8	14.1	12.8	13	13
分配剂		30	29	26	29.7	25
其他		25.5	24.1	20.7	20.2	19
总消费量		626	620	611	594	573

资料来源：U. S. Geological Survey，Minerals Yearbook，2004～2008。

四、贸易和市场

北美、西欧和亚洲是世界三大纯碱市场，美国安塞克公司、比利时索尔维公司（Sovay S. A.）、中国（十大碱厂）是世界主要的纯碱供应者。从地区分布看，欧美、中国是纯碱主要出口地区，亚洲部分国家包括日本、韩国、印度尼西亚、马来西亚、泰国等为纯碱主要进口国。美国天然碱质地优良，再加上成本低廉，竞争力很强，但是海运费价格高涨限制了其全球性的垄断发展，为追求共赢，达成了美国天然碱主供欧洲、美洲市场，而中国合成碱主供亚洲市场的共识。

美国是世界上最大的纯碱出口国，纯碱出口由美国安塞克（ANSAC）垄断。2008 年纯碱出口量达到了创纪录的 537 万 t，比 2007 年增长 4.7%，占美国当年纯碱产量的 47.5%（2007 年为 46%）。美国纯碱出口目的国家或地区为 69 个，按地区分，南美是美国最大的纯碱出口市场，占美国出口总份额的 28%，其次是北美和亚洲，分别占 25% 和 23%，欧洲占 12%，中东占 5%，大洋洲占 3%，中美洲和非洲各占 2%，加勒比地区不到 1%。2008 年美国船边交货价格为 174.86 美元/t，2007 年则为 143.02 美元/t。美国天然碱主要出口目的国家或地区有墨西哥（占美国纯碱出口总量的 19%，下同）、巴西（12%）、加拿大（7%）、委内瑞拉、智利和印度尼西亚（各 6%）、日本和中国台湾（各 4%）、泰国和澳大利亚（各 3%），以上 10 个国家或地区天然碱进口量占美国当年天然碱出口总量的 70%。2008 年美国纯碱进口量增加到 13000t，比 2007 年大幅增长了 42.2%。2008 年美国纯碱进口主要来自 12 个国家或地区，分别是中国（占美国纯碱进口总量的 33%，下同）、墨西哥（22%）、英国（18%）和日本（16%），比利时、加拿大、法国、德国、中国香港、印度、罗马尼亚和乌克兰等。美国纯碱生产以天然碱为主要原料，近年来，由于国际原油价格以及作为替代能源的天然气价格持续高涨，使美国纯碱生产成本和物流成本等方面明显增加，高额的成本使其在亚洲市场出口贸易竞争能力明显下降。

中国也是国际市场上最大的纯碱出口国之一，每年纯碱产量中约 10% 出口到国际市场。2008 年中国纯碱出口量 212.9 万 t，占全国纯碱总产量的 11.6%，同比增长 24.8%，创出口最高水平。中国纯碱出口范围涉及 100 个国家或地区，其中以东南亚国家为主，7 个出口量超过 10 万 t 的国家或地区都是东南亚国家，依次是印度尼西亚 43.9 万 t，韩国 40.5 万 t，越南 20.4 万 t，泰国 20.1 万 t，日本 12.7 万 t，菲律宾 12 万 t 和孟加拉国 11.7 万 t，7 国出口量合计占总出口量的 75.7%。近年来，由于环保因素，欧美等国家的纯碱厂商纷纷减产，国际纯碱市场需求持续增长，供需不足，为中国纯碱出口创造了比较好的外部条件。

中国大量出口纯碱，同时大幅减少进口纯碱。2008 年中国进口纯碱总量 1397t，同比减少 96.5%，是多年来的最低水平，主要是因海运价格不断攀升、美国国内天然气价格上涨，美国天然碱公司停止向中国大量出口纯碱等因素引起的。其中 46.5% 的进口量都来自美国（2007 年为 95.1%）。

欧洲拥有成熟的、合成基础的纯碱工业，依靠本地区的生产能力，欧洲纯碱基本能够保持供需平衡。但美国天然纯碱比欧洲合成纯碱要廉价很多，因此，欧洲市场每年均进口一定量的美国纯碱。

价格方面，从 2005 年开始一直持续到 2008 年的高能源价格和高运输成本，导致美国天然碱价格一路飙升。为了补偿不断升级的能源和运输成本，美国纯碱工业被迫在 2007 年和 2008 年连续两年提价。到 2008 年年末，怀俄明州散装的重质天然碱离岸价为 235 ~ 275 美元/t（表 6）。

2008 年前 3 个季度，在生产成本上涨、下游需求快速增长的拉动下，中国纯碱价格逐步上涨，重质碱和轻质碱的最高价分别达到 2600 元/t 和 2400 元/t，创纯碱价格历史最高；四季度受世界金融危机的影响，中国纯减需求突然减少，企业库存量迅速增加，市场

表6　国际市场纯碱价格

时　间	美　国	欧　洲	中　国(1)	中　国(2)	印　度(1)	印　度(2)
2005年12月	$ 85~100	€160~185	$ 170~180	$ 190~220	$ 215~220	$ 180~220
2006年12月	$ 85~150	€160~185	$ 170~180	$ 190~220	$ 215~220	$ 175~190
2007年12月	$ 180~200	€165~185	$ 180~200	$ 190~220	$ 215~220	$ 175~190
2008年12月	$ 235~275	€190~250	$ 250~295	$ 300~375	$ 385~435	$ 235~250

注：产品规格与交货条件——

美国：天然重质碱，怀俄明离岸价，大批量合同，短吨（st）；欧洲：合成纯碱，重质和轻质，出厂合同价；

中国（1）：合成纯碱，重质和轻质，中国离岸价；中国（2）：合成纯碱，重质和轻质，远东到岸价；

印度（1）：合成纯碱，重质和轻质，国内出厂价；印度（2）：合成纯碱，重质和轻质，出口，印度离岸价。

资料来源：Industrial Minerals，2005.12~2008.12。

出现严重供给过剩，纯碱价格一路下跌，不到3个月，重质碱和轻质碱价格分别跌至1200元/t和1000元/t，有的地方价格甚至更低。但全年来看，纯碱均价同比还是涨幅很大，纯碱价格波动幅度之大、速度之快创历史之最。

五、展　　望

2008年受世界经济危机的影响，纯碱消费量下降，纯碱生产商纷纷减产，但世界三大纯碱供应商（美国安塞克公司、比利时索尔维公司、中国十大碱厂）却更加巩固了它们的地位，印度也成为世界主要的纯碱供应国，将来可能在纯碱出口市场有能力与三大组织抗衡。

据美国地调局估计，尽管受经济危机的影响，美国未来3年的纯碱产量还会持续增长。但2009年受出口减少的影响，纯碱产量可能会下降，并将继续与中国纯碱厂商争夺远东市场的份额。今后几年亚洲仍将是世界纯碱需求增长最快的地区，美国纯碱产量预计未来5年将会以0.5%的年增长率不断增长。今后几年世界纯碱消费量将以2%~2.5%的速度增长，而亚洲和南美洲将是世界纯碱消费增长的主要地区。其他地区的需求消费则相对较稳定，一般会保持1.5%~2%的增长率。

今后几年，尽管生产成本将大幅增加，但中国仍将会进一步增加和扩大纯碱生产能力，因此中国世界第一纯碱生产国的地位不可动摇。比利时索尔维公司、美国安塞克公司和中国的十大碱企业仍将是世界纯碱生产的主力，掌握着世界纯碱市场贸易的命脉。纯碱市场竞争十分激烈。欧洲是比利时索尔维公司的传统市场，南美洲和非洲则是美国安塞克公司的长期市场，外部力量很难打入。因此，世界纯碱市场未来主要的竞争地域将在亚洲，特别是东南亚地区，中国十大碱厂与印度几家天然碱生产公司将为抢占亚洲市场份额进行激烈竞争。

主要参考文献

[1] Dennis S. Kostick. Soda Ash. U. S. Geological Survey. Minerals Yearbook，2008

[2] Dennis S. Kostick. Soda Ash. U. S. Geological Survey. Mineral Commodity Summaries，January 2010

[3] Industrial Minerals IM Prices. Industrial Minerals，2005.12~2008.12

[4] Alexandra Feytis. On Line with Soda Ash. Industrial Minerals, No. 500, 2009, 87 ~ 89

[5] 王胜利. 坚持科学发展观 走循环经济之路 做强中国天然碱. 纯碱工业, 2008 年, 第 2 期, 9 ~ 10 页

[6] 纪伟. 2008 年国内纯碱市场分析及 2008 年市场形势预测. 纯碱工业, 2008 年, 第 2 期, 14 ~ 16 页

[7] 张晨鼎. 2008 年国外纯碱工业形势. 纯碱工业, 2009 年, 第 3 期, 3 ~ 6 页

[8] 2008 年纯碱行业经济运行分析及 2009 年展望. 隆众石化商务网, 2009 - 04 - 19

http: //www. oilchem. net/plastic/shxw_ 2_ 165191. html

重 晶 石

喻 锋

2008 年，世界上至少有 41 个国家或地区生产重晶石，总产量为 805 万 t，比 2007 年增加 34 万 t，增长 4.4%。其中，中国、印度居前两位，美国反超摩洛哥重新回到第三位；估计 2008 年重晶石总消费量在 730 万 t 左右，全球范围内油气资源加速开采带动了整个重晶石市场；最大重晶石出口国——中国的总出口量 391.2 万 t，同比增加 23.4%，平均出口价格升至 57 美元/t；最大的重晶石进口国——美国的总进口量 192 万 t，其中钻井级重晶石进口量大幅增长。预计在未来几年内，全球重晶石的需求将保持稳定、缓慢增长，价格有望继续上浮。

一、储量和资源

世界上可开发利用的重晶石资源不多，主要有沉积型、低温热液型和风化残积型 3 种矿产类型，储量总计 17000 万 t（表 1），集中分布在中国、印度、美国、摩洛哥、阿尔及利亚、泰国、墨西哥、土耳其等 20 多个国家或地区，静态保障年限仅为 25 年。

表 1　世界重晶石储量和储量基础　　单位：万 t

国家或地区	储　量	储量基础	国家或地区	储　量	储量基础
中　国	6200	36000	墨西哥	700	850
哈萨克斯坦		15000	俄罗斯	200	300
印　度	3400	8000	德　国	100	150
美　国	1500	4500	英　国	10	60
土耳其	400	2000	巴基斯坦	100	200
阿尔及利亚	900	1500	其　他	2400	18000
摩洛哥	1000	1100	世界总计	17000	88000

资料来源：Mineral Commodity Summaries，2010。

中国重晶石储量居世界首位，为 6200 万 t，占世界总储量的 36.5%。国内统计为 3204 万 t，低于国外机构的估计，这是由于对“储量”的分类不一所致。按照中国矿产资源储量分类，中国重晶石“基础储量”为 9659 万 t，各类“查明资源储量”总计为 38909 万 t，中国重晶石资源比其他任何国家都丰富。

二、生　　产

2008 年，世界上至少有 41 个国家或地区生产重晶石，总产量为 805 万 t，比 2007 年增加 34 万 t，增长 4.4%。其中产量超过 10 万 t 的国家虽然下降到 7 个，但合计仍占到世界总产量的 91.7%，与上年持平。中国、印度居前两位，美国反超摩洛哥重新回到第三位，前三者合计占总产量的 78.9%，比上年提高 2.2 个百分点。世界重晶石生产国家或地区的集中趋势进一步明显（表 2）。

表 2　世界重晶石产量　　单位：万 t

国家或地区	2004 年	2005 年	2006 年	2007 年	2008 年
中　国[e]	390	420	440	440	460
印　度[e]	110	120	95	100	110
美　国	53.2	48.9	58.9	45.5	64.8
摩洛哥	31.3	33.5	50.6[e]	48.5[e]	50
墨西哥	30.7	26.9	20.6	18.6	14
伊　朗	27.6	23.1	23[e]	24[e]	24[e]
泰　国	21.1	0.4	0.5	0.5[e]	0.5
德　国（$BaSO_4$）	9.4	8.9	8.6	8.8	7.7[e]
土耳其	13.5	15.7	20[e]	15[e]	15[e]
保加利亚[e]	7.5	7.7	7.5	5.1	4[e]
法　国[e]	8.2	8.2	3	—	—
俄罗斯[e]	6.3	6.3	6.3	6.3	6.3
英　国[e]	6.1	6.2	5	5.5	5
巴　西	4.9	4	1.9	1.3[r]	1.4[p]
阿尔及利亚	4.8	5.3	6.5	6.3	6
哈萨克斯坦	11.5	9.5	9.5[e]	9.5[e]	9.5[e]
越　南	10.1	11.6	12[e]	12[e]	8[e]
西班牙（$BaSO_4$）	4.1	3.7	4.5	4[e]	—
意大利	1	0.5	0.5[e]	0.5[e]	0.5[e]
巴基斯坦	4.4	4.2	4.5[r]	4.4	4.3
加拿大	2.1	2.3[r]	2[r]	0.9[r]	1.2[p]
澳大利亚[e]	2	2	2.1	1.6	1.6
尼日利亚[e]	0.6	0.6	0.6	0.5[r]	0.5
玻利维亚	0.6	1.1	0.9[r]	0.8[r]	0.8[e]
缅　甸	0.2	0.2	0.3	0.7[r]	0.6
斯洛伐克（精矿）	1.2[r]	1.3[r]	1.6[r]	1.1[r]	1.1[e]
沙特阿拉伯	1.5	—	—	—	—
世界合计	767[r]	777[r]	792[r]	771[r]	805

注：e 为估算值；p 为粗略值；r 为修订值；—为零。

资料来源：U. S. Geological Survey，Minerals Yearbook，2008。

中国长期以来一直是世界上第一大重晶石生产国。近几年来，中国重晶石出口量持续保持在较高水平，资源廉价外流现象引起政府高度重视，低价出口限制、超强度开发限制等政策性引导逐渐发挥作用，重晶石产量有所回落。据国内有关部门的统计，2008 年，中国498个重晶石矿山企业生产原矿353.5万t；而据美国地质调查局的估计，2008年中国重晶石原矿产量为460万t，相差100多万t。目前，中国开采利用的重晶石矿床主要为单一重晶石矿石类型的大型、特大型矿床，开采条件简单，生产成本相对较低。中国重晶石矿山主要分布在贵州、湖南、广西、甘肃、陕西、山东、福建和浙江，上述八省（区）合计已利用的查明资源储量占全国已利用资源总量的94.1%。其中，贵州12674.3万t，居全国第一，占全国查明资源储量的32.6%。其次是湖南6030.2万t，占15.5%；广西5711.2万t，占14.7%；甘肃4244.7万t，占10.9%；陕西3541.3万t，占9.1%；山东1961.8万t，占5%；福建1370.4万t，占3.5%；浙江1079.8万t，占2.8%。

印度是第二大重晶石生产国，国内自然灾害频发尤其是洪涝灾害对重晶石矿的开采影响很大。据美国地质调查局的估计，2008年印度重晶石产量约110万t，比上年增长10%；其中3.6万t产量出口到美国，比上年缩减了0.8万t。与中国相比，印度重晶石生产具有高度集中的特点，所有的重晶石生产主要集中于安得拉邦古德伯县曼格姆普（Mangampet）矿床，该矿床重晶石储量基础6700万t，占印度国内总储量的90%以上，是世界上重要的大型重晶石矿床之一。虽然矿床规模很大，但由于重晶石开采商的矿山租期发生争议，多次导致重晶石生产和供应出现停滞，实际产量不高。

作为曾经的世界上最大重晶石生产国的美国，其重晶石产量近5年来一直保持在50万t上下的水平。2008年，美国重晶石原矿产量突破60万t，达到64.8万t，比上年增长42%；国内产品收入达到3090万美元，同比增长达50%。其中，作为美国重晶石的最主要产地，内华达州的产量在需求强劲的大背景下得到大幅增长。2008年，内华达州有4座矿山在采：艾尔克县的大利奇（Big Ledge）矿山和罗西（Rossi）矿山，兰德县的阿根塔（Argenta）矿山和灰石（Greystone）矿山。其中，斯皮利特矿产（Spirit Minerals）公司于2008年春季重启了对大利奇矿山的正常开采，先期计划对20世纪80年代采出的7.5万t重晶石原矿进行研磨加工，该矿山的开采周期为3~5年。2008年美国共有24套重晶石选矿和碾磨装置，其中分布在墨西哥湾的13套装置（6套在路易斯安那州，7套在得克萨斯州）用来生产美国石油协会规定标准下的钻井级重晶石（原矿主要从中国和印度进口），而生产商业性填料级和化工级重晶石的装置大都位于佐治亚州北部及密西西比河河谷地区（其中，佐治亚州3套，伊利诺伊州、密苏里州、田纳西州各1套）。内华达州生产的重晶石矿石经碾磨后主要有两个去向，一是提供给美国西部和加拿大西南部的石油加重剂市场，另一个则是供当地使用。2008年，作为主要的石油服务商，美国最著名的重晶石采矿和碾磨企业包括有贝克休斯英泰克公司（Baker Hughes INTEQ）、哈利伯顿巴罗德钻井泥浆公司（Harliburton Baroid）和MI-SWACO钻井泥浆公司，在世界上其他许多国家进行矿石开采、产品销售和服务。这三大公司在内华达州均拥有重晶石矿山，同时在路易斯安那州和得克萨斯州还设有联合选矿厂和碾磨厂。此外，斯皮利特矿产公司在艾凡斯顿新建了一个碾磨厂；而规模较大的纽帕克埃克斯卡利巴尔矿产公司（Newpark Excalibar）则主要依赖进口重晶石矿，其在路易斯安那州、田纳西州和得克萨斯州都有自己的选矿厂。重晶石在这些公司的选矿厂按美国石油协会的规定标准碾磨后，就被直接经驳船运到墨西哥湾内的各钻井平台。此外，还有一些临近墨西哥湾的小公司通过路易斯安那州和得克萨斯州的港口来进口重晶石。

摩洛哥是非洲重要的重晶石生产国，2008年产量约50万t。最大的重晶石生产公司是摩洛哥重晶石公司（COMABAR），它是一家与美国 M－I 公司的合资企业，年生产能力约 12 万 t；其次是阿尔格纳北非勘查（SNAREMA）公司，它在阿加迪尔的矿山可生产钻井级重晶石，在阿尔格纳（Argana）的选矿厂可生产化工级重晶石；第三大公司为 SNUMM 公司，它是法国巴黎金属贸易公司（SCMM）设在摩洛哥的执行机构，在摩洛哥有 3 座矿山，其中位于蒂赫尔特（Tijerkht）的矿山加工能力为 8 万 t/a。

墨西哥也是重要的重晶石生产国，其重晶石生产主要用于国内消费。在 1988 年，产量曾达到 53.5 万 t，后来由于国内需求及对美国的出口下降，重晶石产量逐年下滑。近年来，由于国内石油钻探开发持续升温，墨西哥重晶石生产也逐渐增长，2004 年增长到 30.7 万 t。此后，国内重晶石产量又开始呈下降趋势，2008 年降为 14 万 t。巴拉米（Baramin）是墨西哥最大的重晶石生产商，其矿山主要集中在墨西哥东北部的加列安纳（Galeana）。

越南的重晶石矿床主要集中在宣光省（Tuyen Quang）和河北省（Habac）的梁邑（Lang Boc）地区。国内的 3 家重晶石开采和碾磨企业——钻井泥浆公司（越南油气公司的子公司）、和安公司（Hoa An，私人控股）和 TQM 公司（国有）主要向以印度尼西亚为代表的海外市场出口重晶石粉末或原矿，2008 年出口量略有下降。

西欧主要重晶石生产国家有德、法、英、意、西班牙及比利时等，上述国家年生产能力近几年基本维持在 10 万 t 以下。

三、用途和消费

目前，世界上重晶石的主要用途是用作钻井泥浆加重剂，占总消费量的 85%～90%，其中，美国 2008 年重晶石的加重剂消耗比值仍高达 95% 以上；而作为钡化工的原料，用来生产碳酸钡、氯化钡、锌钡白、氢氧化钡、氧化钡等化合物，占重晶石总消费量的 5%～10%，中国和欧洲则在钡化工原料的用途上持续保持着对重晶石的旺盛需求；其他用途，如填料、水泥用矿化剂、道路建设等，占总消费量少于 5%。根据矿体的不同，用于油气钻井的重晶石表现为黑色、蓝色、棕色、浅黄色和灰白色等多种形式。在用于钻井泥浆加重剂之前，绝大部分的重晶石都需要被碾磨成统一规格的细小粉粒，该规格在 API 或者前 OCMA 中都有详细的规定和说明。

2008 年，世界石油产量略有上升，比上年增长 1.1%；同时天然气产量增长迅猛，同比增长 6.8%，显示全球天然气市场需求依然旺盛。此外，2008 年全球油气钻井数量比上年仅略有增长，因此估计 2008 年世界重晶石总消费量保持在 730 万 t 左右。

美国是世界上消费重晶石最多的国家。2008 年，美国重晶石消费量为 321 万 t，比上年增长 5.6%。其中，重晶石粉的销量在 2008 年为 284 万 t，同比减少了 14 万 t。就地区而言，路易斯安那州、得克萨斯州和其他州的销量分别为 128 万 t，82.2 万 t 和 74.2 万 t，前两者同比分别减少 1.5% 和 24.1%，其他州的同比增长 14.3%。在消费结构上，国内粉碎和研磨的重晶石粉的 95% 进入了石油钻井市场，余下的 5% 被用于工业用途。自 2002 年以来，由于世界油气价格的暴涨以及为遏制国内油气储量下降态势的需要，美国加快了国内油气资源特别是天然气的勘探和开发。截至 2008 年底，美国的油气钻井总数创纪录地达到 1782 口，相比 2007 年末增加了 14 口。自 20 世纪 90 年以来，美国油气钻井对重晶石的需求主要是受天然气开采的驱动而不是石油的驱动，如 2008 年底钻井总数中就有

80%的用于天然气钻探，比例较上年略有下降。

此外，据《世界能源统计报告》显示，2008年全球天然气产量增长3.8%，超过10年来的平均增幅水平3%。其中美国的天然气产量同比增长7.5%，创下历史最高增幅水平，是近10年来平均增幅水平的10倍。美国已经连续第二年成为全球天然气产量增长的主要动力。据美国能源信息署统计资料，2008年美国各类天然气价格较2007均有不同程度的增长。其中井口气价为8.07美元/kft^3，较2007年增加1.68美元/kft^3；城市门站价为9.15美元/kft^3，较2007年增加1.04美元/kft^3；民用价为13.70美元/kft^3，较2007年增加0.69美元/kft^3。总之，2008年持续高位的天然气价格及强劲的市场继续给美国国内天然气的钻探行为加温，这也直接导致了美国重晶石消费量继续保持在较高水平。

据统计，2008年世界油气钻井数量继续呈现增长，全球油气钻井数量平均到每月为3269口，比2007年增加153口。由此可见，2008年全球范围内油气资源加速开采带动了整个重晶石市场，世界重晶石消费量保持较快增长也是显而易见的。

四、贸易和市场

由于重晶石的消费与世界油气生产有着密切的联系，因此，重晶石的国际贸易流向主要是从重晶石生产国流向油气生产国。国际上重晶石的商业购买者主要有：M－I公司，巴罗德公司，贝克休斯英泰克公司，纽帕克资源公司。它主要向美洲、里海地区和东南亚提供钻井级重晶石粉的原矿。

2008年，中国向67个国家或地区共出口实物391.2万t，出口额22292.5万美元，平均价格57美元/t；出口量、出口额和平均价格同比分别增长23.4%，47.5%和19.5%。美国一直是中国重晶石和硫酸钡最大的出口市场，2008年中国出口美国的重晶石原矿和硫酸钡产品共计280.9万t，占中国出口总量的71.8%；其次是荷兰27.3万t，印度尼西亚11.8万t，沙特阿拉伯9.1万t，日本8.6万t，墨西哥7.2万t，科威特6.6万t，泰国5.5万t。上述8国合计占总出口量的91.3%。

印度也是世界上重要的重晶石供应者，年出口量约30万t。出口产品全部通过Trimex，Gimpex，IBC三大供应商经营。从运输成本来说，对于中东市场，印度的重晶石最具竞争力；但对于墨西哥湾市场，当前印度还无法同中国竞争。

美国是世界上进口重晶石最多的国家。2008年，美国共进口重晶石原矿192万t，与2007年相比锐减了24.4%。此外，进口钻井级重晶石6.88万t，比2007年的3.55万t提高了93.8%。从中国进口的原矿数量占进口总量的96.9%，余下的约3%基本上都是从印度和墨西哥进口。与此同时，随着加拿大研磨厂对重晶石的需求回暖，美国重晶石出口量迅速反弹。2008年出口量恢复至6.2万t，比2007年增长3.1倍，出口地主要是加拿大（89%）、墨西哥（4.7%）和特立尼达和多巴哥（4.2%）。

价格方面，中国国内重晶石销售价格按销售收入/产量计算，2008年中国重晶石矿石单位产值平均为103元/t，比去年下降20.2%；出口价格平均为57美元/t，比2007年上升19.5%。美国国内重晶石原矿销售价格2008年平均约为47.6美元/t，比2007年上升5.3%。其中，路易斯安那州的钻井级重晶石粉销售价格升至约101美元/t，得克萨斯州的价格也攀升到120美元/t（增长22%），其他州的平均价格维持在114美元/t不变；而用于钡化工、填料、玻璃等用途的重晶石价格则略降至308美元/t的价位，降幅为8.3%。其他国际市场重晶石合同供应价格整体变化不大，其中印度产的美国石油协会规格下重晶石块矿的墨西哥湾到岸价有较大幅度的提高（表3）。

表3 国际市场重晶石合同供应价格

产品、规格及交货条件	2008年	2009年
美国石油协会规格，块矿，墨西哥湾到岸价：		
中国产，美元/t	60～62	64～66
印度产，美元/t	72～75	97～99
摩洛哥产，美元/t	64～68	65～69
磨碎，英国石油公司材料协会规格，散装，英国阿伯丁交货，欧元/t	77～78	77～78
微粉，涂料级，白度不低于99%，粒度小于20μm，英国交货，欧元/t	140～150	195～220

资料来源：Industrial Minerals，2008、2009。

五、展　望

世界经济在2008年底遭遇金融危机后开始缓慢复苏，随之而来的必然是世界石油、天然气需求和消费量的持续增长。与此同时，钡化工相关行业（如玻璃行业等）市场也开始逐渐回暖。作为上述重要行业产品的成本原料，可以预计，未来几年内全球对重晶石的需求将会保持稳定增长的趋势，而在影响其增长速度的主要因素中，油气行业的钻探规模仍将起决定性的作用。

在美国，随着美国的一次能源结构调整战略的实施，天然气已成为美国矿产资源勘探和开发的重点，天然气行业的重晶石消费预期会因中长期的勘探和开发活动而出现持续增长，并将会成为新的消费热点。用量较小的领域，如合成橡胶、特种玻璃、填料和添加剂，将会维持目前的消费水平。

在欧洲，由于这里聚集了全球最大的涂料、聚合物、汽车生产商。因此，随着欧洲经济日益好转，未来欧洲可能会继续成为全球最大的非钻井级重晶石消费区。

在亚洲，中国凭借着廉价的原矿资源成为世界上最大的重晶石生产国和供应国。同时，中国又是一个油气资源短缺的发展中国家，勘探和开发自己的油气资源也需消费大量的重晶石，因此，中国对重晶石的需求将会持续增长，但同时也要高度重视资源廉价外流的现象。为保证重晶石开采及其下游行业的可持续发展，应立即着手加强矿产资源的勘探和矿山的生产管理，建设一批大、中型的重晶石深加工企业，提高产品技术含量，减少初级矿石出口，扩大精细加工产品出口比重，从根本上改变重晶石矿的消费结构。

主要参考文献

[1] M. Michael Miller. Barite. U. S. Geological Survey. Minerals Yearbook，2008
[2] Industrial Minerals，2007. http：//www. mineralnet. co. uk/

石　墨

尹　丽　文

石墨是碳结晶矿物之一，层状结构；具有润滑、耐腐蚀和耐高温等独特的理化性质。石墨制品部分用于工业产品生产过程中，如耐火材料和石墨电极用于钢铁冶炼，部分在终端产品中，如铅笔、电池和计算机。

2008 年下半年至 2009 年世界市场石墨需求量减少，国际市场石墨价格下降，但降幅不大，2010 年世界石墨市场缓慢恢复，石墨销售价格回升。

一、储量和资源

已发现的大中型石墨矿床主要集中在中国、印度、巴西、捷克、加拿大和墨西哥。中国特大型石墨矿在黑龙江省萝北县，优质大鳞片石墨主要赋存在内蒙古兴和石墨矿和山东南墅石墨矿。巴西石墨矿分布在米纳斯吉拉斯州（Minas Gerais）、Ceara 和 Bahia，最好的石墨分布在米纳斯吉拉斯州派德拉亚朱尔（Pedra Azul），探明矿石储量 2.5 亿 t。印度石墨矿主要分布在奥瑞萨邦和拉贾斯坦邦。加拿大石墨矿床分布在安大略省、不列颠哥伦比亚省和魁北克省，比塞特克里克（Bissett Creek）石墨矿是北美洲最大的石墨矿床。斯里兰卡脉状石墨矿床世界闻名，是世界上唯一的高度石墨化的脉状石墨矿床，位于斯里兰卡岛的西部和西南部。

2008 年世界石墨储量 9000 万 t（表 1），中国石墨储量 7400 万 t，占世界 82%。按中国矿产资源储量分级标准，中国石墨储量 3000 万 t。印度矿业年报公布，印度石墨储量 1075 万 t，资源量 15802.5 万 t。

表 1　2008 年世界石墨储量和储量基础　　单位：万 t（矿物）

国家或地区	储　量	储量基础	国家或地区	储　量	储量基础
中　国	7400	14000	巴　西	36	100
捷　克	130	1400	美　国	—	100
墨西哥	310	310	其　他	510	4400
马达加斯加	94	96			
印　度	520	1100	世界总计	9000	22000

资料来源：Mineral Commodity Summaries，2008。

二、生　　产

据美国地调局初步统计，2009 年世界天然石墨产量为 113 万 t，比 2008 年 112 万 t 增加 1 万 t。中国石墨产量为 80 万 t（晶质石墨和非晶质石墨），占世界产量的 70.79%。其他主要的石墨生产国有巴西、加拿大、印度、马达加斯加、墨西哥、挪威和朝鲜等（表 2），以上 8 国石墨产量占世界总产量的 97.26%。

表 2　2007～2009 年世界主要国家或地区石墨产量　　单位：万 t

国家或地区	2007 年	2008 年	2009 年^e	国家或地区	2007 年	2008 年	2009 年^e
中　国	80	81	80	捷　克	0.3	0.3	0.3
印　度	13	14	14	斯里兰卡	0.32	0.3	0.7
巴　西	7.6	7.7	7.7	乌克兰	0.8	0.8	0.8
马达加斯加	1.5	0.5	05	挪　威	0.2	0.2	1.5
墨西哥	1.3	1	1				
加拿大	2.8	2.7	2.7	其他国家	1.02	0.5	0.5
朝　鲜	3.0	3	3	世界总计	111.42	112	113

注：e 为估计值。

中国石墨产量居世界第一，占世界石墨产量的 70%。据中国非金属矿协会初步统计，2008 年中国晶质石墨产量 65 万 t，土状石墨原矿产量 100 万 t。中国晶质石墨矿分布在内蒙古、黑龙江、山东、河北、河南、湖北、四川等 16 个省（自治区），重要石墨产地有黑龙江鸡西和萝北、山东南墅和内蒙古兴和。中国石墨行业由 10 多家石墨有限公司和百余家民营小矿山构成，黑龙江奥宇石墨集团是中国最大的石墨企业，有现代化石墨生产线 7 条，石墨产品的生产能力达 10 万 t/a，可以生产高、中、低碳石墨系列产品。黑龙江鸡西柳毛石墨资源公司，鳞片石墨生产能力达 4 万 t/a。青岛黑龙石墨公司，鳞片石墨生产能力达 2.6 万 t/a。内蒙古兴和信义石墨公司，鳞片石墨生产能力 1.4 万 t/a。中国土状石墨矿开发主要在湖南省郴州地区和吉林省磐石地区，近年来湖南省郴州地区有多家公司采用超高温技术生产高纯土状石墨。

印度石墨产量居世界第二，占世界石墨产量的 11.6%。2008 年为 13.4 万 t。石墨开发主要在奥瑞萨邦和拉贾斯坦邦，奥瑞萨邦石墨产量占 65%～75%，主要生产商是阿格拉瓦尔石墨工业公司（Agrawal），公司有甘若达尔（Ganjaudar）和泰姆里马尔（Temtimal）两座石墨矿山；TP 矿产公司开发富尔巴尼（Phulbani）、马达古达尔夫（Madagudarf）和萨尔吉帕里（Sargipali）附近的石墨矿，两公司生产鳞片石墨和粉末石墨产品。全球金融危机引发的世界经济危机对印度钢铁工业影响不大，近两年印度石墨产量稳定。阿格拉瓦尔石墨工业公司计划开发石墨新产品，应用于电池行业。

巴西石墨产量居世界第三，占世界石墨产量的 7.5%。近年来石墨生产稳定，2008 年石墨产量为 7.7 万 t。巴西国家石墨有限公司（National de Grafite）为该国主要石墨生产商，也是世界天然晶质石墨的最大生产者之一，在米纳斯吉拉斯（Minas Gerais）有 3 个晶质石墨矿，石墨生产能力为5.2万t/a，产量约占巴西全部产量的2/3；每个矿山有石墨加工厂，伊塔派里卡（Itaperica）石墨矿原矿碳含量为16%，加工厂生产能力1.44万t/a，石墨产品可应用于电池、电刷和润滑剂；萨尔托达迪维萨（Salto de Divsa）石墨加工厂生产大鳞片石墨，产品可应用于耐火材料、坩埚、冶金铸模和高碳钢添加剂，生产能力扩建到1.44万t/a；派德拉亚朱尔（Pedra Azul）是巴西最大的石墨矿床，矿石碳含量为6%，加工厂扩建石墨生产能力到4.58万t/a，将新增产能5000t。巴西国家石墨有限公司计划调整石墨产品结构，开发生产球化石墨新产品，用于电池行业，包括电动汽车用大型锂离子电池。巴西另一个重要的石墨生产商是格拉费塔公司（Grafita MG Ltd.），也在米纳斯吉拉斯地区开采石墨。

近两年加拿大石墨产量2.7万t，主要的石墨生产商是蒂姆科（Timcal）公司和鹰石墨公司。Timcal公司的矿山和加工厂位于伊勒湖（Lac des Iles），其生产能力对外保密，由于金融危机，国际市场对石墨需求减少，2009年第1和第2季度伊勒湖石墨矿停产，6月市场出现恢复迹象，公司开始满负荷生产。前两年加拿大有许多石墨开发商期待建设石墨生产基地。工业矿物公司（IMI）开发比塞特克里克（Bissett Creek）鳞片石墨矿，位于安大略省玛利亚城，公司目标是成为北美最大的鳞片石墨生产商。富通石墨公司（Fortune Graphite Inc.）正在开发隐晶质石墨和鳞片石墨，矿山位于不列颠哥伦比亚省东南部的库登奈山一带（Kootenay），加工厂距矿产地6km，磨矿厂扩建矿石处理能力从30万t扩大到50万t，预期生产2.7万t隐晶质石墨，计划2008年开采，2009年满负荷生产。魁因托采矿公司（Quinto Mining Corp.）正在开发盖雷特湖（Lac Gueret）石墨矿床，位于魁北克东北的科特诺德（Cotenord）地区，该矿床矿石墨品位15%～40%，预计2008年完成可行性研究。环球石墨生产有限公司总部位于多伦多，经营活动在不列颠哥伦比亚，正在开发苏必利尔（Superior）石墨矿床，该矿是鳞片石墨，矿石储量5500万t，预期矿山寿命50年。受全球金融危机冲击，近两年在建石墨矿停建，建成的石墨矿停产。

挪威新建成石墨投产，2009年石墨产量增加到1.5万t，比2008年0.2万t增加1.3万t。挪威石墨生产商是斯卡兰德（Skaland）石墨公司，原矿山Skaland石墨资源耗竭，2006年公司转向开发特拉伦（Tralen）石墨矿，距原来的采矿场10km，Tralen矿有鳞片石墨，平均品位大于28%，证实储量可开采30年。

瑞典米拉伯（Mirab）矿产资源公司是独立公司，在瑞典中部有矿山和加工厂，克灵捷尔（Kringel）晶质石墨矿，原矿品位11.6%，资源量700万t，矿山处于停产状态，计划2008年重新开始开发生产，计划产能1.3万t/a。

瑞士蒂姆科（Timcal）公司是世界上领先的纵向集成石墨生产商。石墨开发分布在加拿大，欧洲和亚洲，产品分销机构分布在南非、澳大利亚、印度、马来西亚和泰国，该公司取得内蒙古包头晶元石墨公司85%的权益。

德国克罗普夫穆赫尔石墨公司（Graphit Kropfmuhl AG—GK）位于德国南部，开发石墨产品已经有150年的经历。GK生产能力约3万t，矿山和加工厂遍布全球，石墨矿山在德国、中国、斯里兰卡和津巴布韦，加工厂在英国、捷克和德国。GK公司近期投资山东矿业，一个在青岛的销售公司服务亚洲市场，GK公司目的是按西方管理模式生产西方质量标准的石墨产品供应亚洲市场。乔格鲁公司（Georg H Luh GmbH）是德国主要的石墨加工企业，成立于1933年，公司从挪威和其他国家进口石墨，研究领域是在天然石墨深加工、合成石墨、鳞片石墨粉和石墨纸，其生产的系列石墨产品用于耐火材料、坩埚和制动密封材料。德国西格里集团（SGL）是全球领先的碳素石墨材料、复合物与相关产品制造商，2007 年与中国山西泉海石墨有限责任公司签订合作协议，在中国新建合资公司从事特种石墨生产，此举将提高西格里集团特种石墨材料的产能，从而满足高科技应用领域如电子半导体、太阳能技术等产业对石墨材料的需求，等静压石墨产能由每年 3000t 提升至 5000t；西格里集团的位于美国摩根屯（Morganton）的石墨基地完成生产优化之后，挤压成型特种石墨产能可达每年 18000t，能够应对诸多行业（尤其是核技术与军事防御装备技术）对石墨材料不断上升的要求；西格里集团在中国已有 5 个实体公司，其中位于上海的加工中心正增资扩大规模，并计划新建为电子半导体等行业服务的石墨纯化设备。

捷克有 2 个石墨开发商，科伊努尔石墨公司（Koh - i - Noor Grafit Sro ）和泰恩石墨公司（Graphite Tyn Spol Sro），位于波希米亚（Bohemia）南部，从 17 世纪开始加工生产石墨产品。科伊努尔石墨公司开采加工鳞片石墨，主要用于耐火材料和电子产品如电池和电刷。泰恩石墨公司是德国 GK 公司的子公司，公司从 1965 年开始生产石墨产品，近年来集中开发高纯石墨，尤其是电池用石墨产品。

奥地利凯瑟贝格公司（Grafitbergbau Kaiserberg）经营的露采石墨矿位于凯瑟贝格（Kaiserberg）和特里本（Trieben），石墨加工厂作业包括干燥、分级、磨矿和浮选及超细研磨，该厂有隐晶质石墨浮选厂，加工能力 3 万 t，公司供应微细石墨，大颗粒石墨，鳞片石墨和合成石墨。

澳大利亚目前没有开采石墨，将来有可能开发生产石墨产品。鹰湾资源公司（Eagle Bay）拥有尤利（Uley）石墨矿床，距南澳林肯港北 23km，碳含量 7.4% 的储量 377 万 t，碳含量 13.7% 的储量 244 万 t，矿床附近有加工厂，1993 年工厂停产，主要是因为世界市场石墨价格低。蒙林阿普（Munglinup）石墨矿床有大鳞片石墨，距西澳埃斯佩兰斯（Esperance ）50km，锂精矿生产商格瓦利亚（Gwalia）公司的子公司有该矿权，该石墨矿在 1953 ~ 1956 年期间曾经开采，因石墨价格低等原因，该矿一直停产，据估计探明的和推测的资源量 140 万 t，平均品位 18.2%，深度 55m。

朝鲜石墨矿埋藏较深，需地下开采，矿山增产不容易。2009 年石墨产量稳定在 3 万 t。

马达加斯加主要的石墨开发商是格兰德公司（Societe Miniere de la Grande Ile）和加洛伊斯公司（Establissments Gallois），2008 年石墨减产到 0.5 万 t。

乌克兰石墨矿床分布在基洛夫格勒州（Kirovograd Oblast），石墨主要开发商是扎瓦利夫斯基石墨公司（Zavalivsky Grafitovy Kombinat），乌克兰石墨产量 0.75 万 ~ 1 万 t。

斯里兰卡有世界闻名的脉状石墨矿床，是世界上唯一的高度石墨化的脉状石墨矿床，位于斯里兰卡岛的西部和西南部，石墨矿脉埋藏较深，需地下开采。斯里兰卡伯格拉石墨公司（Bogala Graphite Sri Lanka）是德国 GK 公司的子公司，最近公司从英国进口设备新装备了石墨加工厂。

津巴布韦石墨开发生产商是德国 GK 公司的分公司。英国 BGS 估计津巴布韦石墨产量 0.5 万 t。

自 1980 年美国西南石墨公司停止天然石墨生产，美国再没有开采天然石墨。目前石墨加工企业有 100 多家，阿斯伯里（Asbury）碳公司是美国最大的石墨加工企业，也是美国唯一的最大的天然石墨出口商，Asbury 虽然没有石墨矿山，但是已与许多石墨矿建立了伙伴关系，有安全的石墨供应保障，Asbury 是北美第一家于 1972 年从中国进口天然石墨的公司。苏必利尔（Superior）石墨公司是世界最大的石墨加工商和贸易商，特长是热处理纯化各种石墨，其加工厂分布在佛罗里达州、肯塔基州和伊利诺伊州，Superior 石墨公司没有石墨矿山，石墨安全供应是通过长期协议。2008 年美国生产合成石墨 19.6 万 t，价值 10.5 亿美元，比上年产量减少 0.2 万 t，价值减少 1.3 亿美元。

三、用途和消费

石墨具有耐高温、导电导热、自润滑、化学稳定和抗热震等特点，主要用于生产耐火材料、导电材料、耐磨材料、润滑剂、油墨、密封材料、耐腐蚀材料、隔热材料、耐高温材料和防辐射材料等，石墨材料是最有发展前途的环保节能材料，在冶金、石油、化工、核工业、电子产业和国防等国民经济各个行业得到广泛的应用。

钢铁工业是石墨最大的市场，石墨用于生产镁碳砖和氧化铝石墨耐火材料，这类耐火材料是炼钢电弧炉、炼铁转炉、钢水槽及钢水包的耐火衬，石墨用于粉末冶金和金属铸造成膜材料，石墨碳素用于生产高碳钢，石墨电极用于炼钢。石墨是铅笔芯的主要原料，北美和欧洲市场的铅笔大部分来自中国，铅笔制造业是石墨消耗量较大的传统市场。润滑剂市场普通石墨润滑剂消费平稳，石墨节能润滑剂消费量继续增长。世界石油化工和机械运输行业对石墨密封材料和石墨制动闸衬材料需求量增长，高纯膨胀石墨在该市场消费量逐渐增加。全球可移动电子产品越来越多，对锂离子电池需求量增加，锂离子电池是电动汽车最佳动力电池，球化石墨为最佳电极材料，未来电池产业对球化石墨需求量将大幅度增加。近期部分国家新建核电站，估计核反应堆用核纯石墨消费量增加。

石墨消费量大的国家主要是中国、日本、美国、荷兰、韩国、德国、印度尼西亚、意大利和比利时等。

近 5 年中国钢铁生产持续增加，推动石墨消费量增加，耐火材料和炼钢消耗石墨约 20 万 t。石油化工和汽车制造对密封材料需求比较稳定，密封材料消耗大鳞片石墨约 2 万 t。铅笔制造消耗石墨 1 万 t 多，石墨坩埚、电池、石墨乳等消耗石墨约 7 万 t。

按天然石墨终端应用统计，2008 年美国天然石墨消费量为 4.98 万 t，其中晶质石墨 2.02 万 t，隐晶质石墨 2.96 万 t。美国石墨制品企业近 100 家，天然石墨消费结构为耐火材料占 24%，铸造 8%，制动闸衬材料 7%，电池 3%，润滑剂 2%，其他 58%。合成石墨消费 19.6 万 t，主要用于生产石墨电极，汽车高模碳纤维等。

四、贸易和市场

2008 年世界石墨出口量 60 万 t 以上。出口石墨的国家主要是：中国、墨西哥、奥地利、巴西、斯里兰卡和朝鲜。世界上有 50 多个国家或地区进口石墨，进口量比较大的是日本、美国、德国、英国、荷兰、意大利和法国。美国、德国和日本具有先进的石墨加工技术，它们进口石墨初级产品，出口高附加值的石墨精加工产品。

中国石墨出口流向增加到 50 多个国家或地区，1981 ~ 2008 年，中国累计出口石墨

658.52 万 t，2008 年出口天然石墨 59.7 万 t，其中：鳞片石墨 19.35 万 t，隐晶质石墨 35.87 万 t，其他石墨 4.5 万 t。加拿大石墨出口 2 万 t 多，出口到美国 12700t，其余主要流向欧洲国家。墨西哥出口隐晶质石墨，2008 年出口流向美国 1.15 万 t。巴西石墨出口 1.77 万 t。

日本是世界上最大的石墨进口国，2008 年进口石墨超过 33 万 t，从中国进口石墨 32.27 万 t，其余来源于朝鲜和斯里兰卡。美国天然石墨完全依靠进口。2008 年美国进口天然石墨为 58300t，贸易额为 3730 万美元，比 2007 年进口量减少 300t，贸易额增加 1080 万美元。美国进口鳞片石墨主要来自中国、加拿大和巴西，隐晶质石墨主要来源于墨西哥和中国，块状和碎片石墨全部来自斯里兰卡（523t）。同年美国出口天然石墨 7950t，合成石墨 54900t，合计 62850t。

2008 年 1～10 月国际市场天然石墨价格上涨，10 月达到最高水平，从 12 月开始下降，直到 2010 年 3 月高碳晶质石墨价格开始上涨。合成石墨市场没有受全球金融危机影响，近 5 年连续上涨，从 2006 年的 3～10 美元/kg 上涨到 2010 年 6.2～19 美元/kg。

表 3　国际市场石墨价格　　单位：美元/t

品　级	2007.1～11	2008.10	2009.2	2010.1
欧洲港口到岸价： 晶质，中片，85%～87%C，+100～80 目	420～475	700～850	670～770	650～750
晶质，小片，90%C，-100 目	410～475	560～710	550～650	550～600
晶质，中片，90%C，+100～800 目	440～495	720～870	680～780	650～750
晶质，大片，90%C，+80 目	570～655	760～910	700～800	700～800
晶质，小片，94%～97%C，-100 目	600～750	1050～1090	1000～1050	620～1000
晶质，中片，94%～97%C，+100～80 目	730～810	1150～1300	1200～1300	880～1150
晶质，大片，94%～97%C，+80 目	800～950	1350～1390	1000～1350	1100～1350
非晶质石墨粉 80%～85% C	240～260	500	460	430
合成石墨　99.95% C	3250～11500	5000～15900	5500～17900	6200～19000

资料来源：Industrial Minerals，2007.11，2008.8，2009.2，2010.2。

五、展　望

世界各国开发新能源汽车，预计全球动力电池的需求量将持续增加，球化石墨是制造电池电极的最佳材料，因此，估计电池行业对球化石墨需求将增加。石墨资深顾问 George Hawley 认为全球电池级石墨需求量将达到 100 万 t。世界各国经济呈现不同幅度增长，总体上对工业产品需求增加不多，预计世界钢铁工业对石墨产品需求基本处于近年平均消费量的水平；化工行业和汽车制造行业对密封材料和制动摩擦材料需求将略有增长，对石墨耐高温密封材料和石墨制动闸衬材料需求量将随之增加。世界各国鳞片石墨供应主要依靠进口中国石墨，而中国鳞片石墨矿经过数十年过量开采，大鳞片石墨资源所剩已不多，未来国际市场存在鳞片石墨短缺的风险。石墨烯在电、光、热、力和化学方面具有独特优异性能，石墨烯是超级微型电容理想的电极材料，石墨烯复合材料超强超薄超轻，将用于人造卫星、航天飞机制造，石墨烯复合材料很可能引领材料科学迈进碳材料新时代，目前实验室能够用天然鳞片石墨剥离出石墨烯，预计天然鳞片石墨有可能成为制取石墨烯的原料。

主要参考文献

［1］ Donald W. Olson. Graphite. Minerals Yearbook，2008

［2］ Michel Dumont. Graphite. Mineral and Metal Commodity Reviews，2007

http：//www. nrcan-rncan. gc. ca/mms-smm/busi-indu/cmy-amc/content/2007/29. pdf

［3］ Graphite Supply Situation Report. Industrial Minerals，2010. 3

［4］ Alexandra Feytis. “Brazil Eyes Minerals Future”. Industrial Minerals，2010. 2

石膏

尹丽文

石膏化学成分是 $CaSO_4 \cdot 2H_2O$，硬度1 5～2，密度2.3；硬石膏化学成分是 $CaSO_4$，硬度3～3.5，密度2.93。纯石膏呈白色或透明，有杂质而呈灰色、棕色或粉色。石膏主要用于生产建筑材料，少量应用于农业、医药和造纸等行业。在亚洲国家，石膏主要为水泥缓凝剂，在北美洲和欧洲，石膏大量用于生产石膏板。石膏的新用途在开发中，其应用领域有望扩展。

全球金融危机导致世界各地新建住房数量不同幅度减少，对建筑材料需求量下降，2008年世界矿山石膏产量和消费量下降。近期世界各国加强环境保护，排烟脱硫石膏等工业副产合成石膏利用率上升。

一、储量和资源

世界石膏资源丰富，分布广，已有100多个国家或地区勘查探明了石膏储量，俄罗斯石膏储量32亿t，伊朗24亿t，中国16.34亿t，巴西13亿t，美国7亿t，加拿大4.5亿t，其他石膏资源丰富的国家还有墨西哥、西班牙、法国、泰国、澳大利亚、印度和英国等。中国已查明石膏资源储量679亿t，分布在山东等23省（自治区、直辖市），山东、安徽、内蒙古、青海、湖南、江苏、宁夏、湖北和广西各省（自治区）石膏资源储量均超过10亿t。美国石膏储量分布在俄克拉何马等29个州，探明储量相对集中在俄克拉何马、爱达荷、阿肯色、内华达、加利福尼亚、得克萨斯、印第安纳和密歇根。墨西哥勘探发现世界上独一无二透明石膏巨晶，长11m，重50t。

二、生产

目前，世界上有86个国家生产石膏。2008年全球石膏产量下降到1.59亿t，比2007年减少5%，主要国家石膏产量见表1。表中世界石膏产量统计数据与实际产量有误差，已知原因：一是各国石膏产量统计范围不一致，有些国家石膏产量包括了合成石膏，而有些国家未包括合成石膏，如日本石膏产量580万t全部是化学合成石膏，英国170万t中包括合成石膏，美国1440万t中未包括已利用合成石膏；二是发展中国家的一些小石膏矿的产量未统计在该国石膏产量中。世界每年工业生产排放的副产合成石膏约2亿t，其中主要是磷石膏。

石膏板是以石膏为原料生产的节能环保建筑材料。北美洲国家和西欧国家石膏板生产能力已经饱和。近年来，亚洲国家、东欧国家和南美洲国家的石膏板生产能力显著增加。

表 1　2006~2008 年世界主要国家或地区石膏产量　　单位：万 t

国家或地区	2006 年	2007 年	2008 年[e]	国家或地区	2006 年	2007 年	2008 年[e]
美　国	1850	1790	1440	印　度	245	250	255
伊　朗	1200	1200	1200	俄罗斯	220	230	240
加拿大	904	756	574	埃　及	200	200	200
西班牙	1150	1150	1150	英　国	170	170	170
中　国①	4200	4800	4600	意大利	286	546	540
墨西哥	608	608	514	波　兰	135	158	158
泰　国	836	857	800	德　国	177	190	170
日　本	580	585	580	巴　西	174	175	210
澳大利亚	426	390	400	其他国家	1419	1529	1534
法　国	480	480	470	世界总计	15900	16700	15900

注：①中国石膏产量数据来源中国非金属矿工业协会；e 为估计产量。

资料来源：Minerals Commodities Summaries，2008、2009。

目前全球石膏板厂有 250 多家，生产能力超过 170 亿 m^2/a，美国石膏板生产能力约 34 亿 m^2/a，西欧和亚洲分别占全球总生产能力的 20%。

美国是世界上最大的石膏板生产国，近年来加强利用合成石膏生产石膏板，没有再扩建天然石膏生产能力。根据美国地调局石膏月报和年报，2008 年石膏原矿产量 1440 万 t，比 2007 年 1790 万 t 减少 350 万 t，煅烧石膏产量 1890 万 t，比 2007 年 2940 万 t 减少 1050 万 t。2008 年美国石膏采矿分布在 21 个州，有 33 家公司经营 55 座石膏矿山。石膏产量前 10 位的州依次是内华达、爱达荷、加利福尼亚、俄克拉何马、得克萨斯、阿肯色、新墨西哥、印第安纳、密歇根和亚利桑那，上述 10 个州石膏产量占美国石膏产量的 83%。美国石膏行业由纵向集成的几家大公司组成，公司业务包括采矿、制造石膏板、建筑石膏和其他石膏产品。美国石膏公司（USG）石膏矿最多，国家石膏公司（NGC）有 8 个石膏矿，佐治亚-太平洋公司（GPC）有 6 座石膏矿，瑟登蒂公司（Certain Teed）有 4 个石膏矿，哈里森（Harrison）石膏公司有 3 座石膏矿（比上年增加 2 个），太普茵兰（Temple Inland）公司（TI）有 3 座石膏矿，上述 8 家公司石膏原矿产量占 78%，前 10 座大石膏矿山石膏原矿产量占 43%，平均每座矿山石膏产量 62.5 万 t。煅烧石膏生产分布在 30 个州，有 8 家公司经营 57 个加工厂，煅烧石膏产量主要来自下述各州：内华达、佐治亚、纽约、加利福尼亚、得克萨斯、阿肯色、佛罗里达、印第安纳、爱达荷和密歇根，上述 10 个州有 34 个工厂煅烧石膏产量 1480 万 t，占 75%。美国石膏公司（USG）有 20 个煅烧石膏厂；国家石膏公司（NGC）有 18 个工厂；佐治亚-太平洋公司（GPC）有 10 个工厂，BPB 公司有 4 个工厂，上述 4 家公司煅烧石膏产量占 83%；前 10 个大型煅烧石膏厂产量占 42%，平均每个工厂生产能力 83 万 t/a。2008 年美国利用工业副产合成石膏 970 万 t，比 2007 年 840 万 t 增加 130 万 t，主要来源于煤发电厂排烟脱硫石膏 FGD。目前美国化肥工业产生的大量磷石膏还没有被利用，因为这些磷石膏有一定的放射性。在美国，合成石膏价格低于石膏原矿生产成本，为利用电厂排烟脱硫石膏，新建石膏板制造厂在煤发电厂附近。美国有 9 个石膏板制造公司，经营 51 个工厂。2008 年美国石膏板销售量

18 亿 m^2，比 2007 年减少 36%。2003～2005 年美国石膏板行业快速扩张，多家公司扩建或新建石膏板生产线，全美国石膏板生产能力增加大于 10 亿 ft^2。2008 年住房建设减少，大部分生产商石膏板销售量下降，石膏板厂停产。

加拿大、墨西哥和巴西石膏产量位居世界前 20 名。加拿大石膏产量连续两年减产，2008 年 574 万 t，比 2007 年的 770 万 t 减产 196 万 t。2008 年墨西哥石膏产量 514 万 t，比 2007 年 608 万 t 减少 94 万 t。墨西哥有 3 个石膏矿，3 个石膏板厂。拉法基集团与 Comex 公司合作在墨西哥克雷塔罗州新建一个石膏制品厂，BPB 公司在墨西哥正在建第四个石膏板厂，USG 墨西哥分公司计划在墨西哥新建另一个石膏板厂。Etex 集团和拉法基集团合作计划在哥伦比亚北部新建一个石膏板厂，该厂将是安第斯地区最大的石膏板厂。巴西石膏产量连续 5 年增加，2008 年达到 200 万 t。委内瑞拉等其他南美洲国家也开发利用石膏矿产。

近年来欧洲各国石膏开采基本稳定，合成石膏利用量显著增加。西班牙石膏产量列世界第四位，居欧洲第一，2008 年石膏产量 1150 万 t，露采产量占 12%。法国圣戈班公司是全球石膏行业领先企业，应对全球金融危机减少资本费用，宣布冻结已经取得的项目。英国 BPB 公司是世界上最大的石膏制品生产跨国公司之一，在 50 多个国家有 90 多个加工厂，公司石膏板生产能力 10 亿 m^2/a。德国可耐福集团是生产建筑材料的跨国公司，其业务遍布世界各地，该公司在俄罗斯、希腊等 23 个国家有 53 个采矿场和 21 个矿井及石膏板生产厂，年开采石膏 500 万 t 以上，石膏板生产能力 8 亿 m^2；可耐福公司最大的石膏生产厂在德国的伊普霍芬，由开发天然石膏转为利用排烟脱硫石膏，年需求量约 70 万 t，由于转为利用排烟脱硫石膏，该厂主要能源消耗减少 50%；可耐福公司已成为俄罗斯最大的石膏和石膏板生产商，在俄罗斯，哈萨克斯坦、摩尔多瓦和乌克兰，可耐福公司有 8 个石膏企业，并计划在已建项目的基础上开发新的石膏项目；可耐福与保加利亚 2 个国家电厂商议用排烟脱硫石膏生产石膏板，可耐福正在俄罗斯伊尔库茨克市建石膏板生产厂，计划 2011 年投产。法国拉法基集团经营 76 个石膏板厂，分布在 29 个国家，公司雇员 8132 人，在欧洲有 33 个石膏加工厂，拉法基集团石膏板生产能力达 7 亿 m^2/a。近 3 年来俄罗斯石膏产量平稳增加，2008 年俄罗斯石膏产量 240 万 t，石膏板产量超过 8000 万 m^2；在俄罗斯，7 个最大的石膏开发企业为德国可耐福所有，其石膏产量占俄罗斯石膏总产量的 70%，其石膏板产量占俄罗斯的 15%。

近 3 年来中国石膏产量连续增加，石膏板等石膏制品产业发展更快。中国石膏矿产开发分布在 24 个省（自治区、直辖市），产量前 5 位的依次为山东、江苏、湖北、湖南和山西；2008 年中国石膏矿山企业有 600 多个，石膏产量 4600 万 t；中国企业加强环境保护，煤发电厂增加了烟气脱硫系统，部分排烟脱硫石膏被综合利用；近年来，中国石膏板行业发展迅速，石膏板生产能力达到 6 亿 m^2/a。本土大型石膏板企业有数家，国外跨国公司也步入中国市场，如拉法基集团，可耐福集团和 BPB 公司，在中国天津、上海和宁波等城市兴建了数个石膏板厂。中国最大的石膏板生产企业是北新建材集团，历经 20 多年发展，石膏板生产能力达到 4.6 亿 m^2/a，公司规划石膏板和隔音板等板材生产能力将达 10 亿 m^2/a，目标为亚洲第一。

近 3 年印度石膏产量在 260 万～360 万 t 之间。BPB 公司计划在印度新建 2 个石膏板厂，拉法基石膏公司计划在印度新建一个石膏板厂。2007 年泰国石膏产量增加到880 万 t，比2006年692万t增加188万t。近年来欧洲BPB公司和拉法基石膏公司不断开拓亚洲市场，BPB公司在泰国扩建2个石膏板厂，在马来西亚开始新建石膏板厂，生产能力1600万m^2/a，石膏原料来源于BPB公司在泰国的石膏矿。拉法基石膏公司在泰国新建石膏矿和石膏板厂，在韩国和越南新建石膏矿和石膏板厂。

澳大利亚石膏开发平稳，石膏产量400万t左右。2008年石膏产量400万t。澳大利亚石膏产业有2个大公司，每个公司的石膏生产能力为150万t/a。在维多利亚州、新南威尔士州和南澳有些小石膏矿，生产能力合计100万t。澳大利亚石膏有限公司计划扩建在布里斯班的石膏板厂，生产能力增加到4000万m^2/a。

中东和非洲地区有许多国家开采石膏矿产。伊朗石膏产量列世界第三，中东地区第一，近3年来石膏开发平稳，2008年石膏产量1200万t。埃及石膏产量在非洲地区居第一位，产量稳定在200万t。阿尔及利亚石膏产量列非洲第二位。坦桑尼亚等其他非洲国家开采石膏矿产，但产量少于10万t。

三、用途和消费

2008年世界石膏消费量大于1.6亿t，各类石膏板消费量70亿m^2以上。在北美洲国家、欧洲国家及日本，石膏主要是用于生产石膏板和粉刷材料，在亚洲和中东，石膏主要是用于水泥工业，近年来石膏板消耗石膏量逐年增加。总体上，全球水泥工业石膏耗用量占全球石膏消费量的50%多，石膏板等石膏制品消耗量占39%，其余的用于土壤调节，食品加工和造纸填料等。

美国石膏消费量列世界第二。2008年石膏视消费量3120万t，国产石膏满足消费需求的77%（其中合成石膏占31%），23%缺口依靠进口。美国78%煅烧石膏主要用于生产防火等多种功能的石膏板和建筑粉刷产品，未煅烧石膏约173万t用于波兰特水泥为缓凝剂，约90.3万t用于农业。少量高纯石膏用于食品加工、医药、造纸和玻璃等。合成石膏80%用于制造石膏板，10%用于水泥混凝土，10%用于废物稳定剂、农业和其他特殊用途。

欧洲各国石膏主要是用于制造石膏板，欧洲国家石膏板消费量占世界总量的20%左右。近年来欧洲石膏和石膏板消费总体上比较稳定。英国、法国、德国、西班牙和意大利石膏板消费平稳。前苏联国家石膏板消费量比较小，但消费需求增长较快。俄罗斯国产石膏产品基本上在国内消费，石膏消费量的70%用于生产石膏板、石膏砌块等，其余消费于医疗、肥料、矿山回填和冶金助剂等。

亚洲石膏消费8000万t以上，石膏消费最多的国家是中国、伊朗、印度、泰国和日本。石膏的最大市场是水泥工业，石膏用作水泥缓凝剂，其次用于生产石膏板和建筑用粉刷产品，在农业、医药、陶瓷模具及造纸填料等部门石膏消费量少于20%。印度石膏消费量增加，印度石膏消费独特之处是为解决化肥缺硫问题采用石膏基化肥，印度计划建造以磷石膏为原料的石膏板厂，该石膏板用于替代建筑用砖和混凝土。中国石膏板消费年均增长10%之上，石膏板年消费量6亿m^2以上。近年来日本石膏消耗比较平稳，石膏板消费量少于7亿m^2。

南美洲国家石膏消费量相对低，拉法基集团在阿根廷、墨西哥、巴西、智利等国家经营石膏板生产厂，该区域石膏消费呈现增加态势。

非洲有不少比较小的石膏矿，但绝大多数石膏都用来生产水泥，目前南非和埃及生产石膏板和熟石膏。

石膏板加工过程中切下的碎屑和拆除房屋装修材料产生石膏废料可以再利用。石膏废料经加工可以再用于制造石膏板，或研磨用于农业为土壤调节。石膏板制造商和建筑行业正在研究石膏废料和石膏碎屑返回石膏板厂重新加工利用的途径和方法。回收再利用废石膏的潜在市场包括水泥生产，泥浆干燥，水处理、油脂吸附和运动场地。

四、贸易和市场

普通石膏为低价值矿产品，普通石膏进出口贸易主要局限于周边国家之间贸易往来，医用石膏和石膏制品贸易比较活跃，并不局限于周边国家。国际市场石膏贸易量不足3000万t，出口石膏的国家只有少数，如加拿大、墨西哥、西班牙和泰国。

美国是石膏和石膏制品进出口贸易最大的国家，进口石膏来源于11个国家，出口石膏和石膏制品流向123个国家或地区。2008年美国进口石膏730万t，主要是流向缺少石膏资源的东海岸和西海岸石膏板制造市场，91%的进口石膏来源于加拿大和墨西哥。

欧洲石膏工业的三大跨国公司经营范围遍布世界各地，拉法基集团石膏产品在欧洲市场份额为55%，在美国市场份额达19%，在其他地区为26%。可耐福是俄罗斯境内最大的石膏开发商，其7个石膏矿产量占俄罗斯石膏总产量的70%，该公司在乌克兰、摩尔多瓦和哈萨克斯坦也有石膏产品生产经营。

亚洲市场石膏产品贸易比较活跃。进口石膏最多的是日本，其次是韩国。出口石膏的国家主要是泰国、伊朗和中国。2009年中国出口石膏38.6万t，主要流向韩国和越南，进口石膏1.04万t，主要来源于泰国。2008年印度进口石膏原矿和煅烧石膏89.1万t，比2007年57.6万t增加31.5万t，出口石膏原矿34万t，煅烧石膏7.74万t。

非洲和南美洲石膏消费量相对少。近年来，南美洲各国经济普遍快速增长，石膏消费需求出现增长。非洲各国接受许多经济援助和债务减免，大部分国家经济增长，工业建设起步，石膏消费需求逐渐增加。

五、展　　望

石膏主要用于制造建筑材料，石膏行业与全球建筑业景气度密切相关。虽然全球经济将缓慢恢复增长，但各国经济增长幅度各异，建筑业景气度也不同，未来2~3年北美和欧洲工业发达国家新建住房总量继续下降，对石膏产品需求不可能增加；发展中国家经济保持增长，尤其是亚洲国家和非洲国家，随着各国加强基础设施建设，改善居住条件，预计发展中国家对石膏产品需求量将增加。世界各国石膏产业越来越重视资源循环利用和废物的再利用，中国、美国和欧洲等国家或地区都建成或在建以工业副产品合成石膏为原料的大型石膏制品厂，世界石膏制品制造转向利用工业副产合成石膏已是石膏产业发展必然趋势，预计全球矿山石膏产量将减少。

主要参考文献

［1］Robert D. Crangle. Gypsum. Minerals Yearbook，2008

［2］U. S. Gypsum Wallboard Developments. Industrial Minerals，2006. 11

［3］尹丽文．国土资源部信息中心．世界矿产资源年评（2007～2008）．北京：地质出版社，2009

［4］British Geological Survey. United Kingdom Minerals Yearbook，2007

［5］British Geological Survey. World Mineral Production，2003～2007

石棉

尹丽文

石棉具有耐高温、隔热保温、耐化学腐蚀和附着力强等独特性质，石棉防火制品、石棉密封材料和石棉保温材料曾经用于建筑、化工、运输机械和国防等部门。因石棉对人体健康可能存在危害，自20世纪80年代至20世纪末，世界石棉产量和消费量一路减少；近5年，欧洲部分国家和美国石棉消费继续减少，而亚洲发展中国家温石棉消费基本稳定，世界石棉供需基本平衡，产量和消费量在210万~240万t之间。

一、储量和资源

世界已探明石棉储量超过2亿t，石棉矿产地有150处，分布于40多个国家或地区。俄罗斯、哈萨克斯坦、加拿大、中国、巴西、南非和津巴布韦石棉资源比较丰富。俄罗斯乌拉尔地区和加拿大魁北克地区的石棉资源量占世界的一半以上。加拿大魁北克温石棉矿石证实储量2亿t，石棉纤维含量6%。美国有石棉资源，但大部分是短纤维石棉。中国已查明石棉资源储量超过1亿t，保有可采储量2500万t，西部地区四川、云南、陕西、甘肃、青海和新疆6个省（自治区）石棉资源储量占全国的99%，中国石棉主要是短纤维石棉。印度石棉储量604万t，资源量1569万t。

二、生　　产

1977年之前世界石棉产量持续增长，1977年达到历史最高水平479万t，之后世界石棉产量一路下降，到1999年降至近68年来历史最低水平185万t；近5年世界石棉产量在210万~240万t之间。俄罗斯石棉产量居世界第一，其他依次是中国、巴西、哈萨克斯坦、加拿大和津巴布韦等国，以上六国石棉产量占世界石棉总产量的96.36%（表1）。

表1　世界石棉产量　　单位：万t

国家或地区	2006年	2007年	2008年e	国家或地区	2006年	2007年	2008年e
俄罗斯	92.5	102.5	101.7	巴　西e	22.7r	25.4	25.5
中　国①	36	39.6	38	津巴布韦	10.0e	8	5
加拿大	20	18	18	其他国家	41	7.2	7.8
哈萨克斯坦e	31.5	29.3	23	世界总计	221	230	219

注：e为估计值；r为修正值；①产量数据来源中国非金属矿工业协会。

资料来源：USGS Minerals Yearbook，2008。

俄罗斯石棉产量连续两年突破100万t，居世界第一。石棉开采业由3家公司组成，斯维尔德洛夫斯克州的乌拉尔石棉公司、奥伦堡州的奥伦堡石棉公司和图瓦石棉公司。目前俄罗斯有4个石棉露采矿山在开采，3个在乌拉尔，1个在图瓦。乌拉尔石棉公司为俄罗斯规模最大的石棉生产公司，虽然其石棉生产经常受到能源短缺的困扰，但其石棉生产仍保持较高水平；该公司开发的巴真诺夫斯克（Bazhenovsk）矿床是世界上最大的石棉矿之一（储量6000万t），有两座露天开采矿山，3座选矿厂，总设计生产能力为75万t/a；目前该公司正在新建一个处理厂，利用石棉选矿厂的尾矿蛇纹石生产镁金属，尾矿蛇纹石平均含镁20%~22%，镁处理厂的总投资为3亿美元，设计生产能力为5万t/a，实验室提取金属镁已经取得成功。奥伦堡石棉公司为俄罗斯第二大石棉生产公司，其石棉年产量在30万t左右。

中国重要的石棉矿山有10多座，主要分布在西部地区。据中国非金属矿工业协会统计，2008年石棉产量为38万t，主要产自青海茫崖石棉矿，甘肃阿克塞地区，新疆巴音郭楞蒙古自治州石棉矿地区。中国茫崖石棉矿建于1958年，为大型石棉采选联合企业，设计石棉生产能力10万t/a。新疆巴音郭楞蒙古自治州石棉矿建于1966年，石棉生产能力3.5万t/a。

哈萨克斯坦石棉生产连续两年减产。2008年石棉产量23万t，比2007年29.3万t减少6.3万t。哈萨克斯坦石棉产量主要来自科斯塔奈地区科斯塔奈石棉公司，公司所属的矿山杰特加林斯克（Dzhetygarinsk）是露采矿。哈萨克斯坦石棉生产成本低，在国际市场上具有较强的竞争力。

加拿大石棉生产能力53.5万t/a，受能源价格上涨，运输费用增加和其他运输障碍影响，加拿大石棉开发商减少石棉生产，近两年加拿大石棉年产量维持在18万t。加拿大的石棉生产主要集中在加拿大东部的魁北克省。加拿大有两个石棉开发商，杰佛瑞（Jeffery）矿业公司开发杰佛瑞石棉矿，矿山位于魁北克省石棉城，矿山于1880年开始采矿，石棉纤维生产能力25万t/a，2007年还在露天开采残留的石棉，可露天开采石棉采完该矿将转入地下采矿，至今已投资1.4亿美元建设地下采矿矿山工程，设计温石棉纤维生产能力25万t/a，该项目将增加投资3000万美元，矿山生产年限至少25年。LAB温石棉公司经营贝尔（Bell）石棉矿，矿山位于魁北克省塞特福特（Thetford）地区，地下采矿，石棉纤维生产能力18.5万t/a。加拿大石棉矿山工作环境达到安全标准，空气中石棉纤维含量控制在0.1~0.2根/cm^3。

巴西是拉丁美洲主要石棉生产国。SAMA公司为该国主要温石棉开发商，有两个露天采场，矿山位于戈亚斯（Goias）州的卡纳布拉瓦（Cana Brava），石棉产量为25万t，2004年公司投资1500万美元替换卡车运输队，2006年追加投资1500万美元，用于设备更新、技术提升和环境保护，SAMA公司石棉回收率达87%；公司计划在开采深度315m以内继续露天开采，约2057m将地下开采。卡纳布拉瓦石棉矿已取得ISP14001认证，选矿厂有空气过滤系统，生产环境清洁安全。

津巴布韦是非洲主要的石棉生产国，连续两年减少石棉生产，2008年石棉产量5万t，比2007年8万t减少3万t。非洲联合矿山公司（African Associated Mines）是津巴布韦最大的石棉开发商，石棉开采分布在砂巴聂（Shabanie）矿和马砂巴（Mashaba）矿。

三、用途和消费

石棉具有耐高温、隔热、绝缘、抗张强度高和密封性好等许多优异的性能，用石棉可生产石棉保温材料、石棉密封材料、石棉摩察材料和石棉防火材料等石棉制品，各种石棉制品可用于建筑、机械、石油化工、冶金和国防等部门。目前石棉主要用于制造石棉水泥制品，其余用于生产摩擦材料制品、密封材料制品，防火和耐高温防护材料等。石棉水泥制品主要是屋顶保温防火板和保温隔热石棉水泥管。

若吸入石棉纤维，存在导致尘肺或肺癌的风险，国际劳工组织制定了关于使用石棉的职业健康和安全162号协议和172号建议，加拿大、印度、印度尼西亚和巴基斯坦等国家政府遵从该决定制定了安全生产、使用和处理石棉和含石棉制品的技术指导，目的是有效的保护石棉工人和公众的安全健康。欧洲国家和美国石棉制品消费量很小，发展中国家由于技术和经济实力的制约，石棉制品仍被比较多的采用，石棉消费没有明显减少。世界已经全面禁止使用透闪石石棉，现在开采利用的石棉全部是温石棉，即蛇纹石石棉。

亚洲国家、南美国家和独联体国家是石棉产品的主要消费国。亚洲国家石棉消费量约占世界总量的50%多。2008年中国石棉消费量55万t多，印度约20万t，泰国约11万t，越南约4万t，韩国约2万t，印度尼西亚约3万t。受欧洲石棉禁令的影响，日本制造业转向用石棉替代品，日本石棉消费量进一步减少。俄罗斯和哈萨克斯坦国内石棉消费量约占产量的50%，2006年国内石棉消费量70万t多，主要用来制造石棉水泥制品，少部分用于制造绝热绝缘材料。巴西石棉消费量在美洲位居第一，石棉消费量约占本国产量的59%，2007年消费量约13万t。墨西哥约2万t。中东地区的石棉消费主要集中在阿联酋和伊朗两国，伊朗石棉消费约8万t。非洲地区石棉消费则主要集中在阿尔及利亚、安哥拉、摩洛哥、津巴布韦和塞内加尔等国，这些国家石棉消费量占世界总需求量的20%左右。

近30多年来，美国石棉消费量逐年减少，2008年进口石棉国内消费下降到1460t，比2007年的1730t减少270t。美国石棉消费构成为，屋顶防护产品34%，涂层复合材料36%，密封材料等其他用途30%。

四、贸易和市场

出口石棉的国家有俄罗斯、加拿大、哈萨克斯坦和巴西。进口石棉的国家主要是亚洲发展中国家，泰国、韩国、中国、印度和印度尼西亚等国石棉进口量占世界总贸易量的半数以上。

2008年中国石棉进口量再度创历史新高为30万t（其中长纤维石棉438t），进口来源13个国家或地区，从俄罗斯进口25万t，占83.33%，哈萨克斯坦4.49万t，巴西4060t，加拿大780t。

印度石棉进口量连续增加，2000年进口石棉9.73万t，2008年进口34.66万t。

俄罗斯是石棉出口大国，石棉出口量占产量的50%以上，2008年出口石棉65.7万t，主要流向亚洲。

巴西是南美洲主要的石棉出口国，2008 年出口石棉 17.79 万 t，主要出口到印度、泰国、墨西哥和印度尼西亚等。巴西 SAMA 公司是南美石棉市场的主要供应商。

加拿大石棉出口量占产量 90% 以上。石棉和石棉制品出口流向 70 多个国家或地区。

美国自 2002 年起不开采石棉了，但一直进行着石棉和石棉制品的进出口贸易。2008 年美国进口石棉 1460t，从加拿大进口 1211.8t，占 83%。美国转口出口石棉 368t，主要出口到墨西哥。美国石棉制品出口价值 3320 万美元，墨西哥是美国石棉制品的主要进口国，其他依次是加拿大、韩国和中国，上述 4 国占美国石棉制品出口贸易额的 61%，美国出口的石棉制品主要是含石棉制动衬垫、含石棉离合器里衬、盘型制动衬垫和含石棉防火板、防护瓦和防护管。2008 年美国转口出口石棉平均价格为 938 美元/t，比 2007 年 517 美元/t 上涨 421 美元/t。进口石棉到岸价格平均为 746 美元/t，比 2007 年 473 美元/t 上涨 273 美元/t。从加拿大进口的温石棉原矿到岸价格平均为 700 美元/t，比 2006 年 175 美元/t增加 525 美元/t，4 级蛇纹石石棉进口到岸价格平均为 2062 美元/t，比 2007 年 2167 美元/t 下降 105 美元/t，其他级别蛇纹石石棉进口到岸价格平均为 455 美元/t，比 2007 年 417 美元/t 上涨 38 美元/t。

2008 年中国进口石棉到岸价格继续上涨，长纤维石棉进口到岸价格平均为 947 美元/t，比 2007 年 875 美元/t 上涨 72 美元/t，其他级别石棉进口到岸价格平均为 260 美元/t，比 2007 年 219 美元/t 上涨 41 美元/t。

五、展　望

虽然欧洲国家和美国颁布了禁用含石棉制品的禁令，但是近年来美国和欧洲国家仍然继续使用含石棉的制品，只是消费量很少。虽然世界各国已开发生产多种石棉替代产品，但是还没有一种产品在综合功能和生产成本上优于石棉。世界各国政府要求企业必须保证石棉采选作业环境和石棉制品生产环境达到安全标准，保证石棉制品在使用期间石棉纤维不溢出，石棉制品报废时能安全处置。虽然联合国有关机构没有将石棉列入物质进口预先通知清单里，但是该决定是在部分代表未到达，意见不一致的情形下做出的。估计近期世界石棉消费量维持在 220 万 t 左右，主要消费国依然是中国、印度和独联体国家。

主要参考文献

[1] Robert L. Virta. Asbestos. Minerals Yearbook，2008，USGS

[2] Ministry of Mines India. Annual Report，2009~2010. http：//www. mines. nic. in/

[3] Chrysotile. Natural Resources Canada. Mineral and Metal Commodity Reviews，2007

滑 石

尹 丽 文

滑石是层状含水镁硅酸盐矿物，硬度最小，具有珍珠光泽、化学性质稳定和可吸附油脂等特殊性能，滑石可用于造纸、陶瓷、油漆涂料、橡胶、塑料、医药、食品和化妆品等行业。

世界已探明滑石资源主要分布在亚洲、美洲和俄罗斯联邦，欧洲可采滑石资源越来越少。近年世界各国滑石生产和消费平稳，中国滑石产量和出口量居世界首位。

一、储量和资源

世界已发现滑石矿床250多个，主要分布在中国、美国、巴西、印度、澳大利亚、法国和芬兰等国家。叶蜡石矿主要分布在中国、日本和韩国等国家或地区。据美国地调局资料，美国滑石类矿产储量1.4亿t，其他国家滑石类矿产的储量和储量基础见表1 。中国滑石矿产资源丰富，滑石质量好，据中国国土资源部统计，中国滑石基础储量12119万t，储量7515万t。印度已开发的滑石矿床位于拉贾斯坦邦和喜马偕尔邦。

表1 2008年世界滑石类矿产储量和储量基础 单位：万t

国家或地区	储 量	储量基础	国家或地区	储 量	储量基础
美 国①	14000	54000	韩 国	1400	1800
巴 西	18000	25000	印 度④	11552.6	31213.3
中 国②	7515	12119	其他国家	大	大
日 本③	10000	16000	世界总计	大	大

注：①不包括叶蜡石；② 中国国土资源部统计；③日本全部是叶蜡石；④Ministry of Mines India. Annual Report, 2009~2010。

资料来源：Mineral Commodity Summaries，2008、2010。

二、生 产

世界上有40多个国家或地区开发滑石类矿产品。2008年世界滑石类矿产品产量估计为751万t，滑石产量233万t，叶蜡石131万t，皂石55.5万t，滑石类未分类矿产品342万t。

世界滑石矿产开发至少有100年历史，1900~1997年，世界滑石产量保持上升态势，

1997年世界滑石产量1040万t，为历史最高，自1998～2008年，世界滑石矿产品产量呈波折下降走势，美国地调局估计2008年世界滑石类矿产品产量751万t。

中国滑石产量居世界首位。据中国非金属矿工业协会估计，2008年中国滑石产量为200万t。中国滑石矿产开发分布于18个省（自治区），滑石产量前4位依次是辽宁、广西、山东和江西。辽宁省和广西壮族自治区是优质滑石主产区，山东省滑石产量比较稳定，还生产部分滑石工艺品，江西省开采的是黑滑石。近年来，中国大中型滑石企业深加工技术提高，工艺改进，设备更新，已可以生产多系列的各种用途的滑石产品。小型滑石企业缺乏技术力量和资金，生产设备落后，还是生产初级产品。中国超微细滑石和表面改性滑石生产能力仍不足。2007年中国滑石矿产开发资源整合取得初步成绩，白滑石主产地山东、广西和辽宁的资源整合已基本完成，小矿山部分被大企业收购或兼并，非法开采企业被关闭。辽宁滑石开采以艾海滑石有限公司、北海集团公司、水泉滑石矿业有限公司为主，山东以平度市滑石矿业有限公司、莱州滑石工业（集团）公司、栖霞滑石矿为主，广西以桂广滑石开发有限公司、龙广滑石开发有限公司、龙胜华美滑石开发有限公司为主，中国滑石产量的80%以上来自上述公司。江西某公司已开发系列黑滑石深加工产品，经处理的黑滑石白度达95%，产品具有良好的绝缘、耐热、吸附性能，可用于造纸、陶瓷、塑料、油漆、涂料等行业。

美国开采滑石和叶蜡石。1900～1990年美国滑石产量曲折上升，产量最高为127万t，1991～2006年美国滑石产量在83万～120万t之间变化。2008年美国滑石产量70.6万t，为近40年最低水平，比2007年76.9万t减产6.3万t，连续两年减产。2008年美国有7家滑石矿产开发公司，其中有5家公司经营8座矿山，矿山分布在蒙大拿等5个州，开采滑石、块滑石和皂石，全部是露天开采。按滑石产量依次是：鲁兹纳克美国公司（Luzenac America），美国滑石公司（以前是Wold滑石公司），特种矿产公司，加弗努尔（Gouverneur）滑石公司，先科（Protech）矿产公司，卡尔（Cal）滑石公司和阿尔伯林（Alberene）皂石公司。美国滑石开发前4家公司滑石产量占全国的99%。蒙大拿州、纽约州和佛蒙特州滑石产量减少，得克萨斯州和加利福尼亚州滑石稳产。加弗努尔滑石矿于1948年开始采矿，于2008年第4季度停止开采滑石，矿坑注水改造成人工湖，尾矿堆覆盖土壤复垦。美国两个公司经营叶蜡石矿产开发，皮尔蒙特（Piemont）矿产公司和斯坦达德（Standard）矿产公司在北卡罗来纳州经营3个叶蜡石矿，近两年美国叶蜡石产量小幅下降。

印度开采皂石、块滑石和叶蜡石。印度矿业部年度报告公布，2008年滑石类矿产品产量83.2万t，比2007年103.1万t减少19.9万t。拉贾斯坦邦滑石产量占全国的72%，主要开发商有5家，联合皂石开发公司产量占28%，乌代浦（Udaipur）矿产开发联合公司占22%，帕巴蒂亚（Parbatia）矿山产量占3%，纳尔瓦亚（Nalwaya）矿产工业公司占5%，凯迪亚（Katiyar）矿业公司占4%。格尔查（Golcha）集团滑石生产能力70万t/a，计划扩建到80万t/a。Golcha集团有2个滑石矿床，全部储量2500万t，达乌萨（Dausa）矿床尚未开采，目前公司在皮尔瓦拉（Bhilwara）矿开采滑石。Golcha协作集团有3个滑石矿山分别在布加帕特（Bhungapat）、代夫普拉（Devpura）和代夫拉（Devla），Bhungapat滑石矿是公司最大的滑石矿，生产能力10万t/a，公司只有1个加工厂位于乌代浦（Udaipur），其生产的滑石粉用于陶瓷、造纸、涂料、化妆品和塑料。印度最大的硅灰石开发商沃尔科姆（Wolkem）公司开始涉足开发滑石，已获得2个滑石矿哈奇（Kharch）矿和纳斯拉基帕（Nathra Ki Pal）矿，该公司在寻找合作伙伴开拓国外市场，开发生产的滑石产品主要为聚合物增强填料。

世界三大滑石公司总部均在欧洲。鲁兹纳克（Luzenac）公司总部在法国，为力拓股份有限公司所有，在全球有30多个矿山和加工厂，滑石产量约190万t，在美国的鲁兹纳克美国公司滑石产量40万t左右，在澳大利亚西部的子公司滑石产量约15万t，力拓矿物公司研究开发微晶滑石（命名为MistronR），用于橡胶填料部分替代白炭黑，微晶滑石比白炭黑具有更好的性质。欧米亚（Omya）集团的全资子公司孟都矿产公司的滑石生产分布在荷兰、挪威和芬兰，滑石生产加工能力76万t/a。意法比（IMI Fabi SpA）公司在意大利米兰，滑石产量约10万t，是澳大利亚西部尤明尼滑石公司（Unimin Talc Pty）联合风险投资伙伴，该公司在美国的西弗吉尼亚和纽约有滑石加工厂，在芬兰5个滑石矿。

表2　滑石类矿产品主要生产国或地区产量　　单位：万t

国家或地区	2007年[①]			2008年[②]		
	滑石、皂石	叶蜡石	滑石类	滑石、皂石	叶蜡石	滑石类
澳大利亚	12	0.12	12.12	12	0.12	12.12
巴　西	40.1		40.1	40.5		40.5
中　国	200		200.2	220		220.2
芬　兰	55		55	55		55
法　国	42		42	42		42
印　度	55.5	8.7	64.2	56	8.7	64.7
意大利	14		14	14		14
日　本	2.6	34.5	37.1	2.5	33	35.5
朝　鲜			5			5
韩　国	6.4	68	74.4	4.5	78	82.5
墨西哥	0.98		0.98	3.2		3.2
俄罗斯	17		17	16		16
泰　国	0.4	41.5	41.9	15	0.4	15.4
美　国	76.9		76.9	70.6		70.6
其他国家	58.12	29.18	87.1	46.7	27.78	74.28
世界合计	586	182	768	603	148	751

注：① 2007年产量数据为修正数据；② 2008年产量数据为估计数。

资料来源：USGS Minerals Yearbook，2008。

三、消　费

滑石的主要消费领域是陶瓷、造纸、涂料和塑料，四大市场滑石消费量占滑石总消费量的80%左右，其余消费于橡胶、屋顶防水材料及其他建筑材料，少量高纯滑石添加于化妆品和医药产品中。滑石晶体片状结构，添加到塑料和橡胶中有增强作用，滑石消费增长最快的市场是聚合物市场。

世界各区域滑石消费结构不同。在亚洲各国，滑石主要为造纸填料。2008 年中国滑石视消费量减少，约 120 万 t，50% 以上消费于造纸业，其余消费于涂料、陶瓷、屋顶材料、塑料及化妆品。印度滑石主要消费于造纸、涂料、陶瓷、橡胶和化妆品等产品生产中，印度滑石公司正在开发纳米级滑石产品应用于塑料生产中。在欧洲国家，约有 60% 的滑石用作造纸填料和造纸过程中的树脂控制剂，37% 用于涂料、塑料、屋顶材料、陶器和瓷器，3% 用于化妆品。

美国滑石产品主要消费于陶瓷、涂料和屋顶防护材料，滑石消费与建筑业景气指数密切相关，2008 年美国住房开工减少，陶瓷和建筑涂料等建筑材料需求减少，滑石消费量继续下降，视消费量 65.5 万 t，比 2007 年 71.9 万 t 减少 6.4 万 t。国产滑石销售 53.6 万 t，用途构成：陶瓷 10.9 万 t，涂料 12.4 万 t，造纸 10 万 t，塑料 4.1 万 t，屋顶材料 4.9 万 t，橡胶 1.7 万 t，化妆品 1.4 万 t，其他 8t，其中陶瓷和造纸用滑石消费量大幅度减少，塑料用滑石消费量微增。美国进口滑石 19.3 万 t，消费构成是：塑料制品 12.8 万 t，化妆品 2.5 万 t，油漆涂料 1.5 万 t，陶瓷耐火材料 0.8 万 t，造纸 0.5 万 t，橡胶 0.3 万 t，其他 0.9 万 t。

四、贸易和市场

世界上出口滑石的国家主要是中国、美国、加拿大、意大利、澳大利亚和印度；进口滑石的国家有日本、韩国、墨西哥、比利时和德国等 70 多个国家或地区。

中国滑石出口到世界 70 多个国家或地区。1981～2008 年，中国累计出口滑石 2201.87 万 t。近 6 年来，中国滑石出口流向趋向多边化，流向日本和韩国的数量明显减少，流向欧洲各国和美国的增加。2008 年，中国滑石出口 69.37 万 t，贸易额 13246.9 万美元，其中出口到日本滑石量 23.1 万 t、美国 12.5 万 t、泰国 7.5 万 t、荷兰 4.9 万 t、意大利 4.8 万 t。

印度出口的滑石主要用于塑料、橡胶和化妆品产品生产中，主要流向欧洲市场。2004 年印度滑石增加到 5.8 万 t，2006 年又减少到 4.7 万 t。

美国既出口滑石也进口滑石。2008 年美国进口滑石 19.3 万 t，贸易额 5640 万美元，同期美国出口滑石 24.4 万 t，贸易额 4600 万美元，美国出口的滑石 99% 是已研磨滑石粉，出口主要流向加拿大和墨西哥。

欧洲的法国、芬兰、奥地利和意大利出口滑石产品，德国、荷兰、比利时和英国进口滑石产品。鲁兹纳克集团公司是跨国公司，滑石销售量占世界的 25%。意大利每年滑石出口量 5 万 t，其中包括世界著名的意大利化妆级滑石粉。德国是欧洲最大滑石消费国，其滑石几乎全部依靠进口，主要供货国家为奥地利和法国，芬兰、意大利、荷兰也提供一定数量。英国滑石全部依赖进口，主要供货国为荷兰、中国、法国、芬兰和澳大利亚。

日本滑石进口最多，近年来进口量下降。日本进口滑石主要来源于中国，其余从澳大利亚、美国进口。泰国、韩国、中国台湾、印度尼西亚、马来西亚、菲律宾进口滑石大部分来自中国。

滑石产品销售价格因其品质和加工深度不同存在极大差异。滑石到岸价包括包装费和运输费。2008 年美国滑石原矿销售价格为 31 美元/t，比 2007 年下降 1 美元/t。经过破碎筛分未研磨碎滑石价格为 50～60 美元/t，普通加工滑石粉平均价为 125 美元/t，比上年涨价 11 美元/t。已研磨滑石出口平均价格从 2007 年的 187 美元/t 上涨到 189 美元/t，未研磨滑石出口平均价格从 2007 年的 677 美元/t 下降到 327 美元/t。未研磨滑石进口平均价格为 207 美元/t，比上年上涨 20 美元/t；已研磨滑石进口平均价格为 262 美元/t，比上年下降 2 美元/t。

韩国不同用途叶蜡石销售价格不同，玻璃纤维和耐火材料级叶蜡石 130 美元/t，陶瓷级叶蜡石 27～44 美元/t，填料级叶蜡石 110～150 美元/t。

根据中国海关滑石出口数据计算，2008 年中国滑石块出口离岸价平均为 159.14 美元/t，滑石粉出口离岸价平均为 226.04 美元/t；滑石块出口离岸价比上年上涨 29.38 美元/t，滑石粉上涨 70.42 美元/t。

近 4 年国际市场滑石贸易报价见表 3。印度和美国滑石出口报价是离岸价，没有变化，中国滑石出口报价是到岸价，包括运输费用。

表 3　国际市场滑石价格

产　地	规　格	交货地	价格单位	2006 年 6 月	2007 年 6 月	2008 年 6 月	2009 年 2 月
挪　威	磨　碎	英国仓库交货	英镑/t	142～190	142～190	142～190	142～190
挪　威	微细粉级	英国仓库交货	英镑/t	220～294	220～294	220～294	220～294
中　国	标准级	英国仓库交货	英镑/t				
	200 目			208～233	208～233	215～235	215～235
	350 目			214～234	220～245	220～245	220～245
印　度		FOB	美元/t				
	涂料级	20～25μm		185～195	185～195	185～195	185～195
	塑料级	20～25μm		200～205	200～205	200～205	200～205
	陶瓷级	200～325 目		190～195	190～195	190～195	190～195
美　国		工厂交货	美元/st				
	涂料级	200 目		126	126	126	126
		400 目		210	210	210	210
	陶瓷级	200 目		92	92	92	92
		325 目		115	115	115	115

资料来源：Industrial Minerals，2006.6、2007.6、2008.6、2009.2。

五、展　望

滑石消费与世界经济景气度相关，尤其是与建筑业密切相关，由于全球金融危机导致世界经济增长减缓，住房开工量缩减，陶瓷和建筑涂料行业对滑石需求量减少；世界造纸行业对滑石的需求情况不确定，滑石在造纸市场的消费水平取决于滑石及其他矿物造纸填料的供给情况。医药和化妆品用滑石需求量虽然比较少，但对滑石质量要求高。世界高白度高纯度滑石资源量已经非常有限，不久该类产品将出现短缺。滑石深加工新产品应用于塑料和橡胶产品中有多项增强作用，尤其是汽车配件用塑料，轮胎用橡胶，预计该市场对改性片状超细滑石需求将继续增加。中国是国际市场上最大的滑石产品出口国，近年来由于老矿山资源减少，国内需求量增加，中国滑石出口量开始减少。印度滑石产业正在崛起，计划扩大滑石产品开发，扩大滑石深加工产品出口欧洲和亚洲市场。

主要参考文献

[1] Robert L. Virta. Talc and Pryophyllite. Minerals Yearbook，2007

[2] Laura King. A Viking Talc Nordic Minerals Supply. Industrial Minerals，2006. 8

[3] Michel Dumont. Talc and Pryophyllite. Natural Resources Canada. Mineral and Metal Commodity Reviews，2007

[4] Talc’s Green Aspect. Industrial Minerals，2010. 2

[5] Ministry of Mines India. Annual Report，2009 ~ 2010. http：//www. mines. nic. in/

硅灰石

尹 丽 文

硅灰石是偏硅酸钙矿物，纯硅灰石化学组成为氧化钙48.3%，二氧化硅51.7%。硅灰石矿物中常含有少量铝、铁、镁、钾和钠元素，颜色有亮白、灰白和棕色。

硅灰石被发现开发利用有70多年历史。目前硅灰石产品可用于生产建筑材料，在塑料、橡胶、造纸和油漆涂料中可作为功能性填料，以硅灰石为主要原料或为辅助原料可以生产环保节能产品。近年来亚洲硅灰石产品生产消费平稳，北美洲硅灰石产品生产微幅下降，全球市场硅灰石供需基本平衡。

一、储量和资源

迄今为止，世界上只有20多个国家或地区发现了硅灰石矿床，估计资源总量在8亿t以上。大型矿床主要分布于中国、印度、美国、墨西哥、加拿大和芬兰。在哈萨克斯坦、乌兹别克斯坦、塔吉克斯坦、土耳其、纳米比亚、南非、苏丹等国有小规模硅灰石矿床。

中国、印度和墨西哥硅灰石资源比较丰富，矿石质量优良。美国最早发现硅灰石矿产，分布在纽约州和加利福尼亚州，经过70多年开发，目前硅灰石储量不多。中国已探明硅灰石资源储量相对集中分布在辽宁、吉林、江西、云南和青海，上述5省拥有的硅灰石资源储量占全国的90%。印度硅灰石储量853.33万t，资源量1170.8万t，主要分布在拉贾斯坦邦。

二、生　　产

硅灰石矿产开发主要在中国、印度、美国、墨西哥和芬兰；在加拿大、摩洛哥、纳米比亚、朝鲜、巴基斯坦和土耳其也有少量硅灰石生产。据美国地调局估计，2008年全球精选硅灰石产量48万～52万t。

中国硅灰石矿产品产量居世界首位。中国硅灰石矿山企业120多家，分布在吉林、辽宁、江苏和江西等15个省（自治区），采矿能力合计超过120万t/a。据中国非金属矿工业协会不完全统计，2008年中国硅灰石矿产量65万t。中国硅灰石矿山企业普遍规模小，新产品研究开发能力薄弱，硅灰石精加工厂只有寥寥几个，如云南省粉体材料公司造纸用超细硅灰石复合纤维材料厂，青海省都兰硅灰石公司的塑料用改性硅灰石深加工厂。

印度硅灰石产量跃居世界第二位，硅灰石生产能力超过16万t/a，2008～2009年产量10.3万t。印度的硅灰石生产主要集中于拉贾斯坦邦，沃尔科姆（Wolkem）有限公司是世界上最大的硅灰石开发商之一，该公司有两个露天矿，分别位于拜尔卡帕拉和凯拉塔里亚，两座矿山的硅灰石都可加工生产高长径比硅灰石产品。凯拉塔里亚矿生产能力10万t/a，高长径比硅灰石产品占40%，该矿回收利用方解石。拜尔卡帕拉矿生产能力7.5万t/a，综合回收方解石。Wolkem有限公司的加工厂生产能力为25万t/a，硅灰石产品生产能力大于16万t/a，可生产200目到5μm系列产品，长径比从3:1到20:1，可为陶瓷原料、塑料等聚合物增强填料。印度有许多小型硅灰石开发商，生产能力小于1万t，矿石分选基本上是人工拣选。

美国最早开发利用硅灰石矿产，2008年硅灰石产量小于10万t。美国硅灰石产量由世界第一位降至世界第三位。美国的硅灰石矿山在加利福尼亚州和纽约州。加利福尼亚州的硅灰石矿床规模小，现在年产量只有数千吨。位于纽约的硅灰石矿床已经开发50年多。目前美国有NYCO和R. T. Vanderbilt两个公司开发该地区硅灰石矿产。NYCO公司是美国最大的硅灰石开发商，其所属矿山位于纽约州埃塞克郡（Essex），选矿加工厂位于纽约州威尔斯伯勒（Willsboro），生产能力12万t/a，入选矿石硅灰石含量大于60%，含有石榴子石和透辉石，强磁选除去石榴子石，产品有粗粒的硅灰石，高长径比纤维硅灰石，超细硅灰石，大部分产品经过表面化学处理。NYCO矿物有限公司于1995年收购了墨西哥索诺拉（Sonora）州埃莫西（Hermosillo）硅灰石矿床，选矿厂于1997年投产，硅灰石生产能力为25万t/a。2008年NYCO公司硅灰石矿销售10万t，产品来源于美国和墨西哥的硅灰石矿。NYCO矿物有限公司原来是福丁加拿大煤信托公司（Fording Canadian Coal Trust）的子公司，2007年资源资产基金公司RCF以3450万美元购买NYCO的矿山和加工厂，现在RCF全资子公司Rolling Rock矿产公司经营NYCO公司资产，公司新的战略目标是开发新产品，提高产品质量和产量，再重新进入全球市场，改善公司在墨西哥的硅灰石矿的生产经营，开拓硅灰石应用市场。R. T. Vanderbit公司也在纽约州，其所属矿山位于刘易斯郡（Lewis），该矿含有方解石和少量透辉石，原矿石送到Balmat选矿厂研磨分选，也生产表面处理硅灰石产品。

墨西哥硅灰石矿位于索诺拉州埃莫西约地区，现在由罗卡矿物加工有限公司（Minera Roca Rodando SA de CV）经营，矿山设计生产能力24万t/a，是世界最大的硅灰石矿，加工工艺有湿法和干法，湿法浮选厂选矿副产品是方解石，产品有粗粒的硅灰石，高长径比纤维硅灰石，超细硅灰石，大部分经过表面化学处理。2006年墨西哥硅灰石产品产量为4.43万t。

芬兰帕特科（Partek）工业矿物公司是欧洲唯一的商业开发硅灰石产品公司，硅灰石矿在拉彭兰塔（Lappeenranta），硅灰石含量20%～24%，伴生矿物有石灰石、方解石和氧化铁，Partek工业矿物公司采用光度分选、反浮选和磁选复合流程分选硅灰石。近年欧

表1 世界主要国家或地区硅灰石产量 单位：万t

国家或地区	2006年	2007年	2008年	国家或地区	2006年	2007年	2008年
中国	35	35	32.5	墨西哥	2.71	4.43	5
印度	12.9	13.3	12	西班牙	0.11	3	
美国	11.5～12.7	12.5	小于10	芬兰	1.68	1.64	

资料来源：Mineral Yearbook，2008。

http://minerals.usgs.gov/minerals/pubs/commodity/wollastonite/。

洲市场进口中国和印度比较廉价优质的硅灰石产品，芬兰硅灰石生产缩减，2006 年硅灰石产量只有 1.62 万 t。

此外，在摩洛哥、纳米比亚、朝鲜和土耳其有少量硅灰石开发。

三、用途与消费

硅灰石主要用途是为陶瓷原料，增加陶瓷胚体和陶瓷制品的强度，减少陶瓷的碎裂和釉面斑点，增加釉料表面光泽，快速烧成降低能耗，陶瓷制造业是硅灰石主要消费市场。硅灰石可加工成增强功能性填料，高长径比针状硅灰石粉可以部分替代石棉，用于生产防火墙板和制动摩擦材料；在树脂中添加改性硅灰石粉，可提高塑料产品的抗张强度和挠曲强度，减少树脂用量，可改善塑料在高温下的热稳定性和形状稳定性，硅灰石增强塑料可用于汽车配件，减少汽车重量。高纯度硅灰石粉可生产无机白色体质颜料，添加涂料中，不仅可以部分替代价格昂贵的钛白粉，还可以改善涂层的耐久性，调和涂料 pH，降低反光，减少颜料消耗。在冶金工业中，高纯硅灰石用于钢精炼中的净化剂，吸附钢水中的氧化镁、氧化铝、磷和硫等杂质；硅灰石可用于配制冶金保护渣。

世界硅灰石消费构成：陶瓷 30% ~40%，塑料和橡胶 30% ~35%，涂料 10% ~15%，企业用于建筑材料、摩擦材料和金属冶炼。

美国硅灰石消费结构大致是：陶瓷 25% ~25%，塑料和橡胶 25% ~35%，涂料 10% ~15%，冶金 10% ~15%，摩擦材料产品 10% ~15%，其他用途 10% ~15%。中国硅灰石消费量 40 万 t 左右，消费结构大致为陶瓷约占 50%；冶金约占 30%；塑料、橡胶、造纸、涂料、电焊条等约占 20%。美国硅灰石消费量约 10 万 t，消费结构为塑料和橡胶 25% ~30%，陶瓷 20% ~25%，涂料 15% ~20%，冶金行业 10% ~15%，摩擦材料产品 10% ~15%，其他 10% ~15%。

四、贸易和市场

近两年国际市场硅灰石进出口贸易比较平稳，中国、印度、墨西哥和芬兰是硅灰石主要出口国，荷兰、日本、意大利、韩国、西班牙、俄罗斯是硅灰石主要进口国，世界硅灰石出口贸易量 25 万 t 以上。

2008 年，中国出口硅灰石 21.3 万 t，比 2007 年 18.84 万 t 增加 2.46 万 t，流向 41 个国家或地区，其中出口到日本 6.39 万 t，荷兰 5.78 万 t，韩国 2.1 万 t，意大利 1.87 万 t。2008 年美国硅灰石产品出口量 3 万 t，主要出口到澳大利亚、比利时、巴西和加拿大，进口量少于 5000t，进口主要来源于加拿大、中国和芬兰。印度 2008 年硅灰石出口 21413t，比 2007 年 23643t 减少 2230t。

2008 年美国市场硅灰石产品价格稳定，2009 年普通硅灰石粉价格下降，高长径比硅灰石价格上升。中国硅灰石出口价格高端价格下降，中国各级别硅灰石出口价格均低于美国和印度硅灰石出口价格。表 2 所列价格为指导价，实际交易价格由买卖双方合同中相关条款的规定。

表2　国际市场硅灰石价格

生产国别、产品规格及交货条件	单　位	2007年12月	2008年12月	2009年11月
美　国，工厂交货：　针状，　－200目	美元/st	205	205	182
针状，　－325目	美元/st	248	264	191
针状（长径比15:1～20:1）	美元/t	345	373	444
中　国，　离岸价：　针状，　－200目	美元/t	80～100	80～90	80～90
针状，　－325目	美元/t	90～110	90～100	90～100

资料来源：Industrial Minerals，2007.12、2008.12、2009.11。

五、展　望

全球经济恢复缓慢，对陶瓷、建筑涂料需求难以增长，世界钢铁生产不可能大幅度增长，硅灰石消费与上述行业密切相关，预计未来两年国际市场对硅灰石需求量基本维持在目前水平。

主要参考文献

[1] Robert L. Virta. Wollastonite. USGS. Minerals Yearbook，2007

[2] 印度矿业部. Annual Report，2008～2009，http：//www. mines. nic. in/

[3] Michel Dumont. Wollastonite. Natural Resources Canada. Mineral and Metal Commodity Reviews，2005

高 岭 土

尹 丽 文

高岭土主要成分是高岭石矿物，高岭石是含水铝硅酸盐，为三斜晶系，其他高岭石族矿物如埃洛石、珍珠陶土和地开石是单斜晶系。高岭石族矿物因特殊的晶体结构和化学组成而具有优良的理化性质，在陶瓷、造纸、玻璃纤维、橡胶和催化剂等行业被广泛利用。近两年由于能源价格上涨，高岭土加工成本增加，高岭土传统市场受到其他矿产品强势竞争，高岭土行业利润下降。近 5 年世界高岭土产量比较稳定，2008 年世界高岭土产量（包括部分高岭土原矿）估计为 3900 万 t，精选高岭土产量 2500 万 ~2600 万 t。

一、储量和资源

世界高岭土资源比较丰富，分布比较广泛。但是已发现的大型优质高岭土矿床只分布在美国、英国、巴西和中国等少数国家。世界闻名的大型高岭土矿床分布在美国佐治亚州、巴西亚马孙盆地、英国康沃尔、中国江西景德镇、广东茂名、福建龙岩和广西合浦。

表 1 世界部分国家或地区高岭土查明资源量 单位：亿 t

国家或地区	查明资源量	国家或地区	查明资源量
美 国	71.75	中 国②	20.00
英 国	18.15	独联体③	14.00
巴 西	13.00	西班牙	1.50
印 度①	25.96	加拿大	1.50
保加利亚	7.00	坦桑尼亚	1.00
澳大利亚	4.55	其 他	69.00
南 非	2.55	世界总计	222

注：①印度矿业年报，http：//www.mines.nic.in/；②中国国土资源部矿产储量通报；③数据来源《工业矿物》，2006（2）。

美国佐治亚州和南卡罗来纳州高岭土资源 14 亿 t。巴西亚马孙盆地高岭土证实储量至少 5 亿 t，卡宾（Capim）河盆地有 2 个生产矿山，15 个未开采矿床（13 个矿归淡水河谷（Vale）控制，另两个由 CPRM 控制），巴西拥有世界上最好的高岭土矿，是层状沉积矿床，高岭土白度高，结晶完美，细粒度分布和结晶形状使该地区的高岭土非常适合用于造纸涂料。澳大利亚西澳威克平（Wickepin）高岭土矿床位于珀斯市东南 180km，高岭土含量 50%，证实储量 1.12 亿 t；斯旺（Swan）河高岭土矿探明资源量 1680 万 t，高岭土含量42%；昆士兰斯卡登河（Skardon）高岭土矿床证实储量73.7万t；南澳大利亚州普彻拉（Poochera）高岭土矿床推测资源量2000万t。西班牙高岭土储量超过1亿t，高岭土矿床位于卢戈（Burela），瓜达拉哈（Guadalajara），拉科卢纳（La Coruna）和巴伦西亚（Valencia）。中国高岭土资源分布于21个省（自治区），查明资源量约20亿t（表1），中国煤系硬质高岭土资源量200亿t以上，主要分布在山西省、内蒙古自治区和安徽省。世界上最大的高岭土跨国公司是埃默瑞斯（Imerys）公司，该公司在世界范围内占有高岭土储量1.133亿t，在欧洲和非洲占有储量4550万t，在北美占有3870万t，在南美占有2520万t，在亚洲占有400万t，估计高岭土资源量1.593亿t，探明储量2310万t，概略储量2530万t，推测资源量1.109亿t。

二、生　　产

世界上有50多个国家或地区开采高岭土，世界高岭土原矿生产能力约4500万t/a，涂料级高岭土生产能力1400万t/a之上。据美国地调局统计，2008年世界高岭土产量3630万t，但是部分国家高岭土产量是原矿产量，若扣除选矿尾矿，估计世界高岭土精矿产量2500万~2600万t。据美国高岭土生产商协会CCPA统计，世界高岭土精矿产量北美洲占32%，南美洲占14%，欧洲占25%，亚太地区占23%，非洲和中东地区占6%。

表2　世界主要国家或地区高岭土产量　　单位：万t

国家或地区	2006年	2007年	2008年^e	国家或地区	2006年	2007年	2008年^e
美　国	747	711	674	西班牙	46.5	46.5	45
英　国	180	180	180	乌克兰（原矿）	177.7	238.6	240
土耳其	65	58	62	乌兹别克斯坦（原矿）	550	550	550
巴　西	245.5	252.7	250				
德　国	381.5	384.3	380	其他国家	1080	1068.5	865.7
捷　克（原矿）	376.8	360.4	383.3	世界总计	3850	3850	3630

注：e为估计数。

资料来源：Minerals Yearbook，2008。

美国高岭土产量连续3年减产，2008年高岭土产量674万t，比2007年的711万t减少37万t。2008年美国高岭土矿产开发分布在9个州，有16家公司，比上年减少1个。高岭土开采加工主要集中在佐治亚州和南卡罗来纳州。水选高岭土308万t，剥片高岭土107万t，煅烧高岭土139万t（颜料级占50%），风选高岭土113万t，未加工高岭土7.8万t。佐治亚州高岭土产量629万t，占美国高岭土产量93%，其中水洗高岭土300万t煅烧高岭土136万t，剥片高岭土107万t，风选85.9万t。南卡罗来纳州高岭土产量19.9万t。其他7个州高岭土产量合计25.1万t；美国高岭土矿全部是露天开采。由于巴西低成本优质高岭土的强势竞争和其他工业矿物替代，美国市场造纸级高岭土需求下降，高岭土开发公司削减高岭土生产。德国巴斯夫公司以50亿美元收购了安格（Engelhard）公司，包括Engelhard颜料生产厂，佐治亚州的高岭土矿山和选矿厂，巴斯夫公司更新了高岭土加工设备，改进了煅烧炉、过滤机和干燥系统，提高余热利用率，减少能源消耗，相当于减少二氧化碳排放57.3万t/a。KaMinLLC公司被私募基金公司购买，2008年公司发布重建佐治亚高岭土业务，减少水洗高岭土生产能力，目的是应对造纸市场对高岭土产品需求下降的趋势。伊默瑞斯（Imerys）北美公司在佐治亚Dry Branch煅烧高岭土厂停产，为应对市场变化，公司将煅烧高岭土生产转移到Sandersville。动力矿产国际公司（AMI）购买东南高岭土公司，矿山和选矿厂在佐治亚州Aiken附近，目前公司高岭土生产能力60万t/a，计划扩大在亚洲和北美洲的高岭土销售量。

巴西高岭土产量占世界高岭土产量10%，占南美97%，高岭土品质世界第一。巴西北部亚马孙盆地有最重要的沉积高岭土矿床，是世界优质造纸涂料级高岭土的主要产地。巴西只有伊默瑞斯公司和淡水河谷两个公司开发高岭土，生产能力350万t/a。高岭土矿产开发集中在巴卡雷纳的Capim河附近开采高岭土。淡水河谷高岭土开发业务由其子公司Caemi负责，具体由CADAM公司和PPSA公司开发经营，高岭土生产能力150万t/a。PPSA创建于1994年，勘探开发Capim河高岭土矿床，其生产矿山为伊皮舒纳（Ipixuna），高岭土生产能力60万t/a，主要生产剥片高岭土产品；CADAM公司开发Jari河附近的莫罗（Morro）高岭土矿床，高岭土生产能力90万t/a，Cadam公司计划生产能力扩建到120万t/a，重点是生产超细高岭土产品。由于生产造纸用高岭土产品利润不够高，Caemi公司正在开发新产品，主要是涂料用高岭土和颜料高岭土。2008年世界造纸涂料级高岭土需求下降，Capim高岭土产量112.9万t，其中CADAM高岭土产量60.2万t，PPSA产量52.8万t。Imerys在巴西的子公司RCC公司（Rio Capim Caulim）高岭土生产能力达到160万t/a，公司生产的高岭土产品90%出口到欧洲、亚洲和北美洲。2007年Imerys将涂料级高岭土产品生产从英国康沃尔运到巴西。2008年巴西高岭土产量267万t。

近3年英国高岭土产量180万t。英国高岭土产量高峰期是在20世纪80年代末，1988年产量达到328万t。英国开发高岭土矿产有260多年历史，康沃尔地区高岭土开发开始于1768年，到1910年，康沃尔地区曾经有70个公司，生产100万t高岭土，1919年英国ECC公司成立，由3个公司组成，1999年ECC公司被法国埃默瑞斯公司收购。康沃尔地区高岭土开采传统方法是水采，近年多个露采矿山采用干法采矿，严格控制矿石质量，干法采矿占40%。埃默瑞斯公司在英国有数个高岭土矿，占有高岭土可采储量1亿t，2006年埃默瑞斯公司决定重组在英国的高岭土业务，2007年底停止生产涂料级高岭土，集中生产填料级高岭土产品，在康沃尔地区的高岭土产量120万t，造纸填料55万t，陶瓷原料45万t，煅烧高岭土等产品20万t。古文（Goonvean）公司是英国高岭土开发商，高岭土生产能力25万t/a，年销售量21万t，公司在St Austell花岗岩区经营5个高岭土采矿场，高岭土钛含量很低，适于生产高级陶瓷原料，尤其适于瓷器和餐具；2006年公司安装Hicom磨矿机将残存的粗粒高岭土剥片，增加该加工工艺，可以将以往废弃的粗粒高岭土回收利用，预计可增加合格产品2.5万t/a，公司高岭土产品60%用于造纸行业，30%为陶瓷原料，10%为其他特种用途，公司正在开发新产品用于涂料、密封材料、动物饲料填料及医药添加剂。WBB矿产公司高岭土生产能力15万t/a，有2个高岭土露天采矿场，高岭土产品20%用于造纸，70%为陶瓷原料，10%为其他用途，公司在选矿厂安装了Eriez磁选机降低铁含量，公司高岭土产品约87%出口。

近5年捷克高岭土原矿产量380万t上下。捷克的沉积高岭土矿位于上布日扎（Horni

Briza）和卡兹涅约夫（Kasnejov）。上布日扎高岭土矿由奥地利拉塞尔斯堡（Lasselsberger）集团控制，该矿高岭土结晶形态呈天然片状。卡罗维发利（Karlovy Vary）地区的高岭石化花岗岩用于生产 Zettlitiz 系列产品，是瓷器和餐具的主要原料。WBB 公司控制卢巴尼（Hlubany）加工厂和附近的高岭土露天采矿场，产品用于陶瓷和玻璃纤维。

法国国内高岭土产量 30 万 t。法国埃默瑞斯是高岭土行业最大跨国公司，年生产能力 500 万 t/a，2004 年之前在本国却没有开发生产高岭土产品，自 2005 年起，埃默瑞斯控制了法国高岭土开发和市场。

德国高岭土开发商 AKW 有限公司高岭土生产能力 90 万 t/a。另一个主要开发商是多尔夫纳（Dorfner）公司，年生产能力 15 万 t/a。2006 年德国的 BASF 公司购买了美国的高岭土公司安格（Engelhard）公司。

西班牙高岭土生产稳定，产量保持在 45 万 t 左右。ECESA 是西班牙最大的高岭土公司，1957 年成立，开发卢戈省附近的高岭土矿，20 世纪 80 年代中期之前，公司产品全部定位于陶瓷市场，并主要是瓷器和陶瓷餐具，历经多年开发研究，公司向多方向拓展，已能生产系列高岭土产品，如造纸、涂料、橡胶、玻璃纤维、动物饲料填料和技术陶瓷。公司高岭土生产经营分布于卢戈（Lugo）和瓜达拉哈（Guadalajara），产品生产能力为 15 万 t/a。在卢戈有 4 个高岭土矿，公司在卢戈高岭土加工厂安装了一台超导高强度磁选设备，是世界最先进的。瓜达拉哈山脉的高岭土是砂质高岭土，伊本里卡（La Ibenrica）分公司有 5 个高岭土矿，其中最大的一个是努里亚（Nuria），生产能力 5 万 t/a。Caobar SA 公司高岭土生产能力 7.5 万 t/a，矿山在瓜达拉哈。西班牙还有 10 多个高岭土公司，其中，韦米安索（Vimianzo）高岭土公司开发生产造纸填料级高岭土产品，生产能力 6 万 t/a，该公司现在是意大利造纸公司的一个子公司。

乌克兰高岭土生产能力 45 万 t/a，在苏联解体前是 75 万 t/a。乌克兰许多地方赋存优质高岭土矿床，只是没有投资开发。2008 年伊默瑞斯特种矿产公司增加在乌克兰投资，投资顿巴斯陶瓷公司（Donbasskeramika）的份额从 55% 增加到 99.98%。伊默瑞斯与多布罗布特（Dobrobut）合资联合开发当地粘土矿。法国 SOKA 公司取得乌克兰尼古拉耶州 Pervomiansk 矿采矿许可证，该粘土矿可生产多种陶瓷原料。

澳大利亚 ACC 经济矿产公司计划开发斯卡登河高岭土矿，高岭土生产能力 52 万 t/a，产品用于低碳水泥。米诺托拉（Minotaur）勘探公司将开发普彻拉高岭土矿，根据工业试验厂试验结果，设计初期生产能力 4 万~5 万 t/a，最终增加到 50 万 t/a。WA 高岭土公司将开发威克平高岭土矿，初期工厂生产能力 5000t/a，到 2010 年公司完成产品开发将扩建工厂。

中国高岭土产量居亚洲第一，世界第三。2009 年高岭土原矿产量 971 万 t，高岭土精矿约 320 万 t。中国高岭土矿产开发分布在 21 个省（自治区），陶瓷级优质高岭土主要分布在福建、江西和江苏，可用于生产造纸涂料的高岭土主要分布在广东茂名和广西合浦。中国高岭土矿山企业有 600 多家，其中，中国高岭土公司、福建龙岩高岭土有限公司、广东茂名高岭土科技有限公司和兖矿北海高岭土有限公司是大型高岭土公司。中国开发煤系高岭土企业有数十家，煅烧高岭土生产能力 40 万 t/a，生产规模 3 万 t/a 以上的开发商主要是山西金洋公司、山西朔州安格高岭土有限公司和内蒙古三保公司等。近年来，埃默瑞斯投资中国广东高岭土行业，成立埃默瑞斯广州餐具公司，建设仓储配料厂加工陶瓷坯体原料和餐具釉料。

印度高岭土开发公司大部分是小型和中型企业，只有3个大公司，高岭土开发主要在卡帕拉邦（Kerala）。英印粘土有限公司EICL高岭土生产能力22万t/a，水洗高岭土18万t/a，煅烧高岭土3万t/a，计划2008年扩建到60万t/a，矿山在卡帕拉邦特里凡得琅（Trivandrum）附近。阿沙普拉（Ashapura）高岭土合作公司计划2008年完成新厂建造，高岭土生产能力20万t/a，穆拉塞里（Mullasseri）矿山供应选矿厂高岭土原矿30万t。

三、消　费

高岭土产品主要市场是造纸、陶瓷、涂料、橡胶、耐火材料、密封材料、玻璃纤维和催化剂。在各个市场，高岭土应用不是唯一的，有滑石和碳酸钙等其他矿物产品可以替代之。世界各国高岭土的消费结构主要取决于高岭土和可替代矿产品供应情况。

近20多年来，高岭土的主要市场受到碳酸钙和滑石等工业矿物的强势竞争，世界高岭土的消费构成出现变化，造纸行业高岭土消费比例下降到43%，陶瓷业上升到28%，涂料5%，玻璃纤维5%，橡胶4%，耐火材料4%，塑料2%，水泥3%，其他6%。

高岭土的白度仅能达到86~90，但是，高岭土具有片状形态等特殊性能是造纸工艺所需要的，造纸业对造纸涂料级高岭土的需求量仍然很大，特别是在轻量涂布纸。近年来，造纸业与非金属矿业合作越来越密切，利用不同矿物所具有的独特性质，按适合的比例将其混合为造纸涂料，如利用碳酸钙高白度和高岭土好的流动性和光泽，将其混合加工为优质造纸涂料。

陶瓷业依然是高岭土的重要消费市场，精选高岭土主要用于生产精美瓷器、卫生洁具耐火材料和白水泥等。

在油漆涂料中，煅烧高岭土比含水高岭土有更强的遮盖力。在油漆涂料市场中，美国涂料业所用矿物颜料仍然以高岭土为主；而欧洲和亚洲则更倾向于用碳酸钙，因为欧洲和亚洲有大量优质的大理石矿。

2008年美国国产高岭土国内消费量464万t，比2007年513万t减少49万t。

表3　美国高岭土主要市场消费量

用　途	2006年		2007年	
	消费量/kt	比例/%	消费量/kt	比例/%
催化剂	243	4.74	295	6.36
陶　瓷	278	5.42	287	6.19
玻璃纤维	337	6.57	262	5.65
涂　料	321	6.26	255	5.50
造纸涂料	2310	45.03	1890	40.73
造纸填料	329	6.41	250	5.39
塑　料	89	1.73	88	1.90
橡　胶	233	4.54	169	3.64
耐火材料	502	9.79	804	17.33
其　他	488	9.51	340	7.33

四、贸易和市场

世界上出口高岭土的国家主要是美国、英国、巴西、澳大利亚、中国、捷克、法国和乌克兰；进口高岭土的国家和地区主要有日本、意大利、加拿大、德国、芬兰、瑞典、西班牙、比利时、俄罗斯和中国等。

美国高岭土出口最多，2008 年出口各类高岭土 296 万 t，比 2007 年 330 万 t 减少 34 万 t。巴西高岭土出口量跃居世界第二位，近 10 年出口量持续增加，2008 年达到 275.3 万 t，比 1999 年 115.7 万 t 增长 138%，年均增长率 10%，巴西出口的高岭土绝大部分是造纸涂料级高岭土，流向世界各地。英国高岭土出口量占产量的 85% 以上，近年来产量下降出口量连续减少，2007 年出口填料级和陶瓷级高岭土 149 万 t，主要流向欧洲其他国家和亚洲。

加拿大进口高岭土产品 97 万 t，主要来源于美国、巴西和英国。日本进口涂料级高岭土 100 万 t，从美国进口 75 万 t，巴西进口 25 万 t。近 10 年俄罗斯高岭土进口量连续增加，2008 年达到 35.7 万 t。

近 3 年来，中国高岭土出口量保持在 100 万 t 多，2008 年出口高岭土 116 万 t，主要流向中国香港、中国台湾和日本；2008 年高岭土进口量 35.85 万 t，比 2007 年的 33.71 万 t增加 2.14 万 t，进口主要来源于美国和巴西。

因世界能源价格持续上涨，高岭土生产成本增加。国际市场高岭土加工产品加工上涨，2008 年美国各级别高岭土平均价格 134 美元/t，剥片高岭土 135 美元/t，风选高岭土 71 美元/t，水洗高岭土 134 美元/t，低温煅烧颜料级高岭土价格高于 2007 年 289 美元/t。高岭土出口平均价格 205 美元/t，进口平均价格 238 美元/t。

表 4 国际市场高岭土价格

市场及品种	2006 年 6 月	2007 年 8 月	2008 年 8 月	2009 年 8 月	单 位
精制，法国工厂交货	65 ~ 168	65 ~ 168	65 ~ 168	65 ~ 168	英镑/t
精制，鹿特丹离岸价	60 ~ 100	60 ~ 100	60 ~ 100	60 ~ 100	英镑/t
美国佐治亚，工厂离岸价：					
填料级，散装	80 ~ 100	80 ~ 100	80 ~ 100	80 ~ 100	美元/st
造纸涂料级，散装	85 ~ 185	85 ~ 185	95 ~ 185	95 ~ 185	美元/st
卫生器具级，袋装	65 ~ 75	65 ~ 75	65 ~ 75	65 ~ 75	美元/st
餐具级，袋装	125	125	125	125	美元/st
煅烧，散装	320 ~ 375	320 ~ 375	320 ~ 375	320 ~ 375	美元/st

资料来源：Industrial Minerals，2005.6、2006.6、2007.6、2008.12。

五、展　　望

受全球金融危机影响，世界经济增长速度减缓，大部分国家对纸张和建筑材料等工业产品需求减少。预计近期全球对工业矿物需求量继续缩减，建筑涂料、陶瓷、造纸和塑料市场对高岭土的需求量出现不同幅度减少。

主要参考文献

[1] Robert L. Virta. Clay and Shale. Minerals Yearbook，2008

[2] Mike O' Driscoll. Imerys Waters Down UK Kaolin. Industrial Minerals，2006. 8

[3] Simon Moores. "A Minerals Passage to India". Industrial Minerals，2008. 8

[4] Lan Wilson. "Kaolin's Paper Chase". Industrial Minerals，2008. 8

[5] British Geological Survey. United Kingdom Minerals Yearbook，2007

[6] British Geological Survey. World Mineral Production，2003～2007

膨润土

崔荣国

膨润土是一种以蒙脱石为主要成分的粘土，有很强的离子交换能力。根据蒙脱石所含的可交换阳离子种类、含量及结晶化学性质的不同，分为钠基、钙基、镁基、铝（氢）基等膨润土，商业膨润土主要是钠基和钙基。白膨润土是一种几乎完全由蒙脱石组成的高亮度、高纯白色钙基膨润土。

膨润土的应用领域非常广泛。自1920年美国开始应用膨润土代替一般粘土，用作铸造型砂黏结剂以来，其应用领域在钻探、机械、冶金、石油、化工、食品、环保等行业中不断扩展。目前建筑、铸造和宠物垫圈用膨润土产品占消费需求一半以上。

一、储量和资源

世界膨润土资源丰富，但分布不均衡，主要分布在环太平洋带、环印度洋带和地中海－黑海带。主要资源国或地区有中国、美国、独联体、德国、意大利、日本及希腊等。据美国前矿业局统计，世界膨润土查明资源量为14.52亿t（不包括中国）。钠基膨润土资源不足5亿t，主要产地为美国的怀俄明州等地，储量6800万~12000万t；独联体、意大利、希腊和中国也有分布。天然白膨润土主要产地为美国得克萨斯州和内华达州、土耳其的安卡拉地区、意大利的萨丁岛和摩洛哥等。美国膨润土开发时间长，怀俄明已有80年的开采史，资源渐趋枯竭；其他一些国家或地区，如意大利和庞廷岛的膨润土已开采殆尽；日本和东南亚各国产地也很有限，每年都需大量进口。中国膨润土资源居世界前列，探明储量多，主要分布在广西、新疆、内蒙古、江苏、河北、湖北、山东和安徽等省（区）。

二、生产

2008年世界膨润土产量1170万t，同比下降2.5%。美国是世界最大的膨润土生产国，2008年产量为503万t，占全球总产量的43.0%；其次是中国、希腊、土耳其和独联体，其产量不低于50万t。2008年世界膨润土主要生产国或地区产量详见表1。

2008年美国有21家公司在11个州的采矿场生产膨润土。各种膨润土的出售和使用量为503万t，同比增长4.4%；产值2.47亿美元，同比下降2.0%。钙基膨润土的产量为17.2万t，同比下降21.5%；产值1040万美元，同比下降6.3%。亚拉巴马州是钙基膨润土的最大生产地，其后依次是密西西比、亚利桑那、加利福尼亚、科罗拉多和内华达州。钠基膨润土的产量486万t，同比增长5.7%；产值2.37亿美元，同比下降1.7%。

表1　世界膨润土主要生产国或地区产量　　单位：万 t

国家或地区	2007 年	2008 年^{e}	国家或地区	2007 年	2008 年^{e}
阿尔及利亚	3.26	3.06	伊　朗	25.0	24.0
阿根廷	25.03	25.0	意大利	59.98	59.9
亚美尼亚	0.11	0.11	日　本	43.0	43.0
澳大利亚	25.5	25.0	马其顿	3.52	2.29
阿塞拜疆	5.05	0.5	墨西哥	61.39	37.49
玻利维亚			摩洛哥	8.1	8.0
波斯尼亚和黑塞哥维那	3.29	3.20	莫桑比克	0.36	0.36
巴　西	2.15	3.16	新西兰	0.62	0.08
保加利亚	9.9	10.0	巴基斯坦	2.4	2.5
独联体	75	75	秘　鲁	2.15	3.16
克罗地亚	1.96	1.95	波　兰	10.59	12.10
塞浦路斯	15	15	罗马尼亚	1.69	1.66
捷　克	33.5	17.4	斯洛伐克	12.13	9.51
埃　及	3.0	3	南　非	4.58	4.41
格鲁吉亚	0.5	0.5	西班牙	15.5	15.0
德　国	38.47	38.5	土耳其	93.0	90.0
希　腊	95	95	土库曼斯坦	5.0	5.0
危地马拉	5.20	5.0	乌克兰	30.0	30.0
匈牙利	0.54	0.54	美　国	482.0	503.0
印度尼西亚	0.55	0.6	世界总计	1200.0	1170

注：e 表示估计值；2007 年数据经过修正。

资料来源：Minerals Yearbook，2008。

怀俄明州是美国钠基膨润土的最大生产地，其次为蒙大拿、犹他、得克萨斯、加利福尼亚、俄勒冈和内华达州。

三、用途和消费

膨润土具良好的吸水膨胀性、黏结性、吸附性、催化活性、触变性、可塑性、润滑性和阳离子交换性等性能。广泛地用于冶金、机电、化工、石油、纺织、食品、水利、交通、医药和造纸等领域，其中以钻井泥浆、铸造及铁矿球团三大消费领域为主。

近年来，国外对膨润土的其他应用进行了研究，例如经表面处理后的膨润土可以从水处理系统中有效地清除油和其他有机物质，它能够吸附其重量50%的有机物。

目前，世界各级膨润土年消费量约 1000 万 t。白膨润土年消费量约 15 万 t，用量较少，但需求量不断增长，主要用途是净化剂、造纸、陶瓷及制酒。此外还用于肥皂、洗涤剂、化妆品等。

2008 年美国国内消费量为 413 万 t，增长 4.3%，是世界最大的膨润土消费国。主要消费领域为宠物垫圈、钻井泥浆、铸砂和铁矿球团，2008 年该 4 项合计为 326.1 万 t，占总消费量的 79.0%。其中宠物垫圈 100 万 t，钻井泥浆 95.4 万 t，铸沙 59.0 万 t，铁矿球团 71.7 万 t。2008 年美国膨润土消费情况见表 2。

表 2　美国膨润土消费量　　单位：万 t

消费领域	2007 年	2008 年[e]	消费领域	2007 年	2008 年[e]
吸收剂：宠物垫圈	103	100	铸砂	56.2	59.0
胶黏剂	0.8	2.7	铁矿球团	67.7	71.7
动物饲料添加剂	12.1	9.5	混合剂	42.9	49.8
钻井泥浆	91.2	95.4	防水和密封	13.9	16.8
填料、延展剂	8.3	8.4	总计	395	413

注：e 表示估计值；2007 年数据经过修正。

资料来源：Minerals Yearbook，2008。

墨西哥的铸造业发展很快，对膨润土的需求增长，铁矿球团和钻井泥浆市场占膨润土的消费比例与美国相近。在墨西哥，膨润土还应用于去污剂等领域。

中国的膨润土大都用于国内消费，主要消费领域是铸造业，其次是钻井泥浆、石油化工（包括石油产品精炼、脱色、油脂工业、食用油脱色）、铁矿球团、轻工、建材、农药和印染等。

日本是亚洲最大的膨润土消费国之一，虽然它是世界膨润土主要生产国之一，但仍大量进口膨润土以弥补国内的需求缺口。

四、贸易和市场

美国是世界最大的膨润土出口国，2008 年出口 109 万 t，同比下降 23.8%；价值 1.61 亿美元，同比增长 1.3%。其中 35% 出口到加拿大，17% 出口到日本，16% 出口到荷兰。

2008 年美国进口的膨润土主要是未经处理的膨润土和活性白土。未经处理膨润土的进口量是 7000t，价值 310 万美元，活性白土的进口量是 2.9t，价值 2340 万美元。

国际市场膨润土价格中，美国有较大增长，欧洲和印度基本没有变化（表 3）。美国国内生产厂家报道的钙基膨润土的价格是 60.0 美元/t，同比增长 18.3%；钠基膨润土的平均价格是 49.0 美元/t，同比下降 6.5%；所有类型膨润土的平均价格是 49.1 美元/t，同比下降 6.1%。美国进口膨润土平均价 443 美元/t，同比增长 104.1%；出口平均价 148 美元/t，同比增长 34.5%。

欧洲是美国以外世界又一大膨润土市场。该地区的需求大都由本地区膨润土生产国的出口来满足。如希腊大都出口到荷兰（经加工后再出口）和德国，此外还有意大利、法国和瑞典。法国国内产量很低，因此是膨润土的净进口国，其主要供应国有意大利和德国。土耳其大量出口到欧洲和几个中东国家。

2008 年中国膨润土出口量 36.78 万 t，较 2007 年增加 15.2%。进口量为 5.12 万 t，较上年增长 5.2%。膨润土出口多为略经粗选的成品矿，深加工程度低，出口单价为

112.5美元/t，同比上涨8.3%；而进口产品深加工程度较高，进口单价约264.0美元/t，同比增长18.7%，进口单价是出口单价的2.3倍。主要出口国家或地区按出口量由大到小依次为韩国（32.4%）、日本（27.2%）、泰国（8.4%）、荷兰（7.4%）和中国台湾（5.8%）等。主要进口国家或地区按进口量从大到小依次为美国（87.2%）、泰国（5.9%）、韩国（2.2%）、德国（2.2%）和埃及（0.8%）等。

表3 国际市场膨润土价格

矿产品名称、交货条件	规格	2007年	2008年
美国怀俄明，工厂交货价，火车车厢批量，原矿，粗加工，短吨价	批量均价	36~82美元	44~100美元
	铸造级，袋装（100lb）	55~80美元	70~90美元
	API规格，袋装（100lb）	55~80美元	70~100美元
欧洲主要港口离岸价，批量，吨价	猫垫，1~5mm级	32~55欧元	50~70欧元
	铸造级，粗加工，万吨交货	55~60美元	55~60美元
	API规格6级	52~57美元	52~57美元
印度坎德拉（Kandla）离岸价，破碎并干燥，批量交货，吨价	OCMA/API级	43~53美元	43~53美元
	猫垫级	36~38美元	36~38美元
	铸造级	59~76美元	59~76美元

注：API，美国石油协会；OCMA，石油公司材料协会。

资料来源：Industrial Minerals，No.2，2007；No.1，2009。

五、展　望

受全球金融危机影响，膨润土消费需求将会受到影响，需求会有所下降，尤其是与建筑相关的需求下降会更大。

受伊拉克战争和国际恐怖主义的影响，美国等重要的石油消费国库存大幅下降，使经济增长受到影响。这些因素可能会刺激全球油气勘探活动的增强，从而带动钻井泥浆用膨润土的市场需求。

宠物垫圈用膨润土的市场需求近年不断上升，估计未来几年这种趋势不会发生改变。膨润土在环保、建筑防水工程的应用比例已经大大提高。此外，在石化、轻工、农业领域的应用也十分重要。如美国在环保、建筑防水工程膨润土用量每年按10%~20%递增；日本在土地改良方面的膨润土用量已占总量的35%，土木建筑业占20.5%。

近年膨润土出口价格稳中有升，这将促使许多公司出口更多的膨润土。世界膨润土工业结构将可能进一步调整。随着许多公司在全球范围内的活动，未来公司间的兼并、合并和重组等将继续发生。

主要参考文献

[1] Robert L. Virta. Clay and Shale. Minerals Yearbook，2007

[2] The Price of Bentonite. Industrial Minerals，2007（2），2009（1）

[3] Robert L. Virta. Clays. Clay Mineral Commodity Summaries，2009

硅藻土

崔 荣 国

硅藻土是一种生物成因的硅质沉积岩，由于它具有多孔、质轻、吸附性强、隔音、隔热、高熔点等特点，被广泛用于冶金、建材、化工、轻工和农业等部门，是一种重要的工业矿物原料。世界硅藻土工业经几十年的发展已日趋走向成熟与稳定，生产能力、产量、消费量基本能实现供需平衡和协调发展。

一、储量和资源

硅藻土作为世界上分布范围广泛的矿种之一，矿产资源十分丰富。据分析，全球122个国家或地区都有硅藻土资源，初步估计储量约为9.2亿t（表1），其中美国2.5亿t、中国1.1亿t、捷克410万t、秘鲁200万t。在可预测的未来，世界硅藻土资源都可以充分满足全球的需求。但就矿石质量而言，全球仅有3个矿床可以不经过选矿直接加工生产硅藻土助滤剂，一处是美国加利福尼亚州的罗姆波克矿床，另两处是中国吉林省长白县的马鞍山矿床和西大坡矿床，这3处矿床的一级品原土，非晶质SiO_2品位都在80%以上，属少有的世界级硅藻土矿床。

表1 2009年世界硅藻土储量

国家或地区	单 位	储 量
美 国	万t	25000
中 国	万t	11000
捷 克	万t	410
秘 鲁	万t	200
其他国家或地区	万t	55000
世界总计	万t	91610

资料来源：Mineral Commodity Summaries，2010。

二、生 产

目前，世界主要硅藻土生产国约有30多个，2008年总产量为217万t，同比增长5.9%（表2），各生产国的产量除美国增长较多外基本维持上年水平。

表2　世界硅藻土产量　　单位：万 t

国家或地区	2003 年	2004 年	2005 年	2006 年[r]	2007 年[r]	2008 年[e]
美　国	62	62	65.3	79.9	68.7	76.4
中　国	38	39	41	42	42	44
丹　麦	23.2	23.3	23.4	23.5	23	23
日　本	11.2	12.5	13	13	12	11.5
独联体	8	8	8	8	8	8
法　国	7.5	7.5	7.5	7.5	7.5	7.5
墨西哥	5.3[r]	5.9	6.2	6	6.3	8.3
德　国	5.5	5.4	5.5	5.4	5.4	5.4
捷　克	3	3.3	3.5	5.3	1.9	2
西班牙	3.5	3.5	3.5	3.5	3.4	3.4
秘　鲁	3.5	3.5	3.5	3.5	3.5	3.5
智　利	2.6[r]	3	3	1.9	2.5	2.5
冰　岛	2.8	2.8	2.9	2.8	2.8	2.8
意大利	2.5	2.5	2.5	2.5	2.5	2.5
澳大利亚	2	2	2	2	2	2
罗马尼亚	3.1[r]	3	3	1	1	
阿根廷[r]	3.6[r]	2.7	3.4	3.9	5	5
巴　西	0.7[r]	0.7	0.8	0.8	0.6	0.6
伊　朗[r]	0.8	0.1	0.2	0.8	0.2	0.2
葡萄牙	0.8[r]	0.8	0.8	0.8	0.4	
肯尼亚	0.8[r]	0.8	0.8	0.8	0.4	
马其顿	0.5	0.5	0.5	0.5	0.5	0.5
哥斯达黎加[r]	2.6	2.7	2.6	2.5	2.6	2.6
哥伦比亚	0.4	0.4	0.4	0.4	0.4	0.4
阿尔及利亚	0.3	0.3	0.3	0.3	0.2	0.2
韩　国	1.6[r]	0.2	0.2	0.2	0.2	0.2
波　兰	0.1	0.1	0.1	0.1	0.1	0.1
其他国家	32.2	12.2	1.6	3.4	1.9	4.4
世界合计[r]	195	195	202	222	205	217

注：r 表示数据经修订；e 表示估计数据。

资料来源：Minerals Yearbook，2003～2008。

美国是最大的硅藻土生产国，近六成的产量都用于过滤。全国 4 个州共有 9 家公司（拥有 12 处矿山）和 9 处加工厂可以生产硅藻土，2008 年产量为 76.4 万 t，同比增长 11.2%。主要生产基地在加利福尼亚州和内华达州，两州硅藻土产量合计占全美总产量的 87%。主要的生产厂商包括：赛力特（Celite）公司、伊戈佩切尔（Eagle-Picher）工业公司、格雷夫科（Grefco）公司。其中，赛力特是世界上生产硅藻土产品的最大公司，有百余年硅藻土及其制品专业生产历史。在世界范围内经营着8个硅藻土矿床及工厂，生产以“CELITE”为商标的品种系列化的硅藻土制品，应用于几乎所有固液分离操作的领域，产量和质量均居世界之首。

中国硅藻土工业经过70多年的发展，目前可生产过滤材料、保温材料、功能填料、建筑材料、催化剂载体和水泥混合材料等制品，并形成了吉林、浙江和云南三大硅藻土基地。在产品结构上，吉林以生产助滤剂为主导产品，浙江以生产保温材料为主导产品，云南以生产助滤剂、保温材料、填料和轻型墙体材料为主导产品。2008年中国硅藻土产量约44万t，仅次于美国居世界第二。

丹麦是生产硅藻土的欧洲国家之一，以生产莫勒土（Moler型硅藻土）而闻名，2008年产量23万t，居世界第三。主要产地分布在丹麦日德兰半岛西北部的莫斯（Mors）岛和富尔（Fur）岛。

日本绝大部分地区都能低成本开发硅藻土资源，特别是北陆地区的石川县是日本主要的硅藻土生产基地。2008年产量11.5万t，居世界第四，主要产品包括助滤剂、建材、保温绝热材料。近年来，许多以硅藻土为原料的新型室内装修材料，在日本越来越受到消费者的青睐，由此拉动日本硅藻土建材生产一直保持稳定增长。

三、用途和消费

硅藻土的主要用途是生产助滤材料、保温材料、功能填料、催化剂载体、水泥混合材料、轻质建筑砖和防火材料等。由于各国资源条件和经济发展水平不司，其硅藻土消费结构也不一样。例如美国有质量优良、规模巨大的罗姆波克硅藻土矿床。2008年其消费结构基本未变：助滤剂占68%，吸附剂占14%，填料占12%，水泥生产等其他方面的消费占6%。

目前，世界硅藻土消费量超过200万t。美国是世界上消费硅藻土最多的国家，2008年视消费量（生产量+进口量－出口量）约为61.6万t，比2007年的54.8万t增长12%。与1997年的统计相比，美国助滤剂消费份额有所下降，填料、绝热材料和吸附剂所占份额不变，水泥消费所占份额则有所上升。除美国外，其他消费国还有法国、德国、丹麦、日本和俄罗斯等，传统应用占主导地位。

四、贸易和市场

每年世界硅藻土总出口量约50万t，主要出口国为美国、中国、丹麦等。

美国是世界最大的硅藻土出口国，2008年出口量为15.1万t，同比增长5.6%。美国共向136个国家或地区出口硅藻土，其中前24个国家或地区占出口总量的88%，主要出口对象：加拿大2.8万t、德国1.7万t、比利时1.1万t、俄罗斯0.9万t、日本0.6万t、法国0.5万t、澳大利亚0.4万t、荷兰0.64万t和中国台湾0.4万t，以上国家或地区合计占美国出口总量的62%。2008年美国硅藻土出口均价为450美元/t，同比增长7%。2008年美国从23个国家或地区进口硅藻土2887t，主要来自西班牙1515t、意大利522t、墨西哥411t、法国128t和荷兰127t，以上5个国家合计占美国进口总量的94%。

2008年中国向62个国家或地区出口硅藻土（包括类似的硅质土）3.68万t，同比增长32.9%；出口额577.94万美元，同比增长32.9%；按出口量计，主要出口对象是中国台湾（36.6%）、中国香港（7.2%）、韩国（7.1%）、日本（7.1%）和南非（6.3%）等。从23个国家或地区进口硅藻土（包括类似的硅质土）3171t，同比增长19.3%；进口额278.82万美元，较上年增长81.8%。按进口量计算，主要进口来源有美国（42.5%）、日本（22.1%）、墨西哥（17.7%）、韩国（6.0%）和中国台湾（3.8%）等。

据美国各厂商硅藻土产品销售量和销售金额计算，2004～2008年美国硅藻土年平均出厂价格分别为286美元/t、274美元/t、220美元/t、237美元/t、224美元/t，价格起伏较大。2008年吸附剂价格维持不变，功能填料下降6%，助滤剂增长8%，绝缘材料上涨2%，总体平均下降6%（表3、表4）。

表3　美国市场硅藻土产品出厂价格　　单位：美元/t

用　途	2004年	2005年	2006年	2007年	2008年
吸附剂	72.94	30.68	37	41	41
功能填料	360.65	382.67	395	438	412
助滤剂	269.25	261.79	264.0	352	380
绝缘材料	43.41	44.09	44	49	50
按销售（重）量平均	285.72	274.02	220	237	224

资料来源：Minerals Yearbook，2004～2008。

表4　国际市场硅藻土价格　　单位：英镑/t

规格及交货条件	2007年	2008年	2009年
美国煅烧助滤剂，英国交货	370～410	370～410	370～410
美国热碱处理助滤剂，英国交货	380～420	380～420	380～420

资料来源：Industrial Minerals，2008～2010。

五、展　　望

进入21世纪，世界硅藻土市场日趋成熟与稳定，业内人士预测未来5年的形势将会与过去的5年很相似。

从地区供需看，美国仍将是世界上最大的硅藻土生产国和消费国，其消费量与生产量将同步增加。西欧等工业发达国家对硅藻土的需求也将有一定的增长，但其产量不会有较大的增长。中国随着几个大型引资项目的投产，生产能力将会进一步扩大。

从应用消费方面看，依靠一些高新技术（如陶瓷、聚合物、碳隔膜等技术），硅藻土已成功进入助滤剂应用领域，但一些硅藻土生产厂家可能是因为成本过高对此方面应用似乎兴趣不大。硅藻土作为功能填料和助滤剂在人体血浆中的应用正在深入研究，用于过滤人体血浆的硅藻土可望会不断增长。通过回收利用的方式来处理硅藻土废料的问题依然没有完全解决。硅藻土与硅质土的自由结晶（特别是在煅烧的情况）课题还有待于深入研究。作为一种无毒杀虫剂应用于生物工艺学和制药学将是硅藻土新的发展方向。

从中国看，用硅藻土作填料的比例还很小，尤其在橡胶、颜料、造纸、农药、涂料等工业上应用仍处于开拓阶段，其前景十分可观；随着冶金、建材工业的逐渐发展，利用硅藻土资源开发新型高强轻质硅藻土系列保温剂的前景也很广阔。

主要参考文献

[1] Robert D. Crangle Jr. Diatomite. U. S. Geological Survey. Mineral Commodity Summaries, January 2010

[2] Robert D. Crangle Jr. Diatomite. U. S. Geological Survey. Mineral Yearbook, 2004 ~ 2008

[3] The Price of Diatomite. Industrial Minerals, 2009

金刚石

闫卫东

金刚石分天然金刚石和合成金刚石两种。天然产出的金刚石根据其质量和用途分为宝石级、近宝石级和工业级。工业级金刚石还包括合成金刚石，其颗粒细小，基本上都应用于工业。

2008年，全球天然金刚石产量为1.64亿ct，较2007年有所减少。加拿大继续保持全球金刚石勘查和开发热点，威克多（Victor）金刚石矿正式投产，加拿大金刚石产值已居世界前列。受到金融危机影响，作为奢侈品的钻石价格大幅下降，影响了全球金刚石勘探和开发。津巴布韦发现超大型金刚石矿田，备受国际关注，但因为管理问题，其勘探、开发和贸易受到严重影响。

一、储量和资源

世界上至少有35个国家或地区发现了天然金刚石资源。据美国地质调查局估计，世界工业级金刚石储量5.8亿ct，储量基础13.0亿ct（表1）。宝石级（包括近宝石级）金刚石储量基础估计有3亿ct。世界金刚石主要集中在南非、俄罗斯、博茨瓦纳、民主刚果和澳大利亚等国。

20世纪90年代以来，世界金刚石勘查和开发投入增加，在俄罗斯、加拿大、澳大利亚、巴西、委内瑞拉和非洲的许多国家探明了一批金刚石资源远景地区，相继发现了一批含金刚石金伯利岩筒，有的已证明有工业价值。

表1　世界工业级金刚石储量和储量基础　　单位：亿ct

国家或地区	储　量	储量基础	国家或地区	储　量	储量基础
民主刚果	1.50	3.50	俄罗斯	0.40	0.65
博茨瓦纳	1.30	2.30	中　国	0.10	0.20
澳大利亚	0.95	2.30	其　他	0.85	2.10
南　非	0.70	1.50	世界总计	5.80	13.00

资料来源：Mineral Commodity Summaries，2009。

二、勘　　探

目前，金刚石勘查活动集中在两类国家：一类是法律有保障，物流基础设施条件好的，比如博茨瓦纳和加拿大；二类是勘查潜力大，虽然政局不太稳，但政府已经控制局势，法治环境有所改善的国家，比如安哥拉和民主刚果。

全球有近200家公司500多个金刚石勘查项目。根据加拿大金属经济小组统计，2008年勘查投入不到10亿美元，略低于2007年。非洲和加拿大占全球金刚石勘查投入的80%以上。

1. 北美地区

加拿大依然是全球金刚石勘查的热点地区，在艾伯塔、不列颠哥伦比亚省、西北地区、努纳武特地区、安大略省和魁北克省发现了几个新的矿点。金刚石勘查领域出现整合现象，例如，斯托诺韦钻石公司（Stornoway Diamonds）通过收购阿什顿矿业加拿大分公司（Ashton Mining of Canada Ltd.）和康泰钻石公司（Contact Diamond Corp.），已经拥有近40个金刚石矿权地，大部分处于普查和勘探阶段。除此之外，一些公司将勘查矿种从金刚石转向铀，要么成立新的公司，要么从其他金刚石公司购买矿权。例如，马杰斯克公司在德比尔斯的贝克湖地区勘查铀矿。

自从1991年发现第一个含矿金伯利岩体以来，加拿大已经发现了700多个金伯利岩体，其中200多个分布在埃卡蒂（Akati）和迪亚维克（Diavik）附近。总体上看，勘查热点在努纳武特东部哈得孙湾的西侧、西北侧和北侧，也就是东部北极高纬度（70°~75°，最北至78°的埃尔斯米尔岛）的广大地区。主要勘查公司有必和必拓、德比尔斯、斯托诺韦金刚石公司、肯尼科特勘查公司（Kennecott Exploration）、北方钻石资源公司（Diamonds North Resources Ltd.）、英迪凯特矿物公司（Indicator Minerals）和派瑞戈兰金刚石公司（Peregrine Diamonds）等。

金刚石指示矿物痕迹和已发现的金伯利岩体主要出现在以下几个地方：萨默塞特岛，至少36个，最早于1970年发现，由科明克（Cominco）发现，仍有较大潜力；巴芬岛的Brodeur半岛，至少4个，肯尼科特和特温矿业公司仍在进行评估；梅尔维尔半岛，在“特伦布尔走廊”（Tremblay Corridor）的Aviat矿田至少发现10个金伯利岩体，斯托诺韦、必和必拓和亨特资源公司（Hunter Resources Ltd.）经过勘探，估计储量在2400万~4030万ct；康米特湾—奇拉鲁加克（Committee-Qilalugaq），至少10个，其中最大的地表面积为$14km^2$，平均品位0.27ct/t，由斯托诺韦勘查，从必和必拓购得；阿玛鲁克—佩利湾（Amaruk-Pelly），至少5个，北部钻石公司勘探；蓝金茵莱特的丘吉尔和丘吉尔西，至少50个（包括品位高达0.11ct/t的Kahua岩墙），由斯托诺韦和希尔（Shear）矿物公司联合勘探。

在西北地区，大熊湖和马更些河下游之间的莱纳西（Lena West）地区的矿权地依然受到一些关注。戴蒙得克斯资源公司、桑纳塔纳金刚石公司（Sanantana Diamonds Inc.）、德比尔斯、斯托诺韦和帕特里克金刚石公司（Patrician Diamonds Inc.）仍然在勘探。瑞戈兰金刚石公司的沃尔（Wo）区块的DO-27金刚石岩筒推定矿石资源量为1950万t，品位0.94 ct/t，推测资源量为850万t。钻石的价值较高（59~78美元/ct，1994年肯尼科特报告22美元/ct）。经过可行性分析，在目前情况下建设一个单独的矿山是不经济的，必须将矿石运往别处进行选矿。

在努纳乌特的科罗内申湾，斯托诺韦和北箭矿产公司（North Arrow Mineral）在哈默（Hammer）矿权地发现了一个新的金伯利岩体。派瑞戈兰的纳努克（Nanuq）和纳努克北矿权地发现了4个金伯利岩体，从153kg样品中获得了206颗微粒金刚石，最大的一颗将近1mm。北方钻石资源公司的亚马鲁克（Amaruk）矿权地新发现了8个金伯利岩体，并从样品中获得了超过1mm的金刚石，初步估算Beluga 3岩筒品位为0.24ct/t。

在艾伯塔省，戴蒙德克斯公司（Diamondex）与昭瑞黄金公司（Shore Gold）的牛头山（Buffalo Head）矿权地，经过钻探新发现两个含矿金伯利岩体。德比尔斯加拿大分公司、必和必拓、北方钻石资源公司和其他一些初级勘探公司在曼尼托巴的北部进行勘查。

在萨斯喀彻温省，法尔克（Fort á la Corne，简称FALC）金刚石成矿带面积1500km，已经发现了70多个金伯利岩筒，岩体呈碗形，埋藏在冰层之下，深度100m左右，约3/4的岩筒含矿，因此估计金刚石资源量数亿ct。昭瑞黄金公司的斯塔（Star）-奥伦南（Orion South）金伯利岩体初步获得推定资源量为1.57亿t，品位0.14ct/t。

在安大略省，受威克多投入开发的影响，几家公司在威克多西面60km的凯尔湖勘查。梅塔雷克斯风险投资公司在新发现的T1和U2两个金伯利岩筒上进行钻探取样。在特米斯卡明湖北侧科克兰莱克—新利斯克德地区，斯托诺韦金刚石公司和特瑞奥资源公司（Tres-Or Resources），对拉伯特（Lapointe）金伯利岩筒继续进行取样分析。金属集团公司（Metal Corp. Ltd.）和戴阿诺资源公司（Dianor Resources）的北岩（North Rock）矿权地获得重要发现，该矿权地所在区域是一个勘查新区。

在魁北克省北部，勘查热点集中在奥苇什山—波蒂奇地区（Otish Mountains-Portage）伊斯特梅恩河两岸，距希布加莫东北300~400km的地方。斯托诺韦公司与索奎姆的合资公司继续对“狐步”（Foxtrot）矿权地进行评估，其中包括含金刚石的雷纳德（Renard）金伯利岩体和附近的雷恩科斯（Lynx）和海波（Hibou）岩墙，推定资源量为矿石量2650万t，品位0.87ct/t；推测资源量为1781万t，品位0.75ct/t。

美国阿拉斯加州金刚石勘查没有取得令人满意的进展。一些公司在格陵兰的西部，对加内特湖勘查区块进行调查，哈得孙资源公司（Hudson Resources Inc.）的萨法托克（SARFARTOQ）虽然金刚石找矿没有取得突破，但却发现了品位较高的稀土矿。

2. 非洲地区

非加海洋矿产公司（Afri-Can Marine Minerals Corp.）完成纳米比亚海上J区块地球物理勘查后，继续委托Z星资源咨询公司（Z Star Mineral Resource Consultants）进行资源量评估。在纳米比亚的斯瓦科普蒙德北部，澳大利亚初级勘探公司瑞夫顿（Reefton）矿业公司继续沿骷髅海岸勘查金刚石砂矿。国际金刚石矿田公司（Diamonds Fields International）在吕德里茨北面的EPL1607区块进行评价。尽管勘查重点已转移至博茨瓦纳，但蒙特伯吉斯矿业公司（Mt Burgess Mining NL）依然在纳米比亚北部与博茨瓦纳接壤地区楚姆奎（Tsumkwe）矿权地进行勘查，对航磁异常进行了验证。Namdeb公司在纳米比亚东北部的卡翁哥（Kavongo）矿权地已经发现了多个直径在300~500m的金伯利岩筒。

在博茨瓦纳的奥拉帕（Orapa）矿山周围，博泰迪勘查公司（Boteti Exploration）继续评估奥拉帕矿山东部的AK06岩体，矿石推定资源量为5123万t，品位0.22ct/t，推测资源量为2098万t，品位0.19ct/t，可以建设年产100万ct的矿山，钻石为少见的Ⅱ型金刚石。火石资源公司（Firestone Resources）和塔瓦纳资源公司（Tawana Resources）在奥拉帕的西部和南部的金伯利岩体进行取样评估。措迪洛资源公司（Tsodilo Resources）在其Newdico/Ngamiland矿权地上对25个磁异常进行了验证，新发现了两个金伯利岩筒，对16个金伯利岩筒进行了采样分析。戴埃莫尼克斯公司（DiamonEx）在林波波河的马丁斯德里夫特（Martins Drift）和莫洛坡两个矿权地经过资源评价，前者4个岩筒（K2～K5）矿石资源量为1350万t，品位0.27ct/t，可以建设寿命10年、年产33万ct的矿山，投资需要1800万美元。

姆瓦纳非洲公司（Mwana Africa）在津巴布韦西部与博茨瓦纳接壤的楚洛石（Tsholotshe）项目在砂岩层下发现恩古卢贝（Ngulube）金伯利岩体。但是，由于津巴布韦国内局势问题，一些公司已经退出或减少了勘查投资。2006年，非洲联合资源公司（Africa Consolidate Resources）在该国马兰吉（Marange）地区发现了金刚石大型矿，但随后矿权被收回，勘查工作未能完成。

在安哥拉罗安达东北700km的Alto Cuilo矿权地，已经发现249个重力异常带。佩特拉公司对其中的104个目标进行钻探，有81个证明为金伯利岩体，其中AC9，AC16潜力较大，前者已经成为勘探的第一目标，岩体面积25～30km²，后者经采样分析品位0.09ct/t。

自从2003年民主刚果实施新的矿业法以来，包括德比尔斯在内的一些公司重新在西开赛省等地开始金刚石勘查活动，包括水系沉积物取样，航磁和重力调查等工作，除在水系沉积物样品中发现了金刚石外，还发现了金伯利岩的指示矿物。Endiama对巴蒂班加（Badibanga）大型金刚石砂矿进行勘测，矿石资源量达到340万m³，品位2.0ct/m³，从样品中发现最大的金刚石达到1.75ct。

莫塔帕金刚石公司（Motapa Diamonds Inc.）在莱索托通过物探和取样方法评估马泽（Mothae）项目，该矿成矿地质条件与勒参（Letseng）相似，经取大样分析品位0.014～0.0489ct/t。马达加斯加一直以小颗粒彩色钻石出名，2003年发现两颗大钻石，因此吸引了一些矿业公司进行勘探，但尚未发现有重要意义的含矿岩体。

斯泰拉金刚石公司（Stellar Diamonds Ltd.）在几内亚勘查博鲁（Bouro）项目，一些金伯利岩墙品位达到2.0～5.0ct/t，估计储量在720万～900万ct。另外一个项目曼达拉（Mandala）获得金刚石砂矿推定资源量为53.6万ct，推测资源量14.4万ct。

特兰斯赫克斯公司在利比亚的西部、北部和东部，已经发现了多个金伯利岩体，其中西部和北部发现较多。在非洲的加蓬、赞比亚、马里、毛里塔尼亚和摩洛哥，也都有金刚石勘查活动，并发现了一些金伯利岩体，但都没有大的勘探成果。

3. 其他地区

1726年巴西发现金刚石砂矿床，此后曾一度成为世界金刚石生产中心，其每条河流几乎都有金刚石砂矿。估计从1726～2008年间，巴西累计产出金刚石5600万ct。1973年以来在许多地方发现了几百个金伯利岩体，但目前为止尚未产生一个像样的金刚石矿山。勘查取得最大进展的依然是法尔钻石资源公司（Vaaldiam Resources Ltd.）在巴伊亚州的布罗纳（Brauna）矿权地，发现了17个金伯利岩墙，其中3号岩墙初步获得矿石推测资源量为470万t，品位0.21ct/t。该公司同时勘查郎多尼亚州的图美雷罗-克莱拉-克莫斯-佩珀尔（Tumeleiro-Clara-Cosmos-Pepper）金伯利岩墙群，已经发现了40个金伯利岩体，其中一半含矿，但都经济意义不大。茹鲁埃纳矿业公司（Juina Mining Corp.）和钻宝国际资源公司（Diagem International Resources Corp.）的合资公司继续对马托格罗索州茹鲁埃纳地区的低品位含矿金伯利岩筒和金刚石砂矿进行勘查，发现了金伯利岩筒，采样分析发现了质量较好的钻石。米纳斯吉拉斯州的戛纳斯特拉（Canastra）、雷吉斯（Regis）和班纳纳尔（Bananal）等矿权地虽然都发现了砂矿，但经济潜力不大。德比尔斯已经退出巴西，必和必拓和力拓也大幅缩减了巴西的金刚石勘查投入。

在澳大利亚，一些公司还在进行金刚石勘探。富林德金刚石公司（Flinders Diamond）在富林德河谷，阿德莱德的东部和东北部发现了一些金伯利岩体。其中最重要的发现为正在进行勘查的芒克斯山（Monks Hill）岩筒，位于南澳州的纳卡拉（Nackara）矿权地内。塔瓦纳资源公司（Tawana Resources NL）则勘查皮尔巴拉地区的黑顶（Blacktop）金伯利岩墙。塔斯曼资源公司（Tasman Resources NL）在南澳州的高乐（Gawler）克拉通拥有多个矿权地。

德比尔斯与火石金刚石公司继续在纳马卡兰德评估格罗恩（Groen）河谷项目，经取样分析，在 HL 矿床发现高质量的钻石。罗克维尔公司在奥兰治河下游的道格拉斯附近勘查。

德比尔斯、必和必拓、力拓在印度的几个邦，包括卡纳塔克邦、马哈拉施特拉邦、奥里萨邦、中央邦、安得拉邦、昌迪加尔和北方邦勘查金刚石，发现了几个新的金伯利岩体，除了力拓公司在安得拉邦发现的金伯利岩体外，其他经济意义不大。

俄罗斯境内的金刚石勘查活动被 Alrosa 垄断的局面似乎已经被打破，加拿大的西伯利亚金刚石公司（Siberian Diamonds Ltd.），对雅库特克拉通（西伯利亚地台）南部 Biryusa 河流域进行金刚石勘查，矿权面积超过 2.8 万 km^2，有希望发现更多世界级金刚石矿床。

科帕尼金刚石公司（Kopane Diamonds Developments Plc.）、旭日金刚石公司（Sunrise Resources Plc.）和其他一些金刚石公司继续在芬兰中、北部对 Kaavi - Kuopio，Kuhmo - Lentiira 和 Kuusamo 等金伯利岩体进行评估。

三、生　产

目前，至少有 35 个国家或地区生产天然金刚石和合成金刚石。每年全球生产的工业级金刚石的产值超过 10 亿美元。近一二十年来，宝石级和近宝石级金刚石产量所占比例不断增高。宝石级和近宝石级金刚石的产量和产值分别占世界的 50% ~55% 和 95% ~98%。

世界天然金刚石产量 75% 来自原生矿床（金伯利岩和钾镁煌斑岩），25% 来自冲积矿床，而 60 年前世界 80% 以上的金刚石来自冲积矿床。各矿山金刚石品位变化较大，一般为 0.6 ~1.2ct/t。

世界天然初级未加工金刚石产量 95% 来自俄罗斯、民主刚果、博茨瓦纳、澳大利亚、加拿大、南非和安哥拉 7 国。大型和特大型金刚石矿床有澳大利亚的阿盖尔（Agyle），俄罗斯的“成功”（Udachnaya），博茨瓦纳的奥拉帕（Orapa）、朱瓦能（Jwaneng），民主刚果的“布依-马基”（Mbuyi-Maji），南非的“韦内沙”（Venetia），安哥拉的“卡托卡”（Catoca）和加拿大的“埃卡蒂”、迪亚维克，上述 9 个矿山的产量和产值分别占世界的 40% 和 37%。

世界天然初级金刚石 2008 年产量约为 1.64 亿 ct，较上年的 1.67 亿 ct 下降了 1.8%（表 2）。各国金刚石产量普遍下降，在金刚石生产大国中，民主刚果产量大幅增长，澳大利亚、南非、加拿大则下降比较明显。

表2 世界天然初级金刚石产量 单位：万 ct

国家或地区	2006 年	2007 年	2008 年	国家或地区	2006 年	2007 年	2008 年
俄罗斯	3840	3830	3693	加 纳	97	90	64
民主刚果	2850	2660	3340	中 非	43	46	38
博茨瓦纳	3200	3300	3228	塞拉利昂	65	60	37
澳大利亚	2922	1919	1567	莱索托	23	45	25
加拿大	1328	1714	1517	坦桑尼亚	27	28	24
南 非	1520	1520	1290	圭亚那	34	27	19
安哥拉	918	970	891	刚 果			11
几内亚	48	102	310	巴 西	9	26	8
纳米比亚	240	220	244	其 他	25	25	17
津巴布韦	26	50	80	总 计	17400	16777	16403

资料来源：Minerals Yearbook，2008；Raw Materials Group；Kimberley Process。

目前，全球天然金刚石产量每年超过 1.6 亿 ct，南半球产量占 70% 左右，宝石级和近宝石级超过 50%。世界 95% 以上的宝石级金刚石生产主要集中在博茨瓦纳、俄罗斯、加拿大、安哥拉、南非、民主刚果和纳米比亚 7 个国家。

2008 年世界天然初级未加工金刚石产值约 128 亿美元，其中博茨瓦纳产值占世界的 1/4，最大两个生产国博茨瓦纳和俄罗斯的金刚石产值占世界的 45%，世界前 8 位金刚石生产大国博茨瓦纳、俄罗斯、加拿大、南非、安哥拉、纳米比亚、民主刚果和澳大利亚的金刚石产值占世界的 95%（表 3）。

表3 2008 年世界天然初级金刚石产值和单位产值

国家或地区	产 量万 ct	产值 百万美元	单位产值 美元/ct	国家或地区	产量万 ct	产值 百万美元	单位产值 美元/ct
博茨瓦纳	3228	3273	101	纳米比亚	244	918	377
俄罗斯	3693	2509	68	民主刚果	3340	432	13
加拿大	1517	2309	152	澳大利亚	1567	326	22
南 非	1290	1236	96	其他国家	633	570	90
安哥拉	891	1210	136	世界合计	16402	12783	78

资料来源：金伯利进程（Kimberley Process）。

2008 年工业金刚石（包括天然的和合成的）产量 46.23 亿 ct，较上年的 46.26 亿 ct 下降 0.06%（表 4）。其中天然工业级金刚石产量为 0.72 亿 ct，主要生产国为民主刚果、澳大利亚、俄罗斯和南非。合成金刚石产量 45.51 亿 ct，主要生产国为中国、美国、俄罗斯、南非和爱尔兰。中国是最大的合成金刚石生产国，产量占世界的 87.9%。

表 4　2008 年工业级（天然 + 合成）金刚石产量　　单位：Mct/a

国家或地区	天然的	合成的	总计	国家或地区	天然的	合成的	总计
中　国	1.00	4000.00	4001.00	白俄罗斯		25.00	25.00
美　国		261.00	261.00	民主刚果	21.60		21.60
俄罗斯	15.00	80.00	95.00	瑞　典		20.00	20.00
南　非	7.70	60.00	67.70	澳大利亚	15.40		15.40
爱尔兰		60.00	60.00	其他国家	11.14	11.01	22.15
日　本		34.00	34.00	世界总计	71.84	4551.01	4622.85

资料来源：Mining Yearbook，2008。

世界金刚石生产高度集约化，产值超过 2000 万美元的 29 座矿山占世界金刚石产值的 85% 以上，其中最大的 5 座矿山的产值占世界的 42%。从产值看，博茨瓦纳的朱瓦能和奥拉帕可列入世界最大的非燃料矿山之列，分别为 19 亿美元和 10 亿美元。

博茨瓦纳政府与德比尔斯各占 50% 股份的博茨瓦纳金刚石公司（Debswana）是该国唯一的金刚石生产者，经营着奥拉帕（产量占 52.3%）、朱瓦能（42.4%）、莱特哈卡恩（Letlhakane，3.7%）和戴姆沙阿（Damtchaa，1.6%）等矿山。博茨瓦纳是世界上最大的金刚石生产国之一，2008 年金刚石产量为 3228 万 ct，占世界的 19.7%，产值约 32.7 亿美元，占世界的 25.6%。

根据金伯利进程公布的数据，2008 年俄罗斯金刚石产量为 3693 万 ct，产值 25.1 亿美元，居世界第二位。俄罗斯的金刚石矿山位于萨哈共和国境内，包括“成功”、“朱比利”和娜卡。“成功”露天采场能力已经接近极限，朱比利矿山的品位和质量不能弥补“成功”的产能下降。娜卡的纽尔巴（Nyurba）岩筒正式投入生产后，产量稳定，似乎能够平衡俄罗斯金刚石产能。其他露天采场已经关闭，但“国际”（International）、“扎尼察”（Zarnitsa）和艾赫（Aikhal）的地下开采已经开始。

加拿大金刚石产量为 1517 万 ct，占世界产量的 9.2%，位于俄罗斯、民主刚果、博茨瓦纳和澳大利亚之后，居世界第五位；而产值为 23 亿美元，居世界第三位。埃卡蒂矿山 2008/2009 财年产量为 403 万 ct，比 2007/2008 财年的 419 万 ct 下降 3.8%。该矿山主要开采考拉“熊猫”（Panda）、“狐狸”（Fox）和“熊牙”（Bear Tooth）等金伯利岩筒。2008 年，迪亚维克矿山产量为 923 万 ct，低于 2007 年，主要来自 A154 岩筒。

由于矿山老化，开采深度增大，经营困难，有着近 140 年历史的南非金伯利地区的金刚石矿山被迫关闭。例如芭特方丹（Bultfontein）、杜特斯班（Dutoitspan）和韦塞尔顿（Wesselton）、科菲方丹（Koffiefontein）等已经关闭。目前支撑南非金刚石生产的主要矿山有韦内沙（Venetia，占 58%）和芬奇（Finsch，占 18%）。在纳马卡兰德，陆上金刚石砂矿年产量接近 100 万 ct，虽然产量少，但价格大大高于金伯利岩体和裂隙脉体中的金刚石，如果麦加罗顿（Megalodon）古河道砂矿投入开发生产，将使金刚石砂矿大幅增加。沿着纳马卡兰德海岸，火石金刚石公司在洪德克利普和奥兰治河，特兰斯赫克斯公司（Trans Hex Group Ltd.）在贝肯砂矿（Baken）也进行着金刚石砂矿开采，2008 年产量 7 万 ct。一些小公司在瓦尔（Vaal）河、奥兰治（Orange）河和利赫滕堡地区开采一些小型砂矿。开采细脉矿是南非钻石矿业的独特之处，佩特拉金刚石公司（Petra Diamonds）拥有多个细脉状金刚石矿山。

表 5　2008 年世界金刚石矿山产量

国家或地区	矿　山	矿石量/kt	金刚石量 kct	单价 美元·ct^{-1}	价值/千美元	经营者
南　非	Cullinan	1178	540	100	54000	De Beers
	Finsch	6377	2317	70	162190	De Beers
	Kimberley	5875	913	110	100430	De Beers
	Namaqualand	1509	310	180	55800	De Beers
	Oaks	149	61	120	7320	De Beers
	Venetia	5975	7500	85	637500	De Beers
	Voorspoed	769	128	120	15360	De Beers
	其他	10600	1131	180	203580	
	合计	32432	12900	96	1236000	
博茨瓦纳	Orapa	18569	16869	59	995271	Debswana（De Beers）
	Lethlakane	3794	1200	245	294000	Debswana（De Beers）
	Jwaneng	15766	13674	139	1900686	Debswana（De Beers）
	Damtshaa	2883	533	150	79950	Debswana（De Beers）
	合计	41012	32276	101	3270000	
纳米比亚	Namdeb	16922	2122	376	797872	Namdeb（De Beers）
	Diamond Fields		278	376	119568	DFI/Trans Hex
	合计		2440	376	918000	
安哥拉	Catoca	12520	8900	136	1210000	SMC
	合计		8910	136	1210000	
民主刚果	Mbuyi-Maji		7000	13	91000	MIBA
	其他		26402	13	343226	
	合计		33402	13	432000	
澳大利亚	Argyle	6937	15076	15	226140	Rio Tinto
	Ellendale	4860	590	170	100300	Gem Diamonds
	合计	5899	15666	21	326000	
加拿大	Ekati	5850	4186	258	1079988	BHP
	Diavik	3750	9225	85	784125	Rio Tinto
	Jericho	1300	120	110	13200	Tahera
	Snap Lake	903	926	155	143530	De Beers
	Victor	1787	714	403	287742	
	合计	13590	15171	150	2309000	
俄罗斯	Udachnaya		10096	85	858160	Alrosa
	其他		26834	62	1663708	Alrosa
	合计		36930	68	2510000	
其他国家			6326	90	570000	
世界总计			164021	78	12780000	

资料来源：Kimberley Process，De Beers，BHP Billiton 和 Rio Tinto 等公司 2008 年报。

安哥拉的金刚石矿山大多位于北部的隆达省和刚果河谷地区。据官方报道，2008 年安哥拉的钻石产量为 891 万 ct，产值 12.1 亿美元，居世界第五位。卡托卡是安哥拉最大的金刚石矿山，2008 年产量为 890 万 ct。

纳米比亚陆上金刚石生产主要由德比尔斯与纳米比亚政府的合资公司 Namdeb 经营，两者各占 50% 股份。海上金刚石生产则由德比尔斯（70%）与 Namdeb（30%）的合资公司德比尔斯纳米比亚海上分公司（De Beers Marine Namibia）经营，采矿主要在纳米比亚海岸带 110m 的水下进行。目前海上产量已经超过陆上，两者比例为 51%∶49%。2008 年纳米比亚金刚石产量总计为 244.0 万 ct，价值约 8.9 亿美元，居世界第六位。Namdeb 继续经营着吕德里茨附近的伊丽莎白湾矿山和纳米比亚南部奥兰治河北岸的达比拉斯（Daberas）矿山。其他的海上作业者包括萨卡瓦矿业公司（Sakawa Mining Corp.），开采吕德里茨北部的马绍尔福克矿。

金刚石手工采矿在民主刚果、几内亚、中非、加纳和赞比亚等国家占有很大的比重，其中民主刚果 2008 年产量达到 3340 多万 ct，主要来自东部的东方省、北基伍省和南基伍省，产值居世界第七位。几内亚、津巴布韦、加纳、中非、塞拉利昂、坦桑尼亚 2008 年产量分别为 310 万 ct、80 万 ct、64 万 ct、38 万 ct、37 万 ct 和 24 万 ct，其中几内亚、津巴布韦两国产量增幅较大，前者产量已居世界第八位。

自从 1985 年开始露天开采以来，澳大利亚阿盖尔金刚石矿山已经累计产出金刚石约 6 亿 ct。近年由于矿山开采矿石品位降低，阿盖尔产量下滑，2008 年产量为 1508 万 ct，较 2007 年的 1874 万 ct 下降了 19.5%。杰姆金刚石公司（Gem Diamonds）的艾伦德尔矿山 2008 年产量为 59 万 ct，质量上乘，近 200 美元/ct。

莱索托金刚石产量居世界第十四位，但产值却居世界第九位。该国的勒参矿是世界上海拔最高（3100m）的金刚石矿山，品位低（0.023ct/t），但钻石品质良好（800～1000 美元/ct），大颗粒较多。该矿曾由德比尔斯 1973 年开始建设，但 1982 年由于开采成本高而停止生产。2004 年 11 月正式恢复生产以来产量不断提高，从 3 万 ct 增长到 25 万 ct，产值达到 2.23 亿美元。

圭亚那、委内瑞拉和巴西 3 个南美洲国家都生产金刚石，但大部分为手工作业的砂矿，2008 年金刚石产量分别为 19.3 万 ct、8.0 万 ct 和 0.9 万 ct，产值分别为 3119 万美元、622 万美元和 129 万美元。

印度尼西亚 2008 年金刚石产量为 3.0 万 ct，产值 790 万美元。BDI 矿业公司在印度尼西亚加里曼丹岛的 Cempaka 矿山 2005 年正式开始生产，2006 年产量曾达到 7 万 ct，2008 年由于关闭了几个月而使产量下降。

印度唯一的金刚石矿是位于中央邦潘纳县西面 25km 的马依加万（Mahjgawan）露天矿山，2005 年、2006 年的产量分别为 78217ct 和 43878ct，2007 年起因环境问题被关闭。

四、矿山建设

近几年，包括莱索托的勒参矿（Letseng）和利科邦（Liqhobong），津巴布韦的姆洛瓦（Murowa），加拿大的斯耐普湖、杰里科（Jericho）和威克多，以及俄罗斯的阿尔汉格尔斯（Arkhangelskaya）相继投入生产。但到了 2008 年，受到金刚石价格低迷的影响，一些新建金刚石矿山的建设和新投入生产的矿山受到了严重影响。如加拿大的加霍库（Gahcho Kue）等。4个已有大型露天矿山，包括澳大利亚的阿盖尔，俄罗斯的米尔、成功和艾赫，正式转入地下开采。

加拿大西北地区的埃卡蒂金刚石矿山，自从2003年达到产量顶峰后，一直呈下降趋势。主要原因是从露天开采转入地下开采，品位下降。目前产量主要来自“熊猫”、“考拉”（Koala）、“熊牙”（Bear Tooth）和“狐狸”（Fox）等岩筒，其中前两个为地下开采岩筒，“考拉”岩筒在2008年初投入正式生产。在努纳武特地区，塔哈拉公司的杰里克工程2006年8月投产，当年产量12.69万ct，但2008年基本上处于停产状态，产量只有12万ct。德比尔斯公司的施奈普湖（Snap Lake）矿山2008年6月投入正式生产，当年产量达到92.6万ct，但2009年产量只有44万ct，矿山寿命预计20年，年产金刚石140万ct。德比尔斯公司在安大略省哈德逊湾低地的威克多矿山2008年7月投产，当年产量71.4万ct，2009年产量基本持平，矿山预计寿命12年；该矿矿石量2740万t，品位较低0.23ct/t，但金刚石为纯净白色，不含包体，质量好，350美元/ct。德比尔斯与山省矿业公司（Mountain Province Diamonds Inc.）合作的Gahcho Kue项目2008年采样中发现25ct的大钻石，该项目已经过预可研阶段并获矿山建设许可证，将主要开采赫恩（Hearne）、5034和“图佐”（Tuzo）岩筒，推定金刚石资源量为5050万ct，推测金刚石资源量1030万t，已进入最终可行性研究阶段。预计2012年能够开采的还有昭瑞黄金公司的Star岩体。

2006年，埃尔克德拉金刚石公司（Elkedra Diamonds NL）在巴西马托格罗索州查帕达（Chapada）金刚石砂矿正式投入生产，该矿矿石量1330万t，品位0.02ct/t，预计矿山寿命9年，产能3万ct/a，2006年、2007年产量分别为10312ct、17892ct，但2008年有一半时间处于停产状态，产量不到5000ct。2007年9月，法尔公司在米纳斯吉拉斯州热基蒂尼奥尼亚河（Jequitinhonha）的杜阿斯巴拉斯（Duas Barras）矿山正式建成投产，年采选矿石250万m^3，矿石品位金刚石0.16ct/m^3，2008年金刚石年产量达到5万ct/a。

澳大利亚阿盖尔露天矿山开采已近极限，产量逐年大幅下降，力拓公司投入近20亿美元建设阿盖尔矿山地下开采工程，2008年完成近1/4的工程，阿盖尔尚有2亿ct的储量，能够生产至2025年。金伯利金刚石公司的艾伦德尔已经成为澳大利亚第二大金刚石矿山，2007年2月，4号矿山南选厂处理能力达到1.2万t/d，2008年6月，4号和9号两个矿山的选厂总处理能力达到69.7万t/月，产量将达到5.78万ct/月，但在2009年产量下降。澳大利亚第二大金刚石矿山，墨林于2003年中关闭，北澳金刚石公司（North Australia Diamonds）2005年开始对该矿尾矿进行选矿处理，同时，该公司对Ywain/Gawain和Palomides/Sacramore金伯利岩筒进行可行性研究工作。

德比尔斯投资1.17亿美元重新开发1906~1912年间运营的沃尔斯波德（Voorspoed）矿山在2008年7月投产，当年产量12.8万ct，2009年产量则上升到53万ct。中心处理厂大量尾矿储备的选矿工作继续进行，以维持德比尔斯金刚石产能。德比尔斯投资1.15亿美元建造的“非洲和平”号采矿船开始在大西洋的纳马卡兰德海岸开采海底金刚石。金刚石集团公司（Diamond Corp. Plc.）重新开采雷斯（Lace）矿山尾矿，该矿山曾经在1902~1931年生产，原矿资源量为660万t，品位0.27ct/t，埋深345m，尾矿资源量360万t，品位0.10ct/t，2008年产量超过5万ct。塔瓦拉资源公司（Tawara Resources）拿到了卡瑞弗雷西（Kareevlei West）金伯利岩筒采矿权，建设了一个简易选矿厂并对几个岩筒进行了开采和选矿试验。

莱索托的第二个金刚石矿山里阔邦（Liquobong）建成投产，该矿由科帕尼公司（75%股份）和莱索托政府（25%股份）共同拥有。2006年该矿年产量达到5万ct，价值2300万美元。2008年底，由于金刚石价格下跌，该矿被迫关闭。尽管如此，在4月和5月两个月产量接近2万ct。

在纳米比亚，非加海洋矿产公司租借采船在沃尔维斯湾附近进行海底金刚石砂矿开采试验。金刚石矿田公司（Diamond Fields）用“发现者”号采船，在吕德里茨附近的ML 111和ML 32区块开采海底金刚石砂矿，2006~2008年已经累计生产4.8万ct金刚石，另外，公司在附近的两个探矿权也已经转为采矿权。

津巴布韦投资6100万美元的姆洛瓦（Murowa）项目投产，矿石资源量1900万t，品位0.9ct/t，金刚石价值65美元/ct，2007年产量14.49万ct，2008年产量26.28万ct，2009年产量则出现大幅下降。该国马兰吉地区成为金刚石砂矿的重要产区，但多为个体和非法采矿，一旦秩序稳定，将使津巴布韦产量迅速提高。

安哥拉的第二个金刚石矿山Camafuca-Camazambo是安哥拉也是世界上最大的金伯利岩体，面积160km^2，横跨希卡帕两岸，最初开采必须清除淤泥，该矿资源量在2324万ct，价值140美元/ct，第一阶段设计产能20万ct/a。安哥拉的第三个金刚石矿山Camatchia－Camagic，由两个相邻的岩筒组成，总面积28km^2，2006年获得采矿证，初步估算金刚石储量8000万ct，品位较低，但质量好。安哥拉的第四个矿山为Camutue，该矿曾在1961~1974年间开采，官方统计历史产量为33.37万ct，金刚石一般颗粒较大，老的选厂已经清理完毕，尾矿评估亦已完成，矿山将尽快重新开采。

在塞拉利昂，科伊杜金刚石控股公司（Koidu Diamonds Holdings）开始在科伊杜1号和科伊杜2号岩筒开采金刚石，非洲金刚石公司则在科伊杜3号岩筒进行开采试验，由于安全问题，生产受到影响。皮特拉金刚石公司（Petra Diamonds）开始开采科诺（Kono）矿权地1号、2号岩筒西部的莱昂（Lion）岩墙，2008年金刚石产量约1000ct。

几内亚的曼达拉矿山于2009年4月正式投入商业生产，产能达到4万ct/a。

俄罗斯西北部阿尔汉格斯克地区的罗莫诺索夫（Lomonosov）矿山露天开采设计产能400万ct/a，2008年2月份累计产量达到100万ct，该矿资源量2.0亿~2.1亿t，品位1.1ct/t。格里博（Grib）岩筒矿石储量9800万t，品位0.68ct/t，价值79美元/ct，但由于法律纠纷矿山开发仍处于停顿状态。

五、用途和消费

金刚石主要应用于珠宝首饰和工业用途。宝石级和近宝石级金刚石大部分作为宝石用于珠宝首饰。部分宝石级和近宝石级金刚石以及工业级金刚石应用于工业和高科技领域。

金刚石具有许多特殊的优良性质：①高热传导率；②低热膨胀系数；③低摩擦系数；④高硬度；⑤在可见光和红外光下高透明性；⑥高折射系数；⑦化学和放射性惰性等。因此，它广泛应用于工业和科研的特殊领域，例如，可作为切割工具、研磨料、不利环境中的热探头、放射性检出仪、压力敏感器、荧光显增器、光学窗、微型机械元件，以及高密度、高能量电子元件等。

天然金刚石中的1/3以上达不到宝石级和近宝石级质量的标准，它们的价值只占所有天然产出的金刚石产值的1%（约7000万美元），每颗金刚石价值1～10美元/ct，通常用于工业，且质量低于合成金刚石，只用作一些特殊的用途。因此在工业级金刚石用途中约90%为合成金刚石。合成金刚石包括从粉末级到砂粒级所有金刚石以及适用于特殊应用领域的各种级别、大小和形状的多晶材料。

目前，世界钻石首饰消费量超过600亿美元。亚洲国家和地区以及美国是钻石需求增长大户，美国增幅达4%，而一些亚洲国家和地区增幅超过5%。美国是世界上最大的钻饰品消费国家，2008年末镶嵌钻石市场销售额为197亿美元，占世界的一半以上。美国也是最大的工业级金刚石消费国家，2008年视消费量预计达6.75亿ct（99%为合成钻石，价值3.49亿美元），较2007年的6.03亿ct增长6.9%，占世界消费量的一半以上，主要用于计算机芯片生产、建筑、机械制造、矿业（钻探等）、石块切割/抛光，以及运输系统等方面，其中石块切割和高速公路建造/保养是最重要的消费领域。

天然未切割宝石级和近宝石级金刚石主要销往世界主要钻石加工中心，如印度的孟买、以色列的特拉维夫和比利时的安特卫普等地。

六、贸易和市场

南非德比尔斯公司是世界上最大的金刚石生产和销售企业。该公司在天然初级金刚石方面，不仅直接控制着南非、博茨瓦纳、纳米比亚、坦桑尼亚90%以上的金刚石生产，其产值占世界的40%左右，而且通过其设在伦敦的中央销售组织（CSO），现在成为金刚石贸易公司与其他生产国签订全部或部分的金刚石供销合同，间接控制着其他国家的金刚石销售。这样，德比尔斯中央销售组织控制着国际市场70%左右的金刚石销售，并且通过保持其庞大的金刚石库存（通常至少为世界6个月的产量）来平衡国际市场供需。在国际矿产品市场上很少有像德比尔斯公司那样高度控制国际市场供应的公司。德比尔斯有意摆脱自己通过控制粗加工钻石供应而成为世界金刚石市场上的“统治者”的角色，而代之以一种从生产者到消费者的“可选择的供应商”。

2008年天然金刚石的矿山供应量为1.64亿ct，价值127.8亿美元，而2001年则为1.3亿ct，价值84亿美元。根据金伯利进程统计，2008年全球金刚石进口量约4.06亿ct，价值388亿美元；出口量4.12亿ct，出口额390亿美元。2008年，德比尔斯粗加工钻石销售额为59.3亿美元，与2007年基本持平。

美国是世界上最大的工业金刚石贸易国家。2008年美国工业金刚石出口（包括再出口）到40多个国家或地区，从44个国家或地区进口。由于没有天然金刚石产出，尽管美国已连续数十年保持合成金刚石产量世界第一的位置，但由于国内市场需求的增长，近些年来仍然需要依赖国外工业金刚石资源。

根据南非新的金刚石修正案，金刚石不再能够自由贸易或出口，首先要上缴给一个政府机构，然后由该政府机构分配给新成立的切割抛光厂，如果要出口，必须缴纳15%的出口税。博茨瓦纳也成立钻石销售中心，负责博茨瓦纳境内粗钻的筛选、分级和估价，以及向国内外加工厂的销售。但是，这些政策并没有对新矿山的开发建设造成什么影响。

七、展　望

由于近10年来新产地的发现和开发，新生产者将不断增多，从而将进一步加剧市场的竞争。但是，一些超大型露天金刚石矿山，如澳大利亚的“阿盖尔”，俄罗斯的“成功”，加拿大的“埃卡蒂”，相继进入地下开采，品位降低，开采成本上升，一定程度上会影响到世界金刚石的稳定供应。同时，由于近年来没有大的发现，未来金刚石供应将出现紧张趋势。

加拿大已经有埃卡迪、迪阿维克、威克多和杰里科等4座金刚石矿山在生产，每年生产价值20亿美元以上的钻石。钻石产量占世界钻石总产量的比重将大大增加。随着新的矿山建设投产，加拿大的金刚石产量将进一步快速增长，在世界金刚石生产中占有的地位愈加重要。

随着成矿理论和勘查技术的提高，巴西、委内瑞拉等南美国家在金刚石砂矿的成矿来源上会有所突破，一些砂矿不断投产，使产能有所提高。一些国家，如南非，加大了金刚石尾矿的利用，这也是资源枯竭后，无奈的选择，由于这些尾矿没有采矿成本，必然会受到越来越多的关注。在津巴布韦，随着国内趋势走稳，金刚石产量将迅速上升，而成为世界上重要的金刚石生产国之一。

21世纪初以来，全球经济看好，能源和原材料价格普遍上涨，矿产品市场繁荣。但是由于全球经济危机，使得包括钻石在内的奢侈品消费大大减少，钻石价格大幅下跌，一些金刚石矿山被迫关闭。未来全球经济走向直接决定钻石市场的走势，如果全球经济能够逐步走出衰退，则钻石市场有望回暖。

主要参考文献

[1] Donald W. Olson. Diamond (Industrial). Mineral Commodity, 2009, USGS

[2] Donald W. Olson. Diamond (Industrial). Mineral Yearbook, 2008, USGS

[3] Donald W. Olson. Gemstones. Mineral Commodity, 2009, USGS

[4] Donald W. Olson. Gemstones. Mineral Yearbook, 2008, USGS

[5] BHP Billiton Annual Report.
http://www.bhpbilliton.com/bbContentRepository/docs/annualReport2009.pdf

[6] Rio Tinto Annual Report.
http://www.riotinto.com/documents/Investors/Rio_Tinto_annual_report_2009.pdf

[7] Alrosa Annual Report.
http://eng.alrosa.ru/investment/financial_reports/annual/

[8] De Beers. Operating and Financial Review, 2008.
http://www.debeersgroup.com/ImageVault/Images/id_1709/ImageVaultHandler.aspx

[9] Kimberley Process Rough Diamond Statistics Web Site.
https://kimberleyprocessstatistics.org/public_statistics

第五篇 国家系列

俄罗斯

奚 甡

俄罗斯联邦位于东欧和北亚，国土面积1707.54万km^2，其中海域面积7.94万km^2，陆地面积1699.58万km^2，人口约1.45亿人。边界线长达19990km，海岸线长37653km。

由于受2008年末全球金融危机的影响，俄罗斯国内生产遭受了严重打击。尽管国内生产总值（GDP）年均增长放缓到5.6%，但2008年俄罗斯人均GDP仍然增长到15921美元，为1991年以来的最高水平。

俄罗斯矿产资源丰富，其中石油、天然气、煤、铁矿石、钨、镍、镁等矿产的探明储量位居世界前列，为世界石油、天然气、铜、金刚石、金、镍和铂族金属等矿产的主要生产国和出口国，矿产品产量占世界总量的14%，居美国之后，为世界第二矿业大国。根据俄罗斯自然资源部的估计，其矿产储量的潜在价值超过28万亿美元。矿业在国民经济中占重要地位，矿业产值占国内生产总值（GDP）的1/3，矿业收入约占俄货币收入的70%。

一、储量与资源

俄罗斯矿产资源丰富，是世界上少有的大部分矿产都能自给的国家之一。全国已发现并探明了大约2万个矿床。其中1/3以上已开发利用。2万个矿床中，大型和特大型矿床占5%，它们拥有的储量占总储量的70%，提供了50%的开采量。根据俄罗斯自然资源部的估计，按证实的和估计的矿产储量的潜在价值分类，其中能源矿产占71.9%，非金属占13.6%，黑色金属占6.6%，有色金属和稀土占6.1%，金、铂、银和金刚石占1.1%，稀有金属和稀散元素占0.7%。主要的矿产资源：能源矿产以石油、天然气、煤为主；金属矿产以铁、铬、钨、镍、钴、铜、铅、锌、金、铂族金属为主；非金属矿产以金刚石、硫、钾盐、硼为主。其中储量居世界前列的矿产有：天然气和镁居世界第一位；铁矿石、锑、镍、铂族金属、钒、硼和钾盐居世界第二位；煤和钨居世界第三位；金居世界第四位；钼、钴和金刚石居世界第五位；锡居世界第七位；石油居世界第八位；铜居世界第九位。

据有关报道，俄罗斯目前拥有丰富的矿产储量，除铬、铅、锰、钼和钨等少量金属矿产外，其余矿产储量均能满足国内当前金属消费需求。但是，许多金属矿石的平均矿石品位，包括铝土矿、斑岩铜矿、锡、钨等低于其他生产国。近20年来，矿石的平均金属含量已经下降了30%~50%，而矿石中金和铁的含量下降了25%。定义为难于选冶的矿石和煤的百分比已经从15%增加到40%。根据前苏联和俄罗斯使用的系统大量定为经济储量，如果根据市场经济标准进行评价，可能被定为次经济资源。据报道，34%的铅，49%的锡和15%~30%的磷灰石、煤、铜和钛储量可能被定为次经济资源。

2008年，油气勘查投资主要投入到东西伯利亚、雅库特共和国和俄罗斯大陆的北极陆架地区。近年取得较重要的发现有：中阿斯特拉罕天然气冷凝矿床，天然气储量12.6亿m^3；伊尔库茨克州安戈阿罗-连斯科耶矿床，天然气储量11亿m^3；因斯科耶地区的北科马（Severo-Komar）油田和秋明州南部的科苏金科耶（Kosukhinkoye）油田，石油储量分别为1970万t和1800万t。

俄罗斯平原西北部的卡累利阿和科拉半岛地区蕴藏着铁、镍、云母等矿产。希宾山地有世界最大的磷灰石矿，并蕴藏大量的制铝原料——霞石。俄罗斯平原和其他广阔地域及西伯利亚地区，蕴藏有世界最大的铁矿区——库尔斯克磁力异常区，以及乌拉尔、西伯利亚铁矿区。煤炭主要分布在两个大型含煤带内：一是位于贝加尔湖与土尔盖凹陷之间，包括伊尔库茨克、坎斯克-阿钦斯克、库兹巴斯、埃基巴斯图兹和卡拉干达等煤田；另一个位于叶尼塞河以东，北纬60°以北，包括通古斯、勒拿和太梅尔等大煤田。此外，远东地区的南雅库特等煤田也很重要。石油、天然气主要分布在西西伯利亚（以秋明油田为最大）、俄罗斯（伏尔加-乌拉尔油田）、东西伯利亚三大地台型含油盆地及萨哈林（库页岛）等地槽型含油盆地。中西部的乌拉尔山区和远东山地，形成俄罗斯主要的有色金属矿产基地。远东沿海山地的锡矿也很重要。

表1　俄罗斯主要矿产储量（截至2008年年底）

矿　产	单　位	储　量	储量基础	矿　产	单　位	储　量	储量基础
煤	亿t	1570.10		钒	万t（钒）	500	700
石油	亿t	101.65		铂族金属	t	6200	6600
天然气	万亿m^3	44.38		金	t	5000	7000
铀	万t	13.8		镉	t	12000	37000
铁矿石	亿t	140	310	铟	t	80	250
铬矿石	万t	400	46000	铼	t	310	400
钨	万t	25	42	钾盐（K_2O）	亿t	18	22
锡	万t	30	35	金刚石	亿ct	0.4	0.65
钼	万t	24	36	硫	亿t	2.5	7.5
镍	万t	660	920	磷	亿t	2	10
钴	万t	25	35	硼	万t（B_2O_3）	4000	10000
铜	万t	2000	3000	重晶石	万t	200	300
铝土矿	亿t	2	2.5	萤石	万t	较大	1800
镁	万t	65000	73000	泥炭	亿t	10	600
锑	万t	35	37	碘	万t（碘元素）	12	24

资料来源：①Mineral Commodity Summaries，2008、2009；②BP Statistical Review of World Energy，2009。

储量丰富、品种齐全的矿产资源为俄罗斯发展多部门的基础工业．以及形成完整的工业体系奠定了重要的物质基础。主要资源分布集中，有些大型能源资源、矿物原料的分布相互接近，这又为俄罗斯建立大型的工业基地和经济区提供了十分有利的条件。但是，资源分布很不平衡：其中大部分集中在国土的北部和东部地区；而急需燃料、原料的西部（欧洲部分）地区却感到资源不足、品种欠缺；矿产资源丰富、品种也较齐全的乌拉尔地区，由于长期开采已造成资源不足，开采难度愈来愈大。上述情况势必造成远距离运输，给交通部门带来了很大的压力，每年由东部地区运往西部地区的燃料都达几亿标准吨以上，这在一定程度上影响了俄罗斯联邦经济发展和生产力的合理分布。

2004 年，俄罗斯政府取消了铂族金属产量保密规定，2005 年又取消了铂族金属储量数据保密规定，并同时公布了诺里尔斯克镍联合企业的铂族金属储量数据。据报道，截至 2004 年 12 月 31 日，东西伯利亚的诺里尔斯克镍矿区 6 种铂族金属元素的证实储量和概略储量为 8179.1 万 oz，矿石品位 5.5 ~11.1g/t 的钯和铂证实储量和概略储量分别为 6218.3 万 oz 和 1599.3 万 oz。钯和铂的确定资源量和推定资源量分别为 14100 万 oz 和 4000 万 oz。现有储量足以保证现有矿区按目前钯和铂的生产水平生产 20 年以上。

二、生　　产

俄罗斯是世界最大的矿业生产大国之一，为世界主要生产国和亘要生产国的矿产包括：铝、砷、石棉、铝土矿、硼、镉、水泥、煤、钴、铜、金刚石、萤石、金、铁矿石、石灰、锂、镁化合物和金属、云母、天然气、镍、氮、油页岩、钯、泥炭、石油、磷酸盐、生铁、钾、铼、硅、钢、硫、海绵钛、锡、钨和钒（表 2）。

在世界矿产开采总量中俄所占的比重是：磷灰石 6%，天然气 17.6%，金刚石 21%，镍 18.6%，钾盐 14%，铁矿 3.7%，铂 12.4%，石油 12.9%，煤炭 4.1%。钼 2.2%，铝 9%，铅 1.3%，锌 2.0%，金 23%，铀 7.3%，钴 3.9%。

煤　俄罗斯的能源战略预计，到 2010 年，煤产量增加到 3.1 亿 ~3.3 亿 t，到 2020 年产量增加到 3.8 亿 ~4.3 亿 t 才能满足国内的需求。目前俄罗斯 22 个煤盆地含有 114 个煤矿床。2005 年俄罗斯生产煤矿山有 241 座，其中 104 座为地下矿山，137 座为露采矿山，年生产能力为 3.15 亿 t。2005 年注册储量估计为 2000 亿 t，如果按前苏联和俄罗斯的 A + B + C1 储量分类标准来算为 1060 亿 t。

2008 年俄罗斯煤产量为 3.27 亿 t，占世界总产量的 5%，居世界第五位。2008 年产量较 2003 年增长了 32%；年均增长率为 5.7%。主要生产中心为库兹涅茨盆地（Kuznetsk Basin）。在煤炭总产量中，烟煤占主要地位，其所占比例一直保持在 70% 左右。2008 年俄罗斯的煤炭消费量为 1.98 亿 t，出口 5812 万 t，主要出口到欧亚，其次是亚洲。在 2007 年俄罗斯开采的 3.15 亿 t 煤矿中，地下开采的为 1.09 亿 t，露采的为 2.05 亿 t。俄罗斯煤产量最高的年份为 1988 年，当年产量为 4.25 亿 t，1998 年煤产量最低，仅为 2.32 亿 t。从 1999 年开始，煤产量逐年增加，但是几乎所有增加的煤产量都是高质量的供出口的煤。多年来国内煤消费量一直没有大的变化，国内发电用煤消费量逐年减少，主要是因为近年俄罗斯一直处于暖冬，此外俄罗斯拥有大量的水电资源，水电发电量呈现逐年增加趋势。国内煤主要消费于发电和化学制品生产。按照前苏联煤炭储量分类系统计算，俄罗斯煤炭经济储量（A + B + C1）为2000亿t，其中53%的储量为褐煤，44%为硬煤，3%为无烟煤。俄罗斯现在生产矿山的储量为190亿t，其中冶金级煤储量约40亿t，目前俄罗斯的煤储量足够其600年的消费需求。截至2007年1月，俄罗斯生产煤矿山有240座，其中坑采矿山97座，露采矿山143座。

库兹涅茨盆地（简称库兹巴斯）是目前和未来俄罗斯主要煤产区，库兹涅茨煤田的煤储量品质优良，适于发电和生产焦炭。该煤田生产的煤占俄罗斯煤总产量的55%，其提供了国内冶金用煤的83%。2003～2008年，俄罗斯煤产量增长了21%，年均增长率为3.8%。

俄罗斯政府计划到2015年，将年煤产量增加到4.1亿t，到2020年进一步增加到4.7亿t。2006年，进入设计和建设阶段的煤矿有14座，总设计生产能力为1400万t。今后几年增产的煤产量主要来自俄罗斯东部的坎斯克－阿钦斯克（Kansk-Achinsk）褐煤盆地、伯朝拉冶金煤盆地和南雅库特煤盆地。

表2　俄罗斯主要矿产产量[1]（t，除非另外注明）

矿产品	单　位	2003年	2004年	2005年	2006年	2007年
金属						
铝						
矿石和精矿：						
氧化铝	万t	323.0	326.9[r]	325.9	326.5	330.0[e]
铝土矿	万t	544.2	600.0[r,e]	640.9[r]	639.9[r]	677.7
霞石正长岩精矿，25%～30%	万t	101.4	100.0[e]	100.0	100.0	100.0
原铝	万t	347.8	359.2[r]	364.7	371.8	395.5
锑，矿山产量，可回收的Sb含量[e]		2000[r]	3000[r]	3000	3500	3500
砷[e]		1500	1500	1500	1800[r]	1500
铋：[e]						
矿山产量，Bi含量		50	50	19[r]	17[r]	19
精炼铋		10	10	10	11	12
镉[e]		950	950	621[r]	690[r]	810
铬，矿石量		116455	320200	772000	966065[r]	776681
钴：[e]						
矿山产量，可回收Co含量		4800	4700	6300[r]	6300[r]	6300
精炼钴		5500	5400	5000[r]	5000[r]	3800
铜：						
矿石，可回收Cu含量[e]	万t	67.5	67.5	64.0[r]	73.9[r]	82.0
金属：						
粗铜：[e]						
原生铜	万t	67.0	66.2	69.6[r]	63.5[r]	65.0
再生铜	万t	17.0	25.7	26.2[r]	31.2[r]	29.0

续表

矿产品	单　位	2003 年	2004 年	2005 年	2006 年	2007 年
合计	万 t	84.0	91.9	95.8[r]	94.7[r]	94.0
精炼铜：						
原生铜		67.0[e]	66.2	68.4[r]	63.5[r]	65.0
再生铜		17.0[e]	25.7	24.9[r]	31.2[r]	28.9
合计		84.0[e]	91.9	93.3	94.7[r]	93.9
金：						
矿山产量，Au 含量	kg	170068	163148[r]	164186[r]	159340	156912
再生回收	kg	6835	4844[r]	4884	4981	5867
铁和钢：						
铁矿石：						
总重	万 t	9176.0	9698.0	9676.4	10200.0	10500.0[e]
Fe 含量，55% ~ 63%[e]	万 t	5300.0	5620.0	5610.0	5910.0	6080.0
金属：						
生铁	万 t	4836.8	5042.7[r]	4917.5	5168.3	5152.3
直接还原铁	万 t	290.0	314.0[r,e]	334.0	334.0	400.0
铁合金：[e]						
高炉：						
锰铁		101000	108000	108000	125000	120000
磷铁		3500	3500	3500	3500	3500
镜铁		7000	7000	7000	7000	7000
电炉：						
铬铁		3570002	4537002	578000[2]	600000	570000
铬硅铁		4000	4000	4000	4000	4000
镍铁		51000	53000			
硅铁		760000	720000	742000[2]	882300[r2]	896100[2]
钒铁		8000	130902	12880[2]	11000[r]	12000
硅锰		83000	143000	70000[r]	70000[r]	70000
金属硅		85000	85000	58000[r]	54500[r]	54000
其他		22000	22000	22000	22000	22000
合计	万 t	148.0	161.0	163.0[r]	181.0[r]	179.0
金属：						
原钢	万 t	6270.8	6564.6[r]	6618.6	7081.6[r]	7238.9
轧制钢	万 t	5105.0	5380.0	5460.0	5820.0	5966.0
管材	万 t	610.2	599.0	667.3	789.8[r]	870.6
铅：[e]						
矿山产量，可回收 Pb 含量		24000	23000[r]	36400[r]	34000[r]	50000

续表

矿产品	单 位	2003 年	2004 年	2005 年	2006 年	2007 年
精炼铅，原生铅和再生铅		66000	70000[r]	66000	78000	94000
镁:[e]						
菱镁矿		1200000	1200000	930000[r]	1200000	1200000
镁金属，包括再生镁		43000[r]	45000[r]	45000	35000[r]	32500
锰矿石:[e]						
总重		115000	115000	8000[r]	12000[r]	44000
Mn 含量		23000	23000	1600[r]	2400[r]	9000
汞[e]		50	50	50	50	50
钼[e]		2900	2900	3000	3100	4100
镍:[e]						
矿山产量，可回收 Ni 含量	万 t	30.0[r]	31.50	32.9[r]	32.7[r]	33.1
冰铜，用于出口		3856	599	700	1300	1300[e]
镍产品:						
镍铁，Ni 含量		13500	14000	12600[r]	14400[r]	17100
金属	万 t	26.0[r]	26.1[r]	25.4[r]	25.8[r]	24.9
烧结氧化物		5000	5000	4075[r2]	2713[r,2]	235[2]
化工产品		2500	3000	3000	3500	3500
合计	万 t	28.1[r]	28.3[r]	27.4[r]	27.9[r]	27.0
铂族金属:[e]						
铂	kg	28000	28000	29100[r]	29100[r,e]	27000[e]
钯	kg	97000	97000	97400	98400	96800[e]
其他	kg	15000	15000	15500	15600	14500
合计	kg	140000	140000	142000	143100[r]	138000[e]
铼[e]	kg	1400	1400	1400	1400	1500
硅[e]	万 t	57.0[r]	55.0	52.5	60.0[r]	63.5
银[e]						
矿山产量，Ag 含量		700.0[r]	1276.9[r,2]	1350.0[2]	1250.0[r]	1200.0
可回收再生银[e]	kg	250	265	265	265	265
锡:[e]						
矿山产量，可回收 Sn 含量		2000	2500	3000	3000	2500
金属:						
原生锡		4100	4570[r]	5000	4980	3800
再生锡		500	500	500	500	400
合计		4600[r]	5070[r]	5500	5480	4200
海绵钛[e]		23000[r]	23000[r]	29000	32000	34200
钨，精矿，W 含量[e]		5450[r]	5500[r]	4400	4000	4400

续表

矿产品	单　位	2003 年	2004 年	2005 年	2006 年	2007 年
钒，金属[e]		5800	10900[r]	15100	15100	14500
锌：[e]						
矿山产量，可回收 Zn 含量		159000	179000	186000[r]	178000[r]	185000[e]
金属，原生锌和再生锌		253000	240000	220000	240000	260000
锆，斜锆石精矿，平均						
98% ZrO_2[e]		6500	6500	6700[r]	7500[r]	7136
工业矿物						
石棉，Ⅰ-Ⅵ级[e]	万 t	878.0	923.0	92.5	92.5	92.5
重晶石[e]		78000[r]	63000[r]	63400[r]	63000	63000[e]
硼[e]	万 t	100.0	50.0	40.0	40.0	40.0
水压水泥	万 t	4100.0	4570.0[r]	4850.0	5470.0	5990.0
高岭土精矿[e]	万 t	4.5	4.5	115.0[r]	100.0[r]	100.0
金刚石：[e]						
宝石	万 ct	2000.0	2140.0	2300.0	2340.0[r]	2330.0
工业金刚石	万 ct	1300.0	1420.0	1500.0	1500.0[r]	1500.0
合成金刚石	万 ct	8000.0	8000.0	8000.0	8000.0	8000.0
合计	万 ct	11300.0	11600.0	11800.0	11800.0	11800.0
长石[e]		45000	45000	160000[r,e]	160000[r,e]	160000[e]
萤石精矿，55% ~ 96.4% CaF_2		170000	226400[r]	245500	210000[e]	180000[e]
石膏[e]	万 t	175.0	2077.0	220.0	220.0	230.0
碘[e]	万 t	30.0	30.0	10.5[r,e]	10.5[r,e]	10.5[e]
石灰，工业用石灰和建筑用石灰[e]	万 t	800.0	8200.0	820.0	820.0	820.0
锂矿物，未指明[e]		2000	2200	—	—	—
云母[e]		100000	100000	100000	100000	100000
氮，氨水的 N 含量	万 t	910.0[e]	980.0	1000.0	1050.0	1050.0
磷酸岩盐：[e]						
总重	万 t	1100.0	1100.0	1131.7[r,2]	1086.6[r,2]	1100.0
P_2O_5 含量：						
磷灰石精矿，37% ~ 39.6%	万 t	4121.0	412.0	421.0[r]	404.0[r]	412.0
沉积岩，19% ~ 30%		300000	300000	123000[r]	118000[r]	120000
合计	万 t	442.0	442.0	433.0[r]	416.0[r]	424.0
钾，可销售的，K_2O 当量[e]	万 t	474.0	500.0	713.1[r]	661.0[r]	660.0[e]
盐，所有类型[e]	万 t	280.0	280.0	270.0	280.0[r]	220.0
天然碱[e]	万 t	240.0	260.0	260.0	280.0	290.0
硫：[e]						
自然硫		50000	50000	50000	50000	50000

续表

矿产品	单 位	2003 年	2004 年	2005 年	2006 年	2007 年
黄铁矿	万 t	35.0	30.0	30.4^{r}	30.4^{r}	20.0
副产品硫:						
冶金副产品	万 t	52.0	57.0	64.0^{r}	69.5^{r}	80.0
天然气副产品	万 t	580.0	600.0	630.1^{r,2}	634.6^{r,2}	600.0
合计	万 t	672.0	692.0	730.0^{r}	740.0^{r}	705.0
硫酸	万 t	880.0^{r}	920.0^{r}	950.0	950.0	965.2^{2}
滑石^{e}	万 t	10.0	10.0	16.0^{r}	16.0^{r}	17.0
蛭石^{e}		25000	25000	25000	25000	25000
矿物燃料和相关原料						
煤:						
无烟煤	万 t	790.0^{r}	780.0^{r}	800.0	1800.0	1833.2
烟煤	万 t	26910.0^{r}	20320.0^{r}	19500.0	21500.0	21897.1
褐煤	万 t	7940.0^{r}	7040.0^{r}	9530.0	7580.0	7720.0
合计	万 t	35640.0^{r}	28140.0^{r}	29830.0	30880.0	31450.3
焦炭，6% 含水量	万 t	3270.0	3380.1	3160.0	3270.0	3380.0
天然气，上市的	Mm^3	616450	633950	635964	656230	651000
油页岩	万 t	124.0	123.0	170.0^{r}	190.0^{r}	190.0
泥炭，园林用和燃料用	万 t	100.0^{r}	150.0^{r}	160.0	130.0	130.0
石油:						
按重量计	万 t	41237.7	45880.8	46960.0	48048.0	49100.0
按体积计^{e}	亿桶，42 加仑	30.0	33.0	35.0	35.3	36.0
精炼产品[3]	万 t	19003.0	19500.0	20700.0	21957.5	21100.0
铀:						
U 含量^{e}		3150	3200^{r}	3431^{r}	3262^{r}	3413
U_3O_8 含量		3715	3774^{r}	4045^{r}	3847^{r}	3762

注：e 为估计值；估计的数据进行了四舍五入，不能累加到总计中；r 为修正值；－为 0。

1. 数据统计日期截至 2006 年 11 月；2. 报道的数字；3. 未按类型统计，因此无法换算成体积单位。数据包括所有能源和非能源产品，但不包括损耗。

资料来源：①World Metal Statistics Yearbook，2010；②Mineral Yearbook，2005～2008。

石油　俄罗斯的能源战略预计，到 2020 年产量增加到 4.50 亿～5.20 亿 t 才能满足国内的需求。俄罗斯共有油田 1900 个，其中大型油田 170 个。油气开采主要集中在西西伯利亚和伏尔加-乌拉尔含油区。其中石油生产主要集中在西西伯利亚、北高加索和伏尔加地区等传统的产油区和泰梅尔－伯朝拉、东西伯利亚和俄罗斯远东等地区的新油气省。虽然在东西伯利亚也做了少量的勘查工作，仅发现了四五个有资源远景的油田和气田。今后十几年，尽管库页岛油田的产量将增加，但西西伯利亚主要油田的石油生产高峰期已过，产量增长速度大大放缓，俄罗斯石油产量预计将以1.5%～2.5%的年均增长率增长。今后几年，俄罗斯石油产量的增加将主要来自目前正在开发的新油田，而到2020年俄罗斯石油产量一半以上将来自这些新油田。目前这些新油田所涉及的项目有：季曼伯朝拉（Timan Pechora）项目，普里拉兹罗姆诺耶（Prirazlomnoye）沿海项目，库页岛范克斯科耶（Vankorskoye）和共青城（Komsomolskoye）开发项目和西萨雷姆（Salymskoye）项目。

2009年俄罗斯生产石油4.94亿t，占当年世界产量的12.9%，为世界第一大石油生产国。与2004年相比增长了8%，年均增长率为1.5%。鲁克石油公司为俄罗斯最大石油公司，其次为尤科斯（Yukos）公司，其他重要石油公司还有苏尔古特石油天然气公司、秋明（Tyumen）公司和鞑靼石油公司（Tatneft）公司。俄罗斯生产的石油大约55%用于国内消费，45%用于出口。

天然气 俄罗斯的能源战略预计，到2020年产量增加到6800亿～7300亿m^3才能满足国内的需求。而为了达到此目的，除了开发西西伯利亚等传统的产气区外，还要开发东西伯利亚、俄罗斯远东和亚马尔－涅涅茨自治区。目前主要开发目标区为亚马尔半岛，该地区的几个气田赋存有大量的天然气储量。近年俄罗斯天然气产量一直居世界首位。2009年产量为5275亿m^3，占当年世界产量的17.6%。与2004年相比，产量下降了8%，年均下降率为1.7%。生产的天然气中约70%用于国内消费，30%左右用于出口。主要的产气区为西西伯利亚的乌廉戈伊（Urengoi）和亚姆堡（Yamburg）以及乌拉尔的奥伦堡（Orenburg）。俄罗斯天然气工业股份公司（Gazprom）为俄罗斯最大的天然气生产公司，其天然气产量占俄罗斯总产量的85%左右，是世界10大天然气生产公司之一。该公司拥有世界最大的天然气输送系统，其通过15.69万km的管线向32个国家或地区出口天然气。

铀 据俄罗斯官方资料，目前俄罗斯发现的铀储量61.5万t，预测资源量83万t，大大高于美国地调局统计的储量。铀矿床主要分布在爱尔康斯基（Elkonsky）、斯特列佐夫（Streltsovsky）、维季姆斯基（Vitimsky）和外乌拉尔斯基（Zauralsky）等地区。据世界金属统计局资料，2009年俄罗斯铀产量为3565t（含U量，下同），比2004年（3280t）增长了8.7%，年均增长率为1.7%。位于赤塔州的普里额尔古纳矿山－化学生产联合体是俄罗斯唯一的、也是世界上无可匹敌的特大型铀矿开采企业。赤塔州斯特列尔佐夫斯卡铀矿床是俄罗斯最大的铀矿床，已经开采了近40年，在过去的5年里，铀的年产量达到2500t左右。其铀的总储量还有约10万t。有人估计，如果铀的开采速度保持每年2000t，该矿区可维持35年，然而如果进行赢利开采，可能只维持10年左右。为了满足俄罗斯原子能工业的需要，未来将要投产的有外乌拉尔和西西伯利亚的几个铀矿床。根据俄罗斯的“2007～2009年联邦政府核工业和核电站发展计划”，从2007～2015年，每年将增加核电发电能力30亿W，到2020年，铀的总需求（包括出口的铀）将达到3.6万t/a。

钢和铁矿石 俄罗斯为世界第四大钢铁生产国，2007年俄罗斯钢产量7238.9万t，比2002年增长了21%，年均增长率为3.9%。俄罗斯钢产量的90%以上产自8个钢铁厂。俄罗斯也是世界主要钢出口国，2007年出口钢2700万t，约占总产量的37.3%；同期进口钢600万t，全年净出口钢2100万t。2007年俄罗斯消费钢3860万t。最近几年，俄罗斯钢铁企业获得的投资大幅度增加，经济指标全面好转，产品质量有了大幅度提高。目前俄罗斯钢铁工业主要由4家大钢铁公司控制，这4家公司是阿里舍尔乌斯马诺夫（Alisher Usmanov）公司、阿列克谢莫尔达绍夫（Alexei Mordashov）公司、亚历山大阿布拉莫夫（Alexander Abramov）公司和弗拉基米尔列辛（Vladimir Lisin）公司，这4家公司每年的钢产量达4500万t，俄罗斯的钢铁公司生产所需的铁矿石主要来自国内矿床。

俄罗斯的铁矿储量赋存于172个矿床中，其中53个矿床已经开采。按目前生产水平计算，俄罗斯铁矿石储量静态保证年限约为200年。从地理位置上来看，俄罗斯的铁矿山和钢铁厂一般离得很远，其中约60%的铁矿石储量位于俄罗斯欧洲部分的库尔斯克磁异常区，约15%位于乌拉尔山脉区，而铁冶炼能力仅占全国总量的32%，拥有68%冶炼能力的乌拉尔和西伯利亚其铁矿石生产能力仅占33%，铁矿石储量仅占23%，未来由于可采储量匮乏乌拉尔和西伯利亚许多企业将无自己的铁矿石基地。目前，库尔斯克磁异常区露采矿山的风化带中还拥有大量的低品位铁矿资源，但高品位铁矿石储量已经采尽。据估计，该地区低品位铁矿储量达40亿t，潜在资源量达600亿t，但开采如此低品位的矿石需要使用成本很高的选矿技术，因此近期内无法利用这些资源。

2007年俄罗斯铁矿石产量为10500万t，占当年世界产量的6%，居世界第五位。与2002年相比增长了25%，年均增长率为4.5%。库尔斯克磁异常区为主要铁矿石生产区。最大的铁矿石开采公司为列别金斯基公司，其次为米哈伊洛夫斯基公司；俄罗斯别尔戈罗德（Belgorod）地区主要铁矿开采公司为斯托伊连斯基（Stoilensky）公司。有关人员预计，2020年前铁矿资源勘查如果没有取得突破性进展的话，铁矿石产量不可能出现大幅度增加。俄罗斯的铁矿石主要消费于国内，少部分出口到亚洲、欧洲和中东国家。尽管俄罗斯每年出口铁矿石，但其每年还从哈萨克斯坦进口1000万~1100万t铁矿石。

铜 俄罗斯的铜产量中50%以上的铜是由诺里尔斯克镍联合公司生产的，其余的铜来自乌拉尔斯维德洛夫斯克（Sverdlovsk）地区的乌拉尔电解铜（Uralelektromed）公司及大量的再生原料。2009年俄罗斯铜矿山产量为74.2万t铜，较2004年下降3%，年均下降率为0.7%。2009年俄罗斯的矿山铜产量约占世界总产量的5%，居世界第七位。2009年俄罗斯精炼铜产量为92.6万t铜，较2004年增长2%，年均增长率为0.4%。2009年俄罗斯的精炼铜产量约占世界总产量的5%，居世界第五位。由于诺里尔斯克镍联合公司的富镍矿石快要采完，因此目前开采的重点已经转向含铜较高的低品位镍矿石，由此要保持目前的镍生产水平势必会增加铜的产量。虽然目前该公司也加大了低品位浸染状矿石的生产，但铜产量大幅增加的可能性不大。2008年该公司铜产量为40万t，占俄罗斯产量的47%。乌拉尔采矿冶金公司（UMMC）为俄罗斯第二大铜生产公司，其占有国内阴极铜市场40%的份额。该公司的Uralelektromed精炼厂获得了阿尔泰地区斯捷普诺耶矿床和塔洛夫斯科耶矿床的勘查和采矿许可证，前10年对这两个矿床进行露采，预计年产矿石40万~45万t，10年之后转为坑采。俄罗斯铜公司（RCC）为俄罗斯第三大铜生产公司，其铜产量占俄罗斯铜产量的20%，约占世界铜产量的1%。2009年俄罗斯对世界级铜矿床——乌多坎铜矿床进行了重估，并将该矿床定为战略矿床，国外公司不能控股该矿床。

镍 俄罗斯为世界主要镍生产国，多年来其镍产量一直居世界首位。东西伯利亚的诺里尔斯克镍矿区为世界最大的镍、钴和铂族金属生产矿区，其镍产量占全球镍市场的20%，铂族金属产量占全球市场的50%。同时也是俄罗斯最大的镍、钴、铜和铂族金属生产矿山，镍产量占俄罗斯总产量的91%，铜产量占57%，钴产量占80%，铂族金属产量占95%。据世界金属统计局资料，2009年俄罗斯镍产量为24.7万t，占世界矿山总产量的19%。与2004年相比下降了6%，年均下降率为1.1%。由于镍需求旺盛以及镍价处于很高水平，因此俄罗斯相关部门制定了新的市场战略，计划将诺里尔斯克镍矿区的年生产能力提高到2200万t。为了实现此计划，矿山主管部门计划加大含铜较高的浸染状矿石的开采比例。此外，随着位于泰米尔半岛的几个矿山生产能力的扩大，这将使今后几年俄罗斯的镍矿产量保持稳步增长趋势。

铅和锌 俄罗斯的铅储量约占世界储量的10%，但其产量仅占世界产量的1%；同样，俄罗斯的查明锌资源量为4510万t，约占世界储量的20%，但其锌产量在世界上仅排第 五名。俄罗斯目前约有40%的铅需求需要通过进口来满足。俄罗斯的铅锌生产格局比较集中，两家公司生产了大约70%的铅，5家公司生产了大约84%的锌。UGMK公司为俄罗斯最大的锌精矿生产公司，而该公司的车里雅宾斯克（Chelyabinsk）电解锌厂则是俄罗斯最大的精炼锌生产厂。2003年以来，由于锌精矿短缺，该公司精炼锌产量逐年下降。2007年该公司生产了16.5万t精炼锌和锌基合金。2007年俄罗斯铅矿山产量为5万t，比2002年的1.9万t增长了163%，年均增长率为21.4%。2007年俄罗斯锌矿山产量为18.5万t，比2002年 的13.0万t增长了42%，年均增长率为7.3%。

锡 俄罗斯拥有丰富的锡资源，但其每年的锡产量仅占2%左右。2007年俄罗斯锡矿山产量为2500t，占世界矿山总产量的0.8%。与2003年相比，锡矿山产量增长20%，年均增长率为5.7%。诺沃西比尔斯克锡联合企业为俄罗斯最大的锡生产企业，其每年生产的锡 约占俄罗斯锡产量的90%。

铝 俄罗斯为世界第二大原铝生产国，2009年俄罗斯原铝产量318.8万t，占当年世界原铝产量的9%；比2004年下降11%，年均下降率为2.4%。铝土矿产量为530.2万t，占当年世界铝土矿产量的3%；比2004年下降17%，年均下降率为3.7%。主要的铝生产企业为俄罗斯铝公司（Rusal）和西伯利亚-乌拉尔铝公司（Sual）公司。Rusal为俄罗斯的最大铝生产公司，占有70%的俄罗斯铝市场；而Sual为俄罗斯第二大铝生产公司和主要铝土矿生产公司。这两家公司控制着俄罗斯的所有的铝、铝土矿和氧化铝企业。2006年3月，Rsual通过一项资源整合计划与Sual和瑞士的嘉能可国际公司合并为Rusal联合公司。该合并计划使Rsual进入一个新的发展阶段，使其成为全球铝业的领导者。Rsual投入大量的资金扩大更新其生产设备。年生产能力30万t精炼铝的哈夫斯炼铝厂于2006年12月投产，预计2007年10月达到设计生产能力。2006年其还更新了萨彦诺戈尔斯克炼铝厂和乌克兰的尼克拉耶夫氧化铝厂的设备，使这两家生产厂的精炼铝、铝合金和氧化铝的产量大幅度增加。Rsual还计划继续将Achinsk氧化铝厂的年生产能力扩大到110万t。此外，Rsual还计划完成最初由Sual进行的Komi项目，该项目为在Kemi共和国建一个铝土矿-氧化铝联合生产企业，设计生产能力为每年生产600万t铝土矿和140万t氧化铝。该项目完成后将会大大缓解俄罗斯铝生产企业对国外原料供应的依赖性。

金 黄金工业一直是俄罗斯的地质工作重点。在20世纪90年代，俄罗斯约90%的金矿床是由大量的私人企业拥有的，虽然目前仍有一些公司从事黄金生产，但其在总产量中所占份额已经很低。2000年以来，俄罗斯的黄金生产形势好于1991年以前的生产高峰期。在俄罗斯现有黄金储量中，岩金矿床占53%，砂金矿床占18.2%。但目前开采重点一直是砂金矿床，目前黄金产量中近40%来自砂金矿床。因此，目前俄罗斯砂金矿床消耗速度很快，大多数开采矿山已经达到了服务年限。

2009年俄罗斯矿产金产量为184.8t，占世界总产量的8%，居世界第五位。较2004年增长9%，年均增长率为1.8%。主要产金区为克拉斯诺亚尔斯克、楚科奇、赛哈雅库特共和国、阿穆尔和哈巴罗夫斯克等地区。俄罗斯金的生产格局较为集中，俄罗斯境内共有461家公司在28个地区从事黄金生产，其中20家大公司控制着60%的产量，其余40%为441家较小公司控制。还有几十家公司从事副产品金的生产。在2002~2005年间，国外公司控制了金产量的15%~18%，为俄罗斯开采业中所占比例最大的矿产品，相当于30~36t金。

银 俄罗斯拥有丰富的银资源，其银储量主要位于远东地区、乌拉尔-阿尔泰地区和诺里尔斯克矿区；目前在雅库特的维尔霍扬斯克新查明了一个银矿区。2007年的俄罗斯银矿山产量为1200t，比2004年增长了两倍。Polymetal公司为俄罗斯最大的银生产公司，其银产量占俄罗斯银总产量的47%。俄罗斯独立的银矿山很少，银产量中很多都来自有色金属矿山的副产品，最大的伴生银生产企业为诺里尔斯克镍联合公司（Norilsk Nickel）。

铂族金属 俄罗斯为世界第二大的铂族金属生产国，其中钯占世界总供应量的70%，铂占20%。2009年铂金属产量为23.2t，居世界第二位；钯金属产量为97.4t，居世界第一位。主要生产矿区为诺里尔斯克镍矿，目前俄罗斯95%以上的铂族金属产量来自该矿区。

金刚石 俄罗斯为世界第二大天然金刚石生产国，2007年其金刚石产量为3800万ct（宝石级和工业级），比2002年增长了32%，年均增长率为5.8%。俄罗斯最大的天然金刚石矿山为位于雅库特-萨哈的Almaz Rossi—Sakha矿山，该矿山由“成功”和“朱比利”两个大型露天采场组成。Alrosa公司为俄罗斯主要金刚石开采公司，其金刚石产量约占俄罗斯金刚石产量的97%，占全球金刚石产量的25%。该公司表示其拥有充足的金刚石储量，按目前生产水平可保证50年的生产。

钾盐 2007年俄罗斯钾盐产量估计为660万t，居世界第二位，较2002年增长50%，年均增长率为8.5%。目前俄罗斯有2家主要钾肥生产公司，他们是乌拉尔钾盐公司和OAO Silvinit公司，两个公司生产的钾均采自Verkhnekamsk矿床，据称该矿床为世界第二大钾矿床。OAO Silvinit公司为俄罗斯的主要钾生产企业，该公司钾肥产量约占世界产量的10%，为世界第五大钾肥生产公司。2007年该公司生产了546万t的氯化钾。OAO Uralkaliy公司为世界五大钾生产国之一，其钾肥产量约占世界产量的13%。该公司的主要产品是氯化钾。其开采出来的钾一般直接用作废料，也用来生产复合肥料。该公司的产品90%以上用于出口。

三、矿产品消费

俄罗斯为世界第三大能源消费国，据英国“BP Statistical Review of World Energy” June 2010报道，2009年俄罗斯一次能源消费量达63530万t油当量，较2004年下降2%，年均下降率为0.5%。在其一次能源消费构成中天然气居首位，占55.2%，其次为石油和煤炭，分别占19.7%和13.0%，核电占5.8%，水电占6.3%。

2009年俄罗斯石油消费量为12494万t（表3），较2004年增长1.3%，消费量居世界第五位。俄罗斯为世界第二大天然气消费国，消费量为3897亿m^3，较2004年下降1.1%，年均下降率0.2%；煤炭消费量为8286万t油当量，较2004年下降12.1%，年均下降率2.5%，位居世界第四位。其他主要矿产品消费量见表3。

表3　俄罗斯主要矿产品消费量

矿　产	单　位	2005年	2006年	2007年	2008年	2009年
一次能源	万t（油当量）	64932	66645	67625	68092	63530
煤	万t（油当量）	9422	9667	9345	10038	8286
石油	万t	12187	12708	12632	13157	12494
天然气	亿m^3	4003	4085	4221	4160	3897
核电	万t（油当量）	3341	3540			
铜	万t（精炼）	66.72	69.33	68.78	71.74	46.21
镍	万t（精炼）	2.64	2.64	2.64	2.64	2.64
铅	万t（精炼）	7.7	6.07	5.41	4.61	4.24
铝	万t（精炼）	102	104.7	102	102	102
锌	万t（锌锭）	16.64	19.92	20.78	22.15	14.13
锡	t（精炼）	2772	3001	2486	2845	2412

资料来源：①BP Amoco Statistical Review of World Energy，2010；②World Metal Statistics Yearbook，2010。

四、矿产品贸易

俄罗斯是世界最大的矿物原料及其加工产品出口国，主要出口矿产品为天然气、石油、煤、镍、铝、锡、铂族金属、钛、金刚石、金等，同时又是氧化铝和铝土矿（冶炼为铝再出口）、铬铁矿、锰、钛等矿产的主要进口国。2007年，俄罗斯的矿产品对独联体以外国家出口发生了一些变化，原油出口占该国燃料和能源出口总值的52.9%，与2006年相比分别增加了18.4%和4.8%。精炼产品出口中，燃料和能源出口值为总值的24%，比2006年增加7.6%。烟煤出口值增加4.9%。金属和金属产品出口值排矿产品出口值第二位，其总出口值增加14.3%，比2006年增加13.8%。按出口类别计算出口值是增加的，但由于金属和金属产品价格上涨，按数量计算却减少了7.6%。平均出口价格镍上涨40%，生铁上涨28.3%，铁半成品上涨25.2%，铝16.2%，铜10.9%。

2007年，俄罗斯出口铁金属4291.3万t，出口总值达211.1亿美元。根据现有数据，2007年俄罗斯出口碳钢半成品1460万t，平扎碳钢810万t，生铁660万t，铁合金77.6万t。2007年俄罗斯出口非铁金属，铝374万t，铜27.1万t，镍26.0万t。2007年，俄罗斯化石燃料的出口量也呈现连续增长趋势。

俄罗斯向独联体其他国家出口矿产品的数量仅占很小比例。俄罗斯主要能源产品的消费国为欧盟国家，其占俄罗斯总石油出口量的63%，天然气出口量的65%。俄罗斯为欧盟石油和天然气的主要供应国之一，其供给了欧盟石油进口量的27%和天然气进口量的44%。

据统计，2002~2007年间，俄罗斯矿物原料及其加工产品的出口外汇收入中大约80%是靠矿物燃料及其加工产品提供的。最近几年，矿产品出口已成为俄罗斯冶金的硬通货和现金的主要来源。俄罗斯也有少数矿产品的生产，如铅、铬、锰、锡等不能满足国内需要，依靠进口予以解决。2007年，矿产品的进口额约占俄罗斯总进口额的10%，其中70%以上用于金属矿产品的进口。

俄罗斯的对外贸易分为独联体以内和独联体以外国家，对独联体国家出口主要为易货贸易。近10年来，俄罗斯的矿产品贸易量有了很大增长，在总贸易额中所占比重也有了很大增加，1995年矿产品贸易额在总贸易额中所占比重为40.4%，2001年增长到了56.5%，2007年则进一步增长到70%以上。由此可以看出，矿业对俄罗斯的经济发展具有重要的推动作用。

俄罗斯所生产的能源矿产相当大的一部分提供出口，尤其是石油和天然气。例如石油，2000~2004年间，出口量占产量的比例逐年上升，2004年该比例已经接近60%，2005年虽略有下降，但也达到了53.7%。天然气各年出口所占比例大致保持在30%以上，煤炭出口量占其产品的比例，2003年以前大致保持在16%左右，2004年以后，这个比例上升到25%以上。

俄罗斯为世界最大的天然气管道气出口国，2007年出口量为1475亿m^3，占世界管道气总出口量的26.8%，其中77%出口到独联体以外国家，主要有德国、意大利、法国和土耳其等。

金属矿产及其加工产品的出口也是俄罗斯获取外汇的重要手段之一，其经济效益仅次于能源矿产及其加工产品的出口。以2005年为例，铁矿石出口量占其产量的18.8%，铜出口量占其产量的31%，铝出口量占其产量的75.1%，镍高达89.6%，铅和锌20%左右。

五、矿业管理

矿业是俄罗斯社会经济发展的基础，它保证了俄罗斯货币收入的70%以上，成为国家预算收入的主体部分。俄罗斯迄今探明的矿床约2万个，其中近1/3已经得到开发和开采。此外，俄罗斯还拥有很大量的非铁金属和稀有金属资源。矿物原料相关收入占联邦预算收入的60%左右，占出口创汇收入的80%左右，而进口额的15%用于进口矿物原料。据统计，2007年俄罗斯从国际市场能源和矿产品价格大涨中收益颇丰。其石油和天然气收入约占国家当年GDP的20%。

俄罗斯为世界矿产品市场的主要生产国和供应国之一，每年生产的矿产品产值约为1500亿美元，仅次于美国，与中国大致相当。其中石油和天然气产业的产值占总产值的77%。矿产勘查和开采部门提供的产值约占国内生产总值的10%，如果算上热能、原子能和矿物原料的初加工产品，其产值几乎占国内生产总值的1/3。截至2007年年末，俄罗斯有开采和采掘企业16100家，矿业从业人员约有1036万人，占全国劳动力的1.6%。

俄罗斯的矿业生产的集中度很高。有1000多种矿产的产量绝大部分集中在一家公司。例如，Gazprom公司几乎控制着俄罗斯的全部天然气产量；诺里尔斯克镍采矿冶炼公司（MMC）生产了俄罗斯90%以上的镍和铂族金属；俄罗斯的金刚石产量几乎全部来自Alrosa有限公司。据俄罗斯自然资源部报道，铜和其他矿产品工业的集中度也很高，但煤和砂金工业的集中度更高。尽管矿业生产集中度很高，但俄罗斯的冶金和采矿公司一般为中等规模公司，大型公司很少，例如钢铁公司普遍小于国际竞争对手。

俄罗斯联邦自然资源部根据联邦政府2003年4月批准的《矿物原料和地下资源利用方面的国家政策基础》，制定了《到2020年以矿物原料产需平衡为基础的俄罗斯地下资源研究与矿物原料基地再生产长期国家规划》。其主要目的是，在兼顾矿物原料基地再生产和利用的基础上，保证国民经济的持续发展。该规划的主要任务有3个：一是保障矿物原料的简单再生产；二是满足国民经济各基础部门的矿物原料需求；三是保持预算的稳定性，依靠原料产品出口增加外汇收入。

《规划》还从矿产资源的潜力和远景及其经济效益角度，确认今后俄罗斯矿产资源勘查和开发利用的重点将放在石油、天然气等能源矿产上。在资金投入比例上也要有所侧重，70%以上的资金将用于油气再生产，大约15%的资金用于贵金属，其余资金用于其他矿产。

2007年1月31日，利用地下资源的法律修正案通过。该修正案对含有战略矿产的矿床的标准和国外投资人对此类矿床进行开采的限制进行了修正。战略矿床包括：超过7000万t储量的油田、储量超过500亿m^3的天然气田、矿石中金属储量超过50万t的铜矿床、矿石中金属储量超过50t的脉金矿床等。此外所有金刚石矿床、纯石英矿床和铀矿床均定为战略矿床。新修正案将战略矿床的标准定得太低，因此多达30个油田和40个天然气田均划入战略矿床，3个铜矿床，包括乌多坎铜矿床划入战略矿床，Sukhoy Log金矿床也被划入战略矿床。2008年，战略矿床目录中又把铍、钴、锂、铌、铂族金属和钇族稀土列入了战略矿床范围。

此外，从2009年1月1日开始实施新的矿物开采税法，俄矿物开采税最低免征税计算基数从每桶9美元提高到15美元，免征税基数提高6美元，大大减轻了油气开采企业的赋税。2009年，俄政府还给予在俄大陆架勘探开采石油的公司免税期10年或15年，在亚马尔和季曼诺－伯朝拉大陆架开采石油的公司可享受7年免税。

主要参考文献

[1] Richard M. Levine, Mark Brininstool, Glenn J. Wallace. The Mineral Industries of Russia. U. S. Geological Survey Minerals Yearbook, 2007

[2] Richard M. Levine. The Mineral Industries of the Commonwealth of Independent States. U. S. Geological Survey Minerals Yearbook, 2010

[3] General. U. S. Geological Survey, Mineral Commodity Summaries, January 2008

[4] Alexander Yakubchuk. Mining Annual Review, 2008—Russia 2007

[5] World Metal Statistics Yearbook, 2010. World Bureau of Metal Statistics

[6] Alexander Yakubchuk. Russia Meets Crisis Head On, Mining Journal, September 18, 2009

[7] Alexander Yakubchuk. Prime-Tass Russia Remains in Recovery Mode, Mining Journal, September 17, 2010

[8] 巴利亚索夫·维·别（俄），戎培康（译），俄罗斯非金属矿原料资源概述．中国非金属矿导刊，2007年，第2期，57～66页

[9] 刘燕平．俄罗斯国土资源与产业管理．世界各国国土资源与产业管理系列丛书．北京：地质出版社，2007

几内亚

马建明

几内亚共和国（The Republic of Guinea）位于西非西岸，北邻几内亚比绍、塞内加尔和马里，东与科特迪瓦，南与塞拉利昂和利比里亚接壤，西濒大西洋，海岸线长约352km。沿海地区为热带季风气候，内地为热带草原气候，年平均气温为24～32℃，国土面积24.6万km^2，占非洲面积的0.8%，首都科纳克里，全国人口1010万，有20多个民族，其中富拉族（又称颇尔族）约占全国人口的40%以上，马林凯族约占全国人口的30%以上，苏苏族约占20%，官方语言为法语。

几内亚为最不发达的农业国，工业基础薄弱。2009年受国内政局动荡的影响，几内亚经济形势恶化。2009年几内亚国内生产总值（GDP）45.6亿美元，人均国内生产总值450美元，国内生产总值增长率-2.5%，进出口总额24.69亿美元，其中出口额10.15亿美元，进口额14.54亿美元，贸易赤字4.39亿美元。

2009年几内亚经济在国际金融危机和国内社会政治危机的双重夹击下，一路下滑。一方面，全球金融危机持续，经济萧条，矿产品需求低迷；另一方面，几内亚国内政治社会动荡，西方和国际机构的外援中止，私人投资信心不足，经济活动显著下降，宏观经济趋向恶化。全年实际GDP为负增长，未能实现0.7%的预期增长率。

一、储量和资源

几内亚矿产资源相当丰富，主要矿产有：铝土矿、铁矿、金矿、金刚石、镍矿、铜矿、锰矿、钴矿、铀矿、钴矿、铅锌矿、盐矿和石墨等，在几内亚沿海大陆架已发现有石油资源。

1. 铝土矿

几内亚铝土矿资源非常丰富，是世界上最大铝土矿资源国。铝土矿储量为74亿t，约占世界探明铝土矿储量的30%。几内亚铝土矿分布广泛，已知铝土矿床主要位于几内亚的西部和中部，贮藏于新元古代、古生代和中生代的岩石中。矿床容易开采，矿床上覆土层较薄，基本无须剥离，大多可露天开采；矿石品位高，氧化铝含量45%～60%，二氧化硅含量1%～3.5%，为三水铝石型铝土矿；贮藏相对集中，一般一个矿点都在几百万吨至几十亿吨之间。

几内亚铝土矿矿区主要分布在弗里亚、金迪亚和博凯地区，储量约有50亿t；拉贝地区储量约5亿t；达博拉地区储量超过19亿t。

2. 铁矿石

几内亚铁矿石资源也非常丰富，其中有相当数量的富铁矿，品位高达56%～68%，可露天开采。铁矿主要赋存在宁巴山周围的太古宙岩石中，该山脉位于几内亚东部与利比里亚和科特迪瓦的交界处。宁巴山矿区总储量约20亿t，矿体长度40km，矿石类型为赤铁矿、针铁矿，品位60%～69%。其中皮埃尔矿体品位66.7%以上的储量估计大于3.5亿t，且矿体埋藏浅，平均剥离量为0.6～1m，矿石松软，广泛出露地表。

位于东南部的西芒杜山条带状铁建造的氧化帽可能还有更大的含矿潜力。有资料称其资源量可达70亿t。为铁英岩风化壳富铁矿床，矿体围岩为片岩、千枚岩。

3. 金刚石

几内亚的金刚石资源量为2500万～3000万ct。据几内亚官方估计，其储量约2000万ct。主要分布在几内亚南部和东部的凯鲁阿内专区（Kérouané）、基西杜古专区（Kissidougou）和马森塔（Macenta）专区的巴乌雷（Baoulé）、米洛（Milo）和迪雅尼（Diani）地区。几内亚西部也有金刚石分布，金刚石主要赋存在受深部断裂系统控制的中生代金伯利岩墙和岩管中，有些富集在冲积和残积的砂矿中。几内亚金刚石平均品位在0.12～2ct/m^3，60%可以加工首饰，40%为工业用金刚石。

4. 金

据估计，几内亚金储量可能达1000t，在各地都有分布，金矿资源最丰富的地区是上几内亚，尤其是西吉里（Siguiri）盆地地区，包括西吉里专区（Siguiri）、库鲁萨专区（Kouroussa）、芒加纳专区（Mandiana）、丁吉拉伊专区（Dinguiraye）和康康专区（Kankan）。在马木专区和法拉纳专区（Mamou—Faranah）间的飞塔坝（Fitaba），金迪亚专区东部的芒比亚（Mambia）和博科（Boko）地区，以及恩泽雷科雷地区的加马—卡拉那—约姆（Gama-Karana-Yomou）一带也有金矿存在。

二、矿　　业

几内亚矿业部门在其国民经济中占有十分重要的位置，矿业产值约占国内生产总值的20%，其中绝大多数来自铝业，2007年铝业部门对全国出口总值的贡献率为60%。对国家税收的贡献率超过20%。矿业部门的就业人员约有4万多人。几内亚主要的矿产品是铝土矿和氧化铝，其他矿产品包括金刚石、金、盐、水泥等。

1. 铝

铝矿业是几内亚矿业中最重要的部门，2008年生产铝土矿1370万t，为全球第四大铝土矿生产国，铝土矿的半数产量供出口，一半供国内氧化铝生产。2008年氧化铝产量为52.7万t，全部供出口。近年来，几内亚的铝土矿和氧化铝产量略有下降（表1）。几内亚铝土矿公司是国内最大的铝土矿生产企业，也是世界最大的铝土矿生产公司之一（表2）。

2. 金

金是几内亚第二大矿产品。过去几内亚金产量并不多，2008年金产量20t。1995年颁布新矿业法后，在政府的矿业经营活动自由化政策的推动下，加纳的阿散蒂金田有限公司接管了几内亚黄金公司的经营活动，累计总投资超过2亿美元。使几内亚的金产量得到快速增长，主要生产矿山包括位于几内亚东北部西吉里专区的金矿、位于丁基拉伊专区和西吉里专区交界处的金矿和位于库鲁萨专区的金矿。

表1　近年来几内亚主要矿产品产量

矿　产	单　位	2004年	2005年	2006年	2007年	2008年
氧化铝	万t	88.7	72.2	54.5	54.2	52.7
铝土矿	万t	1410	1410	—	—	1370
水　泥	万t	36	36	36	36	36
金刚石	万ct	67.4	54.9	47.4	101.9	309.8
金	t	11.1	25.1	16.9	15.6	20.0
盐	万t	1.5	1.5	1.5	1.5	1.5

资料来源：Mineral Yearbook，2008。

表2　几内亚主要矿业公司

矿产品	公司名称	年生产能力
氧化铝	几内亚氧化铝公司（Alumina Company of Guinea）	64万t
铝土矿	几内亚铝土矿公司（Compagnie des Bauxites de Guinée）	1400万t
铝土矿	金地亚铝土矿公司（Compagnie des Bauxites de Kindia）	300万t
铝土矿	几内亚氧化铝公司（Alumina Company of Guinea）	280万t
水　泥	几内亚水泥公司（Ciments de Guinée）	36万t
金刚石	阿瑞德第一城采矿公司（Aredor – First City Mining Co.）	3.8万ct
金刚石	手工采矿者	—
黄　金	几内亚阿散蒂公司（Société Ashanti de Guinée）	10.3t
黄　金	丁基拉耶矿业公司（Société Minière de Dinguiraye）	3.5t
黄　金	几内亚西非矿业公司（Société d'Exploitation Minière d'Afrique de l'Ouest Guinée）	1.7t

资料来源：Mineral Yearbook，2008。

3. 金刚石

金刚石在几内亚矿业中占有一定位置，是该国出口创汇的主要矿产品之一。2008年金刚石产量约为309.8万ct，比上年增长204%，主要产自小矿山和个体生产者。几内亚金刚石主要集中在凯鲁阿内专区的巴南科罗地区，该区是几内亚最大的金刚石产区，约有140多个开采点。几内亚生产的金刚石主要供出口，出口市场包括比利时、瑞士、法国、美国、以色列、南非、阿联酋。

4. 铁矿石

铁矿也是几内亚重要的矿产资源之一，过去曾经有卡鲁姆铁矿投产，并向英国、德国和波兰出口铁矿石，但后来由于多种原因矿山早已关闭。目前几内亚没有正式投产的铁矿项目。不过政府正在制定计划，将大规模开采其主要的铁矿产地——宁巴山铁矿。该开发项目计划建设一个年产4500万t、年出口2000万t铁矿石的大型矿区。该矿区矿石储量为10多亿t，平均含铁量高达65%，可露天开采。预计该项目可提供6000个直接就业机会和30000个间接就业机会，凯鲁阿内、马森塔、贝拉、恩泽雷科雷和罗拉专区的30万民众将从中受益。

几内亚另一大型铁矿开发项目为西芒杜（Simandou）铁矿项目，为世界级大型优质露天赤铁矿，已控制和推测储量为22.5亿t，项目总资源量可能高达50亿t，品位可达66%～67%。力拓首席执行官艾博年将其称为“目前世界上唯一一个尚未开发的高品位铁矿资源”。中铝与力拓联合开发几内亚西芒杜（Simandou）铁矿，中铝与力拓达成谅解备忘录，出资 13.5 亿美元，与力拓将按照 47：53 的股权比例成立合资公司，共同持有西芒杜项目 95% 的股权。

5. 石油

目前几内亚不生产石油，迄今为止还没有发现已探明的储量。但几内亚地处西非地区，有专家认为，这一地区是世界上石油和天然气探明储量增长最快的地区之一。目前已经有一些跨国石油企业进入几内亚参与这里的石油和天然气的勘查和开发活动，其中包括美国 SCS 集团和美国得克萨斯的 HDY 公司。

几内亚政府与美国得克萨斯州石油天然气公司（HYD）在几内亚近海石油勘探问题上的纷争终于尘埃落定。几内亚与 HYD 公司就备受争议的 2006 年石油产量共享协议签署了一项修正案。修正案规定，HYD 公司将原合同中几内亚近海石油特许勘探面积的 70% 退还给几政府。HYD 公司将在 2011 年底前在几内亚近海水域开始石油和天然气的钻探。据称，初步勘探结果显示，几内亚近海石油储量约有 240 亿桶。

6. 铀矿

澳大利亚默奇森联合公司（Murchison United NL）继续在几内亚从事铀矿勘探，默奇森联合公司宣称 2007 年其在 Firawa 铀矿项目完成钻探工作量 2050m，并公布了采样分析结果。勘探结果显示先前确定的 5km 范围的异常内存在一个 2km 的铀矿化带。默奇森联合公司在 2008 年 Firawa 铀矿项目又完成了 20000m 钻探，还打算进行另外一个 Bohoduo 铀矿项目，计划在基西杜古设立办事机构以管理勘查项目。几内亚政府打算与国际原子能机构就几内亚一项核电计划项目进行谈判以解决几内亚电力短缺问题。

位于澳大利亚珀斯的新星能源公司（Nova Energy Ltd.）2006 年在几内亚有两个勘查许可证，目前已经转让给了澳大利亚另一家公司——托若能源公司（Toro Energy Ltd.）。

三、对外贸易

据几内亚海关统计，2009 年几内亚进出口总额 118126 亿几内亚法郎（24.69 亿美元），同比增长了 3%。但是进、出口比例却发生了微妙的变化，其中出口 48556 亿几内亚法郎（折合 10.15 亿美元），增长了 80.5%，进口为 69570 亿几内亚法郎（折合 14.54 亿美元），减少了 20.7%。贸易赤字 21，014 亿几内亚法郎（折合 4.39 亿美元），比上年减少 65.5%。国际收支明显改善，支付能力从上年的 30.7% 上升到 69.8%。

主要进口来源国：

（1）荷兰（1.90 亿美元）

（2）英国（1.35 亿美元）

（3）巴基斯坦（1.27 亿美元）

（4）法国（1.26 亿美元）

（5）中国（1.15 亿美元）（我海关统计为 2.81 亿美元）

主要出口目的国：

（1）西班牙（2.68 亿美元）

（2）爱尔兰（2.06 亿美元）

（3）美国（1.61 亿美元）

(4) 德国(1.57 亿美元)

(5) 加拿大(1.11 亿美元)

另据中国海关统计，2009 年我与几贸易总额为 2.88 亿美元，同比下降 20%，其中我对几出口 2.81 亿美元，同比下降 15.9%，从几进口 624 万美元，同比减少 75.3%。由于国际社会冻结了援助计划，2009 年接受外援资金仅 789 亿几内亚法郎（约 1650 万美元），比 2008 年减少 23.4%。国外投资减少了 39.6%。这些将会对 2010 年的实际 GDP 增长造成 2.6% 的负面影响。

四、矿业管理与政策

几内亚矿业主管部门是矿山和地质部。“国家矿业促进和发展中心”（CPDM）具体负责矿业部门的投资事宜。该机构受到世界银行大量资助，被看做是投资者的“一站式服务窗口”。

几内亚非油气矿产资源管理的主要法律依据是 1995 年颁布的矿业法。矿业法的指导思想旨在确定新的发展目标，使矿业活动更加自由化，简化税收程序，加强矿业基础设施建设，改善矿业投资环境，吸引跨国公司开发铁矿资源，在更大范围内参与和促进黄金与金刚石生产，并带动其他矿产资源的开发，充分发挥矿产资源在国家经济发展中的潜能。矿业法规定，位于地表和地下的矿产以及地下水和地热资源均归国家所有。矿业许可证持有者对开采出的矿产拥有产权。实施自由化的矿业经营活动，国家不再自动作为矿业公司的持股人，公司管理权归属投资人。矿业法规定了以下 5 种不同的矿业许可证，包括普查许可证、勘探许可证、开采许可证、采矿特许权证和手工采矿权证。

（一）与矿业有关的税费

几内亚与矿业活动有关的税费主要包括公司所得税、权利金、矿产品特别税、矿地租金及其他各种税费：

1. 权利金

氧化铝 5%，其他矿产的精矿 3.5%，铝土矿 10%，其他矿石 7%。

2. 矿地租金

勘探许可证首期每年每平方公里交纳 500 几内亚法郎。首次延期每年每平方公里交纳 1000 几内亚法郎，二次延期每年每平方公里交纳 2000 几内亚法郎。

开采许可证首期每年每平方公里交纳 15000 几内亚法郎。首次延期每年每平方公里交 30000 几内亚法郎，二次延期每年每平方公里交纳 40000 几内亚法郎。

采矿特许权首期和延期均交纳每年每平方公里 20 万几内亚法郎。矿权转让后延期每年每平方公里交纳 30 万几内亚法郎。

（二）矿权证的固定费

勘探许可证的首次取得和延期时要分别交纳 200 万几内亚法郎，二次延期和转让时分别交纳 300 万几内亚法郎；开采许可证取得时交纳 1000 万几内亚法郎，每次延期转让时交纳 1500 万几内亚法郎；采矿特许权取得时交纳 1500 万几内亚法郎，延期和转让时交纳

2000 万几内亚法郎。

（三）矿产品特别税

铝土矿每吨 0.5 美元，生产铝锭每吨 1.75 美元。金刚石、黄金和稀有金属出口特别税：金刚石 3%、黄金和其他稀有金属 5%，按实际售价计征。

（四）所得税及其他税

公司所得税 35%、预提税 15%、增值税 18%，当资本回报率超过 20% 后，征收 50% 的附加利润税。

（五）外资政策

几内亚外资管理的主要法律依据是 1987 年颁布的，1995 年 8 月修订的几内亚共和国投资法。其中重要的规定是外国自然人和法人与几内亚国民间平等待遇。

对投资的鼓励措施主要包括：①给予 5% 的投资资本优惠；②根据矿山所在位置（铝土矿和铁矿），免征 4～8 年公司税；③红利在缴纳预提税后可自由汇回国内；④在矿业协议中承诺，保持财税体制的稳定；⑤如国家参与项目，参与的程度要经谈判确定，以免阻碍私人投资者对经营管理的控制。

五、展　望

在过去 10 年，几内亚通过制定和修改矿业法和投资法，使矿业投资环境有了较大改善，得到国际社会的肯定和鼓励。几内亚的矿产资源也比较丰富，特别是铝土矿和铁矿，受到国际矿业资本关注，但目前投资几内亚矿业也存在很多风险。首先是政局不稳定和经济恶化，其二是政策不稳定，此外，基础建设与配套设施落后、经济活动中的腐败现象、政治与社会风险，以及在政府执法尺度与法律之外的纠纷处理原则、税务、行政办事效率和劳动力素质等方面都不同程度地存在着问题。

几内亚的自然资源相当丰富，铝土矿、铁矿石、钻石、黄金的蕴藏量惊人，最近在近海还发现了石油。但动荡的政局制约了几内亚的经济发展，国际经援项目暂停，国内几乎没有工业，基础设施缺乏，水电供应困难，几内亚是联合国公布的最不发达国家之一。

主要参考文献

［1］Mineral Commodity Summaries，2010

［2］Omayra Bermúdez-Lugo. The Mineral Industry of Guinea. U. S. Geological Survey Minerals Yearbook，2007. 2008

［3］宋国明．备受青睐的矿产投资国　几内亚．世界有色金属，2009 年，第六期

［4］中华人民共和国驻几内亚共和国大使馆经济商务参赞处

［5］徐红伟，张先忠．几内亚共和国博凯地区红土型铝土矿地质特征和成矿机理初探．长春工程学院学报（自然科学版），2009 年，第 10 卷，第 1 期

刚果（金）

尹　丽　文

刚果（金）（D. R. Congo）全称刚果民主共和国，位于非洲大陆中部，赤道穿越中北部，与9个国家相邻，海岸线全长37km，刚果河（4373km）自东向西，这条世界第二大河没有入海港，河海不通航。国土面积234.5万km^2，在非洲大陆列第二位。中部盆地区，东部高原大裂谷区，北部阿赞德高原区，西部下几内亚高原区，南部隆达-加丹加高原区。南纬5°以南属热带草原气候，以北属热带雨林气候，热带雨林世界第二。

截至2009年刚果（金）人口6800万人，人口在非洲列第三。近年来，刚果（金）政治民主取得实质性进步，政府改善投资环境，规范经济活动，2007年GDP增长6.32%，2008年GDP增长6.15%，通货膨胀从2001年的501%下降到2008年的27.6%。全球金融危机使刚果（金）经济恶化，国际社会包括世界银行、国际货币基金、非洲银行、欧盟和援助国给予刚果（金）紧急资金援助，刚果（金）2009年GDP 108.2亿美元，增长2.9%，人均GDP 171美元，但是刚果（金）2009年债务高达125亿美元。刚果（金）钴储量占世界33%，铜储量占10%，钶钽铁矿占34%，还富有金刚石、锡矿、金、锌、钨、锰、萤石、硒、石油。2008年钴产量占世界的45%，工业金刚石占30%，钻石占6%，铜占2%，刚果（金）对世界钴和金刚石供应具有重要作用。刚果（金）国民经济高度依赖自然资源，石油和铜生产对国民经济的贡献大，石油收入占GDP的25%，农业占53.8%，工业占18.8%，服务业占2.4%。2008年出口贸易额65.9亿美元，其中钴出口贸易额占38%，铜35%，原油12%，金刚石11%，出口其他矿产品还有金、铌、钽、锡、电气石和钨；进口贸易额67.1亿美元，主要进口产品是食物、纺织品、燃料、矿山机械、运输机械和工业设备。

一、储量和资源

刚果（金）矿产资源潜力大，已发现矿床证实矿产储量只是很少一部分。世界闻名的非洲铜钴矿带（ACB）含铜1.5亿t，钴800万t，刚果（金）加丹加铜矿带是非洲铜矿带东北方向延伸的一部分，也称之为加丹加铜弧，该铜矿带有4个突出特征：①已经发现数十个铜矿床，铜品位最高达16%，中等品位达6%，低品位硫化矿为2%～3%。②铜矿床规模大，远景储量非常大，平均品位6%矿石含铜储量至少1200万t，深处铜品位2%～3%硫化铜矿储量巨大。③已发现的加丹加省铜矿床埋藏不深，可以露天开采。④该地区铜矿床伴生金属矿产多，伴生有钴、铀、镉、锗、钼、镍、锌、铅、银和金，钴是最重要的伴生矿产，以硫铜钴矿赋存于层状矿床中，已开发的大型铜钴矿床有：科卢韦齐（Kolwezi），卡莫托（Kamoto），腾凯（Tenke Fungunume）；基普希（Jipushi）铜矿床伴生锌、镉和银。锂资源分布在加丹加省马诺诺和基托洛，带状花岗伟晶岩型锂矿床，锂金属远景资源量30万t。

表1　刚果（金）主要矿产储量

矿　产	单　位	储　量	储量基础	矿　产	单　位	储　量	储量基础
金	t（金）	600		煤	万t	8800	
钴	万t	340	470	天然气	亿m^3	400	
铜	万t	5500		石油	亿桶	15	
锡	万t	45		金刚石	Mct	150	350
锌	万t	700		锂	万t	3100	
锰	万t	700		铁	亿t	10	

资料来源：Mineral Commodity Summaries，2009。

刚果（金）石油证实储量15亿桶，大部分在近海海域。2004年在陆上发现姆邦迪（Mboundi）油田，法国毛雷尔和普罗（Maurel and Prom）公司认为该油田是西非最大的陆上油田，估计证实储量和概略储量合计13亿桶。穆安达（Muanda），利邦多（Libondo），奇贝里（Tchibeli），利坦兹（Litanzi），库库拉和扬南（Kouakouala Yanga－Sud）是已开发油田。

二、勘查与开发

近10多年来刚果（金）发生多次内战和武装冲突，政局动荡，腐败严重，走私猖獗，严重阻碍了刚果（金）工业发展，刚果（金）是非洲矿产资源最富最有潜力的国家，但是矿产资源勘查和开发相当落后。近期矿产勘查和开发主要在南部和东部。南部加丹加省是世界上最重要的铜钴产地。

1. 铜钴

铜钴矿产开发至少有70多年，因政局动荡，矿业法规不连续，腾凯铜钴矿和科卢韦齐高品位铜钴尾矿再回收等多个项目被迫延期或停止，矿权多次变更。近3年来，世界多家大公司投资刚果（金）矿业项目，将重启或新建多个铜钴项目，到2010年当所有这些项目建成投产，刚果（金）铜年产量超过60万t，钴年产量3.8万t。加丹加矿业公司总部设在英国伦敦，在多伦多证券交易所上市，2004年与吉卡矿业公司达成合资协议，成立KCC（Kamoto Copper Company）合资公司，2008年与Nikanor公司重组，而Nikanor公司2004年曾与刚果（金）吉卡矿业公司成立合资公司DCP，Nikanor公司矿山资产包括：卡莫托（Kamoto）地下采矿矿山，迪库卢韦矿（Dikuluwe）、马桑巴（Mashamba）东矿和马桑巴西矿，穆索诺伊（Musonoie）－T17西边区块，5个矿山总面积15235km^2，公司基础设施包括：卡莫托选矿厂，卢伊卢冶炼厂，仓库和矿山铁路，输电线路。加丹加矿业公司与Anvil公司和Nikanro公司合作，计划重新修建科卢韦齐地区基础设施，首先是恢复卡莫托选矿厂和卢伊卢冶炼厂。卡莫托矿山2007年开始恢复地下采矿，马桑巴东矿在抽水准备采矿，预计马桑巴西矿和迪库卢韦矿晚两年开采，穆索诺伊－T17在2007年一季度开始采矿。卡莫托选矿厂设备处理能力 2 万 t/d，卢伊卢冶炼厂生产能力铜 17.5 万 t/a，钴 8000t/a。过去 30 年矿山周边地区没有进行勘探，有新发现矿床的潜力，公司在卡莫托矿山南部勘探钻孔，地质工作目的是将高品位铜钴推测资源量转变为证实为探明储量。到 2012 年加丹加矿业公司旗下项目的矿山铜产能合计 31 万 t/a。

MMK 矿业公司开发世界最富的穆索希（Musoshi）和金森达（Kinsenda）铜矿，MMK 被多家公司持有，铜资源公司（CRC）75%，国有公司（SODIMICO）20%，Forrest 集团 5%（Forrest 持有 CRC 40% 的股份），MMK 一个选矿厂在穆索希，一个新建选矿厂在金森达，MMK 矿石处理能力 120 万 t/a，铜年产量 5.6 万 t。金森达铜矿和穆索希铜矿 1968 年被发现，金森达铜矿 1977 年开始开采，1984 年开采量最高达 41 万 t，铜品位 5.93%，历史累计开采量 490 万 t；穆索希铜矿于 1972 年开始开采，1976 年开采量最高达 167 万 t，品位 2.5%，矿体长 6km，深 550m。卢贝姆贝（Lubembe）勘查项目需进一步勘探，矿床类似于金森达矿，位于其东南，是卡富多姆（Kafue Dome）矿的一部分。在穆索希特许勘查开发区内，有一个大型铁矿，矿石量 1.76 亿 t，平均品位 55% ~60%。刚果矿产开发公司（CMD）将开发科卢韦齐铜钴尾矿项目，CMD 公司是美国矿产地公司 AMF 和英美集团（Anglo American Plc.）合资公司，CMD 持有科卢韦齐铜项目股份的 60%，吉卡矿业公司持有 40%。腾凯矿业公司（Tenke Mining Corp. TMC）是加拿大公司（占 55%）和吉卡矿业公司（45%）合资公司，TMC 持有开发 Tenke Fungururme 铜钴矿床的特许权，该矿床距离加丹加省卢本巴希市西北 175km，开发该大型矿床，需建矿山电力供应和交通运输等基础设施。

2. 金和金刚石

多家外国公司在刚果（金）进行金矿勘查和开发。加拿大班罗（Banro）公司于 2008 年完成了南基伍省端吉扎（Twangiza）金矿开发预可行性研究。澳大利亚莫托金矿有限公司将开发东方省伊图里地区莫托金矿，矿山和水电站建设需投资 4.83 亿美元。

英国环球金刚石资源公司（GDR）试采 Tshumbe 河床冲积型金刚石矿床，公司计划 2010 年底开始采矿，金刚石年产量 15 万 ~20 万 ct，2012 年底金刚石年产量增加到 60 万 ct。

3. 石油

崇科（Soco）国际公司计划勘探恩甘兹（Nganzi）区块，道明尼（Dominion）石油有限公司签订协议勘查 5 号区块，包括与乌干达交界的爱德华湖附近。美国墨菲石油公司（Murphy）2005 年在南部超深海区块阿苏里特（Azurite）1 号井发现石油。刚果（金）政府与中国石油公司（Sinopec）签订协议勘探开发远海 C 区块石油。

4. 国际合作

2008 年年中中国贷款给刚果（金）用于资源和基础设施建设项目，按照中刚合作协议，中国铁道工程公司和中国水电公司投资 60 亿美元用于基础设施建设，包括铁路、公路、学校和医院；刚果（金）国有公司吉卡矿业与中国公司合作成立中刚矿业公司（Sicomine Sarl），中国投资 32.5 亿美元，中刚矿业公司资源资产位于加丹加省马桑巴，铜证实储量约 680 万 t，估算储量 380 万 t，估算伴生钴储量 62.7 万 t，中刚矿业项目设计生产能力铜 40 万 t/a，钴 1.9 万 t/a，预期 2011 年开始生产。但是该项目贷款银行中国进出口银行成为国际争议的焦点，尤其是国际货币基金（IMF）反对，IMF 宣布除非中刚矿业交易重新商议，否则撤销刚果（金）100 亿美元债务的减免，2009 年刚果（金）政府更改了与中国公司签订的矿业协议。

韩国与刚果（金）的合作类似于中刚合作协议，刚果（金）以加丹加铜钴铀矿支付韩国水利基础设施建设，总价值7.5亿美元。

表2　刚果（金）重要矿产勘查和开发项目

项目名称	所属公司	所在地	储量、资源量、品位	备　注
穆索希（Musoshi）铜矿	MMK项目权益：铜资源公司（CRC）持有75%，SODIMICO持有20%，Forrest集团持有5%	卢本巴希市东南，与赞比亚交界线上	矿石量2400万t 铜品位2.4%	开采
金森达（Kinsenda）铜矿勘探、采矿、选矿			矿石量1710万t 铜品位5.1%	选矿厂选矿能力 矿石120万t/a， 矿产铜3.5万t/a
穆索希（Musoshi）铁矿勘探			矿石量1.76亿t 铁品位55%～60%	矿床长15km
卢贝姆贝（Lubembe）铜矿		姆布吉马伊东北		勘查
腾凯（Tenke Fungurume）铜钴矿	自由港麦克莫兰铜金公司57.75%，兰丁采矿公司24.75%，吉卡矿业17.5%	加丹加省卢本巴希市	铜和钴品位世界最高 矿山服务年限40年	铜11.5万t/a 钴和氢氧化钴8000t/a 项目投资19亿美元
卢普图（Luputo）铜矿	TEAL勘探采矿公司		储量矿石量2330万t Cu 2.3%	2008年铜产量0.85万t，扩建到4万t/a
卡莫托（Kamoto）地采铜矿 迪库卢韦（Dikuluwe）露采铜矿 马桑巴（Mashamba）露采铜矿 穆索诺伊（Musonoie）露采铜矿	加丹加矿业公司		卡莫托矿储量 矿石4759.8万t， Cu3.2%，Co 0.26%， 资源量4768万t， Cu 3.17%，Co 0.36%， 3个露采矿储量 矿石4500万t， Cu 3.12%，Co 0.36%， 资源量2006万t， Cu 4.09%，Co 0.47%	恢复卡莫托选矿厂， 卢伊卢电解厂扩建： 2009年铜7万t/a， 2011年铜15万t/a， 2015年铜31万t/a， 钴和钴盐3万t/a 新建仓库和矿山铁路， 输电线路
卡卢昆迪（Kalukundi）露天铜钴矿	加拿大的Africo资源有限公司		储量矿石量780万t Cu 2.44%，Co 0.69%	铜1.64万t/a， 钴0.38万t/a
Sengamines金刚石勘探特许区	德比尔斯		发现金刚石潜力大	金刚石勘探

续表

项目名称	所属公司	所在地	储量、资源量、品位	备　注
卢巴奥（Lubao） 万古（Kwango） 奇卡帕（Tshikapa）	BRC 金刚石有限公司（加拿大 BRC 与南非 Core 合并）	赤道省东方省	远景大	金刚石勘探
奇卡帕河金刚石勘探	Pangea 金刚石公司		砾石储量 1650 万 m^3 金刚石储量 335 万 ct	金刚石勘探
卢贝姆贝（Lubembe）金刚石勘探	Metorex（南非）和钻石公司（英国）	东开赛省		金刚石勘探

资料来源：①Copperbelt Operations Focus，International Mining；②http：//www. mbendi. com/land/af/zr/p0005. htm。

三、矿产品生产

刚果（金）20 世纪 80 年代矿产品产量达到高峰，铜年产量最高达 50 万 t（1981 年），钴 1 万 t（1986 年，占世界产量的 2/3 以上）、锌 6.6 万 t，矿业产值占国内生产总值的 25%。但是内战严重阻碍矿业发展，到 2003 年虽然大规模内战停止，但是反政府武装集团活动阻碍了东部省份矿业生产经营，外国矿业公司投资商撤离东部省份，大量小矿在东部省份人工采矿，不仅采掘工具落后，而且大部分采矿人以接近原始的狩猎方式生活，对动植物伤害严重。2008 年上半年矿产品价格暴涨，下半年矿产品价格暴跌，刚果（金）全年矿业产值占 GDP 的 13.4%，矿业产值增长 11.4%。世界银行估计刚果（金）2008 ~ 2009 年加丹加省铜矿业有 30 工人失业，预计 2009 年矿业产值比 2008 年下降 12.5%。近两年来外国公司在刚果（金）新建铜精炼厂，精炼铜生产能力增加，2008 年精炼铜产量增加 621%，精炼钴产量增加 137%，矿山铜产量增加 64%，矿山钴产量增加 23%，铌产量增加 254%，钽产量增加 41%　锡产量增加 33%。银产量减少 55%，金减少 35%，钨减少 41%，金刚石减少 26%。熔炼铜生产停止。刚果（金）固体矿产开采主要在南部和东部，加丹加省是刚果（金）矿业的核心，该省电力需求量占全国一半，刚果河英歌大坝水电站输电到加丹加科卢韦齐市。

1. *石油*

刚果（金）原油开采在 2000 年达到最高水平 28.2 万桶/d，至 2005 年下降到 22.728 万桶/d，2006 年回升到 24.528 万桶/d，随着新油田投产，预计原油产量增加。在刚果（金），道达尔是最大的石油开发商，其在刚果（金）所有的石油项目中所有权益占 53.5%，其原油产量占 40%，道达尔公司原油产量 9.1 万桶/d，计划莫霍（Moho）和比朗多（Bilondo）油田在 2008 年开始采油，道达尔公司在刚果（金）的原油产量增加 1 倍。阿吉普（Agip）公司是刚果（金）第二大石油开发商，原油产量约占 25%。法国 Maurel 和 Prom 公司开采姆邦迪油田，其合作方是 Burren 能源和刚果石油公司 SNPC。加拿大传统石油公司在 Kouakouala 油田开采原油，从 2000 年开始生产，4 口油井产量 1600 桶/d。

2. 铜钴

刚果（金）加丹加省是全球最重要的铜钴矿产开发中心。吉卡矿业是最大国有矿业公司，管理经营铜钴矿产开发，公司生产的矿山铜和矿山钴产量占90%以上。吉卡矿业公司所有采矿区面达18000km^2，其铜钴资源资产位于加丹加铜矿带上。此外，吉卡矿业公司经营煤和钽等矿产开发，其分公司生产水泥等其他矿产品。吉卡矿业公司2006年铜产量22481t，伴生钴产量792t。2007年铜产量33655t，2008年铜产量26051t，钴690t。2008年吉卡矿业公司铜减产主要是因为缺少投资和燃料，设备旧，矿山基础设施差。由于公司负债18亿欧元，世界银行指定Paul Fortin管理该公司。目前，吉卡矿业与澳大利亚、美国、加拿大、比利时和南非等国的矿业公司成立联合体，共同开采其所辖矿区铜钴资源。加拿大第一量子矿产公司（First Quantum Minerals Ltd.）、美国OMG、澳大利亚安维尔矿业公司（Anvil Mining Ltd.）等多家外国公司与吉卡矿业合作开发铜矿。第一量子矿产公司总部设在温哥华，在多伦多主板和伦敦股票交易所上市，是非洲最有影响力的矿业公司之一，公司经营龙希（Lonshi）铜钴矿，精矿运输到赞比亚布瓦纳姆库布瓦精炼厂，到2008年该矿储量枯竭。公司持有Frontier铜钴矿95%的股权，刚果（金）政府持有5%。2008年受暴雨限制，该公司矿山铜产量达到80717t，预期2009年铜产量可达9.8万t，预期2010~2013年期间铜年产量10.3万t。第一量子矿产公司于1998年与吉卡矿业公司签订2份协议关于处理4处高品位铜尾矿，即科卢韦齐地区的金加米亚姆博（Kingamiambo）和卢伊卢（Luilu）堆放的尾矿，利卡西地区的潘达（Panda）和石图普（Shituru）尾矿，2008年底第一量子矿产公司完成科卢韦齐尾矿项目47%，计划2010年第3季度开始生产，初期精炼铜产能3.5万t/a，氢氧化钴产能7000t/a，计划2011~2013年扩建精炼铜产能增加到7万t/a。2008年刚果（金）矿业部检查审理矿业合同，撤销了第一量子矿产公司在科卢韦齐的铜钴尾矿项目，第一量子矿产公司上诉到国际法庭。安维尔矿业公司注册地在加拿大西北州，总部设在澳大利亚佩斯，在多伦多主板和澳大利亚两地上市，公司资源资产包括迪库卢希（Dikulushi）铜银矿（持有90%股份）、金塞韦（Kinsevere）铜矿（持有95%股份）和穆托希（Mutoshi）尾矿（持有80%股份），迪库卢希铜银露采矿在加丹加省姆韦卢（Mweru）湖附近，铜精矿出口到邻国赞比亚莫帕尼（Mopani）铜冶炼和精炼厂，2007年年底迪库卢希铜矿转为地采，矿石品位和回采率下降，2008年铜产量11047t，比2007年24561t减少13514t。安维尔矿业公司与吉卡矿业公司经营穆托希（Mutoshi）铜矿山，铜产量由2007年10066t减少到2008年7448t。金塞韦（Kinsevere）项目是安维尔矿业公司的旗舰项目，2007年该项目一期重介质选矿厂投产，2008年Kinsevere矿山铜产量22858t（2007年13006t），Kinsevere项目二期工程是建铜产能6万t/a的湿法炼铜厂（SX/EW），二期工程需投资3.8亿美元，安维尔矿业公司已完成工程40%，支出1.8亿美元，尚需融资2亿美元，荷兰贸易商Trafigura集团通过认购新股和协助贷款为其融资。鲁阿希（Ruashi）矿业公司（Metorex Ltd. 持有80%）从鲁阿希矿山尾矿中回收钴铜，2008年铜产量9175t，钴388t，鲁阿希项目二期工程是开发鲁阿希铜矿，电解厂产能精炼铜4.5万t/a，氢氧化钴35000t/a，二期工程需投资3.35亿美元。英国的中非勘查采矿公司（CAMEC）2008年矿山铜产量10091t，钴3703t，公司计划扩建，到2011年精炼铜产能10万t/a，钴1.2万t/a。

3. 金

基洛-莫托矿山局（Okimo）负责管理金矿开发活动。刚果（金）小矿人工采金，采金场分布在东部，主要是东方省伊图里地区、北基伍省和南基伍省。据报道卢旺达民主解放武装控制南基伍省菲济（Fizi），卡莱亥（Kalehe）和姆文加（Mwenga）地区的金矿。刚果（金）军队控制南基伍的 Mukungwe 金矿和在 Tubimbi 的 Mufa 金矿。

4. 铌钽

刚果（金）铌钽矿产开采主要在南基伍省和北基伍省，2000～2003 年刚果（金）基伍采矿社团（Somikivu）开发生产铌钽矿产品，烧绿石矿石采自卢埃希（Lueshe）矿山，1993 年因战乱关闭，2000 年重新开始采掘，2003 年因剧烈的武装冲突再度关闭。2009 年矿业副部长（Adolphe Muzito）在参加戈马市的一个会议上强调，将重新开始开发在北基伍省卢埃希烧绿石矿。姆万扎楚楚希兹（Mwangachuchu Hizi）国际公司和其他采矿公司采用劳动强度很大的采矿法在北基伍省比巴耆玛（Bibatama）矿开采钶钽铁矿，在南基伍省沙本达（Shabunda）附近存在非法开采钶钽铁矿。

5. 锡

刚果（金）人工采掘锡石，许多小矿分布在加丹加省、马涅马省、北基伍省和南基伍省。北基伍省瓦利卡莱（Walikale）地区的比西（Bisie）矿是最大的锡石矿，锡石产量 9600～12000t，刚果（金）政府军第 85 旅控制比西锡石矿山。而比西矿采矿权属于南非基伍资源有限公司。南基伍省沙本达地区附近的锡石矿山锡石产量至少 840t/a，刚果（金）军队和卢旺达民主解放武装（FDLR）控制该地区锡石开采收入。FDLR 也控制了南基伍 Walikale 地区，Kalehe 地区和 Mwenga 地区的锡石矿。刚果（金）军队控制 Tubimbi 城附近的 Karhembu 锡石矿和南基伍省的 Lemera 锡石矿。

6. 钨

南基伍省卡莫雷（Kamole）钨矿区有 1000 多个小矿，人工采掘钨锰铁矿，刚果（金）军队控制卡莫雷钨矿。在北基伍省也有许多小矿，人工采掘钨锰铁矿。

7. 金刚石

刚果（金）金刚石产量列世界第五，出口量列世界第二。MIBA 公司是刚果（金）唯一的金刚石开发大型企业，该公司由政府控股 80%，MIBA 在东开赛省姆布吉马伊地区开采工业级金刚石和次宝石级金刚石，2008 年每月金刚石产量约 10 万 ct，年产量约占全国 20%，因资金困难，公司未支付工人工资达 20 个月之久，引发劳动纠纷，2008 年 10 月公司金刚石开发被迫暂停，南非工业发展公司和南非发展银行同意给 MIBA 融资 1.4 亿美元，其中 1 亿美元用于新建一个水电站，2500 万美元用于增加原有水电站的发电能力。人工开采金刚石小矿 50 万～100 万个，2008 年小矿金刚石产量 2010 万 ct，约占全国 80%，小矿金刚石产量比 2007 年 2720 万 ct 减少 26%，主要是受全球金融危机影响第四季度金刚石产量锐减。人工开采金刚石小矿分布在东方省阿凯蒂（Aketi）矿区，东开赛省的 Bakongo 地区，Bakwachimuna 地区和 Tshibue 地区，西开赛省的奇卡帕地区，在班顿杜省、下刚果省，赤道省和加丹加省也有金刚石开发活动。

表 3 刚果（金）主要矿产品产量

矿 产		单 位	2000 年	2005 年	2006 年	2007 年	2008 年
钴	矿山钴	万 t	0.7	2.45	2.71	2.53	3.1
	金属钴	t	4320	600	550	606	1439
铜	矿山铜	万 t	2.1	9.7	14.2	14.8	24.3
	粗铜	万 t	2.1	1	1	0.18	
	精炼铜	t	20500			6351	45781
锗	金属锗	kg		2500	2500	2500	2500
金	矿山金	kg	52	7200	10300	5100	3300
铌钽	精矿	t	45	124	52	267	380
	铌	t	130	28	12	61	86
	钽	t	130	33	14	71	100
烧绿石	铌	t					130
银	矿山	kg		53553	67633	76242	34083
粗钢		万 t	8	11	10.4	11	11.3
锡	锡精矿	t		6748	5878	13656	18200
	锡	t		4400	3800	8900	11800
钨	钨精矿	t		342	975	1095	650
	钨	t		180	500	580	340
锌	矿山锌	t	215	7588	16831	18500	18000
金刚石	小矿	kct	13200	26839	26034	27223	20146
	MIBA	kct	4500	8368	2914	1042	801
	合计	kct	17700	35207	28948	28265	20947
水泥		万 t	9.6	51.1	51.92	53.02	41.1
石灰		万 t	2.5	2.5	2.5	2.5	2.5
碎石		万 t	10	21	21.7	23	23.7
硫酸		万 t	8	1.5	1.5	1.5	1.5
煤		万 t		12	12.4	12.8	11.6
原油		千桶	10300	9000	9009	8816	8000

资料来源：Minerals Yearbok，2008。

表 4 主要公司生产能力

矿产品	主要经营公司和资产比例	主要工厂和地理位置	生产能力
水泥	国家水泥公司 SARL	Kimpese 厂，金沙萨市南 40km	31.8 万 t/a
	卢卡拉水泥公司（Forrest 集团占 80%）	Lukala 厂，金沙萨市附近	36 万 t/a
	Interlacs 公司（Forrest 集团占 98.7%）	Kabimba 厂，卢本巴希市附近	5 万 t/a
	Kat 水泥公司（Forrest 集团和吉卡矿业）	Lubudi 厂，利卡西市与科卢韦齐市之间	20 万 t/a

续表

矿产品	主要经营公司和资产比例	主要工厂和地理位置	生产能力
煤	吉卡矿业公司	Luena 矿	80 万 t/a
铜、钴	STL（OMGI 55%，EGMF 25%，吉卡矿业 20%）	最大的尾矿坝和钴冶炼厂，卢本巴希市	
铜、钴	加丹加矿业有限公司	KTO 和 T17 矿山	铜 1.4 万 t/a 钴 4kt/a
		Kananga 矿山	铜矿石 1.4 万 t/a 钴矿石 7 千 t/a
		Tilwezenbe 矿山	铜矿石 1.3 万 t/a 钴矿石 4kt/a
		卢伊卢电解厂	铜 4.6 万 t/a 钴 4kt/a
铜、钴	南加丹加矿业有限公司（EGMF 60%，吉卡矿业 40%）	Luiswishi 矿山，卢本巴希市附近	铜 1.2 万 t/a 钴 4.5kt/a
铜、钴	吉卡矿业	Kamfundwa 矿山	铜矿石 40 万 t/a 钴矿石 4.8 万 t/a
		Kamoyac 中部矿山	铜矿石 7.9 万 t/a 钴矿石 7kt/a
		Kamoya 南部矿山	铜矿石 3.6 万 t/a 钴矿石 1.1 万 t/a
		Shangalowe 矿山	
		Kambove 选矿厂	铜精矿 70 万 t/a 铜 13 万 t/a 钴 3.9 万 t/a
		Shituru 铜钴精炼厂，在利卡西市	铜 5 万 t/a 钴 0.6 万 t/a
铜、钴	第一量子矿产公司	Froniter 矿山	铜 8.4 万 t/a
		Lonshi 矿山，在加丹加省	铜 5 万 t/a
铜、银	Anvil 矿业有限公司	迪库卢希（Dikulushi）	铜 2.6 万 t/a
		迪库卢希	钴 5 万 kg
		Kinsevere 矿山	铜 2 万 t/a
		Mutoshi 矿山	铜 1.65 万 t/a
铜、钴	中非采矿勘探公司 CAMEC	Kakanda 选矿厂 Kambove 冶炼厂	铜 6 万 t/a 钴 5kt/a 硫酸 7.2kt/a
铜、钴	Chemaf SPRL	Etoile 矿山，Etoile 电解厂	铜矿石 1.6 万 t/a 钴矿石 0.4 万 t/a
铜、钴	Ruashi 矿业公司（Metorex Ltd.，80%）	Ruashi 尾矿	铜 1 万 t/a 钴 1kt/a
矿产品	主要经营公司和资产比例	主要工厂和地理位置	生产能力
铜	TEAL 勘探采矿公司	Kalumines 铜矿	铜 1 万 t/a

续表

矿产品	主要经营公司和资产比例	主要工厂和地理位置	生产能力
铜、钴	Nikanor Plc. 与加拿大加丹加矿业公司合并	Kananga，Tilwezembe 矿山	铜 4489t 钴 1776t
金刚石	MIBA（政府 80%，Sibeka 集团 20%）	东开赛省姆布吉马伊地区，西开赛省奇卡帕地区	1000 万 ct
	小矿人工开采	众多分布于在西开赛省，东开赛省班顿杜省，上刚果省，马涅马省，下刚果省，赤道省，北基伍省和加丹加省	2700 万 ct
金	小矿人工开采	分布于伊图里地区	5.2t
	小矿人工开采 刚果（金） 军队 进入到刚果（金）的卢旺达军队	南基伍省 采金场在 Mufa 矿山， Mukungwe 矿山，菲济、卡莱亥 和姆文加地区的金矿山	4.8t
	基洛-莫托矿山局 Okimo	上刚果省布尼亚市附近基洛-莫托金矿	
铌、钽	Mwangachuchu Hizi 国际	矿山在北基伍省 Bibatama	120t
	小矿人工开采	采矿场分布在北基伍省 Bibatama，南基伍省 Shabunda	
锡矿	刚果军队第 85 旅	矿山在北基伍省 Bisie 矿山	1.2 万 t（锡石）
	刚果采矿加工公司 MPC，Sodesmines 及其他公司	加工厂在戈马市	1.4 万 t（锡石）
	小矿人工开采	马涅马省卡利马矿（Kalima）	1200t（锡石）
	小矿人工开采	马涅马省卡西西矿（Kasese）	500t（锡石）
	小矿人工开采，卢旺达民主解放武装，刚果（金）军队	南基伍省沙本达（Shabunda）附近	840t（锡石）
	刚果（金）军队	矿山在北基伍省 Lemara 和 Tubiebi	
钨	刚果（金）军队和小矿人工开采	北基伍省和南基伍省	1000t
锌	吉卡矿业	科卢韦齐锌浸滤厂和精炼厂	3 万 t（锌）
		科卢韦齐锌冶炼厂	7.2 万 t（锌）
	联合资源公司 AG	基普希锌矿（Kipushi）	
石油	Perenco REP 和刚果碳氢化合物公司	油井：Kifuku，Kinkasi，Liawenda，Makelekese，Muanda，Nsiamfuma，Tschiende	548 万桶
	穆安达国际石油公司（Perenco Plc. 的子公司）50%，Teikoku 石油公司 32.3%，ODS 有限公司 17.7%	油井：Libwa，Mibale，Moko，Motoba，Mwambe，Tshilala	365 万桶

资料来源：Minerals Yearbook，2008。

四、消费与贸易

刚果（金）国内金属材料消耗很少，金属矿产品和金刚石大部分出口。钴出口量占全球贸易量的50%以上。2008年1月刚果（金）暂停钴精矿出口，国际市场钴短缺，钴价上涨到52美元/lb，为1978年以来的最高价，此举刺激刚果（金）钴矿产品走私猖獗。金出口主要是东部边境贸易，基本上是秘而不宣的黑市交易，无法获得出口量及贸易金额。因为刚果（金）小矿主采掘钶钽铁矿时以捕猎野生动物为生，国际钽研究中心呼吁各公司拒绝进口刚果（金）“带血的钶钽铁矿”，但是2008年南基伍省和北基伍省出口钶钽铁矿380t，比2007年267t增加13t。刚果（金）锡石矿出口之前在戈马市加工成含锡大于65%的锡石精矿，2008年出口18200t（2007年13656t），北基伍省锡石出口量占75%，南基伍省出口量占25%，流向比利时占62%，泰国占14%，英国占11%。南基伍省和北基伍省出口钨锰铁矿2008年650t，2007年1095t，流向比利时占63%，英国10%，荷兰8%。金刚石出口量列世界第二。

五、矿业法规与管理机构

刚果（金）矿业法规由国家立法机构制定，由国会颁布。刚果（金）宪法和矿业法明确规定地上地下矿产资源属于国家，国内外企业只有取得矿权才可以勘探开发。2002年颁发新矿法（007/2002号）取代81－013号，执行矿业法的矿业规则于2003年颁布执行。新矿业法核心是矿产勘查开发活动必须符合环境保护法规。新矿业法规定了负责管理矿业活动的行政主体。新矿业法第9条赋予刚果（金）总统5项权力：①发布执行矿业法的矿业规则；②宣布矿产品分类或重新分类；③宣布矿业活动禁区或取消禁令；④宣布储备矿产品或取消储备；⑤批准保留矿床。矿业法赋予总统的权力不能托付他人，总统的命令由《政府公报》发布。新矿业法第10条赋予矿业部长13项职权。新矿业法第11条赋予省级官员2项职权，省级矿业管理机构官员2项职权。新矿业法规定采矿登记注册局职责，地质理事会职责，采矿理事会职责，矿山环境保护部门职责。新矿业法规定矿山环境保护部门负责解释和执行矿山环境保护法规，负责评估矿山恢复计划，环境影响研究报告和环境管理计划。新矿业法与原矿业法不同之处：①探矿权人必须在公布探矿权后的6个月内开始勘查工作，采矿权人必须在公布采矿权后的3年内开始建设矿山等基础设施，否则矿权被剥夺。②关于矿权保护提出了矿权争议解决的3个途径，行政、法院和国家或国际仲裁。③规定矿权人应付的各项税率、各种收费标准、采矿权利金及其他收费。采矿权利金征收自矿产品生产日期开始，以销售产值为基数，铁矿和黑色金属税率0.5%，有色金属2%，贵金属2.5%，宝石4%，其他工业矿物1%。矿业利润税以会计台账和税法确定的净利润为基数，新矿业法规定优惠利润税率30%，原来企业利润税率是40%。矿产品销售税率10%。④探矿权土地占用费第一年和第二年0.03美元/km^2，第一次有效期第三年0.31美元/km^2，延长第二期0.51美元/km^2，第三期1.46美元/km^2。采矿权土地占用费每年5美元/km^2，尾矿处理土地占用费8美元/km^2。人工开采小矿土地使用费每年2.38美元/km^2。⑤规定矿业公司管理岗位雇用外籍人员最多5%，其他岗位不超过

10%。⑥对矿产品出口有相应的规定，未加工矿产品出口需有许可证。⑦规定申请许可证之前必须有同意的环境影响研究报告和环境保护计划，申请探矿许可证之前必须有同意的移民和环境复原计划。⑧地方主要官员在采矿权设置中具有重要作用。⑨ 刚果（金）矿业法第 18 条规定，探矿权证并不代表对勘探区矿产具有所有权和采矿权，也没有获得采矿许可证优先权。⑩新矿业法第 3 章是关于尾矿开发规定，处理尾矿需要开发许可证。⑪矿权人所有的技术、地质信息和采矿信息保密期 10 年，10 年之后，这些信息不是秘密，可对公众公开。

刚果（金）矿业部于 2005 年重组，虽然 2006 年刚果（金）内阁重组，但矿业部没有大变动。马丁·卡布韦卢卢于 2007 年任矿业部长。2007 年 4 月矿业部长根据矿业法，成立一个委员会，负责审理 1998 ~ 2005 年期间颁发的 60 多份矿业合同，2008 年矿业部发布报告，有 23 份合同被终止，其余的 40 份合同大多数已协商成功，有 6 份重要合同悬而未决，即①盎格鲁阿山蒂金有限公司，在东方省伊图里地区蒙博瓦鲁（Mongbwalu）勘探金矿。②Banro 公司持有 4 份金矿资产和 13 份采矿许可证，矿产地在南基伍省和马涅马省。③自由港麦克莫兰铜金工业公司（FMCG）持有加丹加省 Tenke Fungurume 铜钴矿 57.75% 股权，仍在寻求解决方案。④第一量子矿产公司与国有公司吉卡矿业合作开发科卢韦齐铜钴尾矿项目（KMT）的合同被政府撤销，第一量子矿产公司对 KMT 项目有 65% 的权益。⑤金田公司持有加丹加省 Kisenge 金矿项目 80% 的股份。⑥Mwana 非洲公司对 Zani - Kodo 金矿项目和加丹加铜钴矿特许项目的权益，持有 Miba 公司 20% 股份。2009 年 12 月刚果（金）成立部长理事会，作最后努力审议这 6 份合同，最终 4 份合同达成新协议，Tenke Fungurume 铜钴矿项目合同解决方案与 FMCG 相关。第一量子公司 KMT 项目许可证被撤销，刚果（金）矿业部门将组织对 KMT 项目进行招标。第一量子公司上诉至国际法庭。

联合国专家组 2008 年 12 月发布调查报告指出在刚果（金）东部的非法武装集团继续控制采矿场，支持矿产品走私，掠取非法收入。虽然刚果（金）各方于 2003 年达成和平协定，大规模武装冲突结束，但是至今东部政府军与反政府武装时常发生局部武装冲突，发生战斗核心地区是南基伍省和北基伍省，联合国维和部队在此实施人道救助，中国赴刚果（金）维和部队已完成第十次轮换。美国参议员向上议院提交议案——刚果冲突矿产法令“Congo Conflict Minerals Act of 2009”（S. 891）。国际钽研究中心倡议公司不购买不进口非洲野生动物保护区内采掘出来的钽矿产品。

六、展　　望

刚果（金）公路、铁路、电力、供水、学校和医院等基础设施相对落后，在该国开发矿产资源，首先需要修路和建电站等基础设施建设。虽然刚果（金）铜、钴、钽和金等高价值紧缺矿产资源丰富，但是投资刚果（金）矿业风险非常大，一是东部边境地区时有战乱发生，安全没有保障；二是刚果（金）矿业政策多变，政策性风险很大；三是刚果（金）背负巨额外债，与外国合作合资开发矿产资源项目受国际货币基金（IMF）约束。投资刚果（金）矿产资源勘查和开发，不但企业要具备强大的综合实力，更需要国家作为后盾，在各方面给予支持。刚果（金）国民经济高度依赖矿业，估计刚果（金）

政府不会向邻国赞比亚一样实施矿业私有化，很可能由国家继续主控铜、钴、金等重要矿产开发。全社会稳定是国民经济长期发展的基础，是矿业发展的必要条件。经过2006年民主选举，刚果（金）政局逐渐稳定，政府和联合国维和部队积极维护刚果（金）社会稳定和谐，预计刚果（金）矿业将呈强势增长。

主要参考文献

［1］Mining Journal Special Publication—Democratic Republic of the Congo，March 2010

［2］Copperbelt Operations Focus，Feb. 2007

［3］Karen Hayes & Richard Burge. Coltan Mining in the Democratic Republic of Congo

［4］Law No. 007/2002 of JULY 11，2002 RELATING TO THE MINING CODE

［5］Democratic Republic of Congo Ministry of Miners. Guide of Mining Investor

［6］Thomas R. Yager. “The Mineral Industry of Congo（Kinshasa）”. Minerals Yearbook，2000、2006、2007、2008

［7］http：//www. mbendi. com/land/af/zr/p0005. htm

纳米比亚

刘 增 洁

纳米比亚共和国位于非洲西南部，国土面积82万km^2，海岸线长1600km，人口213万人（2009年）。矿业、渔业和农牧业是纳米比亚经济的三大支柱产业，其中矿业产值占国内生产总值（GDP）的11.5%，90%的矿产品用于出口。金刚石开采和加工业为纳米比亚重要的矿业产业，其次为铀矿业。

2008年纳米比亚国内生产总值（GDP）增长2.7%，达90亿美元，为世界中等收入国家。

一、储量与资源

纳米比亚具有丰富的矿产资源，居非洲第四位，已发现的矿产有30多种，主要有金刚石、铀、天然气、铜、铅、锌、钨、金、煤、钒、锑等。其中金刚石资源非常丰富，储量占世界总储量的5.0%，钻石产值居世界第五位。其次为铀，回收成本≤130美元/kg铀的可回收资源量约15.7万t，占世界总储量的4.5%，居世界第九位；其中回收成本≤80美元/kg铀资源量约2.0万t。

1928年首次在纳米比亚的纳米布沙漠发现铀矿，但直到1950年才开始大规模勘探，并在罗辛地区发现铀资源富集区，1966年由力拓公司发现了罗辛矿，至2009年罗辛矿探明储量7650t铀，概略储量为51800t铀；确定资源量为1900t铀，推定资源量为19500t铀，推测的资源量为3000t铀。此外早期发现的还有特雷科皮（Trekkopje）矿，位于罗辛矿附近，距斯瓦科普蒙德（Swakopmund）北东80km，推定和预测的资源量45500t铀；1973年发现的郎杰海恩里希铀矿（Langer Heinrich），位于距沃尔维斯湾（Walvis Bay）80km的海域，距罗辛矿东南50km，推定和预测的资源量32800t铀（表1）。

罗辛南部矿位于罗辛矿南7km，由法国的Extract Resources公司勘探，2009年该公司宣布1区推定和推测资源量为55900t铀，品位0.0381%；2区推测资源量为47000t铀，品位0.046%。

纳米比亚自1968年就开始了海上石油和天然气勘探活动，仅发现了唯一的库杜（Kudu）气田，截至2009年纳米比亚天然气储量为622.97亿m^3。

据美国地质调查局（USGS）2000年对全球待发现油气资源所作的评估，纳米比亚待发现的石油资源量为1217万t，天然气为434.27亿m^3。

金刚石是纳米比亚最重要的矿产品，已探明陆上矿石储量约为5000万t以上，有潜质的主要矿脉有两条，一条是从纳东北部安哥拉边境向南延伸然后往西至博茨瓦纳边境；另一条自中西部向东南方向延伸然后再往西南方向回到博茨瓦纳边境。纳近海钻石储量潜

表 1　纳米比亚铀矿山资源储量　　单位：t（铀）

矿山名称	探明储量	品位/%	推定和预测的资源量	品位/%	推测资源量	品位/%
罗辛	7650	0.035	20000	0.023	3800	0.023
Langer Heinrich	13765	0.06	32800	0.06	32200	0.06
Trekkopje	—	—	45500	0.011	3000	0.01
罗辛南部	—	—	9250	0.045	93660	0.0415
Valencia	—	—	21500	0.016	4200	0.012
Etango	—	—	54770	0.019	7700	0.018
Marenica	—	—	—	—	13000	—
Tubas	—	—	—	—	15000	0.019
Reptile	—	—	6073	—	25900	—

力巨大，在整个西海岸均有发现，目前的勘探和开采主要集中在西部海岸的霍顿督湾以南至奥兰治蒙德一带。

2009 年纳米比亚金矿石储量为 4230 万 t。

二、矿产勘查

2008 年纳米比亚矿业从业人员为 7700 人，2009 年从业人员为 5800 人，比 2008 年减少 1900 人，减少的主要原因是纳米比亚金刚石公司（Namdeb Diamond Corp.）减产，以及受铜矿等价格下降等影响较大，英国卫斯理公司（Weatherly）在 2008 年 12 月决定关闭在纳米比亚的 4 座铜矿，裁员近 600 人。

非加海洋矿产公司（Afri-Can Marine Minerals Corp.）2007 年完成对纳米比亚海上 J 区块的地球物理勘查，并委托 Z 星矿产资源咨询公司（Z Star Mineral Resource Consultants）进行资源量评估。在纳米比亚的斯瓦科普蒙德北部，澳大利亚初级勘探公司 Reefton 矿业公司继续沿骷髅海岸勘查金刚石砂矿。国际金刚石矿田公司（Diamonds Fields International）在吕德里茨北面的马歇尔福克地区进行评价。特兰斯赫克斯在纳米比亚南部奥兰治河北岸进行调查评价。尽管勘查重点已转移至博茨瓦纳，但蒙特伯吉斯矿业公司（Mt Burgess Mining NL）依然在纳米比亚北部与博茨瓦纳接壤地区 Tsumkwe 矿权地进行勘查，对以前的航磁数据重新解译新发现了一些异常。莫塔帕将纳米比亚东北部的卡翁哥（Kavongo）矿权地卖给 Namdeb，在此矿权地已经发现了 6 个 300～500m 直径的金伯利岩体。

三、矿产品生产与消费

纳米比亚是非洲重要的矿业生产国，2009 年矿业产值占国内生产总值（GDP）的 11.5%，近年来纳米比亚铀矿产量不断增长，铀矿业已替代金刚石开采和加工业成为纳米比亚重要的矿业产业，铀矿业产值占国内生产总值（GDP）的 3.8%，为世界第四大铀生产国；其次为金刚石开采和加工业，其产值占国内生产总值（GDP）的 3.2%。为非洲第一大铅、铝生产国。

1. 能源矿产

纳米比亚生产的能源矿产仅有铀矿，天然气只是处于开发阶段，目前还没有生产。

铀 2008年纳米比亚产量大幅增长，为4366t铀，增长51.6%（表2），铀产量仅次于加拿大、哈萨克斯坦和澳大利亚，成为世界第四大铀生产国。主要的生产矿山为罗辛矿（Rossing），力拓公司（英）拥有该矿68.6%的权益，其合作者为伊朗，拥有15%的权益，南非工业开发集团拥有10%的权益，纳米比亚政府拥有3%的权益，2005年12月力拓公司（英）投资1.12亿美元扩大生产，产量可增加到3400t铀，矿山服务年限可延长到2016年，2008年该矿产量为3449t铀，为世界第三大铀矿山，2007年该公司计划进一步扩大产能并延长服务年限。预计产量2012年可提高到3800t铀。

纳米比亚运营的第二个铀矿朗杰海恩里希铀矿（Langer Heinrich）2008年第3季度天然铀产量为227t铀，该矿第二阶段的生产目标为年产1292t铀。

目前，纳米比亚还有4座在建铀矿，到2010年铀产量将占世界总产量的10%。但是从短期来看，纳米比亚铀矿面临的负面因素，主要是解决对铀矿的供水问题。

天然气 目前最大的天然气开发利用项目就是位于海上的Kudu气田开发，该气田1996年发现，最初纳米比亚政府与壳牌、德士古等大石油公司合作开发该气田，在该项目开发中，壳牌纳米比亚勘查和生产公司拥有75%的股权，德士古纳米比亚资源公司拥有12.5%的股权，非洲能源有限公司拥有12.5%的股权，但是由于库杜（Kudu）发电项目10亿美元的预算问题一直悬而未决，Kudu气田开发项目一直搁置。2009年6月俄罗斯最大的天然气生产公司俄罗斯天然气工业股份公司（Gazprom）和纳米比亚的Namcor公司签署了一份谅解备忘录，计划投资12亿美元开始建造被拖延很久的Kudu天然气项目，该项目包括从位于170km以外海上的Kudu气田向位于纳米比亚南部沿海地区的800MW燃气发电厂输送天然气，其合作伙伴为纳米比亚Namcor公司和英国图洛石油公司，此外，俄罗斯天然气工业股份公司与南非Eskom公司签署协议购买500 MW，剩余的300 MW在纳米比亚国内消费。

2. 主要金属矿产

铜 2008年纳米比亚的铜产量为37956t，较2007年增长17.0%。纳米比亚铜矿山主要分布在北部楚梅布市附近地区，主要矿山有库希斯普林斯（Khusib Springs）、孔巴特和奥特基哈塞（Otjihase）矿。

金 2008年纳米比亚金产量大幅增长，为47.71t，增长32.9%。位于纳米比亚中部卡里比布市附近的纳瓦查希（Navachab）金矿为纳米比亚唯一的原生金矿，也是最大的金矿，该矿产量占纳米比亚金产量的90%以上。盎格鲁阿山蒂纳米比亚金矿公司为该矿经营者，2006年采矿品位由1.81g/t下降到1.56g/t，2008年盎格鲁阿山蒂公司计划投资1700万美元安装分离设备，2008年Navachab金矿产量为2226kg。

铅和锌 纳米比亚为非洲最大的铅生产国。2008年铅矿山产量较2007年增长26.4%，为27656t，锌矿山产量较2007年下降2.8%，为92190t。最主要的锌矿山为位于纳米比亚西南部的斯科皮谷（Skorpion）锌矿，该矿为露天矿，2002年底投产，2005年该矿生产能力为15万t，2008年该矿产量为14.56万t。罗什皮拟（Rosh Pinah）为纳米比亚另一座主要的铅锌矿山，该矿为地下矿山，生产的锌供应南非的锌冶炼厂，铅用于出口，2008 年该矿锌精炼产量为 9.4 万 t，铅精炼产量为 2 万 t。

3. 主要非金属矿产

纳米比亚为世界重要的金刚石矿业生产国，为世界最大的首饰钻生产国。主要的金刚石矿分布在南部的陆上和海滨及近海地区，陆上矿主要有 1 矿区、奥兰治河矿、伊丽莎白湾矿；海上主要矿区有大西洋 1 号、科伊哈布干（Koichab）、马歇尔福克（Marshall Fork）和迪亚兹（Diaz）。近年来一些外国公司纷纷在纳米比亚北部和南部开展金刚石勘查工作。

纳米比亚陆上金刚石生产主要由纳米比亚政府和德比尔斯的合资公司 Namdeb 经营，两者各占 50% 的股份。海上金刚石生产由德比尔斯（70%）与 Namdeb（30%）的合资公司德比尔斯纳米比亚海上分公司（De Beers Marine Namibia）经营，采矿主要在纳米比亚海岸带 110m 的水下进行。2008 年 Namdeb 公司生产的宝石级金刚石产量为 217.6 万 ct，占纳米比亚金刚石产量的 98%，其中陆上金刚石产量为 106.7 万 ct，海上金刚石产量为 105.5 万 ct。

表 2　纳米比亚主要矿产品产量

矿　产	单　位	2006 年	2007 年	2008 年	2008 年较 2007 年增减比例/%
铀	t（铀）	3067	2879	4366	51.6
铜	t（矿山产量 Cu26% ~30%）	25000	32450	37956	17.0
金	kg（金属量）	2790	2496	2126	-14.8
铅	t（矿山产量）	21402	21876	27656	26.4
锌	t（矿山产量 In49% ~56%）	100000	94855	92190	-2.8
锰	t（矿山产量）	18918	47620	28387	-40.4
银	kg（矿山产量）	31307	30000	30000	0.0
金刚石	kct	2356	2266	2435	7.5
萤　石	t（97CaF_2）	132249	118766	118263	-0.4
盐	t	603501	800000	732000	-8.5
大理石	t	5100	4538	9438	108.0
硫	t（黄铁矿精矿 49% ~56%）	—	8500	8500	0.0

资料来源：Omayra Bermudez Lugo. The Mineral Industry of Mexico. USGS. Mineral Yearbook，2008。

纳米比亚不生产煤、石油和天然气，消费的能源主要依赖进口。据美国能源信息署资料，2006 年纳米比亚一次能源消费量达 150 万 t 油当量。2008 年纳米比亚石油消费量为 105 万 t，较 2007 年增长 5.0%；煤炭消费量为 6.1 万 t。

四、矿产品贸易

2008 年纳米比亚出口额为 39.64 亿美元，出口的主要产品为金刚石、铜、金、锌、铅、铀和其他农产品。进口额为 47.39 亿美元，进口的主要产品为食品、油品和其他能源、机械设备和化学药品。

纳米比亚90%的矿产品用于出口，出口的矿产品90%为初级品，矿产品出口占总出口的55%。其中金刚石出口占绝对优势，占总出口的31%，其次为铀矿，主要的贸易对象为南非，与南非的贸易额占其贸易总额的80%。

1990年中纳两国贸易额为12万美元，1996年为627万美元，2005年达1.4亿美元。两国间承包劳务和合资合作也有了长足的发展。

五、矿业政策

1990年纳米比亚独立后，在废除种族歧视法规的基础上，为吸引外国投资，纳米比亚政府制定了一系列适合本国国情的法规，1990年着手制定了《1992年矿产资源（勘查和开采）法》，并于1994年4月颁布实施，是政府管理矿业的基本法，该法规定矿产资源全部归国家所有，矿山能源部代表政府对纳米比亚的普查、勘查开采和招标实施监督管理。1991年制定了《石油（勘查和生产）法》和《石油（税收）法》，为了吸引外国投资，1998年纳米比亚政府颁布了《石油法修正案》，对上述两法进行了较大修改，制定了更为吸引外国投资者进行油气资源勘探、开发的措施，降低了生产矿区使用费和石油所得税的比例，扩大了石油所得税可计算的勘探成本范围。1999年9月30日颁发了新的金刚石法，并于2000年4月1日生效。

纳米比亚贸易、投资环境比较好，专门针对外国企业和个人开展经贸活动的禁止性、限制性法律法规比较少，根据纳米比亚外商投资法规定，除个别例外，外国国民可以投资或从事任何纳米比亚人都可从事的经营活动。外国国民在依法开办公司、开展经营活动、缴纳所得税等方面，将与纳米比亚人一样同等对待

六、展　望

纳米比亚矿山能源部出台了2030年战略框架，在未来将努力提高效率使资源在纳米比亚经济中发挥最大贡献。未来纳米比亚政府铀矿开发将成为重点，2012年第三个铀矿山Trekkopje将投产，在纳米比亚中部在建的铀矿山有5个，预计到2020年将有5~7个新的铀矿山可投产，可增加就业人员4000~6000人。

纳米比亚拥有1600km海岸线，而且与其海域地质情况相似的相邻国家加蓬、刚果（金）和安哥拉都发现了石油，因此纳米比亚政府坚信能发现石油，努力吸引外国公司投资勘探，期望获得重大的海域石油发现。

我国也积极参与纳米比亚矿业投资，2007年江苏有色金属华东地质勘查局与纳米比亚相关企业签订了613km^{2}的铜金矿合作勘查开发战略协议。

主要参考文献

［1］Omayra Bermudez-Lugo. The Mineral Industry of Namibia. USGS. Mineral Yearbook，2008

［2］British Petroleum Company. BP Statistical Review of World Energy，London，June 2010

［3］Marilyn Radler. Oil，Gas Reserves Rise as Oil Output Declines. Oil & Gas Journal，Dec. 21，2009

［4］Mining Journal Special Publication——Namibia，March 2010

赞比亚

鲍 荣 华

赞比亚位于非洲中南部，属内陆国家，国土面积约75万km^2，全国人口约1220万，首都为卢萨卡，官方语言为英语。赞比亚境内大部分为高原，海拔为1000～1600m，属亚热带草原气候，境内维多利亚瀑布和赞比西河闻名世界。

铜和钴是赞比亚的优势矿产，还有其他金属和宝石矿产。

自1999年以来，赞比亚经济连续9年保持稳定增长。2007年，赞比亚国内生产总值达到121亿美元，经济增长率为6.2%，通货膨胀率为8.9%。GDP增长达到5%；通货膨胀率低于10%；国内借款低于GDP的1.8%。2009年GDP增长约4.3%，达150亿美元。

2010年，赞政府将继续实行经济多元化方针，采取更加积极的财政货币政策，增强经济可持续发展和抵御外部风险能力，伴随着全球经济缓慢回升，赞经济发展有望回到危机前的轨道上来。主要宏观经济目标为：GLP160亿美元，增长6%；年通胀率8%；国内借款额占GDP的比重维持在2%。

采矿业、农业和旅游业是赞比亚经济的三大支柱。采矿业主体是铜矿和钴矿的开采以及铜、钴的冶炼。铜在赞比亚经济中占重要地位，国家外汇收入的80%都来自铜出口。

赞比亚的流通货币为克瓦查，随着国内经济的不断好转，克瓦查持续升值，目前克瓦查与美元的比价约为3200:1（2008年6月底汇率）。

一、储量和资源

赞比亚全境属于非洲地台的一部分，东北部班韦乌卢（Bangweulu）古老地块是赞比亚地史上最稳定地区。前寒武纪的基巴尔安（Kibaran）构造运动对赞比亚的东半部地区有较大影响，形成了广泛的叠覆构造，对赞比亚现有地区影响最大的构造活动是5亿年前后的加丹加构造运动（又称泛非构造运动），其结果是在中部和中北部地区形成了卢弗里安（Lufilian）弧，在东南部形成了莫桑比克（Mozambique）晚古生代-中生代构造带，在西部和南部以及东南部分地区形成沉积盆地。特殊的地质条件在赞比亚蕴藏了丰富矿产资源。特别是铜钴资源，在世界上占有重要地位。宝石资源也很丰富，尤其是绿宝石。其他矿产主要包括：金、银、铁、锌、铅、硒、锰、镍、锡、铀、磷、滑石、石膏、硫、煤和粘土等。

铜 是赞比亚最重要的矿产资源，在世界上占有重要地位。2009年储量为1900万t（储量基础为3500万t），约占世界总储量的4.0%，列世界第十位。总蕴藏量达9亿多t，被誉为“铜矿之国”，是世界第八大铜生产国。

钴 是赞比亚另一重要的矿产资源。2009年钴金属储量为27万t（储量基础68万

t)，占世界总储量的4%，列世界各国第四位。

铁 赞比亚铁矿主要分布在卢萨卡西南及蒙布瓦附近，以赤铁矿为主。蒙布瓦的楠巴拉铁矿属于赤铁矿，品位62%的铁矿石储量2000万t；品位53%的铁矿石3000万t。

宝石 赞比亚的宝石资源非常丰富。主要是绿宝石，其他宝石包括海蓝宝石、玛瑙、石榴子石、电气石、紫晶和金刚石等。目前还没有来自官方关于宝石储量方面的准确报道。

磷 由于普查研究程度不高，磷的探明储量仅4万t。实际资源潜力较大。

煤 主要分布在南方省卡里巴湖北侧的格温贝（Gwenmbe），中央省卡布韦东南的卢阿诺（Luano）和卢安瓜（Luangwa）的河源处。

石油 赞比亚是近两年才发现石油的。2006年10月22日，赞比亚总统姆瓦纳瓦萨宣布该国已在其西北省的查乌马（Chavuma）和赞比希（Zambezi）地区发现石油和天然气。

其他矿产 主要包括金、银、锌、铅、硒、锰、镍、锡、铀、磙、滑石等，但已发现资源量并不多。金、银主要以铜-钴矿床的伴生矿物的形式分布于中北部的铜矿带中，另外在东南边境地区有少量分布。铅、锌主要集中在卢萨卡以北110km处的卡布韦铅-锌矿床。锡主要产地是南方省的卢萨卡锡矿床；锰主要分布于东北部和中部地区。最大的矿床是位于班韦乌卢湖西面的曼萨矿床（表1）。

表1 2009年赞比亚主要矿产资源储量

矿 产	单 位	储 量	储量基础	占世界的比例/%	世界排名
铜	万t	1900	3500	3.5	10
钴	万t	27	68	4	4
铅	万t	13	—		
锌	万t	27	—		
锰	万t	200	—		
钒	t	8000	—		
锡	t	1000	—		
滑石	万t	500			

资料来源：Mineral Commodity Summaries，2003、2009~2010。

二、矿产勘查

2008年赞比亚对于钴、铜、金和铀的大量勘查项目仍在继续。赞比亚具有勘查项目的公司包括英国的非洲鹰资源公司，对萨沙雷（Sasare）矿权地的鹰眼（Eagle Eye）勘查靶区的铜、金矿勘查并在Lunga做铜、金、铀勘查。2008年美国Phelps Dodge矿产公司退出同非洲鹰公司的恩多拉铜合资企业。澳大利亚的CGA矿产有限责任公司完成了Mkushi铜矿的预可行性研究。由于铜价格下降和全球市场环境，合资伙伴African Eagle和CGA随后决定推迟开发这个项目。赞比亚的铜主要为沉积型氧化铜或硫化铜矿床，集中分布在赞比亚中北部的赞比亚铜矿带。该带长为200~250km，宽约65km，面积约5万km^2。铜矿带明显受卡弗复背斜构造的控制。矿床在背斜的两翼呈链状沿两条相距30km的北西向平行线分布。

进行勘查活动的公司还包括非洲能源资源公司，澳大利亚阿尔比登（Albidon）有限责任公司在奇伦杜（Chirundu）的铀矿合作项目；African Energy 协议从奥尔德肖特资源公司（Aldershot）的卡里巴（Kariba）铀矿项目中获得51%的股份；美国联盟能源公司评价了 Starield 锡矿；澳大利亚的必和必拓公司勘查了蒙布瓦（Mumbwa）铜金项目；加拿大喀里多尼亚（Caledonia）矿产公司对纳玛（Nama）钴矿进行了勘查。根据 NI43—103 储量报告，加拿大 ICS 铜公司放弃了莫坎博（Mokambo）的铜股权。

其他勘查活动还包括以下几个方面：英国基瓦拉（Kiwara）公司评价了卡万加（Kawanga）的铀矿和夸库（Kwako）的镍矿的前景；Kiwara 的合资企业和 LM 工程有限责任公司共同对钴、铜、镍前景进行预测，并且对卡鲁姆比拉（Kalumbila）的铁矿床前景进行预测；加拿大卢伊里（Luiri）黄金有限责任公司对卢伊里山钻探找金（这个项目包括 Dunrobin 和 Matala Dome 矿床）；澳大利亚的欧米加（Omega）矿产公司是加拿大丹尼森（Denison）矿产公司的子公司，对 Mutanga 的铀项目钻探研究。由于政府对于新探矿权发放的停止，英国红岩资源公司推迟了在2008 年对于奇维富丰（Chiwefwe）的锰前景的预测的工作。

2008 年加拿大 Teal 勘查采矿公司南非的非洲雨虹矿产公司占有 65% 的股份，在 Mwamabashi 的铜矿项目中获得30%的股份，这个铜矿项目先前为韩国的 Zinc 有限责任公司承担。Teal 继续评价孔科拉北部铜矿项目，并同安托法加斯塔矿产公司（Antofagasta）成立合资企业，一同对 2 号和 4 号勘查区域进行评价。在年底，ARM 预测将获得公司 100% 的股份，并将同淡水河谷公司形成合资企业，在刚果（金）、纳米比亚、赞比亚境内进行矿产勘查。

赞比亚资源有限责任公司对坎加卢韦（Kangaluwi）的铜矿项目进行了勘查。赞比亚同瑞士的嘉能可（Glencore）和 Mpande 形成的合资企业评价了切奥瓦（Cheowa）的铜矿项目，并且同合伙人利希克金属和能源公司（Lithic）进行了羚羊铀矿（Oryx）前景的勘查。

赞比亚钴矿查明了7 个主要的层控矿床和两个相对小一些的层控矿床：背斜的北东翼上主要有穆富利拉（Mufulira）、布瓦纳 - 姆库布瓦等矿床；南西翼上主要有孔科拉（Konkola）、恩昌加（Nchanga）、谦比希（Chambishi）、巴卢巴（Baluba）、齐布卢玛（Chibuluma）、恩卡纳（Nkana）和卢安夏等。铜矿带矿体主要产于加丹加群下罗安组（新元古代）的沉积砂页岩中。大多矿床除铜—钴矿产外，还含有少量的金、银、硒、铀等元素。

钴储量主要分布在铜矿带地区，而且出现在卡弗复背斜的西南部。这些储量主要来自恩昌加、恩卡纳、谦比希、齐布卢玛、巴卢巴、钦戈拉等矿床的伴生矿量。在钦戈拉矿床，钴矿化呈囊状和条带状分布在铜矿体的下方或古基底山包周边岩层中。钴单独构成矿体，具有非常重要的开采价值。在背斜西翼的其他矿床中，含钴矿物或多或少赋存在铜矿体中。但由于埋藏深和品位太低，目前尚难回收。

主要铁矿有 7 处：潘巴、纳盖布韦、桑杰、琼圭、楠巴拉、奇博太和佩佩拉铁矿。其中以潘巴和纳盖布韦铁矿区为主。平均品位为 62.4%，属富矿。赞比亚铁矿资源至今尚未开采利用。

绿宝石的主要产地位于恩多拉地区和南部边境的卡罗莫地区。近年来一些矿业公司在这些地区进行矿产勘查，并有新的发现。2007 年 Gemfields 资源公司在恩多拉地区发现了一处大的祖母绿矿藏，储量达 10050ct。其他的宝石主要分布在卢萨卡东北 600km 的伦达兹地区及赞比亚东和东南边境地区。宝石主要赋存于基底混合岩中的电气石脉中，常出现在接触带上。

目前已知有 7 个有远景的碳酸盐岩磷矿床，其中一个位于赞比亚东北伊卡索以东地区，两个位于卢萨卡南部和东南部，4 个位于东南靠近莫桑比克边境。位于伊卡索以东 25km 处的恩库姆布瓦矿床潜力最大，该矿床在这里形成了一个长约 1500m，宽约 900m，高约 330m 的山岭，初步调查估计矿石储量在 5 亿 t 左右，磷酸盐（P_2O_5）含量为 7.7%。

主要煤矿有马安巴（Maamba）煤矿和恩坎达布韦煤矿。此外，伊古马煤矿储量 1400 万 t，穆隆戈瓦尔（Mulungwa）煤矿储量 1500 万 t。在卢安瓜河谷、中央省姆库希的卢阿诺河谷、西方省考马的卡哈雷，以及在格温贝的希安巴巴拉（Siambabala）地区发现了露天矿床，但质量不高，储量尚未探明。

在赞比亚西北省、西方省和东方省存在石油和天然气资源。

赞比亚的锰矿资源有一定的潜力，但是需要进一步的勘探。镍矿主要分布于卢萨卡东部和南部。已发现的铀矿集中在西北部和南部，有一定的潜力。滑石主要分布在中部和中北部地区

三、矿业开发

矿业是赞比亚经济支柱，是吸引外资的重点领域和出口收入的最主要来源。尽管遭遇全球金融危机，但矿业仍然实现了较快增长。赞比亚是世界上重要的铜钴生产国之一。其产量分别占世界总产量的 3.5% 和 9%，赞比亚也是世界上主要生产宝石（特别是绿宝石）的国家之一。其他的主要矿产品包括：金、银、铅、煤、绿宝石、水晶等（表 2）。

表 2　赞比亚主要矿产品产量

矿　产	单　位	2004 年	2005 年	2006 年	2007 年	2008 年	2009 年
铜	万 t	42.69	44.7	51.4	55.6	57.5	69.26
钴	万 t	1	0.93	0.8	0.75	0.69	0.25^e
铅	万 t	0.1	0.1	0.1	0.1	0.1	0.1^e
金	kg	—	440	956	1, 270	1, 930	—
银	t	—	2	3	3.5	4	—
绿宝石	万 t	0.8	1	1	1	0.92	—
水晶	万 t	110	110	120	130	110	—

注：铜为赞比亚实际数；e 为估计数。

资料来源：Mineral Yearbook，2008；Mineral Commodity Summaries，2010。

1. 铜钴生产

2009 年赞比亚铜产量为 69.26 万 t，居于世界第八位，占世界总产量的 4% 以上，比

上年增长 20.45%，2010 年铜产量预计为 75 万 t，将超过 1973 年的最高水平。到 2012 年铜产量有望达到 100 万 t。自 2002 年以来赞在铜矿上的投资已超过 50 亿美元。2010 年铜收入预期在 46.12 亿美元左右，上年为 31.79 亿美元。赞比亚也是非洲最大的铜矿生产国，铜产量约占非洲总量的 64.5%。

2008 年赞比亚钴产量约为 0.69 万 t，占世界总产量的 9%，比上年减少 8%，列世界第八位。

主要的铜钴生产矿山包括：

（1）坎萨希（Kansanshi）铜钴矿。位于西北省索尔韦兹（Solwezi）北 15km，离刚果（金）南部边境 16km。探明矿石储量 2.67 亿 t，品位 1.5% ~3%。2006 年生产能力为 1200 万 t 矿石，是赞比亚目前最大的铜矿生产矿山，其经营者是坎萨希矿业公司，加拿大第一量子矿产有限公司（First Quantum Minerals Ltd.）公司占 79.4% 股份，赞比亚联合铜矿山控股公司占 26.6% 股份。

（2）孔科拉（Konkola）铜钴矿。探明矿石储量 2.5 亿 t，品位 3.8%。2006 年年生产能力为 240 万 t 矿石。其经营者是孔科拉铜矿山公司。该矿山原为英美集团经营，2002 年撤资。2005 年，印度控股公司 Vedanta 公司接手，目前该公司拥有孔科拉铜矿山公司 51% 的股权。赞比亚铜投资有限公司和赞比亚联合铜矿山控股公司分别拥有其余的 28.4% 和 26.6% 的股权。该公司计划再投入 4 亿美元进行扩建。扩建部分 2009 年投产后，铜精矿年产量可由现在的 200 万 t 增加到 600 万 t。孔科拉矿山北部又发现了面积 4300hm^2，探明矿石储量 1 亿 t 的新矿。

（3）恩昌加（Nchanga）铜钴矿。以硫化矿和氧化矿为主，探明储量 2.06 亿 t，2006 年生产能力为 730 万 t 矿石，是目前赞比亚最大的露天铜矿。上部矿体露天开采，年生产能力 450 万 t 矿石，平均品位 2.3%；下部矿体地下开采，年生产能力 280 万 t 矿石，平均品位 3.7%。该矿归孔科拉铜矿山公司所有。

（4）恩卡纳（Nkana）铜钴矿和穆富利拉（Mufulira）铜钴矿。两矿山探明矿石储量近 1 亿 t，平均品位 2.3%，矿体以黄铜矿、赤铜矿、斑铜矿为主。两矿山均为地下开采，2006 年生产能力分别为 500 万 t 和 250 万 t 矿石。莫帕尼铜矿山公司（Mopani Copper Mines）拥有两矿山的开采权。莫帕尼铜矿公司是一家由瑞士嘉能可国际公司（Glencore International AG，占 81.2%）和加拿大第一量子矿业公司（First Quantum Minerals）合资组建的 Carlisa 投资公司控股的合资企业（Carlisa 占 90%，赞比亚联合铜矿山控股公司占 10%）。

（5）谦比希（Chambishi）铜矿。年生产能力为 80 万 t 矿石（可产约 5 万 t 铜精矿），其经营者为中色建设非洲矿业有限公司（NFC Africa Mining Plc.），中国有色金属建设集团有限公司占 85% 股权。

（6）巴卢巴（Baluba）铜矿地下开采，年生产能力为 140 万 t 矿石，经营者是卢安夏铜矿公司（Luanshya）。

（7）齐布卢玛（Chibuluma）铜钴矿。年生产能力为 48 万 t 矿石（可产 1.5 万 t 铜精矿），其经营者是齐布卢玛矿山公司（Chibuluma Mines Plc.）。

另外，赞比亚目前还有几座铜矿山正处在筹建中，其中包括卢姆瓦那（Lumwana）、莫康博（Mokambo）和 Mkushi。卢姆瓦那（Lumwana）位于西北省，探明矿石储量 1.02

亿 t，品位 1.1%，据称是世界上最大的尚未开发的铜矿之一。澳大利亚埃奎诺克斯矿业公司（Equinox）计划投入 5.84 亿美元开采此矿，目前已投入 4 亿美元以上。该项目大部分地区的钢结构建筑已基本完成，土木建筑工程已完工，原计划 2008 年下半年正式投产，年均铜金属生产能力为 15 万 t。该矿的可采年限为 37 年。2007 年加拿大在赞比亚的 ICS 铜矿公司从加拿大和欧洲的证券市场筹集了 1000 万美元，计划重开位于赞比亚穆富利拉的莫康博（Mokambo）铜矿。该铜矿于 1974 年关闭。Mokambo 项目是该公司和赞比亚 North Western Plant Hire 公司合资项目，前者占 70% 股份，后者占 30% 股份。2007 年赞比亚环境署就该项目的环评报告举行了公开听证会。目前 ICS 公司已打了 16 眼钻孔，按要求，需总共钻探 136 眼钻孔。2007 年 7 月赞比亚环境委员会发表声明称，已经批准了在赞比亚中部的姆库希（Mkushi）铜矿开发，以及在 Ndola 的一座铜冶炼厂建设。非洲鹰资源公司和 CGA 矿业公司将开发 Mkushi 铜矿，三板合公司（Triple Plate Junction）将建设该铜冶炼厂。这些公司必须在 3 年内开发这些项目，否则批准将收回。

巴西淡水河谷公司（Vale SA）正与至少 3 家赞比亚矿业公司进行协商，以确定产自 Konkola North 铜矿项目的铜精矿加工协议。该公司计划于 2013 年在孔克拉北铜矿开始生产铜。

赞比亚矿山和矿产开发部官员表示，巴西淡水河谷与 Konkola North 铜矿项目的合作者非洲彩虹矿业公司正与孔克拉铜矿公司、莫帕尼铜矿，以及中资企业 NFC 非洲矿业公司进行协商以确定铜矿加工协议。

KCM 是伦敦上市公司韦丹塔（Vedanta）资源公司的子公司，该公司经营年产量为 30 万 t 的恩昌加铜熔炼厂，为赞比亚最大的铜熔炼厂。Mopani 的大部分股份由瑞士商品交易商嘉能可国际所持有，该公司经营 Mufulira 铜熔炼厂，此外，中国有色金属公司子公司 NCFA 持有 Chambishi 铜熔炼厂。

2010 年 8 月，巴西淡水河谷公司表示，耗资 4 亿美元的 Konkola North 铜矿项目已开始建造，预计将于 2013 年投产，并于 2015 年达到商用水平。该公司预计以 Konkola North 名义生产能力为年产 4.5 万 t 浓缩铜，这些精炼铜将在赞比亚进行熔炼。

2. 镍

赞比亚以前并不生产镍矿。2008 年 4 月位于赞比亚南方省的姆纳里（Munali）镍矿出产了第一批镍、铜、钴矿石，标志着赞比亚不生产镍矿的历史结束。

姆纳里镍矿于 2007 年 4 月 3 日破土动工，成立于 2000 年的澳大利亚阿尔比登公司为主要投资商，该公司计划投资 1 亿美元用于该矿建设。该矿镍金属储量约 10 万 t，是赞比亚第一座镍矿项目，原计划于 2008 年年中建成投产，可年产镍 8500t，同时还可生产 1400t 铜和 400t 钴，以及 1.5 万 oz 铂族金属。亚洲最大镍生产商中国金川集团也参与了该项目的开发。

3. 煤

赞比亚煤炭产量不高，主要为烟煤。每年产量 20 多万吨。2006 年仅为 10 万 t。主要矿区有马安巴（Maamba）煤矿和位于南方省的科鲁姆煤矿。马安巴煤矿的经营者是马安巴煤矿有限公司（政府全资公司），该矿是赞比亚政府经营开采的唯一煤矿。

马安巴煤矿位于卢萨卡以南 350km，煤层最厚达 10m，平均厚度为 5.5m，估计储量 7820 万 t，其中已探明储量为 6020 万 t，其中约 3000 万 t 为易开采煤。该矿年生产能力为

60 万~80 万 t。公司下属的煤炭处理厂每年可以洗煤 70 万~80 万 t，索道每年可以把 60 万~70 万 t 煤炭运往马苏库火车站。

4. 宝石

赞比亚生产的宝石种类较多，主要有绿宝石、绿柱石、石榴子石、电气石和紫水晶等。但宝石开采多为私营小企业，规模小，加工水平低，大部分宝石以非正规渠道进行交易，因此统计很不完善。2007 年赞比亚官方称赞比亚宝石年产值约 70 亿美元。

四、对外贸易

赞比亚属于南部非洲发展共同体（Southern Afri-can Development Community）和东南非共同市场（The Common Market for East and Southern Afri - can），享有这两个区域组织的贸易优惠政策；是 COMESA 的 9 个成员国之一，享受成员国之间的零关税贸易；此外，赞比亚还是世界贸易组织（WTO）的成员国。推行自由贸易政策，积极参与区域经济一体化进程，享受欧美国家赋予的产品出口的持殊优惠待遇。赞比亚的主要贸易对象是欧盟成员国、COMESA 成员国以及南非。长期以来，矿产品出口一直是赞比亚国家获取外汇收入的主要来源，占出口总数的 90% 以上。其中，铜的出口占出口总收入的 80%，铜矿开采与冶炼占矿业总产值的 90%。

2007 年对外贸易总额达到 78.96 亿美元，外汇储备为 10.80 亿美元，政府外债余额为 10.55 亿美元。2009 年出口矿产品 65 万 t，比 2008 年的 59 万 t 增长 9.6%，但因产品价格走低，出口收入约 27.8 亿美元，比 2008 年的 40 亿美元减少 30.5%。非传统商品（除铜和钴）出口 8.2 亿美元，比 2008 年的 8.8 亿美元减少 6.4%。2010 年前 9 个月铜产量为 625844t，2009 年同期为 517512t，铜出口增至 614455t，2009 年同期为 497905t；2010 年前 3 季度钴产量增至 6362t，2009 年同期为 3983t，出口亦从 3987t 增至 6236t。

金融危机后国际市场上锰的价格回升，带动赞比亚锰业复苏。两家锰矿企业计划投资 300 万美元开发三处锰矿，其中 Genesis Group 公司的锰矿品居世界前列，并主要出口到中国，其总裁宣布将把锰的生产能力由 4000t/月提高到 5000t/月。

2009 年 9 月底，赞外汇储备 18 亿美元。2008 年，赞外汇流入的主要途径一是铜矿投资，二是铜矿石出口收入，但由于需求萎缩，国际铜价一路暴跌，由最高时每吨 8900 美元跌到目前的每吨 3500 美元，直接导致赞外汇流入持续 6 个月呈下降趋势，这也是造成克瓦查贬值和赞经济困难的主要原因。

赞政府计划成立宝石交易所，把宝石交易纳入正规市场。2007 年赞比亚总统表示将在任期内立法杜绝宝石非法出口，违者将判刑不低于 15 年。

五、矿业政策

（一）矿业法律法规

赞比亚矿业的政府主管部门是矿山和矿产开发部。主要是负责制定矿业有关的政策和规划，并予以落实。赞比亚鼓励私人向矿业投资，负责建立先进的信息咨询机构，为全行业服务。下属部门主要包括：地质调查所、矿山局、矿山安全局。

赞比亚的现行矿业法是1995年9月通过的《矿山和矿产法》。该矿法覆盖了全部矿种。法律规定，如果要在赞比亚境内从事矿产勘探和开发工作，必须先得到矿山与矿产开发部发放的矿业权证。

矿业权许可证有以下几种：①大型勘查许可证：有效期2年，可延期2次，第一次不超过2年，第二次不超过1年。②保留许可证：勘查许可证持有者确信勘查区内具有潜在商业价值的矿床，只是市场条件暂时还不能满足，该持有者可申请保留许可证，保留期限3年，可延长一次，期限也是3年。③大型特殊采矿许可证：大型勘查许可证持有者有权得到特殊采矿许可证；未取得大型勘查许可证者也可以在空白地区直接申请大型特殊采矿许可证。有效期最长25年；可延长25年。④小型勘查许可证：有效期不超过2年，勘查面积不超过$10km^2$。⑤小型采矿许可证：期限10年，经主管部门批准可以延期，但延长期不能超过10年；采区面积不能超过$400hm^2$。宝石开采例外，采区面积不得超过$5km^2$。申请人需先向矿山开发局领取登记表，每张表15克瓦查，按有关规定填好表后交回矿山开发局，经有关方面审查批准后，再交一定的费用方可得到申请的许可证。贵金属矿产勘探许可证收费500克瓦查；采矿许可证收费5000克瓦查。另外，根据申请勘探或开采的面积，每年每公顷收费50克瓦查。矿山开采闭坑时，要由许可证持有者向矿山开发局提出闭坑报告，经审查同意，得到矿山开发局颁发的闭坑证明文件后方可闭坑。每年发放各类许可证所收的费用约400万克瓦查，按规定全部上交国家财政。

1998年9月8日，赞比亚颁布了《投资法》。其主要内容与以前的法律相比，为投资者提供了更为广泛的鼓励措施，特别是在纳税折扣和关税豁免方面。此外，对投资过程中的欺骗等违法行为将予以法律制裁。政府还推出了一系列投资优惠政策：

（1）十分宽松自由的外汇政策：①货币兑换和银行利率完全由市场调控，政府不干预；②取消外汇管制，外国企业资金进出赞比亚无限制，资金的流动和汇兑无控制，投资者的外汇和利润可自由汇出。

（2）企业享有完全自主的决策权：①政府不干预企业经济活动，企业在制定产品质量、生产产量和产品价格方面完全自由；②取消价格补贴，价格完全放开，以利于企业间公平竞争；③政府对投资领域没有限制，投资者可进入赞任何经济领域进行投资。

（3）有关投资方面的法律保障：赞比亚为投资者提供了法律保障。《投资法》规定投资者的财产得到应有的保障，除非国会通过有关法律，否则国家不能对任何投资企业实行国有化。一旦被国有化，国家必须以企业投资时所投入的货币，迅速、全额地按市场汇率对被国有化的投资企业进行补偿。另外，投资者的投资经营活动在投资的头7年内可不因《投资法》的修改而受到不利影响。赞比亚是《多边投资保障机构》（Multilateral Investment Guarantee Agency）和其他国际投资保障协议的签字国，这些协议向外国投资者提供了如遇战争、冲突、天灾、其他动乱和没收情况下的保障。中国和赞比亚两国政府于1996年6月签署了《鼓励投资和保障协议》，为两国投资者相互投资创造了有利条件。

矿业政策和法规的调整：

（1）政府将制定单独的铀矿法。过去赞比亚发现的铀矿资源很少，并未单独立法，是与其他矿种一同归《矿山和矿产法》管理的。近年来在赞比亚的铀矿资源有新的发现，同时也受到政府的重视，目前发现的铀矿资源主要集中在西北部和南部，相信在其他地区也有分布。由于铀矿的特殊地位，根据国际原子能机构的要求，赞比亚已经起草了铀矿开采法，待与联合国有关机构协商一致后，即可颁布实施，届时矿业公司可申请铀矿开采执照。该法律将允许外国公司在更广阔的地域进行铀矿勘探。

（2）吊销闲置铜矿采矿许可证。2008 年初赞比亚政府决定将吊销那些在 7 年期限内未能在该国盛产铜矿的地区开展勘探或开采工作的外国铜矿公司的许可证，以便让其他的投资者到这些闲置的地区进行矿产勘探和开发活动。政府也同时鼓励赞比亚人取得这些矿业权，投资开发这里的矿产资源。

（3）赞比亚政府致力于保护知识产权 。2010 年赞比亚总统班达指出：对知识产权强有力的保护是吸引外国直接投资的重要因素，因此政府将通过加强行政管理，制定政策和法律保护知识产权，还将在边境贸易中加强对假冒伪劣商品的查获。同时，他呼吁私营企业和国际机构也要加大对剽窃行为的打击力度。

《2008 年石油（勘探和生产）法》取代了 1985 年石油（勘探和生产）的 13 号法及其修正案。

（二）矿业税收

赞比亚现行的矿业税费主要包括：所得税、进口税、出口税、增值税、权利金等，各项税种的征税税率如下。2008 年，依据《矿山和矿业发展法》（2008 年 7 号法令）对采矿部门进行调整，新的文件取代了 1995 年颁布的关于矿产和矿业发展的 31 号法令，并对其进行了修改。新采矿法要求缴纳 30% 的所得税，宝石矿产总值 5% 的权利金，贵金属的“标准价值” 5% 的权利金（标准价值按伦敦金属交易所月平均价格计算），基本金属标准价值的 3% 的权利金，工业矿产总值 3% 的权利金以及 15% 递增利润税；新法也增加了勘探公司长达 7 年增值税退税。之前，承担大规模采矿项目的采矿公司要同政府对项目财政税收规定签订协议。矿业公司所需缴纳的企业所得税是 15% ~25% 。

新采矿法对于产出的贱金属价值具有争议的暴利税进行了规定。当铜矿的成交价格在每公吨大约 5512 美元（指定为 2. 5 美元/lb）至 6614 美元（3 美元/lb）之间时，暴利税的税率限定在 25%；成交价格在每公吨 6614 美元至 7716 美元（3. 5 美元/lb）之间时，税率限定在 50%；成交价格每公吨超过 7716 美元时，税率限定在 75%。2008 年，伦敦金属交易所一级铜矿的平均价格为 6945 美元/t（3. 15 美元/lb），2007 年为 7121 美元/t（3. 23 美元/lb）。2008 年末，伦敦金属交易所铜矿价格为 2902 美元/t，此价格远低于暴利税的极限值。

另外，增值税（1997 年 7 月 1 日开始）17. 5%；1998 年，赞比亚将进出口平均关税控制在 20% ~25% 之间，并自 1998 年 7 月 1 日起，取消了进口关税，2008 年开始赞比亚对未加工精炼铜出口开征 15% 关税，旨在鼓励企业利用赞比亚熔炼厂。

近年来，赞比亚实施开放、自由投资政策，允许国内外资本进入赞各个经济领域，同时为了鼓励和吸引投资，在税收方面出台了一些优惠政策，具体如下：

（1）投资开发矿业领域的进口设备和进口原材料税率为 0 ~5%，其他部分关税为 5% ~15%；

（2）所有部门（含矿业部门）的电力消费税从 10% 减为 7%；

（3）对投资地质勘探活动的资金，可全部从其应纳税收入或利润中扣除；

（4）矿业亏损结转期从过去的10年延长到20年；

（5）支付给股东和相关机构的利息、红利、权利金、管理费免征预扣税；

（6）投资矿业、制造业的资产，开始使用的第一年，折旧率为10%，以后每年固定折旧率为5%。

赞比亚政府将大幅度提高采矿业的平均有效税率。2008年1月赞比亚政府宣布将于2008年4月1日起权利金从0.6%增长到3%，矿业公司所得税从25%增长到30%。此外，赞比亚将征收15%的可变利润税（应税收入为毛收入8%以上的部分），还征收至少25%的暴利税。按照此次提税方案，赞比亚采矿业的平均有效税率提高到47%。可使赞比亚政府在2008财年增加4亿美元税收。20世纪90年代，铜矿私有化狂潮席卷整个赞比亚。当时正值国际铜价低迷，赞比亚政府为吸引投资对铜矿企业仅征收0.6%的矿区使用税和25%的公司税，造成采矿业平均税负偏低。政府认为目前赞比亚的采矿业平均有效税率仅为31.7%，大大低于周边国家。为了确保赞比亚从高涨的国际铜价中获益，政府应当提高相关税收。

六、展　望

在国际市场金属价格上扬趋势支撑下，2010年前9个月赞比亚铜产量比上年同期增长了20.92%，钴产量增长59.73%。权威人士预计2011年赞比亚铜产量将突破100万t的目标。赞比亚矿业发展势头良好。

2010年7月4日，赞比亚财政与国家计划部部长姆索克特瓦尼率领财政部主要司局级官员，对赞比亚中国经济贸易合作区进行考察调研。考察了2009年收购的中色卢安夏铜矿，听取了复产情况及投产计划的汇报，并查看了姆利亚希项目建设现场。随后，财长一行又考察了中色非洲矿业公司、谦比西湿法冶炼公司、谦比西铜冶炼厂，及合作区中心区建设工地。财长对合作区及企业的投资和发展表示赞赏，希望合作区能加快建设，为投资者创造良好的投资和生活环境，并表示赞比亚政府将继续对合作区给予支持，把合作区建设成为良好的投资平台。

2010年，赞政府将继续实行经济多元化方针，采取更加积极的财政货币政策，增强经济可持续发展和抵御外部风险能力，伴随着全球经济缓慢回升，赞经济发展有望回到危机前的轨道上来。主要宏观经济目标为：GDP160亿美元，增长6%；年通胀率8%；国内借款额占GDP的比重维持在2%。

赞比亚矿产资源丰富，政局稳定，有投资优惠政策，这些为矿业引资创造了较好的条件，是国际矿业投资者关注的地区之一。但近年来政策不够稳定，包括将大幅度提高采矿企业相关税收，政府对矿业活动干预程度加大，加之管理能力不足，基础设施落后等方面的原因，对矿业投资产生了较多的不利影响。

中国与赞比亚于1964年10月29日建交，赞比亚是南部非洲第一个与中国建交的国家。两国传统友谊深厚，双边关系不断发展。卡翁达总统执政时期（1964~1991年），中国援助赞建设的坦赞铁路成为中赞乃至中非友好的丰碑。多党民主运动于1991年执政后，中赞关系在原有的基础上继续发展，双方在新形势下加大经济合作力度，取得了显著成果，政治友好关系也进一步巩固。赞领导人称中国为“可信赖的全天候朋友”。中赞签有双边贸易、鼓励和保持投资和多个经济技术合作协定。2005 年 1 月 1 日起，中方对赞部分出口中国产品给予免关税待遇。2007 年，中国同赞比亚贸易总额为 5. 95 亿美元，同比增长59. 7%。其中中国出口额为1. 98 亿美元，进口额为3. 97 亿美元。中国主要从赞进口铜，向赞出口机电、高新技术产品和纺织服装。近年来，中赞经贸领域互利合作不断取得进展，特别是矿产资源开发方面的合作。不少中资企业开始在赞投资矿产资源开发，并取得了较好的业绩。中国有色金属建设集团有限公司据初步统计，目前涉及赞比亚投资矿产资源开发的中资企业在 8 家以上，主要从事铜矿的开发和冶炼，其他主要从事煤炭、镍和锰矿开发。中国投资海外最大的铜冶炼厂——谦比希铜冶炼有限公司（简称 CCS）总投资超过 3 亿美元，2006 年 11 月 15 日开工，2009 年 2 月 17 日竣工投产，建成了产能 15 万 t 的铜冶炼项目。谦比希铜矿作为中国政府批准在境外开发建设的第一个有色金属矿山，是中非合作的标志性工程。

2010 年 6 月，普华永道公司发布分析报告，分析了全球 40 家市场占有率最大的矿业公司的业绩（其中包括赞比亚的 Konkola 铜矿公司），指出虽然 2009 年由于金融危机的影响，矿业部门利润和现金流都有所减少，但旺盛的需求是拉动该行业复苏的基本要素，金融危机过后矿业将会迎来快速发展，我国与赞比亚的矿业合作也将会有更美好的前景。

主要参考文献

[1] Kim B. Shedd，Daniel L. Edelstein. Mineral Commodity Summaries，2009 ~ 2010

[2] Philip M. Mobbs. Geological Survey Minerals Yearbook，2006 ~ 2008

[3] Fraser Institute Annual Survey of Mining Companies，2006/2007

[4] 中国海外最大的铜冶炼项目在赞比亚投产．中国商务部网站，2009 年 11 月 10 日

[5] 赞比亚铜产量料触及 1973 年以来最高水平．中国有色网-有色金属权威媒体平台，2010 年 10 月 11 日，9 月 7 日，11 月 23 日

[6] 赞比亚矿业投资指南．全球矿产资源网，2010 年 7 月 19 日

[7] 赞比亚矿产资源 矿业投资有良好的前景．矿秘书 kms88. com，2010 年 9 月 15 日

津巴布韦

郭　娟

津巴布韦共和国（The Republic of Zimbabwe），位于非洲东南部，属于内陆国家之一。北邻赞比亚，东接莫桑比克，南临南非，西与博茨瓦纳交界。面积39万km^2，相当于中国云南省面积，首都哈拉雷（Harare），人口约1165万（2009年）。热带草原气候，中等海拔高度，每年11月至次年3月为雨季气候。曾为英国殖民地，官方语言为英语，全国50%的人口信奉融合后的宗教（基督教和原始宗教），25%的人口信奉基督教，24%的人口信奉原始宗教，1%的人口信奉伊斯兰教。津巴布韦的艾滋病比较严重，成年人的艾滋病染病率大约为15.3%，居世界第六位（2007年）。

2009年，津巴布韦国内生产总值9809万美元，GDP增长为-1.3%，人均低于100美元（按购买力平价计算），是世界收入最低的国家之一。2005~2008年，津巴布韦的金融环境持续恶化，本币大幅贬值，从585%上升到2200000%。但津巴布韦丰富的自然资源使该国具有较大的投资潜力。

津巴布韦的主要矿产为金、镍、铜、锌和铅，工业用矿产品包括石灰石、磷酸盐、粘土和白云石。另外，新探明的铂金和沼气储量也极为丰富。铂金储量居世界第二位；沼气储量预估为5亿m^3，居东南非之首。

一、矿产资源

津巴布韦国内分布的地层有太古宙绿岩带、前寒武系变质岩、二叠系、三叠系、侏罗系及第四系。太古宙绿岩带遍布于津巴布韦克拉通内，受多期构造运动的影响，变形强烈，是金、镍、铬铁矿产的主要层位。南北横贯津巴布韦的大岩墙闻名世界，岩墙中富含的铬铁矿和铂族金属储量均位居世界前列。

津巴布韦约80%的地区为前寒武系的结晶岩和变质岩所组成，只有南北两端和西北角属于沉积岩分布区，属于非洲南部典型的克拉通块体之一。在克拉通块体北端属于赞比亚盆地，为东西向的卡鲁群分布区。南端称图利萨比槽地，为卡鲁群的浅向斜，节理附近硅化，有北东向和西北向的玄武岩脉，附近有北东向的侏罗纪花岗岩。西北部为卡拉哈里盆地的东北部，卡鲁群发育良好。卡拉哈里盆地还覆有白垩纪末至上新世的陆相卡拉哈里组。岩浆活动包括花岗岩、基性-超基性侵入岩、基性火山岩和金伯利岩等。

津巴布韦矿产资源较丰富，目前产出的矿产有30多种，其中优势矿种主要有黄金、铬铁矿、铂族金属、石棉、煤、镍、铁、铜和钴等。

黄金　津巴布韦是非洲第五大黄金资源国，也是世界上主要的产金国之一，金矿主要产于太古宙绿岩带中。金矿以石英脉型矿床为主，其次为剪切带型和含铁建造型，这3类

表1 津巴布韦主要矿产储量

矿产品	储 量
黄 金	1300 万 t
铂 金	28 亿 oz
铬铁矿	1.4 亿 t
镍（金属量）	15 万 t
煤	260 亿 t

矿床金产出量约占总量的94%。目前，津巴布韦已探明的黄金储量约1300万t，矿石开采量年均约75万t，黄金产值一般约占该国矿产品产值的50%，在非洲仅次于南非和加纳，位于世界前20名。津巴布韦有近6000个金矿山，其中金产量高于3100kg的有62个，超过311kg的有290个，说明津巴布韦的金矿资源具有相当大的潜力。

铬铁矿 津巴布韦是世界上最大的铬铁矿生产国之一，铬铁矿总储量达1.4亿t，占世界总量的8.75%。境内有两个铬矿带，一个为著名的大岩墙矿带（Great Dyke），此矿带铬铁矿分多层产出，矿层厚度在15~150m之间；另一个为姆贝沦瓦（Mberengwa）南部地区的林波波河矿带（Limpopo）。

镍 储量为15万t，储量基础为26万t。

铂族金属 津巴布韦拥有世界上第二大铂族金属矿藏，铂金矿储量28亿oz，年均开采量约240万oz。

煤炭 尤其值得一提的是，津巴布韦煤炭蕴藏量居非洲第一位，约260亿t，其中优质炼焦煤3.5亿t。

二、生　　产

津巴布韦矿产资源丰富，也是世界上最大的铬铁矿生产国之一。其中，铬铁矿产量占世界总产量的3%，铂金产量也占世界的3%，石棉、锂、钯和蛭石的产量各占世界的2%，2008年津巴布韦国内高通货膨胀严重影响了国内矿产品的产量，损坏矿产品生产者的利益。2008年，津巴布韦矿业产值只占国内生产总值的4%。尽管2008年国际市场矿产品价格普遍上涨，但由于频繁的电力中断（通常由于设备损坏或矿山浸水造成的），缺乏外币购买进口设备、备件和耗材，政治环境不明朗，以及食品、燃料和专业技术人员的长期短缺，使得津巴布韦大部分矿产品的产量不同程度的减少。

黄金 津巴布韦曾经是非洲第三大黄金生产国，1997年黄金总产量达到了27t。但由于经济总体环境差，黄金产量逐年下降，2008年达到低谷，总产量只有3t多（表2）。目前，津巴布韦列非洲黄金生产国前5位，世界前20位。

非洲Mwana股份公司（Mwana Africa Plc.）是津巴布韦主要的金矿生产者之一，目前经营着在法拉丹雷比卡（Freda Rebecca）矿山，2008年金矿产能为2000kg。据报道，法拉丹雷比卡矿山中保有的矿石资源量约为1510万t，金品位为2.5g/t。

Rio Zim Ltd. 公司是津巴布韦另一主要的金矿生产者，2008年只有一家矿山——蓝克（Renco）矿山还处于生产状态，产能为1000kg/a。

表2　2004～2008年津巴布韦主要矿产品产量

矿产品	单　位	2004年	2005年	2006年	2007年[e]	2008年[e]
铬铁矿	万t（矿石量）	66.84	61.47	70.00	65.00	65.00
黄金	t（金属量）	21.33	14.02	11.35	6.75	3.60
镍	t（金属量）	9776	8556	8825	7100	6354[b]
铂族金属	kg（金属量）	8811	9575	9894	11200[r]	11800
钯	kg（金属量）	3564	3879	4022	4180[r,b]	4386[b]
铂	kg（金属量）	4438	4834	4998	5306[r,b]	5642[b]
铁	万t（矿石量）	28.3	37.7	10.4	11	5
铜	t（金属量）	2383	2570	2581	3000	2000
钻石	万ct	4.45	25.12	104.60	59.504	79.724
石棉	万t	10.4	12.2	9.7	8	5

注：b为报道数据；r为修订数据；e为估计数值。

资料来源：USGS. The Mineral Industry of Zimbabwe，Minerals Yearbook，2008.

受经济危机的影响，2008年许多金矿公司被迫关闭或停产。英国中非黄金股份公司（Central African Gold Plc.）的子公司——猎鹰金矿津巴布韦公司（Falcon Gold Zimbabwe Ltd.）和奥林巴斯黄金矿业有限公司（Olympus Gold Mines Ltd.）搁置了坎珀当矿山（Camperdown），达尼矿山（Dalny），黄金矿场（Golden Quarry），老尼克矿山（Old Nic），让它们处于维护与保养状态。猎鹰金矿津巴布韦公司仍然暂停在威尼斯金矿山（Venice Gold Mine）的采矿活动。11月，南非Metallon公司的子公司——Metallon黄金，搁置大角星（Acturus）、索沃（How）、马佐维（Mazowe）、红翼（Red Wing）和沙姆瓦（Shamva）矿山，对它们进行维护。加拿大新曙光矿业公司在10月暂停了图尔卡矿山（Turk Mine）的开采活动。同样在10月，由于公司无法支付ZESA私人控股有限公司（政府的电力公司）电费，导致电源被切断后，金地矿山（Golden Valley Mine）被关闭。3月，Rio Zim Ltd. 公司暂停蓝克（Renco）金矿生产。

镍　2004～2008年，镍矿产量连续5年缩减。2008年，津巴布韦镍矿产量为6354t，同比减少10.5%。

2008年受经济危机和镍市场价格下降的影响，宾杜拉镍股份有限公司（Bindura Nickel Corp. Ltd.）暂停在尚加尼和特洛伊的镍矿，以及在宾杜拉的镍冶炼厂和精炼厂的生产活动。

宾杜拉镍公司是津巴布韦最重要的镍矿生产者，目前经营着桑格尼（Shangani）和朵坚（Trojan）镍矿山。2008年两个矿山的产能共8万t/a（金属量）。此外，宾杜拉镍公司还经营一家冶炼厂，镍冶炼能力达1.56万t/a。

铂族金属　2004～2008年，铂族金属产量连续5年增长。2008年，津巴布韦铂族金属产量为11.8t，同比增加5.4%。

津巴布韦控股有限公司（Zimbabwe Holdings Ltd.）是国内主要的铂族金属生产企业，

南非的因帕拉铂金有限公司（Impala Platinum Holdings Ltd.）占其股份的86.9%，主要经营奈哥兹矿山（Ngezi Mine），2008年铂族金属产能为220万t/a（矿石量）。

铜 2008年底，铜金属量为2000t，同比减少33.3%。目前，宾杜拉镍公司经营的桑格尼和朵坚矿山，是铜的主要生产矿山。

石棉 非洲联合矿山有限公司（African Associated Mines（Private）Ltd.）经营着哥斯（Gaths）和沙巴（Shabanie）两个石棉矿山，共雇用了6000名工人。2008年石棉产量为5万t，同比减少37.5%。

三、矿产品贸易

津巴布韦矿业加工能力薄弱，矿产品出口附加值较低，且受资金、技术和市场因素限制，在开发矿产资源的过程中，多依赖一些跨国公司。因此，外资企业在矿业生产中一直居领先地位。津巴布韦政府通过矿业发展公司（ZMDC）和矿业销售公司（ZMMC）对矿业生产进行协调，且对矿产品销售实行控制。

近年来，矿业取代制造业，成为对津巴布韦贡献最大的产业。主要出口矿产品是黄金和铁合金，2009年矿产业创汇6.47亿美元，占总出口额（12.13亿美元）的53%，比上年缩减4.9%。受全球经济危机影响，矿产品价格下跌，在2006年和2007年度持续上扬的津矿业出口连续两年下挫。

津巴布韦的黄金和白银都出售给了富达印刷和冶炼有限公司（Fidelity Printers & Refineries Ltd.，津巴布韦政府储备银行的子公司）。铂族金属精矿和冶炼冰铜通过海路运输到南非的因帕拉铂金有限公司加工。

四、矿业政策

津巴布韦主管投资的政府部门为津巴布韦投资局（Zimbabwe Investment Authority）。矿产和能源部是津巴布韦矿业的政府主管部门。矿业属于津巴布韦鼓励投资的行业，鼓励投资的矿产业项目包括：黄金、铂族金属、煤炭、钻石、铬铁、镍、铜、铁、花岗岩的开采和加工。

（一）外商投资政策和外汇管制

1. 外汇管制政策

（1）出口强制结汇。受外汇短缺影响，津储备银行以执行《外汇管理法（Exchange Control Act）》的名义，要求所有涉及出口业务的企业，必须将外汇收入的30%～40%按照储备银行公布的汇率结算为津元。

（2）外汇进出津巴布韦需申报。由于津巴布韦几乎没有外汇储备，因此外汇结算手续较为烦琐。

（3）携带现金入境没有限制，但出境时需申报，数额限定在1000美元以内。

2. 外商投资政策

2008年3月，津巴布韦总统签署《本土化和经济授权法案》。该法案规定，在津所有企业必须实现津本土人控股51%以上，特别是外国人和白人拥有的企业必须将51%的股份出售给当地黑人或津政府；新投资企业必须为本土人预留51%的股份才能获准经营；对控股股权进行兼并、分拆收购、重组、投资和放弃时，须经本土化和经济授权部长批准。为此，津政府专门设立了本土化基金，帮助当地人进入主流经济领域。《本土化和经济授权法案》已于2007年经津巴布韦议会通过，尚在等待实施。

（二）税收政策

津巴布韦实行属人税法。津巴布韦的税收结构体系形成于1965年，之后没有大的变化。近年来津政府虽然采取了一些措施降低税率，但是津税率在南部非洲国家中仍是比较高的。随着津经济改革的深入，税率有逐步降低的趋势。

津巴布韦所征收的税种主要有：个人所得税、公司所得税、增值税、预扣税、资本收益税等。

（1）个人所得税。实行累进税制，从0~47.5%。

（2）公司所得税。税率为30%，对于外国公司还另外征收（总税额）20%的附加税。

（3）预扣税。津巴布韦公司分给个人的红利国家扣减20%，由公司代替政府依法向个人征收，从个人的收入里预先扣除。这项规定不适合于支付给控股公司的红利。

（4）增值税。税率为15%，所有出口型企业免增值税。

（5）资本收益税。在津出售或以其他形式清理不动产、处理上市证券所得的资本增值金额等，被征收20%的税收。

（三）矿业鼓励政策

从2004年1月起，矿业领域公司的公司税率降至15%；矿业发展所需的进口物品减进口关税；进口“免关税许可证”项下的物品可减关税。

（四）矿业法

津巴布韦的主要矿业法规是1961年颁布的《矿产资源法》，以及1991年颁布的《小规模采矿法》，1996年对《矿产资源法》进行了修订。2006年，津巴布韦政府决定修订《矿产资源法》，该法修改草案因总统拒绝签署而未生效。

津巴布韦有一项特殊的“独家探矿订单”（EPO）制度。该制度授予持有者在特定区域寻找所规定矿产的专有权。专有权有效期3年，必要时可申请延期3年。这项“独家探矿订单”的申请和执行有着严格的规定。首先，“独家探矿订单”申请者必须向矿业管理部门“矿业事务局”（矿业部秘书兼任局长）提出申请，经审核同意后才建议矿业部部长签发“独家探矿订单”。之后，订单持有者必须每隔6个月提交一份详细的工作计划。一旦发现了矿床就可以注册采矿权，并有资格立即开始采矿活动。“独家探矿订单”可以转让，新近修订的《矿产资源法》允许建立“特别采矿租约”（Special Mining Leases）。其特点是承租人与政府就经营的期限和条件可以协商，并签订协议。如果矿权地一直不进行开发，而且无充足的理由，国家有权收回。

五、展　　望

1. 外国直接对津投资

2007 年，对津直接投资为 76.5 亿美元（表 3），前 4 位的国家分别是：加拿大、中国、黎巴嫩、南非。主要投资领域是制造业和矿产业。

表 3　2000～2007 年度外国直接对津投资

年　份	金　额/亿美元
2000	3.5953
2001	0.9784
2002	0.5646
2003	0.5736
2004	1.1507
2005	7.0552
2006	9.6464
2007	76.5535

资料来源：津巴布韦投资局。

据《2010 年世界投资报告》统计，2009 年津巴布韦吸收外资 0.6 亿美元；截至 2009 年底，津巴布韦累计吸收外资 16.04 亿美元。外国投资在津巴布韦矿业主要集中在水泥、铬、煤、钻石、黄金、镍、铂族金属、钢铁等行业。

2. 中国对津投资

据津巴布韦统计局统计，中国是目前对津投资力度最大的国家之一。两国建交以来，中国援助项目有：哈拉雷国家体育馆，以及医院、学院、水坝、水井、服装厂等。中国政府还向津巴布韦派遣了援外医疗队。另据中国商务部统计，2009 年，中国在津直接投资 1124 万美元；截至 2009 年底，中国累计在津投资 9975 万美元。中钢并购当地 ZIMASCO 铬业公司，并占有 73% 的股份。2009 年中国企业在津新签承包工程和劳务合作合同 35 份，合同金额 6083 万美元，年末在津劳务人员 228 人。新签大型项目包括中矿资源勘探股份有限公司承担的铂钯矿区钻探工程项目等。

3. 对津投资存在的机遇

津巴布韦地质工作程度总体上相对较高，全国 65% 以上的地区有地质、矿产、成矿作用和勘探状况的描述。20 世纪 90 年代已完成全国 90% 以上面积的 1:5 万航磁测量（加拿大实施完成）。

津巴布韦矿产资源较丰富，具有一定影响的矿种或优势矿种是：金、铬、铂、镍等，成矿地质条件好，主体为太古宙克拉通，占国土面积的 60%。但该国的优势资源和主要资源已被外国公司控制，在目前恶劣的经济形势下，有些大公司正在寻求合作。

4. 对津投资存在的挑战

津巴布韦近年来经济环境比较恶劣，高通货膨胀，银行借贷体系不稳定。基础设施老化，政府部门办事周期长，这些都是阻碍外国投资者对津投资的主要因素。

2008 年 3 月，津巴布韦总统签署《本土化和经济授权法案》。该法案规定，在津所有企业必须实现津本土人控股 51% 以上，特别是外国人和白人拥有的企业必须将 51% 的股份出售给当地黑人或津政府；新投资企业必须为本土人预留 51% 的股份才能获准经营；对控股股权进行兼并、分拆收购、重组、投资和放弃时，须经本土化和经济授权部长批准。为此，津政府专门设立了本土化基金，帮助当地人进入主流经济领域。《本土化和经济授权法案》已于 2007 年经津巴布韦议会通过，尚在等待实施。

津巴布韦联合政府成立后，针对外国投资还会推出相应的法律法规。为保护本国公民的利益，可能会在限制外国人投资方面推出限制性的法规。

虽然津巴布韦推出了与投资相关的诸多优惠政策，但在具体执行过程中，却难免存在主管部门政策难于落实等诸多问题。中国企业在津投资要做好充分的思想准备。

主要参考文献

[1] Philip M. Mobbs. The Mineral Industry of Zimbabwe. USGS. Minerals Yearbook，2008

[2] 美国中央情报局
http：//www. cia. gov/library/publications/the - world - factbook/geos/zi. html

[3] 商务部．中国对外投资合作国别指南．
http：//fec. mofcom. gov. cn/gbzn/gobiezhinan. shtml

[4] 宋国明．非洲矿业投资指南——津巴布韦．北京：地质出版社，2004，60 ~ 64 页

[5] 陈玉来．津巴布韦投资市场分析．西亚非洲，2008 年，第 7 期

[6] 中国地质调查局发展研究中心．津巴布韦．全球矿产资源信息系统数据库建设之三

[7] 何国清．我局参加津巴布韦和坦桑尼亚矿业投资项目推介会
http：//www. china - ece. com/Showcontent. asp？ArticleID = 18604

[8] 河南地调院在津巴布韦发现铜铅锌中型多金属矿床
http：//china. toocle. com/cbna/item/2009 - 04 - 17/4521517. html

附录　全球100家矿业公司一览表

公司英文名称或缩写	公司中文名称	所在国家	主营矿种
Alcoa	美国铝业公司	美　国	铝
Alrosa	艾罗莎公司	俄罗斯	金刚石
American Borate Co.	美国硼酸盐公司	美　国	硼
Anglo American	英美集团	英　国	金、铂
Anglo Gold Ashanti	盎格鲁阿山蒂黄金公司	南　非	金
Angloplat Platinum	安格鲁铂业公司	南　非	铂
APMDC	印度安得拉邦矿业公司	印　度	重晶石
Areva	阿海珐集团	法　国	铀
Assmang Ltd.	阿斯芒公司	南　非	锰
Baker Hughes INTEQ	贝克休斯英泰克公司	美　国	重晶石
Barrick	巴里克公司	加拿大	金
Bayer（Pty）Ltd	拜尔公司	德　国	铬
BG	英国天然气公司	英　国	天然气
BHP Billiton	必和必拓公司	澳大利亚	石油、铁
BP	英国石油公司	英　国	石油
Cameco	卡梅科公司	加拿大	铀
Chevron	雪佛龙公司	美　国	石油
Codelco	智利国家铜公司	智　利	铜
Coeur d’ Alene	科达伦矿业公司	美　国	银
Compania de Minas Buenaventura SA	布埃纳文图拉矿业公司	秘　鲁	银
ConocoPhillips	康菲公司	美　国	石油
De Beers	德比尔斯公司	南　非	金刚石
Debswana	博茨瓦纳金刚石公司	博茨瓦纳	金刚石
DuPont	杜邦公司	法　国	钛
Eagle－Picher	伊戈佩切尔工业公司	美　国	硅藻土
Eni	意大利埃尼集团	意大利	石油
Eramet Comilog Manganese	埃赫曼锰业集团	法　国	锰
Eti Mine Works	埃蒂矿山集团	土耳其	硼
Exxon Mobil	埃克森美孚公司	美　国	石油
First Quantum	第一量子矿业公司	加拿大	钴
Fortescue Metals Group Ltd.	福蒂丘集团公司	澳大利亚	铁

续表

公司英文名称或缩写	公司中文名称	所在国家	主营矿种
Freeport – McMoran	自由港麦克莫兰公司	美 国	铜
Gazprom	俄罗斯天然气工业股份公司	俄罗斯	天然气
Glencore	嘉能可	瑞 士	铝
Gold Fields	金田公司	南 非	金
GoldCorp	黄金集团	加拿大	金
Greystar Resources	灰星资源公司	加拿大	金
Highveld Steel & Vanadium Corp.	海威尔铁钒公司	南 非	钒
Hindustan Zinc	印度斯坦锌业公司	印 度	锌
Iamgold	亚姆黄金公司	加拿大	金
Iluka	澳大利亚埃卢卡公司	澳大利亚	钛
Imerys	埃默瑞斯公司	法 国	高岭土
Impala Platinum	羚羊铂业公司	南 非	铂
Industeias Penoles	佩诺尔斯工业集团	墨西哥	银
Ivanhoe Mines Ltd.	艾芬豪矿业公司	加拿大	铜
K + S Kali GmbH	德国钾盐集团公司	德 国	钾
Kaiser	美国凯撒铝和化学公司	美 国	铝
Kazakhmys	哈萨克斯坦铜业集团	哈萨克斯坦	铜
KazAtomProm	哈萨克斯坦国有核能公司	哈萨克斯坦	铀
Kenmare Resources	肯梅尔资源公司	爱尔兰	钛
KNPC	科威特国家石油公司	科威特	石油
Korea Resources	韩国资源公司	韩 国	煤、铁
Lonmin Plc	罗恩闵公司	英 国	铂
Lukoil	俄罗斯鲁克石油公司	俄罗斯	石油
Lundin Mining	兰丁矿业公司	加拿大	钴
Lynas Corporation Ltd.	林纳斯公司	澳大利亚	稀土
Merafe Resources	梅拉菲资源公司	南 非	铬
Metorex	麦托雷斯公司	南 非	锑
Mosaic	美盛公司	美 国	钾
Murchison	莫奇森公司	澳大利亚	锑
Newmont	纽蒙特矿业公司	美 国	金
NIOC	伊朗国家石油公司	伊 朗	石油
NNPC	尼日利亚国家石油公司	尼日利亚	石油
Norisk	诺里尔斯克镍业公司	俄罗斯	镍
Northern America Palladium	北美钯业公司	加拿大	钯
Northern Dynasty Minerals Ltd.	北方皇朝矿产公司	美 国	金
NovaGold Resources	诺娃黄金资源公司	加拿大	金

续表

公司英文名称或缩写	公司中文名称	所在国家	主营矿种
ONGC	印度国家石油天然气公司	印　度	石油、天然气
OZ Minerals	澳兹矿产公司	澳大利亚	铜
Pan American Silver	泛美银矿公司	加拿大	银
PDVSA	委内瑞拉国家石油公司	委内瑞拉	石油
Pemex	墨西哥国家石油公司	墨西哥	石油
Petrobras	巴西石油公司	巴　西	石油
Petronas	马来西亚国家石油公司	马来西亚	石油
Polymetal OAO	珀历麦特公司	俄罗斯	金
PotashCorp	加拿大钾盐公司	加拿大	钾
QP	卡塔尔石油总公司	卡塔尔	石油
Rio Tinto	力拓公司	英　国	铁、铜
Rosneft	俄罗斯石油公司	俄罗斯	石油
Royal Dutch/Shell	皇家荷兰/壳牌集团	荷　兰	石油
RUSAL	俄罗斯铝业联合公司	俄罗斯	铝
Saudi Aramco	沙特阿拉伯国家石油公司	沙特阿拉伯	石油
Searles Valley Minerals	希尔斯河谷矿产公司	美　国	硼
Shore Gold	昭瑞黄金公司	加拿大	金刚石
Sociedad Quimica Minera de Chile S. A.（SQM）	智利化学和矿物公司	智　利	锂
Sonangol	安哥拉国家石油公司	安哥拉	石油
Sonatrach	阿尔及利亚国家石油公司	阿尔及利亚	石油
Sons of Gwalia Ltd.	瓜利亚家族有限公司	澳大利亚	钽
SoutherEra Diamcnds	南埃拉金刚石公司	加拿大	金刚石
Southern Copper	南方铜业公司	秘　鲁	铜
StatoilHydro	挪威国家石油公司	挪　威	石油
Stornoway Diamonds	斯托诺韦金刚石公司	加拿大	金刚石
Surgutneftegas	俄罗斯苏尔古特油气公司	俄罗斯	石油
Teck Cominco	泰克科明科	加拿大	铅、锌
Timah	蒂玛	印度尼西亚	锡
TNK - BP	TNK - BP 公司	俄罗斯	石油
Total	道达尔公司	法　国	石油
Vale Inco	淡水河谷公司	巴　西	铁矿石
Xstrata	斯特拉塔公司	瑞　士	镍、钴

（据王小菊整理）